Hubert Artus est journaliste, principalement dans les domaines de la littérature, de la pop culture et du football. Également chroniqueur télé, il écrit pour les mensuels *Lire, Causette, L'Officiel Hommes*, et pour l'hebdomadaire *Le Parisien Week-End*. Il est l'auteur de deux autres ouvrages : *Pop Corner – La grande histoire de la pop culture 1920-2020* (Points), et *Maurice G. Dantec, prodiges et outrances* (Séguier, finaliste du prix Goncourt de la biographie 2018).

Hubert Artus

GALAXIE FOOT

Dictionnaire rock,
historique et politique
du football

Don Quichotte éditions

Une première édition de cet ouvrage est parue en 2011
chez Don Quichotte sous le titre *Donqui Foot*.
Une deuxième est parue en 2014 dans une version actualisée
et augmentée chez Points sous le titre *Galaxie Foot*.
La présente édition a été repensée et augmentée par l'auteur en 2020.

TEXTE INTÉGRAL

ISBN 978-2-7578-8524-6
(ISBN 978-2-35949-091-6, 1re publication)

À la mémoire de Michel Hidalgo,
le plus grand homme du football français.

AVANT-PROPOS

> « Le peu de morale que je sais, je l'ai appris sur les terrains de football et les scènes de théâtre, qui resteront mes vraies universités. »
>
> Albert Camus

Un bon dictionnaire se lit comme un roman, parce qu'un dictionnaire est un voyage. Les mots, leur sens, leur histoire y sont en mouvement. En tissant des liens entre eux, ils forment un récit, rapprochent les époques, unissent, enfin, microcosmes et macrocosme, histoires et Histoire.

Une bonne feuille de match, pour le connaisseur, se lit également comme un roman. Aucun nom, aucun poste n'y est figé. La composition des équipes siffle déjà le début du match. Les patronymes composent une partition, rapprochent les lignes, resserrent les générations. Sitôt qu'on les entend, les noms qui forment le grand Ajax et les Oranje dans les années 1970, les Verts à la même époque, les Bleus de Platini, les Magyars de la belle équipe de Hongrie, les Brésiliens de Garrincha-Pelé, Zico-Socrates, Romario-Bebeto ou Ronaldo-Ronaldinho, ces noms-là sonnent comme une promesse intrinsèque de beau jeu, une ode au désir, une kermesse de sens pour l'amoureux. Plus tard, un chant, une palanquée de pintes, une troisième mi-temps, une baston, un concert ou encore une danse l'éteindront. Une feuille de match bien composée place les joueurs en action avant même le commencement de la partie ; elle épice les papilles du supporter, du passionné, de l'amateur, ou même du badaud de passage devant l'écran d'un pub. Celui qui n'a jamais chanté, en chœur avec des centaines de personnes, non pas l'hymne d'un pays mais celui d'un club ne connaît pas le football. Celui qui n'a jamais eu les tympans crevés par les « Aux armes » marseillais ou le « You'll Never Walk Alone » de Liverpool ne connaît pas le football.

Tout cela, c'est la culture foot. Cet ouvrage veut la raconter.

C'est une histoire indissociable de celle de l'Empire britannique, et des émancipations irlandaise, écossaise, indienne et sud-africaine. Une histoire de la lutte des classes et de toutes les guerres du XXe siècle, celle de nos contrats de travail, de nos modes, de la science, du dopage. Une histoire qui épouse celles du rock, de l'espionnage, des mœurs, du sexe, de la pop culture, des avancées sociales, de l'industrie du spectacle, de l'urbanisme, de la communication, de la mondialisation, de toutes les tragédies, de toutes les utopies. Comme la politique, la science, les mathématiques, l'art, la gastronomie, la religion ou l'économie, le sport – et donc le football – donne une lecture du monde, dans un langage qui lui est propre.

Ce livre est aussi une contre-histoire du football. La compréhension du plus populaire des sports planétaires est une affaire sérieuse, à traiter avec informations et autodérision.

Un dictionnaire à la fois littéraire et sportif m'est rapidement apparu comme étant le plus récréatif, le plus pratique et le plus actuel des instruments pour écrire sur ce sport. Un abécédaire qui rend compte des liens entre microcosme du terrain et macrocosme du monde, des va-et-vient entre le pied et l'esprit, entre le foot et l'histoire. Et qui fait du football ce qu'il est : un art vivant, comme la danse et le théâtre – sans oublier son essence profonde, le jeu.

L'imaginaire du passionné est en bonne partie inspiré des albums Panini et de leurs vignettes pour collectionneurs, ces albums, devenus des collectors, que l'on feuillette et feuillette encore comme des grimoires vintage. J'ai voulu concevoir un livre que l'on puisse lire avant, après, mais aussi pendant un match de football. Une anthologie subjective dans ses choix, mais objective dans les informations qu'elle apporte, ou rappelle. Qui passe en revue tout ce qui relie l'histoire du ballon rond à l'histoire des hommes, depuis ce jour de 1848 où les premières règles furent écrites, jusqu'à ce printemps 2020.

Par de multiples entrées, j'ai souhaité illustrer les trois siècles que le football a traversés. Le XIXe siècle fut celui du *people's game* aristocratique qui, en trente ans, s'est mué en un sport ouvrier et populaire. Au XXe siècle, le football, parfois nationaliste, parfois héroïque et résistant, est devenu un sport de masse mondialisé qui, entre autres, a épousé les luttes d'indépendance de la planète. Avant d'entrer dans l'ère du foot business, au XXIe siècle, dans un monde où outils et équipements sont à mille lieues des origines. Figures exemplaires, symboles des efforts à consentir pour rester au sommet et vivre de son art, les footballeurs professionnels sont devenus des jeunes garçons qui passent tous les dimanches à la télé, transformant leur statut (star), leur look, leur mode (ah, les coiffures des footballeurs…), et surtout leurs préoccupations. À présent, le football est comme l'économie, la justice et la politique : à deux vitesses. Le football amateur est, avec les trois quarts de la sphère professionnelle, fidèle à l'histoire et à l'honneur de son sport. Le dernier quart, le plus médiatisé, est devenu purement et simplement une bulle spéculative, un acteur majeur de la dérégulation ultralibérale : paris en ligne, commissions et rétro-commissions, paradis fiscaux, scandales sexuels, matchs truqués ou jeunes joueurs manipulés.

D'Ajax à Zoff en passant par Touré, Maradona, Garrincha, Best, Cruyff, mais aussi Algérie, Banc, Bez, Cocaïne,

Créatine, Église, Entreprise, Femmes, FLN, Hidalgo, Knysna, Ouvrier, Syndicat, Zahia, j'ai voulu assembler une multitude de vignettes, d'images à collectionner, qui constituent ainsi une histoire du football moderne en même temps que sa contre-histoire. La chronique officielle des Coupes du monde, des Coupes d'Europe et des championnats nationaux. Mais aussi une approche de cette discipline à travers allégresses collectives et drames historiques.

Calcio, cuju, pok-a-tok, mob football, soule : le foot est-il chinois, maya, italien ou anglais ? Où se trouve le plus grand stade du monde ? Vous rappelez-vous l'épopée des « footballeurs-ouvriers » de Sedan ? Vous a-t-on déjà dit que Grace Kelly, devenue diva à Monaco, redessina le maillot du club de la principauté ? Qui sait pourquoi la première (bonne) série télé française consacrée au football n'a pas vu le jour ? Vous souvenez-vous que Zizou ne fut pas le premier Zidane à briller en Coupe du monde ? Saviez-vous que parmi ces mineurs chiliens coincés sous terre en 2010 et miraculeusement remontés à la surface des mois après, en direct devant les télés du monde entier, certains avaient été de grands joueurs professionnels ?

Nourrie de faits, de tragédies et de légendes, de trente-sept années de passion et de curiosité, de recherches, de témoignages exclusifs et d'enquêtes inédites, voici une histoire subjective du football, racontée par celui pour qui Garrincha, George Best, Johan Cruyff, Zinedine Zidane et Diego Maradona resteront les plus beaux joueurs que la terre ait portés – auxquels, il faudrait ajouter José Touré et Éric Cantona en toute subjectivité… Et Michel Hidalgo, le plus grand homme du football français.

Hubert Artus

DICTIONNAIRE

A

« Il existe une prédilection masochiste
des Français pour deux exercices
dans lesquels ils se révèlent malchanceux :
la guerre et le football. »
Michel Audiard

AJAX

On ne pouvait commencer par une plus belle ode. De l'Ajax d'Amsterdam, on dit que c'était « à la fois les Beatles et les Rolling Stones du foot ». Le club hollandais, né en 1900, doit son nom à la mythologie grecque : Ajax fut l'un des plus vaillants héros de la guerre de Troie. Dans les années 1970, sous la houlette de Rinus Michels et de son football total, et avec Johan Cruyff, Johnny Rep, Johan Neeskens et Horst Blankenburg, l'Ajax devint au ballon rond ce que les Stones sont au rock : non pas une équipe qui « fait » du foot, mais une équipe qui « est » le foot.

Grâce à un jeu offensif, nouveau, fondé sur le mouvement permanent, donc sur la vitesse et la surprise, l'Ajax gagna trois Ligues des champions (1971, 1972 et 1973) et toucha le sommet de l'Europe quand les Oranje tutoyaient celui du monde. Ce n'est d'ailleurs pas pour rien que, des années 1970 jusqu'au milieu des années 2000, certains de ses joueurs clefs rejoignirent le FC Barcelone : Cruyff, Neeskens, Koeman, Rijkaard, Kluivert, Ibrahimovic. Le Barça était devenu l'Ajax de la Méditerranée. Un même football : le mouvement permanent. Un même pays : celui du rêve.

Qui dit rêve dit irrationnel. Bien que l'Ajax n'ait aucun lien direct avec la communauté juive, le club se vit peu à peu attribuer une « étiquette juive » – qu'il conserve encore aujourd'hui. À l'origine, il y eut certes une raison géographique – l'ancien stade du club était situé à proximité du quartier juif – mais, surtout, un fait de résistance et de courage : en septembre 1941, lorsque les Juifs furent chassés des clubs sportifs et bientôt la communauté juive de la capitale déportée et décimée à 80 %, des « camarades » du club planquèrent certains d'entre eux, à commencer par le président de l'Ajax, Jaap Van Praag, qui passa une partie de la guerre caché dans un magasin de photographies. L'initiative fut jugée d'autant plus remarquable que les autres clubs, pour leur part, avaient accepté le diktat de l'occupant allemand. Cet illustre épisode provoqua un tropisme, une assimilation irrationnelle : dans les années 1980, des supporters se réclamant de la communauté juive d'Amsterdam se mirent à arborer de façon ostentatoire les signes et symboles du judaïsme : il leur arrivait ainsi régulièrement de brandir le drapeau d'Israël, à côté de celui de leur équipe. Leur geste, dépolitisé (la plupart avouent ne pas connaître l'histoire du pays hébreu), pouvait néanmoins amener leurs adversaires du jour à riposter en scandant le slogan palestinien « Hamas ! Hamas ! ». Aujourd'hui encore, le cri de guerre de certains supporters de l'Ajax est « Joden, joden, joden ! ». Dans les années 1980, un jour de déplacement en Allemagne, les supporters bataves crurent malin de se faire passer pour des Juifs et de déployer une banderole revancharde : « Les Juifs viennent se venger pour 1940-1945 ». En 2005, le président du club John Jaakke expliqua vouloir se « débarrasser de son image de club juif », car « le paradoxe [dans le fait] que nous sommes soi-disant un club juif est que, dans la plupart des cas, nos supporters juifs hésitent à assister à nos matchs à domicile, sans parler de ceux à l'extérieur, à cause des réactions blessantes des supporters de nos adversaires ». Les responsables du club, conscients du philosémitisme exagéré des supporters, leur demandèrent donc de modérer leur soutien à Israël.

Sportivement, le club connut un deuxième âge d'or dans les années 1990 : vainqueur notamment de la Champions League en 1995, finaliste en 1996, demi-finaliste en 1997. Une équipe où s'illustraient Franck Rijkaard (vétéran de retour), Edgard Davids, ou les jeunes Patrick Kluivert et Clarence Seedorf : coachée par Louis van Gaal qui, comme Cruyff, ira ensuite s'asseoir sur le banc du FC Barcelone. Les années suivantes verraient passer ici des joueurs comme Ibrahimovic, Suarez, Huntelaar, Babel, ou Sneijder.

En 2019, le club a épaté l'Europe, avec une équipe jeune et virevoltante (Hakim Ziyech, Donny van de Beek, Frenkie de Jong, Mattijs de Ligt) qui correspondait au mythe Ajax : quatre matchs sublimes pour éliminer le Real Madrid, pourtant triple tenant du titre, en huitièmes de finale de la Champions League, puis la Juventus de Turin en quarts. On les voyait vainqueurs mais, fatalité quand tu nous tiens, ils tombèrent en demies contre les Anglais de Tottenham.

Rinus Michels, Johan Cruyff, Ronald Koeman, Marco Van Basten, Louis van Gaal, Frank de Boer, Danny Blind : ils y ont joué, y ont été initiés au « football total », et ont tous entraîné l'Ajax. Depuis exactement cent vingt ans, cinquante-trois titres et coupes nationaux, six coupes d'Europe, c'est une histoire de révolution et de transmission.

Lire aussi : Apartheid, Barça, Cruyff, Oranje, Van Basten, Zlatan

ALGÉRIE

Son histoire a donné à l'Algérie une équipe nationale de football avant même la naissance officielle de son État : il s'agit de l'équipe du FLN, créée en 1958. Moins de dix ans plus tard, en 1967, les Jeux méditerranéens de Tunis donnèrent lieu au tout premier Algérie-France. Le match se déroulait cinq ans après l'indépendance, et se solda par une victoire des Bleus 3-1. Côté algérien, la défaite fut une bonne raison de virer aussitôt le sélectionneur, considéré comme le principal coupable de l'affront contre l'ancien colonisateur. Il fallut attendre 1975 et les Jeux d'Alger pour qu'un nouveau Algérie-France ait lieu. Cent mille spectateurs envahirent les tribunes de la capitale, dont le président Houari Boumédiène. Comme toujours dans les Jeux méditerranéens, l'équipe était composée des jeunes espoirs du football. Et ce jour-là, les espoirs français comptaient dans leurs rangs un certain Michel Platini. Les Bleus menaient 2-1 quand Omar Betrouni, « l'homme de la dernière minute », égalisa contre toute attente *in extremis*. La rencontre fut finalement remportée 3-2 par l'Algérie, et tout le peuple chavira de bonheur. Les scènes de liesse qui s'ensuivirent rappelaient étrangement celles qu'avait connues Alger treize ans plus tôt, et la victoire prit l'allure d'une nouvelle indépendance.

En 1982, le onze d'Algérie franchit un nouveau cap, à l'occasion de sa première Coupe du monde. L'équipe qui se présenta au Mundial espagnol s'était bonifiée depuis 1975 ; elle était devenue vice-championne d'Afrique en 1980. Au cours de son ascension, elle avait élaboré un jeu vif, tourné vers l'attaque, porté par des joueurs brillants : Dahleb, Mansouri, Kourichi, Assad, Madjer, Belloumi, Djamel Zidane, qui allaient faire des étincelles en Espagne. L'équipe entra dans la compétition en illuminant d'un feu d'artifice le ciel de Gijón, jusque-là bien triste, et écrivit une grande page de l'histoire du football dès son premier match, le 16 juin 1982. Le jeu étincelant des Algériens eut raison ce jour-là de la Mannschaft ouest-allemande, défaite 2-1 sur des buts de Madjer et Belloumi. Avant la rencontre, le sélectionneur allemand avait fanfaronné : « Si nous ne battons pas l'Algérie, je rentre par le premier train. » Il n'en fit certes rien, mais des souvenirs amers ressurgirent toutefois : le 1er janvier 1964, déjà, l'Algérie avait battu la RFA pour son deuxième match officiel depuis l'indépendance. Derwall se vengea en complotant avec les cousins autrichiens, présents dans le même groupe des phases de poule, et qui étaient, eux, parvenus à battre l'Algérie (2-0). Lors du match entre les deux pays germaniques, une victoire courte des Allemands eut l'heur de les qualifier tous deux. L'Autriche laissa l'attaquant allemand Hrubesch marquer, puis les deux équipes se contentèrent de jouer à la passe à dix jusqu'à la fin. Ce « match de la honte » élimina les Algériens à la différence de buts, mais en fit des héros – un statut qu'ils n'avaient d'ailleurs pas volé : la génération 1975-1982 reste un must, et contribua pour beaucoup à la reconnaissance du (tout jeune) football africain.

Surnommés « les Fennecs » en référence à l'animal emblématique du pays, les Algériens sont aussi appelés « les Verts » (leurs couleurs sont celles du drapeau, vert et blanc avec le croissant et l'étoile) ou « les Guerriers du désert ».

En 1984, un match opposa à nouveau les deux équipes espoirs de France et d'Algérie. À Saint-Ouen, l'équipe française s'imposa sur le score de 3-0, mais des jets de pierres accompagnèrent sa sortie du stade. Il fallut ensuite attendre 2001 pour qu'un nouveau match fasse s'affronter les équipes premières française et algérienne. Il eut lieu au Stade de France le 6 octobre, et fut marqué par l'envahissement du terrain à la 74e minute par des Français d'origine algérienne, répercutant dans l'enceinte sportive le malaise de leur vie en banlieue et de leur citoyenneté française mal admise. Ils provoquèrent l'arrêt du match à la 74e minute (4-1 pour les Bleus) … et un scandale en France. Dans le pays régnait alors le tout sécuritaire, et les citoyens d'origine étrangère, *a fortiori* maghrébine, en faisaient – en font toujours – les frais les premiers.

Après une Coupe du monde 2010 ratée (deux défaites, un nul, aucun but en phase de poules ; pour la première participation algérienne à ce tournoi depuis 1986), les Fennecs s'étaient qualifiés pour leur deuxième Mondial d'affilée. Comme les aînés de 1982-1986. Et comme eux, ils allaient rencontrer l'Allemagne. Ce serait en huitièmes, car pour la première fois, les Verts avaient passé la phase de poules au Mondial (deuxièmes de leur groupe, une victoire, un nul et une défaite). Coachée depuis trois ans par Vahid Halilhodzic, cette équipe-là comptait dans ses rangs le défenseur Faouzi Ghoulam (défenseur, qui jouait en club chez les Verts de… Saint-Étienne), les milieux Saphir Taïder (milieu, Inter Milan), Nabil Bentaleb (Tottenham), Sophiane Feghouli (Valence), Riyad Mahrez (Leicester ; il sera champion d'Angleterre en 2016, et joue aujourd'hui à Manchester City), ou – *last but not least* – l'attaquant Islam Slimani (qui joue aujourd'hui à Monaco). Ce 30 juin, à Porto Alegre, Allemagne et Algérie s'affrontaient pour la première fois depuis le coup de tonnerre de 1982. Le match, serré, alterna le spectacle et la prudence, mais les deux équipes étaient de niveau égal – ce qui en disait long sur la performance algérienne : 0-0. Prolongations. Les Allemands marquèrent dès le début. Là, les Fennecs se débridèrent, et offrirent un football d'une vivacité telle qu'ils ne pouvaient qu'égaliser. C'était obligé, comme on dit durant l'enfance – cet âge où nous ramènent la folie et la splendeur du ballon rond dans un tournoi international. Mais les Allemands doublèrent le score, avant que les Algériens ne réduisent la marque. Défaits 2-1, ils n'en restèrent pas moins ceux qui opposèrent la plus belle et la plus forte résistance aux Allemands, au cours d'un tournoi que ceux-ci remportèrent.

En France (où étaient nés les trois quarts des 23 joueurs algériens présents au Brésil), on avait observé des scènes de joie dans bien des villes. Des élus et des politiciens se crurent obligés de stigmatiser ces gens qui chantaient l'Algérie en France, qui se vantaient d'être algériens alors qu'ils étaient nés en France. Le refrain habituel. Qu'on entendit encore, donc, en juillet 2019. La 32e CAN avait lieu en Égypte. Une phase de poules impeccable (trois victoires), des qualifications à l'arraché en quarts contre la Côte d'Ivoire, puis en demies contre le Nigeria – deux grosses équipes –, puis une victoire étriquée (1-0) dans une finale soporifique contre le Sénégal : ce 19 juillet, les Verts remportaient leur deuxième titre continental (après celui de 1990). Quelques jeunes s'étaient immiscés dans un collectif mené par ceux de 2014, ainsi qu'un Français qui s'était fait naturaliser fissa en mai : Andy Delort, dont la mère était algérienne. Et coaché par Djamel Belmadi, ancien international (et joueur de l'OM) qui marqua le but algérien au Stade de France, ce 6 octobre 2001. Après les quarts, après les demies, et après la victoire, des milliers de personnes défilaient, klaxonnaient, brandissaient drapeaux et fumigènes. Vingt-cinq mille à Marseille, par exemple, le soir du titre. Il y avait des Algériens de partout, des binationaux de partout, des Français idem. Mais il y eut aussi des débordements : voitures brûlées à Lyon, magasins de luxe pillés aux abords des Champs-Élysées. En France, le comptage des interpellations (jusqu'à 282 sur tout le territoire après la demi-finale) et des pillages occultait le football. C'est que, depuis huit mois, la France vivait chaque samedi dans la peur des manifs de Gilets jaunes. Mais en Algérie, depuis le 16 février, il y avait le *Hirak*, cette série de manifestations sporadiques et sans violence qui protestaient contre la cinquième candidature du vieillard-président Bouteflika, qui ont fini par le faire démissionner. D'une ampleur inédite dans les principales villes, ces rassemblements qui ont lieu les mardis et vendredis, duraient encore début 2020. C'est aussi cet élan-là, qui soufflait sur la France, en ce mois de juillet 2019. Il y eut un député d'extrême droite, Julien Odoul, qui avait souhaité ouvertement l'élimination algérienne par le Nigeria, afin, disait-il, d'éviter de nouvelles nuits de violences. « Ce coup franc est pour toi », lui répondit sur Twitter celui qui avait ainsi marqué le but qualificateur, Riyad Mahrez. Lequel répondra aussi au maire de Béziers Robert Ménard, d'extrême droite lui aussi.

C'est ainsi : en France, pour certains, les victoires de l'Algérie sont une déclaration de guerre. Et en Algérie, les dirigeants ne contrôlent plus trop un football qui a changé : il fut longtemps sous la coupe réglée du régime (financement des clubs assuré par des entreprises publiques, gouvernement intervenant directement dans les affaires de la Fédération), mais les soulèvements en Kabylie (1980, 1988, 2001), les secousses du Printemps arabe, la culture ultra venue des supporters italiens, et surtout des générations de super joueurs, l'ont engagé dans une profonde mutation. Encore en cours.

Lire aussi : Assad, CAN, FLN, Madjer, Mekloufi, Zidane

ALLEMAGNE

« Le football est un jeu qui se joue à onze contre onze, et à la fin c'est l'Allemagne qui gagne. » Cette sentence de Gary Lineker, dont l'histoire du foot a tant de fois éprouvé la justesse, semble remonter à des temps immémoriaux. Elle n'a pourtant que trente ans, énoncée par le buteur anglais, après que l'Angleterre eut perdu, contre l'Allemagne, la demi-finale de la Coupe du monde 1990. Les Allemands, cette année-là, remportèrent la compétition. Les épopées germaniques dans cette compétition mondiale renseignent beaucoup sur cette façon qu'ils ont de jouer avec le pragmatisme, le fatalisme, le romantisme, avec nos nerfs et avec le destin, Voici quelques exemples.

Coupe du monde 1954

Lors de leur deuxième match contre la Hongrie, les Allemands encaissèrent un 8-3, soit une défaite hémorragique infligée par les Magyars magnifiques de Puskas, avec quatre buts de Kocsis. Mais, pour cette première participation de la RFA à une compétition internationale (elle en avait été évincée en 1950, du fait de la récente guerre mondiale), la jeune République tenait à redorer son blason. Elle avait pour cela un double moteur rugissant : le bombardier Helmut Rahn et le chef d'équipage Fritz Walter, deux attaquants de choc, deux poisons pour les défenses. À eux seuls, ils aplatirent la Turquie (7-2) et l'Autriche (6-1), et conduisirent le pays en finale, au terme d'un tournoi mené sans panache, mais qui eut le mérite cependant de faire oublier leur rouste inaugurale. Les Allemands devaient alors retrouver les Hongrois, dont le parcours était éblouissant et chacun des matchs un morceau d'anthologie.

Nul doute que le grand orchestre de Hongrie serait couronné. En effet, au bout de neuf minutes, il menait déjà 2-0. C'est alors que l'Allemagne posa la première pierre de sa légende : elle réduisit le score assez vite, déréglant un onze hongrois qui avait déjà failli dérailler en demi-finale. Les Magyars avaient perdu le *la*, les Allemands sonnèrent la charge, et Rahn égalisa. À six minutes du terme, la Mannschaft profita de la scoumoune adverse, récupéra la balle, qui atterrit dans les pieds de

Fritz Walter, qui passa à Helmut Rahn, qui provoqua… la faute de main du gardien Grosics. But, et victoire de la RFA. Plus tard, on apprit que les Allemands étaient massivement dopés au glucose, et que les seringues, insuffisamment stérilisées lors des injections, avaient réservé une petite surprise à certains joueurs : Rahn, Walter, Morlock et Kubsch payèrent ainsi leur victoire… d'une jaunisse.

Coupe du monde 1970

À l'aube des seventies, la Nationalmannschaft (surnom de l'équipe nationale ouest-allemande) arrivait au Mexique (pays hôte) avec un style de jeu lourd et « grosse Bertha », avec des joueurs comme Gerd (« der Bomber »), Müller, Paul Breitner, Wolfgang Overath ou encore Berti Vogts. Mais il y avait aussi Beckenbauer, défenseur central et désormais capitaine, qui avait acquis deux ans plus tôt le surnom de « Kaiser ». En quart de finale contre l'Angleterre, il marqua le premier des trois buts allemands : qui l'emportèrent 3-2 après prolongations, vengeant ainsi la finale perdue quatre ans avant. La demi-finale Italie-RFA, le 17 juin à Guadalajara, demeure aujourd'hui encore un des plus beaux matchs qui se soient produits sur Terre. Menée 1-0 depuis la huitième minute, l'équipe allemande égalisa à la 90e. Les trente minutes de prolongation passèrent comme si la planète avait cessé de tourner pour concentrer tout son mouvement sur la pelouse d'un stade de foot : 2-1 RFA, 2-2, 3-2 Italie, 3-3, pour finir à 4-3 Italie. Avec en prime, l'image légendaire de Beckenbauer, le bras en bandoulière.

Coupe du monde 1974

C'est sur le sol ouest-allemand, hôte de cette dixième Coupe du monde, qu'eut lieu l'unique rencontre RFA-RDA de l'histoire du foot. La jeune République démocratique jouait ce tournoi pour la toute première fois.

La Nationalmannschaft ouest-allemande arrivait avec une équipe, et un style, qui reposait sur un savant dosage entre les joueurs du Bayern Münich et de Mönchengladbach, alors ultra-dominateurs mais aussi ennemis intimes. Un alliage de circonstance entre la furie rock des Rhénans et le football « panzer » des Bavarois. Dirigée en la circonstance par un Franz « Kaiser » Beckenbauer suffisamment élégant pour faire le liant. Mais la plus belle équipe de la compétition fut la Hollande, qui déploya avec éclat son football total, son Johan Cruyff et sa révolution permanente. Comme les Magyars vingt ans plus tôt, les Bataves dominèrent le tournoi. Comme eux, ils allaient défier la RFA. Cette finale était celle dont nous rêvons tous quand s'achève une Coupe du monde : elle allait opposer les deux meilleurs joueurs de la planète : le Kaiser (Beckenbauer) et le Hollandais volant (Cruyff). Comme leurs aînés hongrois, les favoris ouvrirent la marque très tôt : un penalty de Johan Neeskens à la première minute, alors que les Allemands n'avaient même pas encore touché la balle. Comme les Magyars, ils subirent un retour au score inattendu (sur un penalty de Breitner). La machine infernale se mit alors en branle : la RFA se rua à l'attaque et marqua à deux minutes de la pause grâce à Gerd Müller. Elle l'emporta 2 buts à 1, signant ainsi le triomphe de la génération Beckenbauer.

Coupe du monde 1982

« Voir Séville et mourir », dit-on souvent du match qui demeure l'un des plus grands drames de l'histoire du football. Cette demi-finale RFA-France. L'attentat de Schumacher contre Battiston, les buts de Trésor et Giresse, l'entrée de Rummenigge, le beau retourné de Fischer, le tir au but manqué de Bossis : comment les Allemands, menés de deux buts à la 101e minute purent-ils gagner ? Fatalité encore… Peu importe que la RFA ait été légèrement plus offensive que par le passé, ce jour-là, la vérité se fit jour : on comprit qu'il fallait être allemand pour passer. Ce tournoi-là fut aussi marqué par le match probablement arrangé entre Autrichiens et Ouest-Allemands, au premier tour, afin d'éliminer l'Algérie. Mais le conte s'acheva en finale, perdue contre l'Italie.

Coupe du monde 1990

Le dernier Mondial de la RFA, quelques mois avant la réunification. Les Brehme, Littbarski, Völler, Klinsmann et Matthäus, qui formaient la base d'un collectif plus offensif mais encore un peu raide, prirent leur revanche sur Maradona et les Argentins, qui les avaient battus en 1986. Vainqueurs des Anglais aux tirs au but en demi-finale, ils suscitèrent l'impérissable sentence de Gary Lineker. À l'issue d'un tournoi pauvre en spectacle, la RFA rejoignit le club des trois étoiles – où sont admis les pays au moins trois fois vainqueurs du Mondial –, aux côtés de l'Italie et du Brésil. Sélectionneur national depuis 1984, « Kaiser » Franz allait quitter son poste sur cette conquête. Champion du monde en tant que joueur, il l'était devenu en tant qu'entraîneur.

Coupe du monde 2014

Tout le peuple brésilien y croyait, lui dont le pays accueillait cette vingtième Coupe du monde. Mais le football, l'Allemagne, à la fin, tout ça… En plus, la Mannschaft avait marché sur l'eau et sur le Brésil en demi-finale : 5-0 au bout de trente minutes de jeu, dont quatre buts en la 23e et la 29e ! Le score final, 7-1, dit combien les hôtes avaient été dépassés par les évènements, lâchés par les dieux, abandonnés à eux-mêmes qui n'existaient plus. La première période, surtout, avait été un festival, et on se disait que les Français avaient finalement bien résisté au tour précédent, ne perdant que 1-0. On se disait surtout que les Algériens avaient eu un sacré niveau, eux qui en huitièmes n'avaient cédé qu'après prolongations contre les futurs champions du monde (vainqueurs 1-0 de l'Argentine, là aussi après prolongations). À l'exception d'une finale soporifique, l'Allemagne joua d'un style offensif, hyper rythmé, efficace. Passant notamment un 4-0 aux Portugais lors du premier tour. De tous ses adversaires, seuls les Algériens furent au même niveau d'intensité.

La consécration récompensait une profonde remise en question, entreprise depuis les années 2000 par les instances dirigeantes du football allemand après les échecs au Mondial 1998 et à l'Euro 2000. S'inspirant des modèles français et hollandais, une véritable politique de formation devint obligatoire dans chaque club de première division. Au pied du mur, cette remise en question fédérale, sportive et tactique favorisa l'avènement d'une Mannschaft au visage offensif. Nommé en 2006, le sélectionneur Joachim Löw parvint en quelques années à constituer une équipe d'avenir : seuls trois joueurs avaient la trentaine ou plus (Klose, trente-six ans ; la capitaine Lahm, trente ans ; Schweinsteiger, vingt-neuf ans), qui encadraient Müller, Kroos, Özil, Hummels, Boateng, Khedira, Götze, Schürrle, Draxler et autres Ginter, qui avaient entre vingt et vingt-cinq ans.

Lire aussi : Algérie, Beckenbauer, Cruyff, Grosics, Hongrie, Mönchengladbach, Oranje, Puskas, Séville, Sparwasser

ANDERSON, Viv

Quarante-sept ans après Raoul Diagne du côté français, l'Angleterre se décida enfin. Le soir du 29 novembre 1978, lors d'un match contre la Tchécoslovaquie, l'ancienne puissance britannique alignait pour la première fois un joueur noir en équipe nationale. Ce premier homme fut Vivian Alexander Anderson, champion d'Angleterre avec Nottingham Forest. Cependant, barré à son poste de défenseur par le titulaire habituel, le Liverpuldien Phil Neal, le nouveau venu mit huit mois à connaître une nouvelle sélection. Les années 1978 à 1988 furent pour lui une décennie en demi-teinte : sélectionné en équipe nationale à trente reprises (avec deux buts à la clef), il ne joua qu'un match de l'Euro 1980, et pas un seul durant les Coupes du monde 1982 et 1986, alors même qu'il était du voyage.

Il fut, comme de nombreux joueurs noirs de nos jours encore, victime d'insultes et autres peaux de bananes venues des gradins. On retiendra surtout qu'il fut de la folle épopée de Forest : champion d'Angleterre 1978 et double vainqueur de la Coupe d'Europe des clubs champions en 1979 et 1980. Passé par Arsenal, il devint ensuite la première recrue d'Alex Ferguson (pas encore sir) à Manchester United.

Lire aussi : Clough, Diagne, Ferguson

ANELKA, Nicolas

Bad boy à la voix fluette, enfant gâté, objet de luxe et superbe attaquant, Nicolas Anelka était cet improbable mélange du meilleur et du pire. Le joueur, un talent brut, a fini par représenter à lui tout seul le côté obscur du foot des années 2000-2010.

Né le 14 mars 1979, il grandit à Trappes (Yvelines), où bientôt il deviendrait ami avec Djamel Debbouze et Omar Sy, deux futurs méga stars françaises. Intégrant l'Institut national du football de Clairefontaine à treize ans, il rejoignit ensuite l'effectif du PSG. Alors entraîneur, Luis Fernandez lui fit disputer son premier match pro le 7 février 1996. À la même époque, et à l'instar de beaucoup de jeunes Antillais, il se convertit à l'islam. Recruté un an plus tard par Arsène Wenger, à Arsenal, il était l'attaquant français « qui monte », et obtint, dès mars 1998, une première sélection en bleu. Pourtant, il ne fut pas retenu pour la Coupe du monde en France : premier d'une série de rendez-vous ratés avec l'équipe de France. Sa saison 1998-1999 à Arsenal s'avéra excellente, bien qu'il supportât difficilement la vie à Londres. Pour couronner le tout, il marqua un doublé du tonnerre lors d'une retentissante victoire des Bleus à Wembley (février 1999). Cette même année, à dix-neuf ans, il signa au Real Madrid pour 220 millions de francs, un record à l'époque. Anelka était le type qu'on s'arrachait. À vingt ans, il intégrait donc le grand Real. Mais là où d'autres auraient choisi de travailler de plus belle, lui décida que ce serait au Real de jouer pour lui, et non l'inverse… Les socios du club ne tardèrent pas à le prendre en grippe, ce à quoi il répliqua par une grève (déjà). Elle dura trois jours et lui en coûta quarante-cinq de suspension, assortis d'une amende de 2,4 millions de francs. En 2000, il participa néanmoins à l'Euro victorieux des Bleus, sa seule grande compétition en équipe de France avant la Coupe du monde 2010. Oui : celui qui fut un des deux ou trois meilleurs attaquants français de son temps ne disputa que deux tournois internationaux majeurs. Un bilan qui, à lui seul, dit tout du gâchis Anelka.

Cette même année 2000, grâce à la persuasion de Pierre Lescure, patron de Canal Plus et actionnaire principal du club de la capitale, il retourna jouer au PSG pour 215 millions de francs. Rejoignant Luis Fernandez, lui-même de retour dans ce club quitté quatre ans auparavant. Cette fois, les deux larrons ne s'entendirent pas, et leurs relations orageuses inspirèrent aux Guignols de Canal Plus les sketchs « Nico et Luis ». Souffrant de cette surmédiatisation, Anelka fut alors prêté pour six mois à Liverpool, en janvier 2002. Inconstant, irascible, immature émotionnellement (mais après tout, il n'avait que vingt-trois ans), il joua pour quatre clubs entre 2002 et 2012 : Manchester City, Fenerbahçe (Turquie), puis retour en Angleterre, à Bolton d'abord, Chelsea enfin. Il y cartonna durant quatre saisons. Outre-Manche, cet homme-là a été un des meilleurs joueurs de la décennie.

On ne peut guère en dire autant de ses performances avec les Bleus. Écarté de la Coupe du monde 2002, il fut rappelé en sélection quelques mois plus tard. Mais déclina, prétextant qu'on ne faisait pas assez confiance chez les Bleus. L'été suivant, il déclara dans *Paris Match* : « Je n'ai pas besoin de l'équipe de France. Que le sélectionneur s'agenouille devant moi, s'excuse d'abord, et après je réfléchirai. » Personne ne s'agenouilla, le joueur fut dispensé de l'Euro 2004. La nomination de Raymond Domenech au poste de sélectionneur marqua son retour en équipe nationale en 2005. Mais, caractériel, inconstant et orgueilleux, il fut écarté du Mondial 2006. C'est à se damner mais c'est ainsi : Anelka aura raté les deux grands exploits mondiaux de son temps. Il participa en revanche aux deux fiascos suivants : l'Euro 2008 et le Mondial 2010. C'est durant ce tournoi qu'il injuria Domenech, à la mi-temps de France-Mexique (la version officielle de l'insulte, bien que contestée par le joueur, demeure celle du journal *L'Équipe* : « Va te faire enculer, fils de pute ! »). Exclu pour cela de l'équipe pour le reste du tournoi, il ne chercha pas à dissuader ses coéquipiers de poursuivre leur grève de riches – entamée par solidarité avec lui – et partit comme un voleur. Se contentant d'observer le désastre post-Mondial en se disant « mort de rire » (*France-Soir*) à l'annonce des dix-huit matchs de suspension infligés par la commission de discipline de la FFF. On n'a plus jamais revu Anelka en bleu. Avec le temps, on doit admettre que c'est un exploit d'avoir totalisé 69 sélections malgré autant d'inconstance et de jérémiades.

Était-il à ce point blasé pour aller signer fin 2011 au club de Shanghai Senhua, dans un championnat chinois de peu de valeur ? Dans un pays dont la culture, millénaire, est aux antipodes de ce qu'Anelka a connu ? Arrivé en Chine début février 2012, le Français devait toucher 12 millions d'euros par an, soit 234 000 euros par semaine contre 105 000 euros à Chelsea. L'aventure vira vite à l'imbroglio, Anelka réussissant tout de même à cumuler les statuts de joueur et d'entraîneur adjoint. Mais il résilia son contrat pour revenir en Europe début 2013. Une pige de six mois à la Juventus de Turin. Bilan : trois petits matchs disputés, aucun but, mais il accrocha à son palmarès le titre de champion d'Italie remporté cette saison-là par le club. L'été suivant, il retourna en Angleterre, dans les West Midlands, au club de West Bromwich. Mais Anelka ne serait pas Anelka s'il restait trop longtemps sans faire un geste. À deux balles. Ce fut une « quenelle ». Le 28 décembre, il inscrivit un doublé contre West Ham. Mais voilà : le premier but, il le célébra en faisant, donc, une « quenelle ». Ce geste prétendument « antisystème », consistant à tendre un bras vers le bas tout en posant la main de l'autre bras sur l'épaule, popularisé par Dieudonné, ancien humoriste devenu proche de la fachosphère, et condamné plusieurs fois pour incitation à la haine raciale. « Bien sûr, je ne suis ni antisémite ni raciste et j'assume totalement mon geste », déclara le footballeur, auparavant félicité par Dieudonné. L'Angleterre découvrit ce geste, ordinairement considéré comme un salut nazi inversé. Émoi général. Le principal sponsor du club, Zoopla, site internet d'immobilier codirigé par l'homme d'affaires de confession juive Alex Chesterman, annonça qu'il ne renouvellera pas son contrat en fin de saison. Suspendu pour cinq matchs par la Fédération anglaise, le fautif écopa d'une amende de 80 000 £ (97 000 euros). Il mit fin lui-même à son contrat. Bilan : douze matchs, deux buts, et une quenelle de la honte.

C'est en Inde qu'il alla chercher d'autres prés. Au Mumbai City FC. À l'instar d'autres préretraités (Del Piero, Trézéguet, Pires), il passa quelques mois dans la nouvelle franchise de l'Indian Super League. Comme lors de sa parenthèse chinoise, il fut propulsé entraîneur-joueur au gré… des licenciements des coachs successifs. Comme un symbole.

En novembre 2018, il accepta une pige de quelques mois pour le club de Lille, comme entraîneur des jeunes attaquants au centre de formation. Mais le pays d'Anelka reste le bling-bling : il réside désormais à Dubaï. La plateforme Netflix a annoncé pour le printemps 2020 un documentaire sur cet homme dont la carrière, à ce jour, dessine une longue série de fuites, de ratés et de caprices de star en carton-pâte.

Lire aussi : Domenech, Fernandez, Gunners, Knysna

ANGLETERRE

Contre toute attente, ce n'est pas l'Angleterre qui inventa le football. La Chine antique et l'Italie médiévale, on ne l'ignore que trop, en ont posé les bases bien avant elle. Le royaume de Sa Majesté a en revanche accouché du football moderne, cette discipline née au XIXe siècle dans les *public schools*, puis recodifiée à Cambridge, et s'est érigé ainsi en détenteur absolu de l'esprit du football. Les raisons de ce glorieux statut sont au nombre de trois.

Tout d'abord, l'Angleterre a créé le Boxing Day, un événement qui contribua, avec la victoire du Blackburn Olympic sur les Old Etonians en 1883, à transformer le football – réservé jusqu'alors aux riches étudiants – en sport populaire ; la même année, elle inventa la Football Association (FA), toute première instance dirigeante du football. Mais quand elle vit son sport se démocratiser et se développer partout dans le monde, elle en conçut paradoxalement une jalousie extrême, qui justifia son refus de participer à la création de la FIFA. Drapée dans son mépris, la FA priva ainsi l'équipe britannique des trois premières Coupes du monde, et il fallut attendre l'édition 1950 au Brésil pour voir l'Angleterre en compétition. Une Angleterre qui fut battue, dès son entrée, par l'ancienne colonie américaine. Voilà pour l'orgueil.

Inventrice d'un certain esprit pop et de la culture qui va avec, l'Angleterre observe deux cultes : le rock et le football. Cela dure depuis 1966. Cette année-là, le 5 août, les Beatles venaient de sortir *Revolver*, reconnu par les spécialistes comme leur meilleur album ; quelques jours plus tôt, le 30 juillet, l'équipe nationale devint championne du monde. Chez elle, à Wembley.

L'Angleterre, enfin – et c'est la meilleure preuve de son rapport privilégié au football –, a su mieux que quiconque écrire ce sport et en faire littérature : en témoignent les romans de Nick Hornby et de John King

Lire aussi : Blackburn, Boxing Day, Cambridge, Charlton (frères), Football Association, King, Public schools

ANZIANI, Philippe

Le joueur connut sa première sélection en équipe de France un 15 mai 1981, contre le Brésil, mais ne sut jamais profiter d'un début de carrière et d'un contexte prometteurs. Avec cinq sélections seulement entre 1981 et 1987, Anziani demeure typiquement ce qu'on appelle « un joueur de club », seul endroit où ses performances de footballeur de devoir étaient mises en valeur : on soulignera qu'il fut de l'épopée du FC Sochaux (deuxième du championnat de France en 1980 et demi-finaliste de la Coupe de l'UEFA l'année suivante, avec les Stopyra, Genghini, Revelli et autres Bonnevay), avant de remporter la Coupe de France avec l'AS Monaco en 1985. Il entra dans l'histoire le 30 septembre 1989, en devenant le premier footballeur français épinglé après un contrôle antidopage : son analyse d'urine avait révélé la présence de dextropropoxyphène. Anziani expliqua avoir absorbé du Di-Antalvic pour calmer ses douleurs dorsales. Or personne ne l'avait prévenu que ce médicament, très courant, contenait une substance interdite depuis 1968 par le Comité olympique international, et par la FIFA depuis 1987. Il est aujourd'hui entraîneur de l'équipe réserve de l'Olympique de Marseille.

APARTHEID

C'est en Afrique du Sud qu'eut lieu la première Coupe du monde sur le continent africain. En 2010, soit vingt ans après la libération de feu Nelson Mandela et la légalisation de l'ANC. Dix-neuf ans après l'abolition de l'apartheid, le football mondial retrouvait le pays où avait été créé le mot « kop ». Celui où deux ballons, l'un ovale et l'autre rond, avaient participé à la lutte. Ainsi en témoigne l'histoire des Orlando Pirates et des Kaizer Chiefs, les deux clubs de Soweto.

Les deux dernières décennies virent le pays s'ouvrir au monde, et son championnat suivre la tendance. Quand, en 2004, la FIFA attribua l'organisation du Mondial 2010 à la Rainbow Nation, la Ligue de football sud-africaine (Premier Soccer League, ou PSL) devint naturellement un petit carrefour du football global. On y trouva soudain des joueurs venus du Kenya, du Mali, de Somalie, mais aussi de France et du Brésil ! Pendant cette première Coupe du monde africaine, plusieurs sélections nationales utilisèrent pour leurs entraînements les infrastructures des clubs de la PSL, et découvrirent que certaines soutenaient tout à fait la comparaison avec les équipements des clubs européens : la ville de Parow, banlieue cossue du Cap, héberge ainsi le centre technique de l'Ajax Cape Town, lui-même issu de la fusion en 1999 des clubs Seven Stars FC et Cape Town Spurs FC. Cet Ajax-là porte quasiment le même maillot et le même écusson que son homonyme néerlandais, et ce n'est pas sans raison : le grand frère lointain contrôle en effet 51 % du capital du club, et les deux collaborent très étroitement depuis leur assimilation. Plusieurs joueurs formés au Cap ont donc continué leur course en Europe, comme Obi Mikel (Chelsea), Eyong Enoh ou encore Daylon Claasen (Amsterdam). Un jeune Français, Derek Décamps, a quant à lui fait le voyage d'Europe en Afrique du Sud pour aller jouer à l'Ajax, en 2009. C'est le phénomène d'« extraversion », propre aux relations Europe-Afrique depuis le XXIe siècle.

Si l'Ajax Cape Town est le riche de l'affaire, Santos représente le club populaire du Cap. Installé dans le sud de la ville, une banlieue calme à forte communauté indienne, il naquit en 1982 et hérita son nom du grand Santos brésilien, le club de Pelé – l'« homonymie brésilienne » n'est pas son apanage, puisque le troisième des clubs de Cape Town, fondé en 1980 et ayant atteint l'élite de la PSL en 2009, se nomme Vasco de Gama. Contrairement à l'Ajax, qui s'est offert de formidables installations, le Santos loue les siennes, bien plus rudimentaires. Quand il gagna le Championnat, en 2002, les derbys Ajax-Santos devinrent, comme tout derby qui se respecte, une lutte des classes sur terrain vert.

Fondée en 1996, la PSL, quant à elle, est une toute jeune instance dont le palmarès témoigne d'une forte domination des clubs de Johannesburg et de Pretoria : Moroka Swallows, Kaizer Chiefs, Orlando Pirates, SuperSport United et Mamelodi Sundowns. Elle se sépare en deux divisions : l'ABSA Premiership (l'élite) et la National First Division (équivalent de la deuxième division française).

La PSL est surtout la caisse de résonance d'une discipline définitivement mondialisée : elle a en effet contribué, par sa gestion des droits télévisuels, à faire du football le nouveau riche du sport sud-africain, devant le rugby et le cricket. En 2007, elle signa un contrat de 1,6 milliard de rands (environ 160 millions d'euros) avec la chaîne SuperSport, faisant grimper les salaires. Celui d'un joueur du très valeureux club d'AmaZulu (Durban) atteignit, par exemple, les 200 000 euros mensuels en 2008.

Lire aussi : Extraversion, Kaizer Chiefs-Orlando Pirates, Kop

ARBITRE

Comme l'explique le sociologue Alain Ehrenberg, « le sport réconcilie ce que la philosophie politique oppose : la force et le droit ». Dans la philosophie du sport, la force est soumise au droit, elle ne peut contourner ou ignorer la règle. En théorie.

Si en Italie ou en Angleterre les arbitres sont professionnels, ce n'est pas le cas en France, où ils exercent une autre activité. Tels des curés de campagne, ils se déplacent pour chaque match et reçoivent une indemnité : de 20 à 70 euros pour les matchs amateurs en districts (plus frais de déplacements et d'équipement) ; 1 600 euros pour une rencontre de Ligue 2 ; 3 200 euros en Ligue 1.

Il y a dix ans, en France, un arbitre touchait 7 500 francs pour un match le week-end (8 500 pour un match en semaine), soit l'équivalent de 21 000 euros annuels de compléments de salaire. En 2006-2007, ce chiffre était monté à 72 000 euros par an. Grâce surtout à la manne télévisuelle, la Ligue professionnelle a mis beaucoup d'argent dans l'arbitrage. Ainsi, dans son rythme quotidien comme sur sa feuille d'imposition, l'arbitre français peut désormais être assimilé à un professionnel. Pour reprendre la formule de Franck Annese et Jean Damien Lesay dans *À mort l'arbitre ?*, disons qu'il est devenu « un cadre très supérieur du football ». Il revient pourtant de loin : on l'a oublié, mais dans les premières règles écrites de 1848, promulguées par la FA le 8 décembre 1863, sa fonction n'était pas prévue. Il fallut attendre 1886 pour qu'elle soit encadrée par des règlements.

L'UEFA obligeant aujourd'hui chaque pays à placer l'arbitrage sous l'égide de sa fédération nationale, l'arbitrage français est sous responsabilité de la FFF. La Ligue nationale de football, qui, elle, ne s'occupe que des pros, participe à l'arbitrage de l'élite (L1 et L2).

Depuis dix ans, le nombre d'arbitres par rencontre croît : de trois arbitres à l'origine (l'arbitre central et deux juges de touche), on passa à quatre dans les années 1990 (un arbitre assistant complétant le trio). Devant la multiplication des actions de hors-jeu et leur caractère toujours plus litigieux, un cinquième arriva en 2009, dans le cadre de l'Europa League. La nouveauté s'étendit à la Champions League l'année suivante : un arbitre central, deux juges de touche et un arbitre près de chaque but. L'Euro 2012 fut la première compétition internationale par pays dont les matchs eurent cinq arbitres.

Mais depuis 2018, l'arbitre est assisté d'un mot nouveau, dont on ne mesure pas encore tous les dommages : « VAR ». En anglais : *Video Assistant Referees*. En français : assistance vidéo à l'arbitrage. Son introduction intervient après celle, en 2012, de la « goal-line technology », utilisée pour déterminer si un ballon a franchi entièrement la ligne de but ou non. Cette assistance vidéo, l'arbitre central ne peut y avoir recours qu'en situation de pénalty, pour valider (ou non) un but en cas de litige, et enfin pour savoir s'il faut donner ou retirer un carton rouge. Il échange alors par oreillettes avec des assistants et des techniciens vidéo, situés dans un camion-régie à l'extérieur du stade. Il suit alors leur avis, ou peut aussi se déplacer lui-même devant un écran situé en bord du terrain. Lui seul décide en dernier recours de faire appel ou non au dispositif, ce qui génère encore de l'arbitraire. Ce recours technologique a pour effet de déresponsabiliser un peu les arbitres, et parfois de leur faire perdre plus de temps encore pour rendre une sentence.

Lire aussi : Carton jaune/Carton rouge, Hors-jeu

ARCONADA

Jusqu'à ce jour de 1984, où il devint malencontreusement un symbole de la *lose*, Luis Miguel Arconada était simplement un gardien de but espagnol. Basque convaincu, il passa toute sa carrière à la Real Sociedad, un club qui ne recrutait à l'époque que dans l'Euskadi. L'homme était, au début des années 1980, l'un des meilleurs gardiens d'Europe, portier de la Roja de 1977 à 1985. Mais, par un mauvais coup du sort, plus personne ne se rappelle ses exploits. Le lendemain de ses trente ans, le 27 juin 1984, l'Espagne affrontait la France en finale du Championnat d'Europe des nations, quand le gardien laissa passer un ballon : sur un coup franc tiré par Platini, il attrapa la balle, qui lui glissa étonnamment des mains, passa sous son ventre et entra dans le but. Ce fut l'une des seules erreurs de sa carrière, qui connut tout de même une bourde du même genre, commise en Coupe du monde 1982 contre l'Irlande du Nord. L'Espagne perdit dans les deux cas ; la légende était en marche : beaucoup emploient aujourd'hui l'expression « arconada » pour désigner une boulette de gardien, sans savoir que le terme désignait autrefois un joueur.

Certains même croient encore qu'il s'agit d'un terme basque signifiant « passoire »…

Lire aussi : Roja

ARMÉE

Il est des pays où l'armée, comme la police, possède des clubs. Bien que fondé six ans avant la révolution russe, le CSKA Moscou fut longtemps le club de l'Armée rouge. Idem pour le Dukla Prague, fondé en 1948 par l'armée tchécoslovaque (et devenu en 1990 le FC Dukla Prague, après sa fusion avec le FC Pribram), le Partizan Belgrade, club de l'armée yougoslave (officiellement jusqu'en 1963, officieusement jusqu'aux années 1980), ou encore le Honved Budapest de Puskas et autres pépites du Onze d'or hongrois.

Ce dernier club, baptisé Kispest lors de sa naissance en 1909, fut renommé Honved (littéralement « défenseur de la patrie ») en 1949, après que le ministère de la Défense et l'armée l'eurent pris en main. Cette dernière se procura en effet, contre la promesse d'un grade d'officier, les services des meilleurs joueurs ; les récalcitrants étaient pour leur part relégués au rang de simples soldats et sommés d'accomplir leur service militaire. Pour assumer son rôle de défenseur de la patrie, le Honved sillonna l'Europe en quête de gloire, jouant parfois plusieurs jours d'affilée. C'était avant que les événements de 1956 ne donnent au club l'occasion d'écrire l'une des plus belles pages de l'histoire du foot.

Lire aussi : Dynamo Kiev, Hongrie, Honved

Asqaqtuk

Il fut le jeu des Eskimos en Alaska. Les participants jouaient avec un ballon lourd bourré d'herbe, de poils de caribou et de mousse. On en connaît peu de chose, hormis une légende qui raconte l'histoire d'un match entre deux villages, avec des buts à dix miles de distance, soit environ seize kilomètres. L'asqaqtuk, pratiqué il y a près de deux mille ans, est l'un des plus lointains ancêtres du football moderne.

Lire aussi : Calcio, Cnapan, Cuju, Mob football, Pasuckuakohowog, Pok-a-tok, Soule

ASSAD, Salah

Champion algérien, élu meilleur ailier gauche de la Coupe du monde 1982, il se retrouva prisonnier du pouvoir militaire dix ans plus tard. Entre-temps, l'homme connut un naufrage en France et l'engagement islamiste. Ou comment une pépite de la *dream team* algérienne échoua du côté obscur de l'évolution de son pays, et disparut complètement de la circulation.

Salah Assad avait pourtant été le symbole de l'Algérie renaissante : en ce 16 juin 1982, à la 68e minute du formidable RFA-Algérie, alors que les deux équipes étaient à égalité, il déborda la défense germanique et offrit un caviar à Belloumi. L'Algérie battait la RFA, et son équipe entrait dans l'histoire. Avec deux buts et une passe décisive lors d'un tournoi où l'Algérie, la France et le Brésil furent les seules équipes à pratiquer un football réellement offensif, Assad rentra au pays avec le statut de star mondiale. Le natif de Kabylie avait vingt-quatre ans et savait que Saint-Étienne, Bordeaux, mais aussi Hambourg ou Manchester City s'intéressaient à lui. Cependant, la loi du pays interdisait à tout joueur de s'exiler avant d'avoir atteint ses vingt-neuf ans. Qu'à cela ne tienne : invité par le président Bendjedid Chadli aux cérémonies anniversaires de l'indépendance, le 5 juillet, il sollicita un bon de sortie, qu'il obtint. Trop tard, hélas : les gros clubs européens avaient déjà bouclé leurs transferts et atteint leurs quotas de joueurs étrangers. Ainsi, après sept ans dans son club formateur, le RC Kouba d'Alger, il ne put aller qu'au FC Mulhouse. Blessé à la fin de sa première saison en France, il fut néanmoins recruté par le PSG, où il ne passa qu'une saison, avant de retrouver le club alsacien (entraîné alors par un certain Raymond Domenech) pour deux saisons, caractérisées par des blessures à répétition au genou et des cadences infernales – car l'Algérie l'obligeait à retourner au pays pour disputer les nombreux matchs de l'équipe nationale. Après la Coupe du monde 1986, Assad retourna jouer chez lui, au RC Kouba. Il devint alors une référence en Algérie : chaque vendredi, après la prière, il offrait à sa table une assiette aux mendiants, aux malades et aux errants du quartier.

En 1989, date à laquelle Assad connut la dernière de ses soixante-huit sélections, Abassi Madani et Ali Belhadj fondèrent le Front islamique du salut, dans une mosquée non loin du quartier de Kouba, à trois cents mètres du stade. Les deux hommes n'eurent aucun mal à approcher Assad, ni à l'enrôler pour la campagne des premières élections libres du pays (les élections locales de 1990 et les législatives de 1991). Ces scrutins triomphaux pour le FIS provoquèrent aussitôt une reprise en main du pays par l'armée, et une guerre contre le GIA. C'est à ce moment-là, le premier jour de ramadan 1992, que des hommes en uniforme vinrent arrêter Assad. Docilement, il accepta de suivre les militaires, mais ne revint chez lui que quatre années plus tard. Plus tard, un de ses codétenus dans un camp du Sahara révéla que Salah Assad avait été torturé ; que les soldats obligeaient parfois l'ancien champion à s'asseoir sur une bouteille. Aussi Assad, le colon et l'anus bousillés, ne peut-il aujourd'hui plus supporter que deux positions, debout ou couché. Meurtri et dégoûté de tout, assumant ses mauvais choix, il possède aujourd'hui un magasin d'équipements de sport et une société spécialisée dans le consommable médical.

Lire aussi : Algérie, Madjer, Zidane

ASSOCIATION EUROPÉENNE DES CLUBS

C'est la grande fille du G14 et de l'UEFA-Forum des Clubs, tous deux dissous en février 2008. Fondé en 2000 par quatorze clubs, rapidement rejoints par quatre autres, le G14 se voulait l'union des clubs les plus puissants, les plus influents et les plus riches d'Europe. Un lobby qui rassemblait le Milan AC, la Juventus de Turin, l'Inter Milan, le Real Madrid, le FC Barcelone, Valence, l'Ajax Amsterdam, le PSV Eindhoven, le Bayern Munich, le Borussia Dortmund, le Bayer Leverkusen, le PSG, l'OM, l'Olympique lyonnais, le FC Porto, Arsenal, Liverpool et Manchester United. Son slogan, « *The voice of the clubs* », exprime à lui seul une des revendications de l'organisation : se soustraire aux tutelles des fédérations nationales et internationales. Plus question notamment de mettre gracieusement à la disposition d'une équipe nationale un joueur appartenant au club. L'organisation souhaitait mettre sur pied un championnat transnational, fermé et autogéré, où ne joueraient que les membres du G14.

À ce jour, l'European Club Association (ECA) est composée de deux cent quatorze membres (inclus les seize clubs fondateurs), dont au moins un club provenant de chacune des cinquante-trois fédérations nationales de l'UEFA. Reprenant les combats libéraux d'avant-garde du G14, elle est devenue le MEDEF du foot européen :

l'association peut outrepasser les lois nationales et casser les codes existants en inventant de nouvelles sources de profit et de domination. En témoigne le système d'indemnisation des clubs mettant à disposition leurs joueurs durant les compétitions internationales organisées par l'UEFA. L'ECA exige dédommagement, jugeant inconcevable que le club paye le salaire d'un joueur si celui-ci vient à être indisponible à cause d'une blessure contractée en match international. Par le biais de ses associations nationales, l'UEFA a ainsi redistribué à chaque club concerné l'équivalent de 4 000 euros par jour et par joueur impliqué dans l'Euro 2008.

AVION

Depuis vingt ans, l'avion fait planer le football. Si les supporters voyagent en voiture, en train ou en car, l'avion (comprenez : le jet privé) a progressivement remplacé le car et le train pour les déplacements des équipes. Aujourd'hui, un footballeur qui a réussi porte une Rolex et prend un jet comme le commun des mortels prend sa voiture ou son vélo. En outre, les partenariats et sponsorings entre clubs et compagnies aériennes se sont multipliés. C'est grâce au football que fut connue la compagnie émiratie Fly Emirates au-delà de son aire nationale : en 2001, elle se posa sur le maillot de Chelsea via un contrat de 28 millions d'euros sur quatre ans. En 2013, cette compagnie basée à Dubaï était le sponsor maillot du Real Madrid, d'Arsenal, du Milan AC, du Hambourg SV, de l'Olympiakos du Pirée et du PSG (25 millions d'euros par an, de 2013 à 2018). La même année, cinq des plus gros clubs du continent avaient une compagnie d'aviation comme sponsor ou partenaire de choix : Qatar Airways pour le Barça, Lufthansa pour le Bayern Munich, Aeroflot pour Manchester United, Delta Airlines pour Chelsea, en plus donc d'Emirates. La firme

Turkish Airlines se paya un film promotionnel où la star du basket US Kobe Bryant jouait avec Leo Messi. Elle avait auparavant séduit le Borussia Dortmund et l'OM pour devenir un de leurs sponsors, ce qui lui valut une fréquentation en hausse de 20 %.

Mais avant de revenir sur terre par le biais des maillots, l'avion eut son rôle dans la construction footballistique du continent : la naissance des Coupes d'Europe imposa en effet des déplacements plus fréquents d'un pays à un autre. Or, qui dit déplacements dit parfois accidents ou tragédies.

4 mai 1949

L'équipe du Torino FC rentrait de Lisbonne, après un match amical contre le Benfica. L'avion qui la transportait s'écrasa à 17 h 03 sur le terre-plein de la basilique de Superga, qui surplombe la plaine du Pô, à quelques encablures seulement de Turin : trente et un morts, dont les joueurs du club, l'entraîneur, le directeur sportif et le masseur, ainsi qu'un international français, Émile Bongiorni. La nouvelle du crash se répandit aussitôt dans la population turinoise, notamment parmi la classe ouvrière, qui soutenait ce fier rival de la Juventus. Deux jours plus tard, cinq cent mille personnes accompagnaient le convoi funèbre piazza Castello, l'une des plus grandes places de Turin. Les obsèques furent célébrées en présence de Giulio Andreotti, alors sous-secrétaire d'État, représentant le chef du gouvernement. De son côté, la FIFA décida de rendre hommage au club en faisant respecter, le 7 mai, une minute de silence sur les terrains de football du monde entier. Par solidarité, le club argentin de River Plate joua plusieurs matchs au profit des veuves et des orphelins des disparus.

6 février 1958

À 15 h 04, c'est la quasi-totalité de l'équipe de Manchester United, de retour d'un quart de finale de

Coupe d'Europe des clubs champions à Belgrade, qui trouva la mort en avion. L'appareil, qui avait fait escale à Munich, après un premier décollage manqué, en tenta un second sous la neige. Mal lui en prit, car il heurta un baraquement et s'enflamma. L'avion transportait quarante-trois personnes, dont l'équipe mancunienne. Il y eut vingt-trois victimes, parmi lesquelles Geoffrey Bent, Roger Byrne, Eddie Colman, Dave Pegg, Liam Whelan, Mark Jones et Tommy Taylor, qui avaient tous entre vingt et un et vingt-neuf ans. Duncan Edwards, la star de l'équipe, mourut plus tard des suites de ses blessures. Le gardien de but nord-irlandais de l'équipe devint alors gardien de légende : Harry Gregg, resté vivant, retourna dans l'avion en feu et sauva la femme enceinte d'un diplomate yougoslave, Vera Lukic, et sa fillette, ainsi que son entraîneur Matt Busby, et ses coéquipiers Jackie Blanchflower, Dennis Viollet et Bobby Charlton, futur champion du monde 1966. Si l'on en croit la légende, c'est à cause de ce drame qu'il devait à jamais tirer la gueule. Gregg, lui, allait être sacré meilleur gardien de la Coupe du monde 1958. Devenu « le héros de Munich », il trouva la mort le 16 février 2020.

6 février 1965

Un avion s'écrasa sur la cordillère des Andes. Aucun des quatre-vingt-sept passagers – et parmi eux les joueurs d'une équipe de troisième division chilienne – ne réchappa de l'accident. Même scénario le 26 septembre 1969, quand un avion de la Lloyd Aéreo Boliviano s'écrasa à son tour contre le mont Choquetanga, à cent soixante-seize kilomètres de La Paz (Bolivie) : soixante-quatorze victimes, dont l'équipe des Strongest, première division bolivienne.

13 octobre 1980

Après une accalmie dans les années 1970, les clubs connurent, dans les années 1980, de nombreuses tragédies aériennes. Ainsi, de retour de Minsk pour un match du championnat d'URSS, le Tupolev russe qui transportait l'équipe de Tachkent (actuel Ouzbékistan) s'écrasa le 13 octobre 1980, emportant tous les joueurs avec lui.

8 décembre 1987

Quarante-deux personnes, dont toute l'équipe d'Alianza Lima – la plus ancienne du Pérou –, trouvèrent la mort lorsqu'un avion de la marine péruvienne chuta en pleine mer au large de Lima.

7 juin 1989

Le vol 764 de la Surinam Airways rata son atterrissage à Paramaribo (Guyane néerlandaise). Les pilotes, qui n'étaient pas assez qualifiés, ne tinrent pas compte des recommandations de la tour de contrôle et suivirent une procédure d'approche de leur cru. Leur négligence fit cent soixante-seize victimes parmi les cent quatre-vingt-sept personnes à bord, dont vingt-trois joueurs néerlandais originaires du Surinam.

27 avril 1993

Le Buffalo C15 de la Zambian Air Force, qui transportait la totalité de l'équipe nationale féminine de football de Zambie ainsi que dix-huit joueurs de l'équipe nationale masculine, se crasha en mer au large de Libreville (Gabon). Les joueurs se rendaient au Sénégal, pour un match de qualification de la Coupe du monde 1994. Il s'agit là de la dernière catastrophe aérienne jusqu'à ce jour.

21 janvier 2019

L'attaquant argentin Emiliano Sala jouait pour le FC Nantes depuis 2015, et venait d'être transféré au Cardiff City FC. Le 19 janvier, il avait été y signer son contrat, et était revenu à Nantes pour récupérer ses affaires personnelles et prendre congé de ses anciens coéquipiers. Il avait volé dans ce Piper PA-46-310P Malibu, monomoteur de six places affrété par l'agent ayant négocié le transfert. Plus tard, on découvrirait que le joueur de vingt-neuf ans avait alors confié ne pas être rassuré, le vol ayant été mouvementé. Le 21 janvier, ce même appareil décolla à 20 h 15, direction Cardiff. À 21 h 23, l'avion était à trente kilomètres au nord-ouest de l'île anglo-normande de Guernesey. Le pilote demanda à atterrir d'urgence. Le contrôle aérien perdit alors son signal. Déclenchées le soir même avec deux hélicoptères et plusieurs bateaux, les recherches durent être interrompues dans la nuit. Elles reprirent trois jours durant. Le 24 janvier, la police de Guernesey annonça l'arrêt des recherches. Le gouvernement argentin ainsi que de nombreux footballeurs en demandèrent la poursuite. Un appel aux dons engendra une mobilisation internationale, et des recherches privées reprirent le 26 janvier. Le 4 février, on retrouva l'appareil et, parmi les débris, un corps. Identifié trois jours plus tard comme étant celui de Sala. À ce jour, le corps du pilote est toujours porté disparu. L'équipe nantaise, le club, la région, la France, tous les joueurs qui l'avaient croisé, et bien sûr la famille du joueur : tous attendent que les investigations éclairent les zones d'ombre qui empêchent un vrai travail de deuil (transfert hâtif, compétences du pilote).

Lire aussi : Barça, Busby Babes, Manchester, Torino FC

AZNAR, Emmanuel (1915-1970)

Emmanuel Aznar fut l'homme d'un seul club, l'OM, mais aussi l'homme des records ignorés. Tout avait pourtant bien commencé : né à Sidi Bel Abbès (Algérie), arrivé en France en 1936 dans une ville de soleil (Marseille), cet attaquant connut une première sélection chez les Bleus, le 24 mars 1938 contre la Bulgarie, avec un but à la clef. Puis vint la guerre, et avec elle l'Occupation. Le football français fut réorganisé en zones nord et sud. Au sortir de la guerre, personne ne voulait plus se rappeler ces années noires. De sorte que les records réalisés durant la période ne furent jamais enregistrés. Par exemple : la formidable saison 1942-43 de l'OM, qui ne fut jamais homologuée. Malgré les 45 buts d'Aznar en 100 rencontres. Aznar ne connut aucune nouvelle cape en Bleu. Et tout le monde oublia que cet homme, décédé à Marseille en 1970, était demeuré quinze ans à l'OM. Un record.

Lire aussi : Jaurès, OM

B

« Maradona good, Pelé better, George Best ! »
Banderole lors des funérailles de George Best

BAGGIO, Roberto

Ironie de l'histoire, le dernier trophée obtenu par l'Italien n'avait rien à voir avec le football. Ce World Peace Award 2010, attribué au joueur six ans après sa retraite sportive, le distingua en effet pour ses actions caritatives menées de longue date, et particulièrement les aides qu'il apporta aux victimes du tremblement de terre survenu à Haïti le 13 janvier 2010. « C'est mieux que le Ballon d'or », déclara-t-il devant les lauréats du Nobel de la paix, qui lui décernèrent le prix. Il faut dire que le Ballon d'or, il l'avait déjà remporté. C'était en 1993, au cœur de ses plus belles années sportives.

Roberto Baggio éclata en 1986, pour la première de ses cinq saisons avec la Fiorentina. Son premier but en Serie A fut inscrit lors d'un raid maradonesque où il passa en revue toute la défense adverse – en l'occurrence celle du SSC Naples, soit l'équipe de… Maradona lui-même. Après sa participation à la Coupe du monde 1990, le joueur arriva à la Juventus de Turin, encore orpheline de Platini. Le transfert de celui qui était l'idole absolue de Florence, la ville des Médicis, pour la capitale du Piémont provoqua deux jours d'émeutes. Raison : un antagonisme puissant oppose les deux clubs depuis les années 1950, époque où ils étaient l'un et l'autre au top du classement. Un antagonisme à son paroxysme lors de la saison 1981-1982, quand les Turinois emportèrent le titre pour un petit but d'avance sur les Florentins : c'est dire si le départ du joyau pour Turin rouvrait une blessure d'orgueil encore purulente. Il resta cinq saisons à la Juve, qui furent les plus belles de sa carrière : 15 buts en 200 matchs, une Coupe UEFA en 1993 et, enfin, un Ballon d'or. Baggio était aussi connu pour sa belle gueule, ainsi que pour sa beaufissime queue-de-cheval façon rasta (elle lui valait le surnom de « Il Divin Codino » – le Divin à la queue-de-cheval). Il éblouit toute la Botte de sa classe naturelle, de sa palette technique complète (l'homme est à l'aise des deux pieds), de ses coups francs parfaits, de son flair de buteur, de sa technique de dribble superbe et de son toucher de balle « d'une beauté inhumaine » – dixit *La Gazzetta dello Sport*. D'autres journaux en firent leur muse et déployèrent pour décrire l'individu des trésors de poésie. Ainsi *Sports Illustrated* et sa prose enflammée : « Au pays de Pavarotti, on chante l'amour, la beauté et la victoire, et Roberto Baggio, qui est un peu tout ça. Baggio n'est pas un mirage. Il est réel d'une manière douloureuse, presque bouleversante. C'est un footballeur, mais le décrire comme un simple joueur, c'est dire que *Mona Lisa* est une peinture. Baggio est un créateur, un inventeur, un praticien du plus grand art populaire du monde. »

Baggio fut sans doute le meilleur joueur italien de la Coupe du monde 1994 (États-Unis), mais il manqua son tir au but en finale, provoquant la défaite italienne. Il se rattrapa quatre ans plus tard, lors de la Coupe du monde 1998, où il fut une fois encore le meilleur joueur de la Squadra Azzurra, réussit cette fois son tir au but en quart de finale, mais n'empêcha pas l'Italie d'être éliminée par la France. En 56 sélections, 27 buts et 3 Coupes du monde disputées, voilà un homme qui approcha la perfection sans réellement l'atteindre. Il fut néanmoins le meneur et la star de la Juve jusqu'en 1995, puis du Milan AC jusqu'en 1997, remportant la Serie A avec chacun des clubs (dont un doublé avec la Vieille Dame turinoise). Bien qu'il déclinât à partir de 1997 et ce jusqu'à sa retraite en 2004 à Brescia, Il Divino fut parmi les plus spectaculaires et les plus beaux tripoteurs de balle des années 1990.

Lire aussi : France Football, Italie, Juventus

BALE, Gareth

Il a vite été dépassé, mais il restera le premier. Le premier dont le transfert passa la barre des 100 millions d'euros. C'était le 1er septembre 2013, à Madrid.

Jusqu'alors, le Gallois Gareth Bale était une star de la Premier League, dont il avait deux fois été élu meilleur joueur de l'année (2011 et 2013). Un type qui plantait vingt buts par saison, et qui fut révélé à l'Europe entière un soir de Champions League 2010, quand il mit un triplé dans les filets de l'Inter Milan ; trois buts quasi semblables au nez et à la barbe des champions d'Europe en titre. Évoluant avec les Londoniens de Tottenham dans le plus exigeant des championnats de la planète, il devint un des meilleurs attaquants du monde.

Quand s'acheva le premier jour de septembre 2013, il devint autre chose : un joueur, mais aussi un nouveau palier financier. Ce soir-là, après trois mois de négociations des plus tendues, il fut transféré au Real Madrid, qui se payait un joueur à 110 millions d'euros. Quatre ans après avoir mis 94 millions pour recruter Cristiano Ronaldo. Celui-ci n'était plus le joueur le plus cher de l'histoire. Pour justifier ce montant, le président Florentino Pérez se déclara persuadé de tenir « le Di Stefano du XXIe siècle ». Mais à vingt-quatre ans, son palmarès et ses performances n'avaient pas l'allure de ceux du grand Alfredo, ni de Figo, Zidane, CR7, Ronaldo ou Beckham quand ils entrèrent à la Maison blanche (du foot).

La première saison fut parfaite. Coachée par Carlo Ancelotti avec Zinedine Zidane comme entraîneur-adjoint, l'équipe remporte la Coupe du Roi et, surtout, la Ligue des Champions dans une finale contre le rival madrilène. C'est sa dixième, la fameuse « Décima ». Bale marqua un but dans chacune de ces finales. C'est ensuite que ça s'est gâté. Depuis 2014, le Gallois n'a plus traversé une saison complète sans se blesser. Au point qu'il a gagné ce surnom : « Bale de cristal ». En 2019, le quotidien sportif espagnol *As* décomptait vingt-trois blessures et quatre-vingt-cinq matchs manqués depuis son arrivée, principalement à cause du mollet gauche. Une fragilité qui le fait jouer avec le frein à main, de peur de se reflancher. Parfois pris en grippe par le public, par les socios, et même par Zinedine Zidane (devenu coach de l'équipe), il est devenu vulnérable face à la concurrence grandissante. Quand il est en pleine possession de ses moyens, il redevient parfois cet attaquant puissant, rapide, à la frappe dévastatrice, et capable de marquer des buts surprenants. Comme ce 26 mai 1998, pour la finale de la Ligue des Champions : rentré peu après la mi-temps, il marqua sur un splendide retourné acrobatique, avant de scorer à nouveau d'une frappe lointaine mal repoussée par le gardien adverse. Ce soir-là, contre Liverpool, le Real de Zidane devenait la première équipe à gagner la compétition trois années de suite.

Comme Lionel Messi avant lui et Neymar après, Gale fait partie de ces joueurs rattrapés par le fisc espagnol – condamné en octobre 2018 à verser 337 000 d'euros pour une fraude sur les taxes de droits à l'image datant de 2013. Quant au chiffre monstrueux de son transfert, il a depuis été dépassé par Paul Pogba en 2016 (de

Manchester United à la Juventus pour 120 millions d'euros), puis par Neymar en 2017 (du Barça au PSG pour 222 millions). C'est tout le paradoxe de Bale : le Real a appris à jouer sans lui, mais sa cote a tellement baissé que le club perdrait trop d'argent à le transférer maintenant.

Lire aussi : Foot business, Galactiques, Neymar Jr, Zidane

BALLON

C'est le Graal. Qu'il soit en peau, en tissu, en mousse, à poils ras ou longs, qu'il soit une sphère pleine, une poche remplie de poils ou une simple boîte de conserve, l'essentiel est qu'il se shoote, qu'il plane et qu'il rebondisse.

Son histoire débuta en 2500 avant J.-C., quand les Chinois se mirent à jouer avec une sphère de cuir remplie de cheveux. Les Aztèques, quant à eux, utilisèrent le caoutchouc. En 800 avant notre ère, les Japonais gonflèrent des vessies de porc, inventant sans le savoir ce qui allait devenir le ballon moderne.

Les règles anglaises, établies au XIXe siècle, exigèrent que le ballon soit sphérique, qu'il ait une circonférence de « 68 centimètres au moins et de 70 centimètres au plus », un diamètre de 22 centimètres, « une masse de 410 grammes au moins et de 450 au plus » en début de match, et une pression se situant entre 600 et 1 100 grammes par centimètre carré.

Pour fabriquer l'objet, les premiers techniciens du jeu préférèrent l'assemblage de plusieurs pièces en cuir au gonflage d'une seule pièce sphérique (comme c'est le cas au basket). Les ballons comportaient alors dix-huit panneaux cousus les uns aux autres. Un lacet, une fois serré, assemblait les derniers panneaux et enfermait dans la balle le système de gonflage : un tuyau relié à la vessie et replié sur lui-même.

L'homme qui mit au point le ballon moderne en y introduisant le principe de la valve – et en reprenant du même coup la caractéristique nippone évoquée plus haut – n'était pas japonais mais danois, et avait, en sa qualité d'ancien gardien de but, manié d'innombrables balles. Le dénommé Eigil Nielsen fonda sa propre marque (Select) en 1947. Pour fermer et coudre les derniers panneaux, il utilisa une longue aiguille incurvée, qui lui permit de terminer la couture à l'intérieur de la balle. Il inventa plus tard un ballon à trente-deux panneaux de cuir au lieu des dix-huit initialement prévus, lui donnant une forme plus circulaire.

Jusqu'en 1951, date à laquelle il devint intégralement blanc, le ballon de foot était « couleur cuir ». En 1970, lors du passage de la télévision à la couleur, on le teignit en noir et blanc, pour le rendre plus visible à l'écran : ainsi naquit le *Telstar* (c'est-à-dire « star de la télé ») d'Adidas, fournisseur officiel de toutes les Coupes du monde. Le modèle bicolore, utilisé pour les tournois mondiaux de 1970 et 1974, est l'archétype même du ballon de football.

Pour la matière, aucune variante jusqu'en 1986 : le cuir demeurait un must. Mais les joueurs, par temps humide, avaient vite l'impression de shooter dans du plomb. Le cuir s'effaça alors au profit de la matière synthétique : de la mousse, du PVC et du PU, dont la qualité et l'épaisseur garantissaient la solidité, le rebond et la souplesse de la balle.

Le *Tango*, créé pour le Mondial 1978 en Argentine, constitua une révolution graphique : soudain, les motifs dessinés ne suivaient plus la trace des coutures, mais créaient des triades, donnant l'illusion que le ballon était composé non plus de panneaux cousus mais de cercles assemblés. Ce design fut le plus décliné, et le plus longtemps utilisé en compétition. Avec ses versions jaune et orange pour jouer sous la neige ou en salle, le *Tango* fut non seulement le premier ballon en couleurs, mais aussi le premier à arborer, dès 1982, un revêtement de caoutchouc.

Le Mondial mexicain de 1986 vit arriver l'*Azteca Mexico*, un ballon 100 % synthétique. Mais c'est l'année 1990, avec en arrière-plan la montée du foot business, qui marqua un véritable tournant dans la fabrication des balles : chaque Coupe du monde eut alors la sienne. L'*Etrusco Unico* de 1990 (Italie) signa l'arrivée du latex et, depuis lors, chaque nouveau modèle brandit son lot de composants inédits et de trouvailles graphiques. Ainsi, le *Tricolore* de 1998 restera éternellement le premier ballon multicolore – les couleurs de la France –, et le premier ballon anti-gardien : plus léger que jamais, plus ondoyant aussi dans sa course vers les filets…

Le *Fevernova* (Asie 2002), avec ses microbilles de gaz nichées dans la mousse de synthèse, exploita le filon creusé par le *Tricolore*, mais abandonna en revanche le design du *Tango* – preuve que l'on changeait d'époque. En 2006, nouvelle évolution avec le *Teamgeist* (Allemagne), constitué non plus de dix-huit mais de quatorze faces, pour un résultat plus sphérique encore ; nouveau design également, marqué par un retour au noir et blanc, sauf pour le ballon de la finale, exceptionnellement doré.

Le *Jabulani* (« être heureux » en zoulou), utilisé en Afrique du Sud en 2010, offrit enfin un déchaînement de symboles : onze couleurs furent utilisées, symbolisant les onze langues officielles du pays hôte et « les onze tribus sud-africaines grâce auxquelles ce pays présente la plus grande diversité ethnique du continent ». Sauf pour le ballon de la finale, lui aussi doré. Pour la Coupe du monde 2014 au Brésil, « *Brazuca* » fut le nom de la sphère utilisée, qui pesait 437 grammes. L'édition russe de 2018 se joua avec un modèle qui rendait hommage à celui de 1970 : le *Telstar 18*.

Lire aussi : Asqaqtuk, Cnapan, Calcio, Cambridge, Cuju, Mob football, Pasuckuakohowog, Pok-a-tok, Public schools, Soule

BANC

C'est là où s'assoient les « coiffeurs », surnom dédaigneux donné aux remplaçants, surtout quand ils le sont régulièrement. Aux débuts du football, le banc en était véritablement un : petit, en bois, sans dossier, et par conséquent très incommode. Les condamnés à s'y asseoir n'avaient alors qu'une hâte : rentrer sur le terrain. L'entraîneur y trônait sobrement, à côté de ses remplaçants et du médecin de l'équipe. Aujourd'hui, ce qu'on appelle banc n'en est plus que le lointain souvenir ; c'est un ensemble de sièges confortables, parfois disposés sur deux rangées, où les remplaçants sont installés comme dans une Rolls aux abords de la pelouse. De sorte que certains n'ont plus qu'une envie : faire banquette. Car non seulement faire banquette peut rapporter gros, mais la banquette en question est au XXIe siècle d'une étendue sans commune mesure avec celle de son vieil ancêtre. Désormais, le banc est si long que le groupe situé à l'une de ses extrémités (l'entraîneur et ses adjoints) n'entend pas ce que dit l'autre extrémité (les sept remplaçants). Ainsi les uns peuvent-ils déballer librement tout le mal qu'ils pensent des autres, avec pour tampon la zone du milieu, où se trouve un staff de kinés, préparateurs physiques et intendants divers.

BANKS, Gordon (1937-2019)

Sûr comme un coffre-fort, Gordon fut surnommé « Banks of England ». Oublié de nos jours (malgré un titre de champion du monde en 1966), Gordon Banks compta, aux côtés de Lev Yachine, Dino Zoff et Gianluigi Buffon, parmi les meilleurs gardiens de but de tous les temps, et offrit à Pelé l'occasion d'une de ses phrases les plus célèbres. La scène, irréelle, eut lieu durant le match de poules Brésil-Angleterre de la Coupe du monde

1970 (Mexique) : sur un centre de Jairzinho, Pelé fit une tête piquée au ras du poteau. Persuadé, comme tout le monde, que la balle était déjà au fond des filets, il cria « Goooaal ! ». Survint alors un geste venu d'ailleurs : pris à contre-pied, Banks s'envola, dans une détente incroyable digne d'un saut de carpe, et repoussa le ballon au-dessus de la barre transversale. Après le match, Pelé lui rendit cet hommage : « J'ai marqué un but ! Mais Banks l'a arrêté. »

La carrière de Banks connut cependant une fin brutale : le 22 octobre 1972, à trente-quatre ans, il était encore au sommet de son art et de sa forme lorsqu'un accident de voiture le priva de son œil droit. Il prit donc une retraite forcée, qu'il interrompit cinq ans plus tard, n'y tenant plus, pour jouer aux Fort Lauderdale Strikers, dans une Ligue américaine qui proposait des ponts d'or à d'anciennes gloires telles que Cruyff, Beckenbauer ou Pelé. Banks joua même aux côtés de George Best et se vit attribuer malgré son handicap le titre de « meilleur gardien du championnat ».

Lire aussi : Buffon, Yachine, Zoff

BARBOSA NASCIMENTO, Moacir (1921-2000)

Principalement connu pour avoir perdu la finale de la Coupe du monde de football de 1950 contre l'Uruguay, il incarne aujourd'hui encore la malédiction du Brésil.

Les faits se déroulèrent il y a soixante-quatre ans et, comble du tragique, sur le sol brésilien. C'était un 16 juillet, dans le tout frais stade Maracaña, édifié spécialement pour le Mondial. La Seleção, qui se voyait déjà championne du monde, avait de bonnes raisons de croire en sa victoire : l'équipe avait marqué 21 buts, contre 4 seulement encaissés par son gardien Barbosa ; de plus, la formule retenue pour cette édition du tournoi lui garantissait le triomphe, même par match nul. Friaça soulagea une Seleção crispée en marquant le premier but, auquel l'Uruguayen Schiaffino répondit en égalisant vingt minutes plus tard sur un centre de Ghiggia. Pas de réel danger pourtant, le titre demeurait promis au Brésil. C'était sans compter la 79e minute, fatidique, qui vint bouleverser l'ordre des choses : lorsque Ghiggia déboula à nouveau, tout le monde crut qu'il allait répéter à l'identique l'action précédente et centrer pour Schiaffino ; tout le monde, y compris Barbosa, qui se tenait prêt à intercepter le centre. Or ce centre-là ne devait jamais arriver. Ghiggia s'enfonça du côté droit dans la défense auriverde et, d'un tir déconcertant sur le côté gauche des cages, offrit le titre à la Celeste. Il déclencha surtout un cataclysme national : le Brésil passa à côté d'une première Coupe du monde qui lui était promise. Foule pétrifiée, stade silencieux, orchestres à samba anéantis… Le pays était en ruine. Aujourd'hui encore, les Brésiliens accordent plus d'importance à la catastrophe de 1950 qu'aux cinq couronnes mondiales gagnées depuis par la Seleção. Ils gardent surtout de Barbosa un souvenir amer : alors qu'au moment de la défaite Montevideo rebaptisait l'une de ses artères du nom du Maracaña, Barbosa était jugé responsable de ce que des dramaturges appelèrent « le Hiroshima brésilien ».

Comble de malchance, l'homme était le premier gardien noir en équipe nationale. On y vit la clef du drame, et une palanquée de théories raciales réapparut aussitôt au Brésil : les Noirs étant « émotionnellement plus faibles que les Blancs », on ne pouvait, évidemment, « compter sur un Noir dans les buts ». Précisons tout de même que deux joueurs de champ de la Seleção 1950 (Bigode et Juvenal) étaient noirs. Simple bouc émissaire, Barbosa devint bientôt le symbole des défaillances de la « race nègre ». Au point que sa mésaventure en Coupe du monde servit d'exemple, six ans plus tard, à un rapport de la Fédération brésilienne : « Les joueurs de race nègre, lisait-on, perdent une grande partie de leur potentiel dans les compétitions mondiales. » La résurgence, à travers la défaite de 1950, d'un passé tortueux n'avait rien de surprenant dans la mesure où l'esclavage n'était aboli que depuis soixante ans (en 1940, certains clubs brésiliens refusaient encore les joueurs noirs). Malgré Leonidas et ses fameuses bicyclettes, le Brésil restait un pays gangrené par le racisme, dont Barbosa le damné fut l'exutoire rêvé.

Il compta pourtant parmi les goals les plus brillants de son époque, lui qui remporta, avec le club de Regatas Vasco Da Gama (l'une des équipes phares du pays), six championnats et un Championnat sud-américain des clubs en 1948, et qui fut désigné, la même année, « meilleur gardien du tournoi » par les journalistes présents au Brésil. Or, depuis ce cruel 16 juillet 1950 et jusqu'à sa mort en 2000, il ne trouva personne pour le soutenir : « Au Brésil, la peine maximale est de trente ans. Moi, voilà cinquante ans que je paie pour un crime que je n'ai pas commis », constata-t-il à l'article de la mort. Et d'évoquer l'un de ses pires souvenirs, lorsqu'en 1970 une femme le montra du doigt dans un magasin et dit à son fils : « Regarde cet homme, c'est lui qui a fait pleurer tout le Brésil. » Durant les éliminatoires pour la Coupe du monde 1994, des journalistes voulurent le présenter aux joueurs de la Seleção : veto absolu du sélectionneur Mario Zagallo, qui craignit de s'attirer la poisse. En 1999 – il n'est jamais trop tard –, Gilmar, double champion du monde 1958 et 1962, eut le courage de briser le tabou, en affirmant que Barbosa avait été le meilleur de tous les gardiens. C'est le journaliste télé brésilien Paulo Guilherme qui, récemment, leva un lièvre, en révélant dans une enquête que le championnat brésilien accueillait seulement 10 à 20 % de gardiens noirs, contre 40 % chez les joueurs de champ. De nombreux entraîneurs brésiliens lui avouèrent qu'il existait un paquet de bons gardiens noirs, mais qu'aucun n'était transférable dans un grand club car « le problème n'est pas encore résolu ». De fait, hormis Dida (remplaçant en 2002, titulaire en 2006), aucun Noir n'a plus jamais été gardien de l'équipe du Brésil.

Lire aussi : Leonidas, Maracaña, Pelé, Schiaffino

BARÇA

« Més que un club » (« Plus qu'un club ») : cette phrase fut prononcée en 1968 par le tout nouveau président d'alors, Narcis de Carreras. S'il est, au monde, un club qui incarne la révolution, c'est précisément le Futbol Club Barcelona, ou Barça. De sa naissance en 1899 à janvier 2011, il évolua sans aucun sponsor. Depuis 2006, il va même jusqu'à donner 2 millions d'euros par an à l'Unicef pour que le logo de celle-ci soit apposé sur les maillots catalans. Mais la morale trouva ses limites fin 2010 : comme tous les gros clubs européens, le Barça, endetté, finit par signer avec la Qatar Foundation. Pour cinq ans et 165 millions d'euros. Depuis, les sponsors ont changé, et se sont même multipliés (Qatar Airways, Intel, Rakuten, Beko, etc.). Mais le club n'a pas oublié l'Unicef. Le logo de cette dernière est passé au dos des joueurs, en bas du maillot. Le Barça s'engageant à destiner 1,5 million d'euros annuels à des activités avec elle.

Depuis 1936 et la guerre civile espagnole, Barcelone représente en football ce que la Catalogne incarne en terre ibérique : une opposition structurée à toute forme de centralisme. « Le Barça est le bras armé d'un peuple qui n'a pas d'armée », dit un jour l'écrivain Manuel Vazquez Montalban, natif de la capitale catalane. Si Barcelone est devenue, ces dix dernières années, une ville phare méditerranéenne, si elle s'est dessiné un nouveau visage depuis les Jeux olympiques de 1992, elle a toujours bénéficié d'une image forte, teintée de fierté et d'utopie maudite – l'aura tragique de la guerre civile. Ces qualités, le Barça s'en est très tôt inspiré, liant son football offensif et spectaculaire à un engagement politique et social dans la vie du territoire. La venue de quelques-uns des plus grands joueurs de l'Histoire se chargea de donner au club sa dimension éternelle. Avec la Juventus de Turin (qui eut Platini et Zidane), le Barça est la seule équipe à avoir attiré non pas un mais plusieurs joueurs exceptionnels : Cruyff, Maradona, Ronaldinho et, à présent, Messi. Sans compter la pépinière de la Masia, le centre de formation du club, où furent formées de futures pépites comme, entre autres, Luis Milla, Josep Guardiola, Mikel Arteta, Xavi, Andrés Iniesta, Cesc Fabregas, Sergio Busquets, ou Lionel Messi. Le Barça, catalan, est un mythe local, mais aussi mondial. Il ne fut d'ailleurs pas fondé par un Catalan mais par un Suisse, Hans Gamper.

Après le premier titre national obtenu en 1910, le club fut pris dans les remous de l'Histoire : frappé par les conséquences du krach de Wall Street, Gamper se suicida en 1930. S'ensuivirent vingt ans d'insuccès, bien avant la renaissance des années 1970 (Cruyff joueur), 1990 (Cruyff entraîneur ; Stoitchkov, Ronaldo et Guardiola sur le terrain), 2000 (Ronaldinho, Messi) et 2010 (Messi encore, Neymar). Le FC Barcelone affiche aujourd'hui vingt-six titres de champion d'Espagne, trente Coupes du roi, cinq Ligues des champions, quatre Coupes des coupes, trois Coupes UEFA et trois Coupes du monde des clubs.

Dans les années 1930, le club pallia ses échecs en cristallisant les revendications antifranquistes catalanes. Un mois après le début de la guerre civile, en juillet 1936, son président, Josep Sunyol, était ainsi fusillé par l'armée de Franco ; le 16 mars 1938, en pleine nuit, l'armée nationaliste détruisait une partie du siège social du club ; quelques mois plus tard, enfin, les phalangistes en prenaient le contrôle de force, marquant pour le Barça le début des années noires – années de succès toutefois, avec trois championnats victorieux et une Coupe du Roi. En 1942, à l'approche d'un match contre le Real Madrid (soutenu par Franco, tout comme l'autre club de la capitale, l'Atletico), les joueurs barcelonais furent à ce point menacés que le président du Barça, le phalangiste et collaborateur de Franco Enrique Piñeyro, démissionna en guise de protestation.

Après la guerre, le FC Barcelone fut le premier club à faire venir des joueurs du nouveau bloc de l'Est, à commencer par les Hongrois Laszlo Kubala, Zoltan Czibor et Sandor Kocsis : paradoxe des recrutements, le club catalan antifranquiste accueillait des hommes pour qui l'Espagne franquiste et anticommuniste représentait justement la liberté. Durant la période où Franco gouverna le pays, les Blaugranas (autre surnom du club) gagnèrent plusieurs titres nationaux, mais ce fut le Real, l'ennemi juré, qui triompha en Europe.

Les années 1970, avec leur lot de (petites) brèches dans la dictature franquiste, marquèrent cependant un tournant pour le Barça, et en firent le club révolutionnaire que l'on connaît. Initiée avec Johan Cruyff, cette révolution fut Oranje. Si le Barça remporta peu de trophées, il gagna néanmoins pour toujours le cœur des Européens en pratiquant un football spectaculaire. C'est à cette période qu'il se révéla capable de composer des générations d'équipes flamboyantes. Après Kubala, premier joueur non espagnol de renom à signer en Catalogne, Cruyff inaugura une longue liste de glorieux recrutements : Neeskens, Schuster, Maradona, Lineker, Laudrup, Koeman, Stoitchkov, Romario, Rivaldo, Ronaldinho, Figo, Ronaldo, Deco, Eto'o, Ibrahimovic, Neymar ou Griezman. Il fallut néanmoins attendre 1992 pour voir le FC Barcelone remporter enfin la Champions League.

C'était l'ère de la *dream team*, avec Cruyff devenu l'entraîneur du club, première équipe barcelonaise à réellement dominer l'Espagne (quatre titres consécutifs de 1991 à 1994). Dix ans plus tard, sous la houlette de l'entraîneur hollandais Frank Rijkaard, le club gagnait avec Ronaldinho, Deco et Samuel Eto'o sa deuxième Champions League (2006). En 2009, Josep Guardiola, membre de la *dream team* de 1990 et devenu entraîneur, remportait une nouvelle fois la coupe aux grandes oreilles, en s'appuyant sur Xavi, Messi et Iniesta. Victoire renouvelée en 2011, avec le même trident orchestral. Entre-temps, la philosophie de jeu et le scintillant football total de l'équipe de Guardiola avaient hissé le club catalan dans une dimension peu explorée jusqu'ici. On parla de « plus belle équipe de tous les temps » à propos des Blaugranas. C'est un peu oublier le grand Honved et le sublime Ajax, mais le Barça en est l'égal. Marqué par le départ de son emblématique entraîneur en 2012, le club fut confronté autant à sa Messi-dépendance qu'à des adversaires sachant trop bien décrypter son jeu, et faisait moins peur.

On se souvient de l'humiliation de mai 2013 : un 7-0 administré par le Bayern, sur l'ensemble des deux matchs, en demi-finale de la Ligue des champions. L'intersaison suivante vit arriver la nouvelle star brésilienne Neymar (pour 57 millions d'euros) ; charge à lui de venir prouver en Europe qu'il était la pépite annoncée, tout en acceptant au-dessus de lui l'autorité du seul vrai maître à bord : Léo Messi. Mais c'est justement ce transfert qui plomba la saison : la justice espagnole ouvrit une enquête suite à une suspicion d'« appropriation indue », puisqu'il apparut que l'opération avait en fait coûté 95 millions d'euros. Inculpé, le président du club Sandro Rosell dut démissionner. En janvier 2018, le journal espagnol *El Mundo* révélait qu'en plus de l'accord officiel, de nombreux contrats fictifs s'étaient ajoutés à l'opération pour un montant de 134 millions d'euros, soit un total de 205 millions… Sur ce dossier, Rosell fut blanchi, grâce à un accord avec la justice stipulant que seul le club serait poursuivi en tant que personne juridique. Il resterait néanmoins poursuivi dans le cadre d'une plus vaste affaire de blanchiment de commissions.

En décembre 2014, le Barça fut sanctionné par la FIFA, pour infractions sur les transferts de joueurs mineurs : interdiction de recrutement pendant deux ans. Heureusement, à l'été 2014, on avait recruté l'Uruguayen de Liverpool Luis Suarez (75 millions d'euros). Du coup, on put rouvrir l'armoire à trophées en mai 2015 : un titre de champion d'Espagne, une Coupe du Roi, et une cinquième Ligue des champions (la dernière à ce jour) après une victoire 3-1 face à la Juventus de Turin. Ce triplé faisait du bien. Désormais, le Barça était porté par sa « MSN » : son trident Messi-Suarez-Neymar.

La saison suivante fut celle de la célébrissime *remontada* face au PSG en Coupe d'Europe. Mais les Catalans s'arrêtèrent au tour suivant… éliminés en quarts par une Juventus qui tenait sa revanche. En 2017-2018, les Barcelonais allaient réaliser un doublé national : vainqueurs de la Liga et de la Coupe d'Espagne. Mais ils allaient essuyer une petite *remontada* en quarts de finale de Ligue des champions, contre l'AS Rome : victorieux chez eux à l'aller (4-1), ils sombrèrent 3-0 au retour. Le but marqué à l'extérieur, comptant double en cas d'égalité sur les deux matchs, qualifiait les Italiens.

La *remontada* leur allait si bien. Tellement en phase avec le sens de la révolution qui est un sens barcelonais. Mais voilà : le sort commençait à se retourner contre eux. De *remontada* on reparla un an plus tard. Le 1er mai 2019, ils gagnèrent 3-0 la demi-finale aller de Ligue des champions, contre les Reds de Liverpool. L'affiche était si belle, entre deux mythes du football politique européen. On pensait que le Barça avait éteint tout espoir liverpuldien, et pourtant : les premiers déjouèrent au match retour, que les seconds remportèrent 4-0 (ils soulèveraient le trophée quelques semaines plus tard) ! Cette saison-là, les Catalans ne furent maîtres que chez eux : champions d'Espagne, pour la huitième fois en onze ans.

Certains prétendent que le Real Madrid est le plus grand club du monde, puisqu'il a le plus beau palmarès. D'autres, comme nous, prétendent que c'est le Barça, car il a la plus belle histoire et le plus beau rapport au monde. Donc le plus beau jeu.

Lire aussi : Cruyff, Maradona, Messi, Neymar Jr, Qatar, Révolution, Socios, Zamora, Zlatan

BATISTA

Le 13 juin 1986, lors de la rencontre Uruguay-Écosse de la Coupe du monde (Mexique), l'arbitre français Joël Quiniou renvoya José Batista aux vestiaires, après seulement cinquante-trois secondes de jeu. Le joueur uruguayen, qui n'avait pas encore touché le ballon, eut tout juste le temps de faucher l'Écossais Gordon Strachan. Et de subir l'exclusion la plus rapide de l'histoire du football.

Lire aussi : Carton jaune/Carton rouge, Celeste

BAYROU, Georges (1883-1953)

Joueur sans lien avec François, il fut champion de France 1905 avec le Gallia Club Paris. C'était l'époque du championnat USFSA – une division composée de clubs parisiens et de quelques clubs provinciaux – et des balbutiements d'un football national. Président du FC Sète de 1908 à 1950, il était si superstitieux qu'il préférait assister aux matchs depuis les vestiaires, se fiant aux bruits qui lui parvenaient de la pelouse. Il fut non seulement l'âme du club (deux titres de champion de France, deux Coupes), décidant lui-même de la composition de l'équipe, mais surtout l'un des grands instigateurs, en tant que membre du bureau fédéral puis président de la Ligue (trois petits mois, en 1953), du statut professionnel des joueurs français. Sur son lit de mort, il fit promettre à son entourage de ne pas laisser périr son FC Sète. Un an plus tard, le club sétois abandonnait le professionnalisme…

BECK, Yvan, né Bek (1909-1963)

Yvan Beck compta parmi les premiers professionnels du championnat de France, alors même que le statut de joueur pro n'existait pas encore. Entre 1927 et 1931, ce milieu offensif fut sept fois international yougoslave (quatre buts), jouant notamment une demi-finale de Coupe du monde en 1930, à Montevideo (Uruguay). Il changea d'air en intégrant le FC Sète en 1928, où il remporta la Coupe de France 1930, puis le doublé coupe-championnat en 1934. De 1935 à 1937, il endossa à cinq reprises le maillot bleu, fut transféré à l'AS Saint-Étienne en 1935, puis à Nîmes en 1939. Yvan Bek était devenu entre-temps Yvan Beck, après sa naturalisation française en 1933. Comble de l'acculturation, Suze utilisa son image pour une campagne de pub. L'homme entra en Résistance la guerre venue, mais ne demanda rien à la Libération. Il devint vendeur de poisson sur le port de Sète et tomba dans un oubli total. Son ancien patron sétois Georges Bayrou organisa bien une collecte municipale pour lui venir en aide, en 1951, mais l'on perdit à ce point sa trace que les sources divergent quant à la date de sa mort, d'une crise cardiaque.

Lire aussi : Bayrou

BECKENBAUER, Franz

L'Angleterre eut son King (le Français Cantona), la France son Président (Laurent Blanc), et l'Allemagne son Kaiser (surnom gagné en 1968 par Franz Beckenbauer). L'histoire devait révéler le vrai visage de ce joueur, véritable moteur à trois temps.

Beckenbauer I, celui des origines, est un Bavarois. Né à Munich un 11 septembre 1945, il intégra à l'âge de douze ans la section espoirs du Bayern Munich. Son ascension suivit celle du club, qui devint alors un grand d'Europe, avec dans ses rangs des figures comme Sepp Maier ou Gerd Müller. Il y débuta en 1964, comme arrière-gauche, et s'imposa en quelques rencontres à peine. Sa renommée devint telle qu'il fut sélectionné en équipe nationale alors même qu'il n'avait disputé que quelques matchs de Bundesliga (le championnat allemand). Avec le Bayern, il régna sur le football national – quatre titres de champion, autant de Coupes de RFA – et européen – trois Coupes d'Europe des clubs champions (1974, 1975 et 1976) et une Coupe des coupes (1967). En 1968, Franz Beckenbauer, devenu milieu de terrain, commença à jouer au poste de libero du Bayern, et fut celui de la Nationalmannschaft dès 1970. Ce rôle d'ultime défenseur était jusque-là dévolu aux joueurs rugueux. Beckenbauer lui donna ses lettres de noblesse : le libero, par sa position reculée et garante d'une meilleure vision du jeu, cessa avec lui d'être une simple sentinelle et se fit le premier organisateur de l'attaque. Sens du placement et précision des passes étaient les points forts de Beckenbauer, assez peu endurant par ailleurs.

Il y eut par la suite un Beckenbauer II, allemand de l'Ouest celui-ci. C'est en effet avec l'équipe nationale qu'il se fit remarquer dès la Coupe du monde 1966, lui qui n'était pas même âgé de vingt et un ans. Malgré la défaite en finale contre l'Angleterre, il fut l'un des meilleurs joueurs du tournoi : 6 matchs, 4 buts. Le moment fondateur du mythe Beckenbauer fut cette demi-finale Italie-RFA, lors de la Coupe du monde 1970, un des plus beaux matchs de tous les temps, entre deux équipes à l'époque pourtant peu portées sur le beau jeu. Les deux pays jouaient les prolongations quand Beckenbauer se fit une luxation à l'épaule. L'équipe d'Allemagne ayant opéré ses deux changements, il ne pouvait plus être remplacé. Il resta donc sur le terrain, et continua malgré tout le match, le bras en écharpe, souffrant le martyre, mais jouant comme si de l'issue du match dépendait sa survie. Il devint le héros de l'arène. Avec la RFA, en tant que capitaine chaque fois, il remporta l'Euro 1972 et la Coupe du monde 1974, et finit finaliste de l'Euro 1976. Il fut récompensé de deux Ballons d'or, en 1972 et 1976. Les années 1970 furent aussi le théâtre d'une des confrontations les plus importantes entre deux footballeurs éminents, Beckenbauer et Cruyff, qui s'affrontèrent deux fois. La première, lors d'un quart de finale aller de Coupe d'Europe des champions en 1973, où l'Ajax battit le Bayern 4-0. La seconde, lors de la finale de la Coupe du monde 1974, que les Allemands remportèrent 2-1 sur leur sol. Entre 1970 et 1974, Beckenbauer a fait partie de cette équipe de RFA qui évoque plus le football Panzerdivision que le football champagne, sans néanmoins être dénuée d'une certaine élégance.

Beckenbauer III, le dernier, est quant à lui un homme du monde : en 1976, il alla relever le défi américain, ou plutôt sacrifia à la grande mode des gloires finissantes des seventies, qui, une fois sevrées de titres, allaient gonfler leur compte en banque aux States. L'Allemand rejoignit alors Pelé au New York Cosmos. Il joua même, le temps de deux matchs amicaux, avec Cruyff. Il fut nommé sélectionneur de l'équipe nationale en 1984, menant la RFA en finale du Mondial 1986 et à la victoire, quatre années plus tard. On découvrit alors un sélectionneur en costard et fines lunettes, stoïque, qui passait les quatre-vingt-dix minutes du match debout, à côté de son banc. Peu de sélectionneurs montrèrent une telle grâce. Il vint entraîner, durant quelques mois, l'OM de Bernard Tapie, en 1990-1991, avant de coacher *son* club (le Bayern), dont il fut plus tard le président. À l'instar de Michel Platini pour la Coupe du monde française de 1998, Beckenbauer prit la tête du comité d'organisation de la Coupe du monde 2006 en Autriche.

Capitaine de l'équipe championne du monde en 1974, patron de l'équipe championne du monde en 1990, puis président du comité d'organisation du Mondial allemand de 2006, président du Bayern entre 1994 et 2009, président d'honneur du club depuis, il fut enfin membre du comité exécutif de la FIFA entre 2007 et 2011.

Lire aussi : Allemagne

BECKHAM, David

Avec Zidane, le plus beau coup de patte du football européen entre le milieu des années 1990 et celui des années 2000. Footballeur anglais, Beckham a fini par devenir au football ce que Kate Moss est à la mode : une star people, un placard publicitaire, publicité vivante, plus connu pour ses tatouages, ses multiples coiffures et ses millions d'euros que pour ses prouesses de footballeur.

Il fut pourtant un temps où Beckham l'était, footballeur. Né à Londres en 1975, pur produit du Manchester United des années 1990, il commença à jouer sous l'ère Cantona, dont il reprit le numéro 7 chez les Red Devils. C'est dire la confiance. Méritée du reste, car Beckham fut de cette équipe qui gagna beaucoup (aux côtés de Giggs, Neville…) : six titres en Premier League entre 1996 et 2003, dont le triplé historique Champions

League-coupe-championnat en 1999. Après onze ans chez les Red Devils, il s'offrit un nouveau rêve. Celui des Galactiques du Real Madrid, où il rejoignait (transfert de 37,5 millions d'euros) Zidane, Ronaldo, Roberto Carlos et autres Figo. Ce furent quatre saisons en dents de scie, faites de périodes fastes et d'autres où il commit, en club comme en sélection, des fautes graves (tacles volontaires, expulsions). Il était en train de devenir un « people » qui parfois joue au foot. Et qui engrange des millions de dollars ou d'euros grâce à la publicité.

À cette époque, la presse à scandale l'accusa d'entretenir deux relations adultères (avec son assistante personnelle Rebecca Loos, puis avec le modèle Sarah Marbeck), que le joueur nia tout net. Néanmoins, c'est à cette époque que sa femme Victoria prit le pouvoir dans le couple, jusqu'à autoriser (ou pas) les contrats de publicité de Monsieur, qui se vit ainsi dépossédé de sa propre image.

Vint un moment où personne ne savait exactement où jouait l'Anglais. Il signa aux Los Angeles Galaxy en 2007, n'y joua que peu, et très légèrement. Tout en se débrouillant pour se faire prêter pour six mois au Milan AC, et ce à deux reprises (janvier 2009 et janvier 2010), pour jouer vraiment. C'est alors que survint l'épisode PSG. Intensément dragué par les Qatariens qui avaient racheté le club parisien durant l'été 2011, le transfert de Beckham, âgé de trente-six ans, fit le buzz en France durant les fêtes de fin d'année. Le 27 décembre, tout semblait plié : un contrat d'un an et demi à 450 000 euros nets mensuels. Six jours plus tard, c'était la gueule de bois : il ne viendrait finalement pas. Ayant préféré rester au Los Angeles Galaxy, pour un contrat encore supérieur. On dit aussi que son épouse et ses enfants se plaisaient plus à Los Angeles qu'à Paris. Plus personne n'y croyait quand, au dernier jour du mercato de l'hiver suivant, le 31 janvier 2013, le club parisien annonça l'engagement de la mégastar, pour cinq mois et un salaire estimé à 800 000 euros bruts mensuels. Il s'engagea à reverser l'intégralité de la part liquide de ses émoluments à des associations caritatives. Il en résulta, pour ce coup de com', un montage fiscal atypique : le joueur devait payer ses impôts en France, tout en préservant ses revenus extra-sportifs et son patrimoine des fourches caudines du fisc français, et le club devait lui aussi payer les charges afférentes. On estima à 175 000 euros l'impôt mensuel de Beckham, et à 1,13 million ce que le club devrait payer à l'État pour garantir ce salaire. Atypique. Ses cinq mois ne furent pas ridicules, malgré une forme unanimement jugée insuffisante. L'essentiel était ailleurs : faire venir au stade un public plus féminin, apporter son expérience à un club qui comptait sur lui pour poursuivre sa mutation, et vendre des centaines de maillots floqués à son nom. Voilà belle lurette qu'on ne se demandait plus ce qu'il apporterait à son équipe, mais combien il rapporterait à son club. Il prit sa retraite le 18 mai 2013, sortant du terrain en larmes, à la 82e minute d'un PSG-Brest dont il était le seul événement.

En 2014, le *Times*, plus ancien quotidien britannique, estimait sa fortune à 235 millions d'euros, lui qui promotionne Marks & Spencer, H&M, Adidas, Gillette, Emporio Armani, et autres Pepsi, touchant tout au long de sa carrière 27 millions d'euros uniquement grâce à ses contrats publicitaires.

En 2018, il annonçait la création d'un club de football à Miami (Floride), une « franchise » comme on les appelle outre-Atlantique. L'Inter Miami FC, qui doit faire ses grands débuts en MLS (Major League Soccer) en mars 2020.

Voilà longtemps que Beckham n'était plus un nom mais une marque, un investisseur, une figure people forte de ses soixante millions d'abonnés sur Instagram.

Une image bien écornée le 3 février 2017, et la publication d'une enquête conduite en France par le site *Mediapart*, s'appuyant sur les documents traités par les *Football Leaks*, le consortium d'une douzaine de médias européens (ECI), dont *Mediapart*, à l'origine depuis 2016 de révélations fracassantes sur les dessous du foot-business, avec notamment un vaste système d'évasion fiscale. Ambassadeur de bonne volonté pour l'Unicef depuis 2005, David Beckham y avait même créé un fonds à son nom (« 7 : The David Beckham Unicef Fund »), visant à recueillir des sommes « pour protéger des millions d'enfants à travers le monde ». Mais selon le site, David Beckham s'était « longtemps refusé à alimenter le fonds humanitaire dont il est censé être le premier et principal contributeur. Il a même tenté de se faire rembourser par l'Unicef des frais qu'il n'avait pas engagés » – après un déplacement en Asie en tant qu'ambassadeur, la société de Beckham (DBV) aurait envoyé une facture de 8 000 euros au fonds de l'ONU, alors que son déplacement (en jet privé) avait déjà été pris en charge par un sponsor.

Le monde connut, un temps, un footballeur génial nommé David Beckham, dont la précision dans le jeu long comme le jeu court, la polyvalence au milieu de terrain, la qualité des coups francs et le toucher de balle firent de lui un enchanteur du football. Qui a tout de même disputé trois Coupes du monde avec l'équipe d'Angleterre, dont il fut un temps capitaine, et dont il a porté le maillot à 115 reprises.

Mais n'oublions pas que David n'aurait jamais été une star s'il n'avait pas été le « Spice Boy ». S'il n'avait pas rencontré Victoria Caroline Adams, la chanteuse des Spice Girls. Comme ses quatre copines, Victoria était une superstar mondiale quand leur manager, Simon Fuller, l'emmène voir un match des Red Devils, à la fin duquel il lui fait saluer les joueurs. Coup de foudre entre elle et ce David qui n'était alors qu'une vedette. Un an de relation secrète, fiançailles en 1998 et, le 4 juillet 1999, un mariage… financé par les droits de ventes des photos de la cérémonie au magazine people *OK !*. La Spice Girl fut la première et la plus médiatique des « WAGs ». C'est elle qui a *fait* David « Spice Boy » Beckham, dont la nouvelle célébrité aura toujours un peu flouté notre regard sur sa carrière personnelle. C'est elle qui relooka et façonna son mari pour en faire un homme *bankable*. Les nombreux contrats publicitaires signés par David durent tous recevoir l'aval de Victoria, qui contrôlait ainsi l'image du couple, et donc la sienne.

Lire aussi : Ferguson, Foot business, Galactiques, PSG, WAGs

BEN BAREK, Larbi (1917-1992)

« Larbi Benbarek [est] né en 1917, à 300 kilomètres de Casablanca, un jour qu'il ignore » : c'est ainsi que le journal *Ce Soir-Sprint* présenta le joueur dans son guide de la saison 1945-1946. Il est vrai que personne ne connaît la date de naissance de celui qui devint la « révolution noire du football », aussi parce que Larbi est né de père inconnu. Il est fort possible qu'il soit né en 1914, mais l'année 1917 a toujours été considérée comme celle de sa naissance « officielle ».

Larbi est né, et mort, à Casablanca. C'est dans la ville blanche qu'il fut un jour repéré par des journalistes français, lors d'un match amical Maroc-France B. En juin 1938, il fut recruté par l'Olympique de Marseille. Formé au football des rues, le jeune homme s'imposa très vite dans l'effectif marseillais, et plut tout de suite à la France du football. Milieu de terrain, il devint « inter », un poste disparu dans le football depuis quarante ans, une sorte d'équivalent du numéro 9.

Ben Barek avait un style de jeu très brésilien, du pur football-spectacle ; c'était un joueur souple, agile et athlétique, capable de créer et de distribuer des deux pieds et de la tête. Devenu en quelques matchs seulement une idole en métropole, il connut sa première sélection en bleu dès le 4 décembre 1938, pour un match Italie-France – une sélection permise par le statut de protectorat français de son pays natal. Si sélectionner Ben Barek en équipe nationale relevait du bon sens, le faire face à l'Italie fasciste, qui occupait alors l'Éthiopie, pour un match se déroulant à Naples fut une idée honteusement coupable. La presse transalpine attendit de pied ferme « Il Negro tricolore », cet « analphabète jouant au football comme un danseur nègre danse », en se réjouissant de « ne pas compter parmi les Azzurri des hommes de chocolat ». Pendant le jeu, il dut sans surprise affronter les sifflets racistes émanant de tout le stade. Larbi ne se laissa pourtant pas impressionner et chanta l'hymne français à gorge plus déployée encore. Sa réaction en fit un homme adoré en France. Toutefois, si le public fit rapidement de lui une idole, la presse hexagonale réserva quant à elle un accueil glacial à ce Marocain au « curieux physique de Sénégalais », « non assimilable en dehors de la sphère sportive ». Professionnel consciencieux, Ben Barek eut le courage d'ignorer tous ces préjugés. Puis la guerre amputa sa carrière haletante, lui qui avait réussi à se hisser au premier plan du foot français. Il revint à Casablanca, où il remporta cinq titres de champion d'Afrique du Nord entre 1939 et 1946, avec l'US Marocaine, son ancien club.

En 1945, le président du Stade français mit en place à Paris une équipe de vedettes, dont Ben Barek fut une recrue de choix, sous la conduite d'un entraîneur dont le monde reparlerait plus tard : Helenio Herrera, l'inventeur du catenaccio. Après trois saisons de paillettes, Larbi fut recruté par l'Atlético Madrid qui, à un moment où le monde ne connaissait ni les transferts ni le mercato, déboursa 17 millions de francs pour sa prime d'engagement. Entre 1948 et 1953, il gagna encore deux titres de champion d'Espagne, marqua 50 buts et les esprits, mais ne joua plus en équipe de France.

Il voulut achever sa carrière à Marseille, où il joua de nouveau entre 1953 et 1955, et refit parler sa classe. Quasi quadragénaire, son hygiène de vie exemplaire lui assura une longévité telle qu'il put disputer deux matchs historiques, avec deux tuniques symboliques. Le premier eut lieu à Paris le 7 octobre 1954, dans un étrange France-Afrique du Nord, gagné 3-2 par les colonisés. Le second, dix jours plus tard, donna à l'homme sa seule sélection tricolore de l'après-guerre, et fit de lui le joueur qui connut la plus longue carrière en bleu (quinze ans et dix mois, 17 sélections et 3 buts). Il s'agit de l'historique RFA-France, dix ans à peine après la guerre.

Ben Barek abandonna dès lors le haut niveau mais pas le football, rejouant quelque temps au Maroc. Ruiné, il dut se refaire comme joueur au noir en Belgique (« amateur marron »). Guère plus riche mais prenant de l'âge, il retourna au Maroc et devint entraîneur. Sa vie prit alors un tournant aussi tragique que sa carrière fut magique. Spolié et abusé par de nombreuses personnes, il finit sa vie dans la solitude, à tel point que, à sa mort, son cadavre fut découvert seulement au bout d'une semaine, le 16 septembre 1992.

Lire aussi : Benouna, Catenaccio, Marron, OM

BENOUNA, Ali (1907-1980)

Ali Benouna fut le premier footballeur algérien à avoir traversé la Méditerranée pour jouer en France. En 1932, c'est-à-dire aux débuts du professionnalisme, à une période où, à l'instar de tous les autres milieux professionnels, les entrepreneurs du foot « importaient » de l'empire colonial les talents à moindre coût. Lesquels arrivaient souvent sur le sol français par les clubs des villes portuaires : le FC Sète et l'Olympique de Marseille notamment.

Ailier gauche mais aussi docker à Orléansville – ville artificielle que la France fonda en 1843 entre Oran et Alger pour fortifier sa présence coloniale, et rebaptisée El-Asnam en 1964, puis Chlef en 1981 –, il fut recruté par le FC Sète de Bayrou en 1932. Deux ans plus tard, il remporta la Coupe de France. Puis il connut deux sélections en équipe de France, face à la Belgique et à la Tchécoslovaquie – peu avant que celle-ci ne soit abandonnée par le reste de l'Europe. La régularité de ce pas de deux cessa par la suite : Benouna joua une saison à Boulogne, une à Rennes puis une dernière à Roubaix, et stoppa sa carrière en 1939.

Lire aussi : Bayrou, Ben Barek, Villaplane

BENZEMA, Karim

Qualité technique, intelligence du placement, lecture parfaite des mouvements sur un terrain, excellent passeur et, évidemment, serial buteur : depuis quelques années, il est un des meilleurs avant-centres du monde. D'ailleurs, il est à la pointe du Real Madrid, un des plus grands clubs de la planète. Mais voilà : Karim Benzema est de sa génération. Aussi est-il tombé dans certains travers de son temps et de son standing, et son nom s'est aussi inscrit dans les pages faits divers.

Né le 19 décembre 1987 à Lyon, il grandit à Bron, dans la banlieue est de la capitale des Gaules. Repéré par l'Olympique Lyonnais dès l'âge de neuf ans, il y effectua toute sa formation. Intégré dans le groupe pro en cours de saison 2004-2005, il joua ses premières minutes en Ligue 1 le 15 janvier 2005, et signa son premier contrat professionnel. En trois saisons, il monta en gamme, en rythme, en buts, et devint tout simplement l'homme majeur de l'attaque lyonnaise (il passa donc devant des types comme Govou ou Wiltord, alors internationaux). Ses performances en Ligue 1 (meilleur buteur en 2007-2008) et en Ligue des champions attirèrent sur lui l'intérêt de Manchester United et du Milan AC. Il signa un nouveau contrat à l'OL (la presse évoquait un salaire mensuel net de 300 000 euros). Mais à la fin de la saison, il s'engagea au Real Madrid (pour 35 millions d'euros), où il rejoignait Cristiano Ronaldo, recruté quelques semaines avant. Il avait été un artisan majeur de cette triomphale période lyonnaise (quatre fois championne de France).

Comme Hatem Ben Arfa, Samir Nasri ou Jérémy Ménez, Benzema est de cette « génération 87 » qui devait succéder à la génération Zidane chez les Bleus. Ces jeunes-là menèrent l'équipe de France des moins de dix-sept ans au titre de championne d'Europe en 2004, mais se gâcha ensuite quelque peu. Le Lyonnais fit ses débuts internationaux le 28 mars 2007 : entré à la mi-temps, il marqua son premier but, reprenant un coup franc de... Nasri. Il fut de ce piteux Euro 2008 avec les Bleus. Par la suite, bien que participant aux éliminatoires de la Coupe du monde 2010, il ne fut pas du voyage en Afrique du Sud, pour cause de débuts difficiles au Real. Ce fut sa chance, en fait, car il n'était donc pas dans ce « bus de la honte » à Knysna. C'est ainsi que malgré sa jeunesse (vingt-trois ans), il devint pendant quatre ans un cadre des Bleus. Ce, malgré des prestations alternant le bon et le passable, mais surtout... vierges de tout but ! Le 12 octobre 2013, après 1 222 minutes sans scorer, il retrouva enfin la voie des filets. Le 19 novembre, en match de barrage retour contre l'Ukraine, il marqua un des trois buts de cette soirée splendide : défaits 2-0 à l'aller, les Bleus se qualifiaient pour la Coupe du monde brésilienne en gagnant 3-0. Cette victoire donnait raison au sélectionneur Deschamps. Qui avait gardé confiance en Benzema. Le Mondial, disputé au Brésil, vit l'équipe nationale finir (bonne) quart de finaliste, et l'attaquant auteur d'un bon tournoi (passes décisives, trois buts). Le 8 octobre 2015, il honorait sa quatre-vingt unième sélection. Sa dernière en date. Après vingt-sept buts. Car cinq jours plus tard éclata « l'affaire de la sextape ». Un fait divers qui a signé sa mise au frais, puis à l'écart.

En avril 2010, son nom avait déjà été cité dans ces pages-là : c'était l' « affaire Zahia », dans laquelle il fut finalement relaxé. Mais cette histoire fit entrer Benzema dans la catégorie des vulgaires enfants gâtés, de ces stars qui s'autorisent tous les travers. Le 5 novembre 2015, après vingt-quatre heures de garde à vue à la PJ de Versailles, il fut mis en examen pour « des chefs de complicité de tentative de chantage et participation à une association de malfaiteurs ». En résumé, les faits sont les suivants : des écoutes téléphoniques auraient révélé que, lors d'un rassemblement de l'équipe de France en juin, Valbuena (alors joueur de l'OM) avait été victime de menaces téléphoniques. Ses interlocuteurs auraient tenté de le faire chanter, réclamant plus de 100 000 euros contre la non-diffusion d'une vidéo intime le montrant avec sa compagne. En octobre, Benzema approcha le joueur pour lui reparler de cet enregistrement. Pourquoi ? Parce qu'un de ses amis d'enfance, Karim Zenati, l'avait sollicité pour faire pression sur son coéquipier. Mais Valbuena avait déjà porté plainte, et des suspects étaient sur écoute. L'enquête identifia les deux maîtres-chanteurs, et établit que Zenati servit d'intermédiaire pour, via Benzema avec qui il était resté ami, approcher leur « victime ». Le Madrilène fut parmi les six personnes mises en examen. Le 10 décembre, le président de la Fédération française annonça la suspension de l'attaquant. Confirmée par le sélectionneur Deschamps en avril 2016. Dès lors, il était clair que Benzema ne reviendrait pas en équipe de France sous l'ère Deschamps. Le 9 décembre

2019, la Cour de cassation a validé la procédure en cours, ouvrant la voie à un procès en correctionnelle, dont la date n'est pas connue à ce jour.

C'est ainsi que, barré en Bleu sans doute à jamais, Karim Benzema a choisi de donner ses meilleures années à la « Maison blanche » du Real Madrid. Où il est adoubé par Zinedine Zidane. Souffrant d'une concurrence affolante à son poste (CR7, Higuain, Adebayor, Di Maria), de blessures, et du manque de confiance des coaches Mourinho et Ancelotti, il s'est progressivement imposé, à force de buts par doublés et par paquets dans toutes les compétitions. De sorte que seul Cristiano Ronaldo le devance, au club, dans les statistiques comme dans l'impact sur le jeu de l'équipe. L'arrivée, en 2016, de Zidane sur le banc madrilène a définitivement conforté le joueur. Dont l'entente avec CR7 fit des éclats. Et depuis le départ de ce dernier, en 2018, Benzema est le joueur le plus expérimenté de l'effectif avec le défenseur espagnol Sergio Ramos.

Fort d'un palmarès où brillent notamment quatre Ligues des champions, quatre titres de champion de France et deux d'Espagne, cet homme est donc devenu le plus fort des joueurs français en activité.

Mais, fils de son époque, Karim Benzema est aussi un enfant du foot-business, qui se vit en icône. Il s'affiche en une de magazines de mode internationaux, exhibe ses nombreuses voitures de luxe ou (en 2015) ce ballon composé de 72 000 pierres précieuses et 1 250 carats (à 250 000 dollars). Ses comptes Twitter et Instagram (32,5 millions d'abonnés) regorgent de photos en piscine, en jet privé, en boîte de nuit. En 2015 encore (décidément, quelle année), il révélait une amourette avec la chanteuse Rihanna. Son contrat actuel lui vaut un salaire proche de 9 millions d'euros net par saison.

Lire aussi : CR7, DD, Maison blanche, Zidane

BEST, George (1946-2005)

Quand on aime le football, on a un dieu, et il s'appelle Best. George Best fut John McEnroe et les Rolling Stones à lui tout seul. Best ne joua pas au foot. Best fut le foot, comme les Oranje de Cruyff le furent également. Le foot dans ce qu'il a de plus libre, inventif, spectaculaire, mais aussi colérique et autodestructeur. S'il faut retenir une image des *swinging sixties* britanniques, aucune hésitation : c'est celle de George Best. Sa gueule d'ange aux cheveux courts, devenue gueule burinée aux cheveux longs et à barbe. Car Best eut bien des visages.

Précoce

George Best, Irlandais né à Belfast, avait quinze ans lorsqu'en 1961 il accompagna un ami à Manchester. Un peu plus tôt, Bob Bishop, l'œil de Matt Busby en Irlande, avait envoyé un télégramme à l'entraîneur mancunien : « J'ai trouvé deux jeunes : un bon et un génie. » Le génie, c'était Best. Qui, en une matinée d'entraînement avec les professionnels, convainquit le coach des Red Devils de l'engager en équipe junior, contrat d'apprenti à la clef. Deux années plus tard, en septembre 1963, il fit ses grands débuts, titulaire sur l'aile gauche. Ridiculisant une première fois son opposant. Vif, rapide, insolent, dribbleur de génie : à dix-sept ans, Best devint un joueur indispensable à l'équipe de Busby. Festivals de petits ponts, de retours en arrière et de nouveaux petits ponts sur le même joueur, pour le ridiculiser : on avait l'impression de revoir Garrincha.

Footballeur

Dribbleur génial, il fut aussi un grand buteur (178 buts en 466 matchs avec MU, de 1963 à 1974). En 1964-1965, il fut l'un des artisans du titre de champion, dans un duel haletant avec Leeds. Le 9 mars 1966, bien que ne respectant pas les consignes défensives de

Busby, il marqua deux fois pour une écrasante victoire des siens (5-1), en quart de finale de Coupe d'Europe face au Benfica d'Eusébio. Puis, en 1968, vint la Coupe d'Europe des clubs champions, une première pour un club anglais, et surtout revanche des Red Devils sur le destin, dix ans après le crash de Munich. La plus grande année de Best fut 1968, où il reçut d'ailleurs le Ballon d'or. « Un défi permanent à l'œil et à l'esprit, il a de la glace dans les veines, du feu dans le cœur et des pieds de funambule divin », écrivit alors l'hebdomadaire *France Football*, qui l'avait élu. Deux ans avant son triomphe de 1970, Pelé lui-même s'exclama : « Le meilleur joueur du monde, c'est lui ! » Aujourd'hui encore, pour beaucoup, Best reste le meilleur joueur britannique de tous les temps. Ne lui manqua qu'une gloire internationale en Coupe du monde. Mais l'équipe d'Irlande du Nord ne peut prétendre à de grandes joutes internationales...

Beatnik

Comme Elvis Presley ou Jack Kerouac, il débuta sa carrière avec le cheveu court et une gueule d'ange. Comme le crooner-rocker, il l'acheva boursouflé et barbu. Dans une Europe normée, variant entre rigueur (RFA, Italie) et réalisme (Portugal, URSS, Angleterre), Best fut le seul artiste. Incapable de respecter les règles tactiques d'un échiquier quadrillé, Best fut celui qui échappait aux codes, irritant partenaires et adversaires, mais marquait et divertissait toujours, désamorçant ainsi les rappels à l'ordre de ses coéquipiers disciplinés (Charlton).

Best devint l'incarnation, dans le monde du sport, de l'esprit des années 1960. Celui de l'avènement d'une jeunesse en rébellion, de l'influence américaine, de la lente dépénalisation de l'homosexualité, de la légalisation partielle de l'avortement et des luttes féministes, mais aussi du rock et du yé-yé. La presse anglaise fit de Best une star. Il fut le premier footballeur à tourner dans une publicité, l'invité récurrent des émissions de télévision de grande audience (« Michael Parkinson's Show », « Match of The Day »), et ouvrit des boutiques de fringues à Londres et Manchester.

Pop star

Sa belle gueule, ses débuts professionnels l'année où les Beatles furent pour la première fois numéro un des hit-parades (1963), un déclin amorcé au moment où les gars de Liverpool se séparaient (1969) : peut-être étaient-ce là les raisons pour lesquelles Best fut surnommé le « Cinquième Beatles ». Sa grâce, son jeu et son mode de vie en firent la première pop star de l'histoire du foot. Mais star, c'est aussi un style de vie, que Best s'offrit dès ses vingt-trois ans. Il fit construire une maison à l'écart de Manchester, avec piscine intérieure, salle de billard et grande baie vitrée donnant sur la route… pour que les filles puissent s'y agglutiner et l'admirer. Parfois, il en invitait une pour lui « soulever le capot ». Puis Best commença à passer le plus clair de son temps sur les plateaux de télévision, avec des filles, à boire de plus en plus. À négliger l'entraînement, à se rendre en retard aux rassemblements d'avant matchs, où il arrivait d'ailleurs bourré. On put y voir le symbole des jeunes footballeurs en rupture avec des conditions de vie spartiates, ou encore celui d'une génération issue de la *working class* succombant au mirage de la célébrité. Il fallut y voir aussi le signe d'un ego surdimensionné, et jamais satisfait. Et surtout un style de vie plus rock.

Champion fini

L'année 1969 marqua le déclin de sa carrière. Seul son entraîneur était capable de canaliser son tempérament, la relation entre les deux hommes constituant un exemple de rapport quasi paternel entre un joueur et son entraîneur. Mais Busby quitta le club en 1969. Best sombra alors littéralement dans l'alcool, prit du poids, se laissa pousser la barbe. Toujours aussi absent et alcoolisé, il parvint néanmoins à finir meilleur buteur du club, exaspérant ses coéquipiers. Toutefois le successeur de Busby, O'Farrel, lui infligea deux semaines de salaire d'amende et des séances d'entraînement supplémentaires… et lui ordonna de quitter sa maison. Trop pour Best, qui claqua la porte, annonça la fin de sa carrière, et s'installa à Marbella, en Espagne. Le tout à vingt-six ans. Deux semaines plus tard, Busby ayant réussi à le convaincre, Best reprit la saison à Manchester. En vain. Le 1er janvier 1974, il disputa son dernier match avec les Red Devils.

Gâchis

Si Best ne prit sa retraite qu'en 1984, à l'âge de trente-huit ans, c'est parce qu'il n'évolua ensuite que dans des clubs de seconde zone (Cork, Los Angeles Aztecs, Fulham, Glentoran, etc.), et qu'il joua peu. Lors d'un de ses trois matchs pour les Écossais de Cork Celtic, il prit la balle, dribbla un joueur, s'arrêta, se retourna pour vomir et repartit balle au pied pour centrer… Les sorties nocturnes, les filles et la bière remplissaient abondamment ses journées. Après Mary Stävin, Miss Monde, Best eut une grande prédilection pour les blondes. Plusieurs femmes partagèrent sa vie, essayant de lui faire abandonner l'alcool, notamment le top model américain Angie McDonald, qu'il trompa mais qu'il épousa – passant leur nuit de noces à boire et à jouer aux cartes, non avec sa femme mais avec ses potes. Une petite Calum naquit en 1981, et Angie le quitta en 1984, l'année de sa retraite. Après Angie, toutes les femmes le quitteront en un rien de temps. Il en battit même une, Alex. Qui dit de lui : « Il semble mener une mission d'autodestruction et cela empire. » Par la suite, Best ne vécut que sur sa gloire passée, comme Presley, vendant trois cent mille exemplaires de son autobiographie. Ses passages lors de talk-shows firent encore de grosses audiences, où il balança des formules qui contribuèrent aussi à sa renommée, telles que : « J'ai claqué beaucoup d'argent dans l'alcool, les filles et les voitures de sport – le reste, je l'ai gaspillé », ou : « En 1969, j'ai arrêté les femmes et l'alcool, ça a été les vingt minutes les plus dures de ma vie. » En 1984, il passa deux mois derrière les barreaux pour conduite en état d'ivresse et agression sur un agent de police. Fauché, il vendit ses trophées (dont son Ballon d'or, pour 160 000 livres) et s'acheta une petite maison en Grèce. En 2002, il subit une greffe du foie. Le 25 novembre 2005 arriva cette chose rationnelle et pourtant imprévisible : George Best mourut. Lors de ses funérailles à Belfast, trois cent mille personnes accompagnèrent sa dépouille au cimetière, sous la pluie.

Mythe

Pour nous, un grand footballeur est aussi un homme qui sut développer par le football un rapport à sa classe sociale, à la culture, au monde, à la fatalité, au désespoir, repoussant les limites du terrain comme celles de son existence. Explosant au passage les déterminismes sociaux et culturels, et inventant un autre football. En ce sens, Best, fils spirituel de Garrincha, et père spirituel de Cruyff et Maradona, est avec eux le plus grand footballeur que la Terre ait porté. Best, Cantona et Di Stefano restent les plus grands joueurs… à ne jamais avoir disputé une seule Coupe du monde. En 1987, le groupe pop anglais The Wedding Present intitula son premier album ainsi : *George Best.*

Lire aussi : Busby Babes, Charlton, Law, *Temps additionnel*

BETHLÉEM

C'est dans ce lieu saint du judaïsme et du christianisme, placé sous autorité palestinienne depuis 1995, qu'eut lieu le 26 octobre 2010 un match aussi symbolique qu'original : Palestine-Vatican. Un match amical que la FIFA refusa d'homologuer et auquel ne purent donc participer les joueurs palestiniens évoluant à l'étranger. L'équipe vaticane était une internationale du pèlerinage, constituée de gardes suisses et de prêtres catholiques, ces derniers ayant pour la plupart dépassé de longue date l'âge de la retraite sportive. Autour du stade Al Khader flottèrent drapeaux palestiniens et italiens et bannière vaticane jaune et blanc. Dans la tribune d'honneur, aux côtés des officiels palestiniens, on distingua un rang de bures marron, celles des moines franciscains. Au cours de la première mi-temps, on crut au miracle : porté par la grâce et bien aidé par ses poteaux providentiels, le gardien du Vatican repoussa une à une les tentatives palestiniennes. À la mi-temps, le score était nul. Mais les athlètes de Dieu revinrent sur terre en seconde période, qui fut pour eux un chemin de croix : les Palestiniens avaient marqué neuf buts lorsque les abbés entrouvrirent la porte du paradis et réussirent à sauver l'honneur.

Lire aussi : Israël, Palestine

BEZ, Claude (1940-1999)

L'image dit bien des choses : c'est une photo particulière de Claude Bez, grosse moustache, épais pardessus, regard de fer dans une tête bonhomme. Président des Girondins de Bordeaux, Bez fut un peu le Medef de tout le foot hexagonal, l'interventionnisme avant l'heure au sein des instances fédérales. Songez qu'en octobre 1988, après un piteux match nul de l'équipe de France à Chypre (1-1), résultat qui compromettait les chances de qualification des Bleus pour le Mondial italien de 1990 (après avoir manqué l'Euro 1988), Bez se bombarda « superintendant » de l'équipe de France – poste qu'il créa de toutes pièces et sans aucune contestation. Il dézingua Henri Michel, le sélectionneur en place, et plaça Platini à la tête des Bleus. En ce temps-là, le foot était une affaire de gros manteaux, et le pouvoir fédéral, par frousse, ne toussota pas.

Expert-comptable de formation, Claude Bez dirigea un cabinet jusqu'à la fin des années 1970. Si Bez devint Bez, c'est parce que feu Chaban-Delmas, maire de Bordeaux et ancien Premier ministre, voulut imposer à sa ville la « Nouvelle Société » qu'il n'avait pas réussi à vendre à la France. Et Bez, vieil ami de Chaban, fut l'homme de la situation. Entré aux Girondins comme trésorier en 1974, il en fut nommé président quatre ans plus tard. Il bâtit son équipe autour d'Alain Giresse, et fit venir Aimé Jacquet sur le banc en 1980. Entre 1978 et 1985, la subvention municipale du club passa de 1,3 à 6 millions de francs. En 1983, Bez entreprit la restauration du prestigieux domaine du Haillan et de son château Bel Air, pour en faire le centre d'entraînement du club, son centre de formation et son siège. Avec Bez, Bordeaux devint un grand club : trois victoires en championnat (1984, 1985 et 1987), deux Coupes de France (1986 et 1987), et sept années consécutives de participation aux coupes européennes (avec deux demi-finales à la clé).

Au mitan des années 1980, notre président vit surgir un rival de taille : Bernard Tapie.

Peu après l'intronisation de celui-ci à la tête de l'OM (avril 1986), Bez l'insulta, le qualifiant de « traître, escroc et charlatan », car Tapie avait approché le joueur bordelais Tigana juste avant un match crucial entre les deux clubs. Tigana rejoignit effectivement l'OM, mais en 1989. En attendant, en 1986, c'est Alain Giresse que Tapie débaucha… Dans le même temps, la domination bordelaise s'estompait, et l'OM commençait à asseoir sa suprématie sportive. Des années durant, les deux big boss allaient étendre cette rivalité sur le terrain médiatique, s'invectivant par presse ou provocations interposées. Le businessman Tapie ringardisait son homologue en le rabaissant à son ancien métier de comptable. Bez, lui, régnait à l'ancienne dans cette ville bourgeoise et conservatrice, se définissant comme un « fasciste éclairé ». Lors de la saison 1990, le Bordelais parada dans la cité phocéenne à bord d'une grande Cadillac bleu marine à toit blanc (les couleurs de son club) et vitres teintées, jusqu'aux portes du Stade Vélodrome.

Quelques mois plus tard, il déclara au journal *L'Équipe* : « Un de mes joueurs a été victime d'une tentative de corruption de la part de l'OM. De plus, je détiens une cassette sur laquelle on peut entendre une conversation entre Tapie et Bernès à propos du joueur Fournier [évoluant chez les Verts à l'époque, NDA]. Cela, je tiens à le préciser, avant un match Saint-Étienne-OM. »

De son côté, Tapie accusa Bez de « frauder avec le fisc » et de « tricher avec son club ». C'est que Tapie, alors chouchou de la mitterandie, connaissait bien le ministre du Budget, Michel Charasse. Dans *L'Équipe* toujours, il expliqua : « Je vais avoir des choses à dire à mon ami Charasse sur un dossier qui me paraît nettement plus important : l'enrichissement de certains dirigeants sur le dos de leur club. »

Le sort décida qu'à ce jeu les deux perdraient. Bez tomba le premier. À la fin de la saison 1991, les Girondins furent relégués administrativement en deuxième division, en raison d'un déficit budgétaire (45 millions d'euros). Le président dut démissionner. Quelques mois avant, il avait été rattrapé (ainsi que son fils) par le parquet de Bordeaux, et poursuivi pour avoir détourné 10 millions de francs lors des travaux de rénovation, en 1989, du domaine du Haillan. Les collectivités locales avaient déboursé 54 millions pour un chantier initialement chiffré à 44 millions. Le 22 mars 1994, il écopa de deux ans de prison, dont un avec sursis, et 2 millions de francs d'amende pour « escroquerie et recel d'usage de faux ». La chute de la maison Bez révéla par ailleurs de gros retraits d'espèces, utilisées pour fournir des prostituées aux arbitres des matchs européens du club, ainsi qu'un système de fausses factures au profit du président.

Claude Bez fut, enfin, l'homme qui inventa les droits TV. Avant lui, aucun club ne faisait payer la retransmission de ses matchs, les images étaient libres et diffusables sur toutes les chaînes. Bez décida de facturer ces images pour les matchs de Bordeaux à domicile, privant ainsi d'enregistrement les chaînes récalcitrantes. On se rappelle qu'Antenne 2 refusa ce diktat, et diffusa dans son émission dominicale « Stade 2 » la violente altercation entre le président des Girondins et le journaliste Robert Chapatte, défendant la presse et insultant Claude Bez, dont les propos envers cette même presse choquèrent tout le pays. De nos jours, plus personne ne s'émeut des droits TV de la Ligue 1…

Lire aussi : Foot business, Jacquet, Lagardère, OM

BLACKBURN

Cette ville industrielle du nord-ouest de l'Angleterre fut un des berceaux du football moderne. À double titre, car deux clubs y lièrent leur destin au cuir rond.

Fondé en 1875, le Blackburn Rovers Football Club est, de tous les clubs fondateurs de la Football League en 1888, un des seuls qui participent encore de nos jours à la Premier League, avec Aston Villa, Everton et Stoke City. Les années folles furent la première période de gloire des Rovers, qui remportèrent championnat et coupe nationale à plusieurs reprises. Si 1966 fut année de gloire de l'Angleterre (championne du monde), elle fut de mouise pour le club, qui plongea en seconde division, où il se traîna durant vingt-six ans. Revenu dans la toute nouvelle Premier League en 1992, il finit vice-champion en 1994, puis champion d'Angleterre en 1995. C'était alors l'époque dorée du buteur Alan Shearer, star de la fin du siècle outre-Manche. Une fin de siècle qui vit le club éclater, et quitter à nouveau l'élite en 1999. Les Rovers la réintégrèrent en 2001, et sont à nouveau redescendus à l'étage inférieur en 2012.

Né trois ans plus tard en 1878, et mort en 1889, le Blackburn Olympic Football Club fut le plus significatif des deux clubs de la ville : il devint le tout premier club du nord de cette Angleterre industrieuse à conquérir un trophée national, la FA Cup. C'était le 31 mars 1883, au Kennington Oval de Londres, et les ouvriers amateurs du Nord l'emportèrent contre les bourgeois du Sud, l'Old Etonians Football Club – la meilleure équipe du pays. Cette victoire, acquise durant les prolongations, marqua un tournant dans l'histoire du football : une équipe issue du milieu ouvrier battait une équipe de gentlemen de la haute. Cette date fut un moment clef dans la popularisation du football et ouvrit la voie à une réelle réflexion sur le professionnalisme et le football ouvrier.

Lire aussi : Entreprise, Sedan

BLACK STAR

Le drapeau du Ghana arbore une seule étoile. Lorsqu'on parle de l'équipe nationale, on l'appelle du nom de cette étoile : l'équipe nationale du Ghana, c'est The Black Star. Une appellation invariable et à trois majuscules. Le surnom provient également du drapeau de la Black Star Line. Cette compagnie commerciale maritime fut un des projets de l'Universal Negro Improvement Association, un des tout premiers mouvements de défense des droits civiques aux États-Unis, qui envisageait de ramener des Afro-Américains sur le continent africain dans le but de créer un État noir autonome – une idée avortée, dont le Ghana reprit le symbole dès l'indépendance.

Embastillé par les Britanniques pour ses appels au boycott et à la désobéissance civile, Kwame Nkrumah fut le héros de l'indépendance de la colonie britannique, appelée « Gold Coast » (Côte-de-l'Or) et devenue, en 1957, le deuxième pays africain (après le Soudan l'année précédente) à obtenir son indépendance, sous le nom de Ghana. Quelques années plus tôt, en 1950, le Ghana avait, sous ce nom, disputé son premier match international : un match symbolique contre le Nigeria, autre pays colonisé par la Grande-Bretagne. Nkrumah comprit d'emblée que le football était un vecteur idéal pour cimenter une nation ; aussi s'empressa-t-il dès 1958 de siphonner les meilleurs clubs de la colonie, composant une équipe nationale qu'il baptisa « Eleven Republicans ». Cette équipe, avec Nkrumah, Premier ministre entre 1957 et 1960, puis président de la République de 1960 à 1966, incarna dès lors le fer de lance du panafricanisme naissant. À l'indépendance du pays naquit la Ghana Football Association, qui intégra l'année suivante la Confédération africaine de football (CAF) et la FIFA. En 1962, les joueurs ghanéens disputèrent les éliminatoires de la Coupe d'Afrique des nations, croisant de nouveau le Nigeria, sans cependant parvenir à se qualifier. L'édition 1963 eut lieu au Ghana, directement qualifié en tant que pays organisateur… et vainqueur de la compétition contre le Soudan, pays qui l'avait précédé dans l'indépendance. Durant cette décennie triomphale, le Ghana joua quatre finales de CAN d'affilée : deux victorieuses (1963, 1965) et deux défaites (1968, 1970). En février 1964, le Ghana vainquit la République démocratique allemande à Accra, 3-0.

Les années 1960 furent aussi des années de revendication pour des pays qui, sur les continents asiatique et africain, avaient conquis leur indépendance. Cependant, aucun de ces continents n'avait de représentant direct en Coupe du monde. Panafricanisme toujours : sous l'égide du Ghana et de la Tunisie, la CAF boycotta dans un bel ensemble les éliminatoires de l'édition 1966, en guise de protestation. Pour l'édition 1982, le Ghana boycotta encore. Entre-temps, en 1978, la Black Star avait une nouvelle fois remporté le trophée continental. Puis ce fut le « trou noir », symbolisé par son absence lors des CAN 1986, 1988 et 1990. Mais la lumière revint, grâce aux deux titres mondiaux des moins de dix-sept ans (1991, 1995), à la médaille de bronze gagnée aux Jeux olympiques barcelonais de 1992, et à la génération des Anthony Baffoe, Anthony Yeboah, Nii Lamptey et autres Abedi Pelé – une génération en or mais qui, à l'image des Brésiliens des années 1980, brilla sans jamais empocher aucun titre. Il fallut attendre la génération suivante, Essien, Mensah, Appiah et Asamoah Gyan, pour que la sélection ghanéenne se qualifie en Coupe du monde, et par deux fois : 2006 et 2010, avec, à chaque fois, une victoire contre les États-Unis. En 2006, les Ghanéens furent battus en huitième par le Brésil (3-0).

Concernant l'édition 2010, il reste à la mémoire de tout le monde ce quart de finale héroïque face à l'Uruguay, et la main de Suárez, à la fin des prolongations, qui empêcha la victoire ghanéenne. Que les panafricains de la Black Star aient été la meilleure équipe africaine de la première coupe du monde disputée sur ce continent n'est, de fait, que justice. Au Brésil en 2014, ils furent éliminés dès la phase de poules, pour ce qui est à ce jour leur dernier tournoi mondial.

Lire aussi : CAN, Maroc, Pelé

BLANCO

Il est des gestes qui font marrer (une arconada, par exemple) et d'autres qui font rêver. Lors de la Coupe du monde 1998, une « blanco » devint une sorte d'AOC du beau geste, que l'on doit au Mexicain Cuauhtémoc Blanco. Lors de Mexique-Corée du Sud (3-1), face à deux défenseurs, il bloqua le ballon entre ses chevilles et fit un saut de cabri entre ses deux adversaires avant de reprendre sa course. Quelques jours après, il réédita ce geste devant l'équipe d'Allemagne, qui pourtant tient bien sur ses deux pieds. Il fallait y penser, Blanco l'a fait. Comme Madjer, il a donné son nom à un geste, donc à l'histoire.

Lire aussi : Arconada, Madjer, Panenka, Papinade

BOATENG (frères)

La Coupe du monde 2010 eut un parfum spécial chez les Boateng : deux frères participèrent à l'événement, mais chacun pour un pays différent. Le plus jeune, Jérôme, joua sous les couleurs allemandes ; l'aîné, Kevin-Prince, pour le Ghana.

Durant ce Mondial, les deux nations furent dans la même poule ; elles se rencontrèrent donc. Ce match, joué le 23 juin, se déroula dans un contexte belliqueux, car, au printemps, un mauvais geste de Kevin-Prince avait privé de Mondial Michael Ballack, le capitaine de la sélection allemande.

Nés d'une mère allemande et de pères différents, mais tous deux ghanéens, les fils Boateng sont demi-frères. Du haut de ses 190 centimètres et avec sa stature de démolisseur, le cadet Jérôme Boateng peut jouer à tous les postes de la défense. À partir de 2006, au Hertha

Berlin, puis à Hambourg, il se mit à aligner les prestations de haut niveau. Appelé chez les espoirs allemands en 2007, il participa à la victoire des moins de vingt et un ans au Championnat d'Europe espoirs 2009. Le 10 octobre 2009, il honora sa première cape… et fut aussi le premier joueur de l'histoire de la Mannschaft à se faire exclure (pour deux cartons jaunes) le jour de sa première sélection ! Bien que remplaçant dans la sélection allemande, il prit néanmoins part à la belle Coupe du monde 2010 de l'équipe. Avant même le tournoi, Jérôme Boateng avait signé à Manchester City pour 12,5 millions d'euros. Dès l'année suivante, il retourna au pays, en signant au Bayern Munich, où il joue toujours.

Kevin-Prince, l'aîné, est plus petit : 1,84 mètre. Il débuta en Allemagne, puis alla en Angleterre. En mai 2010, il était milieu offensif à Portsmouth lors de la finale de la Coupe opposant son club à Chelsea. Un match où « KP » assena un tacle hyper rude à Michael Ballack, star et capitaine de l'équipe d'Allemagne, et milieu offensif des Blues. Résultat : cheville blessée pour Ballack, qui suivit la Coupe du monde devant son poste de télévision. Du coup, Boateng fut accusé d'avoir volontairement blessé un futur adversaire de son pays en Coupe du monde. Le tacle fit tellement jaser outre-Rhin que la Fédération ghanéenne dut présenter ses excuses à Ballack. KP, vingt-trois ans à l'époque, avait fait toutes ses classes dans les sélections nationales allemandes. Le joueur attendit le 24 juin 2009 pour annoncer que, en raison de l'absence de chances d'être sélectionné en équipe d'Allemagne, il jouerait désormais pour les Black Stars. Titulaire de dernière minute dans l'équipe ghanéenne, KP prit toute sa part dans la belle aventure de la sélection, seule équipe africaine présente en quarts. Transféré par la suite au Milan AC, il fit trois ans durant les beaux jours du club lombard, ayant acquis un jeu très solide. En novembre 2011, à vingt-quatre ans, il annonça renoncer à sa carrière en sélection, privant ainsi les Black Stars d'une pièce maîtresse à l'avenir. Son séjour dans la capitale de la mode fut aussi une période où monsieur aimait exhiber ses nombreux tatouages. C'est aussi durant cette période qu'il divorça et se montra en public accompagné de Melissa Satta, une « WAGs » spécialiste des footballeurs, ou sur une plage de Miami en compagnie du top model Nena Ristic. En janvier 2013, il provoqua l'arrêt définitif d'un match amical, durant lequel il fut la cible de chants racistes des supporters adverses (une plaie réapparue en Italie) : KP quitta tout bonnement la pelouse, suivi et soutenu par ses coéquipiers. Bien qu'il ait toujours démenti un quelconque lien de cause à effet, il quitta la Lombardie durant l'été, direction l'Allemagne et le Schalke 04. Le même été, il décidait de redevenir disponible pour les Black Stars.

Mais revenons au match qui opposa les deux frères, le Ghana-Allemagne du Mondial 2010. L'image tant attendue (les retrouvailles des deux frères) fut brève : une simple et froide poignée de main juste avant le coup d'envoi, tels deux adversaires. Durant la rencontre (gagnée 1-0 par l'Allemagne), ils n'eurent cependant jamais à croiser vraiment le fer. Mais ils se retrouvèrent, lors du match Schalke-Bayern, le 21 septembre 2013. Et il n'y eut sportivement pas photo : les Bavarois, meilleure équipe du monde cette année-là, claquèrent un 4-0 aux Rhénans, et les deux frères se quittèrent bons amis.

Lire aussi : Black Star, Palacios, Vieiri, WAGs

BOLI, Basile

Son coup de tête du 26 mai 1993 donna à la France sa première Coupe d'Europe. Grâce à « Base », les

Marseillais devinrent « à jamais les premiers » : le premier club français à remporter une Coupe d'Europe, celle aux « grandes oreilles », le surnom de la Coupe des clubs champions. Cette date, cette tête, ces larmes, ce but pour l'OM contre le Milan AC à Munich, on ne les oubliera jamais.

Son père prit part à la Seconde Guerre mondiale au sein des Forces françaises de l'armée d'Afrique, et Basile, né à Abidjan le 2 janvier 1967, arriva très jeune en France. Pur produit de la pépinière de l'AJ Auxerre, club qu'il intégra avec son frère Roger, il faillit se faire virer du centre de formation : Guy Roux dut en effet planquer sa mobylette pour l'empêcher de sortir, lui qui ne tenait pas en place ! Bonne humeur communicative, hargne non moins communicative, impact physique impressionnant, rage de vaincre : en 1983, à l'âge de dix-sept ans, il devint un élément clef de la défense auxerroise, rapidement sélectionné en équipe de France espoirs, puis chez les Bleus de 1986 à 1993.

Boli fut donc de cette période où l'équipe de France, malgré les Cantona, Papin et consorts, échoua à presque tous les matchs, ne se qualifiant que pour un maigre Euro 1992 – où elle se fit éliminer fissa.

Boli cartonna en bleu et blanc, les couleurs de l'AJ Auxerre, mais aussi de Marseille, club qu'il rejoignit en 1990. Il fut de cette époque dorée où l'OM remporta cinq titres d'affilée (1989-1993). En mai 1993, deux têtes de Base firent monter tout Marseille au ciel : celle qui donna la victoire en Coupe d'Europe, à laquelle fit écho quelques jours plus tard une autre, tout aussi rageuse, contre le PSG, offrant au club un nouveau titre de champion.

Comme la majeure partie de l'effectif, il quitta le club en 1994, après la rétrogradation en pleine affaire VA-OM. Une saison aux Glasgow Rangers, six mois à

Monaco et, pour finir, un an au Japon chez les Urawa Red Diamonds.

Aucune nouvelle de lui jusqu'à ce soir de mai 2007, au Fouquet's. Il était l'un des invités de Nicolas Sarkozy, qui venait fêter sa victoire à la présidentielle dans ce haut lieu parisien. Basile Boli, un temps proche du PS, préféra le clan Sarkozy. Lors d'un meeting du candidat UMP à Marseille, il monta même sur scène pour proclamer : « Toute ma vie, j'ai voulu être le meilleur. Le meilleur, aujourd'hui, c'est Nicolas Sarkozy. » Le 16 octobre 2007, il fut nommé secrétaire national de l'UMP en charge du co-développement. Par décret du 30 janvier 2008, Basile Boli fut également fait chevalier de la Légion d'honneur. Mais, le 17 novembre 2009, patatras : placé en garde à vue à la brigade de répression de la délinquance économique, soupçonné d'abus de confiance et de recel d'abus de confiance, des infractions qui auraient été commises dans le cadre de la gestion de son association ERA (*Entreprendre et diriger en Afrique*). Mis en examen, Boli s'est vu définitivement relaxé en 2016.

Nommé par l'ancienne direction de l'OM en 2015, il est toujours coordinateur sportif du club.

À l'automne 2018, il participait à la neuvième saison de l'émission *Danse avec les stars* sur TF1. Après tout, un an avant ses deux têtes de 1993, Boli avait chanté « You Got the Feeling » !

Lire aussi : Goethals, Jipépé, OM, Tubes, Waddle

BOSMAN, Jean-Marc

Certains joueurs donnèrent leur nom à un geste. Bosman, lui, donna le sien à un arrêt qui changea à jamais la face du foot. Il était attaquant (et buteur) pour le modeste club belge du RCF de Liège lorsque, en 1990, il fut appelé à rejoindre les rangs de l'US Dunkerque. Pour une histoire d'indemnités non payées, le transfert avorta, et le joueur s'en alla porter plainte à l'UEFA. Cependant, l'UEFA n'eut que faire du plaignant belge. Erreur fatale car, dans cette Europe d'avant l'euro, de nombreux avocats étudiaient les vides juridiques de l'espace Schengen. Les avocats du joueur réexaminèrent tous les règlements du foot et notamment le texte, en vigueur à l'époque, indiquant qu'une équipe ne pouvait compter plus de trois joueurs étrangers dans son équipe : « Une entrave à la libre circulation des travailleurs », clamèrent-ils devant la Cour de Bruxelles. Le 15 décembre 1995, celle-ci leur donna raison : l'arrêt Bosman mit les lois du football international en conformité avec celles de l'espace communautaire européen, et bouleversa pour longtemps le paysage du sport. Dès lors, chaque club du Vieux Continent put engager autant de joueurs étrangers qu'il le souhaitait. Cet arrêt, prolongé depuis par d'autres procédures, ouvrit aussi les portes de l'Europe au foot business. Désormais, en Angleterre, il arrive que des clubs n'alignent même pas un seul Anglais dans leurs rangs. L'arrêt changea, à jamais donc, la face de la planète football. Mais il changea aussi la vie de celui qui en fut le détonateur. Et pas dans le sens du rêve : une fois sa carrière terminée (en juin 1996), le Belge sombra dans l'alcool. Puis ce furent des violences familiales (décembre 2011), puis des cures, puis des tentatives de remises à niveau. Ayant dépensé les maigres sommes qu'il reçut en début de retraite, il alterne entre travaux obligatoires, rechutes, procès en attente et remises à niveau. Cela émeut peu le milieu, qui pourtant lui doit beaucoup.

Lire aussi : Arconada, Blanco, Foot business, Madjer

BOXING DAY

Au pays du *kick and rush*, on mouille le maillot même en décembre. Car entre le 26 décembre et le 2 janvier, chaque équipe anglaise joue trois matchs. En Angleterre, Noël dure deux jours. Oui, deux. Les 25 et 26 décembre. Pour les supporters, le second de ces jours est le point d'orgue de la période des fêtes. C'est le Boxing Day : « le jour des boîtes ». Des boîtes qui font référence à celles qui recueillent l'aumône des croyants dans les églises, mais aussi à celles que les domestiques présentaient à leurs maîtres au XIXe siècle, pour recevoir quelques étrennes. Comme Noël, le Boxing Day est férié : les trains ne roulent pas. Mais les footballeurs travaillent, car il y a une journée de championnat, de tout aussi bon niveau que les autres. Ceux qui n'aiment pas le ballon profitent de ce jour férié pour continuer la fête, pour aller aux soldes (dont ce jour marque l'ouverture), ou à la chasse à courre… bien que celle-ci soit interdite depuis une loi de 2005. En matière de football, le 26 décembre anglais revêt donc une dimension sacrée : il relie le football à son histoire sociale. En effet, à la fin du XIXe siècle, le 26 décembre était déjà férié, pour permettre aux domestiques des maisons bourgeoises d'avoir un jour de repos après une période où ils avaient redoublé d'efforts. C'était alors leur seul jour de repos annuel. Et que faisaient-ils ? Ils allaient au match. D'autant plus joyeusement que le football était un sport tout neuf. Ainsi, dès la naissance de la League anglaise, en 1888, les stades furent pleins lors du Boxing Day. C'est aussi par cette tradition que, en Angleterre, les stades devinrent des cathédrales. C'est en venant au stade qu'on chantait en chœur. Pour forcer le trait, les dirigeants décidèrent même de multiplier les matchs durant cette période : on joua alors un match aller le

25 décembre, et le match retour le lendemain. En 1919, après la Grande Guerre, les clubs disputèrent même trois matchs entre le 25 et le 27 décembre ! Les adversaires passaient trois jours entiers ensemble, enquillant les pintes et faisant parfois dortoirs communs, incapables de reconnaître le leur. « Boxing Day » désigne donc une journée, mais dans l'esprit de tous il marque surtout l'ouverture d'une grande semaine, où l'on ne pense qu'au football. On aura compris que, pour un joueur professionnel évoluant outre-Manche, les réveillons se font à l'hôtel et pas en famille. C'est pourquoi le Noël d'un footballeur y débute le 19 décembre. Autre tradition dans le foot british : la Christmas Party se déroule la semaine précédant le Boxing Day. En général, le capitaine de l'équipe organise donc cette soirée entre joueurs, qui est la seule de l'année où les joueurs ont toute licence pour se lâcher. Et depuis qu'ils sont des idoles (depuis la Premier League et le foot business, donc), ils en profitent : après le dîner en ville, rares sont ceux qui rentrent à la maison. La suite est constituée de tournées des bars, boîtes et night-clubs ; voire parties fines et soirées démoniaques, comme la Christmas Party 2007 des joueurs de Manchester United (sauf Cristiano Ronaldo, ce soir-là invité à Zurich par la FIFA), qui vit une centaine d'escort-girls, du champagne à gogo, une bagarre, la police, et une accusation de viol pour le Nord-Irlandais Jonathan Evans. L'affaire fut classée sans suite. Sauf par sir Alex Ferguson.

C'est un cadeau offert aux supporters. Le 26 décembre est un peu l'équivalent britton de nos étrennes. Il est la preuve que l'Angleterre a réellement le foot au cœur, partout, tout le temps. Pour le meilleur (la culture) et pour le pire (le business). Pendant que le reste de l'Europe est en « trêve hivernale » et se met au vert, les Anglais foulent donc le gazon et mouillent le maillot. Tout en arrosant deux réveillons, une équipe anglaise joue au moins trois matchs. On ne remplit plus des boîtes : on remplit des stades.

Lire aussi : Angleterre, Foot business, Murdoch, Thatcher

BUFFON, Gianluigi

Comme bon nombre de gardiens de but, « Gigi » Buffon débuta sur le champ : libero ou défenseur central jusqu'à l'âge de douze ans, il s'installa ensuite devant ses filets. Durant la Coupe du monde 1990, qui avait lieu dans son pays, le jeune Gigi (douze ans) découvrit Thomas Nkono, le gardien de l'équipe du Cameroun, laquelle médusa tout le monde cette année-là. « De milieu de terrain, dit-il plus tard, je suis devenu portier afin de suivre les traces de mon idole. » En hommage, Thomas est même le deuxième prénom de son fils, né en 2007.

En 2001, peu avant d'être reconnu comme le meilleur gardien du monde, Buffon fut le plus cher de l'histoire, passant de Parme (où il joua avec Canavarro et Thuram, réussissant le doublé Coupe d'Italie-Coupe de l'UEFA en 1999) à la Juventus pour 53 millions d'euros (un record à battre). Il y remporta le Scudetto (championnat italien) à quatre reprises.

Buffon fut vite appelé en équipe nationale, devenant la doublure de Gianluca Pagliuca en 1998. Ratant l'Euro 2000 à cause d'une blessure, il resta le portier indiscutable de la Squadra Azzurra jusqu'en… 2017 ! Il apparut étincelant lors de la Coupe du monde 2006 : on se souvient de sa claquette après la tête de Zidane durant les prolongations, lui qui s'était fait humilier par le Français en début de match sur une panenka. Sans Buffon, l'Italie n'eût certainement pas été championne du monde. D'ailleurs, il était reconnu comme le meilleur gardien de la planète. Victime d'une hernie discale en plein Mondial 2010, il quitta le tournoi en cours.

On retiendra de lui, comme de ses coéquipiers Del Piero et Trezeguet, sa fidélité à la Juve, où il demeura même lorsque le club fut relégué en Serie B après le scandale du Calciopoli (paris truqués) en 2006. Le geste fut très apprécié. Et sa fidélité fut récompensée : il prit le brassard de capitaine en 2012, la Juve remporta sept *Scudetti* consécutifs entre cette année-là (qui le vit disputer son 500e match en Série A) et 2018, et fut deux fois finaliste de la Ligue des champions (2015, 2017).

Encore une fois championne d'Italie 2019, l'équipe le fut cette fois sans sa légende. La « Vieille Dame » pensait à l'avenir, et avait recruté son successeur : le Polonais Szczesny, qui durant une saison devait alterner avec l'aîné, et devenir numéro 1 à la retraite de celuici. Qui avait désigné le Mondial 2018 comme épilogue. Mais voilà : la Suède en priva l'homme, l'Italie et le monde entier, éliminant la Squadra Azzura en barrages des préqualifications, le 13 novembre 2017. Le numéro 1 aux 175 capes faisait ses adieux internationaux, en larmes. Mais il ne pouvait pas quitter la scène comme ça. Il lui fallait un dernier challenge, qui ne pouvait donc plus être à Turin. À la surprise générale, ce fut le Paris-Saint-Germain, pour un contrat d'un an (avec option d'un an supplémentaire). Après Ibrahimovic en 2012, Beckham en 2013 et Neymar en 2017, le portier était la quatrième star mondiale recrutée par le PSG version qatarie. Le club avait besoin de ce gardien-là pour aller plus loin en Ligue des champions. Et, après deux finales perdues, cet immense gardien voulait gagner une fois cette grande Coupe d'Europe. Mais à Paris, on avait déjà deux goals costauds (l'Allemand Trapp et le Français Areola). Buffon leur passa devant. C'était une pige de luxe (4 millions de salaire annuel), qui brouilla un peu l'image de notre homme. La saison fut morose (PSG encore éliminé piteusement en huitièmes de finale en

Ligue des champions). En juillet 2019, Buffon annonça… son retour à la Juve ! Où il serait désormais numéro 2.

Bien qu'officiellement en retraite internationale, il avait disputé un match amical avec l'équipe d'Italie, en mars 2019. Concernant sa présence à l'Euro 2020, il laisse planer le doute, ne confirmant ni n'infirmant.

Bel homme, la classe à l'italienne dans l'attitude et le discours : Buffon a toujours attiré les regards, les caméras, les attentions. La plantureuse Alena Seredova, actrice et vice-Miss République tchèque 1998, fut sa compagne et est la mère de ses deux fils aînés.

Lire aussi : Italie, Juventus, Panenka

BUSBY BABES

On dirait un titre de dessin animé, mais c'est celui d'un rêve qui s'acheva en catastrophe aérienne. Purs produits du Manchester United des années cinquante, formés par Jimmy Murphy dans les sections jeunes du club, ils intégrèrent l'équipe première, directement placée sous la houlette de l'entraîneur Matt Busby.

Lorsque celui-ci arriva au club, après la Seconde Guerre mondiale, tout était à rebâtir du côté d'Old Trafford. Les Red Devils, en attendant la reconstruction de leur stade, jouaient leur match à domicile à Maine Road, le stade du rival local, Manchester City. Afin de relancer l'équipe et toute la machinerie du club, Matt Busby appela Jimmy Murphy pour l'aider dans sa tâche. Trois ans après leur arrivée, le club remporta la FA Cup. En 1952, les Red Devils raflèrent enfin le trophée de champion d'Angleterre, plus de quarante ans après leur dernier titre. Le destin était en marche, et l'équipe allait laisser une trace définitive dans l'histoire du football anglais et européen. Le coach fit alors venir de jeunes talents comme Johnny Berry, Tommy Taylor et Duncan

Edwards, pour consolider le club. Tom Jackson, journaliste au *Manchester Evening News*, donna alors le surnom de « Busby Babes » à ce mélange d'insouciance (tous ayant à peu près vingt ans) et de football offensif. Les *Babes* s'offrirent le titre de champion d'Angleterre en 1956, avec onze points d'avance. Un certain Bobby Charlton se révéla alors. La saison suivante, Manchester United remporta un second trophée consécutif après avoir atteint les demi-finales de la C1. Lors de la saison 1957-1958, l'équipe était à son firmament, en route pour un nouveau titre, et qualifiée pour sa seconde demi-finale européenne de suite.

Vint alors ce maudit 6 février 1958, et cet avion qui s'écrasa lors du voyage retour de Belgrade. Huit des Busby Babes trouvèrent la mort, dont Duncan Edwards, considéré comme le plus doué de tous. Bobby Charlton fut un des rares survivants. « Nous aurions gagné la Coupe d'Europe. Nous aurions battu le Real Madrid. L'Angleterre aurait pu gagner le Mondial 1958. Mais il n'y avait pas de Duncan Edwards, pas de Tommy Taylor, pas de Roger Byrne, pas de David Pegg », déplora-t-il plus tard.

Après le drame, Busby lâcha son poste un an durant, puis se décida à rebâtir une équipe, à former une autre génération. Ce fut celle de George Best et Denis Law. Neuf ans après arriva mai 1968, et le destin profita du vent de liberté pour se venger. United devint le premier club anglais sacré en Europe. Dans l'équipe qui battit le Benfica d'Eusébio (4-1) en finale de Coupe d'Europe figuraient deux survivants de Munich, Charlton et Albert Scanlon, qui ne purent éprouver la totalité de l'allégresse : « On se sent toujours coupable d'être là », expliquera Charlton. Les huit *Busby Babes* disparus lors de la catastrophe furent surnommés « *the Flowers of Manchester* » (les fleurs de Manchester) et immortalisés par le groupe (de Liverpool !) The Spinners en 1962, dans un morceau qui finit ainsi : « *England's finest football team, its record truly great / Its proud successes mocked by a cruel turn of fate / Eight men will never play again / Who met destruction there / The flowers of English football, the flowers of Manchester.* » (« L'Angleterre tenait là sa plus belle équipe, sa plus grande / Mais un cruel tour du destin a réduit tous ses succès en cendres / Huit hommes ne fouleront plus jamais le rectangle vert / Qui rencontrèrent leur fin là-bas / Ils sont le fleuron du football anglais, le fleuron de Manchester. »)

Lire aussi : Avion, Manchester

C

« Le peu de morale que je sais,
je l'ai appris sur les terrains de football
et les scènes de théâtre,
qui resteront mes vraies universités. »
Albert Camus

CAFÉ

Après la Seconde Guerre mondiale, et bien que le professionnalisme fût chose acquise en France, le foot vivait encore sous le mode du patronage, ou, au mieux, de la vie associative. Les clubs professionnels n'étaient pas tous dotés de sièges, de bureaux ni de quartiers généraux. Le siège de l'Union sportive du Mans était par exemple au premier étage du café du Centre. Dans les années 1950, le siège du FC Nantes était lui aussi au premier étage d'un café. C'est dire si, du côté supporters comme du côté patrons, le café est un lieu essentiel du football.

CALCIO (1)

Calcio est certes une commune de la province de Bergame, en Italie. Mais dans ce pays « calcio » signifie d'abord « football ». Par extension, ce terme désigne désormais la Serie A, la première division du championnat italien. Mais le calcio, c'est aussi l'origine du monde…

CALCIO (2)

Ou quand papes et rois jouaient au football. Si le football est officiellement anglais, il a en fait deux ancêtres, qu'il partage d'ailleurs avec le rugby : la soule gauloise et le calcio florentin. Né à la Renaissance, au temps de la République florentine, le calcio mélangeait en fait football, rugby et lutte. Très peu de règles, presque tous les coups étaient permis. Deux équipes de vingt-sept joueurs (quatre lignes de trois arrières, quatre demis, cinq « destructeurs » – si, si –, et quinze avants, ces derniers étant les ancêtres des piliers de rugby contemporains) s'affrontaient dans un match de cinquante minutes, sur un terrain rectangulaire sablonneux. Une ligne blanche divisait le terrain en deux moitiés égales, des cages étaient placées à chaque extrémité. Le but du jeu : mettre la balle (ronde) dans les filets adverses. Seules interdictions : les deux contre un et les tacles par-derrière. Les attaquants n'avaient pas intérêt à loucher : si le tir n'était pas centré, s'il touchait la barre ou bien passait à côté, un demi-point était donné à l'équipe adverse. À chaque but, les équipes changeaient de moitié de terrain. Était vainqueur l'équipe qui avait marqué le plus de buts à la fin des cinquante minutes de jeu. Elle gagnait alors un veau blanc, donné au son des hymnes de victoire joués par des musiciens.

Ce sport devint si populaire, à Florence, qu'on y jouait à chaque coin de rue. Les terrains les plus courus devinrent vite les grandes places de la cité : la piazza Santo Spirito, la piazza Santa Maria Novella, le Prato, et la piazza Santa Croce, qui devint en 1530 le terrain le plus prestigieux de la ville. Et, en dépit de son caractère populaire, la noblesse se mit également à pratiquer le calcio, notamment de nombreux souverains (la ville était alors aux mains des Médicis). Parmi les amateurs les plus illustres, citons Clément VII, pape du début du XVIe siècle ; ou Laurent II, monarque qui par son mariage avec la cousine de François Ier scella l'union des couronnes florentine et française – c'est à lui que Machiavel dédia son traité *Le Prince*. Le football était donc bien parti.

Bien qu'il fût interdit (trop violent) et tombé en désuétude après la Renaissance, d'aucuns pensent que le calcio aurait inspiré les voyageurs et diplomates britanniques présents en Italie tout au long du XVIIIe siècle. De nos jours, beaucoup supposent que ces diplomates, en rationalisant un peu le calcio, ont permis la naissance d'une nouvelle discipline : le football. Ainsi, le football viendrait du calcio. Le football, donc, ne serait pas chinois (n'en déplaise à la FIFA) mais florentin.

Lire aussi : Asqaqtuk, Cnapan, Cuju, Mob football, Pasuckuakohowog, Pok-a-tok, Public schools, Soule

CAMBRIDGE

On connaît cette ville anglaise pour son université. Et le football doit beaucoup à la cité universitaire : les règles de Cambridge constituent les tout premiers règlements écrits d'un sport appelé football. Auparavant, chaque équipe possédait ses propres lois quant aux dimensions du terrain, l'utilisation des pieds, des mains, etc. Ainsi, les règles de Cambridge, écrites en 1848, retouchées en 1856 et reprises en 1863 lors de la création de la FA (Football Association anglaise) furent le véritable point de départ du football moderne.

Lire aussi : Angleterre, Boxing Day

CAMUS, Albert (1913-1960)

« Vraiment, le peu de morale que je sais, je l'ai appris sur les terrains de football et les scènes de théâtre, qui resteront mes vraies universités », écrivit-il un jour. Ce n'est pas pour rien qu'une partie de l'intrigue de son roman *La Peste* se déroule dans un stade, alors réquisitionné à cause de l'épidémie. Adolescent passionné par le ballon rond, il débuta à l'Association sportive de Montpensier puis devint gardien de but de l'équipe junior du Racing universitaire d'Alger. Sa passion fut telle qu'il appela sa compagnie de théâtre « L'Équipe ». « Le football, c'est pour les gens de gauche ; le rugby, c'est pour ceux de droite », dit-il un jour. La rumeur veut en effet que son attrait pour le football nuisît à son aura dans les sphères intellectuelles parisiennes. Toujours est-il que ce fut bien un prix Nobel, et non un Ballon d'or, qu'il se vit décerner en 1957.

Lire aussi : King

CAN

Elle vit le jour avant même que la plupart des pays africains aient obtenu leur indépendance, et bien avant que l'Afrique fût représentée en Coupe du monde.

La CAN désigne la Coupe d'Afrique des nations, fondée en 1957 et organisée par la Confédération africaine de football. Le projet, qui date de 1956, fut dans un premier temps recalé par la FIFA, « faute de participants » (quatre). Devant le coup de gueule de l'Égyptien Abdelaziz Abdellah Salem, à l'origine de l'idée (« Si nous ne sommes pas tous traités ici sur le même pied d'égalité, il n'est nullement question de notre présence parmi vous »), et la solidarité qu'il généra, la FIFA revint finalement sur sa décision. Le Soudan accueillit ainsi en février 1957 la première édition de la CAN, qui réunissait les quatre nations fondatrices de la CAF : Soudan, Égypte, Éthiopie et Afrique du Sud. Cette dernière, sous le joug d'une politique d'apartheid mise en place neuf ans plus tôt, proposa d'y envoyer une équipe composée uniquement de Blancs, ou uniquement de Noirs, mais en aucun cas multiraciale. Elle fut disqualifiée. Cette édition 1957 aurait dû voir se jouer deux demi-finales et une finale. Du fait de l'absence sud-africaine, il ne s'y disputa qu'une seule demie. La finale eut bien lieu, elle, et consacra la victoire 4-0 de l'Égypte sur le Soudan. Le pays conserva son titre deux ans plus tard, dans une édition dont la formule consistait en un mini-championnat entre les trois mêmes pays. Enfin, pas tout à fait les mêmes, puisque les événements géopolitiques avaient amené l'Égypte et la Syrie à fusionner pour former une République arabe unie qui perdura de 1958 à 1961.

À cause d'un coup d'État manqué en Éthiopie, celui de Mengistu Nervay contre l'empereur Sélassié, la CAN 1961 ne se déroula que début 1962. Neuf participants y disputèrent une phase éliminatoire pour désigner les deux équipes qui accompagneraient le pays organisateur et le tenant du titre jusqu'en phase finale. Les heureux élus furent la Tunisie et l'Ouganda. Mais l'Éthiopie remporta la Coupe, juste devant l'Égypte.

Les éditions de 1963, 1965, 1978 et 1982 virent la victoire des Black Stars. Les années 1967 et 1970, puis 1992 et 2010, où ils terminèrent à chaque fois finalistes de la CAN, entérinèrent leur grande histoire. Entre-temps, en 1968, il avait été décidé que le tournoi se déroulerait les années paires. Ce qui porta chance au Zaïre, qui le gagna deux fois à partir de cette date, sous deux noms différents : Congo-Kinshasa en 1968 et Zaïre en 1974.

La vie de la CAN épousa toujours les soubresauts politiques du continent : refus de la RAU de participer à l'édition tunisienne de 1965 afin de protester contre le président Bourguiba, qui prônait l'ouverture du dialogue entre Israël et Palestine ; absence de l'Égypte lors de l'édition libyenne de 1982, à la suite de l'assassinat du président el-Sadate – la même Égypte qui envoya une équipe bis pour la CAN 1990 en Algérie, organisée dans un contexte de montée de l'islamisme et de guerre civile ; réapparition tardive de l'Afrique du Sud en 1996, après des décennies d'apartheid. Cette année-là, c'est le pays de Nelson Mandela qui accueillit le tournoi, et qui le remporta. Ainsi, six mois après avoir remis la Coupe du monde de rugby 1995 à François Pienaar, le capitaine blanc des Spingboks, le président Mandela offrit le trophée de la CAN à celui, blanc aussi, d'une autre équipe nationale sud-africaine : Neil Tovey. Tout un symbole.

Depuis les années 2000, et le statut de stars internationales acquis par le Camerounais Samuel Eto'o (joueur le mieux payé au monde entre 2011 et 2013) ou l'Ivoirien Didier Drogba, le tournoi a aussi pris une dimension et un enjeu télévisuels.

Aux débuts du tournoi, les règlements du football continental autorisaient seulement la participation de joueurs appartenant à un club de leur pays. En 1967, puis en 1982, la CAF l'ouvrit à ceux qui jouaient à l'étranger. La compétition gagna alors en qualité sportive, grâce à la présence de joueurs qui, désormais, partaient de plus en plus tôt rejoindre les rangs d'un club européen. Au fil du temps apparut même une génération de joueurs africains qui étaient nés en Europe. Certains continuaient à jouer pour leur pays d'origine, d'autres pour celui de leur naissance (ce fut le cas des frères Boateng).

C'est l'Égypte qui détient le record de victoires de la CAN – un tournoi dont la formule changea et dont le nombre de participants bondit de quatre à seize –, avec sept titres. Suivent le Cameroun (cinq), le Ghana (quatre), le Nigeria (trois), la Côte d'Ivoire, la République démocratique du Congo et l'Algérie (deux chacune, dont la dernière édition en date pour l'Algérie, championne 2019).

Tout en gardant son rythme biennal, la Coupe se tient de nouveau en année impaire depuis 2013, afin de ne jamais avoir à concurrencer la Coupe du monde, laquelle se dispute tous les quatre ans les années paires.

Les éditions 2021 et 2023 se dérouleront respectivement en Côte d'Ivoire et en Guinée.

Lire aussi : Algérie, Apartheid, Black Star, Boateng, Extraversion, FLN, Maroc, Printemps arabe

CANTONA, Éric

« Je ne suis pas un homme, je suis Cantona » : quelque part entre Alain Delon et le football, il y a Éric Cantona. D'ailleurs, c'est dans un film que Canto himself énonça cette punchline : *Looking for Eric* de Ken Loach. C'était en 2009.

Né à Marseille le 24 mai 1966, il fit ses gammes au centre de formation de l'AJ Auxerre, qu'il intégra à quinze ans. Très bon attaquant, il joua en 1983 son premier match avec l'équipe A, à dix-sept ans. Il devint titulaire en 1986, dans une équipe qui jouait alors la Coupe d'Europe, et où il était de plus en plus décisif. En août de l'année suivante, il fut sélectionné pour la première fois en équipe de France (match amical RFA-France), et marqua son premier but en bleu. Dans les interviews, Cantona commença alors à évoquer sa vraie passion : la peinture. Le milieu du football se méfiant des amateurs de culture, on surnomma ironiquement « Picasso » ce jeune peintre du dimanche. « Un artiste, c'est celui qui a le don d'éclairer une chambre noire », dit-il dans une autre interview, entre deux autres phrases n'ayant rien à voir. On découvrit qu'on avait affaire à un type qui alternait concret et abstrait, art et football.

En 1988, à vingt-deux ans, il signa à l'OM de Bernard Tapie pour 22 millions de francs (record français à l'époque). Il connut alors l'état de grâce, pesant sur les défenses adverses et marquant régulièrement. Lui et Papin, coéquipiers à l'OM après l'avoir été en bleu, étaient alors programmés pour percer toutes les barrières défensives d'Europe. Avec ce duo en or, Tapie entendait bien surclasser l'autre étoile montante du patronat européen : Silvio Berlusconi.

Un an après sa première sélection, vert de rage de n'avoir pas été retenu pour un match amical avec les Bleus, Cantona déclara face caméra : « Henri Michel n'est pas loin d'être un sac à merde. » Résultat : un an de suspension de l'équipe de France. Et premier gros coup médiatique. On venait alors de faire connaissance avec le (très) fort en gueule qui avait toujours manqué au football hexagonal.

Il visita ensuite pas moins de quatre clubs en seulement quatre ans : après l'OM, il fut prêté à Bordeaux puis à Montpellier et, enfin, transféré à Nîmes. Pendant cette période, Cantona fit encore parler de lui : un maillot jeté aux pieds de son propre entraîneur pour contester sa sortie du terrain (janvier 1989), des bagarres de vestiaire avec son coéquipier Jean-Claude Lemoult (automne 1989), un ballon lancé à la face de l'arbitre (1990), et toujours cet orgueil insupportable. Canto s'était quelque peu dévalué lui-même quand Platini lui conseilla l'Angleterre, dont les clubs venaient à peine de revenir en Coupe d'Europe. En janvier 1992, après un essai à Sheffield, Canto signa à Leeds United – qui en avait vu d'autres, des orgueilleux. Il devint champion d'Angleterre quelques mois plus tard. Lors des célébrations du titre, il déclara avec un fort accent français : « *I love you, I don't know why, but I love you.* » La cantomania venait de débuter au Royaume-Uni, et elle allait durer six ans. Le joueur avait enfin l'opportunité de prouver aux Français à quel point ils avaient eu tort de le laisser partir.

En août, il trouva le club qui lui correspondait : Manchester United. En quelques mois, le « Frenchie » devint « King Eric ». Il vécut ses cinq saisons à MU comme un rêve, que ne parvint même pas à entacher le fameux *mawashi-geri* (coup de pied circulaire façon Bruce Lee) qu'il porta, le 25 janvier 1995, contre un supporter de Crystal Palace qui l'aurait insulté. Paradoxalement, et malgré une condamnation à neuf mois de suspension, ce coup d'éclat consolida la légende du King. Et, au passage, fit les affaires publicitaires de ses deux principaux « partenaires » : Nike et Sharp. En fait, Cantona, personnage pop et bagarreur, était typiquement anglais.

Notre homme revint alors à ses chères déclarations (de plus en plus) abstraites. Lors de la conférence de presse qui succéda à l'agression de janvier 1995, le King, à tous les journalistes présents, tint précisément ce langage : « Quand les mouettes suivent un chalutier, c'est parce qu'elles pensent que des sardines seront jetées à la mer. » Puis il prit congé, laissant ses interlocuteurs médusés méditer sur ses propos. C'est à cette période qu'il déclara aussi : « Je ne joue pas contre une équipe en particulier. Je joue pour me battre contre l'idée de perdre. »

King Eric restera pour toujours une légende outre-Manche, où il fut d'ailleurs nommé meilleur joueur étranger de l'histoire du championnat. C'est là qu'il forgea sa classe désormais légendaire, nourrie de buts spectaculaires, de gestes venus d'ailleurs, de son incroyable attitude, de son sempiternel col relevé, de son regard noir, derrière lequel se devinent sa volonté de s'affranchir de toute règle, et une fierté toute anglaise arborée par un Frenchie. L'adoption de Cantona par l'Angleterre fut si totale qu'une publicité pour Nike, sur laquelle on pouvait voir Canto devant l'Union Jack, constatait : « Soixante-six fut une grande année pour le football anglais, Éric est né », accordant une plus grande importance, dans l'histoire du sport national, à la naissance du Français qu'à la victoire anglaise en Coupe du monde cette année-là. Du jamais-vu. Après avoir remporté un nouveau titre en 1997, avec une équipe mancunienne où venait d'être lancé un certain David Beckham, Canto prit sa retraite sportive.

Sélectionné 45 fois chez les Bleus entre 1987 et 1995 (20 buts marqués), il fut de cette équipe de France incapable de se qualifier pour les Mondiaux 1990 et 1994. Jamais Cantona ne connut le frisson de la Coupe du monde – juste un petit Euro (celui de 1992 en Suède, où les Bleus, entraînés par Michel Platini, furent éliminés au premier tour).

Depuis, Cantona est fidèle à lui-même : il tourne dans des publicités, participe à des actions caritatives pour la Fondation Abbé-Pierre, et a surtout investi les planches du théâtre et le grand écran (vingt-cinq films, sous la direction notamment de Jean Becker, Alain Corneau ou Frédéric Schoendoerffer). En 2009, il jouait son propre rôle (principal) dans le très bon film *Looking for Eric* de Ken Loach, y montrant un sacré sens de l'autodérision.

Ses prises de parole politiques s'avèrent elles aussi bien abstraites. Lui seul est capable de faire adhérer à l'idée d'une « révolution par les banques », comme ce 8 octobre 2010 : « S'il y a vingt millions de gens qui retirent leur argent en même temps, le système s'écroule [...]. La révolution se fait par les banques. » L'appel fit le buzz, mais finit par un flop : personne ne vida son compte.

Le 10 janvier 2012, en pleine tournée de la pièce *Ubu enchaîné*, d'après l'œuvre d'Alfred Jarry, il publiait à la une du journal *Libération* un appel aux maires de France, afin d'obtenir les cinq cents signatures nécessaires à une candidature à l'élection présidentielle… mais sans vouloir se présenter lui-même. Il tentait ainsi de faire entrer ce thème dans la campagne des élections présidentielles à venir. Ce fut malheureusement vain.

Fin août 2019, invité à la cérémonie du tirage au sort de la Ligue des champions 2019-2020, il prononça un petit speach, entamé en citant le *Roi Lear* de Shakespeare : « Comme des mouches victimes de la cruauté gratuite des garçons débiles, nous sommes les victimes des dieux. » Poursuivant : « Ils nous tuent pour leur sport ». Puis : « Bientôt, la science sera non seulement capable de ralentir le vieillissement des cellules, mais bientôt la science fixera aussi les cellules à l'état et ainsi nous deviendrons éternels. Seuls les accidents, les crimes, les guerres nous tueront encore, mais malheureusement, les crimes, les guerres, se multiplieront. » C'est bien, c'est beau, c'est fort, mais il n'y a aucun lien entre les trois phrases, et Canto s'est efforcé de rester flou.

Ni complètement réel ni complètement abstrait, mieux qu'un homme mais pas encore un génie, Anglais et Français à la fois : Cantona ne met pas en scène son image, mais l'image d'un mythe qu'il s'érige. Très tôt d'ailleurs, il avait tout compris : « Les Anglais ont inventé le foot, les Français l'ont organisé, les Italiens le mettent en scène. »

Lire aussi : Beckham, Hooligan, Jipépé, OM, Roux

CARTON JAUNE/CARTON ROUGE

Jaune

Dans le règlement du football, sept fautes sont passibles d'un carton jaune : avoir un comportement antisportif ; désapprouver les décisions de l'arbitre ; enfreindre les lois du jeu ; retarder sa reprise ; ne pas respecter la distance requise lors d'un coup de pied arrêté ; entrer sur le terrain de jeu – ou le quitter – sans l'autorisation préalable de l'arbitre ; ôter son maillot pour manifester sa joie après un but (faute devenue très courante).

Rouge

Il peut arriver après un second carton jaune au cours du même match, ou bien être délivré sur un premier geste violent (coup de boule, tacle irrégulier) ou d'antijeu (un joueur en position de dernier défenseur est expulsé s'il stoppe irrégulièrement un adversaire qui file au but).

L'un et l'autre furent inventés après les Coupes du monde de 1962 et 1966, marquées par une grande violence. Jusqu'alors, les arbitres ne signifiaient qu'oralement leur exclusion aux joueurs, ainsi qu'aux capitaines. Mais parfois l'homme en noir, dépassé, pouvait perdre toute son autorité sur le match, donc sur le stade entier. Ce fut le cas lors de la rencontre Chili-Italie en Coupe du monde 1962, une des plus brutales jamais vues en compétition mondiale, opportunément baptisée après coup « la bataille de Santiago ». L'arbitre anglais Ken Aston dut se faire escorter par des policiers en armes pour sortir du terrain, menacé par le public après avoir pourtant exclu deux joueurs italiens. Traumatisé, il n'a jamais plus officié en Coupe du monde. Lors du – à peine – moins violent Angleterre-Argentine de la Coupe du monde 1966 à Wembley, cinq longues minutes avaient été nécessaires à l'arbitre allemand Rudolf Kreitlein pour faire comprendre au capitaine argentin Antonio Rattin qu'il devait quitter le terrain.

Ken Aston fut par la suite sollicité par les instances dirigeantes pour établir un code de signes d'arbitrage universellement compréhensible. C'est sur Kensington High Street, à Londres, au volant de sa MG, qu'il eut une illumination : « Quand les feux sont passés au rouge, alors j'ai ralenti et je me suis arrêté. Je n'ai pas contesté la décision. Et j'ai pensé : “C'est ça ! Jaune pour ralentissez et rouge pour stop. Voilà ce dont le football a besoin” », déclara-t-il plus tard.

Le projet d'Aston fut embrassé par la FIFA et mis en pratique dès la Coupe du monde 1970, avant d'être rapidement adopté pour les autres compétitions, y compris dans les épreuves à caractère national, où le problème de langue n'avait pas lieu d'être mais où, d'un seul geste, l'arbitre pouvait faire comprendre sa décision aux joueurs et au public. Le championnat de France adopta les cartons dès la saison 1972-1973.

Lire aussi : Batista, Lovchev, Monzon

CASTRO, Hector (1904-1960)

Hector Castro, attaquant de la Celeste championne olympique 1928 et championne du monde 1930, est le premier joueur de l'histoire à avoir marqué un but pour l'Uruguay en Coupe du monde. Amputé de l'avant-bras droit à treize ans après un accident avec une scie électrique, il fut surnommé « El Manco », l'estropié. Très tôt donc, le football fut aussi une revanche individuelle sur le sort.

Lire aussi : Nasazzi

CASUAL

Casual, abrégé de *casual clothing*, désigne dans le langage courant un style de vêtements, « normaux », « habituels ». Mais, dans un stade, le terme se rapporte plus particulièrement aux vêtements ordinaires portés par les hooligans, dans le but de passer inaperçus, évitant tout signe ostentatoire d'appartenance à un groupe. D'où le nom de *casual*, ou bien de *boy next door*. Fondu dans la masse, un vandale pouvait ainsi passer sans encombre les contrôles aux abords des stades, contrôles que le gouvernement Thatcher multipliait dans les années 1980. C'est ainsi qu'il s'habilla comme les fans de jazz ou de rock anglais, et adopta des codes qu'avaient pris mods et skinheads : chemise chic au col boutonné, polo, jean serré, harrington. C'est ainsi que des marques comme Ben Sherman ou Fred Perry, qui étaient à la fois underground et onéreuses, entrèrent au stade. Elles furent adoptées par les ultras ou par les skinheads, tout en devenant branchées.

Lire aussi : Heysel, Hooligan, Thatcher, Thugs

CASZELY, Carlos

Un héros. Un Socrates chilien. Caszely, dont la mère avait été torturée par la police de Pinochet, fut un de ceux qui s'opposèrent le plus ouvertement à la junte militaire. Un jour, le dictateur alla même jusqu'à dire qu'il était « le premier gauchiste qui jouait ailier droit ». Lors du match RFA-Chili de la Coupe du monde allemande de 1974, Caszely fut expulsé pour un coup de pied porté à l'Allemand Berti Vogts, défenseur de la Mannschaft, devenant le premier joueur de l'histoire à écoper d'un carton rouge. Rouge, comme sa colère. Comme ses idées. Et comme la cravate qu'il arbora par provocation, huit ans plus tard, lorsqu'il rencontra, aux côtés des joueurs de la sélection chilienne qui allait partir en Espagne pour le Mundial 1982, le général Pinochet. Rouge, comme le sang versé par tous les opposants torturés. Parmi lesquels la propre mère du footballeur. C'est cette mère qui allait accepter de participer à un clip en faveur du « non », lorsque le régime décida, en 1988, d'organiser un plébiscite et de demander au peuple s'il voulait que Pinochet reste au pouvoir. Caszely participa au clip avec sa mère. Le « non » l'emporta.

Lire aussi : Carton jaune/Carton rouge, Santiago du Chili, Socrates

CATENACCIO

Lorsqu'il remporta la Champions League avec l'Inter, en mai 2010, José Mourinho s'était quelque peu servi du catenaccio (« verrou », en italien), un système ultra-défensif porté à son paroxysme dans l'Italie des années 1980 par la Squadra Azzurra. Mais c'est le Français Robert Accard, entraîneur du Stade français dans les années 1920-1930, qui l'initia le premier, en bon adepte de la tactique dite « du béton » alors pratiquée par le club ardennais de Charleville, et qui servira de modèle au « verrou » inventé par les Suisses peu après. Au même moment, un Franco-Argentin nommé Helenio Herrera, joueur à Charleville avant de passer au grand Red Star, fut impressionné par ce « béton », et se promit de l'utiliser, en l'adaptant, par la suite. C'est ce qu'il fit, devenu entraîneur de l'Inter Milan après avoir été sélectionneur de l'équipe de France. Son système de jeu, baptisé « catenaccio », permit à l'Inter de gagner trois titres de champion d'Italie et deux Coupes d'Europe des clubs champions.

Après la catastrophe de Superga en 1949, l'Italie manquait de joueurs d'exception en sélection nationale. Pour y remédier, elle adopta ce système, lui insufflant au passage une rigueur tactique qui le dénaturait un peu. Elle s'y tint très longtemps, jusqu'en 1986 exactement, le « verrou » italien sautant quelque temps avant le bloc de l'Est, comme un présage… C'est ainsi qu'elle gagna le Mondial 1982.

Le catenaccio typique aligne quatre défenseurs en ligne, un arrière central placé devant les quatre autres (le libero), deux milieux de terrain défensifs, deux milieux de terrain offensifs sur les ailes et un attaquant. Dans le système de Herrera, les défenseurs latéraux étaient utilisés comme des joueurs de couloir modernes, apportant un appui à l'attaque. La colonne vertébrale de l'Inter était alors constituée du défenseur Armando Picchi, du meneur de jeu espagnol Luis Suarez (futur sélectionneur de la très offensive Roja de 2008) et de la star milanaise Sandro Mazzola (fils du capitaine du Torino disparu à Superga). Herrera pouvait aussi compter sur Giacinto Facchetti, « le Pelé des défenseurs ». Un paradoxe : premier arrière offensif de l'ère moderne (75 buts marqués dans sa carrière, pas mal pour un défenseur), Facchetti s'épanouit paradoxalement dans le catenaccio.

Si on y regarde de près, c'est ce schéma qui fit gagner la France en 1998. Tout comme le plan de jeu d'Aimé Jacquet, le « catenaccio » accorde une importance toute particulière à la solidité défensive, sans pour autant être le système ultra-défensif souvent vilipendé.

Lire aussi : Avion, Red Star, Roja

CAVIAR

Cela vient de la gauche comme de la droite. En référence au mets, on appelle « caviar » la passe décisive d'un joueur pour un autre, mettant ce dernier en position de marquer. En général, cette passe est une occasion décisive, un but immanquable. Un cadeau. D'où l'appellation.

CELESTE

Dans l'histoire du football, l'Uruguayen José Andrade (1901-1957) fut le premier grand joueur noir, et un des premiers grands joueurs tout court. Dans une équipe d'Uruguay qui était la première grande formation digne de ce nom, avec un jeu étonnamment vif et moderne. Championne olympique en 1924 (à Paris) et 1928 (à

Amsterdam), vainqueur de la première Coupe du monde de l'histoire (disputée à domicile) en 1930, l'Uruguay décida de ne pas défendre son titre en 1934, dans une compétition organisée par l'Italie fasciste, et ne participa pas non plus à l'édition française de 1938. En 1950, l'Uruguay et le Brésil se rencontrèrent non pas pour une finale mais pour « un match du tour final » (le tournoi se joua comme un championnat, de sorte que ce match, entre les deux équipes ayant le plus grand nombre de points, désignerait le vainqueur), au Maracaña de Rio, que l'Uruguay remporta.

L'équipe nationale uruguayenne fut surnommée la Celeste, en référence à la couleur de son maillot. D'un bleu non pas foncé, non pas clair, ni marine, ni roi, mais *celeste* (c'est-à-dire « bleu ciel » en espagnol). Cette couleur ne correspond que de loin à celles du drapeau national (blanc rayé de bleu foncé), mais elle était celle arborée par le club amateur du River Plate FC de Montevideo (ne pas confondre avec le vrai River, argentin). Au début du XXe siècle, les joueurs du River Plate FC réussirent à battre la référence sud-américaine de l'époque, le club argentin d'Alumni FC. Pour rendre hommage aux auteurs d'un tel exploit, la sélection nationale décida alors d'adopter le même maillot qu'eux. Et, donc, de se baptiser Celeste.

Lire aussi : Batista, Colombie, Francescoli, Hongrie

CHARLTON (frères)

John et Bobby Charlton remportèrent la Coupe du monde en 1966, devenant la deuxième fratrie à recevoir le trophée, après les Allemands Walter en 1954. Du drame des *Busby Babes* jusqu'aux Red Devils de 1968, en passant par la Coupe du monde 1966, les deux frères formèrent, à eux seuls, un résumé plutôt complet du football anglais des années 1960.

L'aîné (né en 1935), de son vrai prénom John, se fit tôt surnommer Jacky, Jack ou encore Big Jack (en raison de sa taille, 1,86 mètre, immense pour un footballeur de l'époque). De sorte que tout le monde pense que Jack est son nom de famille.

John Charlton ne joua jamais que pour un seul club, le Leeds United. C'est qu'il entra dans le monde du football très tard. Jeune, il trouva un premier emploi dans une mine, avant de se lancer dans une carrière policière. En 1952, alors joueur amateur, il ne manqua pas de taper dans l'œil des formateurs de Leeds, qui lui offrirent, en l'embauchant, de bien meilleures perspectives d'avenir. Il fit ses débuts l'année suivante avec l'équipe première, et ne la quitta plus, devenant sa tour de contrôle. Charlton fut un défenseur typiquement british : inlassable rabatteur, toujours de bonne humeur, néanmoins craint et respecté. Avec lui, le club gagna une Coupe d'Angleterre et la Coupe de l'UEFA (1968), puis le Championnat (1969).

En 1965, un an avant la Coupe du monde en Angleterre, ce trentenaire fut sélectionné en équipe nationale. Lors de cette compétition, il forma la charnière centrale avec Bobby Robson. Le premier match se déroula à Wembley, contre l'Écosse. Plus qu'un test, un bizutage donc, eu égard à la symbolique du match. Qu'il passa avec succès malgré tout, puisque Charlton fut rappelé en 1970 pour la Coupe du monde suivante.

Joueur retraité à trente-huit ans, Big Jack devint vite entraîneur, prenant en charge l'équipe de Middlesbrough, qu'il ramena en Premier League. Il espérait prendre la tête de la sélection nationale ; ce fut une fin de non-recevoir qu'il reçut à la place. Il se consola en devenant le sélectionneur de la République d'Irlande. Une équipe qui ne s'était encore jamais qualifiée pour une grande compétition. Charlton releva le niveau de l'équipe en y intégrant des joueurs de Premier League anglaise qui avaient des ancêtres irlandais (Aldridge et Houghton). Résultat : l'équipe étonna tout le monde lors de l'Euro 1988 : elle fut éliminée au premier tour, mais fit un superbe match nul contre l'URSS, et surtout battit l'Angleterre 1-0, participant à l'élimination de cette dernière, également au premier tour. Lors de la Coupe du monde 1990, l'Irlande parvint en quart de finale. Charlton mena également son équipe à la World Cup américaine de 1994. Il quitta son poste en 1996, après avoir donné à l'Irlande des raisons d'être fière de son football.

Si la carrière de John fut très honorable, elle est sans commune mesure avec celle de son frère Robert, dit « Bobby ». Ce dernier fut un des meilleurs joueurs anglais de tous les temps, au point d'être anobli en 1994, devenant sir Bobby Charlton. Le cadet de la famille (né en 1937), et le plus petit (1,75 mètre), jouait milieu de terrain. En 1953, il fut repéré par Joe Armstrong, recruteur pour l'équipe de Manchester United, qui l'engagea au sein du club en 1954 : Bobby Charlton fit donc partie des fameux Busby Babes. En 1956, il connut ses débuts en Premier League anglaise. En 1958, Manchester United, premier club anglais retenu pour disputer la prestigieuse Ligue des champions, se lança dans la course au titre européen. Mais, le 6 février, la catastrophe aérienne de Munich anéantit tous les espoirs du club. Bobby Charlton fut un des rares miraculés de l'accident, sauvé par le gardien de but de l'équipe, Harry Gregg, surnommé « le héros de Munich », car il extirpa à lui seul de la carlingue plusieurs de ses coéquipiers, dont Bobby Charlton, Jackie Blanchflower et Dennis Viollet, ainsi que Vera Lukic, la femme enceinte d'un diplomate yougoslave, sa fille et enfin Matt Busby lui-même. Cet accident, véritable traumatisme national, secoua bien sûr violemment le joueur. Mais Charlton se ressaisit en devenant le stratège de l'équipe, se complaisant dès lors dans un orgueil qu'il ne se privait pas d'afficher. Doté d'une puissante frappe de balle, il se fit remarquer comme l'un des meilleurs buteurs du Royaume-Uni et fut régulièrement sélectionné en équipe nationale, où il joua donc aux côtés de son frère.

Bobby Charlton fut un milieu de terrain à la fois fin et lourd, métronome et néanmoins buteur, marquant grâce tantôt à ses tirs lourds et rasants, tantôt à ses petits ballons piqués – technique qu'il popularisa d'ailleurs.

Manchester United revécut grâce à une nouvelle génération de joueurs talentueux (Law, Best) : après deux titres et une FA Cup, le club connut le véritable triomphe en 1968, lorsqu'il devint le premier club anglais à remporter la Ligue des champions, contre le Benfica d'Eusébio. Charlton marqua deux des quatre buts du match de la victoire. Un triomphe remporté sur la pelouse de Wembley, celle-là même qui le vit sacré champion du monde deux ans auparavant, avec l'Angleterre. Durant cette Coupe du monde, il marqua à trois reprises, et fut la pièce maîtresse du jeu anglais.

En 1966 et 1968, il gagna donc deux titres, véritable revanche sur le destin. S'appuyant sur un très churchillien esprit de victoire, ils marquèrent le début du triomphe des clubs anglais, qui trustèrent ensuite les différentes Coupes européennes vingt ans durant. On parla alors, et pour toujours, du *fighting spirit* anglais.

En Coupe du monde 1970, malgré ses trente-deux ans, Charlton était toujours une pièce maîtresse de la sélection. Pour preuve : en quart, alors que l'Angleterre menait 2-0, le sélectionneur sortit Charlton afin de le préserver pour la demi-finale. Ce fut une erreur. Le jeu anglais se déséquilibra aussitôt et la RFA l'emporta 3-2 après les prolongations, savourant sa revanche sur 1966. L'Anglais prit alors sa retraite internationale, emportant avec lui le record de buts en sélection anglaise : 49, en 106 sélections.

Bobby Charlton est aujourd'hui directeur technique et sportif pour le club mancunien. Qui a fait de lui ce qu'il est.

Lire aussi : Angleterre, Avion, Best, Busby Babes, Law

CHAUSSURE

En sport, la chaussure fut d'abord une affaire allemande. Et l'histoire d'une dynastie : la famille Dassler. Dans les années 1920, du côté de Nuremberg, Adolf et Rudolf Dassler étaient les propriétaires de l'entreprise Schuhfabrik Gebrüder Dassler (« Fabrique de chaussures des frères Dassler »), chacun possédant la moitié du capital. Tous deux étaient d'excellents cordonniers, mais Rudolf se distinguait de son frère Adolf, plus créatif, par ses qualités de vendeur. Une attaque de pointe, en somme. Et les affaires marchaient. En 1936, Jesse Owens remporta quatre médailles d'or aux JO de Berlin chaussé d'« espadrilles » Dassler – pendant longtemps, on appela « espadrilles » ce que l'on nomme aujourd'hui « baskets ».

Mais lorsque survint la guerre, les frères furent mobilisés dans la Wehrmacht. Les épouses respectives prirent alors les rênes de l'entreprise, non sans tensions entre les deux femmes : tous les coups – bas – étaient permis pour tirer la couverture à soi. La rumeur courut par exemple que Horst, le fils d'Adolf, était en réalité celui de Rudolf. La fatalité s'en mêla ensuite : pendant la guerre, ce ne fut que grâce aux commandes de la Wehrmacht pour chausser ses soldats que l'entreprise survécut. À leur retour, les frères ne purent même pas compter les points entre les épouses. Il était impossible de continuer. Ils liquidèrent l'entreprise et la scindèrent en deux… tout en partageant encore la même usine. Ils se répartirent les machines et séparèrent leurs locaux par des cloisons – et non des murs, nouvelle RFA oblige.

En 1948, Adolf créa Adidas, nom composé de son surnom, « Adi », et de la première syllabe de son nom. La marque devint Adidas Group AG l'année suivante. Dans les années 1960, Horst, son fils (enfin, normalement…), prit la tête de l'entreprise. Adolf, qui avait longtemps traîné sur le bord des terrains de football, créa tout simplement la première chaussure à crampons (vissés).

Quand Adolf créa Adidas, son frère Rudolf répliqua en fondant sa marque, baptisée Puma Schuhfabrik Rudolf Dassler : Puma était né. Il installa l'entreprise dans la même ville que son frère ennemi, mais sur l'autre rive de la rivière Aurach, qui traversait Nuremberg. L'essor impressionnant des deux multinationales du sport ne faisait alors que commencer.

Au décès de son fondateur, en 1987, Adidas, devenu équipementier phare, connut une grave crise. Les héritiers vendirent alors l'entreprise à Bernard Tapie, qui devint propriétaire, en deux fois, de 95 % de la maison. La suite de l'histoire défraya la chronique, plus souvent financière et judiciaire que sportive, et suivit la courbe des affaires de Tapie, la bataille contre le Crédit lyonnais, la revente d'Adidas à Robert-Louis Dreyfus, la liquidation judiciaire de Tapie, finalement réhabilité par une étrange commission créée par l'État français. Moins connu qu'Adidas, Puma, de son côté, eut néanmoins sous contrat des athlètes prestigieux, comme Pelé et Maradona.

Deux marques de la même famille, mais que bien plus qu'une rivière sépare.

Lire aussi : Best, Foot business, Garrincha, Maradona, Pelé

CHAYRIGUÈS, Pierre (1892-1965)

À l'époque où le football professionnel n'existait pas en France et que les matchs internationaux étaient encore rares, Pierre Chayriguès fut le premier grand gardien de but français. À cette époque, et hormis en Angleterre, les gardiens ne quittaient pas leur ligne, ne s'avançaient pas dans la surface, et ne plongeaient ni ne s'envolaient pour tenter d'intercepter un ballon a priori hors de portée. En Hexagone, Chayriguès osa le premier sortir de sa cage, dégager le ballon des poings, plonger et se jeter dans les pieds de ses adversaires, ce qui lui coûta de nombreuses blessures malgré sa constitution très avantageuse et un buste d'acier. Il fut le plus jeune gardien de l'équipe de France : il avait précisément dix-neuf ans, cinq mois et vingt-huit jours lors de sa première sélection en 1911. Il devint une star européenne le 17 mars 1912, lors de la grande victoire des Bleus contre l'Italie, à Turin (4-3), cinq ans après celle en Belgique. Le succès venait enfin, après des tôles hémorragiques (17-1 contre l'Angleterre, 12-0 contre le Danemark). Multipliant les arrêts, Chayriguès y tint un rôle déterminant, en écœurant les Italiens… et en régalant les spectateurs. Peu de temps après, la France affronta l'Angleterre, ne perdant que 4-1 alors que tout le monde avait prédit une rouste. Ce jour-là, le gardien français stoppa un tir surpuissant de Hoare et un autre, à bout portant, de Sanders. Après Clichy et Levallois, Chayriguès rejoignit le Red Star en 1911 (un transfert chiffré à 500 francs-or), où il resta jusqu'à la fin de sa carrière, en 1925. Une fidélité qu'il faillit rompre en 1913, juste après le match contre l'Angleterre, quand le club de Tottenham lui offrit un pont d'or (un salaire de 12 000 francs par mois, et surtout un statut de professionnel). Après quelque hésitation, Chayriguès ne désavoua finalement pas sa loyauté, reconnaissant gagner déjà très bien sa vie au Red Star. Et pour cause ! Le club, pour ne pas perdre son joueur vedette, s'était empressé de s'aligner sur la proposition anglaise… Résistant à l'idée d'un sport professionnel, les clubs français tentèrent d'imaginer une parade, car l'argent devenait envahissant : c'est à cette période que naquit l'idée de défraiements, qui consistait à payer les joueurs en remboursements (bidon, mais légaux du point de vue de la comptabilité) lors des déplacements. Anticipant, comme à son habitude, Chayriguès revendiqua le même procédé pour les matchs internationaux, mais la Fédération refusa. Chayriguès devint ainsi le premier grand rebelle du foot français. Il se rendait au siège de la Fédération sur des béquilles afin de réclamer de l'argent « pour des soins ». Il refusa constamment de jouer en bleu, jusqu'en 1924, où il participa aux JO de Paris… Ce qui ne lui réussit guère, puisqu'il se blessa grièvement après une sortie dans les pieds de l'Uruguayen Petrone. Le début de la fin pour Chayriguès, qui ne s'en remit jamais et connut une fin de carrière plus terne que son commencement.

Lire aussi : Marron

CISEAU

Quand il est constitué d'une paire de jambes, c'est l'un des plus beaux gestes du football. Tir de volée en extension, où l'impulsion et le tir sont réalisés avec la même jambe, pour finir en croisement de jambes dans les airs. Si le joueur se place dos au but et se retrouve la tête en bas lorsqu'il tire, il réalise, là, une bicyclette. Un geste qui fut popularisé (mais pas inventé) par le Brésilien Leonidas.

Lire aussi : Leonidas

CLASSICO

Un club peut faire une saison pourrie, s'il réussit le classico il aura au moins sauvé les meubles, et conservé le respect des supporters. Un classico oppose plus que deux clubs : il oppose deux villes, ou deux régions, déchirées par les luttes de suprématie nationale, économique ou politique. Deux régions, deux histoires, deux civilisations. Un classico oppose en général le Nord et le Sud (Marseille-Paris ; Naples-Milan). Un classico est classique car il revient chaque saison. Il concerne quasiment toujours un match de première division, signifiant au passage que les deux clubs rivaux sont depuis toujours dans la même élite. L'un de ces clubs est en général celui de la capitale, l'autre celui d'une ville qui honnit la capitale : l'enjeu n'est pas simplement sportif, c'est une véritable guerre. Il n'est donc pas question de perdre un classico. En Espagne, il y a Real Madrid-FC Barcelone, rencontres pendant lesquelles l'Espagne règle ses comptes avec le franquisme.

Un classico, c'est le grand soir de la lutte des classes, version football. La France a ses OM-PSG. Le Portugal, Benfica Lisbonne-FC Porto. En Algérie, c'est Jeunesse sportive de Kabylie contre MC Alger. L'Italie est la mieux pourvue, avec ses Inter Milan-Juventus Turin (lutte pour la suprématie sur le Nord), Naples-Juventus (le pauvrissime Sud qui défie les nantis du Nord), ou Rome-Naples (la capitale du pays contre celle de la mafia). Un seul classico au monde est à ce point tendu que c'est aussi un derby : Fla-Flu, le match entre les deux clubs de Rio de Janeiro. Il existe un « Superclasico » : entre Boca Juniors et River Plate, les deux clubs de Buenos Aires. Il a lieu au stade de la Bombonera, qui vit naître Maradona, et oppose le club des quartiers pauvres (Boca) à Los Millonarios, du River Plate, l'un des clubs les plus titrés au monde. Le Superclasico est classé dans les dix rendez-vous sportifs les plus importants au monde.

Lire aussi : Barça, Derby, Fla-Flu, Maison blanche, OM, PSG

CLOUGH, Brian (1935-2004)

« Je ne dirais pas que j'étais le meilleur dans ce métier, mais je ne vois personne au-dessus de moi. » Dans l'histoire des entraîneurs british, donc des entraîneurs mythiques, il y eut Bill Shankly, Matt Busby, Alex Ferguson, et Brian Clough.

Entre 1952 et 1961, Brian Clough, joueur, inscrivit 204 buts en 222 matchs pour le club de sa ville natale, Middlesbrough, classé alors en deuxième division. Durant sa carrière de joueur, Clough réussit à provoquer la grève de ses propres coéquipiers… qui réclamaient son licenciement ! Clough finit capitaine de l'équipe. La carrière de ce guerrier à l'ego titanesque, deux fois sélectionné en équipe nationale, prit fin en 1962, le lendemain de Noël. Une vraie fin de guerrier : sur une fracture.

Devenu entraîneur, il parvint à faire du pâle club de Derby County, venu de deuxième division, le champion d'Angleterre 1972, devant Liverpool et les autres « gros ». Clough devint l'idole que, joueur, il n'avait pas été. Parfaitement à l'aise dans le fameux *kick and rush* fait de transversales, de chandelles et de contre-attaques, il privilégia néanmoins le jeu au sol, fidèle à sa maxime : « Si Dieu avait décidé de nous faire jouer dans les nuages, il n'aurait pas mis de pelouse sur le sol… »

Qu'il fut un des meilleurs managers anglais est vrai. Mais il fut aussi le pire. Notamment durant ces fameux quarante-quatre jours de 1974. Cet été-là, il créa la surprise en acceptant le poste d'entraîneur du Leeds United, champion en titre, dont il critiquait sévèrement le style de jeu agressif quelques mois auparavant. C'est dire s'il fut bien accueilli par les stars Billy Bremner, Allan Clarke, Johnny Giles ou Terry Yorath. En quarante-quatre jours, de juillet à septembre 1974, Clough les fit chuter des premières places aux dernières du classement. Entre Clough le fier et ces concasseurs de tibias, ces briseurs de rêves prêts à mourir pour de la bière, une guerre des ego s'engagea sans merci. Que Clough perdit. En 2006, le romancier David Peace écrivit une version légèrement romancée de ces quarante-quatre jours (adaptée au cinéma), qui fit un triomphe en Angleterre, mais pour lequel Giles l'attaqua en justice (un arrangement fut trouvé entre le joueur et l'éditeur, au désavantage de Peace).

Puis, en 1975, l'histoire de Clough épousa celle de Nottingham Forest, club de deuxième division quand il en prit les rênes, avec lequel il remporta deux Coupes d'Europe, parmi les dernières du foot british pré-Heysel (en 1979 et 1980). Le club reposait alors sur le duo Brian Clough-Peter Taylor : à Clough la motivation mentale et la culture de la gagne, à Taylor les enseignements tactiques et la recherche de jeunes talents. Ce duo fit éclore Viv Anderson, s'offrit Peter Shilton, John McGovern, Archie Gemmill. En deux saisons, Forest accéda à la première division. Un an plus tard, à la stupéfaction de tous, Clough récidiva : il coiffa de justesse au poteau le grand Liverpool, alors sur le toit de l'Angleterre et du continent entier. Mieux, l'année suivante, Forest rafla le Coupe d'Europe des clubs champions. Et la conserva l'année d'après. C'était insensé. Durant cette période, Nottingham Forest remporta deux Championnats, deux League Cups et deux C1. En 1980, Brian, dont l'ego n'avait évidemment pas désenflé, commença sérieusement à irriter son entourage : le second triomphe en Coupe d'Europe n'empêcha pas les départs de deux cadres du club, O'Neil et Gemmill. En 1981, Taylor quitta Clough à son tour. Qui ne s'en remit pas et noya son inspiration dans la boisson après avoir perdu son second, qui était comme son flair. Le club et son manager vivotèrent dix années durant, glanant une League Cup en 1990 ; puis Clough s'en alla en 1993, ses problèmes d'alcool ayant mené le club à la relégation.

Clough s'en retourna à son côté obscur et fut, jusqu'à sa mort, d'un cancer en 2004, rattrapé par des affaires de détournement de fonds et de pots-de-vin sur des transferts de joueurs, lors de son passage à Nottingham. Tandis qu'un faisceau de soupçons concordants accusait fortement Clough, ce dernier fut étonnamment blanchi. La presse décida de ne pas s'acharner sur l'entraîneur : elle ne voulait pas souiller le mythe et assura même au contraire la promotion de son autobiographie, dans laquelle Clough affirme notamment que les responsables de la tragédie de Hillsborough étaient les supporters des Reds eux-mêmes et que les hooligans avaient projeté de s'entre-tuer ce soir-là.

Héros prolétaire, donnant dans l'alcool et la combine, le monsieur se montra aussi des plus homophobes. Surtout avec Justin Fashanu, jeune champion de Norwich City, que Clough acquit en 1981 pour 1 million de livres sterling. Lorsqu'il apprit que son joueur fréquentait les clubs gays de la ville, il l'humilia devant ses coéquipiers, et le vira à la fin de la saison. On sait ce qu'il advint de Fashanu, qui finit par se suicider à la suite d'accusations d'agression sexuelle sur un jeune de dix-sept ans : une tragédie dans laquelle Clough porte, comme tout le milieu du football, une responsabilité.

Lire aussi : Anderson, Busby Babes, Ferguson, Heysel, Homosexualité

CNAPAN

Au pays de Galles, on pratiqua le cnapan entre le XVIIe et la fin du XIXe siècle. À sa naissance, il aurait été une forme de « chaos organisé » qui soulageait le travail monotone et éreintant des paysans. Deux groupes de joueurs s'affrontaient déjà, certains munis d'un grappin pour saisir le cnapan (la boule, en bois, un peu plus grande qu'une boule de cricket), les autres étant les coureurs, supposés plus rapides et insaisissables. La veille du match, la boule était plongée dans l'eau bouillante pendant douze heures, avec tout autre lubrifiant également disponible (gras d'animal en général), afin de la rendre plus dure à agripper. Le vainqueur était le premier qui menait la boule suffisamment à l'intérieur de la « paroisse » adverse (« village », en langage laïque, était peu usité à l'époque). Comme la soule, les matchs opposaient deux paroisses et impliquaient la quasi-totalité des mâles du clocher. Le cnapan a été recréé dans les années 1980 dans la province du Pembrokeshire, avec un concours annuel entre Newport et Nevern.

Lire aussi : Asqaqtuk, Cuju, Mob football, Pasuckuakohowog, Pok-a-tok, Soule

COCAÏNE

Le médiatique docteur Jean-Pierre de Mondenard, spécialiste international du dopage sportif, rappela dans son livre *Dopage dans le football* (2010) que, lorsque Diego Maradona avait été contrôlé positif à la cocaïne, le 17 mars 1991, il s'était défendu en déclarant qu'« on [ne pouvait pas] parler de dopage », car il n'avait « jamais rien pris pour gagner un match ». Certes, la cocaïne est un produit qui décuple fortement la clairvoyance entre deux prises, tout en créant une fausse impression d'invincibilité. Elle ne rend néanmoins pas plus rapide ni plus résistant à l'effort : il ne peut être prouvé qu'elle fait de vous un vainqueur. Cependant, les médecins du sport considèrent qu'elle a des effets tout à fait comparables à ceux des amphétamines. En 1994, un expert français, William Lowenstein, résuma ainsi ce qu'était devenue la blanche dans le foot : « La cocaïne répond chez le sportif à une triple addiction, aux émotions, à la réussite et au mouvement » (*Le Monde*,

10 novembre 1994). Si Maradona fut convaincu de dopage à la coke, un seul joueur avoua de lui-même, et en pleine carrière, y avoir eu recours par le passé : l'ancien international anglais Paul Merson. En France, José Touré confessa, dans son autobiographie parue peu après la fin de sa carrière, que lorsqu'il découvrit la poudre, « l'effet fut immédiat, j'ai eu l'impression d'être un surhomme ». Mais la cocaïne est une drogue, elle est traitée uniquement comme telle et n'entre pas en considération lorsque médecins et sportifs parlent de dopage (illégale, elle est considérée comme interdite de fait par les lois du sport). Certains médecins tentent même d'accréditer la thèse selon laquelle la cocaïne et les amphétamines n'ont rien à voir avec les performances et l'éthique sportives. En 2004, l'Agence mondiale antidopage a interdit la coke durant les compétitions, mais pas en dehors. La cocaïne est donc une drogue interdite, mais un dopant toléré, qualifié de « soutien médicamenteux » pour l'athlète. C'est un des nombreux points de dissonance entre législation du sport et législation tout court. Dissonances qui, toujours, favorisèrent le dopage sans donner la possibilité d'en prévenir les conséquences sur la vie des sportifs.

COLOMBIE

En 1948, alors que le football en Europe subit le contrecoup de la Seconde Guerre mondiale, ce sport prit son essor en Amérique du Sud. L'Uruguay et l'Argentine, qui dominèrent le continent footballistiquement, connaissaient alors des difficultés économiques – en plus du régime totalitaire de Peron en Argentine. La Colombie, elle, était en pleine guerre civile : la Violencia, opposant libéraux et conservateurs, devint la guerre la plus meurtrière de l'histoire colombienne (plus de trois cent mille morts). C'est alors que quelques riches entrepreneurs voulurent se changer les idées, avant de changer celles du peuple. En 1948, profitant d'un foot colombien en voie de structuration malgré tout, ils créèrent la Dimayor (abrégé de Division Mayor), avec derrière la tête l'idée de bientôt rivaliser avec les Argentins et les Uruguayens. Les présidents de clubs de la Dimayor multiplièrent les voyages en Argentine afin d'en ramener les plus grandes vedettes. Résultat : en 1949, les Argentins Pedernera (alors superstar), Rial et Di Stefano (alors simple star) signèrent aux Millonarios de Bogota. En moins de deux ans, on compta plus de trois cents joueurs étrangers dans la Dimayor : les Hongrois à Santa Maria, les Anglais à Santa Fe, les Brésiliens à Barranquilla… Ainsi, un peu moins de cinquante ans avant l'arrêt Bosman, un continent avait déjà inventé un championnat où le nombre de joueurs étrangers par équipe était illimité. En Colombie, un peu moins de cinquante ans avant la naissance du foot business, un championnat permettait à tous ses joueurs d'obtenir des contrats de travail, sans qu'aucune indemnité de transfert soit versée aux clubs d'origine. Un peu plus de cinquante ans avant le G14, une compétition quasi autonome cherchait à couper le cordon fédéral. Quelques années plus tard, la Fédération colombienne, soutenue par un nouveau pouvoir conservateur, jugea la Dimayor hors la loi. Celle-ci ne céda pas, et ce fut la FIFA qui l'exclut de toutes les instances du football en 1954, menaçant ainsi la carrière internationale des joueurs qui y resteraient. C'en fut ainsi fini de la Dimayor.

Mais durant six ans les entrepreneurs colombiens atteignirent leur but : emmerder l'Uruguay, le Brésil, le Pérou, le Paraguay. Le pays vécut donc sa plus grosse guerre civile (1948-1957) en même temps que son âge d'or footballistique. Entre 1948 et 1953, le meilleur club du monde fut colombien : les Millonarios de Bogota. Avec dans ses rangs Alfredo Di Stefano, meilleur joueur de son époque, il alla même battre le Real Madrid 4-2, à Madrid, pour les cinquante ans du club castillan. L'année suivante, Di Stefano signa au Real, mais c'est une autre histoire…

Plus tard, la Colombie fut aussi connue pour ses FARC, sa coke, ses cartels. Bien entendu, ces derniers mirent, et mettent encore, la main au foot. Dans les années 1980, tous les grands clubs furent dirigés par des narcos. Par exemple, le Nacional Medellin sous la coupe de Pablo Escobar, ou l'América Cali, sous celle de Fernando Rodriguez Mondragon. Une époque où, des joueurs aux jardiniers, des secrétaires aux préparateurs, tout le monde servait à blanchir l'argent de la drogue. L'écrivain Umberto Valverde, chroniqueur des nuits chaudes de la ville, se faisait aussi payer pour raconter dans ses nouvelles les déplacements et les victoires du club. Résultat : du flouze à gogo, du glamour à foison, et l'América Cali qui faisait la loi en Colombie entre 1983 et 1988. Il fallut l'élection de Bill Clinton en 1992 aux États-Unis, et sa guerre aux narcos (l'opération Cornerstone), pour que les cartels se refassent discrets et quittent le rectangle vert pour protéger leurs billets tout aussi verts.

Lire aussi : Bosman, Di Stefano, Escobar, Foot business, G14

COMA

Depuis le 17 mars 1982, Jean-Pierre Adams vit dans un coma profond, à la suite d'une erreur d'anesthésie lors une opération bénigne aux ligaments du genou. Né au Sénégal en 1948, il arriva en France à l'âge de huit ans. À Montargis, où sa grand-mère bigote, qui l'éleva, était venue faire un pèlerinage… Il joua entre autres à Nîmes (vice-champion de France 1972), à Nice, au PSG, et fut à vingt-deux reprises défenseur de l'équipe de France, entre 1972 et 1976. Il forma avec Marius Trésor la célèbre « garde noire » de Stefan Kovacs, alors à la tête des Bleus. Le 2 mars 1997, le village de Catillon-sur-Sambre (dans le Nord) inaugura un stade à son nom. Jean-Pierre Adams est installé avec sa femme, qui veille sur lui, à Rodilhan (Gard).

Lire aussi : Trésor

CORSE

« Affligeant : l'équipe de France sans inspiration parfois ridiculisée par les Corses (2-0) » : ce titre barrait la une de *L'Équipe* au lendemain d'un match France-Corse. Oui, un France-Corse, qui se tint à Marseille le 27 février 1967, devant 18 000 spectateurs. Dans le trou noir qu'elle traversa entre 1958 et 1978, l'équipe de France valait tellement peu de chose qu'elle disputa même des matchs contre les départements de la République. Ce match-là fut une idée (étrange) de Just Fontaine, alors sélectionneur : il demanda à Victor Sinet, journaliste corse à *France Football*, de mettre rapidement sur pied une équipe composée de joueurs corses, évoluant sur l'île et dans l'Hexagone. La défaite de l'équipe nationale, en match préparatoire de l'Euro 1968, fut si ridicule que les Corses auraient pu y trouver une revendication indépendantiste supplémentaire.

Dix années plus tard, l'Île de Beauté forgea sa légende du foot. Plus précisément lors de la saison 1977-1978, qui vit le Sporting Club de Bastia arriver en finale de la Coupe UEFA au terme d'une épopée collective digne de celle, encore fumante, des Verts. C'est d'ailleurs grâce à son séjour bastiais (1977-1979) que l'Oranje Johnny Rep, héros du grand Ajax, venu se relancer en Corse après une mauvaise passe en Espagne, put faire la joie des Verts (1979-1983).

Mais auparavant, Rep fut de l'équipe bastiaise qui termina troisième du championnat de France 1977, et disputa ainsi la Coupe UEFA la saison suivante. Renégate en France (« Sales Italiens » ou « Bienvenue en France » étaient les cris qui accueillaient l'équipe lors de ses déplacements sur le continent), l'équipe se paya un glorieux tour d'Europe. Au premier match, les Bastiais éliminèrent de justesse les favoris du Sporting Lisbonne (où jouait alors Salif Keta) grâce, entre autres, à un but de Rep. Le scénario fut semblable face aux Anglais de Newcastle, qui encaissèrent deux buts de Rep. En huitième, les Bastiais devinrent de véritables héros, éliminant les ultrafavoris du Torino FC. Les Corses l'emportèrent 2-1 à l'aller ; autant dire qu'ils abordaient le match retour, à Turin, sans garantie. Mais l'ancien Stéphanois Jean-François Larios marqua un but, et le Marocain Merry Krimau planta un doublé. Victoire historique 3-2. Grâce à cette double victoire contre les Italiens, l'épopée fut une fierté insulaire et prit sa place dans la mémoire collective corse. Et footballistique. Plus tard, la furia corse tonna encore contre les Allemands d'Iena : victoire 7-2 à l'aller, défaite 4-2 au retour – des scores fleuves qui qualifièrent Bastia. En demi-finale, les Corses affrontèrent le Grasshoppers Zurich. À l'aller, ils perdirent 3-2 chez leurs adversaires. Pour la première fois, ils étaient au pied du mur, forcés de gagner à tout prix dans leur stade de Furiani, même 1-0. Ils remportèrent le match sur ce score, le milieu de terrain Claude Papi libérant l'île à la 77e minute.

Vint la grande finale contre le PSV Eindhoven. Ce 26 avril 1978 étant un jour à immortaliser, Gilbert Trigano (oui, l'homme du Club Med), qui avait investi dans le club au début de la saison, démarcha Jacques Tati afin qu'en ce jour historique il filme la ville depuis le lever du soleil jusqu'à son coucher. Tati captura une ville en procession, sans poser de voix off sur les images. Pour le match aller de la finale, il plut des cordes sur

Bastia. La partie, qui aurait dû être reportée, fut jouée par deux équipes faisant du surplace dans la seule partie praticable du terrain : 0-0. De quoi nourrir un complot anti-continent. Ce 26 avril mina les Bastiais, qui avaient jusque-là oublié qu'ils étaient épuisés par le rythme d'un match tous les trois jours – lot commun des équipes qui vont loin en Coupe d'Europe, mais le club ne disposait pas du budget lui permettant de recruter suffisamment de joueurs pour faire tourner l'effectif. La finale retour les fit redescendre sur terre : 3-0 pour les Bataves.

L'épopée s'acheva le nez dans le gazon, certes, mais jeta les bases de la victoire en Coupe de France, trois ans plus tard, contre les Verts. Des Verts où jouait, alors, Johnny Rep. Qui, ainsi, ne gagna jamais une finale avec un club français (il perdit la finale de la Coupe l'année suivante contre le PSG).

COSSOU, Lucien

Il est tellement marseillais que beaucoup oublient que ce Franco-Béninois fut le premier immigré africain de la deuxième génération à avoir été sélectionné en équipe de France. C'était le 11 décembre 1960 contre l'équipe de Bulgarie. Cinq autres sélections suivirent, jusqu'à la dernière, le 25 avril 1964, pour un match contre un autre pays de l'Est, la Hongrie. Cossou, qui jouait au poste d'attaquant, totalisa quatre buts en bleu. Né à Marseille d'un père marin béninois et d'une mère émigrée de la Grèce, cet attaquant (ou milieu offensif) fit partie de l'équipe de Monaco qui rafla deux titres de champion de France et deux Coupes de France au début des années 1960. Il fut aussi de cette équipe de France championne du monde militaire en 1957, le premier titre mondial du football bleu-blanc-rouge. Bien qu'il n'ait jamais joué à l'OM, c'est à Marseille que Cossou vit depuis très longtemps.

CR7

« Cristiano Ronaldo ; voilà pourquoi les filles aiment le foot » : c'est une réalité, et ce fut aussi le titre d'une « fan page » sur Facebook. Cristiano Ronaldo dos Santos Aveiro, né le 5 février 1985 à Funchal, sur l'île de Madère, est un grand footballeur portugais. Un des deux plus grands joueurs du monde en activité, se disputant depuis dix ans cette place avec son meilleur ennemi, Lionel Messi : l'Argentin compte à ce jour sept Ballons d'or, le Portugais en a cinq (2008, 2013, 2014, 2016 et 2017). Mais Cristiano Ronaldo est une méga star planétaire, hyper présent dans la presse people et sur les réseaux sociaux (204 millions d'abonnés sur Instagram). Icône du sport mais aussi de la mode et des médias, il a compris, comme Beckham peu avant lui, qu'il devait utiliser son joli minois très « métrosexuel » (comme on disait dans les années 2000) pour être plus qu'une superstar : un nom, une marque, une enseigne à lui tout seul.

La popularité de notre homme éclata à l'été 2003. Il n'avait alors que dix-huit ans. Quelques jours auparavant, il arborait encore sur son maillot le numéro 28 du Sporting Club du Portugal. Le 6 août, l'équipe inaugurait son nouveau stade en recevant Manchester United pour un match amical. Le jeune joueur fit un match époustouflant, dribblant toute la défense adverse, et éblouit l'effectif mancunien. À tel point que, six jours plus tard, Alex Ferguson le recrutait pour 22 millions d'euros. Chez les Red Devils, il récupéra le numéro mythique, celui de Best, de Cantona, de Bobby Charlton et de Beckham : le 7.

En deux saisons à Manchester, son influence ne fit que croître, et il joua presque tous les matchs. Après un Euro 2004 (disputé au Portugal, qui en fut finaliste) et une Coupe du monde 2006 qui révélèrent son talent au continent entier, il monta encore en régime – et très nettement. Tout en évoluant dans un jeu de plus en plus physique, il imposa un style fait de vitesse pure et de techniques délicates lui permettant des dribbles nombreux, des passes décisives et surtout des tonnes de buts. Les trois années suivantes, il gagna avec son club une Champions League (2008, plus une finale en 2009), trois Premier League, une Coupe du monde des clubs, une FA Cup et un titre de meilleur buteur. L'année 2008, celle de son Ballon d'or, fut sans doute la plus belle pour celui dont le nom se transforma alors en sigle : CR7. Il devint ce qu'il n'a, depuis, jamais cessé d'être : un chiffre, une marque, une addition de records. Voir un de ses joueurs élu Ballon d'or en 2008 (juste devant un certain Lionel Messi), à Manchester, cela n'était pas arrivé depuis trente ans, et un certain George Best. En janvier, son club prolongea son contrat, le gratifiant d'un salaire annuel de 9 millions d'euros – il était alors le Red Devils le mieux payé de l'histoire.

Nommé joueur le plus sexy des Euro 2004 et 2008, ainsi que de la Coupe du monde 2006, il charmait des millions de femmes.

Le 26 juin 2009, le Real Madrid, qui le convoitait depuis longtemps, déboursa 93 millions d'euros pour obtenir ses faveurs (transfert le plus cher de l'histoire jusqu'en 2013). Le 6 janvier 2011, il marqua son soixantième but pour la Maison blanche en Liga. En soixante et un matchs, avec une moyenne détonante de 0,98 but par rencontre, CR7 effaça des tablettes madrilènes les goleadors les plus mythiques du cru en Liga espagnole : Puskas (55), Di Stefano (52), Pahiño (50) ou Ronaldo (43). Fort de ces chiffres, de ces stars et de ces records, il devint un signe : « CR7 ».

Comme pour tous les joueurs de son (haut) niveau médiatique, les nouveaux phénomènes que devenaient les jeux PlayStation FIFA et autres Pro Evolution Soccer ne tardèrent pas à proposer un personnage à son effigie.

Ronaldo prêta aussi son image à de grandes marques (Armani) et à des banques (Banco Espirito Santo), et fit la une de *Vanity Fair* en sous-vêtements. Avec l'aide d'une de ses sœurs, il a ouvert deux boutiques de vêtements appelées « CR7 » : une à Lisbonne, une à Madère.

C'est alors que sa rivalité avec Leo Messi prit une envergure rappelant les anciens duels Sampras-Agassi, Lendl-Wilander ou encore Borg-McEnroe en tennis. Ronaldo est certes plus complet, plus rapide et plus athlétique que l'Argentin, mais ce dernier est encore meilleur techniquement, et donc plus magique. Le fait qu'ils jouaient dans des clubs ennemis – le Barça et le Real – fit de l'opposition Messi-Ronaldo le duel du foot de l'époque. Si les classico espagnols sont de telles messes planétaires, c'est aussi grâce à ces face-à-face entre les deux meilleurs joueurs du monde, jusqu'au départ de CR7 en 2018. En effet, peu après l'annonce du départ de son coach Zinedine Zidane, le Portugais quittait Madrid après neuf ans, quatre Ligues des champions (2014, 2016, 2017 et 2018) et deux titres de champions d'Espagne (2012, 2017). Il avait, entre-temps, remporté l'Euro 2016 avec le Portugal, vainqueur de la France en finale.

Il signa à la Juventus de Turin pour 205 millions d'euros. À peine moins performant, mais bien moins exposé médiatiquement (la Série A est juste en dessous des championnats anglais et espagnols, en termes d'impact médiatique et de valeur sportive), il y joue encore et a remporté le championnat transalpin en 2019.

En 2016 et en 2017, il était, selon le magazine américain *Forbes*, le sportif le mieux rémunéré au monde, notamment grâce aux contrats publicitaires. Il avait lancé *CR7*, sa marque de sous-vêtements, et, en collaboration avec la chaîne d'hôtels Pestana, sa chaîne d'hôtels. Depuis mars 2017, l'aéroport de sa ville natale s'appelle l'aéroport Cristiano-Ronaldo. Même s'il est depuis quelques temps plus discret sur sa vie privée, il la mit en scène durant une période : cette histoire d'amour avec la top model russe Irina Shayk entre 2010 et 2015, sa brève liaison avec Paris Hilton. On se souvient aussi de ce mystère entourant la mère de son premier enfant, Cristiano Junior, né le 3 juin 2010. Le tabloïd *The Sun* révéla que le footballeur avait donné 12 millions d'euros à cette femme, une mère porteuse, afin qu'elle renonce à ses droits sur l'enfant… et reste anonyme. Les signes extérieurs, de richesse notamment, ne l'ont jamais rebuté, lui qui montre aussi ses voitures : des Maserati, Lamborghini, Bugatti, Rolls-Royce, Mercedes ou encore Ferrari. De sorte que cette icône sportive et people s'est vu toucher par les scandales d'évasion fiscale, à l'instar de plusieurs footballeurs de son niveau… financier. Le 2 décembre 2016 en effet, il fut pris dans le scandale des *Football Leaks*, consortium de médias européens à l'origine depuis 2016 de révélations sur les dessous du foot-business, avec notamment un vaste système d'évasion fiscale. Il se vit soupçonner d'avoir dissimulé au fisc espagnol 150 millions d'euros dans des paradis fiscaux en Suisse et aux îles Vierges britanniques. Par un montage financier sur ses droits à l'image, incluant notamment une société dont il était seul actionnaire. À la suite d'une plainte déposée par le parquet de Madrid le 13 juin 2017, il a été condamné le 22 janvier 2019 à vingt-trois mois de prison ferme et à 19 millions d'euros d'amende pour fraude fiscale entre 2011 et 2014. Le joueur n'ira pas derrière les barreaux, la loi espagnole permet à un condamné de rester en liberté si sa peine est inférieure à deux ans et s'il n'a pas d'antécédents judiciaires.

Sûr que Ronaldo est capable de compter plus loin que le chiffre 7.

Lire aussi : Beckham, Best, Benzema, Charlton, Galactiques, Maison blanche, Manchester, Messi

CRAMPONS

À l'origine, le soulier était l'outil du footballeur. Un simple outil. L'évolution du monde et de l'homme exigea du soulier qu'il remplisse deux fonctions : mocassin et 4 x 4. Mais il est une chose que le soulier du joueur conserva : les crampons sous la semelle. Ils sont habituellement au nombre de six : deux crampons antérieurs agissant au démarrage et lors de la course ; deux crampons médians pour une action stabilisatrice permettant le freinage ; deux crampons postérieurs calant l'arrière-pied, amortissant l'atterrissage du talon et stabilisant le contre-appui nécessaire lors du shoot du côté opposé. La semelle et le nombre des crampons varient selon l'état du terrain. Une semelle à crampons vissés permet au joueur de les interchanger, variant leur taille, selon l'état du terrain (gras ou souple). Les crampons moulés sont réservés aux terrains secs et durs : ils améliorent la stabilité, permettent le freinage, la propulsion et les changements de direction.

Lire aussi : Chaussure

CRÉATINE

Longtemps interdite en France bien qu'elle soit présente dans de nombreux produits diététiques, la créatine y a été légalisée à la fin des années 2000, la France ayant dû s'aligner sur la législation européenne concernant les compléments alimentaires. En effet, la créatine, quand la prise n'excède pas 3 g par jour, n'est pas nocive. Elle améliore les performances des muscles mais n'agit pas sur le système nerveux ni sur le souffle ou le rythme respiratoire. Lors du procès de la Juventus en 2004, Zidane déclara, dans une enquête sur le dopage, avoir pris de la créatine lorsqu'il jouait à Turin. Ce qu'il ne dit pas, c'est avec quoi ses médecins associaient les doses. Comme celle de nombreux joueurs français passés à l'étranger, la morphologie de Zidane changea en Italie. Et la créatine, qui augmente la masse musculaire, ne peut pas être le seul facteur d'un tel changement : elle doit être associée à des stéroïdes anabolisants ou du clenbutérol. La créatine a donc un caractère « non dopant », et sert de « masque » idéal aux autres dopants lorsque des journalistes ou des commissions enquêtent sur la pharmacopée des joueurs. Enfin une explication « naturelle » aux transformations musculaires surnaturelles des sportifs !

CRUYFF, Johan (1947-2016)

Il n'a pas seulement joué au football. Il *était* le football. Johan Cruyff a révolutionné le foot comme personne dans l'histoire du jeu et des idées qui vont avec. Génie total, dribbleur fou, animé par la grâce, ses passes et ses courses ont inventé une nouvelle géométrie. A pour Amsterdam (où il est né le 25 avril 1947) et pour Ajax (où la révolution commença), B comme Barcelone (où il la poursuivit et où il mourut le 24 mars 2016, des suites d'un cancer du poumon), C pour Cruyff : trois lettres pour trois clés d'entrée de sa biographie, mais cet homme dépasse les alphabets et les espaces. Il est l'alpha d'un football qui ne connaît pas d'oméga.

Premier joueur à avoir remporté trois Ballons d'or (1971, 1973 et 1974), il fut le meilleur joueur des années 1970, et on a le droit de penser qu'il est l'égal de Pelé, Maradona et de Zidane. Il est à jamais inséparable du fameux « football total ». On l'appela « le Hollandais volant » ou « El Salvador ». « Hollandais volant », car il était si rapide à dribbler les défenses qu'on ne le voyait… qu'après le dribble. Le supersonique Batave fut à ce point rapide, avec ou sans ballon, que ses statistiques valaient celles des sprinteurs de l'époque (3,8 secondes sur trente mètres, départ arrêté). Cruyff pouvait partir de très loin et surprendre plusieurs adversaires en chemin par une accélération. Il fut le premier attaquant à oser lancer seul une attaque, tout seul, et de loin.

Encore marquée par l'irruption de sa propre jeunesse révolutionnaire l'année précédente, l'Europe découvrit cet homme en 1969, lors de cette finale de Coupe d'Europe des clubs champions perdue contre le Milan AC. Vaincus, les Hollandais marquèrent néanmoins les esprits par leur jeu offensif et inventif. Une claque, un style, qu'imposera l'Ajax à l'Europe entière en 1971, 1972 et 1973, en remportant à trois reprises la Coupe qui lui avait échappé en 1969.

C'est au faîte de cette gloire que Cruyff partit pour le FC Barcelone, en 1973. Ayant clairement dit préférer le Barça au Real Madrid, car ce dernier était soutenu par Franco, il fut accueilli comme un héros en Catalogne. Cruyff y devint « El Salvador » (le sauveur). Mais à Barcelone, Cruyff n'épargna pas ses poumons, fumant des Camel (sans filtre) jusque pendant la mi-temps des matchs. L'équipe était alors coachée par… Rinus Michels (parti de l'Ajax en 1971). Si la période barcelonaise (1973-1978) fut pauvre en titres pour Cruyff (deux titres nationaux seulement), un rapport passionnel le lia au public catalan. Il accepta par exemple de figurer au sein de la sélection de la Catalogne en 1973, et prénomma son fils Jordi (prénom catalan interdit dans l'Espagne franquiste d'alors). Une guerre d'ego l'opposa au successeur de Michels, Roland Weisweiler, qui, début 1976, le sortit en plein match. « Il croit peut-être qu'il est une vedette mais la star, c'est moi ! Je quitte Barcelone en fin de saison », dit alors le joueur. Soixante mille socios descendirent dans la rue pour le soutenir. Les dirigeants limogèrent l'entraîneur et offrirent une prolongation au joueur.

À l'occasion de sa deuxième sélection sous maillot orange (celui des Pays-Bas) en 1966, Cruyff devint le premier international hollandais à récolter un carton rouge. La Coupe du monde 1974, disputée en RFA, devait être celle des « Oranje ». Mais après avoir copieusement dominé le tournoi et enchanté le monde entier, ils perdirent en finale contre la nation hôte. Une défaite qui resta à jamais le point noir de la carrière de Cruyff. Il participa ensuite à la qualification batave pour la Coupe du monde 1978 en Argentine, mais refusa de s'y rendre, pour protester contre la dictature (dit-il alors), malgré les pétitions de supporters et l'intervention de la reine Juliana en personne. En vain. En 2008 – soit onze ans après sa retraite –, il avoua que la nature du régime argentin n'était pas la raison de son absence en 1978 : il n'était pas allé en Argentine parce que, à Barcelone, sa famille et lui avaient subi une attaque à leur domicile, et des menaces d'enlèvement. Cruyff en orange, ce fut finalement 48 sélections et 33 buts.

Le « dribbleur fou » a donné son nom à un geste : la *« Cruyff turn »*. Elle consiste en une feinte de passe dans un sens, un crochet dans l'autre sens pour faire passer la balle derrière sa jambe d'appui, puis une volte-face pour repartir à nouveau dans l'autre sens. Le monde mit des années à comprendre.

Compétiteur acharné, meneur de jeu charismatique, il mêlait le réalisme à la féerie, mais pouvait aussi être un leader tyrannique. L'homme s'avéra le premier businessman des stars du ballon : en sélection, le maillot de Cruyff n'affichait pas trois bandes, celles d'Adidas (fournisseur officiel des Oranje), mais seulement deux. Sous contrat individuel avec Puma, il avait fait valoir son droit de ne pas être associé à une marque concurrente de la sienne, et à porter ses équipements personnels. Une telle exclusivité était une première à l'époque.

Cheveux longs, opinions politiques prononcées, grand fumeur, joueur caractériel : dans cette période de dictatures et d'années de plomb en Europe, Cruyff garda toujours l'image d'un libertaire. Image trop flatteuse : Cruyff fut en fait le premier libéral-libertaire de l'histoire du foot, le premier à choisir son club pour de l'argent, et à négocier son salaire (chose inhabituelle, et confidentielle, à l'époque).

Le plus grand ennemi de la carrière de Cruyff fut le fisc espagnol. En 1978, le champion voulut cesser sa carrière, mais les poursuites de l'administration l'obligèrent à se refaire financièrement. Comme Pelé, comme Beckenbauer (ou encore comme Beckham plus tard), il céda aux sirènes du soccer yankee. Le temps d'un essai de deux matchs amicaux, il fut le coéquipier de Franz Beckenbauer au Cosmos New York. Il signa vite aux Washington Diplomats, puis aux Los Angeles Aztecs.

Retour à l'Ajax en 1981, où il remporta le titre national en fin de saison, ainsi qu'en 1983. Puis à nouveau en 1984, mais cette fois chez le grand ennemi, le Feyenoord Rotterdam, chez qui il vint toquer lorsque l'Ajax refusa de signer un dernier contrat au joueur vieillissant qu'il était. Il mit un terme à sa carrière sur un dernier doublé coupe-championnat, et sur un ultime but.

Il devint entraîneur dès l'année suivante. Où ça ? À l'Ajax bien sûr, remportant la Coupe d'Europe des vainqueurs de coupe en 1987. Dès 1988, les sirènes catalanes résonnèrent de nouveau : il rejoignit le banc du FC Barcelone. Il bâtit progressivement une équipe taillée pour le « football total » : un mélange de joueurs espagnols, en majorité basques ou catalans (Josep Guardiola, José Mari Bakero et Txiki Begiristain) et de joueurs internationaux de haute volée comme le Hollandais Ronald Koeman, le Danois Michael Laudrup, le Brésilien Romário ou le Bulgare Hristo Stoitchkov. Donnant au club quatre titres de champion d'Espagne consécutifs, une Coupe des coupes (1989), et sa toute première Coupe d'Europe des clubs champions (1992). La trempe reçue en finale de la Ligue des champions 1994 (un 4-0 administré par le Milan AC) marqua la fin du cycle de cette « Dream Team » (son surnom). En 1996, après deux saisons vides de titre et pleine de désaccords avec la direction du club, Cruyff le quitta.

L'esprit offensif et spectaculaire du Barça entraîné par Pep Guardiola, entre 2008 et 2012, c'est le même que celui qu'inocula alors Johan Cruyff, lorsque Guardiola était joueur. Depuis le « Hollandais volant », c'en est l'ADN même.

En 1997, il fonda la Fondation Cruyff, qui soutient les programmes de sport pour les enfants handicapés.

Johan Cruyff, ce fut aussi l'énigme du numéro 14. À l'origine, en sélection nationale, il portait le numéro 9, mais Gerrie Mühren profita un jour de la blessure du meneur de jeu pour récupérer son numéro. C'est donc malgré lui que Cruyff hérita du maillot numéro 14 lors de son retour en sélection. Un numéro qu'il choisit de garder, et dont il resta néanmoins indissociable, à l'Ajax comme en sélection nationale. Mais alors, pourquoi ne le porta-t-il pas au Barça ? Parce que jusqu'en 1995 le règlement espagnol n'autorisait pas à floquer des numéros supérieurs au chiffre 11. Au Barça, Cruyff porta ainsi le numéro… 9.

Look pointu, caractère insoumis, Ray-Ban, costume cintré et cheveux longs : dans les années soixante-dix, Cruyff était devenu une icône pop et cool. Il ne cacha jamais sa passion pour les groupes de rock anglais : « Leur musique était différente, révolutionnaire, on avait l'impression qu'ils allaient changer le monde. Avec l'Ajax, on voulait aussi expérimenter des choses nouvelles, donc oui, les Beatles étaient une source d'inspiration », témoignait-il encore dans le mensuel *So Foot* en 2015. Cruyff, pour qui l'essentiel était « de dominer le ballon » fut à la fois le jeu, l'intelligence et la révolution. Le 26 août 2019, une statue a été inaugurée à l'entrée du Camp Nou, l'antre du Barça.

Lire aussi : Ajax, Barça, Best, New York, Oranje, Révolution

CUJU

Et si le football était chinois ? Des récits et dessins datant de la dynastie Han, deux siècles avant notre ère chrétienne, évoquent le cuju, un art né à Linzi, capitale de l'ancien État de Qi. *Cu* signifie « taper avec les pieds », et *ju* désigne une boule de cuir fourrée de plumes ou de cheveux, qui devait être envoyée, du pied, dans un petit filet fixé à de longs poteaux de bambou. L'armée chinoise adopta cet art pour renforcer la combativité des soldats. Le cuju connut son apogée sous les dynasties Tang et Song (soit entre les années 600 et 1200 de notre ère). On trouve de nombreux dessins et peintures représentant des nobles y jouant à cheval, preuve de la diversité des pratiques. Le roman picaresque *Au bord de l'eau* de Shui Hu-Zhuan, Shi Nai-An et Luo Guan-Zhong (paru au XIVe siècle, disponible dans la Bibliothèque de la Pléiade) montre l'empereur pratiquant le cuju avec des officiers de la cour. Aujourd'hui, tout le monde ignore en quoi consistait exactement cette discipline. Pourtant, le 15 juillet 2004, lors de la conférence de presse de la Troisième Exposition chinoise internationale du football, la FIFA déclara officiellement que la Chine était la terre d'origine de ce sport, reposant donc la question : et si le football, que tout le monde croit anglais, était chinois ?

Lire aussi : Asqaqtuk, Calcio, Cnapan, Mob football, Pasuckuakohowog, Pok-a-tok, Public schools, Soule

D

« Qu'est-ce que ce jeu-là ? Démoniaque et divin ? »
Marguerite Duras

DAHLEB, Mustapha

Il fut l'une des dernières recrues de la grande épopée sedanaise, avant de devenir un des héros de l'épopée algérienne de 1982. Kabyle d'origine, arrivé en France à l'âge de deux ans avec son père, qui s'établit dans les Ardennes, il intégra le club à l'adolescence, gravit un à un les échelons jusqu'à l'équipe première en 1969. Attaquant positionné à gauche, il fit rapidement admirer ses dribbles chaloupés, ses passements de jambes, sa capacité à changer de rythme, la qualité de ses passes et, accessoirement, ses buts. En deux années, Mustapha Dahleb devint une attraction. Rattrapé par les obligations militaires, il dut cependant retourner au pays. Revenu à Sedan en 1973, le joueur montra qu'il n'avait pas perdu les crocs : 17 buts durant une saison où les Sangliers finirent derniers de première division, condamnés à la relégation. Dans le même temps, le PSG gagna son ticket pour la première division. L'équipe *new look* de Daniel Hechter recrutait à tour de bras, et Dahleb fit partie de la tournée. Après deux saisons difficiles, il devint en 1976 un élément indispensable du club de la capitale. Les dix années qu'il passa à Paris furent très dures (blessures à répétition) mais aussi magiques.

Dahleb fut le témoin privilégié de l'adolescence du club, qu'il laissa en 1984 après avoir côtoyé Larqué, M'Pelé, Susic, Bathenay, Fernandez, Rocheteau, et remporté deux Coupes de France avec cette grande équipe parisienne de 1978-1982.

Lire aussi : Algérie, Olympique de Paris, Ouvrier, PSG

DASAEV, Rinat

Eût-il remporté un titre continental, comme Yachine l'Euro 1960, Dasaev serait devenu l'égal de son illustre prédécesseur. Dasaev incarna le classicisme absolu au cœur des années 1980, qui commençaient à sentir le fric. Dasaev, surnommé « le Rideau de Fer », resta comme le portier emblématique du Spartak Moscou entre 1977 et 1988, et de l'équipe nationale soviétique entre 1979 et 1990 (avec 91 sélections, seul Oleg Blokhine fit mieux). Il fut de la génération dorée des Belanov, Zavarov et autres Mikhailichenko. Dans l'équipe nationale de l'ère Lobanovski, il fut avec Sergueï Aleinikov le seul membre de la sélection nationale qui n'était pas issu du Dynamo Kiev. Homme longiligne et stoïque, gardien aux réflexes étonnants, il était quasiment imbattable sur sa ligne. Ses blocages de ballon impressionnaient autant que son sang-froid et sa concentration. Le monde du foot le découvrit au cours du formidable Brésil-URSS du Mundial 1982. Ce soir-là, dans la fournaise de Séville, l'équipe soviétique résista aux Auriverdes, dans un match où il fallut un penalty sur une faute imaginaire pour que les Brésiliens s'imposent. Il eut le malheur – ou l'honneur, c'est selon – d'encaisser la volée magique de Van Basten en finale de l'Euro 1988, pour un but qui commença de fissurer le bloc de l'Est un an avant la chute du Mur. Considéré à ses débuts comme l'héritier malgré lui (chaque arrêt de grande classe lui valait les éloges réservés aux héritiers, chaque erreur remettait la filiation en cause), Dasaev accéda rapidement au rang de gardien en or.

Lire aussi : Dynamo, Yachine

DD

Deux lettres. Les initiales de Didier Deschamps. Deux lettres pour l'homme aux deux étoiles bleues. Le 12 juillet 1998, il fut le premier footballeur français à soulever une Coupe du monde. Le 15 juillet 2018, il devint le troisième homme à avoir remporté ce trophée comme joueur puis comme sélectionneur, après le Brésilien Mario Zagallo et le Kaiser Beckenbauer.

DD : des initiales qui disent à la fois la familiarité et le respect. Depuis les années 2010, notre homme est remarqué pour sa science de coach autant que pour son sens aigu de la communication. Son histoire, qui accompagne tant la nôtre, est une histoire en trois temps.

Joueur et gagneur

Né le 15 octobre 1968 à Bayonne, il pratiqua de nombreuses activités sportives avant de choisir le ballon rond avec l'Aviron bayonnais. Plusieurs sélections départementales, régionales puis nationales plus tard, son leadership et son travail d'abattage le voyaient courtisé par plusieurs dénicheurs de talents. À l'été 1982, il opta pour le FC Nantes et son célèbre centre de formation, notamment parce qu'on lui offrait la possibilité de poursuivre avec sérénité sa scolarité. Il se lia d'amitié avec un certain Marcel Desailly, qui deviendrait son coéquipier à Nantes, à l'OM, à Chelsea, et chez les Bleus ; et à qui il dut apprendre la mort de son frère, le 18 novembre 1984. Après des saisons convaincantes en équipe réserve, Deschamps fut intégré au groupe professionnel, entraîné par le grand Jean-Claude Suaudeau. Le 27 septembre 1985, contre Brest, il était remplaçant et joua ses premières minutes en première division. Il signa son premier contrat pro en 1987, à dix-neuf ans. Alors défenseur central, le jeunot se vit aussi propulser capitaine ! Vite repositionné milieu défensif, il devint incontournable. Si bien qu'à vingt ans, il se voyait appelé en équipe de France le 24 avril 1989, pour un match contre la Yougoslavie. Depuis peu, le sélectionneur des Bleus s'appelait Michel Platini.

En novembre 1989, il s'offrit un défi à la mesure de son appétit : l'OM de Boli, Papin, Mozer… et Tapie. Malgré la demi-finale européenne et un titre de champion de France, ses débuts furent moyens. Si bien qu'il fut prêté une saison aux Girondins de Bordeaux. De retour à Marseille, il devint le ratisseur attitré de l'équipe, puis le capitaine en 1992. C'est ainsi que le 26 mai 1993, il fut, à jamais, le premier capitaine d'une équipe française à soulever la grande Coupe d'Europe. Que l'OM venait de remporter à Munich, contre le Milan AC. Cinq ans durant lesquels il était devenu ce gagneur qu'il sera toujours. Quand éclata l'affaire VA-OM, il choisit de rester. Cette année 1993-1994 sera marquée par le naufrage des Bleus, le 17 novembre 1993 : ce but de Kostadinov à la dernière minute, et la Bulgarie qui privait la France de la World Cup 1994.

Deschamps signa à la Juventus de Turin le 6 mai 1994. Là encore : débuts difficiles suivis de triomphes. Rejoint par Zidane en 1997, il y resta trois ans, remportant une Ligue des champions (1996), trois titres de champion d'Italie et une Coupe nationale. Entre-temps, il y avait eu l'Euro 2016, où les Bleus finirent demi-finalistes. Une équipe nationale qu'Aimé Jacquet, en poste depuis le traumatisme bulgare, façonnait en vue du Mondial 1998. Homme clé de ce dispositif, relais et interlocuteur privilégié du sélectionneur, Deschamps devint le capitaine et le leader de l'équipe. La complicité entre les deux hommes, leur souci commun de la pédagogie, leur éthique plaçant le collectif devant toute dimension individuelle : ce lien-là fut pour beaucoup dans la victoire de 1998.

Après quatre ans au top à Turin, c'est un joueur en pleine possession de ses moyens qui mena l'équipe de France au sommet. Il souleva donc la première Coupe du monde de l'équipe de France en ce 12 juillet 1998. Il en serait de même lors de l'Euro 2000 victorieux, bien aidé par un Zidane magique et décisif. Les Bleus étaient les meilleurs du monde. À trente ans, le capitaine était un modèle mondial. Mais ce soir-là, on avait un peu de tristesse : il avait décidé de tirer un trait sur sa carrière internationale, après cent trois sélections dont cinquante quatre avec le brassard.

Deschamps commençait aussi à sentir la fatigue. Celle, surtout, liée aux affaires qui gangrénèrent le haut niveau : procès OM-VA, enquêtes sur le dopage à la Juve. En 1999-2000, il joua une saison à Chelsea, où il retrouvait ce pote de jeunesse, celui avec qui il avait été par deux fois « à jamais les premiers » (avec l'OM en 1993, avec les Bleus cinq ans après). En 2000-2001, c'est un autre coéquipier de 1993, à Marseille comme en bleu, Jocelyn Angloma, qu'il retrouva à Valence, en Espagne, pour sa dernière saison de joueur. Il était surnommé « la Dèche », en raison de son rôle de milieu relayeur, un poste du genre besogneux. Mais son leadership de toujours lui a évité les moqueries. À présent, il allait devenir « DD ». Taille patron.

Entraîneur et rigide

Bien qu'ayant raccroché les crampons, Deschamps resta sur le terrain et dans les vestiaires. Sans avoir le moindre diplôme d'entraîneur, il devint directeur technique et coach de l'AS Monaco dès 2001. Ses années sur le toit du monde et dans des grands clubs étrangers l'avaient cependant déconnecté du contexte hexagonal, et il eut bien du mal à asseoir ses directives, tant avec ses joueurs qu'avec ses dirigeants. C'est que notre homme était (trop) habitué à être le seul boss. En cinq ans passés à ce poste, sa culture de la gagne et sa discipline finirent par emporter l'adhésion. Avec un effectif où se révélaient Evra, Giuly et autres Adebayor, il mena le club à la victoire en Coupe de la Ligue en 2003, puis à une finale de Ligue des champions en 2004. Nous n'avons pas oublié comment Monaco élimina le Real de Zidane en demi-finale. Quelques semaines avant, en mai, le coach obtint son diplôme d'entraîneur professionnel de football (DEPF).

Il y eut un an sans activité, puis ce fut le retour à la Juve. Celle-ci était engluée dans une affaire de corruption, et avait été pour cela reléguée en Serie B, condamnée à un malus de dix-sept points pour démarrer la saison ! L'ancien joueur releva le défi, s'appuyant sur le noyau dur des joueurs restés fidèles. Le défi fut relevé, et le club retrouva la Serie A en fin de saison. Mais Deschamps, lui, partit.

S'ensuivirent trois ans où il fut consultant sur Canal + et RMC.

Nouveau retour en terre connue, en mai 2009 : il signa à l'Olympique de Marseille. Il arriva dans un contexte tendu : le président Pape Diouf, pour qui il avait signé, fut contraint au départ, et l'actionnaire Robert-Louis Dreyfus trouva la mort. Mais, recrutant des joueurs expérimentés (les internationaux argentins Lucho Gonzalez et Heinze, Diawara, Morientes, Abriel) ainsi que Ben Arfa (alors pépite en devenir), il mena l'équipe jusqu'au titre et à la victoire en Coupe de la Ligue. À Marseille, il n'y avait plus eu ni fête ni titre depuis… 1992 (ceux glanés en 1993 avaient été retirés au club, suite à l'affaire VA-OM).

En 2010, lors du limogeage (enfin) de Domenech, il était persuadé que c'était son heure, qu'il allait être nommé sélectionneur. Depuis quelque temps en effet, certains dans l'appareil fédéral estimaient que la meilleure solution pour redorer le blason des Bleus (en perdition sportive et morale) serait d'en confier les rênes à un membre de « France 98 » (comme on appelle ces champions du monde-là). Leur aura, intacte, comblerait leur déficit d'expérience sur un banc. Zidane serait évidemment le meilleur symbole. Mais c'était trop tôt pour lui. Or, deux ex-champions du monde avaient fait leurs preuves d'entraîneur : le « Président » Blanc, champion de France 2009 sur le banc bordelais, et Deschamps, qui venait de ramener le titre à Marseille. Mais on choisit le premier. Orgueil piqué à vif, « DD » resta dans la cité phocéenne. Ce furent deux saisons mitigées : malgré deux nouvelles Coupes de la Ligue en 2011 et 2012, elles furent marquées par des transferts décevants (Gignac, Rémy), et par une opposition (d'abord larvée puis médiatisée) entre le coach et le directeur sportif José Anigo. À Marseille, Deschamps laissa un souvenir mi-bon, mi-mauvais : un homme rigide se méfiant de tous, mais aussi un entraîneur sachant réviser son mauvais jugement pour faire confiance à un joueur capable de se défoncer pour lui prouver sa valeur (Valbuena). Début juillet, le club et lui officialisèrent la séparation à l'amiable, et une indemnité de départ de 900 000 euros. Mais notre homme ne serait pas parti s'il ne savait pas où atterrir.

Sélectionneur et homme de transmission

Le 8 juillet, il fut en effet, et enfin, nommé sélectionneur national. Un contrat de deux ans, reconductible en cas de qualification pour le Mondial 2014. Fort d'une bonne entente avec le patron de la FFF, Noël Le Graët, « DD » allait pouvoir tirer un trait sur la période Knysna, sur le scandale des quotas, et sur les comportements de joueurs gâtés que l'on avait encore vus à l'Euro 2012 (Nasri, M'Vila, Ménez). On allait voir du Deschamps. La saison de transition fut bien poussive, conclue par une désastreuse tournée en Amérique du Sud à l'issue de laquelle le coach fut descendu en flammes. Fin 2013, c'est à l'arraché que les Bleus se qualifièrent pour la Coupe du monde : après avoir perdu piteusement le barrage aller en Ukraine (2-0), ils gagnèrent 3-0 au retour. Plus personne n'y croyait. Sauf un : Deschamps, qui sut galvaniser ses troupes. Et surtout : fonder un groupe. Un vrai. Lloris, Varane, Pogba, Sakho, Matuidi, Giroud. La suite est si récente, et si belle, qu'on s'en souvient encore. Un bon Mondial 2014. Une finale à l'Euro 2016, disputé en France. Puis cette épopée en 2018.

« DD » a fait du Deschamps, et a patiemment composé cette bande qu'on allait appeler « bande à Deschamps ». Une science pour constituer le meilleur groupe (et non pas le groupe des meilleurs, nuance), à même de vivre ensemble sur le terrain et en dehors. Un noyau dur (Lloris, Varane, Pogba, Giroud ; Ribéry et Benzema un temps), autour desquels il sait greffer ceux qui se révèlent (Griezman, N'Golo Kanté, Mbappé). Dont il sait exclure les gros melons (Nasri, Evra).

Par son comportement corporate et son respect de l'institution fédérale, « DD » rappelle Michel Hidalgo, quand celui-ci prit en main le destin des Bleus en 1976. À ce dernier, il doit aussi cette façon de composer un véritable collectif à son image. Deschamps fait du Hidalgo. Mais Deschamps fait surtout du Jacquet. Comme ce dernier, il essuya une volée de bois vert (en 1995 et 1997 pour l'un, en 2013 pour l'autre), et on railla ses choix tactiques. Comme le premier coach français champion du monde, il a placé le collectif au-dessus de tout. On ajoutera qu'à la différence de son mentor, il a dû gérer une affaire extra-sportive qui touchait son groupe, celle de la « sextape », et trancha en ne conviant plus ni Valbuena ni Benzema, puisque *a minima* cela nuirait à l'ambiance dudit groupe.

Certes, « DD » est, de la part de nombreux témoins l'ayant croisé (on lira la très bonne biographie non autorisée de Bernard Pascuito, *La Face cachée de Didier Deschamps*, parue en 2013) aussi travailleur que susceptible, parano, autoritaire, et formaté. Il manie la langue de bois jusqu'à la nausée. Oui, il est politique, en ce sens qu'il a appris à être le patron du vestiaire, du jeu et de la communication. Bien sûr, ses systèmes de jeu n'ont jamais été spectaculaires, ni à l'OM ni avec les Bleus. Didier Deschamps est un pragmatique, un régulateur. Il fut d'une exceptionnelle génération de joueurs (Cantona, Zidane, Thuram). Il dispose maintenant d'un vivier tout aussi exceptionnel (Mbappé, Pogba, Griezman). Et il sait aligner les étoiles puisqu'il en a deux. Il est de ceux qui ne sont pas les meilleurs, ni les plus magiques, mais les plus forts. Les amoureux du jeu préféreront toujours McEnroe, mais « DD » est un Björn Borg du foot.

Lire aussi : Benzema, Boli, Griezman, Hétéronymes, Jacquet, Jipépé, Mbappé, Mozer, OM, Suaudeau, Zidane

DELLA NEGRA, Rino (1923-1944)

Né dans le Pas-de-Calais de parents italiens, il travailla dès l'âge de quatorze ans comme ajusteur aux usines Chausson, à Asnières. La famille Della Negra, originaire de Vénétie, vivait alors à Argenteuil, dans l'ancienne Seine-et-Oise, une ville qui comptait deux mille immigrés italiens et était alors « le berceau de la petite Italie antifasciste ». Rino commença à briller avec un ballon au pied, au Football Club d'Argenteuil, puis avec la Jeunesse sportive argenteuillaise. Il franchit les catégories d'âge comme avant-centre, puis comme ailier droit. Ce fut la guerre qui propulsa Rino dans l'univers des grands, lui pour qui le foot n'était alors qu'un passe-temps. En 1940, il devint compliqué pour les clubs de conserver des vedettes étrangères. Certains recherchaient alors la perle rare dans le monde amateur. Parmi eux : le Red Star, club phare de la capitale, où évoluaient des gloires du football des années 1940 (Aston, Darui, mais aussi l'Argentin Herrera et le Hongrois Simonyi, menacés par la collaboration). Della Negra n'avait pas encore vingt ans lorsque, en 1942-1943, il entra dans un club qui venait de remporter une nouvelle Coupe de France. Il avait alors tout pour devenir un grand joueur professionnel : la renommée locale, l'aura, la technique, le jeu et l'âge. Mais il n'en eut guère le temps : d'adulescent, Della Negra devint directement citoyen. Il ne fut jamais un champion, mais un héros. Réquisitionné pour le STO (Service du travail obligatoire) en 1943, il décida qu'il ne partirait pas et entra aussitôt dans la clandestinité en octobre 1942, sous le matricule 10293, au sein du troisième détachement italien des FTP-MOI commandés par Missak Manouchian. Six mois après son arrivée au Red Star, il mit ainsi sa carrière entre parenthèses. Personne n'en savait rien au club : « On ne parlait jamais de ses activités car notre entraîneur était soupçonné de collaboration. On se taisait mais on le respectait », témoignera un joueur. En 1943, il participa à de nombreuses actions en région parisienne, comme l'exécution du général von Apt le 7 juin, ou bien l'attaque du siège central du parti fasciste italien trois jours plus tard. Mais, le 12 novembre, il fut blessé et arrêté durant l'attaque d'un convoyeur de fonds allemand, au 56, rue Lafayette. Les deux jours suivants, la brigade spéciale 2 des Renseignements généraux français faisait tomber le réseau Manouchian. Della Negra, à l'instar des vingt-deux membres de l'Affiche rouge, fut fusillé au Mont-Valérien le 21 février 1944. Quelques heures avant son exécution, Rino Della Negra écrivit une lettre à son frère : « Petit frère, je veux t'envoyer un dernier mot pour que tu réconfortes de ton mieux maman et papa [...] Embrasse bien fort tous ceux que je connaissais [...] Envoie le bonjour et l'adieu à tout le Red Star [...]. Rino ».

Après sa mort, certains de ses coéquipiers se rappelèrent « un joueur intelligent et d'une finesse digne de Ben Barek ». « Il courait le cent mètres en onze secondes. Quand il avait la balle, les mecs ne le rattrapaient jamais », témoigna Dédé, un ancien de l'équipe. La légende rattrapa cependant un peu l'histoire, donnant au joueur une aura qu'il n'avait pas de son vivant : en effet, nulle trace de Della Negra dans les articles d'époque. Ce ne fut que plus tard, lorsqu'ils apprirent qui était véritablement leur coéquipier, que d'anciens joueurs témoignèrent de ses qualités de « bon ailier droit », comme le dit Léon Foenkinos, leur capitaine*. Néanmoins, il est indéniable que Della Negra commençait alors à devenir le grand attaquant qu'il n'aurait pas manqué d'être.

* Entretien avec l'auteur, octobre 2010.

Lire aussi : Red Star

DERBY

Un club peut faire une saison pourrie, il aura un peu sauvé l'honneur s'il gagne le derby. Le derby oppose plus que deux clubs : il oppose des milieux sociaux (les riches contre les ouvriers) ou des mondes différents (le club de l'armée contre celui de la police de la ville).

En général, il fait se rencontrer deux clubs d'une même ville. Mais à travers ces équipes, et comme c'est aussi le cas dans les classicos, ce sont deux classes sociales de la cité qui s'affrontent : l'AS Roma (le peuple) contre le Lazio de Rome (l'aristocratie) ; le Real Madrid (soutenu par la bourgeoisie conservatrice) contre l'Atlético Madrid (soutenu par les classes populaires madrilènes) ; Étoile Rouge de Belgrade-Partizan Belgrade ; Liverpool FC-Everton ; Benfica Lisbonne-Sporting Lisbonne. Le plus souvent, ces équipes partagent le même stade. Cela n'empêche pas qu'un Torino-Juventus de Turin donne l'impression d'opposer deux villes différentes. Ce peut être aussi deux fortes têtes d'une même région qui luttent pour la suprématie historique (Saint-Étienne l'ouvrière contre Lyon la marchande) ou religieuse (le Celtic Glasgow, club catholique fondé par des Irlandais, contre les Glasgow Rangers, protestants et unionistes).

Le terme « derby » vient de l'univers hippique. C'est le nom du fondateur du grand prix d'Epsom, une course de chevaux célèbre en Angleterre. Par extension, « derby » est le nom donné à la compétition elle-même. Le terme a été étendu aux autres sports pour désigner un match entre deux équipes d'une même ville ou d'une même région.

On ne gagne pas un derby, on gagne une bataille : celle des nerfs, de l'orgueil, la place de numéro un de la région, ou celle d'ennemi numéro un du coin. Un seul derby au monde est à ce point tendu que c'est aussi un classico : Fla-Flu, le match entre les deux clubs de Rio de Janeiro.

Lire aussi : Classico, Fla-Flu, Ouvrier

DIACRE, Corinne

Elle est un bâton-relais : bâton parce qu'elle a la réputation solide d'être une coach rigide, relais parce qu'elle joua durant une période fade du foot français et qu'elle coache maintenant en vue des années 2020.

Née dans le Nord en 1974, la défenseure centrale a joué l'intégralité de sa carrière pour le club charentais de l'ASJ Soyaux. Lequel, s'il n'est plus ce qu'il était (champion de France 1984), demeure important dans l'histoire de la discipline. Sélectionnée en équipe de France dès ses dix-huit ans, le 9 mars 1993, elle en devint quelques années plus tard la capitaine. En 2003, dans un match de barrage qualificatif contre l'Angleterre, c'est elle qui marqua le but envoyant la France disputer sa toute première Coupe du monde, l'été suivant aux États-Unis (pour une élimination au premier tour). Après avoir pris sa retraite internationale en 2005, elle dut mettre un terme à sa carrière à la suite d'une blessure (rupture du ligament croisé antérieur du genou droit) survenue à l'automne 2006.

Ayant obtenu son certificat de formatrice, elle devint entraîneuse de l'équipe fanion dans son club de toujours : Soyaux. Dans le même temps, elle devint aussi une des adjointes du nouveau sélectionneur national des Bleues : Bruno Bini. Elle resterait à ces deux postes de 2007 à 2013. Avec le sélectionneur national, qu'elle seconda durant tout son mandat, elle fut donc de cette aventure en Coupe du monde 2011, menant les joueuses aux demi-finales, qui allaient mettre en lumière de façon inédite le foot féminin dans le pays.

Ensuite, Corinne Diacre allait être « la première qui ». Par deux fois, et la même année, en 2014. Première femme à obtenir le brevet d'entraîneuse de football professionnel, ce qui lui permettait d'entraîner des clubs pros. En vertu de quoi elle devint la première entraîneuse d'une équipe masculine professionnelle : le Clermont Foot 63, qui évolue en Ligue 2. Elle restera trois ans sur ce banc, classant l'équipe entre les septième et douzième places. Le 30 août 2017, elle était nommée sélectionneuse des Bleues (contrat de quatre ans). Sa mission était de réussir cette Coupe du monde disputée à domicile. Laquelle serait un évènement, pour le sport féminin en France. Et une pression : après la première étoile que les hommes gagnèrent en 1998, dans une compétition elle aussi disputée à domicile, les Bleus allaient en glaner une seconde en 2018…

Si ce tournoi fut un succès public et médiatique, il fut l'occasion de mesurer la distance entre le foot féminin français (qui se professionnalise à peine) et son comparse américain. En quarts de finale, les USA battaient les Bleues deux buts à un. Bien des gens lui reprochèrent bien des choses. Ils savaient pourtant bien que jouer contre les Américaines (tenantes du titre et futures vainqueuses), c'est comme affronter les All Blacks au rugby : on sait qu'on va perdre, le tout est de ne pas se faire enterrer vivant. Et ce soir-là, les Françaises firent jeu presque égal… pendant une mi-temps. Pour autant, on apprit peu après le tournoi que tout ne s'était pas bien passé entre Diacre et les siennes. La coach dégaina en premier, dans des entretiens au journal *Le Parisien* et dans l'émission Téléfoot, critiquant le rendement des Lyonnaises (arrivées fatiguées après leur victoire en Coupe d'Europe), le jeu et le placement de son attaquante Le Sommer. Plus tard, ce seraient les joueuses Wendie Renard (dans son autobiographie parue en décembre 2019) et Gaëtane Thiney qui critiqueraient ouvertement le management coaching rigide et la tactique incompréhensible de leur sélectionneuse, rejointes par le président de l'Olympique Lyonnais Jean-Michel Aulas.

Peut-être Diacre n'est-elle pas la meilleure, mais juste la plus sensée pour cette fonction-là durant cette période-là. Quand elle était devenue : la « première qui » en 2014, Corinne Diacre avait perdu sa mère depuis peu. À l'âge de quatorze ans, elle avait perdu son père. Alors, grandir et gagner, sans être pour autant accompagnée, elle connaît…

Lire aussi : Femmes, Hamm, Henry, Pichon, Rapinoe, Soubeyrand

DIAGNE, Raoul (1910-2002)

Sourire omniprésent, allure élégante et clope au bec : il avait tout d'une star. Joséphine Baker elle-même se déplaçait pour le voir jouer sous les couleurs du Racing Club de Paris. Né en 1910 en Guyane, Diagne était d'origine sénégalaise. Son père, Blaise Diagne, fut le premier Africain à siéger au Conseil de l'ordre du Grand Orient de France, puis le premier député africain élu à l'Assemblée, et également le premier Noir sous-secrétaire d'État aux Colonies. Raoul Diagne, quant à lui, devint en 1931 le premier Noir sélectionné en équipe de France. Il restera à jamais comme le premier joueur noir à jouer pour l'équipe nationale d'une puissance coloniale. En neuf ans, il porta dix-huit fois le maillot bleu. En 1932, il fut aussi un des premiers à franchir le pas et à devenir un joueur professionnel. Ce défenseur joua la moitié d'une saison comme gardien de but (1935-1936, au Racing), remplaçant le gardien titulaire, Rudi Hiden, qui fit des caprices de diva des mois durant pour être augmenté. Considéré comme « le grand père du football sénégalais », il trouva la mort le 12 novembre 2002 à Créteil.

DI STEFANO, Alfredo (1926-2014)

On le surnommait « la Flèche blonde » ou « le Divin chauve ». Quand il disait : « Merci ma vieille », c'est à la balle qu'il parlait… Leader des deux plus grands clubs du XXe siècle, porteur de trois passeports et membre d'autant de sélections nationales, Alfredo Di Stefano fut pour beaucoup le plus grand de tous. Et dire que, comme Best ou Cantona, il ne disputa jamais la Coupe du monde…

Né le 4 juillet 1926 dans la banlieue de Buenos Aires, l'Argentin fut élevé dans l'amour du foot, mais aussi d'un club, le River Plate, avec lequel il débuta à dix-neuf ans et gagna d'entrée son premier titre de champion. Deux années plus tard, en 1947, il devint meilleur buteur du championnat argentin et obtint un nouveau titre de champion avec le club. La presse et les supporters le surnommèrent alors « *saeta rubia* », « flèche blonde », en référence à sa vitesse phénoménale et à la couleur de ses cheveux (déjà peu nombreux). La même année, il connut ses six sélections avec l'Albiceleste, vainqueur de la Copa America grâce aux six buts de son prodige. Lequel mit le cap sur la Colombie lors d'une grève des footballeurs argentins en 1948, qui interrompait le championnat. Di Stefano fit partie de la grande aventure du Millonarios de Bogota, ces cinq ans de « succès et paillettes » durant lesquels le club de la capitale devint grand, et où Di Stefano devenait le plus grand joueur du monde. C'est à cette période qu'il attira l'attention d'émissaires européens. Avec un rendement de 267 buts en à peine plus de matchs disputés, difficile de passer inaperçu… En Europe, il y avait Puskas, et en Amérique du Sud, il y avait Di Stefano. Plus tard, les deux partageraient le même club et le même maillot national… À cette époque, Di Stefano disputa même quatre matchs avec l'équipe nationale de Colombie.

En allant les battre à domicile, à l'occasion des cinquante ans du club en 1952, Di Stefano devint l'obsession des dirigeants du Real. Après un imbroglio avec l'ennemi du Barça, le club merengue s'attacha finalement les services du joueur. Trois ans avant la venue de Raymond Kopa, cinq ans avant celle de Puskas, Di Stefano posa les jalons du club qui devint alors la Maison blanche et s'imposa comme le plus grand club d'Europe, et du monde. Avec lui, le club fut de nouveau champion d'Espagne, s'adjugea huit Ligas, une Coupe d'Espagne et surtout les cinq premières éditions de la toute nouvelle Coupe d'Europe des clubs champions, de 1956 à 1960 (série inégalée depuis). Di Stefano, Kopa, Rial, Puskas et Gento formèrent une des plus belles lignes d'attaque jamais vues dans le football, et l'homme, par ailleurs Ballon d'or 1957 et 1959, en fut le précurseur. C'est pourquoi, en 2000, au début des Galactiques, il fut nommé président d'honneur du club madrilène, qui pour sa part entrait dans l'ère du fric et des titres à court terme. Di Stefano, mémoire vivante de la formation, devint alors en quelque sorte le papy qu'on sortait pour accueillir chaque nouvelle star recrutée à prix d'or.

Son dernier match avec les Merengues fut la finale de la Coupe d'Europe 1964, perdue face à l'Inter Milan. Entre-temps, le 24 août 1963, il traversa les affres d'une prise d'otages : durant le Tournoi mondial des clubs à Caracas, il fut enlevé par le Front de libération du Venezuela, puis relâché devant l'ambassade d'Espagne au bout de deux jours.

À cette époque, Di Stefano était devenu depuis quelques années un citoyen espagnol et c'est avec cette sélection qu'il connut le plus de capes (31, pour 23 buts). En 1962, il partit au Chili avec l'équipe espagnole pour disputer sa première Coupe du monde, aux côtés de Ferenc Puskas devenu lui aussi espagnol – assurément l'équipe s'annonçait redoutable. Toutefois Di Stefano se blessa lors de la préparation et ne disputa pas le tournoi. L'Espagne fut éliminée au premier tour. Une scoumoune internationale qui, pour Alfredo, faisait suite à l'Euro 1960, premier du nom : Franco décréta en effet le « forfait politique » des joueurs espagnols qui, en quart de finale de la compétition, devaient affronter… l'URSS, pays ennemi du franquisme.

Après sa carrière, l'Espagnol né argentin devint entraîneur vingt-quatre ans durant, notamment deux fois au Real (1982-1984 et 1990-1991). Las, Di Stefano entraîneur subit un peu la même malchance que Di Stefano international. À titre d'exemple, c'est lui qui entraînait le Real, en 1983, lorsque le club perdit la Coupe UEFA contre des Écossais d'Aberdeen entraînés par Alex Ferguson. Devenu président d'honneur du club en 2000, il fut victime d'une attaque cardiaque le 5 juillet 2014, en pleine rue à Madrid. Il décéda le 7 juillet 2014. Son cercueil, recouvert du drapeau du Real, fut exposé au sein du stade Santiago Bernabéu, et reçut les hommages de plusieurs centaines de personnes.

À l'aise des deux pieds pour dribbler, feinter, passer et tirer, Di Stefano fut le premier à réunir ces qualités très sud-américaines avec une vision tactique, une robustesse et une endurance qui, à l'époque, étaient typiquement européennes.

Lire aussi : Maison blanche, Kopaszewski, Puskas

DOMENECH, Raymond

« Pour moi le foot, c'est la guerre », déclara-t-il le 18 avril 1973, après un quart de finale retour de Coupe de France où il avait fait tout un cinéma, et provoqué l'expulsion de l'attaquant marseillais Josip Skoblar. Raymond Domenech avait alors vingt-et-un ans. Défenseur latéral de l'Olympique Lyonnais, il allait connaître un mois plus tard sa première sélection en équipe de France. Mais il avait déjà acquis une réputation d'imposteur et un surnom de « Boucher », qu'il a traînés jusqu'à la fin de sa carrière de joueur. Devenu entraîneur, il fut plutôt brillant. Enfin, sélectionneur national, il finit par se morfondre en calculs et manipulations jusqu'à l'affaire Anelka et la honte de Knysna.

C'est certain : Domenech vaut mieux que ça. Mais voilà : à ce jour, il incarne le côté obscur de la force.

Né le 24 janvier 1952 à Lyon, fils d'un militant antifranquiste arrivé clandestinement en France à la fin de la guerre, l'enfant Domenech signa à huit ans une licence dans le prestigieux Olympique Lyonnais. D'abord attaquant, puis défenseur. Il apparut rapidement que le gamin était plus solide et plus robuste que ceux de son âge. Dix ans plus tard, il intégrait le groupe professionnel, et devint une pièce importante dans le dispositif de l'entraîneur lyonnais, un certain Aimé Jacquet. Il y resta sept ans, gagnant notamment une Coupe de France (en 1973...). Par la suite, il irait jouer au RC Strasbourg entre 1979 et 1979 et en 1981 (avec qui il devient pour la première fois champion de France), une saison au PSG, puis deux ans aux Girondins de Bordeaux (second titre de champion en 1984), et finirait sa carrière comme entraîneur-joueur au FC Mulhouse (1984-1986). Entre 1973 et 1979, il connut huit sélections en équipe de France (sans pour autant disputer le Mondial argentin de 1978).

On l'a vu, le joueur était du genre bourrin (précision : à l'époque, peu de défenseurs étaient des poètes). Néanmoins, sa légende est née d'une imposture car, contrairement à ce qu'il raconta, Domenech n'a jamais cassé une guibolle. Le 12 août 1970, ce n'est pas lui qui brisa la jambe (tibia et péroné) de l'attaquant autrichien de l'OGC Nice, Helmut Metzner. Le vrai coupable, Jean Baeza, autre défenseur lyonnais, ne s'est jamais dénoncé. L'arbitre, comme les journalistes, s'était laissé avoir... par la coupe de cheveux identique des deux joueurs. Le jeune débutant Raymond, également dans l'action, se vit donc attribuer la faute. Or, il ne protesta pas. Il se dit qu'il y avait là une occasion d'acquérir une réputation à moindres frais (mieux vaut avoir une réputation de brute que pas de réputation du tout). Ce jour-là, Domenech s'était trouvé un rôle de composition. Ce serait son personnage (il l'admit plus tard), sa seconde peau : le « Boucher », le « casseur de jambes », le mec capable de se battre sur tous les ballons même les plus anodins. Pour faire plus méchant que nature, il se laissa pousser la moustache, laquelle, avec ses cheveux noir corbeau et le regard de même, complétait le tableau. Il avait bien travaillé le rôle quand, lors du quart de finale de 1973 contre l'OM, il fut au départ victime d'un coup de poing de Skoblar (celui-ci était excédé par les provocations du défenseur, qui le marquait serré). L'arcade sourcilière du Lyonnais ensanglantée, Domenech en fit des tonnes, de sorte que le Marseillais fut expulsé. Après le match, Domenech reconnut le chiquet et conclut ainsi : « Le football, c'est la guerre. »

Une fois devenu entraîneur à plein temps, il mena en parallèle une activité de comédien amateur. Logique, pour celui qui avait déjà bien travaillé le masque, l'imposture, la composition. Après s'être fait la main pendant deux ans à Mulhouse, Domenech fut nommé entraîneur de l'Olympique Lyonnais par le tout nouveau président : un certain Jean-Michel Aulas, devenu depuis un grand stratège dans le patronat du foot français. Dès sa première saison, le coach fit remonter l'OL en D1. En cinq ans à Lyon, Domenech fit du bon boulot, révélant des joueurs (Rémi Garde), redonnant une place au club dans le concert français et le remettant sur les rails de l'Europe.

Sélectionneur de l'équipe de France Espoirs de 1993 à 2004, Domenech eut avec lui pas mal de futurs piliers des (grands) Bleus : Zidane, Henry, Dugarry, Thuram, Pirès, Wiltord, Vieira, Makelele, Trezeguet, Mexès, Govou, Cissé, Anelka, Evra. Il ne parvint cependant pas à les mener au moindre titre ni à les qualifier pour les Jeux olympiques en 2000 et 2004. Ces joueurs, sitôt qu'ils passèrent sous la direction de Jacquet ou Lemerre chez les « A », devinrent champions d'Europe et du monde. Un signe. Voire, pour être tout à fait domenechien : une superstition.

À cette époque, Domenech jouissait encore d'une belle aura dans le football hexagonal. Considéré comme un type dur, certes un peu étrange, mais intelligent et bon client.

Il retrouva certains de ces espoirs lorsqu'il fut nommé à la tête de l'équipe de France en 2004, à la suite des fiascos de la Coupe du monde 2002 et de l'Euro 2004. Très tôt, le public découvrit l'homme aux décisions si irrationnelles qu'elles en étaient masochistes. Très tôt, en effet, il se mit à sélectionner en équipe de France des joueurs qui n'avaient aucune expérience internationale du haut niveau, seulement une dizaine de matchs de Ligue 1. « Ne rien changer, ne rien tenter conduirait à monter directement à l'échafaud. Il faut changer les habitudes, et donc il faut changer les gens. L'équipe de France n'appartient à personne », déclara-t-il alors à *L'Équipe*. Son expérimentation ne fonctionna pas, car les Bleus ne cessèrent de ramer sang et eau contre des équipes faibles. À telle enseigne que Domenech dut se résoudre, dès l'année 2005, au retour d'anciens cadres qui avaient pris leur retraite internationale : Zidane, Makelele et Thuram. Le sélectionneur feignit de les avoir lui-même convaincus ; en réalité, ce sont les joueurs qui décidèrent de réintégrer l'équipe, installant de facto les prémices d'une autogestion des joueurs contre l'entraîneur – telle qu'on la vit durant la Coupe du monde 2006. Ce tournoi s'avéra du reste très domenechien : après une première phase plus que poussive, l'équipe se qualifia d'extrême justesse pour le second tour. À ce moment, la magie opéra, avec des joueurs transcendés, notamment par le préparateur physique Robert Duverne, fraîchement arrivé de Lyon (où il avait travaillé avec Domenech), qui prirent le pouvoir sur leur propre sélectionneur en lui imposant la plupart de leurs choix. Jusqu'à cette finale France-Italie, et le coup de boule de Zidane.

Après la Coupe du monde, Domenech était sur un nuage. La chute n'en fut que plus brutale une fois les cadres bleus repartis. L'Euro 2008 fut catastrophique, à tel point que, pour répondre aux questions d'un journaliste après la raclée contre l'Italie, Domenech eut recours à sa nature profonde, le masochisme : en direct devant les caméras de télévision, il demanda soudain la main de sa compagne Estelle Denis… qui était la présentatrice de cette séquence d'après-match. Jamais Domenech n'aurait dû être maintenu à la tête des Bleus en 2008. Jamais il n'aurait dû revenir sur sa décision de ne pas emmener Thierry Henry, trop usé, en Afrique du Sud pour la Coupe du monde 2010. Jamais il n'aurait dû laisser les joueurs de l'équipe de France faire leur loi. Jamais il n'aurait dû avoir ce comportement honteux durant le tournoi, avec la presse ou avec son homologue sud-africain Carlos Parreira, à qui il refusa de serrer la main après le match France-Afrique du Sud.

Au sortir du désastre français, la FFF dut frapper Raymond aussi fort qu'elle l'avait soutenu, contre toute logique, deux ans auparavant. Licencié pour « faute grave » dans sa gestion de la grève, il saisit aussitôt les prud'hommes. Il gagna le procès et obtint 975 000 euros (il en avait réclamé 2,9 millions).

Domenech s'est toujours montré sensible à l'argent. À Lyon, il fut un des plus gros salaires français, sans être pour autant l'un des meilleurs joueurs : 25 000 francs mensuels, moitié moins cependant que son coéquipier Serge Chiesa. En 1994, en pleine Coupe du monde aux États-Unis, Domenech tenta même de revendre au black des billets pour le match Bolivie-Corée du Sud, billets qu'il n'avait pas payés. L'affaire fut étouffée par la FFF qui, plus que de raison, soutint fidèlement Raymond.

Il faut dire que l'homme a souvent montré un art de la manipulation digne des politiques. À la tête des espoirs, il survécut à cinq ou six tentatives d'éviction, mais compta toujours sur un ponte de la Direction technique nationale (DTN) pour le sortir de là – quand il ne s'agissait pas, comme en 2008, carrément du président de la FFF ou, plus inattendu, de Michel Platini lui-même.

C'est ainsi que Domenech, s'il ne fut pas le sélectionneur qui garda le plus longtemps son poste (deux années de moins que Michel Hidalgo), devint quand même celui qui dirigea le plus de matchs à la tête des Bleus (79).

On retint de Domenech une grande habileté dans la communication (« Je n'ai pas l'habitude d'entrer dans la polémique, en général je fais la polémique »). En 1977, il provoqua, avec ses coéquipiers et son entraîneur Aimé Jacquet, une grève surprise : les joueurs lyonnais furent filmés annonçant leur refus d'aller jouer à Nantes pour profiter du dimanche de Pâques avec leurs enfants. Cette vidéo fit le tour du Web lors de la grève de Knysna en 2010. Toutefois, la grève d'alors, annoncée un 1er avril, était une simple plaisanterie… Devenu entraîneur en 1990, Domenech s'adjoignit les services de Franck Martin, publicitaire et neurolinguiste, afin d'apprendre à mieux exprimer ses idées. Et surtout ses silences. Car, en tant que sélectionneur, jamais il ne s'expliqua réellement sur son choix de système, sur le jeu qu'il voulait inculquer à son équipe, sur ses options tactiques. Jamais. Pas même dans son propre livre, qui fit un carton lors de sa parution en novembre 2012 : *Tout seul* (Flammarion).

Aujourd'hui, il est consultant et chroniqueur d'émissions de foot, notamment sur *Europe 1* et sur la chaîne *L'Équipe* et l'émission *L'Équipe d'Estelle*, présentée par… sa compagne Estelle Denis.

Que Domenech connaisse le football, c'est indéniable. Mais l'aime-t-il ? La question se pose. Aussi, s'il doit demeurer un mystère Domenech, c'est bien celui-ci : pourquoi semble-t-il aimer si peu le jeu ?

Lire aussi : Anelka, Knysna, Syndicat

DUGAUGUEZ, Louis (1918-1991)

« C'était déjà un préparateur physique. Ses entraînements étaient à l'avant-garde. Le matin, c'était lever à 6 heures pour une séance physique, puis tout le monde allait à l'usine. Après la journée de travail, on travaillait avec le ballon » : c'est Roger Lemerre, arrivé en 1961 à Sedan, qui se souvient. Il se rappelle aussi, avec émotion et admiration, l'entraîneur sedanais « autoritaire dans son management, [qui] avait des procédés un peu archaïques, mais cela avait le mérite de mettre tout le monde à l'unisson* ». Venu en 1966 dans les Ardennes, l'ancien attaquant Gérard Tonnel parle de Dugauguez avec moins d'émotion : « On travaillait le physique le matin, le jeu au ballon le soir, mais il a fallu que je parte à Troyes pour que l'entraîneur me fasse travailler devant le but** ! » En club ou en équipe de France, Monsieur Louis fut un sacré précurseur. Recruté comme entraîneur-joueur par les frères Laurant en 1948, c'est lui qui amorça la spirale du succès des « ouvriers footballeurs » de Sedan. Raccrochant les crampons en 1953, il demeura entraîneur des Sangliers jusqu'en 1974. Louis Dugauguez porta à maturité trois générations de footballeurs et eut sous sa coupe des joueurs tels que Fulgency, Breny, Noah, Oliver, Kuzmir, Lemerre, Eloy, Tordo, Osim, Tonnel ou Dahleb. Tout comme ses joueurs, il fut employé aux Draperies sedanaises, en qualité de directeur commercial. Son exigence et sa fidélité à un club ne trouvèrent depuis qu'un équivalent : Guy Roux, dont il fut l'idole. En 1999, huit ans après sa mort, le nouveau stade de Sedan fut baptisé Louis-Dugauguez.

Son importance dans l'histoire du football français fut aussi grande que sa discrétion et sa longévité. Entre 1967 et 1969, il cumula ses fonctions aux Draperies et au club de Sedan avec celle de sélectionneur des équipes de France A, B et espoirs. C'est dire combien il aima le foot. Au niveau international, la France ne signifiait alors rien : une Coupe du monde 1966 piteuse et des clubs qui se faisaient balader en Coupes d'Europe. Si l'ère Dugauguez débuta par une victoire en Pologne, la suite fut un chemin de croix jonché de corrections sanguines, malgré la présence de quelques Sedanais dans l'équipe, dont Roger Lemerre : 5-1 par la RFA, 5-1 par la Yougoslavie (où jouait alors Ivica Osim, futur Sedanais…), deux matchs nuls, une autre trempe contre l'Espagne et, enfin, une défaite à domicile contre une équipe de Norvège composée d'amateurs. Dans sa lettre de démission à la FFF, Dugauguez écrivit : « J'ai choisi ma dignité. » Le journaliste Patrick Charlot se rappelle que le bref sélectionneur déplaisait aux grands clubs français, Reims en tête : « Il a voulu mettre un coup de balai à la Fédé, et refaire ce qu'il avait fait à Sedan. Ça a gêné les autres clubs, surtout Reims, et les joueurs comme Carnus, Bosquier. Mais lorsque Stefan Kovacs lui a succédé, il a appliqué le système de jeu de Dugauguez, le 4-4-2, et personne ne le lui a reproché car, lui, il venait de l'Ajax. Kovacs a formé Hidalgo, qui a repris le 4-4-2 de Dugauguez**. » Avec le résultat que l'on sait. Un des plus grands hommes du football français.

* Entretien avec l'auteur, septembre 2010.

** Entretien avec l'auteur, juillet 2010.

Lire aussi : Dahleb, Ouvrier, Roux

DYNAMO

C'est un Allemand, Ernst Werner von Siemens, (1816-1892) qui a inventé la dynamo, l'alternateur des bicyclettes, produisant du courant qu'on nomme du coup « alternatif », à même d'éclairer le phare du vélo. Mais ce sont les Russes qui en ont fait une société. Le 18 avril 1923, la Tchéka (ancêtre du KGB) et la GPU (police politique), toutes deux créées et dirigées par Félix Dzerjinski, révolutionnaire communiste, se réunirent à Moscou et fondèrent la première société multisports en URSS : le Dynamo Sports – ainsi baptisé en hommage à Siemens et reprenant l'idée du « pouvoir par le mouvement », verbalisée par l'écrivain Maxime Gorki. La nouvelle société avait pour objectif de développer l'éducation physique et sportive dans le pays. Le club comprenait quarante-cinq disciplines sportives, dont le football, le hockey sur glace, le basket-ball, le volley, le handball. Six mille installations sportives et quarante-trois écoles de sport furent créées. Pour ce qui concerne le football, la société compta plusieurs clubs dans le pays : le Dynamo Moscou, le Dynamo Kiev, le Dynamo Tbilissi ou le Dynamo Minsk. Après la guerre, plusieurs pays du bloc de l'Est créèrent à leur tour leur Dynamo, membre de la société : Dynamo de Bucarest, Dynamo Zagreb, Dynamo Dresde.

Lire aussi : Police

DYNAMO Kiev

Le Dynamo Kiev reste le plus connu des Dynamos. Tout d'abord parce qu'il incarna l'âme de la résistance sportive face au nazisme. En 1942, l'Ukraine était occupée et les joueurs du Dynamo furent envoyés aux travaux forcés. Un ancien joueur du Lokomotiv Kiev, devenu collabo des nazis, leur proposa alors d'organiser un championnat national à la gloire de l'occupant. Certains y virent l'occasion de se refaire une fierté. Parmi eux, Iosif Kordik, un autre collabo, fanatique de l'ex-Dynamo. Il demanda à l'ancien gardien du club de convaincre les coéquipiers encore en vie (les footballeurs juifs avaient déjà été arrêtés et déportés en Allemagne) de continuer à jouer durant l'occupation. Il rebaptisa le club « FC Start » pour faire oublier les racines communistes, et fit jouer les joueurs en maillot rouge. Composé de quelques collabos, mais surtout de quelques patriotes qui avaient mis leur fierté au secret, le Start enchaîna des victoires faciles contre les autres équipes collabos. Les nazis, inquiets, les forcèrent à jouer un match supplémentaire contre la FlackElf, l'équipe de la 11e escadrille de la Luftwaffe. Une équipe de costauds. Les Rouges gagnèrent 5-1. Humiliés, les nazis exigèrent une revanche. Le 9 août 1942, le stade débordait de soldats allemands surarmés et de chiens surexcités. Si les Rouges gagnaient de nouveau le match, ils signaient à coup sûr leur arrêt de mort. La supériorité technique des Ukrainiens leur fit esquiver toutes les agressions physiques nazies. Les Rouges menaient 5-3 quand soudain l'arbitre siffla la fin du match avant la fin du temps réglementaire. Tout le monde avait compris que les nazis allaient perdre la partie. Surtout, tout le monde savait que les joueurs allaient mourir. La Gestapo les arrêta tous. Certains, comme Nikolai Korotkykh, furent torturés, d'autres déportés dans un camp de prisonniers, d'autres fusillés. Les rares survivants furent surveillés par le pouvoir de l'après-guerre, qui voulait laisser croire à la version officielle du régime : toute l'équipe avait été fusillée après le match, maillot rouge fièrement arboré, au ravin de Babi Yar, où trente-trois mille Juifs ukrainiens avaient été massacrés. Il fallut attendre l'avènement de Gorbatchev et de la glasnost pour apprendre la vraie histoire : « l'honneur de Kiev » avait laissé la vie sauve à quelques joueurs.

Sportivement, le club s'est surtout fait connaître grâce à Valeri Lobanovski, joueur (1957-1964) et entraîneur (1976-1982, 1983-1990, puis 1997-2002) d'un club qui gagna alors ses premières Coupes d'Europe : Coupe des coupes une première fois en 1975, puis à nouveau en 1986, en plein drame de Tchernobyl. Coach génial, glacial sans être à la botte du PC, Lobanovski savait qu'« il n'existe pas de conception socialiste pour marquer des buts » (ce qui était dur à admettre, dans la Russie soviétique). Colonel de l'Armée rouge, Lobanovski acheta un ordinateur dès les années 1970 (initiative qui éveilla la curiosité du KGB…) et développa une conception informatique du foot : match après match, il créa des programmes et des graphiques pour suivre l'évolution de ses joueurs, la leur expliquer, afin d'optimiser leurs performances. Lobanovski était à peu près aussi déconneur qu'une porte de prison, mais il sut faire éclore une génération dorée : Blokhine, Zavarov, Belanov, Rats, Demyanenko. En plein drame nucléaire, et en pleine glasnost, cette génération sut rendre le foot russe sympathique. En 1988, l'équipe nationale, qui finit vice-championne d'Europe, était entraînée par Lobanovski (qui dirigeait donc le club et la sélection nationale) et composée de neuf joueurs du Dynamo Kiev, outre le gardien Rinat Dassaev (Spartak Moscou) et Sergueï Aleinikov (Dynamo Minsk). Il n'y avait donc sur le terrain que des Dynamo.

E

« Notre religion, c'est le football,
et comme dans toute religion, il faut un Dieu. »
Église maradonienne

ÉGLISE

Depuis le 30 octobre 1998, une Église rend gloire à Diego Maradona. Pourquoi une Église ? « Notre religion, c'est le football et comme dans toute religion, il faut un Dieu », répondent sur leur site Web les fanas du Pibe de Oro. On estime à cent mille ses adeptes, dans pas moins de soixante pays. L'Église maradonienne possède son propre calendrier, qui débute le 30 octobre, jour de la naissance du joueur. Calendrier qui comporte deux fêtes annuelles : la Noël maradonienne, célébrée chaque année la veille de l'anniversaire du dieu, comme le réveillon de Noël chrétien ; et les Pâques maradoniennes, qui ont lieu le 22 juin, pour célébrer les deux buts que le dieu marqua aux Anglais, en 1986.

Le premier mariage maradonien fut célébré en 2007 dans la banlieue de Buenos Aires : Adrian Gonzales, vingt-cinq ans, épousa sa fiancée Olivia Pozos, sous un portrait de leur dieu, et… devant un ballon témoin. Les jeunes mariés jurèrent de s'aimer pour le reste de leur vie, et de donner comme deuxième prénom « Diego » à leurs enfants.

Lire aussi : Malouines, Maradona

ELASTICO

Un des plus beaux gestes du football a été popularisé par les Brésiliens. L'*elastico*, qui se dit aussi *elastica* ou *flip flap*, consiste en un dribble déroutant sur lequel le joueur enchaîne extérieur et intérieur du pied de manière ultrarapide. Bien entendu, il faut être brésilien pour réussir un tel tour. On attribua un peu vite la paternité de l'*elastico* à Ronaldinho, qui les enchaînait. Modeste, il la refusa : « J'ai vu Roberto Rivelino réaliser ce geste le premier. » Ronnie s'entraîna dur pour y parvenir : « Pour que ce soit parfait, le ballon ne doit pas se décoller du pied. Il faut être en un contre un contre le défenseur et avoir assez d'espace pour sortir. » Rivelino, lui, utilisa ce dribble en pleine finale de Coupe du monde 1970, pour mettre un vent à un défenseur italien. Il fut cependant aussi humble que son successeur auriverde, en déclarant plus tard à l'AFP : « Je l'ai perfectionné mais je ne l'ai pas inventé ! C'est un Japonais, Sergio Echigo, qui a créé l'*elastico*. Il était aspirant aux Corinthians. Il était milieu comme moi et il jouait super bien. Un jour, il a fait ce dribble et je lui ai demandé : “Comment c'est ton truc ? Japonais !” Il m'a montré… “C'est comme ça et comme ça !” C'était en 1964. Et j'ai commencé à m'entraîner à le faire. Lui le faisait très court et j'ai essayé de le faire plus de côté pour que le ballon aille plus loin. Je me suis entraîné, entraîné, entraîné… et j'ai fini par le faire en match ! » Par la suite, un autre Brésilien réussit les *elasticos* : Robinho. On a beau dire, une belle part du football vient non d'Europe mais d'Asie.

Lire aussi : Cuju, Espaldinha, Patada atomica, Ronaldinho

ENTREPRISE

L'entreprise fut pour beaucoup dans le lancement du football. Certes, le football moderne est né dans les *public schools* anglaises, au milieu du XIXe siècle, et fut codifié à Cambridge, d'où son caractère aristo dès la naissance. Pourtant, en vingt ans, le football devint un loisir populaire. Comment ? Grâce à la victoire des ouvriers du Blackburn Olympic en finale de la FA Cup en 1883, pour commencer. Puis à la création du Boxing Day, toujours outre-Manche. Dès lors le football allait pouvoir se déployer en Europe grâce au développement de la culture ouvrière. De simple loisir, le ballon rond devint un sport, et un attribut de la culture populaire.

C'est ce que comprirent, dans un esprit tout aussi sportif que cynique, de nombreux patrons et propriétaires d'usines : mettre sur pied une équipe au sein de l'usine serait le moyen de souder les hommes et de créer un esprit corporate. Tout bénef pour le rendement. Dans le même temps, l'usine imprimait son nom sur un maillot, ce qui en principe était bon pour son image. Ainsi, le football français doit beaucoup à Jean-Pierre Peugeot : après avoir fondé l'Association sportive de Valentigney, le constructeur automobile créa dans le même département le Football Club de Sochaux en 1928. En bon chef d'entreprise, il s'appuya d'abord sur la branche carrosserie des Automobiles Peugeot, dont un chef de service, Maurice Bailly, fut d'emblée nommé joueur-capitaine-entraîneur. Dès le début de l'aventure et avec une stratégie redoutable, le FC Sochaux recruta parmi les meilleurs joueurs de France, dans ces temps reculés où le professionnalisme était interdit dans le football français. Peugeot ne se cachait pas de contourner l'interdiction en salariant les footballeurs dans ses usines. Usines à côté desquelles le patron mit en chantier, en 1927, un stade, le futur stade de la Forge, qui deviendrait plus tard le stade Bonal. Bientôt il miserait sur ce qui reste une des grandes spécificités de la Franche-Comté : le centre de formation du club sochalien. L'objectif du patron était de promouvoir sa ville, sa région et son club. Ce dernier fut le premier club professionnel français, à l'heure où l'amateurisme était encore de mise dans la conception du sport. Et devint aussi un des plus ouverts, accueillant un gardien de but espagnol, un entraîneur anglais arraché à Marseille et des jeunes locaux issus du centre de formation. En 1930, le FC Sochaux absorba son voisin de l'AS Montbéliard, et fut baptisé Football Club Sochaux-Montbéliard – son nom aujourd'hui encore. Peugeot poussa le bouchon si loin dans l'innovation entrepreneuriale qu'il créa une Coupe Peugeot, ouverte aux meilleurs clubs nationaux. Une initiative d'abord rejetée par la Fédération, qui finit cependant par l'accepter. Bien entendu, Sochaux remporta la première édition, en 1930, devant l'Olympique lillois, sur un score tennistique de 6 à 1. C'est sur le modèle de cette coupe que la FFF conçut le championnat de France de football, qu'elle s'empressa de faire débuter dès 1932. Entre-temps, en référence à la marque au lion, les joueurs du FCSM furent surnommés « les Lionceaux ».

À leur tour, de nombreuses firmes possédèrent leur club de foot. Fiat, via la dynastie Agnelli, détient la Juventus de Turin depuis 1923. Le brasseur lillois Henri Jooris fut pour beaucoup dans les débuts du Lille-Olympique Sporting Club : le stade lillois porta longtemps son unique nom, avant de déménager et de se voir baptiser Grimomprez-Jooris. Le voisin lensois fut, quant à lui, patronné par la Société des mines entre 1934 et 1969. Plus récemment, on connut un Matra Racing à Paris, qui marqua l'entrée du football français dans l'ère du foot business.

Lire aussi : Blackburn, Boxing Day, Cambridge, Foot business, Lagardère, Naming

ÉQUIPEMENT

Les premiers footballeurs anglais jouaient sans autre équipement qu'une grosse chemise de coton, un pantalon bien en dessous des genoux et des bottines de cuir rigides. En 1860, ces hommes ne possédaient d'ailleurs pas de tenue unique, les joueurs de chaque équipe portaient tout juste un accessoire identique, le plus souvent une écharpe, un bonnet ou une casquette, pour qu'on distinguât chaque équipe. Ce fut durant la FA Cup 1871-1872 que, sous la pression des journalistes et des supporters, les équipes s'affrontant endossèrent des uniformes distincts, afin qu'on ne puisse plus les confondre. C'est que les ouvriers avaient commencé à jouer et à s'accaparer un sport qui était au départ aristo. La foule avait commencé à venir voir en masse évoluer ces ouvriers. Le foot tomba alors la chemise. Ainsi, la naissance du maillot coïncida avec la popularisation du football.

Beaucoup de clubs anglais – le football n'avait pas encore traversé la Manche – choisirent alors les couleurs des écoles ou des universités d'où ils avaient émergé. En coton épais, le maillot de l'époque possédait ou un col chemise, ou un col rond agrémenté de cordons de serrage au niveau de la poitrine (ce dernier étant très proche des maillots de rugby d'alors). Le pantalon commença à raccourcir pour arriver juste en dessous du genou, mais resta fixé par une ceinture ou des bretelles. Il permit aussi de montrer que le football était encore malgré tout un sport d'aristos : lord Arthur Kinnaird, un des grands joueurs de l'époque, par ailleurs un des inspirateurs de la Football Association, était réputé pour les pantalons blancs longs et élégants qu'il portait en match. On jouait alors au foot comme on jouerait au tennis quelques années plus tard.

L'évolution de l'équipement avait pourtant un coût, qui n'était pas accessible à toutes les bourses. Si le football devint populaire et déborda le simple cadre de l'aristocratie, c'est parce qu'on décréta alors que les frais qu'il réclamait incomberaient non plus aux hommes mais aux clubs.

Puis un règlement suggéra que les joueurs portent « des jerseys rayés d'une couleur, par exemple rouge pour une équipe, bleu pour l'autre équipe ». Le football s'accapara alors cette fameuse « étoffe du diable », pour des maillots aux rayures souvent horizontales… et très similaires aux marinières. Le prestige de l'uniforme ayant ses limites, les rayures se firent verticales en 1884 : aujourd'hui encore, de Barcelone à Rio en passant par Milan, Turin, Newcastle, Le Havre, l'Atlético Madrid ou l'équipe d'Argentine, elles définissent l'identité footballistique. Au Havre, doyen des clubs français, le maillot ciel, marine et blanc, directement inspiré des universités de Cambridge et Oxford, illustra dès l'origine la relation œdipienne de tous les clubs extra-britanniques.

En 1890, après un match anglais où deux équipes se retrouvèrent sur le terrain avec un équipement quasi similaire, les clubs furent obligés d'avoir deux jeux de maillots. Ainsi naquirent les maillots « domicile » et les maillots « extérieur » qui, longtemps après, firent la joie des équipementiers. Lesquels étaient au nombre de deux en cette fin de XIXe siècle : Bukta, le pionnier, et Umbro, aujourd'hui encore équipementier très en vogue outre-Manche, et fournisseur de l'équipe d'Angleterre.

Au début du XXe siècle, on nota un essoufflement dans la démocratisation de la rayure, et un retour aux maillots unicolores. Autre nouveauté : le gardien de but ayant acquis sa place (le poste ne fut créé qu'en 1865), on le dota d'un maillot de même gamme que celui de ses coéquipiers, mais d'une couleur différente.

De plus, le football avait gagné la planète, et, après Le Havre, de grands clubs pompèrent leur garde-robe sur celle des clubs anglais : le noir et blanc de la Juventus de Turin fut inspiré par celui de Notts County ; l'Independant de Buenos Aires prit sa chemisette rouge de celle de Nottingham Forest ; et l'Atlético Madrid acheta directement son équipement au Blackburn FC.

En 1904, la Football Association abandonna la règle exigeant un pantalon long, et les bas se raccourcirent. La finale de la FA Cup 1933 entre Everton et Manchester City constitua le premier match où les joueurs évoluaient avec un numéro dans le dos. Cette nouveauté devint la règle dans les années 1960, après avoir associé des numéros aux postes du gardien (numéro 1) et des attaquants (numéros 9 et 11), le meneur étant le 10. Plus tard, dans les sixties, lorsque furent autorisés les remplacements, on ajouta les numéros 12 et 13, en autorisant le 14 pour les clubs superstitieux.

Les années 1930 furent celles de la famille Dassler, et de la chaussure. La bottine de cuir descendit au niveau de la cheville, ainsi délestée du tiers de son poids. L'allégement se poursuivit après la guerre, quand les chaussures Dassler arrivèrent en dessous de la cheville, et ajoutèrent au cuir d'origine de la toile et du caoutchouc issu des réservoirs des tanks américains. Au football, la bottine avait enfin laissé la place au soulier.

Le football effectua son grand saut dans la création de mode dans les années 1970. Une décennie où les Coupes du monde furent retransmises pour la première fois en couleurs à la télévision. Une époque où les idoles devinrent des dieux (Pelé), des rockers (Best, Cruyff) ou des guides de la nation (Beckenbauer). Des années qui virent les joueurs signer des contrats personnels avec d'autres équipementiers que celui de leurs équipes : avant de « faire signer » Cruyff, Puma « recruta » Pelé en lui offrant 120 000 dollars, en échange desquels il n'eut qu'à se baisser quelques secondes pour lacer ses souliers, lors de son entrée sur la pelouse où allait se jouer la finale de la Coupe du monde 1970, geste immortalisé par les caméras de télévision.

À cette époque, les équipes n'étaient plus des équipes, mais des histoires ou des légendes (Nantes, Ajax, Saint-Étienne, Liverpool). Les supporters voulurent alors porter le même maillot que leurs idoles (bonjour, marketing…). C'est également dans les années 1970 que les États-Unis s'intéressèrent pour la première fois au soccer. Une époque qui vit Adidas, habillant l'équipe d'Allemagne, « gagner » la Coupe du monde 1974 et devenir à jamais le plus gros équipementier de l'univers du ballon rond. Ce fut enfin la décennie où la publicité fut autorisée sur les maillots. En 1975, Leeds United, qui avait troqué ses couleurs bleu et or pour le blanc intégral, en référence au Real Madrid, devint le premier club au monde à mettre au point une tenue à même d'être répliquée et vendue dans le commerce.

L'équipement footballistique fut transformé à jamais, et se retrouva à suivre la mode urbaine. De nos jours, les maillots de football anticipent sur la mode. Seuls les Dynamo, Spartak et autres Torpedo, marques déposées du bloc de l'Est, restèrent vierges et rigides, n'arborant, selon leur nom, qu'un D, un S ou un T cousu à la poitrine gauche.

La décennie 1980 vit l'arrivée du nylon, qui remplaça progressivement le coton, et des shorts résolument ultra-courts. Dans les années 1990, une matière plus synthétique (dite « textile intelligent ») supplanta le nylon, et le bas se rallongea. Néanmoins, les maillots inventés par les designers de ces décennies, qui recherchaient des graphismes innovants pouvant aller de pair avec des technologies novatrices, furent indéniablement les plus hideux de l'histoire du football : bariolés, fluorescents, criards, extra-larges.

Ce fut paradoxalement la triche qui sauva la mode dans le football : pour en finir avec les tirages de maillot sur le terrain, la firme Kappa inventa la tunique moulante.

Le XXIe siècle vit l'abandon de la notion de textile, fût-il intelligent, dans le football. « Durant la Coupe du monde 2010, tous nos maillots étaient des bouteilles de plastique recyclées, nous apprit la firme Nike lors des enquêtes menées pour ce livre. On obtient des fibres à partir du recyclage, et de ces fibres on fait des maillots. »

Dans le même temps, le soulier du joueur (héritier de la bottine) devint un mocassin sportswear pesant 200 g, pour un résultat parmi les plus avancés de la recherche technologique mondiale, et bien sûr de tous les temps. La *World Cup* et la *Copa Mundial*, ces chaussures classiques en cuir noir à trois bandes, furent pendant longtemps les seuls modèles créés par Adidas. Puis les équipementiers adaptèrent leurs produits à l'évolution du jeu et à celle de la morphologie et de la puissance des joueurs. Ainsi, pour les joueurs puissants mais précis, Adidas créa un soulier comportant des lamelles de caoutchouc sur la surface de frappe, donnant plus de puissance au tir (c'est la *Predator*, dont Zidane, puis Gerrard, Ballack ou Van Persie devinrent les ambassadeurs). Pour les plus petits mais non moins créatifs gabarits fut créée une chaussure qui privilégiait la légèreté, et donc la vitesse : aujourd'hui, la chaussure la plus légère du marché est la *F 50* d'Adidas, qui ne pèse que… 175 g. C'est le soulier de Lionel Messi. Quant à celui de Drogba, Ibrahimovic, Ronaldo ou Ribéry, créé par Nike dans des matières synthétiques et composé de plaques de carbone et de crampons allégés, il ne pèse que 200 g.

L'intérieur de ces chaussures accueillit des pads, insertions de plastique renforçant les points d'impact du pied dans le soulier, affinant le toucher de balle et la précision du joueur.

La fin des années 1990 vit à l'œuvre une déréglementation de la chaussure, qui permit aux joueurs d'avoir leur propre équipementier pour les pieds, qui pouvait être différent de l'équipementier de leur club ou de leur sélection. C'est ainsi que tous les joueurs d'une équipe ont le même maillot mais des chaussures de marques, couleurs et propriétés différentes. En outre, des hommes tels Zidane, Beckham ou Messi, s'ils portaient un modèle que le citoyen lambda pouvait trouver en magasin, possédaient néanmoins des chaussures d'une couleur particulière, qui leur était exclusivement réservée, et entièrement moulées à leurs pieds.

Ainsi, l'équipement du footballeur évolua jusqu'à sa forme contemporaine : une tunique mettant en évidence le corps d'un joueur passé au rang de super-héros, un laboratoire miniature pour les équipementiers, une vitrine pour les sponsors, et un objet de consommation, fabriqué en général par des enfants, en Thaïlande ou en Chine, à la façon dont étaient cousus les ballons vingt ans plus tôt, du temps où ceux-ci étaient en cuir.

Lire aussi : Cambridge, Chaussure, Dynamo, Gardien de but, HAC, Maillot

ESCOBAR, Andrés (1967-1994)

On dit que cent mille personnes descendirent dans les rues de Medellin pour son enterrement, le 3 juillet 1994. Il n'avait rien à voir avec Pablo Escobar, tué sept mois auparavant, mais, comble, il devint le symbole de l'injustice des narcos. Le 2 juillet 1994, sur le parking d'El Indio à Medellin, Andrés Escobar fut tout bonnement exécuté parce que, quelques jours auparavant, durant un match entre la Colombie et les États-Unis, le défenseur de l'équipe nationale colombienne avait marqué un but contre son camp. « C'est le football, la vie continue », avait dit le fautif lui-même immédiatement après le match. Mais voilà, il s'agissait d'un match de Coupe du monde. Qui, cette année-là, se déroulait aux États-Unis. Dès lors, pour les narcos, ce Colombie-USA était plus une guerre qu'une compétition sportive. Pour un passionné lambda, Escobar était responsable du triste sort du pays : ce but contre son camp précipita la défaite de la Colombie (2-1). Une deuxième défaite qui, après celle contre la Roumanie, éliminait l'équipe d'un tournoi où on lui prédisait de grandes choses. De fautif, Escobar devint coupable. Il devait mourir. Dans cette nuit du 2 juillet, celui qu'on surnommait *El Caballero* (« le gentleman ») reçut douze balles dans le corps, tirées à bout portant, alors qu'il sortait du restaurant avec sa compagne. Selon des témoins, le tireur aurait dit, pendant qu'il vidait son chargeur : « Merci pour le but ! » On pensa d'abord à un geste de supporter au cœur brisé, pensant venger ainsi la nation. Mais cela se déroulait en Colombie : les barons de la drogue avaient parié 20 millions de dollars sur une victoire nationale. Ce but, ajouté au déshonneur de l'élimination, leur fit perdre la boule. Escobar, issu de la classe moyenne, était un homme qui, à chaque Noël, remplissait son 4 x 4 de cadeaux, faisant le tour de la ville la nuit pour les distribuer. Pas le genre à compter. Pourtant, les barons l'accusèrent de vouloir quitter suffisamment tôt la Coupe du monde pour poursuivre tranquillement ses négociations avec le Milan AC. Humberto Muñoz Castro, garde et chauffeur de l'un des deux frères Gallon, des barons du cru, fut arrêté et reconnu coupable du meurtre. Il prit quarante-trois ans et cinq mois de prison. Mais en 2005, après seulement dix ans d'incarcération, il obtint sa mise en liberté pour bonne conduite, après avoir effectué des travaux d'intérêt général. Toute la famille et une bonne part du pays en furent scandalisées. Une statue d'Andrés Escobar a été érigée dans le stade de Medellin.

Lire aussi : Colombie

ESPALDINHA

Dans le monde des gestes novateurs entrés dans la légende, l'*espaldinha* est le seul qui ne doive pas entièrement son nom au joueur qui l'inventa. Le terme est en effet une contraction d'*espalda* (« dos » en espagnol) et de « Ronaldinho », son Brésilien de créateur. Il défie toute logique, puisqu'il nécessiterait normalement d'avoir des yeux dans le dos pour l'accomplir. On le vit pour la première fois durant le derby catalan Barça-Espanyol, en 2004. Sur une passe en profondeur, Ronaldinho se courba pour faire rebondir le ballon sur son dos, en plein sprint. Sans rien changer à sa course, il contrôla le ballon et déborda son adversaire, puis centra pour Saviola. Lequel perdit malheureusement son duel face au gardien adverse. Mais la terre venait d'assister à un tour de magie réalisé dans le dos. Le Brésilien récidiva dans un match de Ligue des champions, en 2006, contre le Werder de Brême, puis en 2007, face au FC Séville, en championnat.

Lire aussi : Arconada, Blanco, Cruyff turn, Madjer, Panenka, Papinade, Ronaldinho

EUSÉBIO (1942-2014)

Le Portugais fut la première grande star internationale d'origine africaine. Né en 1942 au Mozambique (alors colonie portugaise), dans une famille modeste de huit enfants, il perdit très tôt son père. Eusébio da Silva Ferreira était encore très jeune lorsque des émissaires du Benfica Lisbonne le remarquèrent. Il débarqua dans la capitale portugaise le 16 décembre 1960, à dix-huit ans. Un transfert de 7 500 livres, dont le contrat fut signé par sa mère – il était encore mineur –, pour un *hat trick* dès son premier match, le 23 mai 1961. Une grande année : il joua alors contre le Santos FC de Pelé, auquel il planta trois buts en une demi-heure (qui ne suffirent pourtant pas à empêcher la défaite des siens), et fut sélectionné en équipe nationale portugaise. En finale de la Coupe d'Europe des clubs champions 1962, il marqua les deux buts de la victoire contre le Real de Puskas et Di Stefano. La suite, faite de trophées et de records de buts, consiste en une ascension couronnée par le Ballon d'or en 1965, trophée dont il fut le premier lauréat d'origine non européenne.

Marquant six des neuf buts inscrits par la sélection dans les éliminatoires, c'est lui qui permit au Portugal de participer pour la première fois à une Coupe du monde, celle de 1966, en Angleterre, où le monde entier put le découvrir. Surnommé « la Perle du Mozambique », « la Perle noire » ou « la Panthère noire » (non sans de bons relents colonialistes), il en finit meilleur buteur (neuf réalisations). Une nouvelle fois, il affronta Pelé, pour un Portugal-Brésil forcément très politique. À tel point que le défenseur portugais Morais acheva, en le fauchant, le roi Pelé, déjà bien tatanné par les défenses adverses depuis le début de la compétition. Pelé abandonna la compétition, et le Portugal battit le Brésil 3-1. À lui seul, avec un quadruplé historique, Eusébio sauva les siens de la défaite en quart de finale contre la Corée du Nord. Le Portugal finit troisième, avec un Eusébio surnommé dès lors « le Pelé de l'Europe ». En 64 matchs avec le Portugal, il marqua 41 buts (seul Pauleta battra ce record avec six réalisations de plus). En quinze ans au Benfica, Eusébio écrivit les plus belles pages de l'histoire du club (une Coupe d'Europe, onze titres de champion), et marqua 727 buts en 715 matchs. Eusébio partit ensuite aux États-Unis monnayer son talent, au moment où le pays accueillait aussi Pelé, Beckenbauer et d'autres stars déchues en manque de fraîche. Il prit sa retraite en 1978, à l'âge de trente-six ans.

Après la lumière, un peu d'ombre au tableau néanmoins. Comme Pelé, Eusébio eut une relation assez trouble avec le pouvoir en place. Le Portugal était alors une dictature, celle d'Antonio Salazar, qui dura trente-six ans (1932-1968) et, à l'instar des autres empires coloniaux, s'enlisa dans les guerres de décolonisation. En 1964, au Mozambique, le Front de libération, créé deux ans auparavant, passa à la lutte armée. Salazar, dans le même temps où il envoyait au Mozambique des renforts armés pour briser la subversion, se prononça alors au sujet d'Eusébio : pour lui, le joueur appartenait au patrimoine national portugais. Salazar mit même son veto à tout transfert du champion vers la Juventus, qui lorgnait alors sur lui. Eusébio, comme ses frères de couleur, accepta (certains disent à son corps défendant) de servir de vitrine convenable au régime salazariste, qui les exhibait comme « les meilleurs produits du "lusotropicalisme" », symboles d'une société en apparence « pluriraciale ». Un peu plus tard, on adressa le même reproche à la chanteuse de fado Amalia Rodrigues. À cette époque, lors de leurs déplacements à l'étranger pour des matchs internationaux, les joueurs portugais avaient des gardes du corps, dont ils se seraient bien passés : la terrible PIDE (Police internationale de défense de l'État). Ces hommes n'avaient pas pour mission de protéger les joueurs, mais de les empêcher d'imiter ceux du Honved et de fuir le pays. Pour l'exemple, le régime punit un joueur issu d'une autre colonie, l'Angola, parce qu'il avait milité pour l'indépendance : Santana Joaquim, milieu de terrain du Benfica Lisbonne, passa cinq ans dans les geôles du pouvoir et rata la Coupe du monde 1966. Où s'illustra Eusébio. Lequel plongea le Portugal dans trois jours de deuil, décrétés par le pays en larmes lorsque, chancelant depuis plus d'un an, il mourut dans la nuit du 4 au 5 janvier 2014.

Lire aussi : Honved, Pelé

EXTRAVERSION

Rafaelle Poli, de l'université de Neuchâtel, et Paul Dietschy, chercheur à l'université de Franche-Comté et au Centre d'histoire de Sciences-Po, utilisent le terme « extraversion » pour définir la mutation des relations footballistiques entre les hémisphères Nord et Sud, phénomène qui trouve ses racines dans l'accomplissement de l'indépendance pour tous les États africains, dans les phénomènes migratoires et dans la mondialisation. Jusqu'aux années 1980, lors d'une Coupe du monde, peu de joueurs des sélections africaines jouaient à l'étranger. Selon une étude statistique menée en 2002-2003, 1 156 footballeurs professionnels africains opéraient alors dans les clubs européens – la moitié en France. Lors de la Coupe du monde 2002, 76,4 % des 110 joueurs présents dans les cinq sélections africaines qualifiées évoluaient en dehors de leur continent d'origine. Précisons que le phénomène vaut pour tous les pays du continent, Afrique subsaharienne comprise. L'extraversion nous enseigne principalement que le joueur africain est devenu, en vingt ans, une valeur à fric. Simple produit d'importation bon marché dans l'Europe postcoloniale (Keita, Tokoto, Milla en France, dans les années 1970), il est aujourd'hui devenu une star du marché des transferts (Yaya Touré, Drogba, ou Essien en Angleterre ; Eto'o et ses rocambolesques transferts entre Barcelone, Milan, le Daghestan et Londres). Le phénomène a pris une telle ampleur que des clubs européens ont implanté des structures de formation en Afrique ou conclu des accords de partenariat avec des clubs du continent. L'extraversion a néanmoins un effet boomerang auquel il fallait s'attendre : les anciennes puissances coloniales retournent sur le sol auparavant colonisé ! En effet, certains clubs européens ont tout bonnement acheté des clubs africains. L'Ajax Cape Town, en Afrique du Sud, appartient ainsi à l'Ajax d'Amsterdam. Le Feyenoord Rotterdam s'est quant à lui offert le Supersport United de Johannesburg. Et, il y a quelques années, le Sporting Club de Bastia a créé un centre de formation en Guinée.

Lire aussi : Foot business, Milla

F

« La retraite, c'est pour les jeunes,
car ils peuvent faire quelque chose d'autre. »
Alex Ferguson

FÉMINA SPORTS

À la fin du XIXe siècle, le football fut pratiqué par des Anglaises. Les matchs féminins n'eurent à cette époque aucun mal à trouver un public, qui se compta vite en milliers de spectateurs : au plaisir du jeu les hommes ajoutaient le plaisir de contempler les jambes nues des joueuses… La mode traversa la Manche et arriva rapidement en France. Pendant la guerre l'effet de mode s'amplifia encore : les hommes partis au front (bientôt, ils joueraient au football dans les tranchées), les femmes faisaient tourner l'économie du pays, mais aussi ses loisirs. Ainsi, le Fémina Sports, club omnisports fondé en 1912 dans le quartier de la porte d'Orléans et qui existe toujours aujourd'hui, prit l'initiative de créer avec diverses athlètes du club deux équipes de football féminines, qu'il fit se rencontrer le 30 septembre 1917.

Dès lors, le mouvement prit de l'ampleur et rassembla plusieurs équipes – dont Paris, Quevilly et le Fémina. Première mondiale, un championnat féminin fut organisé, grâce à la Fédération des sociétés féminines sportives de France (FSFSF), fondée le 18 janvier 1918 – soit un an avant la FFF. Les équipes de jeunes filles s'y mesurèrent alors à des formations scolaires masculines, lesquelles s'imposaient sans mal. Il fut remporté dans sa deuxième année par le Fémina, qui domina les années 1920.

La première tournée de footballeuses françaises à l'étranger eut lieu en 1920. Une équipe de France féminine affronta ainsi sa comparse anglaise à plusieurs reprises, la première semaine de mai. Bilan : une victoire, un nul, deux défaites (dont un 5-0).

Le football féminin commença alors à faire jaser, la bonne société voulait que les femmes jouent à huis clos, et s'inquiétait des « foyers désertés ». Elle prétextait aussi que les femmes n'avaient plus à accomplir les tâches d'hommes auxquelles la guerre les avait contraintes. Le baron Pierre de Coubertin, certes réputé pour sa misogynie, écrivit : « S'il y a des femmes qui veulent jouer au football ou boxer, libre à elles, pourvu que cela se passe sans spectateurs. » Même le futur progressiste Gabriel Hanot proposa que les footballeuses soient encadrées par des vétérans de guerre. Idée avortée. En 1925, plus personne n'allait voir les matchs féminins. C'est dans ce contexte de polémique que Violette Morris, garçon manqué et sportive de cette époque, fut accusée de dévergonder les débutantes qu'elle côtoyait et de les inciter à fumer. On refusa même de lui délivrer sa licence. Au même moment, outre-Manche, la fédération interdit aux clubs affiliés d'héberger en leur sein toute activité sportive féminine. Le football féminin fut dès lors considéré comme un outrage aux bonnes mœurs ; des années 1930 aux années 1960, le foot féminin disparut.

Lire aussi : Femmes, Hanot

FEMMES (et football français, lyonnais, mondial)

En France, le duo s'est enfin resserré. Depuis 2009 et un certain renouveau de l'équipe de France féminine, ajouté aux grandes performances des joueuses de l'Olympique Lyonnais en Champions League, le foot féminin bénéficie d'un regain d'intérêt dans l'Hexagone. Enfin. Après les années *Fémina Sports*, le football redevint ensuite une affaire strictement masculine et le foot féminin ne reprit des couleurs qu'à partir des années soixante. En France, des équipes se formèrent et jouèrent des exhibitions, le plus souvent en lever de rideau de matchs masculins.

De l'esprit de 1968 à celui de 2011

En 1965 fut constituée une équipe de « femmes âgées entre dix-sept et quarante-cinq ans », qui, chaque année à Humbécourt (Haute-Marne), affrontait les pompiers du village. La première de ces rencontres fut gagnée par les femmes. C'est ainsi que la région Champagne-Ardenne, qui jusque-là évoluait avec trois clubs « hommes » au top (Reims, Sedan, Troyes), devint aussi le berceau de la renaissance du football féminin. En 1968 naquit le Football Club féminin de Reims, à la suite d'une petite annonce parue dans le quotidien *L'Union*. En 1969, la marque auboise le Coq sportif lança un challenge réservé aux footballeuses et vit une trentaine d'équipes suivre la dynamique des Rémoises. L'esprit de mai 1968, les combats syndicalistes de l'UNFP, l'émancipation féminine et le féminisme accompagnèrent le développement du foot féminin à travers tout le territoire, avec l'aval des clubs mais pas celui de la Fédération. Il ne vint que le 30 août 1969 lorsque, dans sa grande mansuétude, le Conseil fédéral autorisa les femmes à jouer au football dans ses structures et donna son « accord de principe en vue de la création de sections féminines au sein des clubs affiliés à la FFF ». La Fédération mit en place des commissions d'organisation féminine l'année suivante. Il fallait rattraper le temps perdu… Un règlement fut adopté, limitant à trente, puis à trente-cinq minutes, la durée d'une mi-temps. Le premier championnat national féminin fut organisé en 1974, et réunit seize équipes au total. Reims remporta les trois premières éditions. Aujourd'hui, les grands clubs du football féminin français sont Saint-Maur, Toulouse, Juvisy et le FC Lyon.

Au niveau européen, l'UEFA créa en 1982 la première compétition européenne réservée aux sélections nationales féminines. Neuf années plus tard, en novembre 1991, se tint en Chine la toute première Coupe du monde de football féminin, conformément à la promesse du président João Havelange lors de la Coupe du monde hommes de 1986. Les Américaines remportèrent le premier titre et devinrent des modèles pour les joueuses du monde entier. Depuis, comme pour les hommes, les Coupes du monde se disputent tous les quatre ans : lors de l'édition de juin 2011, le Japon l'emporta devant les USA aux tirs au but, devenant la première nation asiatique à remporter la compétition. La finale de l'édition 1999, en Amérique, se joua devant 90 185 spectateurs, ce qui figura un nouveau record pour une manifestation sportive féminine. C'est en Amérique, aussi, aux JO d'Atlanta en 1996, que le foot féminin devint discipline olympique.

C'est à l'occasion de cette Coupe du monde 2011, qui eut lieu en Allemagne, que le football féminin acquit une nouvelle aura en France. Emmenées par la capitaine Sandrine Soubeyrand, Louisa Necib (surnommée « la Zidane de l'équipe de France »), Sonia Bompastor ou encore Gaëtane Thiney, la sélection française termina la compétition à la quatrième place, après avoir perdu en demi-finale face aux Américaines.

Depuis, la presse fait les yeux doux aux joueuses, et un nombre un peu plus important de matchs du championnat sont retransmis par les chaînes du groupe Canal, et ceux de l'équipe de France le sont par C8 ou France Télévisions. Révolu semble ce temps où, devant l'indifférence des médias, la Fédération française de football lança une campagne de promotion en faisant poser nues quatre joueuses de l'équipe de France avec ce message : « Faut-il en arriver là pour que vous veniez nous voir jouer ? » Dénudées, les Bleues attirèrent plus encore que prévu… sans mettre en valeur leurs qualités sportives. Le sélectionneur Bruno Bini dit alors : « Nous n'avons jamais eu autant de demandes d'interviews que depuis la publication de ces photos. Ça prouve bien qu'on est dans un monde de machos et de beaufs. »

Révolu, mais récent : c'était en 2009…

Lyonnaises, meilleure équipe du monde

L'année 2011 restera comme une année charnière, en France : à la campagne tricolore s'ajoute donc le premier succès européen d'un club français, grâce aux joueuses de l'Olympique Lyonnais, qui remportèrent la Ligue des champions. Depuis, l'OL « féminine » en a gagné cinq autres (2012, 2016, 2017, 2018, 2019, auxquelles on ajoutera une finale en 2013, après celle de 2010 déjà). *Il* est *championne* de France sans interruption depuis… 2007 ! Voilà comment, en 2020, ce club-là est le Real Madrid du foot féminin. Le meilleur club du monde. D'ailleurs, son attaquante norvégienne Ada Hegerberg fut lauréate du Ballon d'or en 2019, et Prix UEFA de la meilleure joueuse d'Europe en 2018. L'année suivante, ce dernier prix fut remis à une autre joueuse lyonnaise : la défenseuse anglaise Lucy Bronze. Dans les douze dernières années, Sonia Bompastor, Camille Abily, Élodie Thomis, Louisa Necib, Lotta Schelin ont porté haut ce maillot, la gardienne Sarah Bouhadi, la capitaine défenseuse Wendie Renard et l'attaquante Eugénie Le Sommer faisant le lien entre cette première vague et l'actuelle, qui compte Amandine Henry, Griedge Mbok et Amel Majri. Les Américaines Megan Rapinoe (en 2013-2014) et Alex Morgan (en 2017) y firent une pige.

Ces visages, ces figures, ces exploits validèrent les efforts du président du club (sections jeunes, masculines, féminines) Jean-Michel Aulas, par ailleurs homme phare du foot-business en France. Depuis vingt ans, il est aussi celui qui veut y booster le foot féminin. Longtemps considérées comme des garçons manqués, les footballeuses sont devenues aujourd'hui des modèles, voire des valeurs. Ce, au moment où les mauvais résultats sportifs des garçons, cumulés à leurs titanesques résultats financiers, provoquaient un certain rejet, de la part du monde amateur comme de la part de la population.

Féminisation des usages

En septembre 2011, le nouveau boss de la Fédération Noël Le Graët annonça sa volonté que tous les clubs professionnels de Ligues 1 et 2 se dotent d'une section féminine dans les trois ans à venir, ou parrainent un club féminin. Aujourd'hui, c'est le cas. Pour autant, le professionnalisme dans le foot féminin hexagonal est toujours en *work in progress*. On n'y compte que quelques dizaines de semi-professionnelles, sous « contrat fédéral » : un contrat géré non pas par la Ligue de football professionnel mais par la Fédération ; le même que les footballeurs amateurs. Une formule qui permet la rémunération des non-professionnels, sans pour autant se greffer sur le droit du travail (pas de cotisations, pas de salaire minimum, pas de retraite). Cela permet aussi aux joueuses qui ne veulent pas lâcher leur (autre) travail de le garder, au cas où il serait plus rémunérateur par exemple. Autre cas : joueuse à mi-temps, et salariée dans le foot à un autre mi-temps. C'est le cas de l'internationale Gaëtane Thiney : attaquante du Paris FC et conseillère technique nationale à la FFF, spécialisée dans le développement du football des enfants. En 2018-2019, 86 joueuses de D1 féminine vivaient du football.

Contrat fédéral ou pas, elles pratiquent le football comme une passion du dimanche, tout en y mêlant une rigueur quotidienne. Certaines joueuses taquinèrent le cuir dès huit ans, et jouèrent avec des garçons jusqu'à quatorze – âge à partir duquel les clubs mettent en place des sections 100 % féminines. On trouve dans le football féminin des habitudes qu'on ne voit plus dans le football professionnel des hommes : le goût de partager le verre de l'amitié après le match du dimanche, entre vainqueurs et vaincus. Les râleurs et les machos prétendent que le foot féminin ne génère pas de spectacle, car les femmes courent moins vite que les hommes et les matchs sont lents. Si la caractéristique athlétique est réelle, elle a une conséquence qui renforce le spectacle : le jeu de passes est plus développé, et le ballon vit plus. Les jeux de balle sont faits pour que vive cette dernière.

Fin 2011, les chiffres communiqués par la Fédération pour le nombre de licenciées en France étaient : 19 370 pour les seniors, 6 425 pour les 16-18 ans, 4 582 pour les 14-15, 4 658 pour les 12-13, et 11 292 pour le Foot Animation (football à sept et autres effectifs réduits). En 2019, il y avait 140 000 licenciées en France, selon l'ancienne internationale (188 sélections) Laura Georges, devenue secrétaire générale à la FFF *.

Si les Bleues n'ont pas toujours été à la hauteur des espérances placées en elles depuis 2011 (quatrièmes aux JO 2012, elles n'ont pas dépassé les quarts d'un Euro ou d'une Coupe du monde depuis), on leur doit d'avoir redonné des couleurs vives à tout le football féminin. C'est ainsi que des femmes du foot intégrèrent des clubs ou des corps de métiers jusqu'alors fondamentalement masculins. Par exemple : Corinne Diacre, première femme à obtenir le brevet d'entraîneuse de football professionnel, ce qui lui permit en 2014 de devenir la première entraîneuse d'une équipe masculine professionnelle, le Clermont Foot 63, qui évoluait en Ligue 2. Autre exemple : Stéphanie Frappat, qui avait trente-six ans lorsque, en 2019 elle arbitra son premier match de Ligue 1 masculine (28 avril), la finale de la Coupe du monde féminine (7 juillet), puis la Supercoupe d'Europe masculine (14 août), avant d'être officiellement promue arbitre fédérale.

En 2015, la France s'était vu attribuer l'organisation de la Coupe du monde féminine 2019 (la huitième du nom). Du 7 juin au 7 juillet 2019, vingt ans après le Mondial masculin de 1998 (Bleus vainqueurs) et trois ans après l'Euro 2016 (Bleus finalistes), ces Mondiaux-là devaient faire entrer le foot féminin plus encore dans le cœur des Français. Ce fut le cas, malgré l'élimination logique des Bleues contre les futures vainqueuses yankees, une équipe fortement opposée au président américain Donald Trump, ultracapitaliste milliardaire, machiste, homophobe et raciste.

* Chiffre communiqué à l'auteur par l'ex-joueuse, pour une enquête dans le mensuel *Causette* (mai 2019).

Lire aussi : Diacre, Fémina Sports, Hamm, Rapinoe, Henry, Pichon, Soubeyrand, Syndicat

FERGUSON, Alex

Il détrôna l'icône, mais nul ne s'en plaignit. En ce dimanche 19 décembre 2010, lorsqu'il prit place sur le banc pour Manchester United-Chelsea, Alex Ferguson battit le record de Matt Busby à la tête des Red Devils. Cela faisait vingt-quatre ans, un mois et quatorze jours que l'Écossais était à la tête de l'équipe. Un jour de plus que Busby. Le 6 novembre 2011, on lui fêta à coup d'ovations ses vingt-cinq ans de présence sur le banc mancunien. Une période durant laquelle onze cent managers de clubs professionnels quittèrent, eux, leur club ou leur poste en Angleterre.

Avant d'être anobli, il fut Alexander Chapman Ferguson. Cet Écossais né à Glasgow, fils d'ouvrier, devint un honnête joueur de deuxième division écossaise entre 1957 et 1974. C'est comme entraîneur que l'Écossais au visage rougi fut surnommé « Fergie », lorsque, par un soir de mai 1983, Aberdeen l'Écossaise se hissa sur le toit de l'Europe, renversant la Maison blanche du Real en finale de la Coupe des coupes 1983. L'équipe de Fergie terrassa l'armada madrilène, alors entraînée par la légende Di Stefano. Ferguson allait donc devenir un héros.

Débauché par deux « sir » (Busby et Charlton) en 1986, il rejoignit les Red Devils de Manchester United, au cours de cette période grise du football anglais interdit d'Europe après le drame du Heysel le 29 mai 1985. Après cinq timides années, MU signa le retour des clubs brittons dans les joutes européennes : les perdants, toujours en finale de C2, furent cette fois les Espagnols de la *dream team* barcelonaise de Cruyff. Ce coup de tonnerre marqua le début de la furie Fergie à Manchester, qui semblait jusque-là complexé face à la stature mémorielle de Busby. En 1992, observant que Leeds avait gagné le championnat grâce à Éric Cantona, il dit : « Puisqu'ils ont gagné avec Cantona, on va le faire signer chez nous. » Ce fut bientôt chose faite. Ainsi les Red Devils remportèrent-ils le championnat un an plus tard, puis de nouveau en 1994, 1996 et 1997. La grande époque des Cantona, Ince, Giggs et Keane avait bel et bien sonné, et ces stars seraient bientôt rejointes par Scholes, Beckham et Neville.

En 1999, ce fut le triomphal triplé coupe-championnat-Ligue des champions (inégalé à ce jour). Au tournant des millénaires, MU s'imposait comme le meilleur club anglais. En 1999, Fergie, anobli par la reine, devint sir Alex Ferguson, un entraîneur typiquement british (flegmatique, mais capable de péter un câble s'il le faut et de se faire expulser), arrivant le premier à l'entraînement et repartant après tout le monde. Réputé pour ses rudes causeries et coups de gueule dans les vestiaires (en 2003, Beckham reçut en plein visage, par ricochet involontaire, une pompe jetée au sol par son coach), l'Écossais devint l'égal de Busby. Il se frotta à plusieurs générations de stars (Cantona, Beckham, Rooney, Cristiano Ronaldo, Van Nistelrooy) et de poids lourds (Evra, Berbatov, Rio Ferdinand, Giggs, Scholes, Neville). Une nouvelle Champions League en 2008, ainsi que trois titres consécutifs en 2007, 2008 et 2009 firent de lui le plus grand entraîneur du monde, avec Arsène Wenger, Pep Guardiola et José Mourinho. Et de MU le plus grand club anglais des années 2000, avec Arsenal et Chelsea.

Sir Alex impressionnait par ses multiples records avant même le 19 décembre 2010, collectionnant vingt-huit titres depuis son arrivée au club. Il fut si populaire que, en 2000, cet ami de Tony Blair, vieil adhérent du Labour, fut approché par le parti pour être son candidat à la mairie de Manchester.

Cependant, l'année 2005 fut une année noire pour Ferguson : aucun titre remporté, et rachat du club par l'Américain Malcolm Glazer, qui déclencha l'ire des supporters. Colère d'autant plus forte que, contre toute attente, Ferguson soutint la transaction. Ce rachat, premier d'une longue série en Premier League, fut inédit outre-Manche. Les accusations de népotisme au profit de son fils Jason, agent de joueurs dans divers transferts du club, contribuèrent à ternir l'image du coach. Même affaibli devant des joueurs de plus en plus capricieux, comme en témoigne le différend entre Rooney et le club à l'automne 2010, Ferguson déclara à la veille de son soixante-neuvième anniversaire, le 31 décembre de la même année : « La retraite, c'est pour les jeunes, car ils peuvent faire quelque chose d'autre. » Quelque chose d'autre, c'est bien ce qu'il fera, à compter de ce 8 mai 2013 où, après le treizième titre de champion national des Red Devils, le manager écossais annonça au monde sa décision de prendre du recul et quitta son poste. Depuis, son ombre plane sur le club. Ferguson restera à jamais LE modèle de réussite, de fraîcheur et de longévité.

Lire aussi : Beckham, Busby Babes, Cantona, Manchester, United

FERNANDEZ, Luis

Luis l'hilarant, Luis l'horripilant, taclant sèchement, interpellant l'arbitre, galvanisant ses coéquipiers ou ses joueurs, râlant, gesticulant, remuant, aboyeur, ratisseur de ballons et meneur d'hommes : Luis Fernandez joueur fut le John McEnroe du football tricolore des années 1980 – la magie en moins, l'abattage en plus. Né en Andalousie, puis naturalisé français, ayant grandi dans la banlieue pavillonnaire de Lyon (aux Minguettes), Fernandez devint un enfant du PSG et fut le fils spirituel du président Francis Borelli (qui l'appelait d'ailleurs « fils »). Dahleb, Susic et Fernandez furent les principaux rouages de la mécanique PSG des Coupes de France 1982 et 1983, remportées devant les plus grands clubs français d'alors, Saint-Étienne et Nantes, et ce, au moment où le club de la capitale cherchait encore sa place dans l'élite. Qu'il trouva, avec l'arrivée des Rocheteau, Bats, Bibard, pour remporter son premier titre de champion de France en 1986. Fernandez, milieu défensif assez libre pour un tel poste, fut la base de ce PSG-là. C'est pourquoi son passage chez l'ennemi du Racing de Lagardère, pour un salaire de 700 000 francs mensuels, fut ressenti comme une trahison. C'est que, depuis quatre ans, il était aussi une star chez les Bleus, où il avait pris place dans le « carré magique » (Genghini-Giresse-Tigana-Platini, puis

Fernandez-Giresse-Tigana-Platini) : champion d'Europe 1984, il fut celui qui, réussissant son tir au but contre le Brésil, qualifia la France pour les demi-finales du Mundial mexicain de 1986. Au top de son jeu, Fernandez sombra ensuite, tout comme le club de Lagardère. Il joua encore trois années au Racing, puis trois autres à Cannes, où il ne fit rien d'inoubliable si ce n'est un joli but en ciseau contre l'Espagne en match amical (1991). Son passage à Cannes coïncida avec l'éclosion, dans le même club, d'un certain Zinedine Zidane, qui fut son coéquipier durant deux ans : cela fut perçu symboliquement comme une passation de pouvoir. Après cette carrière en deux temps, celui qui fut un des meilleurs milieux d'Europe des années 1982-1986, totalisant soixante sélections chez les Bleus en dix ans (1982-1992), raccrocha les crampons mais resta à Cannes, où il devint entraîneur. Premier exploit : il mena le club en Coupe d'Europe (de l'UEFA) ! Élu meilleur entraîneur lors de la saison 1993-94, il en profita pour retourner régler sa dette de cœur au PSG, qui venait d'être sacré champion de France. Il prit les rênes d'une équipe où évoluaient les Le Guen, Guérin, Lama et autres Ginola. Un PSG de retour au sommet national (Coupe de France 1995) que Fernandez mena au top européen : demi-finaliste en Ligue des champions après avoir éliminé le Barça de Cruyff en 1995, le club gagna la Coupe des vainqueurs de coupe la saison suivante. Cela ne l'empêcha pas de se fâcher avec le club, lui dont la communication était déjà brouillée avec les joueurs. Qu'à cela ne tienne : Fernandez pouvait maintenant réaliser un autre rêve : entraîner l'Athletic Bilbao, en Espagne. Il y réussit, menant son club en Ligue des champions, avant… de retourner à Paris, en 2000. Durant trois années, il se fâcha avec Anelka (les *Guignols* de Canal Plus en ont réalisé une mini-sitcom, « Nico & Luis »), avec Luccin et avec Ronaldinho. Sans résultats sportifs marquants.

Luis s'en alla ensuite entraîner un peu partout, comme hagard. On l'aperçut au Qatar, à l'Espanyol Barcelone, au Betar de Jérusalem, ce club d'extrême droite israélienne, au Betis Seville, et enfin au Stade de Reims. Jusqu'à devenir sélectionneur de l'équipe nationale d'Israël, puis de la Guinée.

À l'instar de nombreuses anciennes gloires, Fernandez devint aussi commentateur sportif : il y eut la fameuse émission « Luis attaque » sur *RMC*, station où il a officié jusqu'en 2016. On l'a vu commentateur sur la chaîne télé *Orange Sports*, dans le rôle d'un Luis hilarant, horripilant, taclant sèchement, interpellant l'arbitre, galvanisant, râlant, gesticulant, remuant, aboyeur. Ainsi que sur *TF1*, *W9* ou *beIN Sports*.

Lire aussi : Anelka, Lagardère, PSG, Susic

FIFA

La Fédération internationale de football association (FIFA) compte désormais plus de membres (deux cent onze) que l'ONU (cent quatre-vingt-treize). Bien qu'association à but non lucratif (tel est son statut), elle est l'une des plus grandes puissances économiques du globe.

C'est à Paris, dans le très chic quartier de la rue Saint-Honoré, que fut créée la FIFA, un 21 mai 1904, par sept hommes assis autour d'une table : deux Français, deux Belges, un Hollandais, un Suisse et un Danois. Elle connut deux présidents français : Robert Guérin, un de ses cofondateurs, jusqu'en 1906, et Jules Rimet, père de la Coupe du monde, de 1920 à 1954. En 1932, la FIFA crut bon de déménager à Zurich, « en raison du statut de la Suisse et des graves soucis financiers de la Fédération depuis le krach boursier d'octobre 1929 ».

La FIFA remplit la quasi-totalité de ses caisses grâce aux produits des événements qu'elle organise. En fait, grâce au seul événement qui lui incombe véritablement, la Coupe du monde. C'est pourquoi, sous le long règne du Brésilien João Havelange, elle transforma le tournoi en foire internationale du ballon rond, ouvrant grandes les vannes du sponsoring et du marketing : droits de retransmission TV, droits marketing, hospitalité, droits de licence. Pour exemple : en 2002, elle revendit les droits TV de la Coupe du monde pour 853 millions d'euros. Pour l'édition 2006, les mêmes droits atteignirent 991 millions d'euros. Le reste des divers produits financiers s'avère donc anecdotique. Mais, ne l'oublions pas, la FIFA est une association à but non lucratif. À ce titre, elle est tenue de réinjecter tous ses bénéfices dans son propre développement. Il ne faudrait pas croire que les gains sont reversés à une ONG qui milite contre le travail des enfants qui fabriquent les ballons. Ni qu'on les consacre à la prévention du dopage, à la lutte pour les droits de l'homme ou contre le sida. Non, cet argent est de fait essentiellement employé au train de vie de son président (depuis 1998, il s'agit du Suisse Sepp Blatter).

Et les sommes générées par la FIFA sont colossales. En 2009, son chiffre d'affaires était de 478 millions d'euros, ses fonds propres de 153 millions, son bénéfice de 102 millions. La FIFA gère 2 milliards d'euros de revenus entre deux Coupes du monde.

Brassant de telles sommes, elle est régulièrement soupçonnée de trafics d'influence, de corruption, de détournements de fonds, d'élections et d'attributions truquées. Des journalistes courageux, tel le Britannique Andrew Jennings, qui dénonce à tour de livres et de reportages la gestion de Blatter, osent mettre en cause l'organisation. Dans *La Face cachée du foot business*, Jérôme Jessel et Patrick Mendelewitsch évoquent notamment les arrangements de Blatter avec quelques fédérations et confédérations, afin que celles-ci le réélisent en 1998 et 2002. En mai 2002 déjà, le secrétaire général de la

FIFA, Michel Zen-Ruffinen, dénonçait publiquement les dysfonctionnements au sein de la Fédération et critiquait « le système Blatter ».

En 2001, le juge suisse Hildbrand fut en charge d'une enquête sur la faillite d'ISL-International Sport & Leisure, société détentrice exclusive des droits d'exploitation commerciale de la Coupe du monde (sponsors et droits TV), et sur les relations entre son personnel et celui de la FIFA, à la suite de forts soupçons de détournements de fonds et de corruption. Ses investigations l'amenèrent à perquisitionner les bureaux de la FIFA à Zurich en novembre 2005. Un mois plus tard, il était contraint de démissionner, et la FIFA se trouvait blanchie. En 2006, la BBC diffusa pourtant un reportage où apparaissent d'anciens employés d'ISL qui confirmaient le versement, entre 1982 et 2001, de pots-de-vin aux dirigeants de la FIFA. Après cinq années de bras de fer entre la chaîne et la Fédération, cette dernière fut là aussi blanchie, l'enquête bouclée en 2010 et aucune charge retenue contre la FIFA ou son président.

En 2010, le *Sunday Times* tapa à nouveau dans la fourmilière en piégeant deux membres exécutifs, Amos Adamu (Nigeria) et Reynald Temarii (Tahiti), qui avouèrent qu'une bonne liasse de billets les aiderait à voter dans le sens demandé par leur interlocuteur, le jour où le comité choisissait le pays hôte de la prochaine Coupe du monde. Les deux fautifs prirent respectivement trois ans et un an de suspension d'activités liées au football par la Commission d'éthique de la FIFA. Le piège ayant été cependant révélé peu avant que la FIFA ne désigne la Russie et le Qatar pour accueillir les Coupes du monde 2018 et 2022.

Et puis en 2015, ce fut la Berezina. Le Fifagate. Qui mit bien du monde à terre. Les États-Unis, convaincus d'avoir été privés irrégulièrement de l'organisation de la Coupe du monde 2022 (au profit du Qatar) furent à la baguette d'une enquête XXL contre le gouvernement mondial du foot. Les instructions en cours portent sur des compétitions en relation avec la Concacaf (Confédération de football d'Amérique du Nord, d'Amérique centrale et des Caraïbes, 41 membres), ainsi que la sélection du pays hôte de la Coupe du monde 2010 (Afrique du Sud) et l'élection à la présidence de la FIFA en 2011. Rien que ça ! La justice américaine reprochait à quatorze personnes (dirigeants, élus ou ex-tels de l'organisation, ainsi que des partenaires) d'avoir « sollicité et reçu plus de 150 millions de dollars en pots-de-vin et rétro-commissions » depuis 1990, dans le cadre d'attribution de droits télé ou marketing. Le 27 mai, les Américains demandaient à la police suisse d'arrêter sept dirigeants ou ex-tels de l'organisation, qui avaient été localisés à Zurich à l'occasion du Congrès annuel de l'organisation. Avec cette enquête, la justice américaine entend s'attaquer à « un système vieux de vingt-quatre ans destiné à s'enrichir grâce à la corruption dans le football international ». Plus tôt dans la journée, le ministère de la Justice américain avait publié un texte décrivant une pratique « systémique » et ayant touché « au moins deux générations d'officiels du football, qui ont abusé de leur position pour toucher des pots-de-vin et des commissions occultes de plusieurs millions de dollars ». Cela entraîna le limogeage du Français Jérôme Valke, secrétaire général de la FIFA, et la suspension à vie du président de la Concacaf. Et le 21 décembre, c'étaient Michel Platini et Sepp Blatter qui étaient à leur tour suspendus de toutes activités footballistiques pour une durée de huit ans.

Lire aussi : Foot business, Platini, Qatar

FLA-FLU

Depuis longtemps, au Brésil, le match du siècle, c'est Fla-Flu. Flamengo-Fluminense, le derby de Rio de Janeiro. Un match dont le cadre est la cathédrale du Maracaña. En somme, le plus gros derby du pays le plus foot du monde. Dans leurs voyages organisés durant un Fla-Flu, les tour-opérateurs n'oublient jamais de proposer le match.

Fla et Flu ne sont pas les seuls clubs de l'État de Rio, qui compte aussi les très connus Botafogo (le club de Garrincha) et Vasco de Gama. Mais ces clubs furent dès l'origine les meilleurs ennemis. Car l'un naquit de l'autre : fondé en 1895, le Clube de Regatas Flamengo ne fut créé que pour des régates d'aviron. Il devint omnisports par la suite, mais n'ouvrit sa section foot qu'en 1912… à cause d'une dissidence dans l'équipe de football de Fluminense, fondée en 1902, qui conduisit neuf titulaires de Flu, pourtant champion de l'État de Rio, à quitter le club. L'un d'eux, déjà avironneur pour Flamengo, suggéra à son club d'aviron de se mettre au football, conseil suivi par Fla. Les deux clubs ont donc le même ADN.

Ne disposant pas de terrain, Fla s'entraînait à ses débuts sur la plage de Russel, à Rio. Son premier match officiel eut lieu le 3 mai 1912, et vit Fla gagner 16-2 contre Mangueira. Le 7 juillet de la même année se tint un très œdipien Fla-Flu, premier du nom : Fluminense l'emporta 3-2 devant huit cents personnes. Depuis, la relation entre ces deux clubs de Rio est fondée sur un sentiment de revanche.

Dès le début, l'opposition fut sociale : Flamengo représenta toujours les classes populaires, si bien que « quand Flamengo joue, les favelas font silence ». Fluminense, lui, fut et demeure le club de l'*upper class* carioca et de l'aristocratie de Rio de Janeiro, celle qui construisit le pays en dépoussiérant les restes du colonialisme portugais. Ce derby constitue « le classico des multitudes » cher au dramaturge brésilien Nelson Rodrigues.

Si, en 1912, leur premier match fut donc disputé devant huit cents personnes (affluence très respectable pour l'époque), c'est sans commune mesure avec ce que devint ce derby, dont l'affiche, quelques dizaines d'années plus tard, attirait des dizaines de milliers de supporters au Maracaña. De plus, dès 1915, le derby eut carrément pour enjeu le titre de l'État de Rio (au Brésil, les championnats se disputent par État, puis au niveau national). Il atterrit alors entre les mains des flamenguistas. En 1963, les Rubro-Negros (rouges et noirs) du Fluminense purent fêter la victoire du titre au Maracaña, en l'emportant sur Flamengo devant 177 656 spectateurs.

Grâce à la période dorée « demi-dieu » de Zico, les flamenguistas eurent aussi le dessus sur le frère ennemi dans toutes les compétitions : quatre titres de champion du Brésil contre un seul pour Flu, deux Coupes du Brésil contre une et, surtout, une Copa Libertadores à zéro (Flu disputa une finale, mais la perdit).

C'est encore le Flamengo qui, des deux ennemis, reçut dans ses rangs le plus grand contingent d'idoles brésiliennes : Bigode, Juvenal, Zizinho (années 1950), Garrincha, Zagallo, Gerson, Toninho, Paulo César (1970), Zico, Junior, Leandro, Socrates (1980), Bebeto, Mozer, Leonardo, Romario et Jorginho (1990), et, enfin, Adriano et Edmundo (années 2000). Fluminense n'eut pas à rougir cependant, avec Branco et Edinho, Didi et Ademir (années 1950), Rivelino et Carlos Alberto Torres (années 1970), Ricardo Gomes, Denilson, Dirceu, Valdo et Thiago Silva par la suite.

Il arriva que plusieurs joueurs s'illustrent sous les deux maillots. Le plus connu est Romario, qui joua au billard à trois bandes, allant de Vasco de Gama à

Fla puis Flu, avec un petit crochet par l'Espagne, entre 1995 et 2004. Le cas qui fit le plus de bruit fut celui de Renato Gaucho. Idole flamenguista dans les années 1980, il fut le bourreau de son ancien club dans le match pour le titre, en 1995. Ce fut un match fou : Flu menait 2-0 pendant une bonne partie de la rencontre, mais Fla égalisa dans les derniers instants, comptabilisant assez de points pour emporter le titre. Les supporters le fêtaient déjà lorsque, sur un centre d'Ailton dans les ultimes secondes, un attaquant marqua un but comme il le put : avec son ventre… Cet attaquant se nommait Renato Gaucho. Ainsi Flu gagna le match, et le titre.

Le flamenguista Zico reste le meilleur goleador de ces derbys avec 19 buts contre Flu.

Flamengo ne perdit jamais son pouvoir d'attraction, revendiquant à présent trente millions de supporters dans le monde, quand Flu n'en affiche que trois millions.

Lire aussi : Maracaña, Romario, Zico

FLN

Le football eut son rôle dans la guerre d'Algérie. En 1955, des escarmouches se produisirent entre joueurs et spectateurs, à la suite d'un conflit entre les musulmans du Mouloudia Club Algérois et les « Européens » de l'AS Saint-Eugène. Il fut alors ordonné le retrait des « clubs indigènes » des compétitions « coloniales », et le retour chez eux des joueurs algériens qui jouaient en France. Du côté des colons (bombardement des stades) comme du côté des colonisés (exécution de personnalités favorables à l'Algérie française lors de certains matchs en France, comme le meurtre de Chekkal lors de la finale de la Coupe de France 1957), un match était considéré comme une bataille.

C'est dans ce contexte que fut constituée l'équipe du FLN, après la bataille d'Alger, en 1957. À peu près aussi légal que le fut l'OLP de Yasser Arafat jusque dans les années 1980, ce « onze de l'indépendance » fut constitué de joueurs professionnels qui évoluaient en France avant de rejoindre le FLN et d'aider la cause en organisant des matchs de foot. Leur but : priver l'équipe de France des meilleurs joueurs « coloniaux » avant la Coupe du monde 1958.

Les 13 et 14 avril 1958, à l'appel du FLN, douze joueurs algériens désertèrent leur club français pour rallier Rome, puis Tunis, en secret : Hassen Chabri, Mohamed Maouche, Mokhtar Arribi, Kaddour Bekhloufi, Abdelaziz Ben Tifour, Abderrahmane Boubekeur, Abdelhamid Bouchouk, Saïd Brahimi, Abdelhamid Kermali, Rachid Mekhloufi, Amar Rouaï, Mustapha Zitouni. Si les deux premiers furent interceptés par les services secrets français, les dix autres arrivèrent à Tunis, où le président Bourguiba, qui s'était rendu compte de l'importance de l'événement, leur fit signe. Chacun reçut 50 000 anciens francs par mois et un appartement meublé dans la capitale tunisienne.

Interdite par la FIFA sur injonction de la France, cette équipe parvint néanmoins à jouer 58 matchs entre 1958 et 1962, avec des nations qui ne respectèrent pas l'interdiction de la FIFA et dont la liste n'a rien d'un atlas des démocraties d'alors : URSS, Yougoslavie, Maroc, Jordanie, Chine, Tunisie, Bulgarie, Roumanie, Hongrie, Nord-Vietnam, Libye, Tchécoslovaquie, Irak.

Bilan foot du FLN : 44 victoires, 10 nuls, 4 défaites, 246 buts marqués, 66 encaissés.

Lire aussi : Algérie, Mekhloufi

FONTAINE, Just

« On m'appelle Justo. Je suis connu du monde entier pour avoir marqué, à jamais, l'histoire du football et de la Coupe du monde. Mon nom est indissociable du chiffre 13 », écrit-il sur la page de présentation de son blog. Car depuis 1958 il est le meilleur buteur de l'histoire de la Coupe du monde : 13 buts marqués. L'année où les Bleus de Kopa, Jonquet, Piantoni et Fontaine finirent à la troisième place. Depuis, personne n'a fait mieux en une édition. Il fallut trois tournois à Ronaldo pour marquer quinze fois, deux à l'Allemand Müller et trois à son compatriote Klose pour en cumuler quatorze.

Né à Marrakech en 1933, de mère espagnole et de père normand, Fontaine arriva à Reims en 1956 pour pallier le départ de Kopa à Madrid. Il fut pour toutes ses équipes (Nice, Reims, les Bleus) une garantie de buts, peu importe le temps, et dans toutes les positions. Résultat : 165 buts en 200 matchs de première division, et la reconnaissance mondiale avec le chiffre 13 en 1958. « Justo était l'attaquant qui correspondait parfaitement à mon jeu. Il sentait parfaitement ce que je faisais et j'étais sûr de le trouver au bout de mes dribbles », expliqua Raymond Kopa. En 21 sélections entre le 17 décembre 1953 (un triplé contre le Luxembourg) et le 11 décembre 1960, il inscrivit 30 buts. Le 11 octobre 1959, lors d'un Bulgarie-France que les Bleus perdirent 1-0, il devint aussi le premier Tricolore à se faire expulser d'une rencontre internationale. Le 20 mars 1960, une double fracture tibia-péroné dans un match contre Sochaux marqua le début du déclin. Dur au mal, Fontaine revint sur les terrains au bout de quelques mois, mais la jambe céda au même endroit lors de son match de reprise en 1961. À vingt-huit ans, il dut abréger une carrière qui, bien que fugace, en fit pour longtemps un des plus grands attaquants que connut l'Europe : « C'est dommage, je n'avais pas encore connu mes meilleures années », plaisantait-il alors.

Dur au mal, il fut aussi fort en gueule, et collectiviste : en 1962, il cofonda l'Union nationale des footballeurs professionnels (UNFP). Lorsqu'il prit la tête de la sélection nationale en 1967, Fontaine devint « le plus météorique sélectionneur de l'équipe de France », avec deux matchs amicaux pour autant de défaites, et un limogeage illico. En 1973, il fut le premier entraîneur du nouveau PSG du couturier Daniel Hechter, qui très tôt voulut incorporer Justo à son projet. Il y travailla quatre saisons, faisant remonter le club en première division. Il entraîna Toulouse pendant un an, puis l'équipe nationale du Maroc deux ans durant.

Lire aussi : Kopaszewski, PSG, Syndicat

FOOTBALL ASSOCIATION

Savoir que la première fédération nationale de football fut conçue dans un pub (le Freemasons' Tavern, situé en plein cœur de Londres) remet les idées en place. Créée le 26 octobre 1863, la Football Association suivit logiquement les codifications successives apportées à ce sport naissant outre-Manche, et eut à charge d'uniformiser les règles du jeu, jusqu'à présent différentes selon les universités et les clubs : en 1871 furent promulguées les quatorze lois du sport, par les onze clubs fondateurs de la FA, qui étendit bien sûr son influence aux territoires et colonies sous autorité de la Couronne (de l'île de Jersey à l'Afrique du Sud). Elle organisa les compétitions entre clubs anglais, puis le premier match international de l'histoire, opposant une sélection anglaise à une sélection écossaise, le 30 novembre 1872 à Glasgow.

Lire aussi : Angleterre, Cambridge, Public schools

FOOT BUSINESS

Au moment où le monde bascula du capitalisme de chefs industriels au libéralisme dématérialisé, le football passa des gros pardessus aux cols blancs ; ainsi naquit le foot business. Le Milan AC racheté par Berlusconi en 1986, l'OM de Tapie dans les années 1990, Bez et Lagardère ne furent rien, comparés aux déréglementations qui s'annonçaient, et qui allaient faire du football une bulle spéculative semblable à toutes les autres. Voici comment.

Transformation de la C1 en Champions League

Autrefois, seuls les vainqueurs des championnats européens disputaient la C1 (la Coupe d'Europe des clubs champions, née en 1955) avec le tenant du titre, dans une compétition qui débutait aux 32ᵉ de finale avec trente-deux clubs. En 1992, avant même l'éclatement des nations yougoslave, tchèque et soviétique, l'UEFA se laissa convaincre par les clubs riches et rénova la compétition. Pourquoi donc ? Parce qu'il importait, tous les ans, que les plus grands clubs d'Europe disputent cette compétition, quand bien même ils n'auraient pas été champions nationaux. On inventa alors une Ligue des champions où les clubs ne l'étaient pas forcément : ainsi, les deux premiers de chaque championnat se voyaient qualifiés, accompagnés par le troisième, voire le quatrième pour les pays bien classés à l'UEFA (Italie, Espagne, Angleterre). Pour rationaliser, on mit sur pied un tournoi biscornu : matchs éliminatoires jusqu'aux huitièmes, après quoi les huit équipes survivantes se retrouvaient en deux poules de quatre. Les vainqueurs de chaque groupe s'affrontaient en finale. Le 25 mai 1993, l'OM fut le premier vainqueur de la Champions League, compétition qui eut du mal à trouver ses marques, changeant souvent de format. Aujourd'hui, elle débute par un tour préliminaire, aboutissant à une phase de poule avec trente-deux clubs à l'automne, puis des matchs à élimination directe au printemps.

Ce format de mini-championnat pour ouvrir le tournoi ne poursuit qu'un seul but : protéger les « gros » afin de leur permettre, dans la seconde phase, de jouer entre eux, et de s'assurer d'être regardés dans toute l'Europe lors des retransmissions télé. Donc de décrocher le jackpot en droits TV. In fine, la Champions League vise bien à ce que ces clubs se retrouvent d'une année sur l'autre, lors d'une compétition uniformisée dans son jeu et ses enjeux. Seul vainqueur : l'argent. Conséquence : une Europe du foot qui se mord la queue, où les clubs les plus riches obtiennent les meilleurs résultats – ce qui les rend plus riches encore.

La manne des droits TV

Ils sont bien sûr issus de la Champions League, mais aussi de l'augmentation du prix des places dans les grands stades et de la pipolisation du football. Lorsque Canal Plus déboursait 600 millions d'euros pour les droits de la Ligue 1, nous nous moquions tous d'une décision qui plaçait Sochaux-Lorient au niveau monétaire d'une œuvre d'art contemporain. Aujourd'hui, c'est le prix de base. Pour comparaison, les droits de la Serie A italienne furent négociés aux alentours de 565 millions d'euros mais sans réelle exclusivité, puisqu'ils sont partagés entre un opérateur satellite et un opérateur TNT. C'est grâce à la télévision, et à la chaîne BSkyB, que Rupert Murdoch fit de la Premier League anglaise le championnat le plus riche d'Europe : en 1992, il acquit le droit de retransmettre certains grands matchs contre 300 millions de livres. Pour la période 2016-2019, ces droits furent portés à 2,3 milliards, à répartir entre les vingt clubs évoluant en Premier League. Ainsi, même les derniers du classement pouvaient s'offrir de gros transferts. Entre-temps, Murdoch a réussi à amener devant ses chaînes le public populaire écarté des stades par la hausse du prix des billets d'entrée. En France, les droits de la Ligue 1 sont passés de 122 millions en 1997-2001 à 1,153 milliard d'euros pour la période 2020-2024. Trois opérateurs avaient remporté l'appel d'offres de la Ligue de football professionnel (LFP) : Mediapro (groupe espagnol, nouveau venu sur ce terrain audiovisuel chez nous ; pour 780 millions), beIN Sports et Free (1,15 milliard). Canal Plus ayant depuis racheté la part de la chaîne qatarie.

Gros sous de la FIFA

L'association à but non lucratif, dont le chiffre d'affaires s'élève à 478 millions d'euros, possède des fonds propres de 153 millions, pour un bénéfice de 102 millions d'euros (chiffres 2009). Pour la quasi-totalité, la FIFA remplit ses caisses grâce aux produits des événements qu'elle organise : droits de retransmission TV de la Coupe du monde, droits marketing, hospitalité, droits de licence. Toutefois la FIFA est une association à but non lucratif ; elle est donc tenue d'assurer son développement avec ces bénéfices – des bénéfices qui peuvent garantir le train de vie de Sepp Blatter et des divers patrons. Et c'est bien à cela qu'ils sont employés.

Évolution du sponsoring

En Ligue 1 française, un club arbore plusieurs sponsors : une marque sur l'endroit d'un maillot, une autre sur le dos, une troisième sur le short. L'Olympique lyonnais propose ainsi une large palette d'actions à ses sponsors : opérations de fréquentation du stade, voyages d'accompagnement de l'équipe à l'extérieur, visibilité sur le maillot, publicité dans les stades et dans les médias du club et, enfin, organisation d'événements privatifs destinés aux dirigeants, à leurs employés et à leurs invités. Tout cela vaut bien des chèques XXL.

Multiplication des agents...

... mais aussi de toutes sortes d'intermédiaires entre le joueur et le public d'une part, le joueur et la presse d'autre part.

Eu égard aux règlements, être agent nécessite une licence. Mais ces licences étant délivrées non par l'UEFA mais par les fédérations nationales, elles varient d'un pays à l'autre, de sorte que plus aucun joueur ni aucun club ne prend la peine de les vérifier. Aujourd'hui, être le « frère de » ou le « cousin de » suffit pour défendre les intérêts d'un joueur, ou plutôt faire fructifier les siens. Grâce aux agents et aux intermédiaires, les footballeurs sont devenus des valeurs ajoutées. En effet, si sa valeur baisse, c'est la mort de l'agent, aussi celui-ci doit-il provoquer un flux, un mouvement, pour la faire grimper. Pour satisfaire ce besoin de flux, le foot business a inventé un deuxième marché des transferts : le mercato d'hiver, qui se déroule en janvier, s'ajoute au premier marché, qui se déroule de juin à août. Dorénavant, un joueur peut jouer dans deux clubs lors d'une même saison. Ce qui conduit le footballeur à penser moins aux performances de son club qu'aux siennes, pour rester *bankable* et changer de club. Le joueur doit surveiller son image, que l'agent a souvent définie pour lui et sur laquelle repose le prochain contrat. Dans ce contrat résident les trois quarts de la future commission de l'agent. Ce dernier ne touche que 3 à 2 % du salaire de son poulain, aussi la commission est-elle le salaire de l'agent, autant que sa carte de visite. Si le football est devenu un des vecteurs principaux de la dérégulation économique mondiale, c'est aux agents qu'on le doit. À l'importance que revêt désormais leur rôle. À leur omniprésence dans tous les rouages. Ils ont fait subir au football la même chose que, jadis, à la chanson, au cinéma et à la télévision : ils l'ont transformé en industrie du spectacle. Le milieu du football symbolise la rencontre de Hollywood et du pétrodollar, avec la City au milieu. Le match retour de la guerre froide et de la crise pétrolière, version libéralisme décervelé. Paradoxalement, cette excroissance libérale, si elle a transformé le football en activité économique, va peut-être également contribuer à en féminiser les rouages décisionnels. Depuis dix ans, en France, on a vu arriver de jeunes agentes aux manettes : Daphnée Bravard, Sonia Souid ou Jennifer Mendelewitsch bousculent quelque peu ce milieu toujours machiste.

Déficits consentis aux clubs

La bonne logique du sport voudrait qu'un club ne puisse dépenser plus que ce qu'il a gagné, qu'il ne puisse emprunter plus que ce qu'il peut rembourser sur fonds propres. C'est à cet équilibre rationnel que voulut revenir Michel Platini dès son élection à la tête de l'UEFA. Mais voilà, le moloch du foot business en veut toujours plus et impose le principe selon lequel les clubs peuvent vivre à des années-lumière de ce que leur permettent leurs moyens, de façon à pouvoir toujours acheter plus cher. Dans son rapport « Paysage du football interclubs européen 2009 », l'UEFA nous apprit que les salaires des joueurs avaient grimpé de 18,1 % en 2008, et que cinquante-sept équipes y consacraient plus d'argent qu'elles n'engrangeaient de revenus… Le football européen afficha pour la même année une perte globale de 578 millions d'euros, notamment à cause des dettes abyssales de Manchester United (650 millions d'euros), du Real Madrid (562) et de l'Inter (420). En 2010, les pertes cumulées des clubs européens atteignirent 1,6 milliard d'euros.

Maintien d'une bulle spéculative

Comme acheva de le démontrer le transfert, le 1er septembre 2013, du Gallois Bale à Madrid, le transfert d'une star échappe de plus en plus à toute logique d'encadrement, et n'est plus qu'opacité et spéculation. Révolu, le temps où le tableur d'un joueur était indexé sur son palmarès et son talent. On ne parle plus non plus d'offre et de demande, qui était la base de tout commerce. S'y sont superposées des considérations médiatiques, publicitaires et boursières. Comment les clubs déterminent-ils les enchères ? Commençons par la base : l'âge du joueur, son poste (un attaquant vaut plus cher qu'un défenseur – le football, c'est le goût du but, et l'attaquant le moyen le plus connu d'en marquer), son palmarès, ses statistiques en cours, et le club où il joue. Vient ensuite la durée du contrat lui restant à honorer : un joueur en fin de contrat est, par définition, libre et donc « gratuit », alors que dans le cas d'un joueur en cours de contrat le club acheteur doit aussi « racheter » la période restante. Conséquence : clubs et joueurs signent des reconductions de contrat à foison, mais l'engagement n'est que factice : le joueur profite de la reconduction pour renégocier son salaire en amont, et cette valeur hausse celle de la négociation à venir quand le joueur veut partir. Le joueur hausse ainsi sa propre valeur sur le marché. C'est sa valeur supposée. Viennent ensuite des critères nouveaux : les commissions d'agents, celles des intermédiaires, les éventuelles rétro-commissions, les primes pour le club formateur (étant entendu que si un joueur devient bon, même au bout de dix ans, le club qui lui a appris le foot et la vie doit en toucher le dividende). Et comment qualifier ce critère dit de « ressenti », qui désigne les impressions que des dirigeants ont sur un joueur, mais aussi sur sa valeur présente, sur son potentiel futur, mais encore sur sa capacité à pouvoir, sur son nom, attirer d'autres transferts juteux dans l'équipe, ou l'arrivée de joueurs de même nationalité ? On entre ici dans un délire de paris très hasardeux sur l'avenir et le potentiel d'un joueur. Tout ça n'a plus aucune valeur.

Lire aussi : Bale, Bez, Entreprise, FIFA, G14, Lagardère, Maillot, Naming

FRANCE

« Les Anglais ont inventé le foot, les Français l'ont organisé, les Italiens le mettent en scène », dit l'adage cantonesque. Des exemples qui confirment la maxime ? C'est le Français Jules Rimet, président de la FIFA de 1921 à 1954, qui lança le premier l'idée d'une Coupe du monde des nations. Le premier trophée, conservé par le Brésil après sa troisième victoire en 1970, porta d'ailleurs son nom. Par ailleurs, c'est le quotidien *L'Équipe* qui conceptualisa et créa la Coupe d'Europe de football en 1955. Ou encore l'hebdomadaire *France Football* qui créa le Ballon d'or en 1956. Et c'est un autre Français, Henri Delaunay, qui mit en place le Championnat d'Europe des nations en 1960. Ainsi, contrairement à la diplomatie et à la politique, l'influence de la France dans le football se trouve dans la constitution autant que dans l'action.

Lire aussi : France Football

FRANCE FOOTBALL

Le record de ventes du magazine fut atteint le 14 juillet 1998, deux jours après la victoire française en Coupe du monde, avec 520 000 exemplaires vendus. Les ventes moyennes se situent dorénavant autour de 69 373 exemplaires par numéro (chiffres 2019).

Pour ceux qui le lisent religieusement, c'est la bible du football. Pour ceux qui le lisent régulièrement, dont nous faisons partie, c'est au moins un must. Hebdomadaire créé en 1946, il fut bihebdomadaire entre 1974 et 1978, durant l'épopée des Verts, puis recommença à paraître chaque semaine à partir de 1997. À ses débuts, *FF*, comme on l'appelle, fut affilié à la FFF : avec l'hebdomadaire était vendu un supplément « France

Football Officiel », organe officiel de la Fédération. Le couplage cessa en 1947. Édité en papier journal noir et blanc jusqu'en 1977, il connut la couleur sur la couverture jusqu'aux années 2000, période où l'intégralité du journal fut imprimée sur papier glacé et en couleurs.

Si *FF* resta longtemps très machiste et renfermé sur l'Europe, il sut néanmoins épouser la globalisation mondiale et se faire critique envers le foot business. Le journal dut très tôt sa renommée à la qualité et à la haute régularité de ses reportages. Cette renommée acquise, il put créer en 1955 le Ballon d'or *France Football*, devenu en peu de temps la plus haute distinction individuelle dans ce sport collectif, décernée par un jury européen de journalistes foot. Le premier lauréat fut Stanley Matthews. Beckenbauer, Kevin Keegan, Karl-Heinz Rummenigge et les deux Ronaldo le reçurent deux fois. Michel Platini, Johann Cruyff, Marco Van Basten trois. Mais Leo Messi est le seul à en détenir quatre (consécutifs : 2009 à 2012). Jusqu'en 1995, il fut réservé aux joueurs de nationalité européenne – ce qui en dit long sur la place que l'Europe avait, ou pensait avoir, dans le concert mondial. C'est ainsi que Zico, Maradona, Madjer, Socrates, Pelé ou Garrincha ne le remportèrent jamais. De 1995 à 2006, tout joueur évoluant dans un championnat européen était éligible. Désormais, tout joueur l'est, quels que soient son club et sa nationalité. En 2010, le Ballon d'or fusionna avec le titre de Meilleur Footballeur de l'année FIFA, décerné par les sélectionneurs des équipes nationales. Il devint le FIFA Ballon d'or, attribué par des capitaines de sélections nationales, des sélectionneurs et des journalistes. Notons qu'il exista un Ballon d'or africain entre 1970 et 1994, dont Salif Keita fut le premier lauréat, et George Weah le dernier, Abedi Pelé l'ayant reçu trois fois.

Lire aussi : France, Matthews

FRANCESCOLI, Enzo

Si Zidane prénomma son premier enfant Enzo, c'est en référence à son idole : Enzo Francescoli. Un magicien, un maître d'élégance. *El Principe* (« le Prince ») Francescoli, « le Papet » (Susic) et « le Brésilien » (Touré) sont les trois joueurs qui illuminèrent la première division française des années 1980.

Des recruteurs sud-américains au nez fin l'annoncèrent dès la fin des années 1970 : un jeune milieu de terrain offensif, qui jouait avec les modestes Wanderers de Montevideo, faisait des merveilles. Il était uruguayen, et se nommait Enzo Francescoli. À vingt-deux ans, il rejoignit l'Argentine et River Plate, qui devint le club de son cœur et le théâtre de ses plus beaux exploits. C'est là qu'un journaliste, se mettant à chanter une strophe d'un tango intitulé « Principe » (« *Principe soy, tengo un amor y es el gol* », c'est-à-dire « Je suis un prince et le but est mon seul amour »), lui trouva ce surnom, symbole de classe, de légèreté, mais aussi de tristesse et de mélancolie.

La sélection nationale, la *Celeste*, était alors la meilleure du continent, victorieuse de la Copa America en 1983 et 1987. Toutefois, elle avait un double visage, tantôt princier tantôt boucher. Elle montra surtout le second lors du Mondial 1986, s'effondrant dès les phases de poules. Un gâchis, pour une compétition où Francescoli aurait pu être le nouveau Maradona. Son but sur penalty reste son unique réalisation en Coupe du monde.

À défaut d'être reconnu comme étoile mondiale, il céda aux sirènes de la Ville-lumière et de Jean-Luc Lagardère, qui reconstruisait un Racing Club de Paris digne de ce nom. Francescoli rejoignit la nouvelle constellation de stars recrutées par l'homme d'affaires : Littbarski, Bossis, Olmeta, Tusseau et, surtout, Luis Fernandez. Ses trois années parisiennes (pour 32 buts) furent pour lui en dents de scie, ni le club ni le joueur ne triomphant de quoi que ce soit. Puis vint le jour où Bernard Tapie racheta pour près de 20 millions de francs (colossal, à l'époque) l'Uruguayen, qui rejoignit la Canebière en même temps que Chris Waddle. Ce dernier se mit à cartonner après des débuts délicats, et éclipsa l'Uruguayen dans l'opinion. Pourtant, Francescoli fut un joueur régulier, virtuose ; il finit même deuxième meilleur buteur du club, derrière Papin. C'est à ce moment qu'un petit gars de la Castellane en fit son idole : Zidane. « C'était mon joueur préféré, déclara-t-il plus tard. Lorsque j'allais voir les entraînements de l'OM, j'observais tout ce qu'il faisait. »

Francescoli fut de cet OM d'or des années 1989-1990, le club le plus éblouissant et le plus équilibré de l'histoire du foot français. Celui qui devait conquérir la Coupe d'Europe, mais qui, hélas, tomba sur Vata. Cette année-là, l'OM gagna néanmoins le deuxième de ses cinq titres consécutifs. Pourtant, préférant l'efficacité à la grâce, et après avoir assuré que « maintenant, je sais comment on gagne une Coupe d'Europe », Tapie lâcha *El Principe*, le poussa vers la sortie et fit revenir Abedi Pelé. L'Uruguayen, tout prince qu'il fût, devint un *loser* forcé, une victime injuste de la culture du résultat, car Francescoli avait toujours pas mal marqué. Le problème, avec Francescoli, c'est que personne ne savait s'il était milieu offensif ou attaquant, car, de fait, il fut les deux.

Le Prince émigra alors en Italie et débuta une mini-tournée des clubs de milieu de tableau, après un parcours mitigé de la Celeste à la Coupe du monde 1990 (éliminée en huitième par l'Italie) : Cagliari, puis le Torino. Anecdotiques. C'était fini : Francescoli n'eut jamais la carrière européenne triomphante qu'il aurait mérité d'avoir. La faute à Tapie, et à des choix douteux (Racing, Cagliari). À trente-trois ans, il s'en retourna jouer à River Plate, où il resta quatre saisons, fut champion d'Argentine en 1994, 1995, 1996 et 1997 et remporta la

Copa Libertadores en 1996. Il termina meilleur buteur du Championnat en 1994 et 1996 et fut élu meilleur joueur sud-américain de l'année 1995, puis meilleur joueur du Championnat d'Argentine en 1996. Il remporta une nouvelle Copa America en 1995 avec la Celeste et mit un terme à sa carrière en 1997.

Lumineux et *loser* en Europe, rayonnant et vainqueur en Amérique du Sud, Francescoli était un prince qui jamais ne devint roi. Mais partout où il passa, et spécialement à Marseille, sa classe, son altruisme, sa technique, son toucher de balle et son efficacité provoquèrent admiration et émotion.

Lire aussi : Celeste, Lagardère, OM, Pelé, Waddle

FRENCHIES

Quand l'Angleterre devint la fille aînée du foot business, au tournant des XXe et XXIe siècles, tous les joueurs du monde voulurent aller non plus en Italie ou en Espagne, jusqu'alors eldorado du joueur de haut niveau – et de hauts revenus –, mais dans cette Premier League refaçonnée par Rupert Murdoch et les droits TV. La France était alors très à la mode, son équipe ayant été championne du monde en 1998, puis championne d'Europe deux ans plus tard. Tout club voulant réussir en Premier League devait avoir son quota de joueurs français. Éric Cantona, David Ginola et, à un degré moindre, Laurent Robert ou Frank Lebœuf avaient ouvert la voie dans les années 1990. Depuis, la France donne (et vend) beaucoup à l'Angleterre : Vieira, Petit, Henry, Wiltord, Pirès (Arsenal), Desailly, Deschamps, Makelele Petit (Chelsea), Silvestre et Barthez (Manchester), Saha (Newcastle, Fulham, Manchester, Everton, Tottenham), Anelka (Arsenal, Liverpool, Manchester City, Bolton, Chelsea, West Bromwich Albion). Gallas, Cissé, Malouda, Distin,

Evra, Sagna, Diaby, Squillaci, Flamini, Clichy et Nasri formèrent la deuxième vague. Koscielny, Giroud, Coquelin, Kaboul, Lloris, Schneiderlin ou Sakho ont formé la troisième. C'est à Arsenal qu'on parla pour la première fois de « Frenchies », car le club londonien comptait le plus gros contingent d'étrangers (il jouait souvent sans un seul Anglais), et son entraîneur d'alors était le Français Arsène Wenger. Quasiment tous internationaux, ces joueurs acquirent au contact du football rugueux pratiqué outre-Manche une dimension athlétique qu'ils n'avaient pas en France. Dans l'Hexagone, ils devinrent des « Bleus *made in England* ». En Angleterre, on les nomme « Frenchies ». En 2012, soit quinze ans après avoir accueilli David Ginola pour deux saisons, le club de Newcastle se mit au Français intensif. En 2012-2013, onze tricolores y étaient sous contrat ! : Ben Arfa, Gouffran, Cabaye, Sissoko, Rémy, Debuchy, Yanga-Mbiwa, Haïdara, Obertan, Marveaux, Kemen. À tel point que, en France, le club fut appelé « Neufchâteau ». Depuis, ce sont (entre autres) Pogba, Zouma, Martial, Lacazette, N'Golo Kanté, Sissoko, Mendy, Digne, Laporte, Mangala ou Guendouzi qui ont été y faire un tour – et qui pour la plupart y sont restés.

Lire aussi : Angleterre, Gunners

G

« Je n'ai jamais fait de prédiction
et je n'en ferai jamais. »
Paul Gascoigne

GAETJENS, Joe (1924-1964)

Un inconnu, un héros, un martyr. En 1950, l'Angleterre consentit enfin à se frotter aux autres nations de ce sport dont elle se crut longtemps propriétaire. Ce fut lors de la Coupe du monde au Brésil. Les stars anglaises (Matthews, Finner, Milburn) avaient battu le Chili et ne devaient faire qu'une bouchée des États-Unis pour leur deuxième match, à Belo Horizonte. L'équipe était composée de joueurs semi-professionnels, dont seul le gardien de but était professionnel… mais au base-ball. Plusieurs de ses joueurs furent néanmoins soldats en Europe durant la Seconde Guerre : ils en connaissaient un rayon question batailles. Ainsi, les Yankees, qui ouvrirent le score dès la première mi-temps, durent se replier ensuite pour défendre leur but d'avance, telle une citadelle assiégée. Ils jouèrent dur, multiplièrent les fautes, et l'arbitre oublia de sanctionner un penalty pour les Anglais. Aussi, lorsque fut sifflée la fin du match, les Américains avaient gagné 1 à 0. Le public fut sonné ; les Brésiliens, heureux de voir un de leurs plus sérieux concurrents battu, envahirent la pelouse pour acclamer les joueurs US. Aux États-Unis, les premiers journalistes qui reçurent la dépêche crurent à une blague et refusèrent de publier l'information. Le héros de ce match, qui marqua un but tout à fait chanceux, détournant assez involontairement le centre-tir d'un coéquipier, fut Joe Gaetjens, vingt-six ans, né à Port-au-Prince d'un père haïtien et d'une mère allemande. Il ne joua que trois fois pour l'équipe américaine, et ne marqua qu'un seul but, qui suffit pour en faire un héros. Gaetjens n'avait pas acquis la nationalité américaine durant la Coupe du monde, ayant à peine rempli sa demande officielle sous la pression du capitaine de l'équipe, Walter Bahr, lui-même d'origine allemande. Par la suite, le héros partit jouer au Racing Club de Paris (quatre matchs), puis à Alès (quinze matchs), avant de retourner à Haïti ouvrir une blanchisserie. Le sel de l'histoire est que Gaetjens n'obtint jamais le passeport américain, jouant même un match avec l'équipe d'Haïti en 1953. Plus tragique, le héros devint martyr : soupçonné d'être un opposant au régime, il fut arrêté et torturé en juillet 1964 par les Tontons macoutes, la milice sanguinaire du régime dictatorial mis en place par François Duvalier, dit « Papa Doc », qui, après sept ans de présidence, avait fortement durci son pouvoir cette année-là.

Lire aussi : Angleterre, Haïti

GALACTIQUES

Comme « socios », ce mot ne connaît que le pluriel. Pourtant, il ne concerne qu'un seul club, le Real Madrid, un seul homme, le président du club Florentino Pérez, et deux périodes très précises, 2001-2006 et 2009 à nos jours. Le but de Perez : faire venir à Madrid les joueurs les plus talentueux et les plus médiatisés de la planète, afin de renouer avec le succès des années Kopa-Di Stefano-Puskas ; mettre sur pied une constellation de très grands joueurs, les « Galactiques », en espérant qu'egos et talents se révèlent complémentaires. Évidemment, ils le furent moins qu'espéré.

La première période galactique, communément appelée « Galactiques I », fut un rêve à 261 millions d'euros, soit le total des transferts de Luis Figo en 2000 (58 millions), Zidane en 2001 (77 millions), Ronaldo en 2002 (55 millions), Beckham en 2003 (35 millions), Owen en 2004 (12 millions) et Robinho en 2005 (24 millions). Cette folie rapporta tout de même une Ligue des champions (2002) et deux Ligas (2001, 2003), ce qui reste trop peu pour une telle constellation. La déception emporta Perez, écarté par les socios en 2006… mais réélu en 2009. À son retour, le président reprit sa politique, pour une nouvelle ère galactique, communément appelée « Galactiques II ». Premier coup de maître : faire revenir Zinedine Zidane dans la grande maison, nommé conseiller du président. À l'intersaison 9, 248 millions d'euros furent dépensés d'un coup, dont 196 pour trois joueurs : Cristiano Ronaldo (93 millions), Kaka (68 millions) et Benzema (35 millions). Objectif : permettre au club de décrocher la « Décima », sa dixième Ligue des champions, dont la finale se jouera le 22 mai 2010 dans l'antre du Real, Santiago Bernabéu. La saison fut néanmoins vierge de tout titre.

Le mercato suivant vit arriver José Mourinho sur le banc. Pérez débloqua 100 millions d'euros pour recruter, entre autres, les Allemands Khedira et Özil (deux stars du Mondial 2010) et l'Argentin Di Maria. En 2012, Lukas Modric arriva (35 millions). Le fond de jeu était beau, mais Mourinho divisait le vestiaire, et démissionna en 2013, après un seul titre (la Liga, 2012). L'Italien Carlo Ancelotti lui succéda, Zidane fut nommé entraîneur-adjoint, et Pérez déboursa 165 millions d'euros pour le recrutement, marqué par celui du Gallois Gareth Bale (près de 100 millions à lui seul). Les trois années suivantes seront celles du triomphe : quatre Ligues des champions (2014, 2016, 2017, 2018), un titre de champion d'Espagne (2017), quatre Ballons d'or pour Cristiano Ronaldo, et la consécration de Zidane dans sa nouvelle peau d'entraîneur (nommé en janvier 2016). Le Real était redevenu maître de l'Europe, à défaut de l'être en son pays (là, c'est le Barça). « Galactiques 2 » prit fin le 31 mai 2018 : au cours d'une conférence de presse surprise, Zidane annonce au monde qu'il quitte son poste. Rincé. Personne ne savait encore qu'il reviendrait dix mois plus tard.

« Galactiques », « Zidane » : un mot et un nom qui vont si bien ensemble…

Lire aussi : Bale, Beckham, Benzema, CR7, Maison blanche, Ronaldo, Socios, Zidane

GALEANO, Eduardo (1940-2015)

D'origine italienne, allemande et espagnole, Eduardo Hughes Galeano vit le jour en Uruguay, à Montevideo, en 1940. Ouvrier, peintre d'affiches, messager, dactylo et caissier, il fit ses preuves dans le journalisme. Mais, le 27 juin 1973, un coup d'État fomenté par Juan Maria Bordaberry – et commandité par la CIA – le jeta en prison, puis le poussa à l'exil. Il rejoignit l'Argentine, dont il fut chassé trois ans plus tard par un autre coup d'État, celui du général Videla. Direction la Catalogne. Galeano a toujours été un opposant actif à l'oppression et aux régimes dictatoriaux. Son septième livre, *Les Veines ouvertes de l'Amérique latine*, qui l'avait rendu célèbre en 1971, était un réquisitoire contre les oppresseurs de l'Amérique du Sud. Ce même ouvrage, le président vénézuélien Hugo Chavez l'offrit au président Barack Obama en avril 2009, propulsant à nouveau ses ventes. Travailleur infatigable, porte-parole des sans-voix, vilipendeur de l'ultralibéralisme, Galeano est devenu une voix. Sa prose, qui rappelle les Caribéens Césaire ou Glissant, mélange l'essai, le roman, le pamphlet et la poésie ; elle a fait le tour du monde. Galeano a participé à de nombreux forums sociaux « alter » (2001 et 2005) et fait partie des dix-neuf personnalités qui ont proposé et signé le manifeste de Porto Alegre de 2005. Il est également membre du Comité de parrainage du tribunal Russell sur la Palestine, dont les travaux ont débuté le 4 mars 2009.

Alors, direz-vous, que fait Galeano dans notre ouvrage global sur le football ? Il écrivit, en 1995, *Football, ombre et lumière*, un traité pamphlétaire éclairant faisant office de référence chez les intellectuels pro-foot (édité par Climats en 1997, réédité par les éditions Lux en 2014). Ce livre, formé de courts textes d'une à deux pages – petits récits, portraits, anecdotes, réflexions sur les diverses facettes du jeu et du business –, témoigne de sa profonde compréhension de la nature lumineuse du football (Garrincha, Platini, Cruyff, Maradona) et de ses zones d'ombre (dopages, partisanerie, violences, racisme). « Ceux qui croient que ce sont des mesures physiques et les indices de force et de vitesse qui déterminent l'efficacité d'un joueur de football se trompent lourdement, comme se trompent lourdement ceux qui croient que les tests d'intelligence ont quelque chose à voir avec le talent », écrit-il notamment.

GARDIEN DE BUT

C'est l'histoire d'un homme qui n'est pas né avec le football. Dans les premières années de ce sport nouveau, l'équipe comptait deux arrières et neuf avants, mais personne pour garder la cage. Ce n'est qu'en 1865 qu'apparut le « goal keeper » (« goal » signifiant « but »), aussitôt protégé par un joueur de champ plus en retrait que les autres, le « goal cover ». Imaginez que sans cette invention le monde eût été orphelin des poètes Yachine et Grosics, du boucher Schumacher, du drame symbolique Barbosa, mais aussi des dizaines de boulettes annuelles qui font la joie des bêtisiers avant de faire celle de YouTube. Autant imaginer un monde sans football.

Lire aussi : Arconada, Askri, Grosics, Yachine

GARRINCHA (1933-1983)

Pour nous, le plus grand des Brésiliens n'est pas Pelé, mais Manoel Francisco dos Santos, alias Garrincha.

« S'il y a un dieu qui régit le football, ce dieu est surtout ironique et farceur, et Garrincha fut un de ses sujets, chargé de s'échapper de tous et de tout… Ce fut un pauvre petit mortel qui aida un pays entier à sublimer ses tristesses », dit un jour le grand poète brésilien Carlos Drummond de Andrade (1902-1987). Un autre poète, Vinicius de Moraes, titra pour lui un de ses poèmes : « *O Anjo de Pernas Tordas* » (« L'ange aux jambes tordues »).

Garrincha fut le seul homme né pour chalouper, et donc pour dribbler : il naquit la colonne vertébrale déformée, les jambes arquées et de longueur inégale. À l'âge adulte, la gauche mesurait six centimètres de moins que la droite. Cette malformation entraîna très tôt un déplacement de son bassin, le contraignant à une démarche chaloupée qui lui donna une allure quelque peu chaplinesque. Dans l'histoire du foot brésilien, Garrincha fut plutôt le Buster Keaton de l'affaire, le clown triste. Pelé étant pour sa part bien plus proche du mythe, moins tragique que comique, de Charlot. Des deux joueurs, donc, le plus célèbre est Pelé. C'est oublier que les deux incarnèrent à un même degré ce fantastique Brésil champion du monde en 1958. Et que Garrincha, en l'absence de Pelé blessé dès le début de la compétition, mena le Brésil à la victoire quatre ans plus tard. Si Pelé est le plus célèbre, c'est aussi parce qu'il est en vie, qu'il a été ministre des Sports et qu'il demeure l'incarnation du football dans l'inconscient collectif. Garrincha mourut en 1983, à l'âge de quarante-neuf ans, d'une cirrhose du foie, dans la solitude, l'abandon et la misère. Chaque instant de sa vie fut à l'image de son football : un perpétuel match entre équilibre et chute. Il eut trois épouses et treize enfants, dont un seul est encore en vie. Lorsque Garrincha entrait sur un terrain, ce n'était pas pour marquer ou pour gagner, mais bien pour jouer. En 1958, le psychologue engagé par la Seleção diagnostiqua chez lui « un taux d'agressivité nul ». Lorsqu'il s'arrêta de jouer, l'équilibre n'était plus là, et il mourut.

Il y a deux faces dans le destin du premier vrai prestidigitateur de l'histoire du foot.

Face A

La famille dos Santos était caboclo, mélange d'Indien, de Noir et de Blanc ; Manoel Francisco était une parfaite synthèse brésilienne. Né chétif, il se muscla très vite en jouant au foot partout où il le pouvait et en arpentant inlassablement les chemins de montagne. C'est durant son enfance qu'il acquit le surnom de « Garrincha » – du nom d'un petit oiseau local, de la famille des troglodytinés, préférant mourir que de se laisser attraper –, donné par sa sœur Rosa à cause à la fois de sa démarche, de sa vivacité et de son caractère. Plus tard, il fut aussi surnommé « Mané », diminutif de Manoel, et qui signifie également « fou » ou « simple d'esprit » en brésilien.

Un jour, son oncle le présenta aux grands clubs cariocas. Refusé à Flamengo, Vasco de Gama et Fluminense, il fut recruté par Botafogo, après une démonstration et… un petit pont à l'international Nilson Santos, qui, préférant l'avoir comme coéquipier plutôt que comme adversaire, insista pour que le club l'engage ! Garrincha n'avait pas vingt ans. La suite est composée de 232 buts en onze ans et 581 matchs. En 1953, les observateurs découvrirent ce joueur qui semblait appliquer sur le terrain les préceptes du surréalisme : courses en zigzags, dérobades, dribbles, chancellements, fléchissement, arrêts dans la course, reprises instantanées de la course et, le plus souvent, but. Garrincha ne marquait jamais sans avoir offert au préalable le divertissement. Là où Pelé était samba, Garrincha fut carnaval. Ces exploits lui valurent une place de choix dans la sélection brésilienne pour la Coupe du monde de 1958 en Suède. Le monde découvrit alors un carré en or : Didi-Pelé-Garrincha-Vava. Ce carré offrit au Brésil sa première Coupe du monde. Lors de l'édition suivante en 1962, Garrincha mena le Brésil au bout d'un tournoi dont il fut élu meilleur joueur. Lors des deux compétitions, il réussit neuf fois sur dix ce dribble très personnel, chaque fois identique mais toujours imprévisible, marque d'un comique de répétition et de mystère : feinte à gauche pour déborder à droite, enchaînant accélération et dribble.

Observer le jeu de Garrincha nous a appris que le football est le langage du corps. Malgré une jambe plus courte que l'autre, il était toujours en avance sur le match. Capable de dribbler un joueur, puis de repartir en arrière afin de continuer de s'amuser, c'était un joueur unique, sûrement en avance sur son temps par le style de football qu'il pratiquait, tout en finesse, toucher de balle et feintes de corps.

Face B

C'est en 1962 que Garrincha connut sa dernière grande année. Neuf ans après ses débuts professionnels, son alcoolisme, hérité de son père, et particulièrement son amour immodéré de la cachaça (on dit que ses parents en versaient dans le biberon du soir pour l'endormir lorsqu'ils sortaient) rendirent son corps de plus en plus lourd et vulnérable aux blessures. Son club le lâcha en 1964 et le joueur connut alors plusieurs clubs en quatre ans. En 1966, il disputa sa troisième Coupe du monde, mais cette fois ses dribbles ne trompèrent plus grand monde : le Brésil fut éliminé après trois matchs (une nouvelle fois, Pelé fut blessé en début de compétition).

Le visage du joueur commença alors à se boursoufler, son regard se liquéfia, mais Garrincha demeura un amoureux de la cachaça et un homme à femmes. Priapique, il avait besoin de faire l'amour plusieurs fois par jour, tous les jours. Lors des tournées avec la Seleção, Garrincha allait « chercher des femmes » dans les quartiers chauds. C'est au cours d'une de ces escapades que, durant la Coupe du monde 1958, il tomba nez à nez avec son entraîneur Vincente Feola, qui l'avait suivi, et auquel il déclara : « Coach, vous aussi, vous allez aux putes ? » Un journaliste qui écrivait sur lui à l'époque évoqua un sexe de vingt-cinq centimètres, faisant de l'homme « une machine à faire l'amour ». Mais la grande histoire de Garrincha, c'est la chanteuse de samba Elza Soares. Mariés, le footballeur, antistar, et la chanteuse, superstar, formèrent le couple glamour du Brésil des années 1960. Une histoire que Garrincha conclut, là aussi, en avance sur le tempo : ayant pris le volant alors qu'il était totalement ivre, il provoqua un accident qui coûta la vie à sa belle-mère. Quelque temps auparavant, dans un accident semblable, il avait renversé un homme et son père, accident mortel là aussi. Il tenta de se suicider à six reprises, submergé par la culpabilité, y compris celle d'avoir abandonné sa première épouse, une fille de son village, en la laissant seule avec leurs huit enfants. Garrincha fut quasiment toujours ruiné (il signait des contrats en blanc, trop heureux de jouer, laissant les dirigeants inscrire eux-mêmes le montant, en général très bas). On le vit ivre de désespoir après que la Fédération brésilienne lui eut refusé un prêt pour acheter une maison. On le vit bourré, errant seul au milieu du carnaval de Rio, picolant des bières sur les chars. C'était juste avant qu'il ne meure, le 20 janvier 1983, emporté par une cirrhose. Son visage et son corps étaient si déformés que, lorsqu'il arriva à l'hôpital, le médecin ne reconnut pas l'idole maudite. Aujourd'hui, sa statue, érigée au Maracaña, est la seule du stade à n'avoir jamais été détériorée.

Lire aussi : Maracaña, Pelé

GAZZANIGA, Silvio (1921-2016)

En 1970, le Brésil remporta la Coupe du monde pour la troisième fois. Conformément à une vieille promesse de la FIFA (le pays qui gagne la compétition à trois reprises garde le trophée à jamais), il fut en droit de conserver la précieuse coupe Jules-Rimet. Aussi fallut-il passer commande d'un nouveau modèle, qui serait aussi une nouvelle coupe. La FIFA reçut cinquante-trois offres. La proposition qui fut retenue, en 1971, fut celle du sculpteur italien Silvio Gazzaniga, alors âgé de cinquante ans. La nouvelle coupe, qu'aucune équipe à ce jour n'a encore gagnée à trois reprises, représente deux joueurs, stylisés de manière fluide, portant la Terre. Gazzaniga dit avoir voulu réaliser « la peinture organique d'un effort symbolique couplé à l'harmonie et à la simplicité de la paix mondiale » et « des silhouettes qui émergent de la base et se tendent vers le haut pour soutenir le monde, et donc le ballon ». Tout un programme. C'est cette coupe que soulèvent les vainqueurs depuis 1974. Toutefois, depuis les vols du trophée en 1966 (Angleterre) et en 1983 (Brésil), chaque fois retrouvé au bout de quelques semaines non sans avoir provoqué des drames nationaux, la coupe est désormais surprotégée, mise au secret dans un coffre de la FIFA. Lorsque la Fédération doit « sortir » la coupe, c'est parfois en fourgon blindé. Seuls les vainqueurs de la finale et les chefs d'État ont le droit de la toucher. Une heure après la remise des prix, après la finale, la FIFA récupère le trophée et remet au pays vainqueur une réplique grandeur nature. Comment reconnaît-on l'original de la copie ? Le palmarès complet figure sous le socle du premier – de sorte qu'après 2038 une nouvelle coupe devra être forgée, la place venant à manquer pour ajouter une plaque de champion. Sur la copie, seul figure le nom du dernier vainqueur. Évidemment, l'original pèse plus lourd : 6,175 kg. Haute de 36,8 centimètres, la coupe est constituée d'or 18 carats (soit 4,6 kg d'or) et de deux morceaux de malachite semi-précieuse à la base.

Au moment où il créa ce trophée, Gazzaniga en avait déjà conçu des tas, en particulier pour les sports cyclistes ou la lutte. Il dessina ensuite ceux remis lors de la Coupe UEFA et de la Supercoupe de l'UEFA.

GOETHALS, Raymond (1921-2004)

À Marseille, les Belges ont toujours eu la cote. Éric Gerets, de 2007 à 2009, et avant lui Raymond Goethals, de 1991 à 1993, furent, et demeurent, des personnalités suffisamment décalées pour supporter la pression d'une telle ville, et pour faire entendre raison à des ego démesurés (Gerets dut gérer celui de Ben Arfa en 2008-2009, Goethals celui de Cantona, dix-huit ans plus tôt). Avec eux, l'OM alla droit au but. Quand « Raymond la science » arriva dans le club dirigé par Bernard Tapie, il venait de Bordeaux, chez Claude Bez, l'ennemi absolu. C'est pourtant bel et bien lui que Tapie voulut pour conduire l'OM à la victoire en Coupe d'Europe. Avec le recul, ce choix semblait évident : avec tout ce qu'il avait vu, Goethals était bien l'homme qui pouvait faire entendre raison à Tapie, en le menant au ciel européen.

Devenu coach après une petite carrière de gardien de but en Belgique, il entraîna trois clubs puis fut nommé pour dix ans (1966-1976) sélectionneur de l'équipe nationale, qu'il emmena à la troisième place du Championnat d'Europe 1972. Il conduit ensuite le club bruxellois d'Anderlecht en finale de la Coupe européenne des vainqueurs de coupe en 1977, avant de remporter la compétition l'année suivante, en 1978. Après deux piges aussi infructueuses qu'incongrues à Bordeaux et à São Paulo, il revint en Belgique, menant le Standard de Liège au titre de champion de Belgique en 1982 et 1983, puis en finale de la Coupe européenne des vainqueurs de coupe.

C'est alors que Goethals connut sa première affaire : celle du match Standard-Waterschei du 8 mai 1982, qui couronna son club à quelques jours de la finale (perdue) de C2 contre le Barça. L'enquête du juge Bellemans, qui instruisait sur le football professionnel en Belgique, établit en 1984 que ce match, dernier de la saison, fut arrangé par l'équipe de Goethals. On retrouva des carnets, des notes, des chiffres, et il fut prouvé qu'Éric Gerets (oui, Gerets, lui aussi futur entraîneur marseillais) avait proposé à ses adversaires de leur abandonner les primes de toute l'équipe (420 000 francs belges) s'ils levaient le pied. Le Standard l'emporta et fut sacré champion. Comme une répétition de l'affaire VA-OM…

Ce scandale lui coûta sa place sur le banc liégeois, mais ce fut un Goethals rompu aux affaires qui réintégra ensuite le club des Girondins de Claude Bez. Dont il fut viré malgré une deuxième place en fin de saison. Bernard Tapie l'accueillit alors, pour l'histoire que l'on sait : trois titres de champion, une finale de Champions League perdue en 1991 (après avoir vaincu le grand Milan AC) et une Champions League gagnée en 1993 (après avoir terrassé le grand Milan AC), le tout saupoudré de l'affaire VA-OM de 1993, réplique parfaite de 1982. À ceci près que, cette fois, Goethals gagna la Coupe d'Europe et fut blanchi. Si Goethals déniaisa l'OM, c'est aussi parce que l'entraîneur en avait vu plus que Tapie.

Tel Columbo, avec qui il partageait le goût débraillé du chemise-veste-imper marron, et clope au bec (pour Goethals), il s'évertua à être infiniment plus fin que sa gouaille ne le laissait paraître. Si les Marseillais furent « à jamais les premiers », c'est au « sorcier » belge qu'ils le doivent. Un sorcier disparu en 2004, après quatre-vingt-trois ans de vie remplie par le foot intelligent. Un seul homme déclara publiquement que le Belge n'était qu'« un charlot » et « un corrompu » : Éric Cantona, un jour de 1991, quand Goethals lui annonça qu'il était remplaçant. Le Français préféré des Anglais lança : « On ne met pas Canto sur le banc. » Goethals lui répondit tout net : « Prends une chaise et assieds-toi à côté, alors. »

Lire aussi : OM

GOURCUFF

Christian et Yoann, le père et le fils, sont les intercel-tiques du football français. Ils représentent deux mondes très différents.

Né en 1955, Christian a joué à Berne, Treboul, Rennes, Guingamp, Lorient, avec quelques infidélités à l'étranger (Sarthe, Suisse et Québec). C'est un gars qui, en 1988, a joué un match venu d'ailleurs : États-Unis contre une sélection de Bretagne. Il fut aussi professeur de maths, avant de devenir entraîneur, fondu de jeu à la nantaise. De l'offensif, donc. C'est un Lorientais modèle : après y avoir joué, il a entraîné le club (1982-1986, 1991-2001 et 2003-2014). À trois reprises, il l'a fait remonter en Ligue 1. Il entraîna aussi le Stade rennais, durant une année (2001-2002), qui fut celle où son fils Yoann y arriva en formation, et commença à cartonner. Après deux expériences au Qatar et deux ans à la tête de la sélection algérienne, Gourcuff père entraîne aujourd'hui le FC Nantes.

C'est à Rennes que Yoann, né en 1986, auteur d'une saison 2005-2006 de rêve au poste de numéro, se posa clairement comme le meilleur successeur de Zidane. Parti jouer deux saisons (moyennes) au Milan AC, Yoann Gourcuff rejoignit Bordeaux en 2008, prêté avec option d'achat, pour un salaire de 360 000 euros mensuels. C'est là qu'il devint une double icône : footballistique et gay. Le 5 décembre 2008, en plein hiver et après un vague Bordeaux-Valenciennes, il se mit à improviser un strip-tease sur le terrain, finissant en slip. La vidéo cartonna illico sur le web, et Gourcuff fut désigné « bombe du mois de décembre » par le mensuel gay *Têtu*. Celui qui enchaînait roulettes, crochets, buts de fou (contre le PSG quelques semaines auparavant) devint une icône gay. Quelques semaines plus tard, il fut nommé meneur de jeu des Bleus, où il avait été sélectionné. Il fut champion de France 2009. Très bon tireur de coups de pied arrêtés, polyvalent devant le but, meneur et buteur : il a la classe zidanienne. À l'intersaison, le Milan AC voulut récupérer son prêt, mais Bordeaux gagna le bras de fer et optionna l'achat.

Mais qui est vraiment Yoann Gourcuff ? Mystère. Car quand Yoann s'adresse à la presse, il fait du Gourcuff : il joue du minois, regarde son interlocuteur par en dessous, en ouvrant un peu la bouche, mais rien ne sort, sinon du convenu. Comme une façon à lui de contrôler l'interview. Un silence pesant, dont la conséquence fut, dans les années 2008-2010, que tout le monde ne parla que de « ça » : Yoann est-il hétéro ou homo ? Depuis *Têtu*, toute la presse voulait savoir. Les rumeurs allèrent bon train, lui ayant régulièrement prêté une relation avec un coéquipier (Chamakh). Cela dura de longs mois, pour la simple raison que cet homme-là ne savait pas trop se débrouiller avec la starification de sa génération : celle de l'après 98. Beaucoup de choses avaient changé quand, en 2017, il se pacsa avec l'animatrice de télévision Karine Ferri. D'autant que le footballeur Gourcuff était complètement démonétisé.

La cassure, ce fut l'année 2010. La Coupe du monde, pour commencer. Il n'y a joué qu'un match et demi, et avait tellement été pris en grippe par les « caïds » Ribéry et Anelka que le groupe quasi entier l'ignorait, refusant parfois de lui passer le ballon en cours de jeu. Lui, qui devait en être le meneur, du jeu bleu... Puis il y eut Knysna. La honte. Un véritable traumatisme pour le jeune joueur. Preuve en est : le 8 septembre 2010, le journaliste de *Téléfoot* David Astorga l'interviewa, et lui demanda si Anelka et lui s'étaient battus durant la Coupe du monde (rumeur persistante). Gourcuff arracha immédiatement son micro et quitta le journaliste sans un mot. Illico, le club fit pression sur TF1 pour que les images ne soient pas diffusées. À ce jour, elles ne l'ont jamais été.

Durant l'été, il fut reruté par l'Olympique Lyonnais pour la somme de 22 millions d'euros. Il y resta cinq ans, mais y alterna blessures, scoumoune, des enchaînements de matchs sensationnels, puis des rechutes et des silences, montrant peu de plaisir et de volonté. Rien d'un champion. Gourcuff n'était mentalement plus du tout à la hauteur du statut qu'on lui prêtait. Ni, bien sûr, à la hauteur d'un salaire dont le montant était devenu, au vu de son activité, un pur scandale : 400 000 euros bruts par mois, ce qui en faisait le joueur français le mieux payé de la Ligue 1. Retourné au Stade Rennais pour trois saisons (2015-2018), il alla jouer ensuite six mois à Dijon. Pour un bilan sportif minable.

Très vite débarqué dans le star-system du foot, performances en yo-yo, ingénuité un peu crâne, Gourcuff est un des miroirs du foot d'aujourd'hui. Certes, il y a fort à parier que, comme certains Bleus de 2010, il a enfoui un trauma psychologique dans des profondeurs – et des proportions – que l'on mettra du temps à évaluer. S'il se décide un jour à parler, on saura. Mais parlera-t-il ? Dans l'attente, Yoann Gourcuff laisse l'image d'un fugace champion qui s'est laissé façonner en pure bulle de spéculation.

Lire aussi : Maldini, Mazzola, Pelé, Sammer

GRAMSCI, Antonio

Le marxiste italien fut un des premiers intellectuels à célébrer le football, au lieu de le répudier comme sport de masse anesthésiant. Selon lui, le foot est « ce royaume de la loyauté humaine exercé au grand air ».

GRIEZMANN, Antoine

Entre 2014 et 2018, c'est-à-dire avant que ne nous soit révélé le diamant Mbappé, c'était lui le chouchou. Le footballeur français préféré des Français(es). On l'appelait moins souvent par son nom que par ses surnoms, à choisir entre « Grizi », « Grizou » ou « Petit Prince ». Garçon lambda mais joli minois, allure de gendre idéal, discret sur sa vie privée, il cartonnait dans un des meilleurs clubs d'Espagne et d'Europe. Et en plus, il avait éliminé l'Allemagne à lui tout seul, dans une demi-finale d'Euro 2016 que les Bleus avaient gagnée… comme des Allemands (dominés dans le jeu, vainqueurs realpolitik). Lui qui, deux ans avant, au Brésil, pleurait toutes ses larmes après l'élimination en Coupe du monde devant ces mêmes Allemands. Antoine Griezmann joue beaucoup avec son visage, ses cheveux longs, attachés, blonds, teints, rasés, et parfois une moustache. Griezmann s'amuse, avec ses 29 millions d'abonnés sur Instagram. Jusqu'à la faute grave : ce selfie du 17 décembre 2017, où il se grime et déguise en basketteur noir. Une faute de gosse : bien que plaidant un hommage aux Harlem Globetrotters, c'était une « blackface » qu'il avait faite, une moquerie offensante et à but raciste. Pourtant, le garçon a toujours montré qu'il savait vivre et jouer avec une tête bien faite.

Exilé très tôt de l'autre côté des Pyrénées, bien plus espagnol que français de culture, on a mis du temps à le connaître. Né le 21 mars 1991 à Mâcon, le garçon se mit au ballon rond à six ans. Repéré par des clubs hexagonaux, il n'y fut finalement pas admis : trop frêle. Alors, en 2005, il mit les voiles, après avoir séduit les émissaires de la Real Sociedad (club de San Sebastian) au cours d'un tournoi de jeunes à Montpellier. Il avait quatorze ans. Il y poursuivit sa formation, tout en poursuivant ses études à Bayonne. Intégrant l'équipe première en 2009, ses cinq buts en quatre matchs aidèrent le club, alors en deuxième division, à remonter. C'est en 2012-2013 qu'il commença vraiment à percer, marquant à onze reprises pour une équipe qui se classa quatrième de la Liga. Passes décisives, buts spectaculaires, prestations de premier ordre contre le Real ou le Barça : Antoine Griezmann devenait la véritable star de son équipe et honorait, en février 2014, sa première sélection en équipe de France. Même s'il ne marqua aucun but durant le Mondial au Brésil, il joua tous les matchs (titulaire ou remplaçant entré en cours de jeu), et son bilan y fut prometteur.

À son retour, il signa pour l'Atlético Madrid, champion d'Espagne en titre. Un transfert estimé à 30 millions d'euros pour un contrat de six ans. La première saison fut bonne : 25 buts, le club finit troisième de la Liga et se qualifiait à nouveau pour la Ligue des champions suivante. Dont la finale, en mai 2016, fut 100 % madrilène, opposant son Atletico à un Real Madrid qui s'était donné Zinedine Zidane pour entraîneur. Ce soir-là, « Grizi » manqua un penalty. Et son équipe perdit aux tirs au but. L'attaquant bouclait néanmoins une saison de haut niveau. Il était la grande curiosité de l'Euro qui s'annonçait.

Arrivé fatigué, il n'y donna sa pleine puissance qu'à partir des huitièmes. À vingt-cinq ans, il sauva la France par deux fois. Contre l'Irlande d'abord, qui menait 1-0 en huitièmes avant qu'il ne plante les deux buts vainqueurs. Contre l'Allemagne ensuite, en demies, avec un nouveau doublé qui envoyait les Bleus en finale. Entre-temps, en quarts, il marqua un but et délivra deux passes décisives. Voilà. Collectif, passeur, buteur, sauveur, et un brin amuseur : on avait vu la palette de celui qui, dès lors, devint le chouchou. Malgré la finale perdue contre le Portugal. Sa deuxième en un mois et demi. Il était cependant devenu un leader.

Mais il restait un homme et, fatigué, il passa la saison suivante à côté de ses pompes. En 2017-2018, on le revit. Et c'est bien dommage pour les Marseillais, qui s'étaient hissés jusqu'en finale de la « petite » coupe d'Europe, l'Europa League, pour y affronter l'Atletico Madrid, le 16 mai. Et qui tombèrent sur un Griezmann au sommet de son art, auteur de deux des trois buts madrilènes, donnant à lui seul une leçon de réalisme aux Olympiens.

Il était fin prêt pour la campagne de Russie avec les Bleus. Comme ses coéquipiers, son début de tournoi fut poussif. Mais il marqua le premier but lors du premier match (contre l'Australie), sur penalty. De la même façon, c'est lui qui ouvrit le score contre l'Argentine de Messi, dans un huitième que nous n'oublierons jamais (la course de Mbappé, la « frappe de bâtard » de Benjamin Pavard). Plus un but en quarts, et un en finale. Et deux passes décisives. Dans les grands tournois, Griezmann est là.

Après une dernière saison à l'Atletico, et après un bras de fer entre les deux clubs, il réalisa un autre rêve : jouer avec Lionel Messi. Le 11 juillet 2019, le Barça s'acquitta de la « clause libératoire », fixée à 120 millions d'euros. Toujours démesurément hautes, ces clauses sont une pratique récente, faites précisément pour dissuader toute velléité adverse de transfert ; mais la démesure est une caractéristique du foot-business, et désormais les très grands clubs ont les moyens de « péter » une telle clause (remember le PSG, pour Neymar, en 2017). Cependant, Griezmann s'aperçoit qu'on ne joue pas avec Messi. On joue pour Messi. Le chouchou, ici, c'est lui. Vous avez compris quelle serait la prochaine étape du « Petit Prince » français.

Lire aussi : Barça, DD, Mbappé

GROBBELAAR, Bruce

Rome, mai 1984, finale de la Coupe d'Europe des clubs champions : les Reds de Liverpool et la Roma étaient à égalité à la fin des prolongations. Séance de tirs au but. Grobbelaar se mit à exhiber sa joie de vivre, pour déconcentrer les tireurs italiens. Lors du tir de Bruno Conti, il s'avança vers le but en souriant aux photographes, faisant mine de manger les filets tels des spaghettis. Le tir passa au-dessus de la barre. Puis face à Francesco Graziani, il fit vaciller ses jambes tel un homme ivre, déstabilisant le tireur romain, qui rata son tir. Les Reds gagnèrent la première finale de cette compétition à avoir été remportée aux tirs au but. Ce soir-là, Grobbelaar devint le premier joueur africain à remporter un tel trophée, se posant en tout point comme l'hériter revanchard d'Arthur Wharton.

Rhodésien né à Durban, en Afrique du Sud, il commença à jouer au cricket, puis s'envola pour les États-Unis, où il devint joueur de baseball. Il y découvrit plus tard le soccer, peu répandu dans les États-Unis d'alors. Après bien des atermoiements, il retraversa l'Atlantique pour se poser en Angleterre et se fixer enfin sur les rives de la Mersey en 1981, où il remplaça le grand Ray Clemence. De 1981 à 1994, il joua 627 matchs pour Liverpool, et se rendit célèbre pour ses farces. Son agilité, digne d'un gymnaste, fit de lui un gardien très honnête, constant jusqu'à la fin des années 1980. Surgirent alors maints problèmes : méningite, bourdes, inconstance, percée de son successeur David James (lequel gardait encore les buts anglais lors de la Coupe du monde 2010). Survinrent aussi les déboires : en 1994, il fut accusé par *The Sun*, vidéos à l'appui, d'avoir truqué des matchs au bénéfice d'un syndicat de paris. Plus tard, suspecté de corruption avec deux autres joueurs du championnat, il fut relaxé après trois passages devant les tribunaux. Ces mésaventures provoquèrent sa banqueroute : il attaqua *The Sun*, gagna un bon gros dédommagement (85 000 livres) en première instance, mais perdit l'appel. L'affaire fut alors prise en charge par la Chambre des lords, qui ramena la sanction du *Sun* à une livre, demandant au joueur de rembourser les frais judiciaires au journal (500 000 livres). Grobbelaar, incapable de fournir une telle somme, repartit, ruiné, en Afrique du Sud.

Lire aussi : Wharton

GROSICS, Gyula (1926-2014)

Le gardien de but des Magic Magyars fut le modèle du grand frère soviétique Lev Yachine. Ce qui, en pleine guerre froide, ne manquait pas de piquant. Avant ces deux-là, le gardien était un mauvais footballeur qui, habile de ses mains, se retrouvait en cage. Après leur passage, le gardien devint une sentinelle. Nous pouvons peut-être considérer Grosics comme le premier grand gardien de l'histoire du foot. Précurseur des sorties loin de son but et des longues relances à la main, il fut un élément essentiel du football novateur de la grande Hongrie des années 1950, qui ramassa l'or olympique en 1952 et fit une magnifique Coupe du monde en Suisse deux ans plus tard. Mais pour Grosics, cette finale disputée sur une pelouse détrempée contre la RFA sonna le début de la fin : à six minutes du coup de sifflet final, face au tir de l'Allemand Rahn, il glissa au moment de prendre ses appuis, impuissant à capter le tir adverse. Ce but fut celui de la victoire (3-2) des Allemands, qui avaient pourtant été rapidement menés 2-0. Il hanta longtemps l'homme qui, comme tout le Honved, quitta la Hongrie après l'intervention des chars russes en 1956. Peut-être était-il toujours hanté par le but de Rahn quand, à la différence des exilés qui choisirent l'étranger, il revint dans son pays. Jeté en prison, surveillé par la police politique, il dut se résigner à jouer pour le petit club de Tatabanya jusqu'en 1962.

Il est un autre détail pour lequel on ne peut penser à Yachine sans penser à Grosics : l'un comme l'autre s'habillaient en noir. Un choix qui, pour le Hongrois, s'explique par le fait qu'initialement il voulait devenir prêtre.

Lire aussi : Hongrie, Honved, Yachine

GUARDIOLA, Pep

« Pep Guardiola a toujours eu un vrai sens de la signification sociale de son travail » : ces mots étaient de David Trueba*, écrivain espagnol et ami proche de Josep Guardiola i Sala. Son roman *Savoir perdre* évoquait entre autres un club de football à Madrid, un jeune prodige argentin acheté à prix d'or et un entraîneur pour qui « un attaquant doit inventer l'espace et courir pour l'occuper ». Ce dernier était fortement inspiré de l'entraîneur barcelonais. En Espagne, le roman était paru en 2008. Cela faisait alors moins de deux ans que Guardiola avait ses diplômes d'entraîneur. Moins de deux ans, même, qu'il avait mis un terme à sa carrière de joueur (qui dura seize ans : onze à Barcelone, un à Brescia avec Baggio, un à Rome avec Totti, deux au Qatar, puis un au Mexique). Durant une saison, il s'était occupé de l'équipe B du Barça, où il fit percer Busquets et Pedro. Et cette année 2008, un certain Messi s'affirmait, et Pep Guardiola venait d'être nommé nouvel entraîneur du Barça.

Homme de gauche revendiqué, catalan et catalaniste convaincu, il allait perpétuer la poésie révolutionnaire de Cruyff. Lequel avait entraîné la première *dream team* barcelonaise, celle qui remporta sa première Champions League en 1992, puis la Liga les deux saisons suivantes (Guardiola et le club remportèrent aussi le championnat d'Espagne lors des saisons 1997-1998 et 1998-1999, mais Cruyff avait été remplacé par Louis Van Gaal). Dans cette équipe, Guardiola fut milieu, leader et capitaine : il fut donc le relais de la révolution, considéré comme le symbole et la référence du Barça sur Terre. Joueur, il se distinguait par une vision de jeu clairvoyante, un grand contrôle du ballon, le charisme et l'élégance. Le tout, dans la discrétion. Il fut aussi un milieu de la Roja, remportant avec elle la médaille d'or aux JO 1992 de…

Barcelone. Sélectionné à 47 reprises entre 1992 et 2001, il prit part au Mondial 1994 et à l'Euro 2000, mais rata deux Coupes du monde à cause de blessures qui, chez lui, devinrent malheureusement récurrentes au fur et à mesure de sa carrière. Au rayon des zones d'ombre, on notera qu'il fut contrôlé positif lors d'un test anti-dopage en novembre 2001, condamné à sept mois de prison et quatre mois de suspension, relaxé quelques mois plus tard pour raison médicale, puis acquitté en appel en 2007.

Si le joueur Guardiola ne fit pas partie d'une grande génération de footballeurs espagnols, il fut pour beaucoup dans la réussite de la génération en or des années 2008-2012 : sous la houlette de Xavi, Iniesta, Pedro et autres Fabregas, le style de jeu de la Roja fut alors celui de son Barça. Tout simplement. Et quel était ce style ? Celui de Cruyff. La révolution. Ce que les Oranje ne firent jamais, la Roja le réalisa : championne d'Europe en 2008 et 2012, championne du monde 2010.

Durant la Coupe du monde 2006, pas encore devenu entraîneur, Guardiola écrivit des articles pour le quotidien espagnol *El País*. Déjà, ses analyses de matchs en déconcertèrent certains. Il y donnait les clefs de ce qu'il allait pratiquer : « Je me souviens de ce que nous disait Johan Cruyff. Que ce qui était le plus important dans le football c'est que les joueurs qui devaient le mieux jouer au ballon devaient être les défenseurs. Si tu sors bien le ballon, tu peux jouer, sinon, tu ne peux rien faire. Johan pense que c'est le ballon qui équilibre une équipe. Perds la balle et ton équipe est déséquilibrée ; perds-la peu et ton équipe est équilibrée. » Ainsi, son Barça se caractérisa par une possession de balle qui frisait souvent les 70 %. La balle ressortait par des passes. Le ballon vivait déjà lorsqu'il arrivait dans les pieds de Xavi, Iniesta, Busquets, Yaya Touré. On le voyait, mais il était impossible de le chiper. Ensuite, Messi faisait la magie. Ce Barça écœura tous ses adversaires, et enchanta la Terre entière. Deux Ligues des champions (2009 et 2011), trois titres consécutifs de champion d'Espagne (2009, 2010 et 2011), un sextuplé inédit en 2009 (outre la Coupe d'Europe furent remportés le championnat et la coupe nationale, la Supercoupe d'Espagne, la Supercoupe d'Europe et la Coupe du monde des clubs). Le Barça de l'ère Guardiola gagna quatorze trophées sur les dix-neuf compétitions disputées. Souvent, et unanimement, désignée comme « meilleure équipe de tous les temps », ce FC Barcelone offrit une éclatante raison de croire pour toujours au football, même dans l'ère du foot business. L'entraîneur n'eut alors que deux ennemis identifiés : Mourinho, le concurrent de Madrid, et Ibrahimovic, qui se plaignit à jamais de ce que son coach préféra toujours laisser les clefs du jeu à Messi, au détriment il est vrai d'autres surdoués – dont Ibra, donc.

Lorsque, le 27 avril 2012, il annonça son départ du club pour raisons personnelles, ce fut un deuil. Depuis quelques mois, on sentait bien que l'homme était usé. L'écrivain Trueba ne fut pas surpris, s'expliquant ainsi l'annonce du retrait : « Comme toutes les personnes obsédées, il travaille beaucoup, ce qui a pour conséquence une incapacité à se relaxer et à avoir une relation ludique à son travail. Guardiola, c'est le genre d'homme qui pense qu'il doit souffrir beaucoup pour arriver à des résultats. » Un rythme qui forge aussi un caractère un brin austère, et qui le rend « dur à critiquer, car il se défend beaucoup », poursuit l'ami écrivain.

Guardiola prit alors une année de repos. Du recul. De la réflexion. Comme il l'avait déjà fait, en fait, entre 2006 et 2008, lorsque ce tout frais retraité alla rencontrer, chez eux, des entraîneurs sud-américains qui l'avaient marqué : Angel Cappa, Marcelo Bielsa et Luis Cesar Menotti. Des heures de discussions, de lectures, d'écriture, de découvertes et de réflexion. Guardiola fit ce qui ne se faisait plus, dans un foot devenu esclave du court terme. Il prit le temps. Il s'était préparé, au cours d'un voyage initiatique planifié, à devenir ce qu'il est devenu : l'héritier de la révolution. Le plus grand entraîneur de la planète.

S'il a su repousser les frontières de l'utopie, c'est aussi parce que, de tout temps, il préserva son intérêt pour la poésie, la politique, les spectacles, les concerts. En cela, dans un monde qui vit dans un isolement luxueux dont il ne sort que pour aller dans des clubs huppés dans de grosses cylindrées, il dénote. Guardiola est l'ami du romancier et cinéaste Trueba, du poète Marti i Pol, des écrivains Sergi Pamies, Enrique Vila-Matas ou Javier Cercas. Timide, il est souvent passé pour austère, intello, et… dandy. En ville comme devant son banc de touche, il arborait des costars Dior, Prada ou Armani, noirs ou gris avec cravate et chemise blanche, cintrés et impeccablement coupés. « C'est d'une part une curiosité personnelle, témoigne son ami David Trueba, mais cela vient aussi du fait que sa femme, Cristina, a elle-même passé toute sa vie dans cet univers : ses parents tenaient deux magasins de vêtements hauts de gamme dans le centre de Barcelone, et elle-même y possède un grand magasin de vêtements féminins. C'est d'ailleurs quand Guardiola, alors jeune joueur de dix-huit ans, servit de modèle pour une collection dessinée par Antonio Miro qu'ils se rencontrèrent. Il a toujours été attiré par les belles fringues, ça fait partie de sa vie. »

Celui avec qui Messi était devenu Messi était alors un des hommes les plus attendus au monde. On voulait tous savoir où il se poserait. Manchester City paraissait le mieux placé, le club anglais comptant depuis 2012 deux anciens Barcelonais dans son staff : le directeur technique Txiki Begiristain, ancien coéquipier de Guardiola joueur époque « Dream Team » de Cruyff et directeur sportif du Barça entre 2003 et 2010, et le directeur exécutif Ferran Soriano, vice-président du club catalan de 2003 à

2008. Il se dit, avec raison assurément, que ces deux-là étaient venus pour attirer Guardiola.

Le retour fut annoncé en janvier 2013. Mais au Bayern Munich. Il signait pour trois saisons en Bavière, le contrat prenant effet en juin. Il devenait au passage l'entraîneur le mieux payé au monde avec un salaire annuel de 17 millions d'euros. Mais c'était un sacré défi allemand : le club sortait d'une saison exceptionnelle, avec un triplé champion national – coupe nationale – Ligue des champions. Le Catalan devait, à court ou moyen terme, faire aussi bien en plus beau (son style de jeu).

Malgré trois titres consécutifs de champion d'Allemagne (2014, 2015 et 2016), deux coupes nationales, le Bayern fut éliminé par deux fois en demi-finales de la grande Coupe d'Europe. Coquin de sort : ce fut contre le Real Madrid puis contre le Barça. Deux clubs espagnols, dont celui de son cœur. Le bilan bavarois était, selon la façon dont on voit la vie, à moitié vide ou à moitié plein.

Manchester avait eu raison d'attendre son heure : à l'été 2016, l'entraîneur signait à City pour trois ans. Là aussi, à l'aune des espoirs suscités et au niveau d'exigence d'un tel club, le bilan est mince : deux titre de champion d'Angleterre (2017 et 2018), mais deux éliminations anticipées en Ligue des Champions (huitièmes de finale, quarts de finale). Si bien que se repose la question : Partira ? Partira pas ? Pour l'heure, il assure vouloir rester.

D'autant que notre homme a, malgré un palmarès européen vierge avec ses deux derniers clubs, fait monter sa valeur : il demeure le coach le mieux payé du monde (23 millions d'euros par an). Guardiola a donc su s'adapter à l'univers ouaté du foot-business. En 2016, on le voyait à Manchester au volant d'une Bentley GT à moteur V8, personnalisée dans les ateliers du préparateur britannique, Onyx Concept, et estimée à 400 000 euros. L'année suivante, la presse mancunienne débusqua sa tanière : le City Suites, une nouvelle résidence de luxe à la frontière de l'appartement et de l'hôtel.

L'homme Guardiola, c'est donc, aussi, la gauche business-class. En football, il reste le gardien et le garant de ce qui brille le plus : la révolution de Johan Cruyff. À ce jour, il est l'entraîneur le plus observé, le plus admiré et le plus imité de son temps.

* Interview donnée à l'auteur pour le site Rue89 (avril 2012).

Lire aussi : Barça, Cruyff, Manchester, Messi, Révolution

GUERRE

En 1981, l'écrivain français Pierre Bourgeade écrivit un livre intitulé *Le football, c'est la guerre poursuivie par d'autres moyens*. En 1945, dans un contexte certes d'immédiate après-guerre, George « 1984 » Orwell écrivit dans un article intitulé « L'esprit sportif » (*La Tribune*, 14 décembre 1945) que « le sport est une cause infaillible de rancune », que la « compétition sportive est une simulation de guerre » qui exacerbe le fanatisme et le nationalisme. Lorsque Orwell écrivait cela, la « guerre du football » n'avait pas encore eu lieu. Car, oui, il y eut une guerre du football. Le 8 et le 15 juin 1969, une double confrontation entre le Honduras et le Salvador, qualificative pour la Coupe du monde mexicaine de 1970, déboucha sur une guerre de quatre jours, qui fit entre deux mille et six mille morts selon les versions, et quinze mille blessés.

Le terrain était propice : le petit Salvador et son voisin étaient deux dictatures militaires, en guerre larvée depuis dix ans ; tous deux traversaient une crise économique. Plusieurs milliers de paysans salvadoriens vivaient au Honduras, d'où ils furent chassés par un décret du 30 avril 1969.

Lorsque les deux pays se retrouvèrent en match qualificatif, il apparut évident que le football allait faire office d'étincelle. Le Honduras gagna le match aller 1-0, chez lui à Tegucigalpa. La veille, ses supporters avaient accueilli leurs hôtes en chantant et en tirant des feux d'artifice devant leur hôtel, pour les empêcher de dormir à la veille du match. Une Salvadorienne se suicida après la défaite de son équipe. Des obsèques nationales lui furent organisées, et firent office de préparation de guerre au match retour. Un match où les joueurs honduriens furent convoyés en véhicule blindé, après avoir eu droit aux œufs pourris et aux rats morts dans leurs chambres d'hôtel, et à la même sérénade qu'à l'aller, mais à l'envers. Durant les hymnes, le drapeau hondurien fut brûlé et remplacé par un torchon. Après la victoire du Salvador 3-0, deux supporters du Honduras furent tués dans les échauffourées d'après match, qui firent aussi des centaines de blessés.

Immédiatement, des groupes paramilitaires honduriens chassèrent les paysans salvadoriens encore présents sur le territoire, s'emparant aussitôt de leurs terres. Le Salvador rompit toute relation diplomatique avec son voisin. Mais le plus terrible surgit lors du match d'appui (la différence de buts ne comptait pas à l'époque), organisé à Mexico, en terrain neutre, le 28 juin. Un match que le Salvador remporta 3-2 après prolongations.

En peu de temps, les deux armées se regroupèrent le long de la frontière commune. Les milices honduriennes s'en prirent de nouveau aux rares expatriés salvadoriens. Ce à quoi le Salvador répliqua le 14 juillet par une attaque aérienne contre l'aéroport de Tegucigalpa et en déversant un tapis de bombes, dont l'une toucha la raffinerie de pétrole d'Acajutla. Après quatre jours d'un conflit qui fut dès lors baptisé « guerre du football », l'Organisation des États américains somma le Salvador de retirer ses troupes et obtint un cessez-le-feu. Le conflit dura, en réalité, des années. Il fut vécu et relaté par le grand reporter polonais Ryszard Kapuscinski dans un livre publié en 1978, *Il n'y aura pas de paradis*, ou l'histoire d'un été sur Terre alors que le monde entier avait les yeux braqués sur la Lune.

GUILLOU, Jean-Marc

Il y a un lien entre la douceur angevine et les stars du football africain actuel, et c'est Jean-Marc Guillou. Employé chez Bull et joueur moyen du SCO d'Angers, alors l'autre « grand » club de l'Ouest, il se révéla dans un match contre le FC Nantes où, remplaçant le titulaire Jean-Pierre Dogliani, blessé, Guillou réalisa le match de sa vie, au grand étonnement de ses coéquipiers. De 1966 à 1975, il fut le meneur du club, et une de ces gueules d'ange du football français (plus tard il y eut Daniel « le petit ange » Bravo, puis David « *El magnifico* » Ginola, et enfin Yoann Gourcuff). Sa technique et sa couverture de balle étaient impeccables. Ses années d'or coïncidèrent avec les années d'or angevines, faisant même de la relégation accidentelle de 1968 une renaissance du phénix. Le club monta par la suite jusqu'en Coupe d'Europe en 1972 et dévoila à la France ce qu'était un jeu léché à la mode bords de Loire. Lorsque Stefan Kovacs reprit les rênes des Bleus et voulut une équipe non plus de bûcherons mais d'artistes, il se tourna vers Guillou, dont il fit son meneur et capitaine. L'éclosion de Michel Platini lui barra la suite de sa carrière en bleu, mais Guillou faisait toujours partie de la délégation pour la Coupe du monde argentine de 1978, étant même titulaire pour le premier match face à l'Italie. Guillou connut 19 sélections et 3 buts en bleu. La suite, à Nice, Neuchâtel et Mulhouse, ne fut pas du même niveau.

Si l'on se rappelle Guillou en 2014, c'est pour tout cela. Si l'on évoque Guillou, c'est aussi parce qu'il partit un beau jour en Côte-d'Ivoire, où il fonda en 1994 le premier internat entièrement dédié à l'éducation du football. Son but : soumettre les tout jeunes au cursus scolaire classique, tout en les acclimatant très tôt à la vie en commun. Ils s'y habituent à jouer pieds nus, Guillou les incitant à apprendre avant tout le contrôle et la couverture de balle. Seize ans plus tard, plus d'une centaine de jeunes formés par l'académie Guillou s'en allèrent jouer en Europe, parmi lesquels Didier Zokora au FC Séville, Kolo Touré à Manchester City, Emmanuel Éboué à Arsenal, Arthur Boka au VfB Stuttgart et Yaya Touré au FC Barcelone. Il contribua pour une bonne part au renouveau des Éléphants de la Côte-d'Ivoire en 2004, et en tout treize de ses anciens « élèves » jouèrent en Coupe du monde 2010 en Afrique du Sud. Guillou montra rapidement ses talents en foot business, proposant des partenariats renforcés avec des clubs européens (Arsenal), voire des joint-ventures (entrer au capital en échange de quatre joueurs par an, comme il le fit avec les Belges de Beveren en 2001). « L'académie Jean-Marc Guillou » est désormais un label rassemblant plusieurs écoles de football en Algérie, en Égypte, au Ghana, au Mali, à Madagascar, en Thaïlande et au Vietnam.

GUNNERS

L'Angleterre est ce pays où on boit le thé à cinq heures, sauf au football où, au pub comme au stade, on boit de la bière. L'Angleterre est la maison mère du football, mais aussi le navire amiral du foot-business, qui tue la culture foot tout en perpétuant le spectacle du ballon rond. L'Angleterre n'est pas qu'une île, c'est également un paradoxe sur mer. Voici un pays où un même club est supporté par la reine, Élisabeth II, par son petit-fils le prince Harry, et par celui qui, en 1977, faisait naître le punk en chantant « Anarchy in the UK » et (à sa façon) « God Save The Queen ». Oui, John Lydon, qui chantait dans les Sex Pistols sous le nom de Johnny Rotten, est un fils de catholiques irlandais dont l'oreille musicale s'est faite à sa fenêtre : durant son enfance, elle donnait sur le stade de Highbury, alors antre d'Arsenal. Les *Gunners* d'Arsenal.

L'Arsenal Football Club est lui aussi un paradoxe : malgré un palmarès maigre à l'international, c'est un des huit ou dix clubs les plus appréciés à travers le monde. Voici une équipe qui, de 1996 au milieu des années 2000, joua un des footballs les plus vivants, spectaculaires, engageants, mais qui gagna une majorité de ses titres lorsque, dans les années 1986-1994, elle s'appuya surtout sur une défense de fer et gagna un surnom parlant : « Boring Arsenal » (« ennuyeux Arsenal »). Voici une équipe qui participa vingt ans d'affilée à la Ligue des Champions (elle finit donc dans les quatre premiers de la Premier League tous les ans, ça situe la performance), mais qui n'y compte qu'une maigre finale (en 2006, perdue face au Barça).

Créé un 1er mai de 1886 par des ouvriers écossais de la manufacture d'armes Royal Arsenal, située au bord de Tamise, à l'est de Londres, dans le quartier de Woolwich, son nom d'origine fut Diale Squale FC, nom faisant référence au cadran solaire alors situé à l'entrée de l'usine. Rebaptisé Royal Arsenal peu après, il change à nouveau de nom en 1891 : Woolwich Arsenal. Dès 1888, eu égard à son origine, les canons figurèrent sur le blason du club. Au début, c'étaient trois canons, pointés vers le nord, avec une tête de lion. En 1922, alors que le pays et son football se remettent à peine de la Grande Guerre, on était pour la paix, et l'on adopta un blason avec un seul canon, pointé cette fois vers l'est, et portant l'inscription « The Gunners » (les canonniers, pour l'éternité) sur la droite. Le canon changea plusieurs fois de direction, et il disparut même du blason entre 1930 et 1949, au profit d'un logo Art nouveau. Revenu depuis, et bien qu'il ait plusieurs fois alterné entre est et ouest, il est toujours resté. Le blason d'Arsenal eut parfois des lauriers, il fut parfois doré, il comporta parfois une devise latine (« Victoria Concordia Crescit » : « la victoire vient de l'harmonie »), il fut souvent en caractères gothiques. Après avoir connu plusieurs versions, le blason est le même depuis 2002 : caractères en police Sans-Serif, canon vers l'est, aucune devise, couleurs rouge et bleu foncé.

En 1904, le club était le seul de la capitale à évoluer en Football League First Division. En 1910, Chelsea et Tottenham le rejoignirent, qui étaient deux clubs bien moins excentrés que leur aîné. Proche de la faillite, Woolwich Arsenal fut racheté par deux hommes d'affaires : Henry Norris et William Hall. Bien que relégué en division inférieure, le club quitta ses bassins pour pénétrer le cœur (nord) de la ville : Highbury. Un nouveau stade : l'Arsenal Stadium. À nouveau quartier nouveau nom : Arsenal FC. Au sortir de la guerre, le club fut réintégré dans l'élite alors agrandie de façon douteuse, probablement due au réseau des deux boss. Car dans le même temps, derniers de la dernière édition du championnat, ses rivaux de Tottenham Hotspur furent relégués. Ils l'ont toujours en travers de la gorge. Depuis, les deux clubs sont ennemis, leurs derbys sont farouches, voire violents. Depuis, Arsenal n'a jamais quitté l'élite anglaise, record de longévité nationale.

Bien que nettement devancés au palmarès par les Red Devils de Manchester et par les Reds de Liverpool, les rouges à bande blanche (telles sont leurs couleurs à domicile) d'Arsenal sont le troisième club le plus titré du pays. Et le plus titré de la capitale : à eux seuls, treize titres sur les dix-neuf remportés par des clubs de Londres.

La première période faste des Gunners débuta en 1925, avec l'arrivée de Herbert Chapman comme entraîneur. Son « WM » révolutionnaire et offensif, et des joueurs comme Alex James et Cliff Bastin furent à l'origine des premiers titres du club, champion en 1931, 1933, 1934, 1935 et 1938, vainqueur de la Cup en 1930 et 1936. Malgré le décès de Chapman en 1934, son système devint la signature du club, puis un modèle. La Seconde Guerre mondiale vit mourir neuf joueurs de l'équipe, qui peina à retrouver son allant après le conflit, remportant néanmoins une Cup et deux championnats. Une deuxième époque dorée s'ouvrit dans la seconde moitié des sixties, marquée notamment par un doublé coupe-championnat en 1971, une Cup en 1979, et le premier trophée européen du club en 1970 : la Coupe des villes de foires, ancêtre de la Coupe de l'UEFA, après avoir battu notamment le grand Ajax d'Amsterdam. En 1986, Arsenal devint « Boring Arsenal » avec l'arrivée sur le banc d'un ancien joueur du club, l'Écossais George Graham. Une équipe froide, au jeu moche et fade, avec du béton à l'arrière (Tony Adams, Steve Bould, Nigel Winterburn, Lee Dixon) et des chapelets de victoire 1-0. Un virage en épingle après les années « WM ». Mais un tableau de médailles forçant le respect : deux titres en 1989 et 1991, une Cup, deux League Cup, vainqueur de la Coupe des Coupes en 1994 et finaliste de la même épreuve l'année suivante. Après neuf ans de règne, Graham tomba pour une histoire de commissions perçues à la signature de certains joueurs.

C'est alors qu'arriva un Alsacien qui connaissait les Anglais : Arsène Wenger, qui avait eu sous ses ordres, à Monaco, Glenn Hoddle et Mark Hateley, deux des meilleurs joueurs anglais des eighties. Premier manager non britannique du club, il débarqua dans un anonymat moqueur (« Arsene Who ? » titrèrent alors les tabloïds). Mais il mit vite tout le monde d'accord, renouant avec l'ADN offensif des Gunners, misant à fond sur les jeunes et profitant à plein de l'arrêt Bosman tout chaud transformer l'équipe anglaise en… équipe française. Vieira, Petit, puis Henry, Pirès, Wiltord et bien d'autres allaient transformer les Gunners en « Frenchies ». Le manager alsacien fit rapidement du club une vraie machine de guerre des plus séduisantes : jeu léché, passes et rythmes rapides, attaquant prenant la profondeur (Henry), abattages monstrueux des milieux (Berkamp, Vieira, Pirès), joueurs et gestes de classe mondiale. Arsenal devint « l'invincible Arsenal ». Doublé coupe-championnat en 1998, rebelote en 2002, saison d'anthologie en 2004 où le club finit champion en étant invaincu, la Cup en 2003 et 2005, une finale de Coupe UEFA en 2000 et une de Champions League en 2006. En juillet de la même année, les Gunners entrèrent dans un nouveau stade, à Ashburton Grove, à cinq cents mètres au sud-ouest de Highbury : l'Emirates Stadium, du nom du principal sponsor du club. Avec ses 60 000 places assises, c'est le deuxième plus grand de Premier League après Old Trafford à Manchester. Sa pelouse est réputée être la meilleure du monde, avec un taux de couverture végétale de 98 %. Et l'ensemble est considéré comme le stade le plus rentable de l'élite anglaise, alors que la capacité de Highbury était limitée à 38 500 places depuis les réglementations Thatcher et l'obligation de places assises.

Mais entre 2006 et 2014, rien, pas un titre. Ce, malgré des recrutements de première bourre (Nasri, Van Persie, Fabregas, Walcott) ou des joueurs issus du club comme Ramsey, Gibbs, Wilshere. Additionnant les éliminations prématurées en coupes nationales, Arsenal semblaient atteint par la poisse : l'infirmerie était toujours pleine. Les détracteurs de Wenger en profitèrent pour stigmatiser les départs un peu faciles de Nasri, Fabregas, Cole, Van Persie, et le manque de notoriété du club dans l'univers du foot business. C'est que Wenger, fuyant les dépenses inconsidérées, préfèrait miser sur de jeunes talents, formés au club ou achetés peu cher, et les revendre avec de fortes plus-values. C'est aussi en vertu de cette politique ultra-rationnelle qu'Arsenal est devenu un des rares clubs bénéficiaires de Premier League. Mais si elle est efficace financièrement, cette stratégie contribua aussi à plumer le club avant que celui-ci n'ait eu le temps de former de nouveaux joueurs. Résultat : pas de titres, donc. Conséquence : aux Gunners, les très grands joueurs préféraient Chelsea, Manchester, « Madchester » (Manchester City), ou même Liverpool durant les transferts. De plus en plus menacés, Wenger repassa à l'offensive sur le marché lors de l'été 2013. Après avoir loupé Rooney, Higuain et Suarez pour les raisons exposées ci-dessus, il mit 50 millions d'euros sur la table et signa la pépite allemande Mesut Özil, venu du Real Madrid. Depuis, l'équipe est fidèle à elle-même : inconstante, mais toujours présente (dans les cœurs). Si elle ne semble plus taillée pour remporter la Premier League, elle a réouvert l'armoire à trophées, avec trois coupes d'Angleterre (2014, 2015 et 2017), une League Cup (2018), auxquelles on ajoutera une finale d'Europa League en 2019 (perdue contre Chelsea). Après vingt-deux ans à la tête de l'équipe, Arsène Wenger, de plus en plus critiqué depuis quelques années, quitta son Arsenal en 2018.

Plusieurs délocalisations dans la même ville, une histoire sportive et managériale qui illustre autant l'histoire du foot sportivement comme économiquement, et surtout une place culturelle qui fait des Gunners le grand club pop-rock de Londres : Arsenal est à jamais un club canon.

Lire aussi : Anelka, Frenchies, Henry, Naming, Thatcher, WM

H

« Chaque amateur de football possède deux patries : la sienne et la Hongrie. »
Antoine Blondin

HAC

Pour accueillir en France le football moderne venu d'outre-Manche, il fallait une ville portuaire. Ce fut Le Havre. Le Havre Athletic Club fut créé en 1872 et développa une véritable section football à compter de 1894. On remarqua l'anglomanie du club à son nom complet : Le Havre Athletic Club Football Association. En remportant la Coupe de France 1959, le HAC devint le premier club normand, et à ce jour le seul, vainqueur d'une compétition nationale. Michel Hidalgo y débuta en 1952. Parmi les autres joueurs qui portèrent le maillot bleu marine et bleu ciel : Bruno Baronchelli, Merry Krimau, Vikash Dhorasoo, Lassana Diarra. Son président depuis 2000, Jean-Pierre Louvel, est également le président de l'Union des clubs professionnels de football (UCPF), une des grandes instances de la gouvernance du football hexagonal.

Lire aussi : Corse, Football Association

HAÏTI

La Coupe du monde 1974 offrit deux grandes premières : le seul RDA-RFA de l'histoire, et la seule participation à ce jour de l'équipe nationale d'Haïti à une phase finale du tournoi. L'équipe encaissa trois tôles : 3-1 contre l'Italie, 7-0 contre la Pologne et 4-1 contre l'Argentine. Mais ce fut un Haïtien, Emmanuel Sanon, vingt-trois ans, qui mit fin à la série de 19 matchs officiels d'invincibilité du gardien italien Dino Zoff en ouvrant la marque face à la Squadra Azzurra. Auteur des deux seuls buts haïtiens en Coupe du monde – Sanon marqua de nouveau face à l'Argentine –, il accéda au rang de héros national. Il joua ensuite six saisons au Germinal Beerschot d'Anvers, où il remporta la Coupe de Belgique en 1979. Il mourut d'un cancer du pancréas le 21 février 2008, à Orlando aux États-Unis. Quinze mille personnes vinrent lui rendre hommage au stade Sylvio Cator de Port-au-Prince.

Lire aussi : Zoff

HAMM, Mariel Margaret

Comme Nadia Comaneci, Billie Jean King ou Florence Arthaud, elle est de ces femmes qui ont révolutionné leur sport. Avec elle, le sport roi trouva sa reine, car en ces années 1990 où le soccer féminin était en plein essor, Mariel Margaret Hamm devint une des sportives les plus connues aux États-Unis, son pays. Née le 17 mars 1972 à Selma (Alabama), elle débuta par le football américain mais bifurqua vers le soccer à quinze ans. Bonne idée, car peu après, à dix-neuf ans, elle disputa la toute première Coupe du monde de football féminin, organisée en 1991 en Chine. Un tournoi que l'équipe nationale américaine remporta. Les années suivantes, elle fut meneuse de jeu aussi bien qu'attaquante, avec une forte propension à l'effort, une jolie frappe du droit et un grand sens du but. Avant la fin de sa carrière (en 2004), Mia Hamm gagna encore un titre de championne du monde, fut désignée cinq fois de suite meilleure footballeuse américaine, fut sacrée championne olympique en 1996 (à domicile, à Atlanta, puis à nouveau en 2004), vice-championne olympique en 2000, et comptabilise 276 sélections en équipe nationale US pour 158 buts. Sur le continent américain, elle fut la première femme à bénéficier de retombées économiques aussi importantes que les meilleurs sportifs masculins. Un destin qui symbolise, à sa manière, cette période charnière de l'histoire récente : la globalisation.

Lire aussi : Femmes, Pichon, Rapinoe, Soubeyrand

HANOT, Gabriel (1889-1968)

Mourir en 1968 : un comble pour un homme qui fit évoluer les droits des footballeurs, créa une sorte d'Internationale européenne et qui, en sus, fut une belle plume du journalisme sportif. Gabriel Hanot et Jules Rimet furent les deux premiers grands personnages du football français. Ailier de l'US Tourcoing, Hanot fut sélectionné quatre fois en bleu en 1908, âgé de dix-huit ans lors de sa première sélection. Étudiant en allemand, il fit ensuite un séjour de deux ans outre-Rhin, entre 1910 et 1912. Il joua alors pour le FC Prussen de Berlin, y devenant l'un des meilleurs défenseurs latéraux de son temps. De retour en France, il connut huit nouvelles sélections. Prisonnier durant la guerre, il s'évada, s'engageant dans l'aviation. Il ne connut ensuite qu'une seule cape, en 1919, car une blessure de guerre le contraignit à abréger sa carrière. Ses mains devinrent à leur tour son instrument de travail : il entra en journalisme, au *Miroir des sports* et à *L'Équipe*. Il prit alors activement position pour l'établissement d'un statut de joueur professionnel en France. Assistant officieux de l'équipe de France entre les deux guerres, Gabriel Hanot en devint même le cosélectionneur entre 1945 et 1949, avec Gaston Barreau, avant de s'autolimoger après une défaite contre l'Espagne. Hanot avait des idées précises en matière de jeu : il détestait par exemple le « petit jeu de passes » du Stade de Reims de Kopa, avec qui ses rapports étaient houleux. Pour Hanot, le jeu anglo-saxon était meilleur grâce à sa vitesse d'exécution. C'est en assistant à des matchs amicaux outre-Manche, comme Wolverhampton-Honved Budapest, puis Wolverhampton-Spartak Moscou en 1954, que lui vint l'idée d'un Championnat du monde – « ou tout du moins d'Europe » – des clubs, aux éditions moins espacées qu'en Coupe du monde. Il en fit la proposition dans le journal *L'Équipe* et fut dès lors suivi par de nombreux confrères. C'est donc à Gabriel Hanot que l'on doit la célèbre Coupe d'Europe des clubs champions, créée en 1956. On lui doit également une autre invention : les séminaires pour former les entraîneurs. Hanot est bien un père fondateur du foot moderne.

HENRY, Amandine

Cinq victoires en Ligue des champions, autant en Coupe de France, onze titres de championne de France avec l'OL, et même un en… championnat des États-Unis : malgré ce palmarès XXL, seuls les initiés connaissaient Amandine Henry. Mais ça, c'était avant. Depuis 2017, elle porte le brassard de capitaine des Bleues. En décembre 2019, elle présidait le jury de Miss France. Aujourd'hui, on reconnaît celle qui est une des meilleures milieux de terrain au monde, ainsi qu'une ambassadrice médiatique de sa discipline.

Et pourtant : ses instits se moquaient d'elle quand elle disait vouloir devenir footballeuse professionnelle (« Mais non Amandine, ça n'existe pas ! »). Née le 28 septembre 1989 à Lille, elle débuta sa carrière aux clubs d'Hénin-Beaumont (Nord) puis au Centre national de football et d'entraînement de Clairefontaine avant de s'engager pour l'Olympique Lyonnais en 2007. Durant neuf saisons, elle participa activement aux razzias lyonnaises, étant devenue un cadre de cette machine à gagner : neuf fois championnes de France et trois fois victorieuses de la Ligue des champions. Elle connut sa première sélection en équipe de France le 22 avril 2009, et inscrit son premier but en bleu le 5 mai 2010. Elle était considérée comme l'une des toutes meilleures joueuses à son poste (milieu défensif), mais voilà : de sérieuses blessures (dos, mollet, genou, ou pubalgie) hachaient parfois ses saisons. En 2008, elle fut d'ailleurs la première sportive de haut niveau à subir une greffe de cartilage (à la rotule). Ce qui ralentit aussi sa carrière en Bleu. Pourtant, cette joueuse à l'énergie dévorante et contagieuse est toujours restée une pièce maîtresse de ses équipes. Si elle ne fut étonnamment pas retenue pour le Mondial 2011 et les JO 2012 (elle ne cadrait pas avec le « projet de vie » cher au sélectionneur), elle scintilla lors de la Coupe du monde 2015, étant même élue deuxième meilleure joueuse du tournoi malgré l'élimination de la France en quarts de finale. Son mental d'acier lui a permis de continuer une carrière que tout le monde pensait finie en 2008, et de devenir une sacrée leader. Dans une interview pour le site Rue89 en 2016, elle se rappelait ainsi le traitement infligé par les garçons sur les terrains, quand elle jouait dans les sections jeunes (en France, celles-ci sont mixtes jusqu'à quatorze ans) : « Ça forge le caractère de jouer avec les gars. Au début, ils ne te prennent pas au sérieux, puis quand tu as fait tes preuves tu as un statut privilégié. »

À trente ans, elle est encore à l'OL, nonobstant une parenthèse américaine aux Thorns de Portland (Oregon) et un bref passage de deux mois au PSG en 2016-2017. De son expérience du « soccer » aux USA, elle a toujours mis en avant « l'hyperreponsabilisation », l'hygiène de vie et l'attitude positive qu'elle y a apprises. Avant elle, Marinette Pichon, Sonia Bompastor ou Camille Abily avaient tenté l'aventure américaine, et étaient revenues bien plus fortes. Aujourd'hui, elle est « Captain Henry ». quatre-vingt-huit sélections et quatorze buts en sélection. Un des plus beaux palmarès français, et une référence mondiale.

Lire aussi : Diacre, Femmes, Pichon, Soubeyrand

HENRY, Thierry

Fin septembre 2010, en pleine préretraite aux New York Red Bulls, Thierry Henry dénicha l'appartement de ses rêves dans le quartier de Soho : 521 mètres carrés d'intérieur, sur trois niveaux, auxquels s'ajoutent 400 mètres carrés de terrasse. Coût du trésor : 11 millions d'euros. Avec, pour ce prix-là, le luxe d'une vue à 360 degrés sur New York et un ascenseur assez grand pour que sa voiture y pénètre, permettant ainsi de passer de la rue au parking sans avoir à marcher. Car Thierry Henry, comme tous les footballeurs, aimait beaucoup les grosses cylindrées, et en possédait plusieurs. Quand il emménagea aux États-Unis, « Titi » Henry était le sportif français le mieux payé (18 millions d'euros par an), et de loin, mais n'approchait pas les salaires des deux sportifs les mieux rémunérés du monde, les golfeurs américains Tiger Woods (73 millions d'euros) et Phil Mickelson (38,8 millions d'euros).

Thierry Henry fut le fils spirituel d'Arsène Wenger, l'entraîneur qu'il côtoya le plus longtemps, à Arsenal, entre 1999 et 2007. C'est avec cet entraîneur virtuose qu'il s'imposa comme un des meilleurs footballeurs de la planète, superstar des surfaces, un des meilleurs buteurs jamais vus en Angleterre, élu en 2008 meilleur joueur de l'histoire d'Arsenal par les supporters du club.

À peine entré dans le « club France » lors de la Coupe du monde 1998, où il fut avec David Trezeguet un des bizuts (les deux étaient coéquipiers à Monaco), il y marqua trois buts et devint champion du monde à vingt et un ans. De toutes les compétitions avec les Bleus jusqu'en 2010, il prit une part active aux victoires et aux désastres. Comme tous ceux qui étaient de la honteuse Coupe du monde en Afrique du Sud, on le vit davantage après le tournoi (entrevue avec Nicolas Sarkozy dès son retour en France, interview honteusement plate sur Canal Plus) que pendant. Précisons qu'avant, c'est avec la main qu'il passa le ballon à son coéquipier Galals, pour un but et un hold-up qualifiant les Bleus pour le Mondial, lors du match France-Irlande, le 18 novembre 2009. Pour le reste, Henry passa beaucoup de temps à gâcher la vie en bleu de son ancien coéquipier Trezeguet, parvenant à le faire mettre au placard, puis blackbouler de l'équipe nationale. Ainsi Henry devint-il en 2007 le meilleur buteur de l'histoire des Bleus, dépassant Michel Platini.

Monaco (1994-1999), Juventus (1999), Arsenal (1999-2007), Barcelone (2007-2010) : Henry évolua dans quatre très grands clubs et quatre grands championnats. Champion de France, d'Angleterre, d'Espagne, d'Europe et du monde en clubs, champion d'Europe et du monde avec l'équipe de France : Henry détient le plus beau palmarès du football français. Il peut en outre s'enorgueillir d'avoir joué avec les deux meilleurs joueurs des années 2000 : Zinedine Zidane en équipe de France, Leo Messi avec le Barça.

Un surnom plutôt flatteur lui fut attribué par ces dames : « Anaconda ». Une réputation d'autant plus claironnante : Henry n'a pas la réputation d'être un *sex addict*. Il a par contre celle d'être un bosseur. Et reste un joueur au style fait de vitesse et d'efficacité, un perforateur de défenses. 51 buts pour 123 sélections en bleu. 359 buts dans toute sa carrière « européenne », en 787 matchs.

Le 9 décembre 2011, pour célébrer ses cent- on dévoila trois statues aux abords de L'Emirates Stadium, le stade de son ancien club d'Arsenal. Trois statues pour trois légendes du club : Herbert Chapman (l'entraîneur qui permit au club de remporter ses premiers titres), Tony Adams (capitaine de l'équipe de 1988 à 2002) et Thierry Henry. Ce dernier fondit en larmes. À cette période, c'était l'intersaison dans le championnat US. Pour garder la forme, Henry était à Londres, et s'entraînait avec son ancien club. Le trouvant dans une forme impressionnante, et devant pallier les absences annoncées de deux attaquants sollicités par la CAN imminente, Arsène Wenger réussit à imposer une idée folle : faire rejouer Henry pour les Gunners. Le club de New York accepta un prêt de six semaines, et le rêve devint réalité. Du 6 janvier au 15 février, la statue descendit sur la pelouse. À la question « Tiendra-t-il le rythme à trente-cinq ans ? », Henry répondit dès le 9 janvier : entré à la fin d'un match pour le 3e tour de Cup face à Leeds United, il marqua quelques minutes plus tard un but dans le plus pur style Henry (sur une passe en profondeur côté gauche, il contrôla puis ajusta un tir enroulé croisé du pied droit), et qualifia son club pour le tour suivant. Cette fois, c'était sûr : il était une légende. Plus lent qu'à la grande époque, il fut à chaque fois remplaçant… et redoutable : entré six fois en cours de match, il ne plaça que trois tirs cadrés, mais les trois tirs devinrent des buts. Son dernier match avec Arsenal fut une branlée : 4-0 par le Milan AC, en Champions League, le jour même de la Saint-Valentin. C'est le cœur lourd que, le 16 février, Henry partit reprendre le cours de la saison US New York. En 2013, il était toujours le joueur le mieux payé de la MLS, avec 3,4 millions d'euros annuels. Mais surtout il était toujours en pleine forme, épanoui, et marquait toujours des buts faisant planer son ombre sur le Vieux Continent, qui continue d'admirer ses exploits sur la Toile : talonnades à la Madjer, corner direct, lob de vingt mètres, bicyclettes.

Il annonça sa retraite de joueur le 16 décembre 2014, à trente-sept ans dont vingt de carrière. Il rejoignit la chaîne anglaise SkySports en tant que consultant, et pour une rémunération estimée à 5 millions d'euros annuels. En plus de ces activités, il passa son diplôme d'entraîneur (notamment auprès des catégories jeunes d'Arsenal), et obtint en 2016 sa licence par l'UEFA. Il devint alors sélectionneur-adjoint de la sélection nationale… de Belgique. Jusqu'à l'été 2018. C'est ainsi qu'il croisa la route des Bleus, en demi-finale France-Belgique de la Coupe du monde 2018. Lui, le champion du monde français de 1998. « Ses » Belges furent battus par ceux qui, quelques jours plus tard, allaient décrocher le deuxième titre mondial de l'équipe de France. Il y eut ensuite un fiasco, quand il ne resta que quatre petits mois l'entraîneur de son ancien club de Monaco. Depuis le 14 novembre 2019, Henry est retourner s'activer de l'autre côté de l'Atlantique : entraîneur de l'Impact de Montréal, qui évolue dans cette Major League Soccer qu'il avait connue comme joueur.

Lire aussi : Domenech, Gunners, New York, Trezeguet, Zidane

HÉTÉRONYMES

Ils sont de la même famille, mais les coutumes, les cultures, les lois et d'autres raisons mystérieuses font qu'ils ne portent pas le même nom. Parmi les grandes familles du football, voici des cas célèbres de frères hétéronymes :

Kaka et Digão

L'aîné (Kaka) est bien plus célèbre que le cadet. Ballon d'or 2007, meneur de jeu du São Paulo FC, du Milan AC puis du Real Madrid, Ricardo Izecson dos Santos Leite s'est fait surnommer Kaka par son frère, qui n'arrivait pas à prononcer correctement le prénom « Ricardo ». À dix-huit ans, Kaka fit un mauvais plongeon dans la piscine de ses grands-parents : il se cogna la tête au sol et se fractura la sixième vertèbre. Le médecin de famille considéra comme un miracle que Kaka ait pu un jour remarcher. Du coup, dans la famille, on est croyant au sens brésilien du terme, c'est-à-dire démesurément : Kaka est convaincu qu'il doit sa carrière à Jésus, raison pour laquelle, à chaque but, il lève ses index vers le ciel en signe de reconnaissance envers Dieu. Kaka parle couramment quatre langues : le portugais, l'italien, l'anglais et l'espagnol. L'espagnol lui servit : en 2009, il fut transféré au Real pour 67,2 millions d'euros – le quatrième transfert le plus cher de l'histoire du football derrière Zinedine Zidane en 2001, Cristiano Ronaldo quatre jours plus tard, également au Real Madrid, et enfin Zlatan Ibrahimović de l'Inter Milan au FC Barcelone (environ 70 millions d'euros). En septembre 2013, après des hauts et des bas à la Maison blanche, Kaka reprit la route italienne, direction le Milan AC avec lequel il retrouve du temps de jeu.

Son frère, Rodrigo Izecson dos Santos Leite, dit « Digão », est forcément plus connu comme étant le « frère de » que comme footballeur. De trois ans le cadet du leader Kaka, Digão est défenseur. De 2007 à 2010, il émargea au Milan AC, mais ne joua jamais avec son frère : il fut prêté à droite (Rimini, Liège), à gauche (Lecce ou Crotone). Digão joue désormais aux États-Unis.

Seth Adonkor et Marcel Desailly

Tous deux sont nés à Accra, au Ghana. Sept ans séparent Marcel « Captain Say What » Desailly de son aîné Seth Adonkor. Tous deux arrivèrent en France en même temps, en 1972. Tous deux ont joué au FC Nantes, mais jamais ensemble.

Avant de faire du bla-bla (publicités et commentaires), Marcel accomplissait du résultat. Pur produit du centre de formation du FC Nantes, où il se lia d'amitié avec Didier Deschamps, il joua son premier match dans l'élite en 1986. Il joua aussi avec Jean-Jacques Eydelie, son futur coéquipier marseillais dans l'affaire VA-OM. Desailly était alors stoppeur. Transféré à Marseille en 1992, il connut l'année suivante une véritable consécration : champion de France, champion d'Europe contre le Milan AC et premiers pas en bleu. Dès novembre 1993, il partit au Milan AC, passant ainsi entre les grosses gouttes de l'affaire de corruption évoquée plus haut. En mai 1994, il remportait sa deuxième finale consécutive de Ligue des champions, contre le Barça de Cruyff, y marquant même un but. Il devint ainsi le premier joueur de l'histoire à gagner le trophée deux années de suite. Au Milan, il fut replacé milieu défensif. En 1996, il porta pour la première fois le brassard de capitaine de l'équipe de France. Appelé « le Poulpe », ses jambes fines et longues faisaient de lui un défenseur infranchissable. Vinrent l'Euro 1996 et la Coupe du monde 1998, l'époque de la bande à Jacquet, dont il incarna un des symboles. Son duo avec Laurent Blanc restera comme le fer de lance des victoires françaises de 1998 et 2000.

Après de fastes années milanaises, Desailly partit pour Chelsea, où il retrouva Didier Deschamps. Comme tous les champions du monde 1998 à cette époque, Desailly devint un people, en plus d'être un homme d'affaires et un acteur de publicité. En 2002, il tourna dans cette fameuse pub SFR, où on le voit jongler avec les smartphones. Il fut également sous contrat avec Adidas, les biscuits Lu, Ubisoft, et – déjà – BetClic. Or, même s'il s'en défendait, Marcel tirait sur la corde d'un corps légèrement vieillissant. Au Mondial 2002, à l'instar de tous les Bleus, il sombra. À la différence qu'il était redevenu le capitaine. En 2004, il échoua royalement dans un Euro pour lequel il n'aurait pas dû être convoqué. En 2005, il partit finir sa carrière au Qatar.

À sa naissance, Marcel Desailly, qui portait le nom d'Odenke Abbey, ne fut pas reconnu par son père biologique. « Desailly » lui vient de Marcel Louis Desailly, consul de France au Ghana, que sa mère épousa, donnant ainsi la nationalité française à Marcel, comme elle l'avait fait sept ans auparavant pour Seth Adonkor. Seth a toujours été « l'exemple à suivre » de Marcel. Entré en 1972 au centre de formation du grand FC Nantes, Adonkor était un milieu de terrain défensif « taillé dans le roc » (1,80 mètre, 74 kg). Il devint titulaire après s'être fait les dents au contact quotidien de joueurs comme Michel Rio ou Henri Michel, et se révéla dans son rôle de ratisseur acharné. Il avait aussi la faculté de se comporter parfois comme un avant-centre. Si 1993 fut l'année Marcel, 1983 fut l'année Seth. La saison 1982-1983 fut brillantissime pour un FC Nantes à la mode brésilienne, ponctuée par un titre de champion et une finale de Coupe perdue contre le PSG de Susic. Une finale où fut marqué le plus beau but de l'histoire de la Coupe : Touré qui contrôle de la poitrine, dos au but, avant de se retourner, d'enchaîner deux jongles et de marquer du gauche un but tout brésilien. Qui fit la passe décisive ? Adonkor. Si 1983 fut une année magique, 1984, quant à elle, fut à tout le moins tragique. Tout s'arrêta le 18 novembre 1984, dans l'accident de voiture des trois Nantais Jean-Michel Labejof, Seth Adonkor et Sidi Kaba. Seul Sidi survécut, mais la mort des deux autres brisa sa carrière. C'est Didier Deschamps qui se porta volontaire pour aller annoncer la nouvelle au demi-frère du défunt Adonkor : son grand copain du centre de formation, le jeune Marcel Desailly, seize ans. L'amitié entre Deschamps-Desailly n'en fut que plus forte.

Lire aussi : Boateng, Charlton, Maldini, Pelé, Vieri

HEYSEL (et toutes ses conséquences)

29 mai 1985, Bruxelles. Ce jour-là, la finale de la Coupe d'Europe des clubs champions opposait Liverpool à la Juventus de Turin. Une apothéose. Les Anglais avaient remporté l'édition précédente contre l'AS Roma, à Rome. Leurs supporters s'étaient fait pourchasser à la sortie par les supporters italiens, jusqu'aux portes de l'ambassade anglaise. L'Europe du football avait donc déjà reçu un avertissement et à Bruxelles, pour cette finale 1985, on savait d'avance que l'ambiance serait très tendue. Les Anglais vinrent avec d'autres hooligans, notamment de Milwall.

Le match eut lieu au stade du Heysel, dans un quartier triste du nord de Bruxelles. Il fut gagné par la Juve sur un penalty de Michel Platini. Mais ce jour-là fut avant tout un jour de drame. Une heure avant le début du match, des supporters anglais envahirent le fameux bloc Z, où se trouvaient des spectateurs belges « neutres », mais surtout des tifosi italiens. Il s'agissait d'une « prise de tribune » typique de la culture hooligan. En bas des gradins, les portes donnant accès à la pelouse étaient fermées. Les forces de police présentes sur le terrain, pensant pouvoir attendre l'arrivée de la police montée, repoussèrent même des spectateurs qui tentaient de fuir. Le piège était en place. Soudain, des grilles et un muret s'effondrèrent. Des dizaines de supporters furent aussitôt piétinés – trente-neuf personnes périrent et plus de six cents furent blessées. Cette tragédie fit découvrir au monde le hooliganisme et entraîna l'exclusion des clubs anglais de toute compétition européenne jusqu'en 1991.

La bousculade géante de Hillsborough en 1989 (Angleterre, quatre-vingt-seize morts et sept cent soixante-six blessés), puis la tragédie de Furiani (effondrement d'une tribune du stade du club de Bastia en 1992), retransmise en direct à la télévision, auront comme conséquences de rendre obligatoires les places assises dans tous les stades et de mettre en place des conditions de sécurité et de confort drastiques. Mais regarder assis un match de football anglais, c'est un peu comme assister à un concert d'Iron Maiden dans un fauteuil Louis XVI. Avant, on allait voir un match, on hurlait, on riait, on buvait, dans une ambiance punk-rock. À présent, difficile de chanter, de boire, d'encourager son équipe. Quand, en France, le prix moyen pour un match de Ligue 1 est de 11 euros pour les tribunes les moins chères, il en coûte 75 euros en Angleterre. La *working class* n'a plus les moyens de payer sa place. Le public des stades de football s'est ainsi boboïsé, les classes populaires sont de plus en plus exclues des grands stades, en Angleterre surtout.

Remède : retransmettre tous les matchs à la télévision. L'homme providentiel : Rupert Murdoch, magnat australien de la presse mondiale qui, avec Sky Network, a acheté les matchs les plus intéressants et fait monter les droits TV. Le foot business prend donc ses racines – aussi – dans le hooliganisme.

Lire aussi : Angleterre, Hooligan, Juventus, Liverpool FC, Murdoch

HIDALGO, Michel (1933-2020)

Il faillit entrer dans l'histoire le 3 juin 1956, lorsqu'il marqua de la tête le deuxième but du Stade de Reims en finale de la toute première Coupe d'Europe. Mais les Madrilènes, chez qui évoluait un Raymond Kopa encore rémois la saison précédente, marquèrent deux buts et l'emportèrent. Né dans le Nord, installé en Normandie dans son enfance, le jeune Michel Hidalgo débuta ailier droit avec Le Havre, où il joua deux années avant d'être transféré à Reims en 1954, côtoyant dès lors les grands de France et d'Europe. Joueur important de l'équipe, sans être toujours titulaire, loin de là, Hidalgo sut se montrer indispensable durant ses trois ans en Champagne. En 1957, il débarqua à Monaco et prit part à l'émergence de la première grande équipe du Rocher : championne de France en 1961 et 1963, et vainqueur de la Coupe de France en 1960 et 1963. Un temps où la princesse Grace Kelly redessina le maillot du club et où, à la demande de la famille princière, le joueur Hidalgo faisait faire du sport au prince Albert et à la princesse Caroline*. En 1962, Hidalgo connut sa seule et unique sélection en équipe de France – défaite 2-1 face à l'Italie. En 1964, il devint président de l'UNFP. C'est sous sa présidence que les footballeurs professionnels obtinrent, en 1969, l'entrée en vigueur du contrat à temps. Hidalgo était alors retraité depuis trois ans, mais il se battait toujours pour ses anciens collègues.

Ainsi, lorsqu'il entra à la Direction technique nationale de la FFF, en 1970, Hidalgo avait déjà beaucoup œuvré pour le football français. Il fit bien plus par la suite. Après avoir été l'adjoint de Stefan Kovacs à la tête des Bleus, il en devint le sélectionneur en mars 1976, à une époque où la France échouait invariablement sur la scène internationale, mais où les Verts commençaient à rugir en Europe. « À l'entraînement, j'avais une casquette avec "Argentine 1978" marqué dessus* » : effectivement, l'objectif du nouvel homme était de qualifier la France pour la Coupe du monde, après douze longues années de disette. Le premier match de Michel Hidalgo à la tête des Bleus fut aussi le premier match en bleu d'un certain Michel Platini : depuis cette rencontre, le destin des deux hommes resta irrémédiablement lié. Platini fut la base et la lumière d'Hidalgo comme Zinedine Zidane fut celles d'Aimé Jacquet. Pour le reste, Hidalgo s'appuya « sur les qualités qui [lui] semblaient être celles du football français : vivacité, physique et technique », ajoutant : « J'ai alors tablé sur l'offensive. Si vous regardez bien, au milieu du terrain, je n'ai toujours pris que des joueurs à vocation offensive. À la fin, en 1984, seul Tigana n'était pas un numéro 10. J'avais Genghini, Giresse, Platini, soit trois vrais numéros 10 qui jouaient en même temps* ! » Si au début les Bleus de Michel Hidalgo furent essentiellement stéphano-nantais, d'autres joueurs, arrivant de Bordeaux, de Sochaux et du PSG, firent leur apparition. Dès lors et jusqu'à son départ en 1984, le patron des Bleus s'appuya sur une génération en or : Platini, Trésor, Bossis, Lacombe, Rocheteau, Six, Janvion, Giresse, Tigana, Battiston, Fernandez, puis Bellone, Amoros, Ferreri. Une équipe de France qui se qualifia pour l'Argentine. À cette occasion, une frange de l'opinion française appela au boycott de la compétition, qui allait se tenir dans un pays sous dictature militaire. Au sein des Bleus, certains partageaient cet avis. « Celui qui ne voulait vraiment pas y aller, c'était Rocheteau, car il avait des contacts avec des gens en dehors du milieu du foot, et des informations graves sur ce qui se passait, se rappelle l'ancien sélectionneur. On s'est réunis, et on s'est demandé pourquoi on y allait : pour donner raison à Videla, ou pour jouer au football ? Notre métier étant le football, on a décidé, après en avoir parlé tous ensemble, d'y aller. Mais nous avons décidé qu'on irait aussi voir les prisonniers français sur place, voir s'ils avaient les moyens de se défendre. Nous avons donc demandé, avec Fernand Sastre, président de la FFF, et Jean Sadoul, président de la Ligue professionnelle, la liste des prisonniers français au gouvernement. Sur place, chaque Bleu est allé visiter un prisonnier, vérifiant comment il était défendu, s'assurant qu'il avait un avocat. Une fois éliminés et repartis, on n'a eu aucune nouvelle de ces prisonniers, évidemment, mais on a fait ce qu'on devait faire. »

Michel Hidalgo reste le sélectionneur qui est allé le plus loin dans son lien et sa complicité avec les membres de l'équipe, dans sa façon de marquer la position du groupe. Ce fut aussi la raison des succès à venir. Hidalgo fut le premier sélectionneur à faire deux grands stages avec ses joueurs avant la Coupe du monde 1982. Le résultat fut une surprise : malgré un mauvais début, la France atteignit la quatrième place d'une Coupe du monde qui débarrassa toute une génération de ses complexes internationaux. Séville fut à la fois le plus grand drame du football français, mais aussi le point de départ d'une envie de forcer le destin. « Après ce match, les vestiaires étaient une cour de maternelle, il n'y en a pas un qui ne pleurait pas. Ils voulaient tout arrêter, d'autant qu'ils étaient dégoûtés par l'arbitrage. Mais je leur ai dit : "Il y a 1984, chez nous ! Il faut le gagner !" » L'Euro 1984 avait effectivement été confié à la France. Ce fut le point d'orgue de la génération « Platini by Hidalgo » : cinq matchs, cinq victoires, le premier titre international pour une équipe de France, Platini meilleur joueur et meilleur buteur, et une nouvelle demi-finale d'anthologie, gagnée à la dernière minute contre le Portugal, qui occulta la demi-finale tragique de Séville. Là encore, complicité et dialogue : « On avait tout décidé et tout fait ensemble, même les schémas tactiques. » Pour tenir la promesse qu'il avait faite à son successeur Henri Michel, Hidalgo lui laissa son fauteuil à l'issue de cette victoire. Lorsqu'il évoque cette période, l'ancien sélectionneur cite toujours les deux hommes avec qui il n'a cessé de dialoguer : son capitaine Michel Platini et le président de la Fédération, Fernand Sastre.

En 1986, Hidalgo fut appelé par Bernard Tapie pour devenir le manager général de l'OM, qu'il construisait alors. Hidalgo resta au club jusqu'en 1991. Plus tard, dans les affres judiciaires de l'affaire des comptes du club, il écopera de peines solidaires, dont la prison avec sursis.

Il décéda à Marseille, le 26 mars 2020. Dans les circonstances mondiales où elle survint (l'épidémie mondiale de Covid-19, et le confinement obligatoire en France comme dans bien des pays), cette disparition priva ce chef d'orchestre d'un dernier cortège à sa mesure. Alors il faut dire, écrire, témoigner, célébrer, ce que nous lui devons. Homme de cœur, de parole, de confiance, connaisseur de l'histoire des choses, Hidalgo fut sûrement le plus grand homme du football français.

* Entretien avec l'auteur, août 2010.

Lire aussi : Kelly, Kovacs, Platini, Séville, Syndicat

HIGUITA, René

Zoff, Buffon, Yachine : en général, les gardiens de but sont des joueurs stoïques, sérieux. Tels des phares, ils apportent l'assurance défensive de base pour toute l'équipe. Higuita, gardien colombien des années 1990, était, lui, plutôt un fêlé. Ami d'enfance de Pablo Escobar, ancien chef du cartel de Medellin, Higuita eut toujours une attitude irrationnelle, chose plutôt rare chez un gardien. On peut l'expliquer par le fait que, enfant, Higuita commença à jouer au football comme attaquant et fut même meilleur buteur de l'équipe de son école. Un jour, il dut remplacer le goal habituel, blessé en cours de match. Et il assura, René ! C'est ainsi que, comme le veut la coutume des cours de récréation, ce fils de mère célibataire, qui n'avait jamais connu son père, devint gardien à contrecœur. Un poste qui devint le sien sans jamais être sa vraie nature. C'est pourquoi Higuita décida qu'il serait un gardien qui marque des buts. En demi-finale de la Copa Libertadores 1995, qu'il disputait avec l'Atlético Nacional contre River Plate, l'homme scora sur coup franc, avant d'inscrire le tir au but victorieux qui dépêcha son club en finale. Tout le long de sa carrière, achevée en 2010 à l'âge de quarante-quatre ans, le gardien colombien s'évertua à tirer penalties et coups francs (comme, dans la même période, le Paraguayen Chilavert, plus solide), mais aussi à dribbler ses adversaires… et ses partenaires. On le surnomma *El Loco* (le fou). Sa bourde la plus fameuse se déroula au cours d'un match contre le Cameroun, en huitième de finale de la Coupe du monde 1990 : alors que le score était de 1 partout à la fin du temps réglementaire, *El Loco* sortit de sa surface, fit un une-deux avec son stoppeur à quarante mètres de ses buts et… perdit le ballon. Plus exactement, Roger Milla surgit sans prévenir, le lui déroba, et marqua. Il s'agit du but le plus important du Camerounais – et du but le plus bête du monde. Higuita la *lose*.

Mais *El Loco* sait aussi avoir la *win*. Ainsi, en septembre 1995, au cours d'un amical Angleterre-Colombie, monsieur fit le scorpion : sur un centre trop long de l'Anglais Redknapp, le Colombien se jeta en avant, posa les mains au sol tout en levant les pieds en l'air, et repoussa le ballon… des talons, tête en bas. Il venait d'inventer le coup du scorpion, et par là même un nouvel art du goal : ne pas arrêter le ballon *avec* les mains, mais *sur* les mains. C'est sans doute l'arrêt le plus fou de l'histoire du football. Hélas, le gardien colombien, coupable d'avoir pris un trop grand risque pour « crâner », se fit sermonner par son entraîneur à la fin du match (score : 0-0).

El Loco, c'est aussi une figure de la Colombie pure. En 1993, il fut emprisonné six mois pour avoir servi de médiateur dans une affaire d'enlèvement qui impliquait son ami Escobar. Cinq ans plus tard, il se fit arrêter portant sur lui un flingue chargé et prêt à l'emploi ; cela lui valut quelques heures de taule. En septembre 2002, il fut contrôlé positif à la suite du match marquant son retour sur les terrains, après huit mois d'absence. Sa défense fut sciante : il avoua avoir sniffé de la coke lors d'une fête pour son anniversaire quelques jours auparavant… date à laquelle il n'avait pas encore signé pour son nouveau club. Il fut déclaré « sportivement innocent ». Soutenu par ses dirigeants, il ne prit que six matchs de suspension. En décembre 2004, rebelote. Cette fois, suspension de six mois, avant de stopper sa carrière. Pour se racheter, il entreprit de se refaire une santé. Plus exactement, en 2005, il participa à l'émission de téléréalité « Cambio Extremo », où les participants s'adonnaient en direct à la chirurgie esthétique – liposuccion, retouches dentaires, allongement du menton. Du n'importe quoi aussi épais qu'une bonne ligne colombienne. Il remit les gants en 2007 (quarante et un ans) pour un club de première division vénézuélienne (Guaros de Lara) et joua en Colombie l'année suivante, au Deportivo Rionegro (troisième division). Le 24 mars 2008, il marqua le 44e but de sa carrière, sur penalty. Aux dernières nouvelles, il vit au Venezuela et reçoit maintenant ses ordres directement de Dieu. Il a même tenté de convaincre son compatriote Gabriel Garcia Marquez de rédiger sa biographie.

Lire aussi : Banks, Buffon, Colombie, Milla, Zoff

HOMOSEXUALITÉ

« Mon premier copain était aussi footballeur. Il est venu jouer à Chooz six mois, puis a signé à Vireux, une commune voisine, parce qu'on ne pouvait pas s'afficher ensemble. Officiellement, bien sûr, il était hétéro… » Ainsi s'exprima Yoann Lemaire, dans *Libération*, le 30 septembre 2010. Il venait de se voir refuser le renouvellement de sa licence par le petit club de Chooz, dans les Ardennes belges. Six ans après leur avoir dit qu'il était homosexuel, il avait été maintes fois victime de propos homophobes de la part de ses coéquipiers. Le jeune ne fut jamais soutenu par son club. Le seul qui le soutint alors fut le Paris Foot Gay, association fondée en 2003 et parrainée par Vikash Dhorasoo et Agnès b., dont le but est de consigner les actes homophobes et les poncifs contre les discriminations sexuelles. Car l'homosexualité et donc l'homophobie sont, avec l'argent, les grands sujets tabous des sports collectifs professionnels. Olivier

Rouyer, ancien joueur de l'AS Nancy-Lorraine et de l'équipe de France dans les années 1970, où il fut un ami de Michel Platini, n'avoua son homosexualité qu'en 1998, une fois bien installé comme consultant pour la télévision. Il expliqua alors être certain que son homosexualité lui avait fait perdre son poste d'entraîneur du club lorrain, quatorze ans plus tôt.

Côté anglo-saxon, son outing coûta sa carrière à l'espoir anglais Justin Fashanu, avant de lui coûter la vie. Révélé à Norwich City, Nothingham Forest et Brian Clough le prirent en affection, avant que ce dernier ne l'humilie puis le licencie, après avoir appris qu'il fréquentait les clubs gays. C'était en 1981. Depuis, quasiment rien n'a changé pour les gays. Justin Fashanu fit son outing en 1990, demeurant le seul joueur à avoir annoncé son homosexualité alors qu'il était en activité. Plusieurs de ses coéquipiers et confrères décrétèrent qu'un homosexuel n'avait pas sa place dans une équipe de foot ; même son frère le désavoua. Fashanu dut s'en aller jouer aux États-Unis. À son retour en Angleterre, un jeune homme de dix-sept ans l'accusa d'agression sexuelle. Interrogé par la police puis relâché, Fashanu fut considéré comme coupable par la presse, qui s'empressa de monter l'affaire en épingle. Dans le sport, un homo fait souvent office de tête de turc, voire de coupable idéal. Fashanu fut retrouvé pendu le 2 mai 1998.

Les silences assourdissants, les petits mots vachards en interviews d'après match et autres lapsus du milieu traduisent hélas une homophobie larvée, voire latente, sans aucun besoin de sous-titrage. En 2009, le très haut en couleur Louis Nicollin, président du club de Montpellier, qualifia son adversaire d'un soir, l'Auxerrois Benoît Pedretti, de « tarlouze ». Sur le plateau de Canal Plus en 2005, David Ginola montra sa maîtrise de la grammaire et de l'élégance : « En dix-huit ans de carrière, je n'ai jamais vu un homosexuel dans un vestiaire ou sous la douche. [...] Dans les attitudes, je n'ai jamais vu quelqu'un qui y ressemblait de près ou de loin, avec des manières de quelqu'un du côté obscur de la force. » En 2004, le sélectionneur de l'équipe de Croatie présenta ainsi les joueurs qu'il emmènerait au Championnat d'Europe : « Il n'y aura pas un seul pédé dans mon équipe. » En 2007, alors qu'il entraînait la Juventus de Turin, Didier Deschamps, loin d'être homophobe, refusa pourtant, gêné, que son équipe porte le maillot rose qui était pourtant parfois le sien : « C'est la couleur des gays. ». Ce même « DD » est de ceux qui ont accepté de témoigner dans le documentaire-témoignage *Footballeur et homo* (France 2, 2019) qu'a réalisé Yoann Lemaire neuf ans après l'épreuve traversée au FC Chooz. Il regrettait que, si des joueurs très connus avaient ouvert la porte et les propos, il avait été bien plus compliqué que les clubs en fassent de même.

Le 29 septembre 2015, le Paris Foot Gay avait annoncé sa dissolution, déclarant dans un communiqué : « Face à l'indifférence notable, la peur des institutionnels à s'engager réellement, la honte pour certains à traiter ce sujet, nous devons nous rendre à l'évidence : nous ne parvenons plus à faire avancer notre combat contre l'homophobie. »

Pour cela, il ne sert à rien de blâmer, punir, ou interdire les supporters qui scandaient « oh hisse enculé ! » quand le gardien adverse bottait une remise en jeu, d'arrêter le match quand cela avait lieu. Comme crut bon de le faire, en 2019, la ministre des Sports française Roxana Maracineanu, pourtant ancienne sportive, qui montra une cruelle incompétence en matière d'histoire sociale et politique du sport et du supportérisme. La lutte contre l'homophobie, comme celle contre tous les identitarismes, xénophobies et autres nationalismes passent par l'école, l'éducation, les éducateurs, l'égalité et l'équité. Dans la société comme dans les clubs.

Certains pays sont allés beaucoup plus loin que la France en matière de lutte contre l'homophobie. En Grande-Bretagne, la Fédération en a fait un sujet à part entière dans sa politique de lutte contre les discriminations.

Dans ce contexte, l'essor du foot féminin (depuis plus de vingt ans aux USA, depuis dix ans en France) apporte une sacrée pierre à l'édifice. Sans en faire un étendard, certaines joueuses n'ont aucun mal à dire leur homosexualité : Megan Rapinoe aux USA, Marinette Pichon en France. Six mois après leur titre mondial de 2019, la gardienne et la défenseuse de l'équipe américaine Ashlyn Harris et Ali Krieger se sont mariées à Miami, au cours d'une cérémonie fortement relayée sur les réseaux sociaux.

Lire aussi : Pichon, Rapinoe, Sankt Pauli FC

HONGRIE

« Chaque amateur de football possède deux patries : la sienne et la Hongrie », écrivit Antoine Blondin, le 8 octobre 1956. Juste avant l'insurrection de Budapest, l'arrivée des chars russes et la répression.

En effet, avant le Brésil des années 1960 et les Pays-Bas des années 1970, il y eut la Hongrie des années 1950 : le Onze d'or, les Magic Magyars. De véritables poètes venus du bloc de l'Est. La Hongrie avait déjà été finaliste de la Coupe du monde en 1938, mais la génération de 1950 accomplit une somme de petites révolutions qui, si elles se soldèrent par un drame, n'en jetèrent pas moins les bases des écoles brésiliennes et hollandaises à venir.

L'histoire débuta par une révolution forcée qui s'avéra payante. L'étatisation de l'économie des pays de l'Est mit les sociétés sportives sous la férule de l'État et permit aussi à un communiste convaincu et ami du régime, Gusztav Sebes, ancien ajusteur et contremaître, de devenir sélectionneur de l'équipe nationale en 1949. Plus tard, en récompense de la gloire apportée au pays, il fut nommé ministre des Sports. Sebes fit principalement appel aux joueurs du Drapeau rouge et du Honved. Les deux clubs de la capitale, et notamment le premier, s'appuyaient sur une génération offensive et dorée de footballeurs, que voulait unir Sebes en équipe nationale : Ferenc Puskas, Jozsef Bozsik, Lazslo Budai, Sandor Kocsis, Nandor Hidegkuti, Jozsef Zakarias, Gyula Lorant, Mihaly Lantos sur le terrain, et Gyula Grosics dans les buts. Dans ce pays dont le dictateur d'alors, Matyas Rakosi, s'avéra l'un des pires du bloc de l'Est, les sorties de l'équipe nationale donnèrent une image poétique et légère de la nation, parfait opposé des pratiques du régime. L'équipe remporta les Jeux olympiques de 1952 à Helsinki, les premiers auxquels participa l'URSS. Déjà, les footballeurs défiaient le régime soviétique.

L'histoire se prolongea avec la victoire historique, et fondatrice, de Wembley. Le 25 novembre 1953, la Hongrie battit l'Angleterre, sur son auguste pelouse, lui administrant une authentique raclée : 6-3. Rebelote le 23 mai 1954 au Nepstadion de Budapest, sur le score attilesque de 7 buts à 1. « C'était effrayant, dit alors le milieu anglais Billy Wright, ils faisaient des choses avec la balle que nous n'avions jamais vues avant. » Son coéquipier Tom Finney ajouta : « C'était sans doute la meilleure équipe que j'aie jamais vue jouer. Des joueurs exceptionnels et un schéma de jeu totalement inédit à l'époque. »

Ce schéma fut effectivement une sorte de football total avant l'heure. Sebes inversa le WM de Chapman. Faisant reculer d'un cran son avant-centre (Hidegkuti) et avançant d'un cran les milieux offensifs (Puskas et Kocsis), il transforma le 3-2-2-3 de Chapman en un

4-2-4 qui, plus tard, inspira Rinus Michels. La position avancée du gardien, une première, acheva de scotcher tous les adversaires des Magic Magyars. Ferenc Puskas l'expliqua lui-même plus tard : « Lorsque nous attaquions, tout le monde attaquait. En défense, c'était pareil. Nous étions les précurseurs du football total. » Pour Sebes, il ne s'agissait pas de football total, mais de « football communiste ».

La plupart des joueurs de la sélection évoluaient ensemble à longueur d'année, au Honved, ils se connaissaient par cœur. La Hongrie devint l'équipe au football le plus fluide, avec les joueurs les plus élégants de leur temps. C'est grâce à cette différence entre leur système de football et le système politique de leurs dictateurs, associée à l'aventure du Honved et à la Coupe du monde 1954, que le Onze d'or inscrivit alors, et pour longtemps, l'aventure la plus romantique du football.

Entre 1950 et 1954, le Honved fut la meilleure équipe du monde. Les Magic Magyars détinrent longtemps le record d'invincibilité au niveau international : trente et un match sans défaite en quatre ans, dont vingt-sept victoires, surclassant les meilleures formations du continent. Nul doute, la Hongrie allait remporter la Coupe du monde 1954 en Suisse. L'équipe entama d'ailleurs la compétition en administrant une raclée hémorragique à la Corée du Sud (9-0) et une autre, plus saillante encore, à la RFA (8-3). La machine s'enraya un peu aux tours suivants, contrairement à ce qu'indiquèrent les scores identiques (4-2) contre le Brésil puis contre le tenant du titre uruguayen. Dans l'esprit de tous, le 4 juillet, jour de la finale, serait le sacre des Magyars, lesquels, d'ailleurs, menaient 2-0 au bout de huit minutes de jeu, grâce à Puskas et Czibor. Mais ce jour-là, on apprit bien avant l'heure que « le football est un sport qui se joue à onze contre onze, et à la fin, c'est l'Allemagne qui gagne ». Les romantiques magyars eurent affaire au fatalisme allemand : à la 18e minute de jeu, ces derniers avaient égalisé. La finale se transforma en « miracle de Berne » pour les Allemands, et en descente aux enfers pour les Hongrois. Sur la pelouse détrempée, les Allemands portaient des Adidas ; ils gambadaient. Les Hongrois, sans doute moins bien chaussés, tombaient fréquemment et se blessaient. Lorsque, à six minutes de la fin, il marqua le but de la victoire ouest-allemande, Helmut Rahn devint un héros national. Quelques instants plus tard, l'arbitre refusa au Hongrois Puskas un but valable et, du même coup, l'égalisation. Contre toute logique, la Hongrie perdit la Coupe du monde. Une fatalité que vécurent à leur tour, vingt ans plus tard, les Oranje de Cruyff contre la RFA.

Même si elle remporta une série de 18 matchs sans défaite jusqu'en 1956, la Hongrie ne se remit jamais du 4 juillet 1954. La suite appartient au courage du Honved, et à la tragédie de l'histoire hongroise, envahie par les chars soviétiques.

Lire aussi : Ajax, Allemagne, Grosics, Honved, Puskas, WM

HONVED

Pur produit de l'étatisation à la mode soviet, le Honved Budapest fut fondé en 1909 et baptisé Kispest, du nom du quartier de la capitale où il puise ses racines. Repris en main en 1949 par le ministère de la Défense et par l'armée, ce club omnisports devint le Honved (« défenseur de la patrie »). Au moment où, dans le monde, la Hongrie incarnait la plus belle époque du foot, le Honved se classait meilleure équipe de club de l'histoire (ex-æquo, dans notre cœur, avec le FC Barcelone). En effet, à la réussite et au succès du Onze d'or, dont elle forma la majeure partie de l'effectif, elle ajoutait plus de romantisme encore, ainsi qu'un grand courage politique.

L'équipe fut pourtant bâtie à coup de menaces : pour recruter les meilleurs joueurs du pays, l'armée offrait l'exemption du service militaire et un grade d'officier, obligeant ceux qui refusaient l'offre à effectuer leur service, et les condamnant en outre à passer leur vie au grade de chair à canon. C'est ainsi qu'en 1949 et 1950 arrivèrent Bozsik, Grosics, Kocsis, puis Lorant en 1951 et Czibor en 1953. Fort des succès du club dans le championnat national (champion en 1950, 1951, 1952, 1954 et 1955) et de l'équipe nationale hongroise en Europe, le Honved devint un instrument de propagande politique dans cette période de guerre froide. Pour assurer son rôle de « défenseur de la patrie », l'équipe sillonna l'Europe et même l'Afrique, en quête de gloire, jouant parfois plusieurs jours d'affilée. Le pouvoir ne rétribuant pas les joueurs lors de ces tournées à l'Ouest (ils percevaient la paie de leur grade militaire), ils revenaient parfois au pays avec des objets (montres ou autres) qu'ils revendaient à l'Est, compensant quelque peu le manque à gagner. Seuls les Anglais de Wolverhampton, champion d'Angleterre en titre, battirent le Honved, en 1954, provoquant sans le savoir une réflexion qui aboutit à la création de la Coupe d'Europe par Gabriel Hanot. Coupe d'Europe que ne connut pas le Honved, fauché par l'histoire l'année où naquit la compétition.

En 1956, lorsque la tragédie, matérialisée par l'armée russe, vint se greffer à la dictature dans leur pays, les joueurs du Honved firent sécession. En octobre, pendant l'insurrection de Budapest, l'équipe se trouvait à Paris, où elle devait affronter le Racing avant d'aller jouer à Bilbao, dans le cadre de la nouvelle Coupe d'Europe. Parce qu'ils devaient repasser par Vienne après le match, les joueurs demandèrent à leurs femmes et à leurs familles de venir les y attendre, voulant fuir pendant qu'il en était encore temps. Anxieux, les Hongrois s'inclinèrent 3-2 au Pays basque et regagnèrent Vienne. Les joueurs décidèrent de ne pas retourner à Budapest. Plus que tout désireux de jouer au football en paix, ils participèrent à des matchs amicaux en attendant le match retour contre Bilbao. Ainsi, le 29 novembre, à Santiago Bernabeu, un match Real Madrid-Honved régala-t-il 100 000 spectateurs avec dix buts (5-5), et, le 4 décembre, le même Honved infligea-t-il un 4-3 au Barça. Malgré la colère de la Fédération hongroise, timidement relayée par l'UEFA, l'équipe refusa de revenir à Budapest pour disputer son match retour contre Bilbao (dont les joueurs n'étaient pas non plus impatients d'aller saluer l'Armée rouge). À quelques jours du match, finalement autorisé à Bruxelles, l'imbroglio débuta. Sachant que les joueurs seraient bientôt sans contrat, certains clubs européens leur offrirent des ponts d'or. Le Mexique alla jusqu'à proposer l'asile à tous les joueurs du club, tandis que le gouvernement hongrois proposait un bistrot pour les sportifs qui rentreraient. Il fut aussi question d'une tournée en Amérique du Sud, avec 10 000 dollars par match à la clef. À quelques heures de la rencontre, chaque joueur dut choisir entre garder sa liberté et risquer de perdre sa famille, ou rentrer au pays et subir la sanction encourue pour avoir tenté de déserter. Le match fut perdu 3-1, et l'équipe se réfugia en Italie, attendant de pouvoir partir pour la tournée en Amérique latine – option finalement choisie par la majorité des joueurs. L'équipe qui s'envola en ce 13 janvier 1957, et qui n'était pas rentrée au pays depuis trois mois, fut dès lors déclarée hors la loi par la FIFA. La Fédération brésilienne fut contrainte de menacer du même statut les joueurs et les clubs qui rencontreraient les Hongrois lors de leur tournée. Toutefois, soutenus par le président du Brésil en personne, les joueurs du Flamengo passèrent outre et battirent 6-4 des Hongrois jouant dans un maillot blanc sans écusson. Le Honved rencontra plusieurs clubs, et même des équipes de gala composées pour l'occasion avec les renforts de Garrincha, Didi et autres stars auriverdes. Pendant ce temps, en Hongrie, le pouvoir bâtit un Honved officiel avec des réservistes. La tournée en Amérique du Sud se termina le 19 février 1957. À leur retour en Europe, certains joueurs regagnèrent leur pays, préférant des interrogatoires sévères à une errance sans famille. Puskas, Czibor, Grosics et Kocsis, désirant jouer dans les plus grands clubs européens, obtinrent un visa de réfugiés en Autriche, où ils durent purger une année d'interdiction de jouer. Ceux-là savaient que, au bout de la peine, leur jeu vaudrait encore de l'or. Puskas s'encroûta et prit vingt kilos, Czibor se renferma sur lui-même, et Grosics craqua, rentrant seul au pays. Néanmoins, après avoir purgé leur peine, Puskas, Kocsis et Czibor prirent la nationalité espagnole et connurent la seconde mi-temps de leur carrière, aussi glorieuse que la première ; le premier au Real Madrid, les deux autres au Barça. Le seul avantage des régimes de l'Est fut de transformer le football en acte politique.

Lire aussi : Grosics, Kocsis, Puskas, Streltsov

HOOLIGAN

À l'origine, le terme viendrait d'un Irlandais de Londres, Patrick Hooligan, qui participa à de nombreuses bastons en 1898. Les rapports de la police londonienne mentionnent régulièrement son nom cette année-là, et le journal *Daily News* finit par lui consacrer un article. Une autre hypothèse avance que ce nom fait référence à une famille du XIXe siècle, les Hooligan, réputés pour leur mode de vie sauvage et violent. D'autres encore disent que c'est un nom dérivé du gang d'Islington, appelé Hooley, gang supporter d'un club de football. Le terme, en tout cas, est connu de tous depuis la tragédie du Heysel.

L'écrivain Romain Gary a écrit : « Le patriotisme, c'est l'amour des siens, le nationalisme, c'est la haine des autres. » Le hooligan, hypertrophie barbare du football, est au supporter ce que le nationalisme est au patriotisme.

Comme tout supporter, le hooligan est fan d'un club, il suit son équipe. Mais c'est un adepte de la violence, voire de la batterie xénophobie-racisme-haine gratuite, pour exprimer non pas son amour des siens mais sa haine de l'autre. Il pratique le jet de pierres, l'insulte et la chasse à l'homme dans la ville. Évidemment, ce phénomène purement européen a des racines antiques – lire, sous la plume de Tacite, le comportement des spectateurs lors des combats de gladiateurs à Pompéi. Bien sûr, le hooliganisme s'est accru quand l'extrême droite est revenue en force dans les suffrages anglais, belges, français et allemands.

La première période d'apparition massive du phénomène se situe à la fin des années 1950 et au début des années 1960. Journalistes et sociologues constatèrent alors l'augmentation des violences organisées, en dehors du stade mais également à l'intérieur de celui-ci. Ces violences se distinguent de ce que l'on connaissait auparavant et marquent « le passage d'une violence ritualisée et dionysiaque, relative à la logique du jeu et aux antagonismes qu'il suscite, à une violence préméditée ». Le hooliganisme est défini comme un passage à l'acte, comme une violence exercée délibérément, de manière organisée, structurée et préméditée, se rapprochant ainsi de la définition du crime organisé. Les hooligans cherchèrent à réagir aux stratégies policières. De plus, ils intégrèrent les codes de la culture entrepreneuriale prônée par Margaret Thatcher quand elle accéda au pouvoir. L'expansion du terme *firm*, désignant ces bandes, est révélateur : il renvoie à la fois à une organisation mafieuse (*the Firm* désigne la mafia en anglais) et à une entreprise conventionnelle.

C'est aussi à cette époque (années 1970-1980) que le mouvement a penché vers l'extrême droite.

Pour bien comprendre la culture hooligan, il faut lire le travail du romancier anglais John King (publié en France aux éditions de l'Olivier) et de l'Écossais Irvine Welsh. Et relire *Orange mécanique* d'Anthony Burgess, et l'ultra violence prêchée et cultivée par les très jeunes héros du roman.

Lire aussi : Heysel, Thatcher, Thugs

HORS-JEU

Au football comme au rugby, c'est une règle que l'on ne comprend que si l'on y joue. Même les arbitres y voient souvent flou. Dans les tablettes des lois du football, gravées par l'International Football Association Board, le hors-jeu est la loi numéro 11 (sur dix-sept), datée de 1925 : un joueur se trouve en position de hors-jeu lorsqu'il fait action de jeu alors que tout son corps (à l'exception des bras) est plus près de la ligne de but adverse que le ballon et l'avant-dernier adversaire (le dernier défenseur étant le gardien de but). Ce n'est pas très clair, on n'y comprend souvent rien, mais on ne peut l'expliquer mieux… Et au rugby, c'est encore plus complexe.

On préfère donc citer le personnage interprété par Albert Dupontel dans *Monique*, le film de Valérie Guignabodet (2002) : « Le hors-jeu, c'est la poésie du football. C'est un concept que les femmes n'intégreront jamais. C'est le dernier bastion masculin, pour lequel on se battra jusqu'au bout à coups de canettes de bière. »

Lire aussi : FIFA

HURST, Geoffrey

À lui seul, il fut une nouvelle controverse anglo-allemande. Samedi 30 juillet 1966, Wembley, Londres. C'est la finale de la Coupe du monde, devant 93 000 spectateurs et 400 millions de téléspectateurs. À la fin du temps réglementaire, le score était de 2 partout. Les buts anglais étaient l'œuvre de l'attaquant Geoffrey Hurst et du milieu de terrain Martin Peters. À la 10e minute des prolongations, sur une reprise de volée de ce même Hurst, le ballon fracassa la transversale et revint en jeu en rebondissant sur la ligne de but. La défense germanique dégagea la balle en corner. Mais voilà : l'arbitre de la finale, le Suisse Gottfried Dienst, pensa que la balle avait totalement franchi la ligne, et qu'il y avait donc but. Il vérifia auprès de son assistant, le Soviétique Tofik Bakhramov, qui confirma. Le score passa ainsi à 3-2 pour l'équipe anglaise, déjà suspectée durant le tournoi de bénéficier d'un traitement de faveur patent afin d'être sacrée à domicile : tout semblait être organisé, en effet, pour que la statuette d'or soit gagnée par le pays qui avait inventé le foot. 3-2 donc, puis 4-2, grâce à un *hat trick* de Hurst, ce jeune attaquant de West Ham, qui demeure, aujourd'hui encore, le seul joueur de l'histoire à avoir fait le coup du chapeau en finale de Coupe du monde : à la 120e minute, les Three Lions (surnom de l'équipe de Sa Majesté) marquèrent par son intermédiaire un ultime but. Hurst se vit salué en héros, mais supporta seul « la controverse de Wembley » : en 2011, et alors que le débat sur l'arbitrage vidéo faisait rage, on se demandait toujours si son but en était un. Il n'y avait pas de vidéo à l'époque, mais les images télé au ralenti laissent planer plus qu'un doute.

Lire aussi : Angleterre, Charlton

I

« Le football est un jeu qui se joue avec le cerveau. »
Johan Cruyff

INTELLIGENCE

« Tous les entraîneurs insistent sur le mouvement et le fait de beaucoup courir. Moi, je dis que ce n'est pas nécessaire d'autant courir. Le football est un jeu qui se joue avec le cerveau. » La phrase est de Johan Cruyff. Et, en effet, le football, comme le sexe, c'est mieux à deux. Et comme le sexe, c'est mieux si on y met le corps et le cerveau. On appelle cela la lecture du jeu, l'intelligence de jeu. Certes, les grands footballeurs n'ont en général pas lu l'œuvre entière d'Emmanuel Kant, ni celle de Marc Lévy, d'ailleurs. Certains même mentent sur le sujet, comme Ben Arfa, qui a déclaré avoir lu l'œuvre de Nietzsche, alors qu'il s'est probablement arrêté à un titre, craignant sans doute un claquage au cerveau. Malgré tout, leur bonne lecture du jeu demeure un fait acquis. À ceux pour qui football égale crétinerie, nous disons : savoir vraiment jouer au football nécessite une vraie intelligence.

INTERNATIONAL BOARD

La FIFA organise (et récolte les millions), mais c'est l'International Board qui, dans le football comme dans le rugby, réglemente. C'est le gardien du temple, le Conseil constitutionnel du football. De son vrai nom International Football Association Board (IFAB), elle est l'instance qui détermine, approuve et – normalement – fait évoluer les règles.

L'IFAB fut créée en 1882, après une réunion à Manchester (Angleterre) des quatre fédérations britanniques de football : la Fédération anglaise, la Fédération écossaise, la Fédération galloise et la Fédération irlandaise. Des règles communes furent adoptées pour être appliquées dans tous les pays pratiquant le jeu. La FIFA, fondée à Paris en 1904, adhère et fait appliquer les règles dictées par l'International Board. La popularité croissante du sport a conduit à l'admission, en 1913, de représentants de la FIFA à l'IFAB.

Aujourd'hui, l'IFAB comprend quatre représentants de la FIFA et un représentant de chacune des quatre fédérations du Royaume-Uni – qui parvint à se faire surreprésenter partout dans le domaine du foot, tout au long du XXe siècle. Pendant ses réunions, chacune des quatre fédérations britanniques dispose d'une voix ; la FIFA, représentant le reste du monde, dispose de quatre voix. Les décisions de l'IFAB sont approuvées lorsqu'elles recueillent au moins six voix. L'organisation tient deux réunions par an, l'une pour décider d'éventuelles nouvelles règles, l'autre pour s'occuper d'affaires internes. En 2010, plusieurs polémiques ont agité l'International Board, notamment après les nombreuses contestations de faits de jeu pendant la Coupe du monde en Afrique du Sud (simulations, buts validés ou invalidés à tort, main de l'Uruguayen Suarez contre le Ghana). Au contraire de son homologue rugbystique, l'IFAB reste conservatrice en matière d'assistance vidéo à l'arbitrage, la refusant catégoriquement au nom de « l'universalité des conditions d'arbitrage ». Un conservatisme que ses détracteurs mettent en partie sur le compte de la surreprésentation de la Grande-Bretagne, inventrice du football et considérée pour cette raison comme opposée à de trop grands changements de règles. Certains estiment néanmoins que le succès mondial du football est justement dû à la simplicité et à l'immuabilité de ses règles fondatrices.

L'IFAB a ces dernières années autorisé trois remplacements au lieu de deux lors d'un match (loi 3, 1995), imposé l'usage des protège-tibias (loi 4, 1990) et interdit la passe en retrait au pied au gardien (loi 5, 1992) et le tacle par-derrière (loi 12, 1998).

ISRAËL

La Fédération et la sélection nationale israéliennes sont les héritières de la Palestine Football Association, organisation multiconfessionnelle fondée en 1928 par des colons juifs, qui s'affilia à la FIFA en 1929. La Fédération d'Israël de football (IFA) a quant à elle rejoint la FIFA depuis 1948, l'année même de la création de l'État hébreu. L'équipe nationale d'Israël disputa (et perdit 3-1) son premier match international contre les États-Unis, le 26 septembre 1948.

L'IFA : une fédération qui, comme son État, connaît des difficultés à se situer. De 1954 à 1974, l'IFA fut affiliée à la Confédération asiatique de football (AFC), comme tous les pays du Moyen-Orient. En 1964, après deux finales perdues en 1956 et 1960, Israël remporta d'ailleurs la Coupe d'Asie des nations de football, chez elle. Il s'agit là du seul titre à son palmarès. Dès sa naissance, l'IFA connut des boycotts, principalement après la guerre des Six Jours, en 1967. Cinq pays arabes (Arabie Saoudite, Irak, Syrie, Jordanie et Liban) refusèrent même d'intégrer la Confédération asiatique tant qu'Israël en serait membre. Exclu des tournois AFC en 1974, Israël en fut radié en 1976.

C'est ainsi que l'IFA intégra étrangement la Confédération océanique de football (OFC), de 1974 à 1991. On se demande bien ce qu'Israël était venu faire au milieu des Australiens, Néo-Zélandais, Fidjiens, etc. L'IFA s'est tout de même extraite de l'OFC de sa propre initiative, et, depuis 1994, Israël est affilié à l'UEFA. Ses clubs disputaient déjà les Coupes européennes depuis 1991. À présent, sa sélection est engagée dans les éliminatoires des zones européennes pour les Championnats d'Europe et la Coupe du monde.

À noter qu'Israël a disputé une phase finale de Coupe du monde, en 1970, au Mexique. Elle fut éliminée au premier tour, après s'être frottée à l'Uruguay, l'Italie et la Suède.

Lire aussi : Palestine

ITALIE

Comme le dit un jour Johan Cruyff : « Les Italiens ne peuvent pas vous battre, mais vous pouvez perdre contre eux. » C'est ainsi : la Squadra Azzurra fut rarement une belle équipe, mais tout compte fait gagna souvent. Notamment en 1982, dans un Mundial mal engagé, qu'elle réussit à remporter contre l'archétype même de l'inéluctable en football, l'équipe destinée à gagner à chaque fois : la RFA. Certes, le pays où l'on parle avec les mains, celui, aussi, du fascisme dans les années 1930, puis des matchs truqués au début des années 1980, fut toujours un peu louche, footballistiquement. Pensez : même le sempiternel slogan des supporters transalpins (« *Forza Italia !* ») a été détourné par Silvio Berlusconi, en 1994, lorsque celui-ci lâcha les affaires et le football (il est redevenu président du Milan AC en 2011) pour se lancer en politique, devenant pour trois mandats le président du Conseil italien.

On se demande encore comment l'équipe d'Italie put, le 21 juin 1970, offrir au monde un des deux plus beaux matchs de l'histoire de la Coupe du monde (avec le France-Brésil 1986, qui eut aussi lieu un 21 juin, et dans le même pays, au Mexique) : cette dantesque demi-finale Italie-RFA, affichant le score de 1 partout à la fin du temps réglementaire, s'acheva par un 4-3 après prolongations. On retint surtout de ce match le combat Mazzola-Beckenbauer, ce dernier retournant au vestiaire à la fin du match l'épaule luxée et le bras droit en écharpe.

Pour le reste, le titre mondial de 1934, dans un tournoi organisé en Italie, fut suspecté d'avoir été « facilité », afin que le régime fasciste l'emporte. Témoin ce quart de finale, symbolique, entre l'Italie fasciste et l'Espagne républicaine, où les Italiens commirent deux fautes graves non sanctionnées, notamment ce ceinturage du gardien espagnol par un Italien en pleine surface, qui permit à Meazza d'ouvrir le score sans opposition. L'arbitre, René Mercet, était pourtant… suisse. Le titre mondial de 1938, durant cette Coupe du monde en France disputée au son approchant du canon, consacra aussi le régime. Le titre de 1982 récompensa quant à lui une équipe qui, même si elle comptait dans ses rangs un Paolo Rossi meilleur buteur du tournoi, était avant tout défensive. Elle obtint cette victoire dans un contexte pourtant délicat : le scandale du Totonero (paris truqués) avait éclaté en 1980 et pourri la Serie A durant quelques années. Rossi, un des protagonistes de l'affaire, fut suspendu… durant une période étudiée pour pouvoir tout de même le rendre disponible au Mondial.

Le destin voulut que les seules belles équipes d'Italie, celle de 1970, de 1994 et de 1998, emmenées par Mazzola ou Rivera, Del Piero ou Baggio, perdissent contre le futur vainqueur de l'épreuve. Dont deux fois en finale, face au Brésil. La Squadra Azzurra eut toujours de grands gardiens (Zoff, Buffon) et de grands joueurs (Meroni, Totti, Del Piero) et gagna quatre fois la Coupe du monde (1934, 1938, 1982 et 2006). Malgré ce palmarès, le pays de la commedia dell'arte, de la drague ringarde et de la classe mondiale, cette Botte qui contient 35 % du patrimoine culturel mondial, eut le plus souvent un football froid, organisé, tourné vers l'efficacité, aux antipodes du romantisme latin.

Au fait, savez-vous pourquoi cette péninsule aux couleurs vert, blanc et rouge joua en bleu à partir de 1911 (*squadra azzurra* signifiant d'ailleurs « équipe bleue ») ? Parce que telle est la couleur officielle de la maison de Savoie, qui unifia les royaumes de la péninsule en deux *risorgimenti* (1849 et 1860) qui constituèrent l'Italie moderne, sur laquelle elle régna jusqu'en 1946.

Lire aussi : Buffon, Baggio, Calcio, Catenaccio, Maldini, Mazzola, Meroni, Zoff

J

« Si on perd, je devrai quitter le pays,
tant on a critiqué ma préparation. »
Aimé Jacquet

JACQUET, Aimé

« Non, je ne pardonnerai jamais », dit-il quelques secondes après le sacre des Bleus, le 12 juillet 1998. Il y eut en effet autant de journalistes pour railler la préparation des Bleus entre 1996 et 1998 qu'il y en eut pour clouer Domenech au pilori dix ans plus tard. Jacquet dit tout de go qu'il ne leur pardonnerait jamais, mais accepta tout de même un poste de consultant à la télévision. Toujours un peu raillé, mais aussi craint. Avec le recul, on peut conjuguer le Jacquet en trois temps.

Un homme de devoir

Il travaillait à l'usine et n'était qu'un footballeur amateur quand, en 1959, il fut repéré par les recruteurs de Saint-Étienne, le grand club local, alors au firmament. En 1961, âgé de vingt ans, il signa son premier contrat professionnel chez les Verts. Treize années, cinq titres de champion et trois Coupes de France plus tard, ce milieu défensif partit finir sa carrière à Lyon, où il fut durant deux ans le coéquipier de Raymond Domenech et de Bernard Lacombe. Footballeur discret mais efficace, le local Aimé Jacquet fut un des besogneux de devoir, rassurant sans être le moins du monde spectaculaire.

Abrégeant sa carrière en 1975, il resta dans la capitale des Gaules, où il devint entraîneur, avec entre autres son copain Domenech sous ses ordres. Il traversa la France pour rejoindre les Girondins de Bordeaux, où un certain Claude Bez venait de prendre le pouvoir. Bez voulut des titres. Jacquet les lui apporta. Les Girondins de la décennie 1980 ajoutèrent à leur palmarès trois titres de champion, deux Coupes de France et deux demi-finales de Coupe d'Europe. Le Bordeaux de Jacquet aligna, grâce aux millions de francs injectés par Bez, Giresse, Tigana, Tusseau, Lacombe, Battiston, Trésor et Girard. Pas du spectaculaire, mais du solide, du Jacquet. Breveté.

Un homme de mission

Après le triomphe bordelais et deux piges à Montpellier et à Nancy, Jacquet intégra la très puissante Direction technique nationale de la FFF. Adjoint de Gérard Houiller en 1992, il lui succéda au poste de sélectionneur, après le Waterloo de l'automne 1993. Pour beaucoup, Jacquet ne devait être qu'un intérimaire. Il resta cinq ans à son poste. Sa mission : construire une équipe pour 1998, afin que la France remportât le Mondial qu'elle s'apprêtait à organiser à domicile. Jacquet eut le courage de se séparer progressivement de joueurs tels que Cantona, Ginola ou Papin, peu appréciés de la nouvelle génération. Écoutant ses propres joueurs et étudiant finement la manière de les assembler au mieux, il choisit de renforcer l'importance de Didier Deschamps dans son dispositif, de rappeler Eric Di Meco et Laurent Blanc, et d'appeler Djorkaeff, Lizarazu, Barthez, ou encore la jeune garde nantaise (Loko, Pedros, Karembeu, Makelele, Ouédec) qui triomphait alors. Raillé, moqué, honni, quand la France peina à se qualifier pour l'Euro 1996, Jacquet demeura confiant car il savait qu'il venait de faire éclore, en deux ans, un duo qui les mènerait loin : Zidane-Djorkaeff.

On doit à Jacquet d'avoir su donner du temps au temps, offrir leur chance à tous ses joueurs, afin que tous apprennent à jouer ensemble. Le football prôné par Jacquet fut, comme toujours, solide et peu spectaculaire, mais ô combien efficace. Deux années durant, jusqu'en 1998, l'équipe en rodage peina à gagner, bien qu'elle fût composée de joueurs qui devenaient des superstars dans leur club. Pour la plupart des commentateurs, Jacquet était le coupable, le mouton noir du groupe. Rapidement, le journal *L'Équipe* se fit une spécialité de le descendre en flèche : « Un laborieux du ballon rond », un homme qui « tue l'amour du rond central », un « tacticien fruste, parfois paléolithique », un « brave type qui émet des soupirs ». On connaît la suite. Dans sa gestion des hommes, des ego et du temps, Jacquet fut le meilleur sélectionneur que l'équipe de France ait connu depuis Michel Hidalgo. Elle n'en croisa pas d'autre depuis.

Un homme d'appareil

Ne voulant pardonner à personne, il fit ce qu'il avait annoncé avant le Mondial : il quitta son poste de sélectionneur, remplacé par celui qui était son adjoint, Roger Lemerre. Il prit la direction de la puissante DTN, devenant dans le même temps consultant sportif pour Canal Plus. Là, il apprit à faire ce que faisaient ceux dont il fut le bouc émissaire : agir en coulisse. S'il déplora la nomination de Jacques Santini pour remplacer Roger Lemerre après le fiasco de 2002, il fit tout ce qui était en son pouvoir pour que, en 2004, son protégé Raymond Domenech, une vieille connaissance, obtienne le poste. Bien que n'ayant plus aucun rôle depuis deux ans, il insista fortement pour que Domenech reste à la tête des Bleus après la débâcle de l'Euro 2008. Prouvant que, même sans rôle officiel, il savait manier la diplomatie d'appareils.

Lire aussi : Bez, DD, Domenech, Hidalgo, Lemerre

JIPÉPÉ

« Reviens Jipépé, reviens ! \ Oh bah, pourquoi ? \ Parce que la France, elle a besoin de toi ! \ Aaahh, OK, OK », « Maintenant, y m'ont mis en Italie, c'est compliqué l'italien, y a pas un mot de français », « Cacola Light : moins de sucre, plus de patates ! », « Papin, P-A-P-1 », « Camembert les Guignols, hein ! » : on peut dire qu'il en souffrit, Jipépé, de sa marionnette aux Guignols de Canal Plus. Pourquoi celui qui fut, et de loin, le meilleur buteur français entre 1986 et 1995 était-il ainsi tourné en ridicule ? Parce qu'il est ch'ti ? Parce que ce n'est pas en France mais en Belgique, au FC Bruges, qu'il se révéla ? Parce que « Patator » (son surnom) faisait des heures de rallonge à l'entraînement ? À cause de tout cela, sans doute. Et aussi parce que le joueur parlait de sa passion pour les films de karaté, et des milliers de cassettes VHS qu'il possédait. Et que, lors de son passage au Milan AC (1992-1994), le Français fit tache : dans la capitale de la mode, il portait des chaussettes blanches, y compris avec son costume noir.

La vie privée de Papin montre pourtant une classe et un courage remarquables : sa fille, Emily, née en 1990, fut atteinte de graves lésions cérébrales. On l'oublia vite, mais la vie du footballeur fut donc rythmée par d'innombrables consultations de médecins, de fréquents voyages aux États-Unis pour rencontrer toujours plus de spécialistes. De cela, jamais Papin ne chercha à se glorifier. En 1996, le couple Papin créa l'association Neuf de Cœur (le numéro 9 était le numéro fétiche du joueur), dans le but d'informer les parents sur les méthodes de rééducation d'enfants souffrant de telles lésions. Il est des hommes à qui l'on peut pardonner d'acheter, et même de porter, des chaussettes blanches.

Repéré en 1986 alors qu'il perçait à Bruges, Papin fut intégré illico à l'équipe de France, qui se cherchait un renard des surfaces. Après une Coupe du monde où on le vit somme toute peu, malgré deux buts marqués, il fut tout de suite recruté par Tapie, qui construisait le grand OM. Passé quelques mois difficiles (des supporters vachards surnommèrent Papin « J'en Peux Plus »), Jipépé empila les buts, terminant meilleur buteur du Championnat de 1988 à 1992, date de son départ de l'OM. Jipépé inventa une figure footballistique appelée « papinade ». Il marqua partout, tout le temps. Si l'OM de Tapie fut magique, ce dernier le doit aussi à la complicité qu'entretenait Papin avec tous ses coéquipiers, de Cantona à Waddle, sans oublier Abedi Pelé. En 1991, il perdit la finale de la Champions League avec l'OM. Deux ans plus tard, il perdit une nouvelle fois la finale de la C1, sous le maillot du Milan AC cette fois, et contre l'OM.

Après sa retraite en 1998, il devint entraîneur (à Strasbourg, Lens, Châteauroux, puis au FC Bassin d'Arcachon). Il est aujourd'hui consultant pour la chaîne BeIN Sports.

Dans le football comme dans le caractère et la manière de vivre, Jipépé incarne l'anti-Canto absolu. Jipépé fut le meilleur buteur français avant Thierry Henry. Mais il fut de cette génération *lose* de l'équipe de France qui, entre 1986 et 1996, ne disputa qu'un tout petit Euro, en 1992. Jipépé joua à Marseille, à Milan, au Bayern Munich, et compte à son actif une Coupe UEFA 1996, quatre titres de champion de France, deux titres de champion d'Italie, une Coupe de France et un Ballon d'or en 1991. Si Thierry Henry était né dans la *lose* génération de Papin, il n'aurait pas fait aussi bien. Jipépé eut la chance de jouer avant l'explosion du foot business. C'est pourquoi il put garder une vraie passion pour le football.

Lire aussi : OM, Papinade, Pelé, Waddle

JOHAN II

Le 7 juillet 1974, à Munich, dès la première minute de la finale de la Coupe du monde, les Oranje emballèrent la machine. Cruyff fut fauché dans la surface allemande. Penalty. Le capitaine hollandais confia alors la tâche d'ouvrir le score à un homme en qui il avait toute confiance : Johan Neeskens. Ce dernier vengea le meneur de jeu et marqua dès le début du match. Cette Coupe du monde tournait, depuis son ouverture, en démonstration de force des Hollandais : ils dominèrent le tournoi et écrasèrent deux prétendants au titre (Argentine et Brésil). Un festival de poésie, une révolution qui allait enfin être couronnée. Ils allaient battre la RFA, à coup sûr. D'ailleurs, Neeskens venait de marquer un but. Mais ce jour-là, on apprit que « le football est un sport qui se joue à onze, et à la fin c'est l'Allemagne qui gagne ». Ce jour-là, la rigueur fataliste vainquit la révolution poétique. Neeskens, pourtant milieu défensif, marqua cinq buts : avant la révolution Oranje, personne n'aurait pu imaginer qu'un joueur à ce poste marquerait autant de buts en Coupe du monde. Il fallut Neeskens.

Le destin de Johan Neeskens est indissociable de celui de l'autre Johan – Cruyff –, dont il fut le principal lieutenant, avec cette frappe surpuissante et cet abattement inlassable. Les deux hommes ont tout appris de Rinus Michels. Ils jouèrent ensemble à l'Ajax, et Neeskens partit rejoindre Cruyff et Michels à Barcelone, en 1974, c'est-à-dire après la finale perdue en Coupe du monde. Comme son coéquipier magique, Neeskens partit tenter l'aventure new-yorkaise en 1979. À la différence de Cruyff, Neeskens avait disputé le Mondial argentin en 1978, et ne prit sa retraite internationale qu'après la défaite contre la France, en 1981, qui privait les Hollandais du Mondial 1982. Cette défaite révélait par ailleurs ceux qui allaient remplacer les Oranje dans le concert mondial : les Bleus de Platini. Ce statut de joueur de l'ombre et de fidèle porte-flingue lui valut le surnom de « Johan II ».

Lire aussi : Ajax, Allemagne, Cruyff, New York, Oranje

JORDAN, Auguste (1909-1990)

« Il est indécent d'aligner Jordan, autrichien pendant trois décennies, qui vient à peine d'abandonner sa patrie pour la nôtre », écrivit en 1938 la rubrique Sports de *L'Action française*, journal de la ligue fasciste éponyme. Effectivement, c'est avec un passeport autrichien que Jordan, star du club viennois de Florisdorf ASC et déjà sélectionné en équipe nationale, arriva en France en 1933. Recruté par le Racing Club de Paris, il y remporta un doublé coupe-championnat en 1936. Attaquant, il apparut vite indispensable aux sélectionneurs français. Pour ces raisons, « le baby de Linz », ainsi surnommé pour sa petite taille, fut naturalisé en 1938. Non sans soulever quelques désapprobations néanmoins. Après avoir porté les couleurs autrichiennes, Jordan enfila le maillot bleu à seize reprises entre 1938 et 1945, concédant à la France une petite portion de Wunderteam. Tiraillé par sa double nationalité au moment de l'Anschluss, il fut en parallèle jugé indigne de l'équipe de France par les ligues nationalistes qui jouaient le rassemblement antigermanique. Pour donner des gages de son attachement à la France, il intégra l'armée française peu après sa naturalisation. Ce qui lui valut d'être fait prisonnier de guerre par la Wehrmacht à Épinal, en 1940. Une certaine clémence de l'occupant allemand l'autorisa en 1941 à prendre en charge le jeune club du SAS Épinal avec le statut d'entraîneur-joueur, puis à rejouer pour le RC Paris, connaissant ainsi cinq sélections avec la France durant la guerre. Lorsque arriva la Libération, Jordan commençait à être trop vieux (trente-six ans) pour rester joueur. Il se reconvertit en entraîneur, notamment à l'Olympique de Marseille puis au Standard de Liège, avec lequel il devient champion de Belgique en 1962-1963.

Lire aussi : Sindelar

JUVENTUS

Juve signifie « jeunesse » en latin. Pourtant, le Juventus Football Club de Turin est aussi bien surnommé la « Juve » que la « *Vecchia Signora* » (« Vieille Dame »). Mais c'est ici un clin d'œil à sa longévité : le club, fondé en 1897, est l'équipe la plus titrée d'Italie avec un total de cinquante-cinq trophées officiels, quarante-quatre nationaux et onze internationaux. C'est l'unique club au monde à avoir remporté toutes les compétitions au niveau international. En 1985, lors du funeste drame du Heysel, elle fut la première équipe à avoir gagné les trois compétitions européennes majeures (depuis, le FC Barcelone et le Bayern Munich l'ont rejointe). Grâce à la richesse de son palmarès, et au fait que le club italien est celui qui a donné le plus de joueurs à la sélection nationale, la Juve est l'une des équipes les plus suivies au monde. Quand ils quittèrent la France pour la première fois, c'est à la Juve qu'allèrent jouer Michel Platini (1982-1987) et Zinedine Zidane (1996-2002), les deux meilleurs joueurs français de l'Histoire. David « Trezegol » y joua de 2000 à 2010, devenant le meilleur buteur étranger du club. Didier Deschamps et Lilian Thuram passèrent eux aussi par la Juve, le premier revenant même l'entraîner en 2006-2007. 35 titres de champion d'Italie (dont les huit derniers), 13 Coupes d'Italie, 2 Ligues des champions, une Coupe des coupes, 3 Ligues Europa et 2 Coupes intercontinentales : tel est le palmarès géant de ce club.

Depuis 1923, le groupe Fiat en est propriétaire. C'est pourquoi une partie de la classe ouvrière l'a toujours soutenu. En 1924, des immigrés turinois à São Paulo fondèrent au Brésil le CA Juventus – Clube Atlético Juventus –, en hommage à la Vieille Dame de leur ville d'origine.

Lire aussi : Buffon, Platini, Torino FC, Zidane, Zlatan

K

« La violence footballistique est morte et enterrée. La société est infiniment mieux équilibrée aujourd'hui. Les conservateurs ont éradiqué le système de classes. »
John King

KADHAFI

Patron des forces spéciales libyennes chargées de mater la révolte de son propre peuple lorsque le « Printemps arabe » arriva en Libye, Saadi Kadhafi, troisième fils du défunt dictateur libyen, aura tout fait pour devenir un bon footballeur. En vain. Mais c'est à ne pas y croire : même dans le football, les Kadhafi sont là, arrivés dans le milieu par l'Italie, à l'ère du foot business. Colonel de l'armée, aussi insondable que son père, Al-Saadi Kadhafi s'incrusta dans ce sport à coups de milliards de dollars. Mais il se mit rapidement tout le monde à dos, y compris dans les hautes sphères du foot business.

Né en 1973, Saadi Kadhafi devint footballeur professionnel en 2000, sur le tard et contre l'avis de son père, au poste de milieu offensif ou d'attaquant pour Al-Ittihad Tripoli. En 2002, il se révéla au grand monde en entrant au capital de la Juventus, en qualité de représentant de la société Lafico (Libyan Arab Foreign Investment Company). Propriétaire du club à hauteur de 7,5 %, il en profita pour s'imposer dans son effectif ! Si Saadi figura deux fois sur la liste des remplaçants, il ne disputa pourtant pas la moindre rencontre de Serie A. Il fut ainsi le seul joueur de l'histoire qui dut s'acheter un club pour pouvoir cirer le banc des remplaçants… Pas étonnant que sa carrière de footballeur soit quelque peu passée inaperçue. Ceux qui l'ont vu s'entraîner ont reconnu qu'il avait des qualités de footballeur, mais pas le niveau de la première division.

Pris de folie des grandeurs, il voulut s'offrir un autre club transalpin en 2003 : Pérouse. Que voulez-vous, lorsqu'on s'appelle Kadhafi, il faut plusieurs tentes pour un seul homme… Il quitta donc ses deux postes (administrateur et titulaire du banc de touche). Il joua ensuite à Udine, et, enfin, à la Sampdoria de Gênes. Condamné en 2003 pour une affaire de dopage (un test positif dès son premier match avec Pérouse, match qu'il avait regardé du banc de touche !), il mit rapidement fin à sa carrière professionnelle, qui avait duré trois ans, pour prendre la tête d'une unité d'élite dans l'armée libyenne.

Mais, pour le football, le rejeton Kadhafi est prêt à tout, surtout à dépenser beaucoup d'argent : président du comité de candidature de son pays pour la Coupe du monde 2010, il se dit prêt à concéder 9 milliards de dollars pour répondre au cahier des charges de la FIFA. Cependant, la fédération, pourtant très peu regardante sur la provenance politique des dollars, avait déjà suffisamment éprouvé sa patience avec les Kadhafi. Elle ne retint finalement pas la candidature de la Libye. Début 2010, on entendit à nouveau parler de Saadi : il voulait racheter le club anglais de Portsmouth, alors en banqueroute. Étrangement, la rumeur « fit pschiittt », selon la formule consacrée. Et le club fut placé en liquidation judiciaire.

Nommé en 2006 à la tête des forces spéciales antiterroristes, il en fut retiré au bout de quelques mois en raison de son comportement à l'égard des gradés, et surtout de son mode de vie que l'on disait dispendieux. Son père, Mouammar Kadhafi, ordonna même l'arrestation de son propre fils (quelle famille !), qui se réfugia alors en Italie via la Tunisie, et ne revint en Libye qu'après plusieurs mois d'exil.

En février 2011, son père, aux abois, l'envoya réprimer le soulèvement à Benghazi. Il commandait alors une brigade de forces loyalistes qui comptait sept cents hommes. Dont certains dirent avoir reçu l'ordre de tirer sur la foule, ce que le rejeton démentit. Rentré à Tripoli en avril, devant l'avancée des forces rebelles, il déclara à la chaîne Al-Arabiya vouloir se rallier à la révolution, à condition que sa propre sécurité soit assurée et qu'un véritable gouvernement soit mis en place. Dans son esprit, l'homme à écarter était… son frère aîné, Saïf al-Islam Kadhafi. En septembre, le Niger annonça sa présence sur son sol. Il fut extradé en Libye trois ans plus tard. Quelle histoire…

Lire aussi : Juventus, Printemps arabe

KAISER (argentin)

Le Kaiser le plus connu est Franz Beckenbauer. Mais il y en a un autre, qu'il ne faut pas oublier : l'Argentin Daniel Passarella, qui, outre *El Gran Capitan* ou *El Pistolero*, fut également surnommé *El Kaiser*. Peut-être parce que c'est lui qui dirigea la défense de l'Albiceleste à l'époque de la dictature argentine. Peut-être aussi parce qu'il fut l'un des rares joueurs aux cheveux courts durant les seventies, années baba cool et cheveux longs. Mais plus sûrement parce qu'ordre et autorité furent ses principes de base : « Moi, je cassais par plaisir, pas comme ces abrutis qui cassaient par nécessité. » Il eut d'ailleurs l'occasion de mettre ses préceptes en pratique quand il devint capitaine, lors de la Coupe du monde 1978 disputée à domicile, à l'issue de laquelle il reçut le trophée des mains du dictateur militaire Videla. Puis sélectionneur de l'équipe d'Argentine (1994-1998). Assurément aussi parce que ce libero était un sacré buteur (177 buts en 550 matchs, dont 22 en sélection ; seul le Hollandais Ronald Koeman a fait mieux depuis). Après sept ans et cinq titres au River Plate, il partit pour quatre années à Florence, puis à l'Inter Milan. Il participa à la Coupe du monde (ratée) de 1982, où les tenants du titre furent éliminés par l'Italie et le Brésil. Il fut aussi du voyage mexicain en 1986, mais ne joua pas un seul match, à cause d'une blessure, et de sa mésentente totale avec Maradona. C'est pour faire oublier le nouveau cas de dopage du Pibe de Oro en 1994 que la Fédération argentine, en manque de meneurs et d'autorité morale, se tourna vers lui pour être le sélectionneur de l'Albiceleste, poste qu'il occupa durant quatre ans.

Lire aussi : Beckenbauer, Maradona

KAIZER CHIEFS-ORLANDO PIRATES

C'est le Fla-Flu version vuvuzelas. Tout comme Flamengo, qui naquit d'une scission à l'intérieur du Fluminense à Rio, les Kaizer Chiefs furent une émanation des Orlando Pirates, mais à Soweto. Du coup, tout le quartier, qui un temps fut ghetto, cesse de battre lorsque vient le temps du derby entre les deux clubs.

Honneur à l'ancien, créé en 1937 par des jeunes d'Orlando East, à Johannesburg : l'Orlando Pirate Football Club est le doyen des clubs sud-africains encore en activité. Né à l'époque où la ségrégation raciale pratiquée par les Afrikaners valait bien celle qui prit le nom d'apartheid en 1948, l'Orlando Pirates fut un des bastions de l'identité des townships industriels. Ceux-là mêmes qui s'accaparèrent le football importé des grandes écoles par le colon britannique au XIXe siècle. C'est pourquoi il fut vite populaire, tandis que ses joueurs, rapidement surnommés les « Happy People », devinrent l'étendard de la culture masculine noire. Dans un pays où cohabitèrent longtemps trois fédérations (une blanche, une indienne et une métisse), le football fut un des vecteurs de la lutte anti-apartheid. Mohandas Gandhi, dont on oublie que c'est en Afrique du Sud qu'il théorisa la résistance passive (où il vécut entre 1983 et 1915), avant de la faire gagner en Inde, appuya le développement du football avant que naissent les Pirates. Lesquels, au fil du temps, étoffèrent leur palmarès, notamment dans les années 1970.

Justement, 1970. Un moment où on parlait moins des quartiers périphériques de Jo'Burg que du South Western Township (Soweto), nom donné au regroupement des townships du sud-ouest de la capitale, où les nationalistes afrikaners contraignirent les Noirs à se réfugier lors de l'instauration de l'apartheid.

Année 1970, où, le 7 janvier, revenu à Soweto les poches pleines de dollars après quelques années passées aux États-Unis avec les Atlanta Chiefs, un ancien joueur des Pirates, Kaizer Motaung, fonda le Kaizer Chiefs Football Club, s'inspirant du nom de son ancien club yankee et de sa propre mégalomanie. Le but : monter « une équipe de football capable de transcender les barrières raciales de l'apartheid ». Motaung espérait pouvoir restructurer les Orlando Pirates, à la mode des franchises américaines, et balayer l'amateurisme du football sud-africain. Las, il dut créer son propre club. Rapidement, il parvint à mettre en place une équipe de bon niveau, composée de sécessionnistes des Pirates et de jeunes espoirs. D'emblée les Chiefs arborèrent deux visages : le premier, moderne et glamour, d'inspiration US et sans enracinement historique ; le second, plus communautaire, comparé aux Pirates – « chiefs » signifie « guerriers », les joueurs portent d'ailleurs un maillot noir et doré, frappé d'une tête d'Indien. À Soweto, la naissance des Chiefs apporta un vent nouveau.

Dès 1971, le club remporta la Coupe nationale, avant de gagner plusieurs championnats de suite. Motaung eut donc ce qu'il voulait : gagner. Et, comme aux States, gagner vite. En une année, il construisit un club, et forgea une histoire : celle d'une rivalité locale, qui, aujourd'hui encore, est une des plus fameuses au monde. Ayant bâti une légende, il put se consacrer à une cause : la création d'un championnat où Noirs et Blancs pourraient partager les mêmes vestiaires. Une utopie rapportée de ses trois ans dans la Géorgie des droits civiques.

Cette utopie, Ariel « Pro » Kgongoane n'eut pas le temps d'y goûter. En 1976, la nouvelle recrue du club trouva la mort alors qu'il manifestait aux côtés de dix mille étudiants, pour la suppression des cours en afrikaner. Les revendications furent étouffées dans le sang : la répression fit cent vingt-huit morts, parmi lesquels le joueur.

Cependant l'utopie vit finalement le jour peu avant la libération de Nelson Mandela, le 11 février 1990 : les Blancs, constatant que les clubs noirs amenaient la foule dans les stades, acceptèrent par pur pragmatisme de partager vestiaires et championnats. Un véritable football sud-africain naquit alors. Enfin.

En hommage aux Kaizer Chiefs, dont un transfuge, Lucas Radebe, était devenu capitaine du Leeds United, les membres du groupe rock Parva, originaires de la ville, décidèrent en 2003 de se rebaptiser « Kaiser Chiefs », changeant une seule lettre au nom mythique, ce qui leur porta chance puisque le groupe connut un certain succès dans les années 2000.

Lire aussi : Apartheid, Fla-Flu

KAREMBEU, Christian

Membre de la génération du renouveau nantais en 1995 (Loko, Makelele, Pedros, Ouédec), le Kanak joua trois saisons au Real Madrid, remportant deux Champions League. Milieu défensif pilier de l'équipe de France d'Aimé Jacquet, il participa à l'Euro 1996 puis à l'aventure 1998. Toujours du voyage à l'Euro 2000 et à la Coupe du monde 2002, mais de moins en moins titulaire, il laissa la place à Petit, puis à Vieira. Né en Nouvelle-Calédonie, le très bon milieu défensif des années 1995-2000 acheva sa carrière dans le club corse de Bastia.

En 1998, les origines du joueur furent mises sur le devant de la scène. Tout commença par le travail du romancier Didier Daeninckx, et son court roman, *Cannibale*, portant sur l'Exposition coloniale de 1931 à Paris, où des Kanaks furent exhibés dans des cages, tels des animaux. En travaillant sur sa documentation, Daeninckx tomba en avril 1998 sur la photo de Kanaks allemands (*sic*) exposés à Paris, dont l'un s'appelait Willy Karembeu. Aussitôt, il écrivit au joueur, via le Real. C'était avant la Coupe du monde. Karembeu lui répondit quelques mois plus tard, invitant l'auteur à venir le voir lors de la préparation d'un match des Bleus à Clairefontaine. Voyant la photo des Kanaks allemands, le footballeur reconnut immédiatement ses arrière-grands-pères paternel et maternel et un arrière-grand-oncle. « La honte de cette exposition pesait sur la famille, et il a décidé que la honte ne devait pas rester sur les épaules des victimes mais alourdir celle des responsables de cette infamie. C'est ce qui l'a décidé à revendiquer son histoire malgré sa dureté », dit alors Daeninckx dans quelques interviews.

Retraité en 2005, le footballeur n'eut pas à se tourmenter pour sa reconversion. D'autant qu'entre-temps son patronyme était redécouvert grâce à Adriana, mannequin slovaque qu'il épousa fin 1998, et qui fit de lui un « people » durant quelques années. Christian Karembeu resta donc sur le devant de la scène, prêtant son nom et son image à quelques opérations de solidarité, par exemple les « Pièces jaunes » de Bernadette Chirac fin 2010. La FIFA lui attribua également la fonction (tout à fait honorifique) d'« ambassadeur FIFA » en Océanie. En 2011, Adriana officialisait unilatéralement leur séparation dans *Paris-Match*.

Lire aussi : WAGs

KEITA, Salif

Durant la Coupe du monde 2006, Cauet, animateur télé et radio, se chargea de faire découvrir à la France entière ceux qui ne connaissaient pas encore l'afrobeat du chanteur malien, compagnon de route occasionnel de Youssou N'Dour ou Manu Dibango. Le fameux « Zidane y va marquer », que la France entière chanta entre le huitième de finale contre l'Espagne et la finale contre l'Italie, était un remix du titre « Madan », de Salif Keita, parodié par l'animateur radio. Ce Keita-là est un Malien, un voyageur, né en 1949, qui milite de bien des façons pour « la paix sur le continent ».

Mais il existe un autre Salif Keita, qui fit lui aussi beaucoup pour son continent à l'occasion de ses voyages. Malien également, mais né trois ans avant le chanteur, il est toujours allé plus vite que la musique. Le 14 septembre 1967, il quitta clandestinement son pays. Après avoir atterri à Orly, il ne trouva pas les hommes qui devaient venir le chercher, et il prit seul le taxi pour Saint-Étienne, où se situait le club du Forez, qui l'avait recruté. Il y arriva deux jours plus tôt que prévu, sans prévenir les dirigeants qui venaient de le faire signer et qui de leur côté ne se souvenaient plus de la date de son arrivée. Ils ne regrettèrent pourtant pas le coût du taxi. En peu de temps, la perle africaine planta but sur but : 135 buts en 5 saisons et 167 matchs chez les Verts. Auparavant, Keita avait déjà été sélectionné en équipe nationale malienne, à seize ans… Tout va très vite, dans sa vie : c'est le tempo qui lui sied. « Il savait tout faire, à l'image des plus grands joueurs brésiliens. Je l'ai vu tenter des choses surnaturelles », dit un jour le mythique entraîneur des Verts Albert Batteux. Keita et l'ASSE, ce fut une belle histoire de six ans. C'est par amour pour lui que, depuis, le club a pris une panthère noire comme emblème. Keita fut de cette équipe qui posa les jalons du futur grand Saint-Étienne de Rocheteau et Larqué, celle du « Qui c'est les plus forts, évidemment c'est les Verts ». Celle aussi qui, en 1969, élimina le Bayern Munich 3-0, après avoir perdu 2-0 à l'aller, en huitième de finale de C1. Celle qui remporta trois titres et deux Coupes de France entre 1968 et 1970. En 1970 d'ailleurs, Keita devint le premier Ballon d'or africain. Lors de la saison 1971, il réalisa quatre quadruplés, inscrivant au total 42 buts et terminant deuxième meilleur buteur européen, à deux longueurs de son futur coéquipier Josip Skoblar. Un véritable carton. Mais le rêve avait son côté obscur. Encore possédée par son esprit colonial, la France du football considérait qu'un joueur africain ne méritait pas le même salaire qu'un joueur européen. Aussi Keita, qui poursuivait des études de droit, dut-il batailler pour avoir une rétribution équitable. Se considérant exploité, il chercha au printemps 1972 à casser son contrat, de manière unilatérale. Résultat : six mois de suspension. Mais, fait rare, il obtint le soutien d'une partie des supporters et mit le cap sur Marseille au bout des six mois. Ce n'était pourtant pas pour lui la fin des pressions. En effet, l'OM avait déjà deux étrangers, attaquants eux aussi : le Suédois Magnusson et le

Yougoslave Skoblar. Avant l'arrêt Bosman, un club ne pouvait pas en aligner plus de deux. L'OM, selon une réflexion elle aussi bien colonialiste, exigea donc, pour correspondre aux quotas, que Keita prenne la nationalité française, afin d'être « assimilé » et de pouvoir jouer dans l'équipe. Refus du joueur, qui devint alors le symbole de la résistance de la jeune Afrique indépendante. Cela se déroulait dans une cité phocéenne qui, centre d'arrivée des rapatriés d'Algérie, connut cette année-là de nombreux actes racistes et moult ratonnades ne faisant pas moins d'une douzaine de victimes. Keita tira donc un trait sur la France et signa par la suite pour deux baux sous le soleil : trois ans en Espagne (FC Valence, 1976-1979) et trois ans au Sporting de Lisbonne (1976-1979). Il termina sa carrière aux États-Unis, au New England de Boston. Rentré au Mali en 1986, il y créa huit ans plus tard le premier centre de formation de football professionnel, le centre Salif Keita, à Bamako, et fut cinq ans durant (2005-2010) président de la Fédération malienne de football. Grande figure défendant la cause des joueurs venus du continent africain, Keita est devenu un nom, que porte aujourd'hui fièrement son neveu, Seydou Keita, milieu du terrain du grand Barça (2008-2012).

Lire aussi : Barça, Bosman, Magnusson-Skoblar, Verts

KELLY, Grace (1929-1982)

Qui sait que l'actrice américaine, devenue princesse de Monaco lors de son mariage avec Rainier III en 1956, dessina elle-même en 1960 le maillot que l'AS Monaco porte encore aujourd'hui ? L'ancienne égérie d'Alfred Hitchcock s'intéressa au ballon rond dès son arrivée dans la principauté. Après avoir demandé à Michel Hidalgo, alors défenseur d'un club monégasque vainqueur de la Coupe de France, de coacher Caroline et

Albert, elle décida de s'attaquer à la tenue des joueurs monégasques, qui les faisait passer pour des jockeys : les rayures rouges et blanches laissèrent la place à une construction en diagonale, qui préserva les couleurs de la ville ainsi que l'écusson de la principauté. Un maillot dessiné par Grace Kelly en personne.

Lire aussi : Équipement

KENNEDY, Raymond

Le 25 mai 1961, devant le Congrès américain, John Fitzgerald Kennedy prit l'engagement que les États-Unis enverraient des hommes sur la Lune avant la fin des années 1960. Dans la nuit du 20 au 21 juillet 1969, Neil Armstrong fut le premier de ces hommes.

Deux ans plus tard, un autre duo Kennedy-Armstrong s'illustra, sur terrain vert cette fois. Le 3 mai 1971, le derby du nord de Londres entre les Spurs de Tottenham et les Gunners d'Arsenal eut lieu lors de la dernière journée du championnat 1970-1971. L'équation était simple pour les Gunners : tout autre résultat qu'une victoire ou un 0-0 leur ferait perdre le titre. À trois minutes de la fin, un Gunner tira si fort au but que Pat Jennings, gardien des Spurs, ne put que détourner la balle… aussitôt récupérée par George Armstrong, qui, d'une pichenette, l'offrit à l'autre attaquant de l'équipe, un certain Ray Kennedy, qui s'empressa de scorer.

Kennedy et Armstrong décrochèrent ainsi la lune à Londres. Cette saison-là, le club remporta également la FA Cup, 2-1 à l'issue d'une finale mythique contre Liverpool. Arsenal, Liverpool : deux clubs où brilla Kennedy, le plus grand homonyme de l'histoire du football. À lui seul, six titres de champion (un avec Arsenal, et cinq avec les Reds entre 1976 et 1982), une Coupe UEFA avec chacun des deux clubs, et trois

Ligues des champions avec les Reds de la plus grande époque (1978-1981).

Ray Kennedy fut un des joueurs de club les plus doués qu'ait connus l'Angleterre, un joueur pour qui ses 17 sélections, entre 1976 et 1980, ne furent que pures anecdotes. Kennedy, qui travailla dans une fabrique de bonbons avant de devenir footballeur, fut le dernier coup de cœur de Bill Shankly. En 1974, Bill cassa la tirelire des Reds pour s'offrir le joueur. Mieux : Shankly réussit à persuader l'attaquant d'être milieu défensif. C'est à ce poste que Kennedy devint le régulateur d'une équipe qui toucha au cœur l'Europe, puis le monde.

La vie étant cruelle, on l'avait presque oublié quand, le 21 avril 2009, un match Liverpool-Arsenal servit de vitrine à une opération de solidarité comme seuls les supporters anglais savent les imaginer : le Ray of Hope Appeal. Lancée en janvier 2008 par cinq supporters des Reds (Karl Coppack, Hinds Stephen, Andy Campbell, Robbie Ascroft et Matthew Aton), l'opération prit fin le 30 septembre 2009 avec un gain énorme de 52 000 livres. Pour aider Ray Kennedy, qui luttait sans moyens, et depuis des années, contre la maladie de Parkinson, qu'il ne parvenait plus à contrôler. Lui et sa femme s'étaient toujours refusés à rendre publique leur situation dramatique. Ils avaient vendu souvenirs, reliques et trophées gagnés par l'ancien joueur et n'avaient plus d'autres ressources. Le Ray of Hope Appeal permit à Kennedy d'effectuer chez lui les travaux d'aménagement nécessaires.

Ainsi donc, le destin d'un Kennedy a forcément à voir avec une balle…

Lire aussi : Jaurès, Liverpool FC, Shankly

KING, John

« Coventry égale de la merde. Une équipe de merde, des supporters de merde. Hitler a bien eu raison de raser cette zone. La seule chose intéressante qui soit jamais sortie de Coventry, c'étaient les Specials, et il y a des années de cela. » Ces mots, prononcés par Tom Johnson, supporter des Blues de Chelsea au début des années 1990, c'est John King, l'un des romanciers anglais contemporains les plus importants, qui les a rapportés. On les lit dans *Football Factory,* paru en 1996, premier tome d'une trilogie complétée par *La Meute* et *Aux couleurs de l'Angleterre.* Au même titre que Irvine Welsh en Écosse, King est l'écrivain du football et de la classe ouvrière anglaise. Il raconte le supportérisme de façon plus radicale que son compatriote Nick Hornby, car il ne lésine pas sur les descriptions de la violence, qui est au cœur de la vie intérieure d'un hooligan. L'écrivain rendit le plus justement la place du football dans un pays en crise.

Connaître et aimer le football n'est pas un acte isolé, pour le supporter, l'amoureux, le passionné. Il fait partie non seulement d'une culture mais d'un quotidien. Connaître et aimer le football, c'est avoir un certain rapport à l'histoire, au moment et à l'instant. Aller voir jouer son équipe, c'est un processus d'identification. Ce n'est pas un geste, c'est un mouvement, un acte. Tout à fait similaire à celui qui vous fait descendre en ville boire des coups, mettre des coups (et en prendre), jouer de la musique, descendre parler dans la rue, ou chaque jour lire le journal. C'est un des actes qui forment une culture, celle du foot. Une culture où tout est lié. Tout cela, John King l'a raconté. Personne n'a mieux écrit le football des années soixante-dix à quatre-vingt-dix que John King.

Lire aussi : Angleterre, Heysel, Hooligan, Thatcher

KNYSNA

Le 20 juin 2010, le football français traversa une de ses plus graves crises. Depuis, un nom sud-africain est devenu synonyme d'un sale traumatisme français, qui perdure aujourd'hui encore dès qu'on parle « incivilités » ou « racailles » dans le football français : Knysna.

Jusque-là, ledit foot avait connu plusieurs grèves. Des mouvements sociaux plus que légitimes, et rondement menés. En 1968, avec l'appui de l'UNFP, le siège de la FFF fut occupé par des joueurs déployant une banderole « Le football aux footballeurs », et le mouvement déboucha sur les premiers contrats à temps en 1969. N'Jo Léa, Kopa, Hidalgo et Lemerre furent les premiers revendicateurs de l'époque. Ils s'exprimèrent publiquement au nom de la profession, et mirent en danger leur carrière. En 1972, des délégués de clubs de première division réunirent un congrès à Versailles, afin de forcer les patrons de clubs à appliquer la loi sur les indemnités de transfert en fin de contrat. Une époque où les joueurs étaient solidaires.

Puis vinrent le sponsoring, la publicité, les droits TV et, enfin, le triomphe du foot business. Les footballeurs professionnels, qui ont toujours voté plus globalement à droite qu'à gauche (telles sont les racines – universitaires en Angleterre, entrepreneuriales en France – du football), sont aujourd'hui solidaires non plus d'une classe sociale mais d'un clan : celui des ultra-riches. Ou celui des stars. Car, de nos jours, un footballeur professionnel est *aussi* (et pour certains d'entre eux *surtout*) un homme qui passe à la télé tous les dimanches. Une star, donc.

Dès lors, faut-il s'étonner que la grève de l'entraînement, ce 20 juin 2010 à Knysna, ait moins ressemblé à un mouvement social qu'à un caprice de princesses ? La ville de cinquante mille habitants, située au sud-est de l'Afrique du Sud, s'apparenta au Waterloo du foot français contemporain. Le lieu se transforma en un nouveau repère mémoriel, celui de la cristallisation de la crétinerie dans laquelle s'enfonce désormais le sportif de haut niveau qui n'a pas acheté lui-même un timbre ou une baguette de pain depuis des années. On pourra rétorquer qu'à cet âge (vingt, vingt-cinq ans) et avec de tels revenus il est dur de garder les pieds sur terre. C'est vrai. D'autant plus vrai qu'autour de chaque joueur prospère un nid de crabes.

Il n'empêche, une grève est une grève. Lorsque quelques meneurs socialement immatures forcèrent tout un collectif à faire la grève de l'entraînement pour soutenir un des plus riches de leurs coéquipiers, Nicolas Anelka, où était l'injustice ? Où était la maltraitance patronale ? Où était le projet commun ? On eût aimé que ces jeunes soient aussi capables de se mettre en grève contre leurs sponsors lorsque ceux-ci s'enrichissent sur le dos des pays du Sud, ou bien contre leur club, qui les priverait de leur salaire.

Ces jeunes-là, à force de croire que le virtuel est le réel, se sont pris le réel dans la face. Retour sur terre. Certains ont du mal à s'en remettre (voir les parcours de Toulalan et de Gourcuff depuis cette Coupe du monde). Ils ne connaissent ni l'histoire du football, ni l'histoire sociale, ni l'histoire tout court. L'ignorance est une indécence ; la leur les a conduits à cette consternante grossièreté : une grève de riches sur le continent le plus exploité du monde.

Lire aussi : Anelka, Foot business, Gourcuff, Henry, Syndicat

KOCSIS, Sandor (1929-1979)

On dit de lui qu'il fut « la meilleure tête d'Europe, après Churchill ». Surnommé « Tête d'or », Kocsis fut de toutes les épopées du grand Honved et des Magic

Magyars, et termina meilleur buteur de la Coupe du monde 1954, avec 11 buts, dont 7 marqués de la tête. Après la tournée d'adieux et d'interdictions du Honved en 1956, Kocsis alla jouer au Barça de 1958 à 1966, remportant avec le club deux titres de champion d'Espagne, en 1959 et 1960, mettant ainsi fin à la domination de l'équipe du Real composée d'autres apatrides, comme Di Stefano ou… Ferenc Puskas, Magic Magyar lui aussi. Atteint d'un cancer, Kocsis se suicida en 1979 en se jetant de la fenêtre de sa clinique.

Lire aussi : Grosics, Hongrie, Honved, Puskas

KOP

Dans le monde du football, le terme est apparu dans les années 1970. Mais il trouve son origine dans l'histoire de la Grande-Bretagne : on le date du 24 janvier 1900 précisément. Ce jour-là, en pleine guerre des Boers, l'Empire britannique perdit une bataille cruciale, celle de Spion Kop, qui se déroula sur la colline du même nom (en afrikaans, *kop* signifie « colline ») et à laquelle prirent part deux futures grandes figures britanniques : Gandhi (alors brancardier) et Churchill (lieutenant de cavalerie et correspondant de guerre). Le pays fut traumatisé par cette défaite, et par sa violence.

Le nom de « Spion Kop », puis celui de « Kop », servit dans les années 1970 à désigner les tribunes animées, de forme inclinée, où se regroupent les supporters. Depuis, le kop désigne l'emplacement des supporters, mais aussi, métaphoriquement, le groupe des supporters. Le Kop de Boulogne (PSG), le Kop 534 (Liverpool) ou The Jungle (Celtic Glasgow) par exemple.

Lire aussi : Apartheid

KOPASZEWSKI, Raymond (1931-2017)

Mineur dès l'âge de quatorze ans, il devint par la suite joueur professionnel jusqu'à trente-six ans, puis vétéran, pour le souvenir. Il dirigea aussi un bar-tabac, fut propriétaire d'un hôtel, créa la marque d'équipements Kopa, participa à la lutte pour l'instauration du contrat à temps chez les footballeurs et prit sa retraite en 1991, à soixante ans, continuant à parler football de ci, de là.

C'est une vie simple, et pleine, que connut la première star du football hexagonal, le premier joueur français à aller jouer dans un grand club étranger, le Real Madrid, le premier tricolore à accéder au toit de l'Europe du football. Raymond Kopa fut pourtant surnommé « le Napoléon du football ».

Né le 13 octobre 1931 à Nœux-les-Mines d'un père mineur, il descendit lui-même très tôt à la mine, sa petite taille (1,68 mètre) aidant. En 1947, âgé de seize ans, il laissa une partie de son pouce et de son index droits dans les sombres tunnels. Deux ans plus tard, un concours de jeunes footballeurs le fit remarquer par de grands clubs, et le gars du Nord prit la direction des bords de Loire, où l'attendaient à la fois un contrat de footballeur semi-pro et un poste d'électricien à Angers. S'il ne fut jamais électricien, le club n'ayant en fait pas trouvé l'emploi promis, il devint rapidement le meilleur joueur de cette équipe moyenne, et gagnait 21 000 francs (anciens) par mois. En 1951, le Stade de Reims, le grand club français d'alors, voulut le recruter. Kopa se signala en réclamant 500 000 francs de prime de signature au lieu des 300 000 proposés. S'il est vrai que, dès son arrivée à Angers, son nouvel entraîneur l'avait accueilli par ses mots prophétiques : « Ce ne sera plus Raymond Kopaszewski, mais Raymond Kopa ! Cela sonne bien et se retient mieux », il fallut attendre Reims pour que Kopa devienne véritablement Kopa. Il y jouait avec Jonquet,

Marche et Hidalgo, eux-mêmes entraînés par le meilleur coach de son époque, Albert Batteux. En cinq ans, il connut quatre titres de champion de France et rejoignit les Bleus. Sélectionné pour la première fois le 5 octobre 1952 contre l'Allemagne, il disputa sa première Coupe du monde en 1954. Le public put y assister au miracle de Berne et des Magic Magyars, mais pas à celui des Bleus, éliminés dès le premier tour.

Jouant attaquant reculé, Kopa se remit au travail, et devint *la* star française. À Reims, Albert Batteux comprit vite que son point fort était le dribble. Il le poussa à travailler davantage ce don. Il parvenait sans peine à conserver la balle en attendant qu'un de ses coéquipiers soit en position de marquer. Kopa ne jouait en effet pas pour lui-même. En 1956, dès l'année de la création de la nouvelle Coupe d'Europe, le Stade de Reims disputa la finale contre le grand Real Madrid. S'il perdit 4-3, Reims avait réussi à mener 2-0, et tous purent admirer l'habileté de son joueur phare. Tous les clubs européens s'arrachèrent dès lors Kopa. Ce fut le Real qui l'obtint, contre 52 millions de francs. Le Français partit, laissant sa place à Just Fontaine, qui arrivait tout juste à Reims. Le Real, lui, tournait à fond depuis l'arrivée de Di Stefano trois ans plus tôt. Malgré la diversité des positions qu'il dut tenir en attaque, Kopa remporta la Coupe d'Europe et la Liga dès sa première saison. Rebelote la saison suivante, où Puskas, de retour de la folle épopée interdite du Honved, rejoignit le club.

Pour Kopa, 1958 fut donc une année en or. Dans la foulée de ces victoires, le joueur mena les Bleus à la troisième place de la Coupe du monde suédoise. Une équipe de France enfin mature, en majeure partie constituée de Rémois, que Kopa connaissait donc déjà. Wisnieski, Kopa, Jonquet, Fontaine furent désignés comme la formation la plus élégante du tournoi, atomisant entre autres la RFA, championne du monde en titre, pour lui ravir la troisième place, certes non sans s'être fait au préalable corriger par les vainqueurs brésiliens en demi-finale. Cette équipe fut la première grande équipe de France, et Kopa finit l'année en devenant le premier Français Ballon d'or. Grande cuvée.

Devenu superstar, mais éprouvant le mal du pays, il signa de nouveau au Real pour un an seulement. En 1959, Madrid remporta sa quatrième Coupe d'Europe d'affilée, la troisième pour Kopa, contre Reims. Ce qui n'empêcha pas le Français de revenir alors dans son ancien club, pour six ans : il y remporta un nouveau titre, en 1962, mais y connut aussi des déboires. Le club amorçait déjà sa pente descendante, et la mort du fils de Kopa, victime d'un lymphosarcome, en 1963, jeta une ombre sur cette seconde période rémoise. Blessé lors de l'Euro 1960, il eut ensuite des relations très difficiles avec le nouveau sélectionneur des Bleus et ne joua quasiment plus en équipe de France.

À la même époque, il s'engagea pour une évolution sociale du football. Kopa, qui ne jouait donc pas pour lui-même, n'avait pas oublié son passé de mineur : il commença à participer au mouvement de l'UNFP pour la retraite des footballeurs et l'application d'un contrat à temps. Excédé par l'immobilisme des dirigeants, celui qui avait déjà manifesté son opinion à l'occasion des négociations de ses primes et de ses transferts déclara notamment : « Les footballeurs sont des esclaves. Aujourd'hui, en plein XXe siècle, le footballeur professionnel est le seul homme à pouvoir être vendu et acheté sans qu'on lui demande son avis. » Son franc-parler lui causa une suspension de six mois. Kopa raccrocha les crampons en 1967, après avoir aidé Reims, relégué en 1964, à remonter en première division.

Possédant la fibre du business autant que la fibre syndicale, Kopa avait dès 1954 fait de son propre nom une marque, négociant avec l'enseigne Noël pour créer une ligne de chaussures « Kopa ». Après avoir un temps été propriétaire d'un hôtel et dirigé un tabac, il créa sa propre marque de vêtements de sport et de loisirs et géra sa petite entreprise jusqu'à sa retraite complète, en 1991. Il décéda le 3 mars 2017 à Angers, à quatre-vingt-cinq ans. Il est honoré par une statue à proximité du stade Auguste Delaune à Reims, inaugurée le 15 décembre de l'année suivante.

Raymond Kopa, Michel Platini et Zinedine Zidane sont les trois plus grands footballeurs français. Qu'ils soient tous trois des enfants d'immigrés est un fait qui, à lui seul, cloue le bec à tous ceux qui pensent que tous nos ancêtres furent blonds, gaulois et chrétiens.

Lire aussi : Fontaine, Hidalgo, Maison blanche, Platini, Syndicat, Zidane

KOVACS, Stefan (1920-1995)

Si Eugène Ionesco avait fait carrière dans le football, il se serait appelé Stefan Kovacs. Très modeste joueur, puis entraîneur en Roumanie, Kovacs grimpa les échelons fédéraux et dirigea l'équipe nationale de Roumanie jusqu'en 1967. Palmarès qui, à l'international, a peu de chance d'impressionner. Par quel miracle, alors, le Roumain se retrouva-t-il à la tête du grand Ajax d'Amsterdam en 1971 ? Sélectionneur, Kovacs prit l'habitude, lors de ses voyages, de tenir quelques réunions avec les entraîneurs et sélectionneurs de l'Ouest, dont les Français Albert Batteux et Georges Boulogne. C'est ainsi que le grand Rinus Michels entendit parler de lui et que, lorsqu'il partit au Barça, il donna à ses dirigeants une liste de quinze entraîneurs susceptibles de comprendre le football total et de lui succéder. Parmi eux, Kovacs, qui récolta donc les fruits d'un football total créé par son prédécesseur Rinus Michels et prit les rênes du grand Ajax de Cruyff, dont le système révolutionnaire était déjà bien huilé. Résultat : deux Coupes d'Europe, en 1972 et 1973. Plus tard, en 1975, il publia un livre intitulé *Football total*. S'il n'inventa pas le concept, disons que Kovacs sut en gérer l'héritage, le faisant même fructifier en ajoutant un zeste de technique au jeu de l'équipe. Entre 1998 et 2002, Roger Lemerre fit exactement la même chose avec les Bleus.

Les Bleus, justement. Comment cet entraîneur, devenu véritable star, se retrouva-t-il, en 1973, sélectionneur de l'équipe de France ? Se sachant surveillé par le pouvoir de Ceausescu, qui, dans son dessein de grandeur socialiste roumaine, commençait à pester contre la réussite de ce compatriote à l'étranger, Kovacs eut la sagesse de quitter l'Ajax en pleine gloire. Une décision d'autant plus sage qu'au même moment Johan Cruyff quittait lui aussi le club, accélérant la fin de la grande époque.

Kovacs, auréolé de gloire, succéda donc à Georges Boulogne à la tête d'une équipe de France complètement invisible et à reconstruire de fond en comble. Cela n'effraya pas Kovacs, qui releva le défi avec brio. Même s'il ne qualifia la France ni pour la Coupe du monde 1974 ni pour l'Euro 1976, ce francophile, dont la faconde et l'humour étaient très appréciés, parvint à redonner confiance à l'équipe et à solidifier les lignes de jeu tricolores. Il sélectionna Jean-Marc Guillou, qui attendait depuis si longtemps, et eut un flair remarquable en repérant très tôt un certain Dominique Rocheteau, qu'il retint en bleu alors qu'il avait disputé à peine quelques matchs sous les couleurs de Saint-Étienne. Kovacs resta trois ans à la tête des Bleus, mais faillit laisser sa place après la première année. Car en 1974, soufflant sur les braises des tensions qui existaient alors entre la France et la Roumanie, au sujet d'une série de problèmes économiques et politiques (dont une église roumaine à Paris, squattée illégalement sans que l'État français envoie la police), Nicolae Ceausescu voulut faire une affaire d'État autour de Kovacs, et forcer son retour au pays, à l'Est. Le gouvernement Chirac dut négocier pour que Kovacs puisse rester en France et signer un nouveau contrat. Ceausescu accepta de ne pas faire de pression sur l'entraîneur, jusqu'en 1976, où Kovacs redevint le sélectionneur de la Roumanie. Il avait néanmoins eu le temps de jeter les bases d'un système de jeu que son ancien adjoint et désormais successeur Michel Hidalgo sut mettre à profit, bâtissant ce qui allait devenir les Bleus de la génération Platini. Pendant sa carrière, Kovacs fut donc tour à tour héritier et précurseur. Son destin, quelque peu absurde et sinueux, fut ainsi forgé par une intelligence très politique.

Lire aussi : Ajax, Hidalgo

KURBOS, Tony

Né près de Lyon, ce Franco-Allemand joua à Stuttgart, Tongres (Belgique), Metz, Saint-Étienne, Mulhouse, Nice, Monaco et Dunkerque. Estampillé CEE, son curriculum vitae fut typique de ceux des footballeurs moustachus et tâcherons des années 1980, enquillant contrats de courte durée et piges sans parvenir à trop percer. Toutefois, grâce à une ligne de ce CV, Kurbos a bel et bien mérité sa place dans notre dictionnaire. Le 3 octobre 1984, le joueur réussit en effet à éliminer le FC Barcelone à lui tout seul. En seizièmes de finale de la défunte Coupe des coupes, le club lorrain tira au sort le gros lot : le Barça, à l'époque emmené par l'Allemand Bernd Schuster. Ultra-favori, le club catalan battit les Messins chez eux à l'aller, 4-2. Le match retour au Camp Nou était à ce point plié d'avance qu'un quart du stade seulement était rempli. Qui, en Catalogne, se souciait de ce petit club français d'une région sidérurgique en crise, qui ne comptait aucune star dans ses rangs ? Les Messins eux-mêmes n'y croyaient pas : logés dans le même hôtel que les tennismen Henri Leconte et Guy Forget, venus disputer le tournoi de Barcelone, ils avaient passé avec eux la soirée précédant le match. Dans les couloirs de l'hôtel, les Catalans toisèrent les joueurs messins. Et, sans surprise, le Barça ouvrit le score après une demi-heure de jeu. Il fallait aux Messins marquer quatre buts pour se qualifier. Quinze minutes plus tard, ils en avaient déjà marqué deux : le premier de Kurbos, et le deuxième d'un défenseur catalan, qui marqua contre son camp à la suite d'un centre tendu, devant le but, de… Kurbos. En pénétrant sur la pelouse pour la seconde période, les Catalans ne riaient plus. Les joueurs du FC Metz avaient découvert le point faible de leur adversaire : la lenteur des deux défenseurs centraux. Le troisième but, et le deuxième de Kurbos, arriva par le centre, tandis que le quatrième, également signé Kurbos, vint de l'aile à cinq minutes de la fin. Un des plus grands exploits du football français en Coupe d'Europe. C'est pour éviter ce genre de piège, et protéger les riches et grosses équipes que, dix ans plus tard, l'UEFA inventa la Champions League.

L

« Je voudrais bien avoir Socrate à mes côtés
et connaître la maïeutique pour pouvoir
accoucher de quelque chose de très bon. »
Roger Lemerre, alors sélectionneur de la Tunisie

LAGARDÈRE, Jean-Lucien, dit « Jean-Luc » (1928-2003)

« Lagardère Sports mise sur l'avenir du football asiatique », apprit-on en 2009. À ce moment, grâce à sa filiale World Sport Group (WSG), Lagardère Sports venait de prolonger son deal avec l'Asian Football Confederation (AFC) afin de poursuivre l'exploitation des droits TV, Internet et mobile, et le sponsoring de tout ce qui devait concerner le football sur ce continent très actif.

Cependant, avant cette ère du tout économie virtuelle, du foot business et de la déréglementation totale du marché au seul profit des plus riches, il y eut une période de capitalisme de capitaines d'industrie. Jean-Luc Lagardère, patron de l'empire Matra-Hachette, vendeur d'armes, puis de médias, et enfin de livres, fut un de ces hommes d'affaires qui flairèrent le pouvoir du football dans les années 1980.

C'était l'époque du business à gros pardessus (parfois en fourrure), lequel dix ans plus tard céda sa place au business en cols blancs. Ainsi, en 1982, Lagardère décida-t-il que le groupe Matra (la branche « armes » de son empire) investirait dans le football hexagonal. Il lança une opération acquisition-fusion envers le Paris FC, qui croulait sous les dettes en deuxième division. Le but de l'opération : faire renaître feu le grand Racing, et monter un deuxième grand club à Paris. Lagardère reprit le PFC en 1982, lui donna le nom de Racing Paris 1 et le fit fusionner avec la section foot du Racing Club de France, l'année suivante. Dès lors, Lagardère s'offrit à moindre coût les joueurs et les structures du Racing, qui évoluait en troisième division. Certes le nouveau Racing, devenu Racing Club de Paris, retrouva l'élite en 1984, mais en redescendit dès 1985. Lagardère entreprit alors de bâtir une véritable armada. Il frappa un premier coup en recrutant le libero international Max Bossis, qui prenait le risque, évoluant en deuxième division à un an de la Coupe du monde au Mexique, de perdre sa place en équipe de France. Le coup fut gagnant, le club progressa et Max participa au Mondial. Après la compétition, Lagardère passa la surmultipliée en achetant et rachetant des stars, provoquant la première flambée des salaires dans le football hexagonal. Il débaucha Fernandez, du club d'en face, le PSG, en lui offrant le salaire, démesuré pour l'époque, de 700 000 francs mensuels. Grâce à ces émoluments astronomiques, il fit venir aussi le défenseur international français Thierry Tusseau, l'Allemand Littbarski et l'Uruguayen Enzo Francescoli. En 1987, il débaucha Artur Jorge du FC Porto, tout récent champion d'Europe. Club bling-bling avant l'heure, le Racing devait tout rafler à très court terme et damer le pion à l'OM et à Bordeaux – à Tapie et à Bez. En 1987, en dépit des lois interdisant sa pratique en France, Jean-Luc Lagardère fut le premier en France à entériner le « naming », pratique consistant à apposer le nom d'une marque sur un club ou un stade : le Racing devint alors le Matra Racing (au diable l'identité parisienne : un libéral se doit de penser toujours global, jamais local). Néanmoins, Lagardère vécut ce que le Real des Galactiques allait vivre quinze ans plus tard : artificiel, cet aréopage de joueurs très forts évolua sans socle collectif et ce collage réalisé à coups de millions de francs ne prit pas. Surtout, le Matra Racing n'eut jamais le soutien populaire escompté, ni un fond de jeu digne de ce nom : on vit *El Principe* Enzo Francescoli errer sur la pelouse, ne sachant quel était son rôle dans l'équipe. N'ayant jamais réussi à atteindre le haut du tableau avec son club, Lagardère annonça son désengagement du club en 1989, comme on annonce la fermeture d'une usine après avoir attiré des ouvriers en leur vendant du rêve. Bien qu'il obtînt son maintien en première division, le club, à présent sans sponsor, dut laisser partir ses meilleurs joueurs. La saison 1989-1990 fut un maelström pour une équipe composée de bric et de broc, notamment de l'inénarrable Olmeta comme capitaine et, surtout, du futur crack David Ginola. L'équipe alla jusqu'en finale de la Coupe de France, ayant sur son passage éliminé l'OM, récent champion de France, en demie. Ce fut le chant du cygne. L'équipe et le club sombrèrent ensuite.

Si l'on doit néanmoins reconnaître un mérite à Lagardère, qui ne voulut que réaliser son rêve de gosse, c'est d'avoir fait venir Enzo Francescoli.

Lire aussi : Bez, Fernandez, Foot business, Francescoli, Naming, OM

LAMA, Bernard

Il fut le meilleur gardien français des années 1990, entre la fin du règne de Joël Bats et l'avènement de Fabien Barthez. L'hebdomadaire *France Football* le consacra même meilleur joueur français de l'année 1994. Dire qu'avant d'être gardien, Bernard Lama fut longtemps joueur de champ, en Guyane, où il passa son enfance et son adolescence (il était né le 7 avril 1963 près de Tours). Devenu gardien sur le tard, Bernard Lama revint en métropole en 1981 et enquilla les piges d'un an (Abbeville, Besançon, Metz, Brest, Lens), entrecoupées de cinq années lilloises (1984-1989). Très bon gardien, il jouait les mains nues, sans gants, jusqu'au début des années 1990. Sa saison à Lens (1991-1992) le fit remarquer par le PSG, où il remplaça Joël Bats, devenant alors le numéro un français à son poste. Gardien décisif, auteur d'arrêts spectaculaires et de sorties aériennes remarquables, de dégagements longs et précis, il devint le portier des Bleus début 1993, fut champion de France en 1994 et se révéla comme l'un des meilleurs gardiens du monde en 1996, année de la victoire du PSG en Coupe d'Europe des vainqueurs de coupe et d'un Euro qui souda la future génération 1998 : Lama, en stoppant le tir au but du Hollandais Seedorf en quart de finale, qualifiait la France pour les demies. Puis, soudain, Lama devint « Bernard la Scoumoune ». Gravement blessé au genou en septembre 1996, il perdit sa place, peinant à retrouver son niveau. Il traversa une période de decrescendos : en janvier 1997, avant un match amical contre les Pays-Bas, Lama fut contrôlé positif au cannabis, qu'il aurait inhalé « dans les trois semaines précédant le match ». Le joueur réclama une contre-expertise, qui confirma la présence de cannabis dans ses urines. La sanction tomba net : cinq mois de suspension, dont deux fermes. Car selon la loi Bambuck du 28 juin 1989, le cannabis est bel et bien assimilé à un « stupéfiant antidouleur ». À travers Lama, le pouvoir sportif français déclarait la guerre au haschisch : des dizaines de joueurs se firent coincer pour fumage de pétard, tel Fabien Barthez, un an avant Lama, dont il était alors la doublure : il écopa de quatre mois de suspension, dont deux fermes. Lorsque vint le tour de Lama de se faire écarter, Barthez prit sa défense avec cette phrase : « C'est une connerie de suspendre un joueur pour une raison pareille quand on sait que le cannabis n'améliore pas les performances. » Ironie du s(p)ort : c'est pendant la suspension de Lama que Barthez prit sa place chez les Bleus, transformant le Parisien en doublure jusqu'à sa retraite internationale en 2000. Un rôle que Lama avait déjà à West Ham (1997-1998) – et conserva lors de son retour au PSG pour encore deux ans. Avant les deux gardiens, d'autres fumeurs de hasch se firent prendre : Paille (Mulhouse), Fontan (Bordeaux), Dieng (PSG) et Hampartzoumian (Cannes).

Lire aussi : Anziani, PSG

LAURENT, Lucien (1907-2005)

Ailier droit, il joua à Paris, Mulhouse, Rennes et Strasbourg, mais il fut un footballeur-ouvrier à Sochaux, et chez Peugeot. Surnommé « P'tit Lulu », il fut le tout premier buteur de l'histoire de la Coupe du monde. Pour disputer ce premier tournoi mondial, qui se tint en 1930 en Uruguay, Jean et Lucien Laurent, frères et coéquipiers, durent obtenir un congé de leur employeur. Ainsi, le 13 juillet, la France l'emporta-t-elle 4-1 sur le Mexique. Et ce jour-là, sur un centre d'Ernest Libérati, la reprise de volée de Laurent, du droit, se logea en pleine lucarne du but mexicain. Ouvrant le score du match, il écrivit surtout le premier chapitre du grand livre des Coupes du monde. « Quand j'ai marqué ce but, j'ai eu une joie simple, celle d'un buteur normal avec ses coéquipiers. On a dû s'embrasser ou se taper dans la main avant de reprendre le jeu. Sur le coup, je ne me suis même pas posé la question de savoir si c'était le premier but du Mondial. Je n'ai pas réalisé », témoigna-t-il après coup. Durant la Seconde Guerre mondiale, il fut emprisonné trois ans dans un camp d'internement. Tous ses biens, y compris son maillot de 1930, lui furent dérobés par les nazis. Après la guerre, Laurent ouvrit une brasserie à Besançon, en toute discrétion. Il fut « redécouvert » par la télévision française en 1998, et put dire ce qu'il pensait du foot moderne : « Trop de cinéma et pas assez de respect. »

Lire aussi : Entreprise, Sedan

LAW, Denis

Le 29 mai 1968, lorsque l'Écossais Law, l'Irlandais George Best, le *so English* Bobby Charlton et huit autres Red Devils vengèrent les Busby Babes, disparus dans le maudit accident d'avion du 6 février 1958, en remportant la Coupe d'Europe, ils devinrent eux aussi des figures de mai 1968. Premier joueur écossais (et à ce jour l'unique) à remporter le Ballon d'or (en 1964), il ne se doutait pas que, des années plus tard, Best et Charlton s'en verraient également récompensés. Depuis, à Manchester, on a construit une statue à la gloire de ces trois joueurs, en hommage à leur ligne d'attaque, qui fut une des plus belles que le club ait connues. Law fut remarqué en 1955, alors qu'il jouait dans l'équipe de son collège à Aberdeen, par un certain Bill Shankly, qui passait par là. À cette époque, Shankly entraînait la réserve de l'équipe anglaise de Huddersfield, où il fit venir l'Écossais. Shankly fit éclore le joueur Law. Sa première sélection en équipe nationale, en 1958, acheva de lancer et de révéler Denis Law, qui marqua alors son premier but international. En 1960, il fut transféré à Manchester City pour le prix, record à l'époque, de 60 000 livres, et pour une petite saison : repéré peu de temps après par les émissaires du Torino, le 9 juin 1961, il signa avec eux pour le double de la somme. Cependant Law était si extraverti qu'il fit peur aux Italiens et ne s'adapta pas vraiment au pays, et s'en retourna à Manchester à l'été 1962. Mais cette fois à United, où Matt Busby venait de revenir aux affaires après la catastrophe de 1958. Arrivé chez les Red Devils (en quête de revanche sur le destin après l'accident de 1958), où il rejoignit Best et Moore, Law y trouva une équipe à la mesure de son caractère, passionnée et ombrageuse. Cette tête brûlée fut le parfait miroir de George Best, Moore tenant alors le fil pour ces deux équilibristes du moment et de l'instant. « Man U » devint ainsi la première équipe rock d'Europe. Fidèle à son nom et à son art du contre-pied, et bien dans l'esprit de son temps, Law enquilla les frasques disciplinaires et devint, pour ces raisons aussi, très populaire : trente ans avant que Cantona ne foule la pelouse d'Old Trafford, l'antre des Red Devils, Law lui prépara en quelque sorte le terrain. En onze ans à MU, Law remporta deux titres de champion, une FA Cup, et marqua 260 buts en 406 matchs. Une seule ombre au tableau, et de taille : une opération au genou, qui lui fit manquer la finale de 1968.

Pour boucler la boucle, Law s'en alla faire une dernière pige… à Manchester City ! Il n'y joua qu'une saison, mais tomba dans le piège tendu par le destin : le 28 avril 1974, lors de l'ultime journée de championnat, eut lieu le derby entre les deux clubs de la ville. À huit minutes de la fin, Law marqua un but qui signa la défaite des Red Devils. Une défaite, mais surtout un drame : elle les reléguait en deuxième division ! Law s'effondra en pleurs, quittant le terrain juste après avoir marqué…

L'Écossais participa à la Coupe du monde 1974, y fit un petit tour avec l'Écosse, pour la dernière de ses 55 sélections en seize ans (et 30 buts), puis prit sa retraite deux mois plus tard.

Lire aussi : Avion, Best, Busby Babes, Cantona, Shankly

LEMERRE, Roger

Avant d'être l'adjoint d'Aimé Jacquet, puis le sélectionneur de l'équipe de France de 1998 à 2002, Roger Lemerre eut une trajectoire à son image, humble et méritante. « Je suis quelqu'un qui a peur, mais plus j'ai peur et plus je suis compétitif », nous dit-il un jour*. Fils d'ouvriers à Bricquebec, dans la Manche, Lemerre fut toujours complexé par son manque de culture (il l'est encore) : « J'aime être avec les gens de haut niveau intellectuel, parce que je n'ai jamais pu l'être. J'ai joué au foot parce que j'avais des aptitudes, mais j'aurais préféré être premier de la classe. » L'homme est pourtant bien l'un des plus droits que connut le football tricolore. Peut-être parce que, des années durant, il sut prendre suffisamment de recul : le jeune Lemerre devint gardien de but « car c'était le seul moyen de jouer avec les grands, qui me collaient là où ils ne voulaient pas jouer ». Ce fut un garçon de vingt ans, encore scolarisé, que le club de Sedan recruta au mois de juillet 1961. Là, Lemerre joua avec des footballeurs-ouvriers ; il s'entraînait avec eux matin et soir, mais se rendait en cours la journée. Entre-temps, Lemerre occupa le poste d'arrière central. Appréciant le semi-professionnalisme sedanais, il se fit engager comme représentant chez Simca après sa scolarité et intégra l'équipe des grands joueurs. Totalement raccord avec le système Dugauguez, Lemerre devint un solide défenseur, sélectionné six fois chez les Bleus entre 1968 et 1971. Il montra aussi qu'il était un homme de convictions et de revendications : c'est lui qui négocia les primes des footballeurs avec les frères Laurent. En 1968, il fut l'un des premiers joueurs syndiqués, ferraillant pour le contrat à temps. Durant toute sa carrière de joueur, Lemerre se battit contre les sponsors et l'argent facile ; il usa de la voix quand il le fallut, sa réserve voire sa timidité ne conférant que plus de consistance à ses prises de position. Plus tard, cette sagesse et cette solidité lui serviraient pour contenir l'ego des Bleus de 1998.

Il joua ensuite trois saisons à Nantes, une à Nancy, puis deux à Lens. « Jamais de ma vie je n'avais été sur le banc des remplaçants. Quand l'entraîneur m'y a mis, à Lens, j'ai compris que j'étais fini physiquement, que je ne tenais plus le rythme. » Lemerre mit ainsi un terme à sa carrière de joueur, à l'âge de trente-quatre ans.

Il devint aussitôt entraîneur d'un autre club, tout aussi symbolique : le Red Star (« Mes meilleurs moments : il n'y avait pas d'argent, tout le monde mettait la main à la pâte »), où il resta trois ans. Quelques clubs français et l'Espérance de Tunis plus tard, il entra à la Direction technique nationale, mena l'équipe de France militaire à la victoire mondiale en 1995, devint l'adjoint d'Aimé Jacquet, puis le sélectionneur des Bleus de 1998 à 2002. « En 2000, j'ai eu la plus belle des équipes de France. » Lemerre fut aussi un des premiers professionnels à constater les effets néfastes du foot business sur les joueurs français.

Depuis 2002, il a été à la tête des sélections tunisienne (qu'il mena à la victoire lors de la CAN 2004) et marocaine, puis entraîna en Turquie, en Algérie, en France (2016), et en Tunisie (à l'Étoile sportive du Sahel, en 2013-2014, puis à nouveau depuis fin 2018).

Homme délicieux, Lemerre a croisé le chemin de maintes figures et vécu des périodes symboliques du football français de la seconde moitié du XXe siècle. Alternant la gagne et la *lose*, il a néanmoins toujours su être un acteur discret et intelligent. Rester fidèle à ses principes, travaillant sans relâche, tout en écoutant et en protégeant ses joueurs.

* Rencontre avec l'auteur, septembre 2010.

Lire aussi : Bleus, CAW, Dugauguez, Hidalgo, Ouvrier

LEONIDAS (1913-2004)

Ni le chocolat ni le roi de Sparte, héroïque face aux Grecs, non : ce Leonidas-là fut « le diamant noir », le premier grand joueur brésilien, et premier grand joueur noir de l'Histoire. Celui grâce à qui, lors de la Coupe du monde 1938, le public découvrit l'art du football brésilien. Né le 6 septembre 1913 à Rio de Janeiro, Leonidas da Silva joua un temps en Uruguay, avant de remporter le championnat carioca (la compétition des clubs de la région de Rio) avec trois clubs différents, puis cinq titres paulistes (compétition de la région de São Paulo) après la guerre. En 1938, il fit découvrir des gestes venus d'ailleurs, des gestes nouveaux, bizarres, en particulier la bicyclette, qu'il popularisa follement. Il termina sa carrière meilleur buteur de la compétition avec sept buts à son actif. Le seul match qu'il ne joua pas, laissé au repos par son sélectionneur, fut la demi-finale contre l'Italie, perdue par le Brésil. On écrivit sur Leonidas qu'il était « semblable à un animal de la forêt, [...] rapide comme un lévrier et agile comme un chat. [...] Il paraissait constitué non de chair et d'os, mais entièrement de caoutchouc ». Après le tournoi, la société Lacta lança en hommage au joueur une tablette de chocolat baptisée « Diamant noir ». En 1974, Leonidas apprit qu'il souffrait de la maladie d'Alzheimer, contre laquelle il lutta pendant trente ans. Il mourut le 24 janvier 2004, après avoir traversé tout le XXe siècle.

Lire aussi : Barbosa

LIVERPOOL FC

« You'll Never Walk Alone » est le plus beau chant que l'on puisse entendre dans un stade, beau à ce point que le titre fut inscrit en fer forgé à l'entrée du chaudron d'Anfield Road. Ce chant-là, ainsi que toutes les Coupes d'Europe remportées dans les années 1970, la légende Bill Shankly, et les deux victoires en Ligue des champions (2005, 2019) sont la fierté de cette ville industrielle : à Liverpool, il y eut les quatre Beatles, mais il y eut aussi les Reds du Liverpool Football Club.

Pour commencer, les Reds ne furent pas toujours vêtus de rouge. Au cours des premières années, leurs maillots étaient bleu et blanc : les couleurs d'Everton, l'autre club de Liverpool. À la suite d'un désaccord entre le club et John Houlding, propriétaire du stade d'Anfield, à propos des conditions de location de l'enceinte, Houlding créa de toutes pièces un second club, avec une poignée de supporters et trois anciens joueurs d'Everton. Le 15 mars 1892 naquit le club qui allait devenir le plus titré des clubs anglais, avec dix-huit titres de champion d'Angleterre, sept Coupes d'Angleterre et huit Coupes de la Ligue, cinq titres de champion d'Europe et trois Coupes de l'UEFA.

Le club, qui voulait garder le nom d'Everton, fut d'abord baptisé Everton and Athletic Grounds Ltd. Mais, face à l'opposition de la Fédération, il prit finalement le nom de Liverpool FC.

Ce n'est qu'au début du XXe siècle que les Reds adoptèrent le rouge (maillot) et le blanc (short). Les bas furent rouges, noirs, puis blancs. En 1964, Bill Shankly mit tout le monde d'accord : Liverpool jouerait entièrement vêtu en rouge, « pour faire peur aux autres ». Depuis, les Reds le sont intégralement.

Comme un symbole, le club conquit son premier titre national au cours de la saison 1900-1901, en ouverture du siècle. Cinquante-neuf ans et quatre titres de champion plus tard, Bill Shankly fut nommé entraîneur d'un club qui évoluait en deuxième division. Là, Shankly fit du Shankly : il laissa partir vingt-quatre joueurs et réorganisa l'effectif. Deux saisons plus tard et bien rodés, les Reds regagnèrent leur place parmi l'élite, la faim au ventre. Personne ne savait encore que le début des sixties marquerait l'entrée de l'équipe dans deux grandes décennies de foot. Ils remportèrent le Championnat en 1964, puis la Cup l'année d'après. En 1973, les Reds gagnèrent la Coupe UEFA, devant le Borussia Mönchengladbach, pour un match entre deux outsiders rock du football européen. La figure symbolique de cette décennie de légende fut Kevin Keegan, arrivé au club en 1971, qui resta six ans sur les rives de la Mersey et forma avec le Gallois John Toshack un redoutable duo d'attaque. Dix années durant, Liverpool rafla la mise : quatre Championnats, une Cup, une nouvelle Coupe de l'UEFA et deux Coupes des clubs champions (à nouveau contre Mönchengladbach, en 1977, puis contre le FC Bruges, en 1978).

En 1983-1984, les Reds devinrent le premier club anglais à remporter trois trophées majeurs en une seule saison : le Championnat, la Coupe d'Angleterre et la Coupe des clubs champions. Ce dernier trophée, gagné à Rome contre l'AS Rome, signa les débuts de la grande période du hooliganisme. Et la fin de l'époque dorée des Reds, qui saignèrent l'Europe durant quinze ans.

Quand les clubs anglais furent privés de compétition européenne pendant cinq ans, après le drame du Heysel, Liverpool, dont les supporters eurent leur part dans la tragédie, écopa, lui, de six ans. Le club continua à dominer le foot anglais, empochant plusieurs Championnats et plusieurs Cups. Cette période de repli fut ponctuée par une nouvelle tragédie (quatre-vingt-seize morts et plus de sept cents blessés), en 1989 à Hillsborough, à l'occasion d'une demi-finale de Cup entre Liverpool et Nottingham. Comme en 1961, l'équipe se montra déterminée lorsqu'elle revint sur le terrain de ses exploits, cette fois européens.

On retiendra toujours ce pur exploit, en 2005, lorsqu'ils remportèrent aux tirs au but l'une des plus belles finales de la Ligue des champions, après avoir été menés 3-0 à la pause, et avoir marqué trois buts de folie en six minutes. Ce jour-là, le monde entier put admirer le talent de Steven Gerrard, que toute la ville connaissait déjà puisque, formé au club, il n'en partit qu'en 2015, à trente-quatre ans. Après dix-sept saisons qui avaient fait de lui un des plus grands footballeurs anglais de tous les temps. Après une dizaine de titres, des centaines de passes transversales, de frappes puissantes, et surtout une grande classe. Gerrad est, à jamais, le symbole des Reds en ce début du deuxième millénaire.

Au printemps 2014, on pensait qu'ils allaient renouer avec le titre national. Auteurs d'une saison mirobolante, avec notamment trente et un buts de Luis Suarez, treize de Gerrard, grâce à un football très offensif (les attaquants Sterling et Sturridge étaient là aussi), ils furent coiffés sur le fil (deux points), par Manchester City. Par la suite, le transfert de l'Uruguayen Suarez à Barcelone (pour 85 millions d'euros), puis le départ de Gerrard, les firent baisser de régime. En octobre 2015 s'ouvrit une nouvelle page forte, avec l'arrivée sur le banc de Jürgen Klopp, coach allemand venu du Borussia Dortmund où il avait fait jouer une sorte de football total. Sérieux mais extraverti, l'homme cadrait parfaitement avec l'enthousiasme et la ferveur des supporters liverpuldiens, qu'il a toujours salués depuis. Il collait à l'élan du club, aussi. En quelques mois, il redonna une âme à l'équipe et à son jeu. Une finale de Ligue Europa en 2016 fit passer la pilule d'une modeste huitième place en Premier League. En juin 2017, l'arrivée de l'Égyptien Mohamed Salah compléta un collectif qui allait devenir d'or : Firmino, Mané, Origi, Lallana, Milner, Fabinho et autres van Dijk (défenseur le plus cher de l'histoire, lorsqu'il fut recruté en janvier 2018 pour 84 millions d'euros) allaient mener les Reds en finale de la Ligue des champions 2018. En 2019, après une remontada face au Barça, ils la remportèrent. Depuis, ils sont quasi invincibles, et marchent vers leur premier titre en Premier League depuis 1990.

L'Angleterre étant désormais le navire amiral du foot business, Liverpool devint, comme les autres clubs, la proie des magnats. En 2007, il tomba dans l'escarcelle de deux milliardaires américains, Tom Hicks et George Gillett, qui, trois ans plus tard, remirent en vente le club, dont la dette s'élevait alors à 240 millions de livres (environ 300 millions d'euros). C'est le montant que déboursa le consortium américain NESV (New England Sport Ventures), en octobre 2010, pour l'acquérir.

Un jour, les Reds devraient quitter le stade mythique d'Anfield Road, qui apparemment ne correspond plus à leurs « attentes », pour emménager dans un nouveau stade de 73 000 places : le Stanley Park Stadium. En projet depuis 2007, la construction a été autorisée mais n'a pas débuté pour autant. Anfield restera donc le temple.

Liverpool et MU : deux clubs en rouge, symboles de la grandeur dramatique et sportive du foot anglais, et de son entrée de plain-pied dans le XXIe siècle.

Lire aussi : Heysel, Mönchengladbach, Shankly, Thatcher, You'll Never Walk Alone

LOSANGE

En football, il s'inscrit dans le rond central et fut créé en 1966 par l'Argentine, durant une Coupe du monde qui, cette année-là, se tint en Angleterre. Ce fut un tournoi violent, entre autres à cause de la sélection argentine, très dure et agressive. Toutefois l'Albiceleste sut aussi être créative, et proposa d'aérer le milieu du terrain. Comment ? En transformant le modèle du 4-4-2 en ligne en un 4-4-2 en losange. Entre les quatre défenseurs et les deux attaquants, on trouva non plus un milieu de quatre joueurs « à plat » (alignés), mais un milieu défensif axial (Rattin, dans l'axe des cages), deux milieux sur les côtés (Solari-Gonzalez) et un milieu créateur, meneur de jeu, à la pointe, véritable numéro 10 chargé d'animer le jeu et de fournir en caviars ses attaquants. Chez les Argentins de 1966, ce numéro 10 fut Ermindo Onega, le joueur du River Plate. Plus tard, le losange footballistique fut traduit en anglais par le terme *diamond*. Plus tard encore, Raymond Domenech le mit en pratique avec les Bleus. Des équipes comme Lyon, Marseille, Bordeaux ou encore le Milan AC de Carlo Ancelotti (2001-2009) l'utilisèrent à leur tour ces dernières saisons. Le numéro 10, tel qu'on le connaît aujourd'hui (Zidane, Maradona, Platini, Messi), doit beaucoup au losange, et donc à l'Argentine.

Lire aussi : Caviar, Onega, WM

LOVCHEV, Evgeni

Lovchev fut le premier joueur de l'histoire à recevoir un carton jaune. C'était en 1970, lors de la Coupe du monde au Mexique, pendant le match d'ouverture Mexique-URSS..

Lire aussi : Carton jaune/Carton rouge

LUNETTES

Des dreadlocks, d'épaisses lunettes de protection, une stature non moins épaisse et une débauche d'énergie monstrueuse : voici à quoi ressemblait le Néerlandais Edgar Davids. Membre influent de la génération Ajax post-Van Basten qui remporta la Champions League 1995, Davids forma avec Clarence Seedorf la meilleure paire de milieux récupérateurs d'Europe des années 1990. C'est à la Juventus, club où il joua de 1996 à 2004, qu'il fut surnommé « le Pitbull », en hommage à ce qu'il faut bien appeler son mauvais caractère. Ce furent des années en or, qui consacrèrent un des meilleurs joueurs de la Coupe du monde 1998 et de l'Euro 2000, avant qu'il n'aille jouer de ci, de là (Barça, Inter, Milan AC). Outre sa carrure et sa pugnacité, Davids se signala en prouvant aux myopes amoureux du football qu'on pouvait jouer avec des yeux fragiles : opéré d'un glaucome en 1999, il porte depuis des lunettes spéciales pour protéger ses yeux. Bien qu'elles ne soient plus nécessaires depuis longtemps, Davids les a toujours gardées, pour la flambe et pour se porter bonheur.

M

« On était une sacrée bande de briscards... Nanard arrangeait toujours le coup, et même à quatre grammes, on finissait toujours par gagner. »
Carlos Mozer

MADJER, Rabah

Imaginez-vous devant les buts adverses. Sur un centre à ras de terre, faites passer le ballon derrière votre jambe d'appui. Il y a de fortes chances pour que le gardien d'en face soit mystifié et que le ballon entre dans ses cages. Félicitations, vous venez de réaliser une « Madjer » ! Le geste fut inventé par Rabah Madjer, attaquant algérien du FC Porto dès 1985, après son passage au RC Paris, club qui n'était pas encore tombé dans l'escarcelle de Lagardère. Lors de la finale de la Coupe des clubs champions 1987, où le FC Porto était mené 1-0 en fin de match par le Bayern Munich, l'Algérien, après un centre tendu, laissa glisser le ballon derrière sa jambe d'appui et le propulsa dans le but d'une subtile talonnade, leurrant complètement Jean-Marie Pfaff, le gardien du Bayern. Ce fut la seule fois où ce geste permit à l'attaquant de marquer un but, mais son nom y resta à jamais attaché. Deux minutes plus tard, les Bavarois, encore éberlués, encaissèrent un second but, celui de la défaite, eux qui étaient favoris. Quelques mois après, Madjer permit au FC Porto de remporter la Coupe intercontinentale face aux Uruguayens du CA Peñarol, grâce à une nouvelle merveille, un lob lointain, durant les prolongations. Quelques années plus tard, l'Argentin Hernan Crespo se fera une spécialité de cette talonnade, mais ne parviendra jamais à la débaptiser : la *Madjer* est une AOC du ballon rond.

Madjer, bien avant d'accomplir cette prouesse, était déjà reconnu comme le plus grand joueur du football algérien. En effet, lors du match de 1982 entre l'Algérie et l'Allemagne, il avait marqué un but, devenant ainsi l'un des acteurs de la victoire historique de son pays. Il disputa sa dernière Coupe du monde en 1986. Il fut sélectionneur national de l'équipe d'Algérie à trois brèves reprises, dont la dernière en 2017-2018.

Lire aussi : Arconada, Blanco, Panenka, Papinade

MAGNUSSON-SKOBLAR

Waddle avait Papin ; Magnusson, lui, possédait Skoblar. Surnommé « le Magicien » à cause de ses dribbles qui mystifiaient les défenses adverses, le Suédois Magnusson fut le pourvoyeur de caviars de l'OM de 1968 à 1974. Au bout de la chaîne, il y avait le Croate Josip Skoblar, surnommé « l'Aigle dalmate », qui fit un premier séjour à Marseille début 1967, prêté par Hanovre, puis un second de 1969 à 1974, cette fois-ci vendu par le club allemand.

L'arrivée de Magnusson à l'OM sonna le début de la renaissance marseillaise en 1969, quand le club remporta avec la Coupe de France son premier trophée depuis 1948. Skoblar rejoignit donc peu de temps après le Vieux Port, et dès lors la doublette mit le turbo, rapportant au club deux titres de champion de France, en 1971 et 1972, ainsi qu'une nouvelle Coupe de France, en 1972.

Skoblar marqua 44 buts dans la seule saison 1970-1971. Quand arriva Salif Keita en 1973, tout Marseille crut que les deux attaquants allaient faire exploser les compteurs. Il n'en fut rien. Les deux hommes, loin d'être complémentaires, ne formèrent pas le duo d'artificiers tant attendu, et firent le même effet de pétard mouillé que, vingt ans plus tard, le duo Papin-Cantona.

S'il fut justement mis en balance, et au final sacrifié, par l'arrivée de Keita (les règles de l'époque interdisaient plus de deux étrangers par équipe), Magnusson aida les Marseillais à faire leur deuil d'un autre Suédois, Gunnar Andersson. Olympien de 1950 à 1958, meilleur buteur de l'histoire du club avec 192 buts, Andersson finit sa vie docker et fut retrouvé mort non loin du port, rue de Breteuil, à l'automne 1969. Magnusson, lui, acheva sa carrière française au Red Star en 1976.

Petite anecdote : en 1973, à la 43e minute d'un quart de finale de Coupe de France, Skoblar envoya son poing dans le moustachu visage de Raymond Domenech, qui lui avait fait voir sa palette de coups bas depuis le début du match.

Lire aussi : Jipépé, Keita, OM, Waddle

MAILLOT

Aux débuts, le maillot, le short et la chaussure étaient de simples instruments. Puis, tout au long du XXe siècle, la popularité du football fit des joueurs de véritables people, et leurs tenues devinrent le reflet du design et de la mode masculine de l'époque. Le maillot devint également un outil d'identification à son club pour le supporter. Voire : un moyen d'identification de toute la ville à son club, comme c'est le cas dans les clubs anglais, à Marseille ou bien à Naples.

Au XXIe siècle, l'enjeu du maillot devint tout autre : la technologie mise en œuvre dans sa confection devait en faire un véritable auxiliaire du joueur sur le terrain, participant à la réalisation de ses exploits sportifs.

De nos jours, un maillot de football se doit d'être toujours en avance : sur la mode, sur la technologie et sur le marketing. Il n'est plus un outil, mais le point de rencontre de ces trois sphères. Les Coupes du monde, les Premier League, les Series A et autre Liga sont des compétitions sportives avant tout, mais elles sont ces derniers temps devenues de véritables joutes d'équipementiers. La fabrication d'un maillot est à présent un domaine à hauts enjeux concurrentiels, et les équipementiers ne communiquent plus sur la question, transformée petit à petit en secret industriel. Seuls deux d'entre eux, Adidas et Nike, ont accepté de répondre à nos questions. Elles étaient pourtant simples : comment est conçue une ligne de maillots ? De quelles matières sont-ils constitués ? L'enjeu, en s'intéressant à la conception de la tenue d'un footballeur, c'est d'entrer en plein cœur du foot business mais aussi de réfléchir à la relation entre une ville et son club.

Aujourd'hui, les ligues et les fédérations conseillent aux équipes qui disputent régulièrement des compétitions européennes de posséder un jeu de trois maillots : un « domicile », un « extérieur » et un pour les Coupes d'Europe et les matchs de gala, appelé « third ».

Outre des considérations purement pratiques, la multiplication des maillots s'explique financièrement. Il faut en effet savoir que c'est l'équipementier qui paye le club pour avoir le droit de l'habiller, et non l'inverse. Or le besoin d'argent des clubs n'est jamais assouvi. Ainsi, lors de la signature de leur contrat en 2010, Adidas s'est engagé à payer 8 millions d'euros par an pendant dix ans au club de Lyon. La somme que Nike doit reverser à la FFF pour habiller les Bleus de 2011 à 2018 a été fixée à 2,66 millions d'euros annuels. Pour l'équipementier, il s'agit d'« un contrat de licence », il « paye aux clubs des royalties* ».

Le third est donc une manne considérable. D'une part le contrat avec le fournisseur s'épaissit, d'autre part les maillots en vente dans les boutiques de supporters sont plus nombreux, le maillot étant désormais un produit dérivé cher aux clubs…

Pour ses trois maillots, chaque club a un cahier des charges à faire respecter. Un certain nombre de codes, comme l'histoire du club et de la ville, les armoiries et les couleurs de la région ou de la commune. Dans le cadre d'une équipe mondiale, « l'inspiration vient de la culture du pays, mais elle peut venir aussi de quelques imprimés, des plaques d'immatriculation du pays, des billets ou de la monnaie. Ce, pour la calligraphie des numéros sur les shorts et les maillots, par exemple** ». Pour le maillot du Paris Saint-Germain, « le design Hechter [un couturier, fondateur du club] des années 1970 est incontournable, mais on le revisite chaque année », confirme Nike**. La bande rouge verticale sur le côté gauche, adoptée par Daniel Hechter en 1973, marque ainsi l'identité du club sur le maillot. La moindre modification de cette bande provoque la polémique chez les supporters. Pour la saison 2010-2011, Nike a pourtant osé enlever cette bande… mais le maillot intégralement rouge adopté cette saison-là était la réplique modernisée du premier maillot du club. Son caractère historique étouffa dans l'œuf toute polémique.

Une fois le contrat en question signé, la première mission d'un équipementier consiste à s'imprégner de l'environnement du club. Ainsi, Adidas envoie des designers sur place, durant plusieurs jours, afin de découvrir la ville, ses habitants, sa culture, mais aussi le club et ses supporters***. Après cette phase d'imprégnation, de laquelle naîtront les premiers projets de moutures, débute un échange constant, un va-et-vient entre le fournisseur et le staff du club – il arrive souvent que les responsables de la communication assistent à ces réunions. L'équipementier envoie alors un ou deux prototypes au club, qui les évalue en interne avec son staff.

À la fin de cette phase, c'est-à-dire au bout de quatre mois en général, le choix se fixe sur un design précis, qui cristallise au mieux l'image du club, le lieu et le moment.

Naît alors la collection, qui ne durera qu'une saison. L'année suivante, l'équipementier aura à charge de créer une nouvelle ligne, avec les mêmes codes, mais dans une autre configuration, et pour de nouveaux enjeux (par exemple, participation ou non à une Coupe d'Europe).

Ces trois maillots, suffisamment différents pour éviter toute confusion, font néanmoins partie d'un même moment de l'histoire d'un club, d'une même saison, que chaque formation souhaite évidemment inoubliable. Les trois maillots doivent donc être pensés comme historiques dès leur conception, sans pour autant négliger leur caractère éphémère – ils changeront dès la saison suivante.

Comme dans la haute couture, la création automobile ou le design d'intérieur, les étapes qui jalonnent la création de maillots ont lieu deux ou trois ans en amont. Dans les laboratoires allemands d'Adidas ou les centres de Nike aux États-Unis, les designers travaillent en étudiant l'évolution des architectures d'intérieur, les courbes des voitures, et bien entendu la mode urbaine. Au moment où vous lirez ces lignes, Nike, Adidas et les clubs qu'ils équipent auront déjà choisi leurs maillots pour la saison 2014-2015.

Depuis une dizaine d'années, les équipementiers ont une priorité : créer une harmonie, une cohérence, une uniformisation entre les trois maillots. La chose est assez aisée lorsque le club fête un anniversaire, comme ce fut le cas en 2009 pour l'OM, qui célébrait ses cent dix ans.

Pour la première fois, « les trois maillots (domicile, extérieur, Coupe d'Europe) furent pensés ensemble, témoignait la directrice de la communication d'alors****. Ils devaient créer un ensemble qui parle de l'historique du club ». Les trois maillots furent donc pensés comme une « chaîne des temps ». Le maillot domicile devait rendre hommage au passé du club, le maillot extérieur symboliser le présent et le troisième incarner le futur. Le premier maillot des Marseillais fut donc rétro, rappelant les années 1969-1975, celle des épopées mythiques de Skoblar, Magnusson, Carnus et Bosquier. Évidemment blanc et bleu (les couleurs du club), il reprenait également le blason de la période 1899-1935 (le M dans le O bien sûr, mais dans une police de caractères d'époque). Le maillot extérieur de l'OM 2009-2010, conçu « sur le thème des tags », dessinait toujours un O et un M, mais sur un fond bleu. Pour le troisième maillot, le club choisit le thème du « fantôme », c'est-à-dire « de couleur grise et noire, ou plutôt un gris très foncé, éclairé en plus par un jaune flashy, et qui reprend le blanc et le bleu**** ».

C'est sur cette échelle des temps, désormais installée dans une unité de lieu, que travaillent les équipementiers. Une œuvre en trois maillots, donc :

Le domicile

C'est le maillot référence, celui où doivent s'exprimer l'identité du club et ses liens avec les supporters. C'est celui qui sera vendu en premier dans les boutiques des supporters de la ville. C'est donc celui qu'on verra sur la pelouse, mais aussi dans les tribunes. C'est un maillot qui change peu d'une année sur l'autre, pour lequel on ne joue pas sur les codes couleurs, mais sur les formes. Le maillot domicile de l'OM est toujours bleu et blanc. Dans le cas de l'Olympique lyonnais, il se doit d'être blanc, mais la fameuse bande bleu et rouge, caractéristique du club, pourra être horizontale, verticale ou diagonale.

L'extérieur

Il représente cette fois moins l'image du club que celle de la ville, quand son équipe joue à l'extérieur. Pour le deuxième maillot de Lyon, lors de la saison 2010-2011, totalement nouveau pour le club, Adidas, soucieux également de marquer le coup, a créé un maillot dont la couleur (rouge carmin), qui n'a aucun lien avec la symbolique du club, représente « la couleur traditionnelle des soirées lyonnaises ». Les motifs (des arabesques) font référence aux soieries de la ville.

Le third

C'est le maillot sur lequel les créateurs se lâchent, tout en conservant lisibilité et homogénéité avec les deux autres. Le créateur doit là encore se fonder sur une histoire commune aux clubs et aux supporters, mais il peut prendre quelques libertés par rapport à elle. Ainsi, lors de la saison 2007-2008, les Marseillais portaient un maillot orange, une couleur qui n'a rien d'olympien. Adidas avança alors que l'orange était la couleur du ciel provençal par temps de mistral (ce qui est faux…) mais la vraie raison était en réalité tout autre : il s'agissait de rendre hommage aux South Winners, club fondé en 1984 par des supporters marseillais. Ces skins antifascistes avaient choisi la couleur orange, qui recouvrait l'intérieur des bombers qu'ils portaient à l'envers, pour se différencier des skins nazis. En adoptant l'orange, le club leur adressait un clin d'œil. Même si, à cause de sa couleur non traditionnelle, ce maillot ne fit pas sur-le-champ l'unanimité – les joueurs eux-mêmes ne voulurent pas le porter –, il devint par la suite collector (325 000 exemplaires vendus en boutique) : maillot rare, hommage aux supporters. En 2010-2011, le third de l'OM fut également conçu autour d'« une idée à laquelle le club tient beaucoup : la mixité et le rassemblement des peuples ». C'est l'esprit même de la cité phocéenne, c'est son histoire. « C'est l'ouverture sur ce continent africain, puisque l'OM a été le premier club à ouvrir un magasin en Algérie***. » Un maillot rastafari, noir avec un liséré noir-jaune-rouge (reggae) à gauche, vit ainsi le jour. La même saison, le third lyonnais affichait des pattes de lion. Adidas se servait là de la double symbolique de l'animal, emblème de la ville et image de la force : « L'OL est le plus titré des clubs français depuis dix ans, et il fallait que cela se voie plus sur le circuit européen*. » Les griffes d'un lion étaient on ne peut plus adéquates.

La technologie, voilà l'autre domaine où le travail de l'équipementier a complètement évolué. Dorénavant, le footballeur est, au bas mot, un demi-dieu. Il convient d'améliorer ses performances, tout en le protégeant. Nike (qui a racheté Umbro en 2007) et Adidas (qui avait racheté Reebok deux ans auparavant) ont boosté la recherche technologique pour leurs propres équipements.

Adidas a notamment développé :

ClimaCool, une technologie permettant de réguler la transpiration par une circulation différente de l'air selon les zones du maillot. Idem pour les souliers ;

Formotion, une technologie et une matière qui permettent au maillot d'épouser parfaitement les gestes du joueur, en assurant le maintien des zones non sollicitées ;

ClimaWarm, une isolation thermique sur les zones critiques d'échauffement et de transpiration ;

TechFit, un textile de maintien des muscles, fait de TPU (polyuréthane thermoplastique), qui est associé sans couture à des matières évacuant la transpiration. Le tout forme un système de compression bien meilleur que les sous-shorts apparus dans les années 1990, dont cette technologie est l'étape supérieure : « Moins un muscle oscille, moins il se fatigue » (entretien avec

Alain Michel, ancien responsable Business Foot d'Adidas France, en octobre 2010).

L'américain Nike, lui, a développé :

Nike Sphere React : le maillot devient plus aéré, donc plus « respirant » à mesure que l'effort et la transpiration augmentent ;

Nike Sphere Dry : comme le *Formotion*, il s'agit d'une texture tridimensionnelle qui « piège » les couches d'air, facilitant l'évaporation rapide de la sueur et allégeant le maillot (« Nike est obsédé par la légèreté** ») ;

Dry-Fit, qui évacue la transpiration à la surface du maillot ;

ThermaFit et *Nike Sphere Thermal*, systèmes de thermorégulation renforcée.

Le choix du matériau dépend donc du design et de la technologie qui le constitueront. « On ne peut plus se permettre, aujourd'hui, de fabriquer un maillot en coton qui pèse 200 g… et qui pèsera 2 kg au bout de deux minutes, avec la transpiration », dit-on chez Adidas***. Aussi les équipementiers travaillent-ils aujourd'hui avec du polyester.

En 2010, Adidas a pour la dernière fois conçu le maillot de l'équipe de France – celui qu'elle portait pour la Coupe du monde – car Nike, pour 42,66 millions d'euros par an, a désormais gagné le droit d'équiper les Bleus jusqu'en 2018. Ce dernier-né d'Adidas, moulant et dessinant une sorte de X brillant dans le dos, utilisait la technologie innovante *TechFit*, qui, disposée en X, permet de soutenir certains groupes musculaires tout en dégageant de l'énergie au moment de la phase de contraction-décontraction des muscles. Une sorte de « maillot deux en un », pointe de la recherche en *TechFit*. Les Bleus eurent le choix entre ce maillot (Anelka, Malouda ou Ribéry le portèrent) et un maillot du même design, mais en polyester classique (choisi par Toulalan ou Gourcuff).

Le maillot est devenu un phénomène de mode, et le design le point culminant de la recherche, notamment dans des points de détail : épaules, col, manches, tous les éléments qui font la coupe. On assiste aujourd'hui au triomphe du mini-col Mao, démocratisé par les dernières tenues Nike et Adidas, mais le col en V et le col polo se trouvent encore sur bon nombre de maillots.

Chez Adidas, on avoue faire un très gros travail sur ces questions de coupes, « tout simplement parce qu'en France on n'a pas encore la culture de "porter le maillot", comme c'est le cas en Allemagne ou en Angleterre, où les gens portent le maillot de leur équipe en dehors du stade. En France, à part à Marseille, si on porte un maillot de football au boulot ou dans la rue, on est un beauf *** ». Selon nous, cela n'est pas moins beauf à Marseille qu'ailleurs, mais l'OM est pour sa ville et sa région une véritable institution : en 2009-2010, 25 % des maillots olympiens vendus l'ont été en région PACA, contre 26 % en 2008-2009, sur un total de 420 000 (source : service Marketing produits de l'OM). C'est ainsi qu'Adidas se mit à travailler sur des maillots qui puissent être portés à la ville. Résultat : le fameux maillot jacquard de l'OM, pour l'extérieur, de 2008-2009 arborait des motifs Burlington. C'est aussi pour être portés en ville que les cols sont de plus en plus travaillés sur les maillots de football, et ce par toutes les marques. En ville, la mode est au vintage. Partie intégrante de la « culture pop » à l'anglaise, le maillot est une tunique se mariant fort bien au vintage.

* Rencontre avec l'auteur (septembre 2010).

** Entretien avec le responsable communication de Nike France (septembre 2010).

*** Rencontre avec l'auteur (août 2010).

**** Entretien avec l'auteur, pour le site Rue89.

Lire aussi : Équipement

MAISON BLANCHE

La « Maison blanche » est le surnom du grand club du Real Madrid, dont le maillot est immaculé. C'est par admiration pour les Londoniens du Corinthians que les dirigeants des *Merengues* (autre surnom de l'équipe) adoptèrent les shorts et maillots blancs, ainsi que les chaussettes bleues. Réputés pour leur élégance, les joueurs du club anglais jouaient en effet leurs matchs en chemises et en pantalons blancs. Et ce fut à l'occasion d'une tournée internationale des Corinthians au début du XXe siècle que les Espagnols, séduits par leur tenue, auraient décidé de l'adopter. La section de football de la Maison blanche fut fondée en 1902, par des étudiants, dont certains venaient de Cambridge et d'Oxford. Il porta le nom de Madrid Football Club jusqu'en 1920, lorsque, par décret du roi Alphonse XIII, il reçut l'onction royale et acquit son nom de « Real Madrid Club de Futbol ».

Ce club au sang bleu perdit néanmoins son titre royal lors de l'instauration de la Seconde République espagnole, entre 1931 et 1939. Il dut aussi effacer la couronne qui ornait son blason. Ce fut donc sous son nom de Madrid Football Club que le club gagna ses premiers titres nationaux, avant de redevenir le Real, après la défaite des républicains en 1939. Quatre ans plus tard, lorsque le pouvoir franquiste poussa à la démission les dirigeants du Real Madrid et du FC Barcelone, Santiago Bernabeu Yeste, lié au club depuis son plus jeune âge, ayant joué dans l'équipe de 1911 à 1927, fut nommé à la tête du club royal par le pouvoir. En 1936, Bernabeu avait combattu pour les forces nationalistes de Franco. En choisissant Bernabeu (qui tint les rênes du Real de 1943 à 1978), le gouvernement pensa faire du club une vitrine sportive, montrable et victorieuse, du franquisme. Une image que le club conserva jusqu'au rétablissement de la monarchie parlementaire en 1975, où il redevint un club au sang bleu.

Sportivement, le club devint le meilleur d'Europe lorsque, sous l'impulsion de Di Stefano, Munoz et Gento, bientôt rejoints par Kopa et Puskas, il remporta les cinq premières Coupes d'Europe de l'histoire (de 1956 à 1960). Trente ans plus tard, le Real remporta cinq Ligas consécutives et deux Coupes UEFA. Ce fut la période de la *Quinta del Buitre* (« Bande du Vautour »), du surnom d'Emilio Butragueño (*el Buitre*), plus beau joueur espagnol des années 1980. Rejoignirent alors le club des joueurs comme Schuster, Sanchez, Valdano Michel ou Pardeza. Après un creux de dix ans, pendant lesquels le Real fut dominé par le Barça, vint l'ère des Raul, meilleur joueur espagnol des années 1990-2000, Hierro et Morientes. Arrivèrent dans le même temps le Brésilien Roberto Carlos, le Hollandais Seedorf, le Français Karembeu et le Croate Suker. Deux nouvelles Ligues des champions vinrent alors remplir l'armoire à trophée madrilène.

En 2000, le Real inaugura une nouvelle ère : celle des « Galactiques ». Rendez-vous à la lettre G pour la suite de l'histoire…

Lire aussi : Bale, Benzema, CR7, Galactiques, Zidane

MALDINI

Après les Mazzola, les Maldini sont la deuxième grande dynastie du football transalpin.

Cesare, le père, vit le jour en 1932. Défenseur du Milan AC de 1954 à 1966, avant de finir au Torino FC, il remporta entre autres quatre titres de champion d'Italie et, en 1963, la Coupe d'Europe des clubs champions. Entre 1962 et 1967, il revêtit à quatorze reprises la tunique de l'équipe nationale. Devenu entraîneur, il intégra le club *rossonero* durant la saison (1973-1974), puis plus tard l'équipe d'Italie espoirs. En 1996, il succéda à Arrigo Sacchi à la tête de la Squadra Azzurra, qu'il conduisit durant deux ans. En 2001, il prit la tête de l'équipe nationale du Paraguay, fonctions qu'il quitta après la Coupe du monde 2002.

Né en 1968, son fils Paolo devint lui aussi défenseur. Droitier mais bon des deux pieds, il fut arrière gauche ou défenseur central. Paolo Maldini devint surtout l'une des plus grandes stars du foot italien. Il joua toute sa carrière au Milan AC. Une carrière de vingt-cinq ans, débutée le 20 janvier 1985 et achevée le 31 mai 2009, lors de son 647e match en Serie A (record absolu), et un des plus beaux palmarès du foot transalpin, avec entre autres cinq Ligues des champions et sept Scudetti. Il ne joua pas moins de 126 sélections (capitaine de 1994 à 2002) et participa à quatre reprises à la Coupe du monde (détenteur du record du temps joué en Coupe du monde : deux mille deux cent seize minutes). Le joueur traversa ces deux décennies en restant toujours exemplaire, jusque dans les périodes de crises de l'équipe nationale (battue aux tirs au but lors des Coupes du monde 1990, 1994 et 1998) ou de son club.

Paolo Maldini fut le défenseur typique du football post-catenaccio, où les défenseurs devaient non seulement, et à une moindre mesure, provoquer, casser ou tacler les attaquants adverses, mais également participer à l'animation offensive de leur équipe.

Preuve du respect qu'il imposa : pendant le dernier derby milanais auquel Maldini a participé, les supporters de l'Inter Milan, club concurrent, déployèrent une banderole « Maldini, pendant vingt ans notre rival, pendant vingt ans toujours loyal ».

Le 2 février 2020, durant le temps additionnel d'un match de Serie A contre le Hellas Vérone, Daniel Maldini entra en jeu. Né le 11 octobre 2001, le fils de Paolo est milieu offensif, et disputait là ses premières minutes en pro avec ce Milan AC qui l'avait formé.

Lire aussi : Gourcuff, Italie, Mazzola, Pelé, Sammer, Trezeguet

MALOUINES

« Ce penalty n'avait plus rien à voir avec le sport. C'était l'histoire qu'on écrivait ici. » Ainsi s'exprime un personnage de *La Nuit du naufrage*, roman policier de l'Anglais Graham Hurley, juste avant que David Beckham ne s'élance pour tirer un penalty, pendant le match de la Coupe du monde 2002 opposant l'Angleterre à l'Argentine. Beckham marquera, et l'Angleterre gagnera, vingt ans après la guerre des Malouines.

Jusqu'à ce jour, cinq matchs seulement opposèrent les deux pays. Le premier, durant la Coupe du monde 1962, fut certes âpre, à l'image de tous les matchs du tournoi, mais n'avait rien de comparable avec la tension qui anima les quatre suivants. Le 22 juin 1966, à la veille d'un match de quarts de finale d'une Coupe du monde tout aussi violente que la précédente, les Sud-Américains se virent refuser l'entrée du stade de Wembley, où ils désiraient s'entraîner et prendre leurs marques. Lors du match, le milieu anglais Nobby Stiles s'illustra par sa violence, bien aidé par l'arbitre allemand Rudolf Kreitlein, totalement dépassé par l'agressivité des joueurs et par les rumeurs d'arbitrage à domicile. Il expulsa le capitaine argentin Antonio Rattin, puis valida pour l'Angleterre un but entaché de hors-jeu. Rattin mit dix minutes à quitter le terrain (les cartons n'existaient pas encore), criant au complot et à l'arbitrage maison (forcément). Les Anglais, eux, virent dans cette protestation la preuve de l'absence totale de fair-play de leurs adversaires. Après le match, gagné par les Anglais 1-0, le sélectionneur britannique Alf Ramsey interdit à ses joueurs d'échanger les maillots. À la télévision, il qualifia ensuite les Argentins d'« animaux », amenuisant davantage les chances de rapprochement futur entre les deux pays… Déjà, au XIXe siècle, Angleterre et Argentine s'étaient retrouvées en conflit lors des invasions britanniques de Buenos Aires, en 1806-1807. Rebelote lors du blocus franco-anglais de 1845. Puis, plus près de nous, lors du soutien officieux de l'Argentine péroniste à l'Allemagne nazie. Comment voulez-vous ?

En 1982, Maggie Thatcher n'hésita pas à aller défendre l'île des Malouines contre les assauts argentins, pensant sans doute que les relations entre les deux pays étaient de toute manière irrémédiablement corrompues. Située à quelques centaines de kilomètres des côtes argentines, et à des milliers de kilomètres de Londres, l'île était sous souveraineté britannique, mais revendiquée depuis très longtemps par l'Argentine. Celle-ci, sous dictature militaire depuis 1976, était en proie à de graves problèmes financiers, quand le général Galtieri, alors au pouvoir depuis quelques mois, considéra comme une bonne diversion d'aller récupérer les Malouines, selon lui si lointaines que les Britanniques ne chercheraient même pas à les défendre. Il pensait doubler l'armée britannique… il coula la dictature militaire argentine. L'Angleterre, et derrière elle l'Europe occidentale, trouva là l'occasion d'aller enfin s'opposer au régime liberticide, et oublia au passage comment elle avait abandonné les autres peuples d'Amérique latine dans les années 1970. En soixante-douze jours, deux cent cinquante-cinq Britanniques et six cent quarante-neuf Argentins furent tués, et l'armée royale récupéra ses Malouines. Cette défaite militaire contribua à la chute de la junte, un an plus tard, mais reste une grande humiliation pour la population argentine. Parmi les victimes argentines se trouvait le cousin d'Oswaldo Ardiles. Ce dernier, inlassable milieu de terrain de l'Albiceleste championne du monde 1978, jouait alors chez les Spurs de Tottenham, à Londres. Pendant le conflit, il dut quitter l'Angleterre, où vivre était devenu désormais trop dangereux pour lui. C'est ainsi qu'il joua six mois et quatorze matchs au PSG (juin-décembre 1982).

Le 22 juin 1986, vingt ans seulement après Wembley, Argentine et Angleterre se retrouvèrent en Coupe du monde, de nouveau en quart de finale, mais cette fois au stade Aztèque de Mexico, devant 115 000 personnes, alors que les deux pays n'avaient pas renoué de relations diplomatiques. Les Nations unies avaient décrété que 1986 serait « l'année de la paix », mais les Argentins comptaient bien se venger. Les Mexicains avaient d'ailleurs entretenu la tension, et le principal journal du pays, *Excelsior*, titrait, à quelques jours du match, « Ne manquez pas dimanche 22 la deuxième version de la guerre des Malouines ». Les *hinchas* argentins exhibèrent des banderoles « Les Malouines sont argentines », accompagnées de chants provocateurs appelant à « tuer les Anglais ». Ces chants, conjugués à l'arrivée massive de hooligans anglais, avaient dès le début de la compétition soulevé de grandes craintes d'affrontements à Mexico. Le contexte, un an après le drame du Heysel, jouait pour beaucoup…

Le match fut tendu, mais resta du football. Les joueurs y ajoutèrent simplement une bonne dose de vice, pour commencer. Maradona en fit preuve le premier : devant les buts, il s'éleva plus haut que le gardien anglais et, de la main, volleya le ballon dans la cage. L'arbitre n'avait rien vu, et Diego courut fêter son but, qui, malgré les protestations anglaises, fut validé. Pour la postérité, ce but est l'œuvre de « la main de Dieu », car c'est lors de ce tournoi, et de ce match en particulier, que le Pibe de Oro devint un dieu. Il marqua en effet un second but, œuvre d'un homme marchant sur l'eau, pendant lequel le temps fut comme suspendu : récupérant le ballon dans sa moitié de terrain, Maradona accéléra, dribbla, et dribbla encore (sept joueurs anglais à lui tout seul) avant de glisser la balle dans le but vide. À la fin du match, il avoua tout de même avoir préféré son premier but : « C'était comme piquer un portefeuille dans la poche d'un Anglais. »

À l'extérieur du stade, et malgré une surveillance étroite de la féroce Guardia de infanteria mexicana, les noyaux durs des deux camps de supporters parvinrent à se retrouver pour s'affronter à l'intersection des avenues Reforma et Revolucion. Le plus gros du contingent argentin était constitué de *barrabravas* issus de bandes de la capitale, plutôt ennemies d'habitude, mais ici ressoudées. L'une venait de Boca, quartier de l'ancien club de Maradona, soupçonné d'avoir lui-même acheté la présence de la bande. Des militants politiques, des syndicalistes et des expatriés argentins, rodés aux bastons, gonflaient les effectifs. Clou du spectacle : des dizaines de supporters écossais les rallièrent, venus eux aussi saluer leurs ennemis anglais. Bilan : une déroute anglaise, dont les troupes laissèrent sur le bitume leurs Union Jack et leurs croix de saint Georges, des dizaines de blessures légères, une trentaine de blessés graves et soixante-douze admissions dans les hôpitaux. Nombre d'Argentins considèrent que le 22 juin 1986 est la date à laquelle prit fin la guerre des Malouines…

Les matchs Argentine-Angleterre devinrent donc un chapitre entier de l'histoire des Coupes du monde. Le 30 juin 1998, à Saint-Étienne, les deux équipes se retrouvèrent en huitième de finale : l'Albiceleste de Veron, Batistuta, Ortega et Crespo contre l'équipe anglaise des Scholes, Owen, Shearer et Beckham. Ce dernier avait alors entamé sa transformation en star people. Las, il sera expulsé en cours de match, réduisant les chances anglaises, et l'Argentine l'emporta aux tirs au but. Après le match, les yeux embués de larmes et de honte, David affirma avoir vu des Argentins agiter « nos maillots comme si c'était des trophées de guerre, dansant dans le bus ». Finalement, l'Angleterre prit sa revanche sur les Argentins, en gagnant 1-0 le match des phases de poules de la Coupe du monde 2002, en Asie, continent inédit. Beckham prit ainsi, au passage, une revanche personnelle sur l'Histoire, comme l'écrit Graham Hurley.

Lire aussi : Beckham, Heysel, Maradona, Thatcher

MANCHESTER

La ville anglaise compte deux des plus grands clubs du pays. Le plus jeune, Manchester City, a un public plutôt populaire. L'autre, Manchester United, est l'un des plus riches et des plus appréciés au monde, mais aussi le plus endetté : 820 millions d'euros en 2010. En décembre de la même année, Qatar Investment Authority, accompagnant la vague d'investissements qataris en Europe, proposa de racheter le club pour 1,75 milliard d'euros.

Surnommé « Red Devils » depuis les sixties, le Manchester United Football Club naquit en 1878 sous le nom de Newton Heath, et fut rebaptisé en 1902 de son nom actuel. MU, c'est le club de Salford, à l'ouest de la ville. Club à l'histoire dramatique depuis le crash de Munich en 1958, il devint le premier club anglais à remporter une Coupe d'Europe dix ans plus tard. Mais qui dit Manchester United dit également Best, Cantona, Beckham, Charlton, Keane, Law, Cristiano Ronaldo, Owen, Rooney, Scholes, Giggs et Busby. Des champions, voire des mythes. Alex Ferguson, coach de 1985 à 2013, treize titres de champions d'Angleterre, deux Ligues des Champions (1999 et 2013) et une Coupe des coupes européennes (1991) est, lui, le plus grand de ces mythes.

Le rapport qu'entretenait le club à l'argent fut suffisant pour constituer une rivalité microlocale, devenue géoculturelle, avec le club d'en face, plus populaire, et parfois surnommé « Madchester City ». St Mark's fut le premier nom du Manchester City, né en 1880 dans ce district de l'est de la ville. Après son déménagement, il prit le nom d'Ardwick, puis, en 1892, le club, réorganisé, adopta son nom actuel. Les Citizens restèrent longtemps des *losers*, et durent attendre 1968, comme de nombreuses équipes maudites, pour connaître le succès. Pendant que les Red Devils remportaient la première Coupe d'Europe anglaise, les Citizens devinrent champions d'Angleterre. Puis vint la Cup l'année suivante, et surtout la Coupe d'Europe des vainqueurs de coupe en 1970. Manchester City traversa la décennie dans le haut du tableau, et assouvit sa vengeance : en 1974, les Citizens firent descendre United en division inférieure, grâce à un but de l'ancien Red Devil Denis Law. Malgré une période quelconque, voire *lose*, entre deux divisions, City devint le club rock de Manchester : Oasis, Johnny Marr, les Happy Mondays, les Inspiral Carpets et les Stone Roses se proclamèrent supporters « du seul et unique club de la ville ». En 2008, « ManC » fut reçu à la table VIP de la Premier League et entra au pays du foot business. L'ancien propriétaire vendit sa part à l'Abu Dhabi United Group, piloté par un membre de la famille princière des Émirats arabes unis, le cheikh Mansour bin Zayed, qui, en plein début de crise financière mondiale, balança 5 milliards de livres dans la Barclays. Entre 2008 et 2010, le propriétaire investit 250 millions de livres dans le club, arrachant Robinho en 2008, puis Carlos Tévez, Yaya Touré, Adebayor, Nasri, Agüero, ou encore Balotelli. Ainsi, City devint un vrai club anglais d'aujourd'hui : des pétro-dollars au coffre, des entraîneur de classe mondiale (Roberto Mancini entre 2009 et 2013, Pep Guardiola depuis 2016) et un effectif digne de l'arche de Noé, mais en or. La première récompense de cette nouvelle ère se concrétisa en juin 2011 sous la forme d'une coupe d'Angleterre. La *win* revenait chez les Citizens, qui furent champions d'Angleterre la saison suivante, coiffant sur le fil… les Reds Devils. Trois titres supplémentaires furent glanés en 2014, 2018 et 2019, avec de nouveaux joueurs tels l'Anglais Sterling, l'Algérien Mahrez, l'Allemand Gündogan, le Belge De Bruyne. L'équipe ne parvint cependant pas à aller très loin en Ligue des Champions. Le 14 février 2020, l'UEFA prononça l'exclusion de « ManC » de toute compétition européenne pour deux ans, soupçonné d'avoir enfreint les règles du fair-play financier (un recours a été posé devant le Tribunal arbitral du sport).

En 2013, les Red Devils remportaient le titre de champion national (leur dernier à ce jour), pour les adieux du grand Ferguson. Parmi ses successeurs : un certain José Mourinho, sur le banc de 2016 à fin 2018, menant le club à une victoire en Europa League (ex-Coupe de l'UEFA) en 2017. Parmi les joueurs qui y sont passés ou restés depuis : les Français Pogba et Martial.

Manchester vs Madchester : ici, le terme anglais de « derby » prend tout son sens. Une guerre de classe

Lire aussi : Beckham, Best, Busby Babes, Cantona, Charlton, Derby, Ferguson, Frenchies, Guardiola, Law, United

MARACAÑA

Le Maracaña est commun aux villes de Gonesse, Montauban, Aix-les-Bains, Bastia, Florence, Skopje et à bien d'autres. Ce sont le plus souvent des night-clubs, mais aussi des bars ou des restaurants. Pourquoi ce nom de « Maracaña » est-il si récurrent dans le monde du loisir ? Parce qu'il évoque Rio, sa fièvre des corps, de la samba et du football.

C'est dans le quartier de Rio nommé Maracaña que fut érigé le stade éponyme, bâti pour l'occasion, qui permettrait au Brésil d'accueillir la Coupe du monde 1950. Il n'était pas encore achevé lorsque débuta la compétition, mais les matchs prévus se déroulèrent tout de même dans cet immense cratère posé en plein Rio. Un cratère qui devint lors de la finale un lieu de deuil pour l'équipe du Brésil, et le tombeau du gardien Barbosa, considéré comme l'artisan de la défaite de son pays cette année-là. En 1963, on lui proposa en souvenir le bois des poteaux des buts d'alors, qui avaient été remplacés depuis. Il les accepta, et les mit aussitôt dans le feu d'un barbecue… À cette époque, le Maracaña s'appelait encore l'Estadio Municipal. Achevé des années plus tard, il prit le nom, qui est toujours son nom officiel aujourd'hui, d'Estadio Jornalista Mario Filho, la désignation « Maracaña » restant officieuse, mais plus répandue. Le stade porte donc malgré tout à jamais le nom de son quartier. D'une capacité initiale de 200 000 places (dont 199 854 trouvèrent acheteurs pour la finale 1950), il fut ramené à 100 000 (dont 82 000 assises) pour assurer la sécurité du public et correspondre aux exigences internationales. Le Maracaña reste donc la plus grande cathédrale du football. Lieu de résidence des Superclasicos Fla-Flu, il sera encore le point névralgique de la Coupe du monde 2014, dans quelques mois au Brésil, de même que des Jeux olympiques de Rio en 2016. Un point qui fera mal aux bourses des citoyens, dans l'État de Rio. On estime à 470 millions d'euros la somme versée par la province pour la rénovation du stade entre 2007 et 2013, afin d'accueillir une partie du tournoi mondial – dont la finale. Le Maracaña, à présent troisième stade du monde par sa capacité d'accueil, est à jamais le Panthéon du ballon rond.

Lire aussi : Barbosa, Marakana, Wembley

MARADONA, Diego Armando

« Ce dribble en pivot sur un seul pied, à cette vitesse et face à deux adversaires, c'était quoi putain ? ! » : interrogé par le magazine *So Foot* vingt-deux ans après les faits, Peter Reid en cauchemardait encore. L'Anglais fut pourtant une des cinq victimes de Maradona, slalomant pour marquer son but de légende. C'était en quarts de finale de la Coupe du monde 1986, et Diego allait être couronné. Il qualifia l'Argentine à lui tout seul, de deux buts si différents qu'ils en sont contradictoires. Le premier, où il catapulta la balle au fond avec la main, fut appelé « la main de Dieu ». Le second, marqué après avoir passé en revue près de la moitié de l'effectif anglais, devint « le but du siècle ». L'enfant des rues de la banlieue de Buenos Aires fut enfin sacré roi du monde.

Né le 30 octobre 1960 dans la périphérie de la capitale argentine, Diego Maradona fut sans conteste le plus grand footballeur des années 1980. Maradona n'a jamais aimé Platini ni Pelé, avec qui on le compara souvent. On le comprend, car Maradona est, selon nous, un cran plus haut encore que ces deux-là. Il fut de la trempe de Cruyffou ou Garrincha avant lui, et de Zidane ou Messi après lui. Des types qui visent plus que la perfection, qui aspirent à l'immortalité. Quitte, pour cela, à pactiser avec son propre côté obscur.

Durant son passage à Barcelone, où il signa en 1982 pour deux saisons, Maradona devint celui qu'il avait toujours été en puissance : surdoué, superstar, cocaïnomane, clanique, capricieux et mégalo. Se livrant à tous les excès pour oublier ces deux saisons ratées, décevantes pour celui qui, depuis ses débuts avec les grands, en 1976 (à seize ans), n'avait cessé de monter en régime et en reconnaissance. En 1982, et malgré une Coupe du monde ratée la même année (agressé à chaque match, et expulsé contre l'Italie), Maradona était déjà le « Pibe de Oro ». Mais en changeant de continent, Maradona changea aussi de style de vie : boîtes de nuit, fêtes à domicile, coke. Comme l'écrivit alors la presse : « Le Barça n'a pas signé Maradona, il a signé toute une famille. » Car le joueur, devenu irascible et capricieux, invitait régulièrement des amis, d'anciens coéquipiers, d'anciens voisins, et, surtout, son pseudo-agent, Jorge Cyterszpiler. À ce moment-là, Maradona avait perdu le sens des réalités : il voulut se faire importer des Mercedes directement d'Argentine, avant qu'un conseiller ne lui fasse comprendre que les usines Mercedes, marque allemande, étaient plus près de Barcelone que l'Argentine… Résultats : inadaptation à son club, performances en dents de scie, absences aux entraînements, incompréhension de l'équipe et du public. Maradona fit aussi connaissance avec un championnat espagnol qui, à cette époque, laissait peu de place aux artistes. Comme quelques mois plus tôt durant le Mundial, il eut droit à un traitement de faveur en Liga. Témoin, ce 24 septembre 1983, et l'attentat du milieu de l'Athletic Bilbao, Andoni Goikoetxea, qui en guise de tacle lui brisa la cheville, lui arrachant les ligaments croisés. Pour l'Argentin, Barcelone fut un cauchemar. Pour les Barcelonais, Maradona fut une éclipse, tantôt géniale, tantôt méprisable. Maradona, élevé dans la rue et formé au populisme péroniste, avait besoin de rencontrer un peuple. Mais Maradona ne rencontra pas l'Espagne, même s'il réussit à être élu meilleur joueur de la Liga en 1983, à marquer un but d'anthologie contre le Real et à remporter une Coupe du Roi, avant la finale perdue en 1984, contre l'Athletic Bilbao. Un match que Maradona prit d'ailleurs bien soin de faire dériver en baston générale, afin de régler la note de Goikoetxea.

La rencontre avec le peuple eut donc lieu à Naples, qui le recruta pour 12 millions de dollars (record mondial de l'époque). Quatre-vingt mille personnes l'y attendaient, le 5 juillet 1984, pour l'accueillir, l'acclamer, si ce n'est pour le bénir. Le joueur en or venait jouer pour un club qui était en Serie A, mais sans y jouer les premiers rôles. Il venait redonner une fierté à une grande ville de l'Italie du sud. De celles qu'exècre l'Italie du nord. Puis, pendant sept ans, Maradona incarna la chair et le verbe de Naples, son sang et sa sueur : deux Scudetti (1987 et 1990), une Coupe UEFA (1989) et, surtout, une fierté retrouvée pour la ville la plus pauvre de la Botte italienne. Footballistiquement, ce fut durant ces sept années que Maradona retrouva les attributs qui avaient fait de lui le Pibe de Oro. Michel Platini, qui évoluait alors dans un club du Nord (la Juve) et disputait à l'Argentin le titre de meilleur joueur de la planète, l'avoua plus tard : « Diego effectuait des actions que personne ne peut imiter. Il fait avec une orange ce que je fais avec un ballon. » De petite taille (1,66 mètre) et enveloppé, néanmoins très athlétique, Maradona pouvait rester debout dans une forêt de jambes grâce à un centre de gravité situé plutôt bas. À cette propension d'équilibriste s'ajoutait un talent de caresseur de balle hors pair.

Entre 1984 et 1990, l'Argentin fut tour à tour lui-même et le Pibe de Oro. Il était alors le plus beau joueur que la terre ait connu. De nombreux Diego naquirent à cette époque à Naples. Outre sa symbiose avec la ville et ses titres napolitains, il gagna avec l'Albiceleste la Coupe du monde 1986 contre la RFA, et mena son équipe en finale quatre ans plus tard. Ce, dans un Mondial en Italie durant lequel le Napolitain fut au centre de dissensions qui déchirèrent le pays en deux : le Sud le soutint, le Nord le hua. Puis arriva la demi-finale Argentine-Italie, à Naples, qui ne parvint pas à stabiliser définitivement l'avis de l'Italie sur le joueur. Mais lorsque l'Argentine battit l'Italie aux tirs au but, tout le pays se mit d'accord pour le détester. Il est des choses avec lesquelles on ne badine pas, fût-ce pour un dieu sur terre. Diego et l'Argentine perdirent la finale contre la RFA, qui se vengeait ainsi de 1986. Et sonnait le glas de la carrière du joueur.

Certes, on peut considérer que le Pibe de Oro mourut ce 8 juillet 1990, laissant la place au seul Maradona, qui vivait de coke et de pizzas depuis des années et que la police arriva enfin à coincer après un contrôle positif à la blanche. Il purgea une période de quinze mois de suspension, puis passa quelques mois au FC Séville, où il se fit une priorité de retrouver la forme pour la Coupe du monde 1994. Il y joua deux matchs, marquant un but rageur contre la Grèce, mais fut contrôlé positif à l'éphédrine. Il est vrai qu'il était, lors de ce tournoi, plus surveillé qu'il n'aurait dû l'être : la FIFA, verte de rage que Maradona soit encore debout, elle qui lui avait toujours mis des bâtons dans les roues, était alors prête à tout pour l'empêcher de jouer.

La suite fut une série de mauvaises passes : faits divers, parano, pertes de poids, cures de désintox, pizzas, barbecues, crises d'hypertension, entraînements commandos pour rejouer au football, obésité, dépression, entraînements avec le pestiféré des pistes d'athlétisme Ben Johnson, deux clubs argentins, cigares, alcool, pontage gastrique, Fidel Castro, Hugo Chavez, la télévision… Du grand n'importe quoi. Mais chacun de ses déboires fut aussi une preuve de sa survie. Car, entre 1994 et 2008, on ne vit plus Maradona mais un Michael Jackson du football : mi-réel, mi-virtuel, ni vivant ni mort, réalisant des choses insensées non plus avec une balle mais avec son image. Il déclara par exemple sa flamme à Fidel Castro, dont il se fit faire un tatouage sur un bras, tandis que l'autre reçut celui du Che (preuve d'une éducation politique à refaire, puisque tout le monde sait que le Che et le dictateur eurent très vite des visées politiques extrêmement distinctes).

Maradona refit surface en 2008, lorsque Emir Kusturica présenta à Cannes son film-portrait intitulé *Maradona*. Le 28 octobre de la même année, il fut nommé sélectionneur de l'équipe nationale argentine. Le monde entier se dit qu'on allait voir du rêve : Diego Maradona entraînant un Lionel Messi alors en pleine éclosion. Las, le nouveau sélectionneur ne fit illusion qu'un temps, qualifiant son équipe de justesse pour le mondial 2010, où elle fut sèchement (4-0) éliminée en quart par l'Allemagne – décidément un pays avec lequel Diego a une longue histoire en Coupe du monde, sans avoir montré grand-chose. Limogé en juillet, il céda aux sirènes émiraties en mai 2011. Pour se refaire une réputation, et arrondir son compte en banque : 24 millions d'euros, c'est ce que dut lâcher le cheikh Ahmed ben Rashid al-Maktoum, propriétaire du club d'Al Wasl à Dubaï qui l'engagea pour deux ans. Il dut embaucher une équipe de sécurité pour Diego et les trente personnes l'accompagnant. Maradona a obtenu le permis de conduire émirati sans même passer devant des examinateurs. Dans son nouveau royaume, l'Argentin put fumer la chicha au grand jour. Fidèle à son personnage, et aux raisons pour lesquelles on l'avait engagé, il n'hésite pas à invectiver, ni à distiller ses bons ou mauvais points à l'envi. La suite est à son image : sulfureuse, improbable, entre régions narcos et régions à oligarques. On le vit entraîner un club de deuxième division… aux Émirats arabes unis (2017), devenir président d'un club biélorusse (2018), entraîner un club de deuxième division mexicaine (2018 aussi), puis devenir coach du Gimnasia La Plata (D1 argentine, depuis septembre 2019)… non sans en avoir démissionné fin novembre, afin que le peuple de la ville réclame son retour, qu'il effectua donc au bout de deux jours !

Lire aussi : Malouines, Menotti, Messi

MARAKANA

Le stade Marakana fut achevé quasiment en même temps que celui qui lui servit de modèle, le Maracaña brésilien, bien sûr. Il fut édifié entre 1960 et 1963, pile à l'emplacement d'un vieux stade trop vétuste. Comme son modèle, « Marakana » lui servit de surnom, puisque son vrai nom fut en fait dès les origines le *stadion Crvena zvezda*, autrement dit « le stade de l'Étoile rouge ». Il fut en effet construit en l'honneur du club éponyme et pour l'équipe de Yougoslavie. Il fut vite surnommé « Marakana » en raison de sa grandeur – une capacité initiale de 100 000 places à la fin des travaux, en 1964 –, mais aussi parce que les Yougoslaves, superbes joueurs, étaient alors surnommés « les Brésiliens de l'Europe ». Après la guerre civile des années 1990, la Serbie devint le symbole de la fierté recouvrée de l'ex-Yougoslavie, et le stade Marakana celui de la grandeur footballistique retrouvée : celle de l'Étoile rouge, et celle des chauds derbys entre elle et l'autre club de la capitale serbe, le Partizan. Ce Marakana devint un antre, un chaudron chauffé à blanc, qui effrayait toutes les équipes lors de leurs déplacements (le Milan AC, la France, et bien d'autres).

Lire aussi : Maracaña, Yougoslavie

MARLEY, Robert Nesta, dit « Bob » (1945-1981)

Qui se rappelle aujourd'hui que la disparition de Bob Marley, en 1981, est directement liée au football ? Le cancer auquel succomba le pape du reggae se généralisa en effet à partir d'une tumeur au pied déclenchée par un accident lors d'un match. Et dire que, grâce à un toucher de balle subtil et une certaine capacité à dompter le ballon, le Jamaïcain Bob Marley aurait pu être un footballeur à la brésilienne, et c'eût été tant pis pour le reggae. Mais le football était alors très peu développé en Jamaïque, et notre homme se tourna vers la musique, sans pour autant oublier son sport favori. Ainsi, à chacune de leurs longues tournées à travers le monde, les Wailers pouvaient oublier de mettre dans leurs bagages une guitare ou une caisse claire, mais jamais un ballon. Entre le check-up de l'après-midi et le concert du soir, le groupe s'adonnait à des parties de foot acharnées et fort impressionnantes : ses membres avaient tous un bon jeu de pieds. Des témoins de l'époque attestent du haut niveau de leurs joutes. En 1977, lors d'une tournée en France, le groupe fut invité à la Jonelière, le terrain d'entraînement du FC Nantes. Un match mythique opposa ainsi les rastafaris aux Henri Michel, Amisse, Rampillon et autres Bossis. Si la chronique n'a pas retenu le score, de nombreux Canaris avouèrent avoir été surpris par la qualité technique et la condition physique des Wailers.

En mai 1977, à Paris, un autre match fut organisé entre le groupe et une équipe de journalistes français, sur un terrain au pied de la tour Eiffel. À la suite d'un choc, Marley fut contraint de quitter le terrain. Le gros orteil écrasé par un adversaire, il dut abandonner la partie. On ignorait alors à quel point cet incident se révélerait dramatique. Le médecin lui recommanda d'éviter de marcher, le temps que se soigne la blessure. Marley ne put s'y résoudre : il devait donner un concert le soir même et poursuivre sa tournée européenne. Quelques jours plus tard, à Londres, Marley quitta la scène en boitant tant la douleur était insupportable. En coulisse, il retira sa chaussure : son pied baignait dans le sang. À la fin de la tournée, des examens lui révélèrent qu'il était atteint d'un cancer.

MAROC

La plus grande évolution du football d'après-guerre est liée à l'indépendance des pays d'Afrique colonisés par la France, l'Angleterre et la Belgique. Grâce à la création de ces États indépendants, le nombre de fédérations nationales affiliées à l'GFIFA passa de cinquante-trois en 1946 à cent vingt-six en 1963. Mais, pendant longtemps, la Fédération internationale demeura récalcitrante à l'intégration en son sein de ces nouveaux pays, où la pratique du football était avérée, mais encore peu encadrée. Pour les Coupes du monde 1958, 1962 et 1966, à peine fut-il accordé un ticket unique aux fédérations asiatique, océanienne et africaine, qui devaient donc se le disputer entre elles. Sous l'égide du Ghana et de la Tunisie, la Confédération africaine de football boycotta les éliminatoires de l'édition 1966, par protestation. À partir de 1970, ces nouveaux continents du football (Asie, Afrique et Océanie) obtinrent finalement une place chacun. C'est ainsi que le Maroc fut le premier pays d'Afrique à disputer une Coupe du monde. Dans son premier match, le nouveau venu tint la dragée haute à la RFA de Beckenbauer et Müller, menant 1-0 de la 21e à la 56e minute. Ce n'est qu'à dix minutes de la fin que les Allemands l'emportèrent. Le Maroc fut ensuite plus discret, battu par le Pérou et faisant match nul contre la Bulgarie. Ni le Zaïre (représentant africain en 1974), ni la Tunisie (en 1978), ni l'Algérie (1982) ne passèrent le premier tour d'un Mondial. En 1982, le continent obtint d'ailleurs l'autorisation d'avoir un second représentant en Coupe du monde : le Cameroun accompagna l'Algérie. Le nombre de tickets passa ensuite à trois, puis quatre. En 2006 et 2010, cinq pays africains participaient à la compétition.

Lors de l'édition 1986 au Mexique, le Maroc devint le premier pays africain à passer le premier tour d'un

Mondial. Les exploits de son gardien de but Badou Ezzaki, dit « Zaki », lui permirent de tenir l'Angleterre et la Pologne en échec (excusez du peu !) et de battre le Portugal. En huitième, ils retrouvèrent la RFA, et perdirent 1-0. Quatre ans plus tard, le Cameroun de Roger Milla devint le premier pays africain à se qualifier pour les quarts de finale d'un Mondial, imité par le Ghana en 2010. On revit le Maroc aux Coupes du monde 1994, 1998 et 2018, à chaque fois éliminé au premier tours.

Lire aussi : Algérie, Apartheid, Ben Barek, Black Star

MARRON

On nomma du nom peu ragoûtant d'« amateurisme marron » la période de transition en France entre le football amateur et l'avènement du professionnalisme. L'expression recouvrait la rétribution masquée de joueurs qui restaient officiellement amateurs. Dans les années 1920, qui furent folles aussi dans le sport, cette rémunération illégale était pratiquée dans l'ensemble des disciplines importantes. Concernant le football, le public se massait alors dans les stades et les recettes des clubs grossissaient. Idem pour le compte en banque de la Fédération française, qui dépassait les 7 millions de francs. Cette dernière interdisait donc aux joueurs de profiter de mannes qu'ils généraient pourtant bel et bien. Néanmoins, les joueurs commencèrent à réclamer des indemnités et des dédommagements. Le cas le plus connu reste celui du gardien Pierre Chayriguès, qui pour se faire entendre alla jusqu'à abandonner les Bleus. En 1920, le milieu de terrain strasbourgeois Paul Bloch fut suspendu pour avoir réclamé une indemnité de 240 francs après le France-Luxembourg qu'il avait disputé : il estimait que se rendre disponible pour le match lui avait fait perdre une affaire. La Fédération ouvrit alors le bal des hypocrites. Officiellement, elle mit sur pied une commission chargée d'étudier les « mutations » (les transferts de l'époque). En douce, et au coup par coup, elle négociait en réalité directement avec les internationaux, « payant » ceux-ci pour jouer en équipe de France. En outre, les JO commencèrent à devenir un peu trop étroits pour un sport qui se mondialisait. Le système amateur ne pouvait plus tenir, le football se professionnalisait. Ce furent les entrepreneurs investissant dans le football qui portèrent finalement le coup de grâce. Jean-Pierre Peugeot et son usine à Sochaux, Henri Jooris et sa Grande Brasserie à Lille employèrent leurs joueurs dans leurs propres entreprises, les tenant ainsi sous surveillance d'une part, et leur offrant un salaire tout en leur permettant de sécher le travail pour s'entraîner d'autre part. Jooris fut dénoncé par son propre trésorier en 1924 et suspendu deux ans. Plus tard, le stade de l'Olympique lillois prit son nom. Ainsi, jusqu'à l'avènement du professionnalisme en France, en 1932, la « chasse aux marrons » était la grande hypocrisie du football français.

Lire aussi : Chayriguès, Entreprise

MATTHEWS, Stanley (1915-2000)

À cinquante ans, il jouait encore en première division anglaise. Neuf ans plus tôt, en 1956, il avait reçu le premier Ballon d'or, trophée dont il reste le lauréat le plus âgé. Sa carrière débuta avant la Seconde Guerre mondiale et parvint à renaître après le conflit, que le joueur passa cantonné dans la ville de Blackpool. Après la guerre, Stanley Matthews devint, à tout jamais, le premier grand numéro 7 de l'histoire, et le premier footballeur anobli par Élisabeth II (en 1957, bien avant sir Alex Ferguson, donc). Sir Stanley Matthews fut surnommé *the Wizard of the Dribble* (« le magicien du dribble »), car il fut peut-être le plus grand dribbleur de tous les temps. La naissance du mythe Matthews eut, de prime abord, quelque chose d'irrationnel : dans les années 1930, où il perça, le football british privilégiait la force et l'affrontement physique, alors que cet ailier droit arrivait avec un package complet, composé de technique, de virtuosité, d'esquive et d'une lecture du jeu très avant-gardiste (une qualité que l'on retrouva ensuite chez Platini, Maradona ou Messi). Cet ailier droit fut toujours clairvoyant, ne prit jamais aucun carton jaune. D'aucuns expliquèrent que, s'il eut une si longue carrière (il ne raccrocha les crampons qu'en 1965, âgé de cinquante ans), ce fut parce qu'il ne buvait pas d'alcool et était végétarien. Par sa maestria, son fair-play, sa vie publique discrète et sa fidélité, Matthews réussit à faire aimer la technique à ces Britishs qui, persuadés d'être les inventeurs du football, pensaient en avoir découvert tous les secrets. L'apport de sir Stanley Matthews au football eut dès lors un impact, toujours vérifié, sur chaque génération naissante. Sans lui, jamais il n'y aurait eu Hoddle, Waddle ou Beckham. En tant que prédécesseur de ces derniers, Matthews est sûrement le plus grand footballeur anglais de tous les temps, devançant même Ray Kennedy.

Né dans une ville renommée pour sa poterie (Stoke-on-Trent), il fut le fils d'une gloire locale de la boxe : son père, coiffeur dans le civil et champion poids plume du coin, portait le très engageant surnom de *the Fighting Barber of Hanley* et ne perdit que neuf de ses trois cent cinquante combats. Durant ses jeunes années, Matthews fils fut apprenti maçon et aida son père dans son salon de coiffure. Le jour de ses quinze ans, le manager de Stoke City, le club local, offrit au jeune Stanley, devenu entre-temps international scolaire, un contrat d'une livre par semaine. C'est en mars 1932 que Matthews, ce jeune joueur âgé de dix-sept ans mais déjà courtisé, débuta en équipe première, alors en deuxième division. En 1933-1934, le club fit à nouveau partie de l'élite, et la saison fut prolifique pour Matthews, qui n'inscrivit pas moins de 15 buts et fut appelé en équipe d'Angleterre pour affronter le pays de Galles. Ce 29 septembre 1934, lors de sa première cape, il marqua son premier but pour l'Angleterre. La spirale du bonheur se poursuivit plusieurs saisons : Stoke finissait à présent aux places d'honneur, tout en réalisant de gros coups grâce au trio formé par Stanley Matthews et les deux attaquants Tommy Sale et Freddie Steele, natifs eux aussi de la ville. De son côté, Matthews s'affirma sur le plan international, réalisant un triplé fin 1937 contre la Tchécoslovaquie. Fin 1938, quand la rumeur courut que Matthews voulait relancer sa carrière dans un autre club, la protestation de milliers de supporters lui fit reconsidérer ses envies… Durant la guerre, Matthews, comme de nombreux autres, joua pour des clubs différents : Manchester United, Arsenal ou encore Blackpool, qu'il rejoignit en 1946, pour 11 500 livres.

Matthews avait trente-deux ans à la fin du conflit mondial, qui laissait la place à un pénible après-guerre. La seconde mi-temps de sa carrière ne faisait pourtant que commencer, et on assistait tout juste au début de la grande période de Blackpool : trois finales de FA Cup en six ans, et un statut d'équipe la plus populaire à l'extérieur, avec une moyenne de 47 686 spectateurs en 1950-1951, 40 604 en 1954-1955 et 42 594 en 1955-1956. Les gens venaient, entre autres, voir un Matthews toujours aussi magicien et gentleman, star de l'équipe de 1947 à 1961. Il remporta en 1948 le tout nouveau prix de Footballeur de l'année (décerné par la Football Writers' Association). Côté Three Lions (surnom de l'équipe d'Angleterre), Matthews emmenait l'attaque de feu (qu'il formait aux côtés de Mortensen, Lawton, Mannion et Finney) d'une équipe qui ne connut qu'un coup de Trafalgar : la raclée 5-3 contre les Magic Magyars en 1953. Lors d'une victoire anglaise (4-0) contre l'Italie, à Turin, les journalistes rapportèrent cette anecdote : sur le point de tirer un corner, Matthews s'était passé les mains dans les cheveux, après les avoir essuyées sur son short. Le public et la presse crurent, à tort, que Matthews avait pris un peigne dans son short, pour se recoiffer. Cette méprise ne fit que renforcer son image de gentleman. Cependant, la concurrence anglaise au poste d'attaquant était telle à l'époque que, pour la Coupe du monde 1950, la première à laquelle le pays de Sa Majesté daigna prendre part, Matthews ne fit pas partie de la sélection de départ. Il ne put donc jamais briller aux yeux du monde. Il poursuivit sa carrière nationale, remportant les succès et le Ballon d'or déjà mentionnés. Il rejoignit son club d'origine, Stoke City, en 1961, recevant le titre de meilleur joueur du championnat l'année suivante. Pour le reste, son palmarès tient sur une seule ligne : une FA Cup conquise en 1953 avec Blackpool. On le retrouva ensuite entraîneur en Angleterre, à Malte, en Afrique du Sud et au Canada. À sa mort en 2000, à l'âge de quatre-vingt-cinq ans, ce furent cent mille personnes qui accompagnèrent le cortège funèbre à Stoke-on-Trent.

Lire aussi : Angleterre, Beckham, Kennedy, Waddle

MAZZOLA

Les Mazzola furent la première grande famille italienne du football. Comme pour toute grande famille, leur histoire débuta par la tragédie d'un des leurs, Valentino Mazzola, vedette du grand Torino, où il passa presque toute sa carrière. Milieu de terrain, Valentino remporta cinq Scudetti, deux Coupes d'Italie, et fut sacré meilleur buteur de la Serie A en 1947. Il joua 12 matchs avec l'équipe d'Italie, entre 1942 et 1947. Mais, le 4 mai

1949, sa carrière s'arrêta net : il se trouvait, avec toute l'équipe du Torino, dans l'avion qui se crasha à Superga. L'accident n'épargna aucun passager et constitue, avec le Heysel, la plus grande tragédie du football italien.

Son fils reprit le flambeau, avec brio et persévérance. Né à Turin en 1942, Alessandro devint milieu de terrain, comme son père. Arborant comme lui le fier numéro 10, Sandro passa toute sa carrière à l'Inter Milan, où il fut le meneur d'un système de jeu très spécial (le catenaccio). Il fit partie de la première grande époque du club : avec lui, qui y débuta en 1961, l'Inter Milan remporta quatre Scudetti, deux Ligues des champions (1964 et 1965) et deux Coupes intercontinentales. Comme son paternel, il fut sacré meilleur buteur du championnat transalpin, en 1965. Il joua jusqu'en 1977, pour un bilan de 400 matchs en Serie A et 116 buts.

À l'Inter, il y avait Mazzola. Au Milan AC, Gianni Rivera. À l'époque, tous les titres (nationaux et européens) que ne gagna pas l'Inter de Mazzola, ce fut le Milan de Rivera qui les remporta. Ils étaient tous deux le même type de joueurs, certes dans deux clubs opposés, mais dans la même équipe nationale : la Squadra Azzurra. Ils participèrent ensemble à la victoire de l'Euro 1968 et à la superbe Coupe du monde 1970. Rivera disputa la demi-finale contre la RFA, mais ce fut Mazzola qui participa à la finale contre le Brésil. Mazzola a joué au total soixante-dix fois avec la Squadra, scorant 22 fois.

Lire aussi : Avion, Gourcuff, Maldini, Pelé, Sammer, Trezeguet

MBAPPÉ, Kylian

Le 11 octobre 2018, il faisait la une du *Time*, le prestigieux magazine américain. Vivienne Walt, la journaliste auteure de l'entretien en pages intérieures, disait que le champion « était devenu une personnalité globale ».

Cette année-là, le jeune Kylian Mbappé avait été sacré champion du monde, il avait été un des éléments clés de la victoire des Bleus. Fraîchement recruté par le PSG, il avait été un des dossiers chauds de l'été. Il n'avait pas vingt ans. En un an et demi, sa vie avait changé. Et depuis, le monde est presque à lui. Même Pelé, pourtant pas du genre à se trouver un égal sur Terre, déclara : « Mbappé peut devenir le nouveau Pelé » (*France Football*, 15 janvier 2019).

Révélé en 2017, il a, depuis, toujours été champion de France (trois fois) et du monde. En deux ans, il s'est imposé dans l'imaginaire collectif. Peut-être sommes-nous en train de vivre, au présent et en direct, l'avènement du meilleur joueur de tous les temps. Pour le moment, il slalome entre les étoiles, la sagesse et, soyons clairs, le melon (il arrive en effet qu'il parle de lui à la troisième personne).

Né le 20 décembre 1998 à Paris, Kylian Mbappé est un enfant de la balle. D'origine camerounaise, son père fut un footballeur de niveau régional qui s'est depuis reconverti en éducateur de l'AS Bondy (Seine-Saint-Denis), ville où la famille vivait. Originaire d'Algérie, sa mère était handballeuse, dans le même club (mais pas la même section, donc) à la fin des années 1990 et au début des années 2000. Scolarisé dans un établissement catholique privé, le jeune homme fréquenta le conservatoire de six à onze ans, apprenant la flûte traversière. Jouant à Bondy, puis effectuant sa formation de futur joueur pro, il poursuivit néanmoins jusqu'au baccalauréat (sciences et technologies du management et de la gestion), décroché en 2016. On le constata dès son éclosion : Kylian a une tête bien faite. Et a toujours été bien entouré : depuis ses débuts et encore aujourd'hui, ce sont ses parents qui gèrent sa carrière, aidés d'un cabinet d'avocats parisien (Verheyden &

Cognard) spécialisé dans les contrats sportifs. Ce qui l'a jusqu'ici empêché de choix de carrière trop hâtifs.

Sélectionné au centre de formation de l'INF Clairefontaine (Institut national de football), il était déjà courtisé par des clubs huppés à l'étranger quand, une fois sa formation achevée en 2013, ses bons conseillers le firent opter pour l'AS Monaco. Il ferait ses grands débuts en Ligue 1 le 2 décembre 2015, entré à la 88e minute d'un match contre Caen, à même pas dix-sept ans. Il marqua son premier but en pro le 20 février 2016, contre Troyes. Deux semaines plus tard, il signait son premier contrat professionnel, pour le club de la principauté. Le printemps 2017 fut celui de son avènement : la superbe campagne du club en Ligue des champions, stoppée en demies après avoir brillamment éliminé Manchester City puis le Borussia Dortmund, un titre de champion de France nous firent connaître les courses supersoniques et les buts tonitruants du prodige. En mars, il fut sélectionné par Didier Deschamps pour jouer son premier match en équipe de France.

À l'été 2017, sa cote était phénoménale. Guardiola le voulait à Manchester City, Zidane le voulait au Real, mais c'est finalement au PSG qu'il céda le 31 août. Il rejoignait Neymar, qui venait de signer : un prêt d'une saison avec option d'achat de 180 millions d'euros. Champion de France 2018 et 2019, meilleur buteur du championnat en 2018-2019 (33 buts), il y est encore à ce jour, même s'il semble évident qu'il poursuivra très bientôt sa course aux records ailleurs en Europe.

Mbappé est donc vite devenu un trésor. Le 27 mars 2018, il honorait sa douzième sélection avec les Bleus, et il y portait pour la première fois ce numéro magique qui est encore le sien : le numéro 10. Celui de Platini et de Zidane. Un numéro habituellement réservé aux meneurs de jeu et aux leaders. Le jeune homme n'est pas meneur, il est attaquant. Mais son tempérament (humble et fonceur), son obsession de la réussite et ses performances qui grillent tous les temps de passages font de lui un leader de fait. Voilà quatre ans qu'il est « le plus jeune qui [marque autant à cet âge ; qui marque un doublé ; qui joue un match de Coupe du monde en bleu ; etc] ». Le 30 juin, en huitièmes de finale du Mondial contre les Argentins, il provoqua un penalty à la suite d'un démarrage depuis son camp où il fut chronométré à 37 km/h, avant de planter deux buts. Contre l'équipe nationale du meilleur joueur du monde, Messi. Le 15 juillet, contre la Croatie, il inscrivit le quatrième et dernier but français, et devenait champion du monde. Lui, qui n'était pas lors de la première étoile, le 12 juillet 1998, était de ceux qui décrochèrent la deuxième.

Au cours de ce tournoi, il réussit trente-deux dribbles, un record pour un joueur français.

Accélérations fulgurantes, grande qualité de dribble (même en sprintant), disponible aux tâches défensives : ce type-là a tout.

Mais ce type-là est tout de même un jeune de vingt ans. Loué à juste titre pour sa maturité, pour sa façon de s'exprimer, pour être à l'écoute d'un entourage sain, il reste sujet à des pétages de plomb à l'occasion. Mais à son niveau, ladite occasion est vite surmédiatisée : coup de gueule contre son coach quand celui-ci le sort en cours de match, retards à l'entraînement, déclarations dans lesquelles il revendique plus de leadership. Kylian Mbappé est profondément conscient qu'il est le plus fort sur bien des points. Celui dont le ratio reconnaissance/célébrité/admiration est le plus haut. Depuis la deuxième étoile, il peut en imposer à tous – y compris à Neymar, dans l'effectif parisien.

Parce qu'il est jeune et a fait preuve d'une sacrée intelligence, on lui passe encore ces enfantillages. Mbappé est une star, et une star s'épanouit dans les privilèges.

Dans une biographie parue en mai 2019 (*Mbappé, le phénomène*, du journaliste de *L'Équipe* Arnaud Hermant), son salaire mensuel était alors de 1,4 million d'euros bruts. Rémunération revue à la hausse chaque année, selon les termes de son contrat : hors primes, elle sera de 1,66 million en 2019-2020, et de 1,78 million la suivante. En 2018, la somme de ses salaires et de ses revenus publicitaires était de 24,7 millions (classement établi par *L'Équipe Magazine*).

Jamais un sportif français dans l'histoire n'avait atteint un tel niveau de revenus, à seulement vingt ans. C'est tout ça, une « personnalité globale ».

Lire aussi : DD, Neymar Jr, PSG, Zidane

MEKHLOUFI, Rachid

L'histoire de ce joueur est exemplaire, à tout point de vue. Né à Sétif en 1936, engagé par les Verts en 1954, sélectionné en bleu dès 1956, puis champion du monde militaire l'année suivante, Rachid Mekhloufi fut un des deux ou trois grands joueurs évoluant en France dans les années 1950. Il y avait Raymond Kopa à Reims, Just Fontaine à Nice, et Mekhloufi à Saint-Étienne. En 1958, les trois footballeurs figuraient sur les tablettes de la Fédération pour aller disputer la Coupe du monde en Suède. Mais Mekhloufi ne traversa jamais la Baltique. À quelques mois du tournoi, les rues d'Alger s'étaient embrasées. Le FLN décida, après la bataille d'Alger, de constituer le onze de l'indépendance, afin de priver la France de ses meilleurs joueurs issus des colonies. Un soir d'avril 1958, Mekhloufi et onze autres joueurs appelés par le mouvement de libération algérien quittèrent donc l'Hexagone pour intégrer l'équipe du FLN et participer à leur façon à la guerre pour l'indépendance. Il joua l'ensemble des matchs disputés par ce onze de la liberté, tous interdits par la FIFA, et attendit l'indépendance pour revenir en Europe. Après un petit tour au Servette de Genève, il retourna chez les Verts en 1962, avec qui il remporta trois nouveaux titres. Il occupa ensuite la double fonction de joueur-entraîneur à Bastia, avant son retour au pays en 1970, dans le but de mettre sur pied une équipe nationale. Le pouvoir désirait en effet profiter de l'expérience sportive et politique des ex-joueurs du onze de l'indépendance. Il fut sélectionneur national durant six mois, en 1971-1972, puis revint aux affaires en 1975, conduisant l'équipe d'Algérie à la victoire lors des Jeux méditerranéens d'Alger. Cependant, comme la première fois, il fut victime de règlements de comptes internes au régime. On lui reprocha entre autres de sélectionner des « traîtres », c'est-à-dire des Algériens formés, voire nés, en France, qui parfois ne parlaient même pas arabe. Une hérésie pour le régime, qui ne voulait pas davantage entendre parler de professionnalisation sur son sol. Ce fut néanmoins Mekhloufi qui dirigea la glorieuse (à défaut de victorieuse) sélection algérienne du Mundial 1982, dont les exploits en firent la digne héritière de l'esprit, mais aussi du jeu, du onze de l'indépendance

Lire aussi : Algérie, FLN

MENOTTI, Luis César

Il fut celui qui osa dire « non » au général. Le 25 juin 1978, lorsque l'Argentine remporta *son* Mondial devant les Pays-Bas (3-1 après prolongations), le sélectionneur de l'Albiceleste (cheveux longs, cigarette au bec et chemise ouverte) ne daigna pas serrer la main du général Jorge Videla (cheveux courts, moustache propre et taillée, uniforme militaire), dictateur du pays depuis deux ans : le joueur montrait ainsi son refus d'associer la victoire argentine à la junte militaire de son pays. Pourquoi alors Menotti avait-il accepté de diriger la sélection nationale ? En réalité, il était déjà en place depuis deux ans lorsque survint le coup d'État de 1976. Menotti revendiqua très vite son opposition à la junte au pouvoir, mais cette dernière, qui ne pouvait prendre le risque de décevoir son peuple en perdant la Coupe du monde, choisit par pragmatisme de laisser le dissident aux commandes de l'Albiceleste. Quand celle-ci eut gagné la compétition, il semblait impossible de se débarrasser du principal artisan de la victoire sans s'attirer les foudres de l'opinion. Luis César Menotti resta ainsi en place jusqu'à la défaite de 1982. Il eut donc le temps de gagner une Coupe du monde (1978), et de trouver de l'or (Maradona).

À ses débuts, Menotti avait mené une honnête petite carrière de milieu de terrain en Argentine et au Brésil (où il côtoya un peu Pelé). Entraîneur, il devint un révolutionnaire du football, se forgeant un véritable personnage. « Un but ne doit pas être autre chose qu'une dernière passe dans les buts », disait celui qui était alors surnommé *el Flaco* (« le maigre »). Dès sa prise de fonction en 1974, il décida de s'appuyer sur des joueurs chevronnés (le gardien Fillol, Daniel Passarella, Mario Kempes) et capables d'assimiler ses consignes tactiques parfois énigmatiques. Avant Menotti, le football argentin souffrait d'une succession de sélectionneurs digne de la IVe République française et, surtout, du refus des meilleurs joueurs du pays de venir défendre les couleurs de l'Argentine pour les grandes compétitions. Après Menotti, l'Albiceleste était devenue cette équipe vainqueur de *sa* Coupe du monde (où Menotti, contre l'avis général, préféra Kempes à Maradona), puis du Championnat du monde junior, en 1979 (cette fois avec Maradona). Menotti suivait ce dernier depuis toujours, mais préférait attendre qu'il parvienne à maturité pour faire appel à lui. Plus tard, Maradona se remémorait l'équipe junior victorieuse en 1979 : « Je n'ai jamais pris autant de plaisir sur un terrain qu'avec cette équipe. Et tout ça, c'est grâce au travail de Menotti. »

Exigence et intelligence dans la circulation de balle, pressing très haut des défenseurs – « C'est toujours mieux d'avancer sur l'adversaire car ça vous permet de récupérer le ballon le plus haut possible » –, rapidité dans les passes, densité dans le jeu : voilà le système prôné par Menotti. Très fortes collectivement, ses équipes alignaient des joueurs de qualité au milieu et des virtuoses en attaque. Et parvenaient savamment à user du piège du hors-jeu. Le mariage Albiceleste-Menotti finit néanmoins en eau de boudin, en 1982. Le foot argentin retrouva l'image de son propre pays, par ailleurs très secoué par la toute récente guerre des Malouines. Pourtant, Maradona « Cendrillon » brillait alors de mille feux : champion d'Argentine 1981, il venait de signer pour le Barça contre 12 millions de dollars. En cet été 1982, l'Espagne et le monde avaient donc les yeux rivés sur le prodige. L'Albiceste arriva en tenant du titre, avec une équipe blindée d'expérience, composée des champions 1978 (Ardilès, Kempes, Tarantini, Passarella, Bertoni, Fillol) et du génie Dieguito. Ce dernier eut droit à un traitement de faveur durant tout le tournoi, surtout pendant le match contre l'Italie de Gentile. Mais le joueur péta un câble lors du match contre le Brésil, et fut expulsé après une agression sur le milieu de terrain Battista. Bilan : une prestation insipide des tenants du titre, éliminés dès le second tour.

Menotti quitta l'Albiceleste, mais resta lié à Maradona. Il prit tout de suite les rênes du Barça, où il retrouva donc son protégé, mais quitta le club la même année que lui (1984), sans autres titres qu'une Coupe du Roi, une Copa de la Liga et une Supercoupe d'Espagne. Il alla ensuite en Argentine entraîner Boca Junior et River Plate, en Espagne l'Atlético Madrid, en Uruguay le Peñarol, puis la sélection nationale mexicaine, la Sampdoria de Gênes et à deux reprises les Argentins de l'Independiente.

En 2006, il retrouva le banc des entraîneurs avec le club mexicain de Puebla. Également commentateur sportif par la suite, Menotti est devenu le Coco Suaudeau argentin, une icône synonyme du beau jeu.

Lire aussi : Barça, Malouines, Maradona, Oranje, *Temps additionnel*

MERONI, Gigi (1943-1967)

Peintre du dimanche et ailier droit artiste vivant en concubinage notoire avec une femme mariée, le Turinois Gigi Meroni était un George Best sans bière, mais avec chevalet. Né à Côme, en février 1943, dans une famille de modestes artisans, il perdit très tôt son père. Ce jeune homme de taille moyenne (1,72 mètre) fut vite repéré par le club de la ville, alors en Serie B, et devint un ailier droit vif et inspiré, un dribbleur déroutant distillant des passes millimétrées aux avants-centres. Ses qualités lui valurent le surnom de *Farfalla* (« papillon »). Pur produit du foot à la Don Camillo, ce *calcio d'oratorio* propre à l'Italie, Meroni fut transféré au Genoa en 1962, puis au Torino deux ans plus tard. Il y devint une idole, adulée par les tifosi du Toro. Un jour que l'avvocato Agnelli, président de la Juve, était prêt à s'offrir la star pour 750 millions de lires, les ouvriers de Fiat qui supportaient l'équipe granata votèrent la grève. Sous la pression, Meroni resta finalement au Toro.

Sa carrière s'arrêta brutalement le 15 octobre 1967, quand, après un match, Meroni et son coéquipier Poletti voulurent profiter de la soirée pour sortir avec leurs épouses. Après un apéro au zinc du Corso Re Umberto, tous deux traversèrent la rue pour aller chercher leurs femmes chez Gigi, juste en face du bar. C'est à ce moment-là que, lancée sur la route mouillée, une Fiat 124 faucha les deux joueurs. Si Poletti n'eut que des égratignures, Meroni, lui, fut projeté en l'air puis traîné sur cinquante mètres. Il mourut dans la soirée à l'hôpital de Turin. Ironie de l'histoire, le conducteur de la Fiat, Attilio Romero, alors âgé de dix-neuf ans et étudiant en médecine, était un inconditionnel du Toro – un portrait de Meroni trônait sur son tableau de bord. À tel point qu'il deviendra le président du club à la fin des années 1990. Mais, pour l'heure, il assistait aux côtés de vingt mille autres personnes aux obsèques du joueur vedette du club.

Véritable Cantona de son époque, Meroni avait de son vivant construit un mythe que sa mort amplifia. Bohème dans une Italie d'après-guerre conventionnelle et de centre-gauche, le football n'était pas son seul talent. Vrai artiste, il dessinait aussi des costumes extravagants, qu'il aimait porter, il peignait de grandes toiles dans la mansarde turinoise où il vivait, écoutait du jazz et les Beatles. Il déclara même un jour : « Mon vrai métier, c'est peintre ! » Comme Best, qu'il admirait (il portait également le numéro 7), il avait les cheveux longs et une barbe à géométrie variable, auxquels il était très attaché. Il refusa même sa première sélection nationale car le sélectionneur, Edmondo Fabbri, exigea de lui qu'il se coupe les cheveux. Plus tard, quand il rejoignit l'équipe nationale, il eut du mal à s'adapter aux méthodes musclées de Fabbri, qui notamment réveillait les joueurs avec la musique du film *Sur le pont de la rivière Kwaï*. En 1966, il participa à la Coupe du monde, au cours de laquelle il marqua deux buts. Malgré son absence lors la désastreuse défaite 1-0 contre la Corée du Nord, on le tint pour responsable de l'élimination précoce de la Squadra Azzurra.

D'une certaine manière, la liberté de son jeu était en harmonie avec sa vie bohème et artiste. Une posture suspecte, dans un pays où le catenaccio incarnait un ordre social contraint, rigide. Son style, son look allaient de pair avec son choix de vie. Il entretenait une liaison avec une certaine Christina, dont les parents étaient forains. Lorsqu'ils apprirent la relation de leur fille avec Meroni, ils décidèrent de la marier avec un autre homme. Cela n'empêcha pas le couple illégitime de s'installer ensemble, dans une Italie où l'Église catholique s'opposait fermement à la légalisation du divorce – il fallut attendre 1970. Autant dire que Meroni eut autant de détracteurs que d'admirateurs. La presse italienne de droite l'appelait, au choix, « le gitan » ou « le vagabond ».

Dans l'Italie du catenaccio, il fut un apôtre du football surprise, du jeu d'attaque. Meroni, furiosa des crochets dévastateurs et des feintes de corps, prenait un malin plaisir à attendre son défenseur attitré pour lui mettre un café-crème dans la vue, arrêtant sa course une, parfois deux fois. Exactement comme Garrincha.

De plus, son destin renvoie directement à l'accident tragique de Superga, ce crash aérien dont fut victime le Torino vingt ans avant lui. Meroni : un drame, un destin, la classe.

Lire aussi : Avion, Best, Catenaccio, Italie

MESSI, Lionel Andres

Le 18 avril 2007, on comprit définitivement à qui on avait affaire. Ce jour-là, en demi-finale aller de la Coupe d'Espagne contre le Getafe FC, Lionel Messi prit la balle dans son propre camp et parcourut à toute vitesse les soixante mètres qui le séparaient du but adverse, dribblant quatre joueurs puis le gardien, avant de loger la balle au fond des filets. Le tout en une dizaine de secondes, ne touchant le ballon que treize fois dans sa course (ce qui en dit long sur sa conduite de balle, parfaite). Dès le lendemain, la presse constata l'évidence : ce but était la copie quasi conforme de celui que marqua Diego Maradona contre l'Angleterre, en 1986. Le nombre de touchers de balle fut identique, ils éliminèrent tous deux le même nombre de joueurs et la distance parcourue par les deux joueurs était quasi la même, Maradona ayant seulement parcouru deux mètres de plus. Quelques semaines plus tard, en Championnat, Messi marqua un but de la main, nouant définitivement son destin avec celui du Pibe de Oro. Forcément, on comparait : Lionel Messi est argentin lui aussi.

Par la constance de son excellence, il démontrait que son jeu était encore plus beau que celui de Ronaldinho (le Brésilien était alors le meilleur au monde). Depuis le mois de mars 2006, et ce huitième de finale aller de Ligue des champions à Stamford Bridge, où il ridiculisa à lui seul la défense de Chelsea, permettant la victoire catalane à Londres (2-1). Pendant deux ans, Messi et Ronaldinho jouèrent ensemble au Barça, et menèrent le club à la victoire en Ligue des champions 2006. L'Argentin avait alors dix-neuf ans. Deux ans plus tôt, il avait participé à son premier match dans l'équipe première, au Camp Nou : jamais un joueur de dix-sept ans n'avait disputé un match pour le grand Barça.

Lorsque Ronaldinho partit, en 2008, Messi devint le meneur d'une équipe de rêve, qui, en 2009, remporta un sextuplé inédit dans l'histoire du football : Liga, Coupe du Roi, Champions League, Supercoupe d'Europe, Supercoupe d'Espagne et Coupe du monde des clubs. Cette même année, le meneur du Barça fut élu Ballon d'or. Il en fut récompensé une deuxième fois en 2010, rejoignant Platini et Van Basten dans la légende lorsqu'il remporta de nouveau le trophée en 2011, année où le Barça gagna une nouvelle fois la Ligue des champions. Il les dépassa quand il en enquilla un quatrième en 2012.

Lionel Messi fut formé à la Masia, le centre de formation du club catalan. Mieux, il fut sauvé par le FC Barcelone. À dix ans, le petit garçon de Rosario (troisième ville argentine ; il y était né le 24 juin 1987) ne mesurait que 1,11 mètre. On décela alors chez lui une maladie hormonale, qui empêchait ses os de se développer à un bon rythme. Sa croissance fut compromise, et le rêve d'une carrière sportive s'éloignait. Malgré le talent évident du garçon, aucun club argentin ne voulut s'engager à payer son traitement, évalué à 900 euros mensuels pendant trente mois. Jorge Messi, le père, décida alors de soumettre son fils aux tests organisés à Barcelone. Passant par-dessus les réticences du club, Carles Rexach, le responsable de la Masia, accepta de prendre en charge Leo et son traitement. C'était en 2000.

Dix ans plus tard, et malgré quelques blessures assez récurrentes, Lionel Messi avait remporté deux Ballons d'or et treize titres majeurs, parmi lesquels deux Champions League, quatre Ligas, quatre Supercoupes d'Espagne et une médaille d'or olympique en 2008. Seuls des résultats probants avec l'Albiceleste manquaient encore, Messi étant un peu passé à côté de son Mondial 2010.

Cette année-là, il était pourtant le footballeur à avoir engrangé le plus de revenus annuels : 33 millions d'euros (10 en salaires, 4 en primes, 19 en contrats publicitaires). En 2013, ils étaient estimés à 41 millions d'euros.

2013 qui, néanmoins, fut une année noire pour le joueur en or. Une année alternative, puisque sa cuisse droite (trois élongations, une déchirure) puis la gauche (une déchirure aux ischio-jambiers) l'éloignèrent des terrains pendant plus de trois mois au total. Et Messi, stratège, devint un enjeu : le Barça pouvait-il jouer sans lui ? L'Albiceleste le pouvait-elle ? La question se répéta autant que ses blessures, lesquelles avaient contraint son club à apprendre à faire sans lui, et à se défaire de ce qui était devenu une Messi-dépendance.

Après cinq ans où il disputa le nombre surnaturel de 326 matchs, 2013 fut donc l'année où Messi retoucha Terre. Même les impôts le rappelèrent : en juin, lui et son père furent soupçonnés par le fisc ibérique d'avoir falsifié les déclarations de revenus de Leo entre 2006 et 2009. La fraude présumée, estimée à 4 millions, était organisée en simulant une cession des droits d'image du prodige à des sociétés écrans installées dans des paradis fiscaux, à Belize et en Uruguay. En mai 2017, en seconde instance, la Cour suprême espagnole condamna Léo Messi à vingt et un mois de prison et à une amende de 2,1 millions d'euros. Le père, lui, écopa de quinze mois et 1,3 million d'euros. Comme son meilleur ennemi CR7 dans une autre affaire, les deux hommes évitèrent la détention (rare, en Espagne, pour les condamnations inférieures à deux ans). Mais par la faute de cette fraude, l'image du saint joueur s'écorna.

En onze ans, Messi était aussi devenu un grand buteur. Depuis 2012, il détient le record mondial du nombre de buts inscrits sur une saison (73), sur une année civile (91). Il est aussi un excellent meneur, le seul capable de combiner avec un coéquipier à une vitesse supersonique, grâce à des petits pas si petits qu'ils semblent de puce. Ou de partir seul, de dribbler plusieurs joueurs et de marquer sans changer de rythme. Il fait ce que faisait Maradona, mais plus vite encore. Il est capable en une seconde de comprendre une action, d'y participer et d'en exécuter le final. Il peut changer de rythme et de direction tout en dribblant. Il est le meilleur dribbleur du monde.

Pour autant, Messi reste parfois un homme. Il a un plafond de verre. Le sien s'appelle : Coupe du monde de football. Quart de finaliste en 2010, finaliste en 2014, huitième de finaliste en 2018 (tombé face à la France), il n'y a jamais donné la pleine mesure de son talent. C'est qu'après de telles saisons en club, il y est toujours arrivé diminué. Et comme tout le monde, l'équipe d'Argentine est Messi-dépendante. Songez que cet homme-là n'a même jamais gagné une Copa America... On notera qu'il remporta la Coupe du monde des moins de vingt ans en 2005, et la médaille d'or aux JO de 2008.

Voilà donc plus de dix ans que le monde admire Messi. Depuis quatre ou cinq ans, celui-ci rayonne moins, mais demeure ce magicien qui vous invente toujours un geste, un but, un record, tout ça venu d'ailleurs. Toujours leader technique, il est aussi celui du terrain, du vestiaire, celui par qui tout passe. Capitaine de l'équipe depuis le départ d'Andrés Iniesta en 2018, il en est donc le plus grand symbole, avec Johan Cruyff et Pep Guardiola.

Dix titres de champion d'Espagne, six Coupes du Roi, sept Supercoupes d'Espagne, quatre Ligues des champions : il a mené son club très haut. Premier joueur à remporter six fois le Ballon d'or (2009, 2010, 2011, 2012, 2015, 2019) : Messi est seul au monde.

Depuis toujours, et plus encore depuis ses manquements fiscaux, les revenus de cet homme sont observés à la loupe. L'an dernier, le magazine américain *Forbes* le plaçait en première position du classement 2019 des athlètes les mieux payés au monde, avec des revenus annuels s'élevant à 127 millions de dollars (92 en salaires, 35 en sponsorings). Ambassadeur de l'UNICEF, il avait créé une fondation d'aide à l'enfance à l'âge de vingt ans, la *Fundación Leo Messi*.

On ne peut rien cautionner chez le dribbleur fiscal. Aujourd'hui pourtant, on se dit qu'on n'a jamais vu un autre joueur de cette trempe. Avec Cruyff, Maradona et Zidane, le plus beau des génies. L'Histoire dira bien s'il est le meilleur.

Lire aussi : Barça, CR7, France Football, Maradona, Neymar Jr, Ronaldinho, Zlatan

MILLA, Roger

« C'est la Milla-danse ! C'est un mélange de plusieurs danses camerounaises, pas seulement de la makossa. Je l'ai fait spontanément, ce n'était pas du tout préparé. » Juillet 1990 : un an avant la « Saga Africa » de Yannick Noah, Roger Milla fut le premier sportif à faire danser le monde, en exécutant la Milla-danse devant le poteau de corner et les supporters. C'était lors de la Coupe du monde en Italie, dont « le Vieux Lion » Milla fut la star, bien qu'il ait quitté la haute compétition en 1989, au terme d'une dernière année à Montpellier. Le Camerounais venait de fêter ses trente-huit ans (un âge canonique, au football) mais jouait à la Jeunesse sportive Saint-Pierroise, à la Réunion (division d'honneur). Durant cette Coupe du monde, le joueur rajeunit de dix ans. Lui qui avait pris sa retraite internationale en 1988, brouillé avec les instances dirigeantes de son pays, sauva la patrie et devint un des héros de cette équipe du Cameroun, première nation africaine à parvenir en quarts de finale d'une Coupe du monde (pour ce match mythique Angleterre-Cameroun, perdu 3-2 après prolongations). Son âge ne lui permettait d'entrer sur le terrain qu'en cours de match. Milla marqua tout de même quatre buts, dont deux face à Higuita, en huitième. L'année 1990 sonna le début d'une réelle seconde carrière pour Milla, qui alla rejouer quatre ans au Tonnerre de Yaoundé (où il se trouvait déjà de 1974 à 1977) et deux ans en Indonésie, jusqu'en 1996 (il avait alors quarante-quatre ans). Pour la Coupe du monde 1994, le sélectionneur (français) du Cameroun, Henri Michel, le retint pour qu'il transmette l'esprit des Lions indomptables (surnom de l'équipe camerounaise) aux jeunes sélectionnés. Milla en profita pour marquer un but aux Russes, et devenir le joueur – et le buteur – le plus âgé de l'histoire du tournoi (quarante-deux ans et trente-neuf jours). Plus tard, Milla fut sacré footballeur africain du siècle, joueur camerounais du siècle, et devint chevalier de la Légion d'honneur.

Sa seconde carrière fut une kermesse de revivals, d'honneurs et de records, quand, auparavant, la première avait été, elle, une collection de doublettes. Il remporta deux Coupes d'Afrique des nations (1984 et 1988), deux Ballons d'or africains (1976 et 1990), deux championnats du Cameroun (1972 et 1973), deux Coupes de France (1980 et 1981, avec Monaco et Bastia), auxquels il faut ajouter une Coupe d'Afrique des vainqueurs de coupe (1975) et trois participations en Coupe du monde pour finir (1982, 1990 et 1994). Il avait à peine dix-huit ans quand les Verts, alors sous le charme de Salif Keita, s'intéressèrent à lui. Mais c'était l'époque où les (jeunes) nations africaines refusaient de laisser partir leurs joueurs. Milla dut attendre 1977 pour quitter son pays et aller non chez les Verts mais à Valenciennes. Deux saisons dans le Nord, puis une à Monaco et quatre à Bastia, où Milla enchaîna moins les buts que les blessures et les sautes d'humeur. En 1984, peu après un nouveau titre avec le Cameroun, il rejoignit enfin les Verts, qui venaient d'être rétrogradés en deuxième division. Deux saisons, 31 matchs, 22 buts. Honnête. Il passa ensuite trois saisons à Montpellier, avant de mettre fin à sa carrière, en mai 1989. S'il marqua 152 buts en 311 matchs de championnat de France, c'est avec le maillot national que Milla devint un mythe intemporel, et connut une deuxième vie.

Lire aussi : Higuita, Keita, Salenko

MINEURS CHILIENS

« Merci à tout le monde, merci à tous les supporters. J'espère, si Dieu le veut, sortir bientôt. Je remercie également Ivan Zamorano pour son soutien, cela m'a donné beaucoup de courage pour surmonter cette épreuve » : ces paroles remontèrent à la surface le 22 août 2010, venues des entrailles de la planète, sept cents mètres sous terre. Des mots contenus dans un petit film que parvinrent à transmettre aux secouristes les trente-trois mineurs bloqués dans l'éboulement de la mine de cuivre et d'or de San José, au nord du Chili. Des mots qui prouvaient au monde, qui n'y croyait plus, que ces hommes étaient en vie. Le miracle se transforma en rêve éveillé dans la nuit du 13 octobre, quand une nacelle permit de sortir et de sauver, un à un, les mineurs. Ce furent trente-trois renaissances, que des millions de gens suivirent en direct devant leur poste de télévision ; l'événement fut aussi fabuleux que la nuit du 20 juillet 1969. Le dix-septième homme à revoir le jour, Franklin Lobos, cinquante-trois ans, avait été footballeur professionnel entre 1982 et 1995, ailier du club de Cobresal, à mille cent kilomètres au nord de Santiago du Chili, où il croisa Zamorano, le joueur qui allait devenir la star chilienne de la fin des années 1980. Du footballeur Lobos était surtout resté son surnom de « Mortier magique », en hommage à sa propension à marquer sur coup de pied arrêté, et à sa centaine de buts en quinze ans de carrière. Zamorano déclara même un jour avoir vu Lobos frapper des coups francs avec la cheville, donnant au ballon un effet particulier. « Aujourd'hui, on tresse des louanges à un mec qui marque deux ou trois coups francs par an. Moi, j'en mettais quinze. Mais comme je jouais dans une équipe de province, on ne s'intéressait pas à moi », témoigna Lobos dans une interview, des années après avoir pris sa retraite. Le fait est qu'il enquilla les buts, mais aussi les clubs provinciaux (la Serena, la Calera, Atacama, Cobresal, les Wanderers de Santiago). Il connut la sélection nationale à plusieurs reprises, mais seulement pour les éliminatoires des JO 1984, pas même pour le tournoi final. Une carrière tout à fait honnête, mais des rêves déçus. Aussi n'eut-il pas de mal à se frotter au monde réel après avoir arrêté de jouer au football : il devint chauffeur de taxi durant quelques années, dans sa ville natale de Copiapo. Cependant, ce métier ne lui permettant pas de financer les études de ses filles, il décida de descendre à la mine, à l'instar de nombreux anciens joueurs du nord du Chili. Lobos y fut donc engagé pour transporter les mineurs de la surface aux galeries. La plupart des mineurs bloqués sous terre en cet été 2010 étaient des fans de football. Une fois le contact établi avec les sauveteurs, ils s'enquéraient régulièrement des scores des matchs. Le 7 septembre, ils demandèrent même à suivre la rencontre Ukraine-Chili grâce à un système de transmission par fibre optique. Ils réclamèrent aussi une compilation des plus beaux buts de Ronaldinho, Kaka ou Messi. Devenus des héros dès leur retour parmi les hommes, ils furent illico invités à Santiago Bernabeu par le Real Madrid. Charrié du ventre de la terre à l'air libre, Lobos connut en 2010 le plus beau moment de sa carrière.

MIROIR

Du temps où le Parti communiste possédait des journaux, on trouvait dans les kiosques *France Football* – toujours publié – et *Miroir du Football* – qui a disparu depuis. C'est le 29 mai 1946 que naquit l'hebdomadaire *Miroir Sprint*, qui succédait à « *J* », *Jeune combattant magazine*, créé en 1945 par Guy de Boysson, chef de maquis FTP. Devenu député apparenté communiste de l'Aveyron, ce dernier resta directeur de ce nouvel hebdomadaire sportif créé par des personnalités proches du PC. Si *Miroir Sprint* ne parut plus à partir de 1971, un véritable groupe éditorial s'était formé autour de lui : les éditions J étaient nées. Elles fusionnèrent en 1973 avec les éditions Vaillant, également propriété du Parti et éditrices du *Pif Gadget* de notre enfance. Entre-temps, *Miroir* avait donné naissance à plusieurs magazines spécialisés : *Miroir du cyclisme*, *Miroir du rugby*, *Miroir de l'athlétisme* et *Miroir du football.*

Ce dernier, né en 1959, mensuel puis bimensuel, était à la presse ce que le Honved était au football européen de ces années-là : partisan du beau jeu et du beau geste et opposant du foot business – en concurrence avec *L'Équipe* et *France Football*, deux périodiques considérés comme défenseurs du football européen rigoriste. D'où la large place accordée dans les colonnes de *Miroir du football* à l'Amérique latine et la passion de son rédacteur en chef, François Thébaud, pour Pelé, dont il écrivit d'ailleurs une biographie dès 1974 (*Pelé : une vie, le football, le monde*, Hatier). *Miroir du football* était aussi au ballon rond ce que les *Cahiers du Cinéma* période Serge Daney (années maoïstes) seront au septième art : un outil de réflexion autant que d'information. Thébaud refusait de dissocier analyse tactique du jeu et politique et, de fait, les articles étaient passionnants, mais parfois dogmatiques. Au final, c'est sur le terrain politique que Thébaud sera lâché, par le Parti lui-même, qui ne lui pardonnera jamais son soutien au 4-2-4, si brésilien et donc si peu communiste, créé par les Hongrois des années 1950. De moins bonne qualité, complètement lâché par la maison mère, le journal fit paraître son dernier numéro, le 347e, le 26 septembre 1979. Sans *Miroir*, il n'y aurait pas eu Pierre-Louis Basse, ni les décalés *So Foot* ou *Cahiers du Football*, car c'est dans cette revue que puisèrent tous ceux qui voulurent écrire sur le football en parlant également de société, de vie quotidienne, de culture, à l'opposé des supports qui ne traitent que des purs résultats et de la vie des clubs.

Lire aussi : Hongrie, Honved

MOB FOOTBALL

C'est par cette discipline que l'Angleterre découvrit le foot, en plein Moyen Âge. Le mob football succéda à des arts éphémères nés à la suite des premiers jeux de balle de l'Antiquité : l'epyskyros grec, l'harpastum romain et le seault des druides gaulois. Ce dernier se propagea rapidement, en Normandie, Bretagne, Picardie, Cornouailles, Galles, Écosse, Irlande. C'est ainsi qu'entre les VIIe et IXe siècles put naître, dans toutes ces régions, le mob football. Les premières versions du jeu, tel le shrovetide football, étaient régies par des règles vagues, où seuls étaient proscrits l'assassinat et l'homicide involontaire. Une légende anglaise affirme que le jeu était en fait né en Bretagne, au IIIe siècle, pour célébrer la victoire sur les Romains. D'autres assurent que le mob football se joua un jour avec la tête d'un prince danois vaincu. Ou encore qu'il s'agissait d'un rite païen où le ballon représentait le soleil. Le terme signifie littéralement « football de masse ». On le pratiquait en réalité lors de compétitions entre villages à l'occasion de célébrations et de fêtes. Les équipes devaient pénétrer de force avec le ballon sur la place centrale du village adversaire (en général la place du marché), après avoir traversé différentes parties ou quartiers de la ville. Le mob football était conçu pour être violent, et les matchs pouvaient à ce point dégénérer que les gens des environs fortifiaient leurs fenêtres en ces occasions. Le 13 avril 1314, le roi Édouard II interdit par écrit la pratique de ce sport : cette « bousculade pour des grands ballons » aurait eu un impact négatif sur les activités marchandes dans les centres-villes. Édouard III, Richard II, Henry IV, Henry VI et James III se firent eux aussi un point d'honneur de condamner ce jeu, totalement désapprouvé par la bourgeoisie à cause de sa « nature peu chrétienne » et de son absence de règles. Néanmoins, le mot « football » était tellement populaire en Angleterre que Shakespeare lui-même le mentionnait dans une pièce peu connue, écrite en 1592, *La Comédie des erreurs* : « Je suis si sincère avec vous, comme vous avec moi, que comme un ballon de football vous me lancez (l'un à l'autre) de cette façon : vous me lancez d'ici et lui, il me lance vers ici. Si je continue comme servant, vous devrez m'envelopper avec du cuir. »

Lire aussi : Asqaqtuk, Calcio, Cnapan, Cuju, Pasuckuakohowog, Pok-a-tok, Public schools, Soule

MÖNCHENGLADBACH

Ce nom heavy metal qui cogne, de surcroît impossible à prononcer pour un non-germanophone, est celui d'une ville de Rhénanie-Westphalie, non loin du Rhin, proche de Düsseldorf et de la frontière néerlandaise. Sa consonance nous emmène chez Belzebuth, à tout le moins dans un concert de Motorhead. Et pourtant, le club de « M'Gladbach », comme s'essaieront à le prononcer les non-germanophones dans les années 1970, incarna la vague de liberté qui souffla alors sur l'Allemagne de l'Ouest, à l'opposé du *winner* teuton de l'époque, le Bayern de Beckenbauer. Alors que le club bavarois ne remporta que quatre Championnats nationaux dans les seventies, le club rhénan en engrangea cinq. Mais le Bayern remporta trois Coupes d'Europe des clubs champions consécutives, quand les hard-rockers ne gagnèrent que deux Coupes UEFA (1975 et 1979). Le M'Gladbach subit autant de défaites en finale de cette même Coupe (1973, 1980), perdant également la finale de la Coupe des clubs champions en 1977 contre Liverpool, alors qu'ils étaient favoris.

C'est que, après la tornade blanc et rouge de l'Ajax, le Borussia fut le nouvel ouragan, blanc et vert cette fois, à déferler sur l'Europe. L'équipe faisait penser à une bande de potes à l'esprit 100 % offensif, pratiquant le pilonnage et infligeant des défaites atomiques : 5-2 contre l'Olympique lyonnais, en 1975 à Gerland, 5-2 infligé contre les Bataves de Twente, chez eux qui plus est, en finale de la C3 1975, 7-1 contre Kaiserslautern ou 5-0 contre Cologne en Coupe d'Europe. Premier club allemand à remporter deux Championnats consécutifs (1970-1971), il renouvela l'exploit en 1976 et 1977. M'Gladbach, c'était un peu le Saint-Étienne allemand : les joueurs les meilleurs et les plus beaux, et des perdants magnifiques qui, après la finale 1977 contre les Reds, furent capables d'aller boire des coups… avec leurs vainqueurs. Du jamais vu. Dans une décennie où le football allemand était glacial, où le Bayern incarnait le réalisme cynique et la Mannschaft une Blitzkrieg du ballon rond, le Borussia Mönchengladbach ressemblait à une furie romantique. Un jeu sans calcul, répondant au football champagne de l'Ajax. La seule preuve d'irrationnel et de poésie dans le football teuton d'alors. L'équipe d'Allemagne victorieuse en 1972 et 1974 était composée de Bavarois (Beckenbauer, Maier, Müller, Breitner) et de Rhénans (Netzer, Vogts, Heynckes, Bonhof, Stielike). En 1972, le groupe était équilibré. Et l'ambiance était bonne. En 1974, au top de la rivalité entre les deux clubs, et malgré le titre de champions du monde, l'équipe fut divisée en deux clans : les joueurs du Borussia et ceux du Bayern. Après ce paroxysme dans l'épopée furieuse et romantique, le club rhénan entama son lent déclin, et redevint un club banal, non sans avoir eu le temps de « sortir » un jeune qui irait loin, mais ailleurs : Lothar Matthäus…

Lire auss : Ajax, Allemagne, Beckenbauer, Netzer

MONZON, Pedro

Le 11 juin 1990, l'Argentin Pedro Monzón fut le premier joueur exclu d'une finale de Coupe du monde, suivi quelques minutes plus tard par son coéquipier Gustavo Dezotti. À la fin du match, l'Argentine s'inclina 1-0 face à l'Allemagne. D'autres joueurs connurent depuis l'expulsion en finale, comme Marcel Desailly (1998) et Zinedine Zidane (2006).

Lire aussi : Batista, Carton jaune/Carton rouge, Lovchev, Simunic

MOORE, Bobby

L'année 1981 fut, au cinéma, celle des Moore. Quand l'acteur bien connu Roger Moore triomphait dans *Rien que pour vos yeux*, douzième opus des *James Bond*, Robert Frederick Chelsea Moore, plus couramment appelé Bobby Moore, apparaissait, lui, dans *À nous la victoire*, de John Huston, aux côtés de Pelé et de Sylvester Stallone. Le second Moore, Bobby, n'était pas acteur mais footballeur, capitaine de l'équipe d'Angleterre championne du monde en 1966 et qualifié par Pelé lui-même de « meilleur défenseur du monde ».

Pourtant, tout jeune, Moore était pressenti pour percer plutôt dans le cricket (sport dans lequel il excellait) que dans le football, pour lequel il ne montrait aucune prédisposition particulière. Le garçon était en effet lent, droitier nul du pied gauche et lourd dans les airs. Mais ces messieurs les Anglais ne font rien comme les autres, et Moore opéra un virage à 90 degrés dans sa carrière.

Il avait quinze ans lorsqu'il rejoignit le club de West Ham, où il signa son premier contrat pro à dix-sept ans. Moore devint rapidement un très bon défenseur central grâce à sa grande lecture du jeu, sa capacité à anticiper les déplacements de l'adversaire et la précision de ses tacles et de ses passes. Tout cela compensait son manque de vitesse. Il devint le prototype même du défenseur propre, toujours bien placé, exact opposé, en somme, du défenseur british habituel, à savoir rugueux, brutal et physique. Moore passa seize ans à West Ham, joua 544 matchs de Championnat anglais, gagna la Cup en 1964 et la Coupe des coupes en 1965.

Mais c'est avec le maillot anglais que le monde put prendre la pleine mesure de son talent. Titulaire lors de la Coupe du monde 1962 (perdue en quart contre le Brésil, futur vainqueur), il devint en 1963, à vingt-deux ans, le plus jeune capitaine de l'équipe nationale anglaise. Sa grande année fut 1964 : vainqueur de la FA Cup, il se vit confirmé au capitanat national par le nouveau sélectionneur Alf Ramsey et fut élu meilleur joueur de l'année. Mais on lui diagnostiqua également un cancer des testicules. Pour 1966, tout était bien en place : la défense centrale anglaise, formée par Moore et Charlton, permit à l'équipe nationale de remporter *sa* Coupe du monde. Moore souleva le trophée et fut porté en triomphe par ses coéquipiers. Cette victoire lui apporta une notoriété incomparable : dans la foulée, il fut anobli au titre d'officier de l'Ordre de l'Empire britannique et nommé sportif de l'année par la BBC.

La reconnaissance dont il jouissait alors ne lui épargna pourtant pas une accusation de vol, juste avant la Coupe du monde 1970 au Mexique. Cette année-là, les champions en titre avaient décidé de passer quelque temps en Colombie, y disputant plusieurs matchs amicaux pour s'acclimater à l'altitude avant le début du tournoi. À leur arrivée à l'hôtel à Bogota, les deux Bobby (Charlton et Moore) décidèrent de visiter la bijouterie située dans le hall. Quand ils en sortirent, l'alarme de sécurité retentit. La vendeuse accusa les Bobby du vol d'un bracelet d'émeraudes et de diamants, d'une valeur de 600 livres, qu'on venait de retrouver dans le pantalon de Moore…

Interrogés, les deux hommes furent vite dépossédés du bracelet, mais innocentés et relâchés afin de ne pas faire d'esclandre. Avait-on placé le bracelet dans la poche de Moore ? On ne saura jamais. Quelques jours plus tard, de retour d'une victoire contre la Colombie et d'une autre contre l'Équateur, les joueurs revinrent à Bogota pour une simple escale de quelques heures avant le grand départ pour le Mexique. Ils retournèrent au même hôtel. Deux inspecteurs en civil se pointèrent et embarquèrent Moore, qui fut cette fois officiellement accusé du vol du bracelet ! L'équipe nationale dut partir au Mexique sans son capitaine. Le *Daily Express* et l'*Evening News* crièrent au scandale. C'était « l'incident de Bogota », qui devint carrément diplomatique lorsque Harold Wilson lui-même, ci-devant Premier ministre anglais, demanda la relaxe du joueur. Moore fut « assigné à domicile » (en Colombie) pendant quatre jours. Le 27 mai, une reconstitution du vol fut organisée, devant trois cents personnes. Là, la vendeuse commit une erreur dans son témoignage : elle affirma avoir vu Moore fourrer le bracelet dans sa poche gauche, alors que son pantalon n'en possédait pas de ce côté-là. Toute l'affaire s'avéra être une machination, le propriétaire de la boutique voulant exercer un chantage à l'assurance. Moore arriva à Mexico juste à temps pour le premier match et fit une très bonne Coupe du monde malgré tout (l'Angleterre perdit son titre en quart de finale). Après 108 sélections (90 comme capitaine), Moore prit sa retraite internationale en 1973.

En 1976, il rejoignit le Championnat des États-Unis, nouvel eldorado des stars vieillissantes. Après quelques matchs anecdotiques au sein des San Antonio Thunder et des Seattle Sounders, il raccrocha les crampons en 1978. Mais l'incident de Bogota n'était pas pour autant fini, car un bracelet avait réellement disparu… Longtemps, on soupçonna Moore d'avoir été la couverture d'un troisième homme… Personne ne le saura jamais :

Bobby Moore, victime d'un cancer à cinquante et un ans, a emporté le secret dans sa tombe.

Robert Frederick Chelsea Moore est ainsi devenu l'immortel Bobby Moore. Comment ? Tout simplement en adoptant naturellement une position de leader et en ne rechignant jamais à l'effort.

MOURINHO, José

Il fut la première mégastar chez les entraîneurs. « Zlatanesque » dans sa suffisance et dans la conviction de sa supériorité, il est aussi celui qui séduisit assez tôt au-delà de la seule sphère du football. Né le 26 janvier 1963, il obtint un diplôme d'éducation physique spécialisée dans le football, et débuta en tant que soigneur avant de devenir entraîneur. Polyglotte (il parle couramment le catalan, le portugais, l'espagnol, l'italien, le français et l'anglais), il intégra d'abord le Barça en tant que traducteur, et se vit confier le poste d'entraîneur adjoint de 1996 à 2000, sous la houlette de Bobby Robson puis de Louis Van Gaal. Ses détracteurs ne manquèrent pas de lui rappeler cette parenthèse catalane lorsqu'il posa plus tard ses valises à Madrid, en 2010.

Arrivé sur le toit de l'Europe avec le FC Porto (Coupe UEFA 2003, Champions League 2004 avec Maniche, Carvalho, Costinha, Derlei, Carlos Alberto, tous arrivés là par la volonté du boss), le Portugais parvint sur le devant de la scène médiatique lorsqu'il céda aux sirènes de l'oligarque russe Roman Abramovitch, qui venait de s'offrir le club de Chelsea. Les deux hommes débarquèrent ensemble au pays du foot business, où Mourinho fit tout de suite admirer sa classe de *city boy*. Il en profita pour hisser la mauvaise foi d'un cran, s'autoproclamant *the Special One*, polémiquant sans cesse avec Alex Ferguson et Arsène Wenger (« un voyeur »), les deux autres entraîneurs adulés de la Premier League. Il fit de la constellation de stars des Blues un véritable collectif, efficace plus que spectaculaire, mais qui fonctionnait parfaitement. C'est à Chelsea qu'il devint l'entraîneur le mieux payé du monde (4,2 millions de livres en 2004, puis 5,2 millions en 2005).

C'est au cours de ses deux saisons à l'Inter Milan (2008-2010) qu'il remporta sa deuxième Champions League, devenant un des trois seuls entraîneurs à avoir réussi l'exploit avec deux clubs différents : l'Inter battit le Bayern Munich en finale, après avoir défait le tenant du titre barcelonais en demi-finale. Pour Mourinho, flageller le club catalan fut une étape primordiale : on l'annonçait déjà au Real Madrid, où il signa en effet à l'intersaison. Ce faisant, et selon une tactique toute mourinhesque, il faisait déjà pression sur l'ennemi barcelonais, qui lui fit payer la note lors du classico en novembre 2010, aplatissant le Real 5-0 au Camp Nou. Durant les deux premières saisons, les classicos furent humiliants pour le Real de Mourinho, qui ne battit son ennemi qu'une seule fois. En 2012, la situation se rééquilibra, les Madrilènes remportant le titre national après leur victoire… à Barcelone en avril (à l'aller, les Catalans étaient eux-mêmes allés gagner à Madrid).

Seul entraîneur de niveau mondial à ne pas avoir été joueur professionnel, Mourinho remporta des titres nationaux dans tous les clubs où il passa. Le tout dans un style très Brian Clough, préférant exciter la rage de ses joueurs plutôt que leur propension à rêver. Une dispute de vestiaire en témoigne : en pleine saison 2008-2009, alors que les Milanais couraient vers le quatrième de leurs cinq titres consécutifs, il tança ainsi son équipe : « Il y a trois ans, vous avez gagné le Championnat sur tapis vert, il y a deux ans, alors que la Juve était en L2 et que les autres clubs avaient des points en moins, l'année dernière à la dernière journée, et cette année, alors que tout le monde est là, vous faites de la merde. Vous êtes une équipe de merde. » Ou encore cette phrase, prononcée lors de son séjour londonien : « En attaque, nous avons un seul joueur performant qui marque des buts, c'est Didier Drogba. Tous les autres ne sont pas assez bons, c'est évident. Nous ne dominons pas dans le jeu aérien. Que pouvons-nous faire avec Ferreira et Geremi ? Rien. Nos joueurs n'ont pas les qualités suffisantes pour faire face à nos adversaires. Andreï Chevtchenko, Shaun Wright-Phillips et Salomon Kalou ne sont pas performants. Quant à Joe Cole, c'est un blessé éternel. » Plusieurs fois suspendu pour ses déclarations outrageantes envers équipes et entraîneurs adverses, Mourinho réussit début 2012 à se brouiller une nouvelle fois avec ses propres joueurs, excédés par les provocations gratuites de leur entraîneur durant les classicos. Comme ce 17 aout 2011, lors d'un match retour de Supercoupe d'Espagne perdu, où Mourinho alla carrément mettre un doigt dans l'œil d'un adjoint de l'entraîneur barcelonais pendant une rixe générale.

Mourinho, c'est la stratégie de la tension. Et même dans la capitale espagnole, qui en a vu d'autres, ce fut trop. Au cours de la saison 2012-2013, le Portugais mit au banc le gardien Casillas, capitaine de l'équipe, historique du club, et goal unanimement considéré comme un des trois meilleurs du monde. Puis d'autres. Il finit par diviser l'équipe, le directoire, et le public. Même CR7 ne l'encadrait plus. Au sortir de cette saison sèche, le *Special One* décida de retourner dans une autre capitale, Londres, et dans le club qui fit de lui ce qu'il est, Chelsea. Arguant avoir accepté un sacrifice financier (son salaire passa en effet de 13 à 9 millions d'euros annuels), il se drapa dans sa dignité et se donna illico un nouveau surnom : le *Happy One*.

Il y effectua deux saisons et demie. La première, il mena le club en demi-finale de la Ligue des champions.

La seconde fut un beau succès : victoire en League Cup, et surtout un nouveau titre de champion d'Angleterre. Mais la troisième tourna court : une succession de mauvais résultats plaçait son club à la seizième place au classement de Premier League, et le Portugais fut limogé le 17 décembre 2015. On le retrouva sur le banc de Manchester United pour la saison 2016-2017. Après une nouvelle League Cup remportée en fin de première année, il fut une nouvelle fois limogé au milieu de la seconde. Non pas que les performances étaient mauvaises (les Red Devils étaient sixièmes), mais notre homme avait perdu la confiance et le contrôle de ses joueurs. Depuis le 20 novembre 2019, il est à nouveau en poste à Londres, cette fois à Tottenham. Son contrat court jusqu'en fin de saison 2022-2023, et ses émoluments s'élèvent à 17,5 millions d'euros bruts annuels. Du fait de sa personnalité hyper clivante et sa capacité à fédérer contre lui, Mourinho est un entraîneur du genre mercenaire, spécialiste du court terme. Sa valeur footballistique est désormais surcotée, de sorte qu'on parle de la valeur de ses contrats avant de parler de ses apports réels.

MOZER, José Carlos Nepomuceno

« On était une sacrée bande de briscards… Nanard arrangeait toujours le coup, et même à quatre grammes, on finissait toujours par gagner. On était écœurants, tant pour les adversaires que pour nos familles » : l'aveu (au sujet de Bernard Tapie, tout le monde l'aura compris) est signé Carlos Mozer. Le joueur resta trois ans à l'OM entre 1989 et 1992, après son passage au Benfica Lisbonne. Mozer, c'est l'OM de Jipépé, d'Abedi Pelé, de Francescoli ; ce temps où Chris Waddle passait pour un beau gosse et où Bernard Tapie pouvait être considéré comme le futur président de la République française.

Champion dans quatre pays différents (au Brésil avec le Flamengo, au Portugal avec le Benfica, en France avec l'OM et au Japon avec les Kashima Antlers), sur trois continents (Amérique latine, Europe et Asie), et trois fois en France, Mozer est donc un 4-3-3 à lui tout seul. Sélectionné trente-six fois en équipe nationale, il disputa la Coupe du monde 1990, où son équipe perdit le match contre les ennemis argentins de Maradona. Il termina sa carrière de joueur au Benfica Lisbonne, avant d'y devenir l'adjoint de José Mourinho (2000-2001).

Lire aussi : Boli, Francescoli, Jipépé, OM

MURDOCH, Rupert

Si le troisième millénaire est celui du foot business, c'est aussi à Rupert Murdoch qu'il le doit. On l'a vu, le foot business prend ses racines dans le hooliganisme et dans les réactions sécuritaires et économiques qui s'ensuivirent. Or, la Premier League anglaise en est la fille aînée. Grâce à qui ? La télévision, notamment au travers de Sky Network, propriété de Rupert Murdoch, et plus précisément de la chaîne BSkyB. En 1992, la première division du championnat anglais – l'élite, donc – se sépara de la League nationale et changea de nom, devenant FA Premier League. Cette année-là, le magnat australien de la presse mondiale, sachant que la Premier League manquait de fonds, signa un contrat historique : il acquit pour cinq ans le droit de retransmission de certains matchs, contre 300 millions de livres ! Si, dans les années 1980, c'était en Italie qu'une star se devait d'aller jouer, dans les années 2000 la Premier League s'était imposée.

De kermesse pour supporters, le foot devint donc une grand-messe pour diffuseurs. Et Londres, la ville aux quatorze clubs professionnels, devint le navire amiral de cette course aux millions. En juin 2003, l'oligarque russe Roman Abramovitch choisit les maillots bleus du Chelsea FC pour blanchir ses dollars. En janvier 2006, Alexandre Gaydamak, le fils du controversé repreneur de *France-Soir*, devint copropriétaire de Portsmouth avant d'en devenir l'unique patron. En août de la même année, le milliardaire américain Randy Lerner s'empara d'Aston Villa pour 93 millions d'euros. Liverpool et Manchester n'échappèrent pas à cet ouragan. Malgré de retentissantes faillites (notamment Leeds United en 2007), le phénomène de soumission du foot à l'argent et aux medias se poursuit de nos jours : en 2007, le montant des droits TV de la Premier League a été porté à 1,7 milliard de livres sterling, pour la période 2007-2010. Si la Premier League est le navire amiral du football ultralibéral, elle le doit à deux individus : Margaret Thatcher et Rupert Murdoch.

Lire aussi : Foot business

N

« Mon idéal du paradis
est une ligne droite qui mène au but. »
Friedrich Nietzsche

NAMING

Le naming est une pratique qui consiste pour une marque à donner son nom à une enceinte sportive, en échange de quoi elle en finance la construction, et la parraine. Conséquence logique du foot business et de la démesure libérale, il s'imposa dans le football après avoir d'abord investi des sports comme le tennis ou le rugby. Ainsi, après la course en solitaire du *Figaro*, la Heineken Cup en rugby ou l'Open Gaz de France en tennis, la Ligue 1 de football devint-elle la Ligue 1 Orange. Le sponsoring faisait depuis longtemps partie intégrante du sport, et du football en particulier. Mais le naming est du sponsoring puissance mille. Ce n'est plus seulement sur un maillot que les marques apposent leur nom, mais sur un édifice entier : l'Emirates Stadium de Londres, le Reebok Stadium de Bolton, l'AOL Arena de Hambourg ou l'Allianz Arena de Munich sont des exemples de cette démesure publicitaire.

Le Philips Stadion d'Eindhoven fut le premier phénomène européen de naming. Ce fut du reste un phénomène de football d'entreprise plus que de naming : les frères Philips, fondateurs de la firme électronique, créèrent en

1913 le club (réservé aux employés de l'usine jusqu'en 1933) et le stade. Le naming, expression moderne et typiquement foot business, ne se soucie ni du mécénat ni du social. Néanmoins, les entreprises intéressées furent généralement locales. C'est ainsi qu'en janvier 2011 fut inaugurée la première enceinte française qui doit son nom au naming, non pas à Paris, Lyon, Lille ou Marseille, mais… au Mans : le MMArena. En échange de la marque, les Mutuelles du Mans-Assurances s'engagèrent à verser au club manceau 1 million d'euros par an, pendant dix ans. Le contrat de concession du stade, situé tout près du circuit des 24 Heures du Mans, s'élève à un montant de 102 millions d'euros. Zéro tracas, zéro bla-bla, MMArena… En 2013, l'équipe déménagea pour un stade flambant neuf au nom d'assurance, l'Allianz Riviera.

Pour le club, cette pratique était l'assurance de disposer d'une enceinte flambant neuve, située dans un autre quartier (un stade « namé » ne peut être un ancien stade qu'on rebaptise, il s'agit forcément d'un nouveau monde), gigantesque, sécurisée et à moindre coût (c'est le sponsor qui paie). Pour une durée de quinze, voire trente années – durée moyenne des « nommages » conclus. Elle permet aussi d'accroître l'exploitation commerciale et marketing d'un match, d'un événement, voire du nom du club lui-même.

Pour la marque, le stade se transforme en une vitrine locale, à potentiel global, et devient un moyen de marquer des points en termes de design et de technologie. La façade de l'Allianz Arena, constituée de 2 874 coussins d'air gonflés par un flux constant d'air sous pression, est une structure qui peut rayonner de trois couleurs : blanc pour les matchs de l'équipe d'Allemagne, rouge pour les matchs du Bayern Munich, et rouge et bleu pour les matchs du TSV Munich 1860. Selon la rhétorique libérale, le naming, mariage de raison entre un club et une marque, est donc du « gagnant-gagnant ».

Conformément à la philosophie libérale, c'est donc aussi un enfumage : le naming n'est rien d'autre que du sponsoring. Comme celui-ci, il est à durée déterminée. Le stade change donc de nom (au moins en partie) une fois que le contrat est terminé…

À Bordeaux, le stade s'appelle Stade Matmut-Atlantique depuis 2015. À Marseille, le Stade Vélodrome est devenu l'Orange Vélodrome en 2016. Et à Lyon, l'enceinte de l'OL depuis 2017 est le Groupama Stadium.

Lire aussi : Entreprise, Foot business, Gunners

NASAZZI

Le bâton de Nasazzi est le forum social du football, le Porto Alegre du ballon rond, un titre et un trophée virtuels qui se transmettent de match en match. Cette distinction trop méconnue est née au même moment et au même endroit que la Coupe du monde de la FIFA : en 1930, en Uruguay. Le trophée doit d'ailleurs son nom à José Nasazzi, capitaine de la Celeste double championne olympique (1924 et 1928) et championne du monde (juillet 1930). Mais le 6 septembre 1931, lorsque l'Uruguay perdit contre le Brésil, une question se posa : les champions du monde en titre pouvaient-ils être toujours considérés comme les meilleurs du monde ? Le règlement est strict : le trophée est conservé par l'équipe victorieuse pendant quatre ans et ne peut être remis en jeu avant le prochain tournoi mondial. En 1931 vint l'idée d'accorder malgré tout un titre honorifique aux Brésiliens pour leur victoire sur les tenants du titre : ainsi naquit le bâton de Nasazzi. Le principe est calqué sur l'esprit de la boxe : l'équipe qui bat le tenant du titre reprend le trophée. Seuls les matchs homologués par la FIFA sont reconnus pour se disputer le bâton. Les rencontres s'achevant sur des prolongations, au but en or ou à la séance de tirs au but ne sont pas prises en compte.

Le Brésil fut donc le premier tenant du titre. En 1934, l'Espagne le récupéra, vainqueur 3-1 des Auriverdes. Ils conservèrent le trophée durant cent quarante-deux semaines (un record à battre), et leur défaite 1-0 contre l'Italie en Coupe du monde 1934. Les Italiens, champions du monde la même année, se le firent chiper au bout de quelques petits mois par l'Angleterre. À la différence de la Coupe du monde, le bâton de Nasazzi continua à être joué pendant la Seconde Guerre mondiale. Ainsi est-il un titre off, et une compétition non alignée, non officielle, qui se dispute sur un match à la loyale. Cette application pure et simple de l'esprit du sport a donné le titre virtuel de champion du monde à des équipes surprenantes : Antilles néerlandaises (en 1963, et durant quatre jours), Suisse, Pérou, Israël, Zimbabwe, Équateur, Bolivie, Roumanie, Angola, Chine. Côté pays alignés du football, on notera au palmarès : Brésil, Argentine, Allemagne, Italie, Angleterre, Yougoslavie, France (en 1977, 1978, 1984, 1991 et 2001). Entre le 19 novembre 2008 (victoire 3-1 contre la Suède) et le 11 juillet 2010 (défaite 1-0 contre l'Espagne en finale de la Coupe du monde), les Pays-Bas furent détenteurs du bâton. Ils le perdirent à Johannesburg, ce 11 juillet 2010, face à l'Espagne, qui avait donc bien moissonné ce jour-là : championne du monde FIFA, championne du monde UFWC et vainqueur du bâton de Nasazzi.

Lire aussi : Celeste, Unofficial Football World Cup Championships

NAZI

L'unique signe de faiblesse de l'Angleterre face au nazisme serait lié au football. Le 14 mai 1938, en match amical, les Anglais s'en allèrent à Berlin battre les Allemands, qui venaient d'annexer l'Autriche. Le résultat final (6-3 pour les visiteurs) ne valut rien face au geste qui leur fut hautement reproché à leur retour, qualifié de « honte nationale » : durant les hymnes nationaux, les Anglais firent le salut hitlérien. Un geste dont la propagande nazie s'empressa de faire grand bruit.

Lire aussi : Matthews, Sindelar

NETZER, Günter

En 1972, la Nationalmannschaft remporta l'Euro 1972 en le dominant. Deux ans plus tard, elle avait remporté la Coupe du monde, mais laborieusement. La différence ? Günter Netzer. Élu footballeur de l'année outre-Rhin en 1972 et 1973, meneur de jeu du Borussia Mönchengladbach, l'antithèse du Bayern Munich, il fut aussi le métronome de l'équipe nationale ouest-allemande lors de l'Euro victorieux. C'est précisément là que l'affaire se corsa, car cette époque fut avant tout celle d'un homme en Allemagne : le Kaiser, qui jouait au Bayern. De 1972 à 1974, la rivalité entre joueurs du Borussia Mönchengladbach (Berti Vogts, Jupp Heynckes, Rainer Bonhof, Herbert Wimmer et Netzer) et du Bayern (Franz Beckenbauer, Gerd Müller, Paul Breitner, Sepp Maier, Uli Hoeness) atteignit son paroxysme. Pour apaiser la situation, le sélectionneur Helmut Schön et le capitaine Franz Beckenbauer durent sacrifier certains joueurs ; Günter Netzer fut de ceux-là. Il passa le Mondial 1974 sur le banc, cédant son maillot numéro 10 à celui qu'il avait lui-même écarté : Wolfgang Overath. Le seul match du tournoi que joua Netzer fut la défaite historique contre la RDA. Sa carrière internationale prit fin l'année suivante, après 37 sélections et 6 buts.

Avec lui, le Borussia devint le premier club à remporter deux fois d'affilée le titre de champion d'Allemagne.

En 1973, il partit jouer au Real Madrid, où il rafla deux titres de champion avec un autre adversaire allemand de Beckenbauer : Breitner. Ses passes au millimètre, son toucher de ballon, sa vision panoramique et la fluidité de son jeu offensif en firent un des plus grands footballeurs allemands de l'histoire. Et celui aux pieds les plus grands : Netzer chaussait en effet du quarante-sept.

Lire aussi : Allemagne, Beckenbauer, Mönchengladbach, *Temps additionnel*

NEW YORK

Quinze ans avant que les États-Unis ne deviennent le premier pays vainqueur de la Coupe du monde de football féminin, vingt ans avant que le pays n'accueille sa première Coupe du monde masculine, il y eut en football un rêve américain. Un rêve à envergure hollywoodienne : acteurs américains, *guest stars* étrangères, affiche digne d'un grand concert de rock, Coca et pom-pom girls. Une production qui dura quatorze ans. Ce rêve s'appelait le New York Cosmos.

Entre 1974 et 1985, le club s'attacha les services de Pelé, Beckenbauer, Neeskens, Carlos Alberto et Chinaglia, et se permit d'engager Johan Cruyff *à l'essai*. Des champions du monde et des stars, tous en préretraite, mais souhaitant être les premiers à ouvrir le marché américain, a priori porteur d'avenir. En 1968 fut créée la NASL (North American Soccer League), soutenue par des investisseurs motivés ainsi que par le sulfureux Henry Kissinger, conseiller de Richard Nixon à la Défense nationale et futur secrétaire d'État américain. La recette était connue d'avance : on adapta au football les méthodes des ligues dans les autres sports, à savoir un système de franchises où les clubs étaient avant tout des entreprises susceptibles de déménager du jour au lendemain dans une autre ville. Puis on monta un championnat fermé, constitué de cinq équipes seulement, débarrassant les clubs des affres de la relégation et de la perte de sponsors. Pour le show, la NASL fit venir, à prix d'or bien sûr, des joueurs vieillissants mais prestigieux : Eusébio, George Best, Bobby Moore, Gerd Müller, et donc Pelé, Johan Cruyff, Johan Neeskens et Kaiser Beckenbauer. Une démesure dont le New York Cosmos fut le symbole. Une franchise créée en 1971 par Steve Ross, le fondateur de la Warner, et par les frères Nesuhi et Ahmet Ertegün, immigrés turcs grenouillant dans la jet-set du jazz et des clubs. La franchise sportive débuta avec des joueurs yankees et fit ses premiers coups en 1975. Pour paraître aussi rock que la ville elle-même, les propriétaires du club invitèrent George Best. Ce dernier posa avec le maillot, donna une conférence de presse, endossa son chèque de 240 000 dollars et partit aux Los Angeles Aztecs.

Mais il fallait une star. On songea alors à Pelé, tout simplement. Celui-ci venait d'annoncer sa retraite sportive, mais avait signé auparavant un contrat publicitaire avec la multinationale Coca-Cola. Les dirigeants étaient convaincus que le faire venir aux States serait aisé. Las, la Fédération brésilienne ne voulait pas laisser sortir son homme du pays. Il fallut le déplacement de Kissinger pour que, dans l'avion du retour, Pelé soit présent. Toujours est-il qu'avec une telle recrue le club méritait enfin son nom. L'année suivante vit l'arrivée de l'international italien Giorgio Chinaglia. Après trois ans de disette, le club se hissa enfin aux premières places. Les patrons se déchaînèrent alors et signèrent tous les joueurs qui passaient, parmi lesquels Beckenbauer, Neeskens ou Carlos Alberto le Brésilien. Du joueur anglais, du Péruvien, de l'Irlandais, du Hollandais, du Brésilien : le club compta jusqu'à quatorze nationalités différentes.

Le premier titre fut pour 1977, suivi d'un autre en 1978. Mais entre-temps Pelé, usé, était rentré au Brésil. Le Cosmos remporta encore deux titres, en 1980 et 1982. L'équipe de stars drainait derrière elle toute la NASL. Avant les matchs et à la mi-temps, les joueurs buvaient et fumaient s'ils le voulaient. Après chaque match, ils se rendaient au Club 54, la grande boîte des années disco new-yorkaises. *Free style*. En 1978, Cruyff lui-même vint faire un essai et deux matchs amicaux, jouant à l'occasion aux côtés du Kaiser ; mais le deal capota. Au bout de quelques années, ces messieurs ayant bien vieilli, la magie s'estompa. Fonctionnant comme une entreprise, la NASL dut mettre la clef sous la porte en 1984 : bien qu'elle fût passée de cinq à vingt clubs, les recettes ne couvraient pas les dépenses de cette démesure. Le Cosmos et toute la NASL redevinrent citrouille.

Cependant, sans le Cosmos et la NASL, il n'y aurait pas eu de World Cup 1994. De même que si les pré-retraités Romario, Juninho, Lebœuf, Desailly, Hierro et autres Batistuta n'étaient pas allés pêcher le pétrodollar au Qatar en 2000, il n'y aurait pas eu de Coupe du monde 2022 dans l'émirat. Sans le Cosmos, y aurait-il eu les Galactiques ?

Lire aussi : Beckenbauer, Cruyff, Galactiques, Henry, Pelé

NEYMAR Jr

Le Brésil est ainsi fait que lorsqu'une de ses étoiles brille, une autre naît déjà et sort du ciel. En 2003, un an après avoir gagné sa cinquième Coupe du monde, le Brésil avait deux artistes : Ronaldo et Ronaldinho. En 2003, Neymar da Silva Santos Junior avait onze ans (il est né le 5 février 1992), et posait ses valises au Santos FC, le club historique de Pelé. Dix ans plus tard, il était devenu le deuxième meilleur buteur du club (138 buts, loin tout de même des 1 091 du grand aîné) et, après des mois de bras de fer entre les deux rois de l'Espagne du ballon rond, le Real et le Barça, il signait chez les Catalans pour 57 millions d'euros. La justice espagnole ouvrit néanmoins une enquête sur de possibles irrégularités dans le montage du transfert du prodige brésilien, et le quotidien *El Mundo*, disant avoir eu accès à des pièces de l'enquête en cours, affirmait en janvier 2014 que le montant étant en fait de 95 millions, faisant du Brésilien le transfert le plus cher de l'histoire du football.

C'est qu'en 2013 Neymar Jr (nom inscrit sur son maillot) était déjà devenu le « nouveau roi ». En fait, il était surtout devenu un mystère : pépite assurément, surdoué certainement, mais pour combien de temps ? Car Neymar était une étoile née autant sur les terrains brésiliens que sur la Toile, grâce à YouTube, aux réseaux sociaux et au monde du football 2.0 (il comptait 11,8 millions de « J'aime » sur Facebook et 7 millions de followers sur Twitter). Un jeune garçon fait star autant par ses fantastiques prodiges footballistiques que grâce à sa coupe de cheveux : teinture ou mèches blondes, houppettes improbables tantôt dressées tantôt plaquées, il a déjà tout tenté.

Mais, en 2013, alors qu'il se posait en Catalogne, le prodige avait prouvé qu'il en était un. En club (une Copa Libertadores – la Champions League d'Amérique latine –, trois titres de champion de Rio, une Coupe du Brésil) et en sélection (46 matchs, 27 buts, une médaille d'argent aux Jeux olympiques 2012, une Coupe des confédérations 2013). Dribbleur avec vision panoramique, il était capable de donner la passe juste dans toutes les positions. Tout en restant grand buteur. Bref : il était clair que Neymar était un enfant de la balle, et de Pelé, auquel on pense forcément en le voyant évoluer. Mais comme il évoluait dans le championnat brésilien, on pouvait légitimement douter de sa valeur réelle, dans un grand championnat, confronté chaque dimanche à des durs de durs. L'étoile était dans une cage dorée et était attendue au tournant. Pour mettre tout le monde d'accord, il fallait qu'il vienne se mesurer aux grands. Là où on pensait qu'il attendrait tranquillement la fin d'une Coupe du monde 2014 qui allait se disputer chez lui, au Brésil, et de ne partir qu'après, lui qui se laisse facilement aller à une attitude dilettante et inconséquente, il devança l'appel et trancha : il signa au Barça pour un montant de 57 millions d'euros et un salaire annuel net de 7 millions d'euros. On ignorait alors que ce transfert serait, pour le club catalan, le début d'une sale affaire, puisque son coût s'avéra plus tard nettement supérieur… Pour l'heure, le joueur voulait se mesurer au meilleur. Là où tant de satellites s'étaient brûlé les ailes en se frottant à l'astre Messi, il entendait prouver qu'il deviendrait le meilleur… en jouant avec le meilleur et en établissant une partition avec lui. Neymar et Messi étaient-ils compatibles ? La question agita la planète foot, et l'agite encore. En six mois, les deux hommes prouvèrent qu'ils jouaient au même diapason. Neymar, à juste titre réputé trop soliste, était parvenu à modifier et bonifier son jeu. En six mois, il avait mis tout le monde d'accord, et semblait accepter d'apprendre et prendre son temps. La saison d'adaptation, bien que vierge de titres pour le club, confirma que c'était une bonne idée.

Durant le fameux Mondial 2014, notre homme consolida les espoirs sans pour autant sublimer, d'autant qu'il fut blessé lors des huitièmes de finale. Ainsi vécut-il la déroute des siens des tribunes : la mémorable rouste, 7-1, contre les futurs champions du monde allemands. Si étrange que cela paraisse, il fut pourtant nommé capitaine de la Seleção dès le mois de septembre suivant. Pourquoi étrange ? Parce que, s'il peut être considéré comme un leader technique, Neymar n'est en rien un meneur d'hommes. Étrange aussi, mais on ne le saurait que plus tard, parce que cette blessure était la première d'une fort longue série – toujours en cours. Chaque année quasiment, le jeune homme se blesse dès qu'approche un rendez-vous crucial. Aujourd'hui, ces pépins de santé font rire… Mais ça, ce serait pour plus tard…

La saison 2014-2015 vit les Blaugranas (surnom du Barça) éliminer le PSG en quarts de finale de la Ligue des champions, compétition qu'ils remportèrent finalement. En finale, il fut étincelant et marqua deux des trois buts barcelonais contre la Juventus (victoire 3-1). Le club remporta également le championnat national. Cette fois c'était sûr : le duo Messi-Neymar fonctionnait à merveille. Le Brésilien planta trente-neuf buts cette saison-là. Durant la suivante, la blessure de Messi lui conféra un rôle majeur. Il était la référence offensive, et prenait une autre dimension, si bien qu'il finit l'année 2015 finaliste du Ballon d'or (glané par Messi). Et la saison avec un nouveau titre en Liga. 2016-2017 serait marquée par la célébrissime *remontada* face au PSG (à nouveau), dans laquelle il eut là encore un rôle majeur : un doublé et une passe décisive.

Ce qu'on ignorait alors, c'est que les Parisiens allaient se venger. Dès l'été suivant. Après un intense rapport de forces entre les deux clubs, le PSG parvint en effet à faire péter la clause libératoire de Neymar, haute de 222 millions d'euros. C'était « un transfert pour l'histoire », « le casse du siècle » comme le titra alors la presse. La plus grosse star mondiale jamais attirée au club parisien. Avec Kylian Mbappé, recruté peu après, et l'Uruguayen Cavani, la capitale avait une « MCN » et cassait la « MSN » du Barça (Messi-Suarez-Neymar).

Mais voilà : le Brésilien est en cristal. Le 25 février 2018, lors du classico PSG-OM, il tomba. Fracture du cinquième métatarsien. Cinq mois éloigné des terrains, et un autre feuilleton rocambolesque : on mit du temps à évaluer la blessure, et la Seleção, refusant de courir le risque de devoir se priver de son meneur pour la Coupe du monde qui arrivait, exigea qu'opération et rééducation s'effectuent au Brésil. On ne revit pas Neymar à Paris avant le 3 juin, juste un acte de présence avant de partir pour le Mondial. La pépite n'avait pas servi pour ce moment crucial (qui était la raison majeure de son transfert) : pousser plus loin que le printemps en Coupe d'Europe.

En plus, sa Coupe du monde fut minable et ridicule. À peine remis, à court d'entraînement et de jus, il passa son temps à simuler les fautes, à se rouler par terre, jusqu'à occasionner des dizaines de vidéos parodiques sur les réseaux sociaux. Le Brésil prit la porte en quarts, éliminée par une superbe équipe de Belgique. Toujours en cristal, il se blessa encore en janvier 2019, privant le PSG de sa présence en huitièmes de finale de Ligue des champions, qui se solda par une élimination encore plus ridicule que la précédente : beaux vainqueurs (2-0) à l'aller à Old Trafford, les Parisiens sombrèrent 3-1 chez eux au retour. Les Mancuniens avaient pourtant envoyé une équipe B…

Voilà comment cet homme, désormais âgé de vingt-huit ans, a depuis trois ans alterné les prestations brillantes dans des compétitions « ordinaires » (la Ligue 1) et dans des matchs de poule en Coupe d'Europe, sans jamais être le moteur qu'il devait être dans les évènements à enjeux majeurs. Voilà comment le PSG n'est jamais sûr de gagner même quand il a les meilleurs joueurs (comment ne pas penser au flop Ronaldinho quinze ans auparavant…). Voilà, enfin, comment le Brésil n'a lui non plus rien montré de probant avec sa pépite.

Fascinant mais détesté, brillant mais vulgairement bling-bling, Neymar se montre sur Instagram (235 millions de suiveurs cumulés sur les réseaux sociaux), communique sur ses sorties, ses anniversaires toujours fêtés en grande pompe, et ses vacances – qu'il passe toujours avec de nombreux amis. En 2020, son salaire mensuel est estimé à 3,06 millions d'euros bruts. En 2018, on apprit qu'il recevait une prime mensuelle de 375 000 euros pour… aller saluer ses supporters à la fin de chaque rencontre du club. En novembre de cette même année, il était cité dans une nouvelle enquête des *Football Leaks*, révélant que son contrat XXL lui permettait de percevoir 30 millions d'euros « ultra net », c'est-à-dire sans les cotisations sociales et l'impôt sur le revenu. Selon les informations du site *Mediapart*, qui fait partie du consortium cité plus haut, le PSG ne possédait pas la totalité des fonds nécessaires pour boucler l'opération de transfert en 2017. C'est donc QSI, actionnaire majoritaire du club, qui a effectué un virement de 233 684 000 euros pour conclure l'affaire. En 2019, le fisc espagnol enquêtait aussi sur l'ex-Barcelonais, comme il l'avait fait pour Messi et Cristiano Ronaldo. Les trois meilleurs footballeurs actuels ? du moins sur le papier. Car à cette heure, sur les terrains et dans la vie, Neymar Jr s'emmêle les pinceaux entre le jeu du football et les diverses contorsions fiscales et éthiques qu'impose la course aux milliards…

Lire aussi : Barça, CR7, Mbappé, Messi, PSG, Ronaldinho

O

« Aux armes / Aux Armes /
Nous sommes les Marseillais /
Et nous allons gagner ! »
Hymne le plus populaire de l'Olympique de Marseille

OKOCHA, Augustine, dit « Jay-Jay »

Avec ses dribbles soudains et chaloupés, sa force de percussion de folie, ses gris-gris qui rappelaient Garrincha (comme ses dribbles, d'ailleurs) et un tour du monde de dix-neuf années au total, Jay-Jay enchanta tous les stades où il joua, mais n'eut jamais un palmarès à la hauteur de son talent.

Le Nigérian arriva par hasard en Europe lorsque, en rendant visite à un ami en Allemagne, il participa à une rencontre amateurs et y fit impression. À dix-huit ans, lui qui avait fait toutes ses gammes aux Enugu Rangers, signa à l'Eintracht Francfort. Il marqua souvent, devint rapidement populaire et enregistra un disque, « I'm Jay-Jay », qui se vendit à dix mille exemplaires. Devenu une star, il soutint alors Andreas von Schöller, le leader local du SPD allemand. Bilan à la fin de l'année 1996 : une centaine de matchs, une vingtaine de buts et le parfum de la Coupe d'Europe.

Okocha fut une des premières vedettes continentales à prendre son billet pour la Turquie, quelques années avant Anelka, Ribéry, Cissé ou Niang. Il se posa au Fenerbahce, à Istanbul, pour la coquette somme de

22 millions d'euros. Entre-temps, Okocha était bien sûr devenu un des symboles phares des Super Eagles : champions d'Afrique des nations 1994, les Nigérians de Kanu, Ikpeba, Yekini et Okocha s'illustrèrent lors de la World Cup de la même année, avant de ravir le titre olympique à Atlanta en 1996.

Aussi, lorsqu'il regagna les rives du Bosphore, Okocha était devenu une véritable étoile. Il monnaya pour 300 000 francs les images de son mariage avec un mannequin nigérian, fut de tous les plateaux télé et marqua, marqua encore. En 1998, durant sa deuxième Coupe du monde, il illumina le tournoi par sa classe, son aisance et ses dribbles. Juste après le Mondial, il fut pour quelque temps le transfert le plus cher de France : 102 millions de francs pour passer des rives du Bosphore à celles de la Seine, au PSG. Son premier match et sa première prise de balle, contre Bordeaux, sont encore dans les mémoires : il dribbla deux joueurs bordelais et envoya une superbe frappe de plus de 35 mètres, qui finit en pleine lucarne. Bien qu'il croisât des Heinze, Ronaldinho, Anelka ou Simone, son séjour parisien s'avéra plutôt terne, entre blessures et crises régulières du club. Ce fut la décote. Il poursuivit ensuite sa tournée des clubs en Angleterre, au Qatar, puis de nouveau en Angleterre, où il acheva sa carrière avec Hull City (deuxième division). Il sortit néanmoins de sa retraite début 2012, pour quelques semaines et la création de la PLS en Inde.

OLIGARQUE

Le terme naquit avec l'implosion de l'URSS en 1991, l'arrivée au pouvoir de Boris Eltsine et, surtout, avec le régime poutiniste, dont les oligarques furent les alliés mafieux. Quand il racheta le club anglais de Chelsea en juin 2003, le Russe Roman Abramovitch était déjà bien connu dans son pays, où il fut député puis gouverneur de la Tchoukotka, région située au nord-est du pays. Il profita de l'immunité parlementaire pour faire des affaires. Il fut un de ces hommes qui prospérèrent pleinement grâce au démantèlement de l'outil industriel russe, acquérant en 1995 le complexe pétrolier Sibneft. Il fut même le bénéficiaire d'un énorme scandale en 1998. Un krach financier sans précédent avait alors plongé le pays dans une grave crise économique. Le FMI prêta 4,8 milliards de dollars, dont une partie seulement atterrit à la Banque centrale russe. Une enquête menée par le FBI démontra que le prêt avait transité par vingt-sept banques étrangères, et que 1,4 milliard avait atterri sur le compte d'une société dont les ayants droit n'étaient autres que Roman Abramovitch et Boris Berezovsky, fumeux oligarque.

OLYMPIQUE DE PARIS

Paris et le football : toute une histoire. À propos de fictions, songez que malgré les cartons d'audience du ballon rond à la télévision, malgré les succès des séries en tout genre, il n'en existe en France pas une seule valable qui porte sur le football.

Pourtant, la série *Comme des champions* était un bon projet. Imaginée en 2006, elle plongeait dans le quotidien d'un club fictif, l'Olympique de Paris, dont on suivait la vie au jour le jour : les joueurs, le personnel du club, ainsi que leurs couples, les familles, les agents, les tractations pour obtenir un stade, l'alcoolisme, les financements, la drogue, le suicide dans le sport… La première saison, par exemple, devait traiter de la question du suicide. Ati Safavi, ancienne journaliste sportive devenue comédienne, se fit pour l'occasion directrice du casting, coscénariste et coproductrice du projet. Ce dernier était né de la rencontre, en 2005, entre la jeune femme et Patrick Vieira, toujours en haut de l'affiche. On rapportait à l'époque qu'Ati Safavi était sa copine. Fin 2006, tous deux créèrent une SARL (Tia Productions, dans laquelle, selon *L'Équipe magazine*, Vieira injecta 1 million d'euros, et la jeune femme quelques dizaines de milliers). Ils travaillèrent sur la même longueur d'ondes, Niko Vieira, frère de Patrick, étant aussi de la partie. En 2007, ils tournèrent un pilote, en 35 millimètres et pour la somme de 1,2 million d'euros, avant même d'avoir signé avec un diffuseur. Ce fut une erreur, comme le savent tous ceux qui travaillent dans le milieu de la télévision. Évidemment, la belle histoire vira alors méchamment au polar. Lorsqu'il visionna le pilote, dont Ati Safavi précise qu'il connaissait le scénario*, Vieira abandonna le projet, sans donner plus d'explications. En novembre 2010, des sources proches du dossier* refusaient encore d'expliquer ce rétropédalage. Embrouille privée avec la jeune femme ? Détails cruels et crédibles que le « milieu » n'aurait pas supportés ? Une enquête sur ce projet, réalisée par *L'Équipe magazine* et par nous, confirma que le sujet était encore brûlant : Ati Safavi et Vieira refusaient toujours de se parler. En 2007, Ati Safavi sollicita néanmoins Endemol pour placer le projet, mais essuya des refus de la part de toutes les chaînes hertziennes : « pas de case », ou « trop cher ». « Les décideurs estiment qu'il y a beaucoup de sport et d'émissions sur le foot. Ils veulent aller sur d'autres sujets », confirma Nora Melhli, directrice d'Endemol Fiction. Cette frilosité au sujet des fictions sur le foot est sûrement due – aussi – aux tabous médicaux et financiers qu'elles pourraient remuer, ainsi qu'à la présence d'agents dans tous les milieux concernés.

Mais, comme chacun sait, la réalité est toujours plus forte que la fiction. En effet, l'Olympique de Paris exista bel et bien. Ce fut le premier grand club de la capitale, fondé en 1895 sous le nom d'Olympique de Pantin, et rebaptisé sous son nom définitif en 1918, l'année où il gagna la toute première Coupe de France de l'histoire, contre le FC Lyon. L'Olympique jouait tout de blanc vêtu, et comptait plusieurs joueurs belges, dont le gardien international René Decoux. Le club évolua au stade Bergeyre, dans le XIXe arrondissement, construit en 1918 sur le versant ouest du quartier des Buttes-Chaumont. Ce stade, qui portait le nom d'un rugbyman mort durant la Première Guerre, fut démoli en 1926, pour permettre la construction d'habitations, celles de l'actuelle butte Bergeyre, un des points culminants de la capitale. C'est dans une de ces habitations que vécut un temps la romancière Dominique Manotti, auteur du seul roman français sur le foot business (*Kop*). Pas de hasard…

En 1926, l'Olympique, désormais privé de stade, fut absorbé par le Red Star, club francilien qui reste un mythe dans la culture sportive et sociale du sport français.

Mythe, réalité, fictions : le football vit d'histoires, comme tous les sports et toutes les cultures en général. Seule la télévision ne le comprend toujours pas.

* Rencontres et interviews avec l'auteur, dans le cadre d'un article pour *L'Optimum* (numéro de décembre 2010).

Lire aussi : Pari, Red Star

OM

Au début, le club était appelé par son vrai nom : Olympique de Marseille. Puis, par commodité comme pour coller au mythe, on dit « OM ». À Marseille, on prononce « Ohèmeu ». La culture OM, c'est toute la culture provençale (pastaga, accent, fierté marseillaise, anti-centralisme) saupoudrée de reggae, de pizzas, de joncaille clinquante et de plusieurs jeux de maillots par famille.

La ville de Marseille compte environ huit cent cinquante mille habitants et, a-t-on coutume de dire, autant de supporters. Cela est faux : le nombre de supporters marseillais est plus élevé. Plusieurs sondages ont été effectués sur le sujet par des instituts nationaux, et le dernier révéla que, en 2010, le club comptait neuf millions de fans en France. À cela, deux raisons : les années Tapie, avec la victoire de 1993, ont coïncidé avec l'entrée des droits TV dans le foot business, popularisant l'image d'un club d'autant plus victorieux qu'il est celui d'une ville s'opposant à la capitale. Puis, le tournant des années 1990-2000 vit la cité phocéenne acquérir un statut de ville à la mode, grâce au polar marseillais, au TGV qui reliait désormais Paris et Marseille en trois heures, et, en 1995, à l'arrivée de la droite à la mairie, qui voulut écarter les pauvres du centre-ville en modernisant infrastructures et habitations pour augmenter les prix d'accès. Les prix augmentèrent, mais les pauvres restèrent. Marseille faillit devenir la résidence secondaire des Parisiens, mais resta Marseille, ville tout à la fois fière et ringarde, castratrice et magique. Une ville cosmopolite sans être une ville ouverte, qui se laisse très difficilement connaître, mais très facilement aimer. Le club est exactement à cette image. Et comme tout à Marseille est exagération, le club devint une foire aux exagérations.

Hyperidentification

L'OM n'est pas le pouls de Marseille, il est son ADN, comme s'il existait avant elle. Aucune ville de France ne respire à ce point pour son club. Pourtant, ce fut un aristocrate, René Dufaure de Montmirail, fondateur du Club omnisports de Marseille, qui créa le populaire Olympique de Marseille, en 1899, en fusionnant son club avec L'Épée, un club d'escrime. Montmirail, lors de ses études en Angleterre, y avait vu du football au moment où celui-ci s'ouvrait aux ouvriers. Il savait comment faire pour que, à Marseille, ce sport alors inconnu séduise la ville portuaire et ouvrière. L'OM adopta ses couleurs blanc et bleu, son éternelle devise « Droit au but », et devint en 1924 la première équipe de province à soulever une Coupe de France. La fierté de la ville portuaire, qui, tout au long de son histoire, tourna souvent le dos à la France, se trouva validée par cette première.

L'engouement de la ville pour ce sport d'abord, pour son club ensuite, trouve aussi ses racines dans le cosmopolitisme de la ville, faite de cent onze villages, et constituée par des vagues successives d'immigration. Pour des immigrés arrivant dans la cité phocéenne, la première preuve d'intégration passait, et passe encore, par l'achat d'un billet pour le stade Vélodrome, où le spectateur pouvait, de tout temps, voir jouer des Hongrois (Kohut), des Latino-Américains (Vasconcellos, Jairzinho, Francescoli, Mozer, Brandao, Lucho, Heinze), des Yougoslaves (Skoblar, Stojkovic, Boksic), des Britanniques (Waddle, Cascarino), des Allemands (Völler, Förster, Köpke) ou des Suédois (Andersson, Magnusson), en plus, bien sûr, des joueurs venus du continent africain, mais c'est là une caractéristique due à l'histoire coloniale. Le cosmopolitisme de l'histoire migratoire du club fut, de tout temps, le même que celui de la ville.

Autre identification, bien réelle mais souvent exagérée (comme tout dans cette cité) : comme la ville, le club a quoi qu'il fasse la mauvaise réputation des voyous, et serait tenu par le « Milieu ». Entre autres causes : José Anigo. Un ancien « minot » qui n'a jamais quitté l'OM : il s'est occupé du centre de formation, il a entraîné trois fois l'équipe en intérim prolongé (2001, 2004, puis depuis décembre 2013), et il en est le directeur sportif tout-puissant depuis 2005. Il est celui avec qui le club fait toujours du neuf avec du vieux. Il est aussi la pierre la plus marseillaise de l'organigramme, celui par qui passent les présidents du club quand il faut se réconcilier avec le public en manque de marseillitude. Suspecté d'être proche des truands, confesseur des bêtes noires du vestiaire et des immatures de l'équipe, Anigo est un homme de masques et de mystères. Dans le cadre d'une information judiciaire ouverte en juillet 2011, portant sur extorsion de fonds, blanchiment et association de malfaiteurs, son téléphone fut placé sur écoute par la justice (affaire toujours en cours), et les procès-verbaux offrirent quelques pépites. Mais pour autant, pourquoi Anigo est-il éternellement suspecté d'être proche du « Milieu » ? Parce qu'il est ami avec Richard Deruda, un homme fiché au grand banditisme. Parce que son propre fils, Adrien, fut arrêté en 2007, avec trois complices, pour une série de braquages, puis libéré pour vice de procédure en 2010. Le 5 septembre 2013, Adrien, au volant de sa voiture, fut exécuté en pleine journée par deux hommes en scooter. En cette année où la ville fut une très brillante Capitale européenne de la culture, la cité phocéenne fut aussi le théâtre de règlements de comptes entre trafiquants. Le phénomène fut amplifié de façon honteusement exagérée par la presse nationale : le nombre des tueries n'était supérieur ni à celui des autres années… ni à celui des autres grandes villes de France.

Hyperprésident

À ce jour, le club phocéen connut deux grands présidents. Le premier fut Marcel Leclerc, arrivé en 1965. Il reprit un club de deuxième division, en deuil du départ du buteur Andersson. Il plaça l'ancien joueur local Mario Zatelli au poste d'entraîneur et reforma une équipe autour du « magicien » Magnusson. Cette épopée olympienne fut aussi celle de Josip Skoblar, puis de Salif Keita. Au début des années 1970, l'OM était le grand club français, avec deux titres de champion et deux Coupes de France. Mais Leclerc fut démis de ses fonctions en 1972 : il avait détourné de l'argent au profit de ses propres entreprises. Installé à la tête du club par Gaston Defferre en 1986, Bernard Tapie récupéra une équipe moyenne, ces fameux « minots » (Anigo, le très jeune Di Meco) qui avaient remonté en première division un club qui en était descendu en 1980. Defferre donna tous les moyens à Tapie. Lequel, à grands coups de transferts, de communication et de provocation, offrit à la ville ce qu'elle voulait : de grands joueurs venus de France et d'ailleurs, des équipes en or dont la plus belle fut celle de 1990-1991, et des résultats. Ce furent quatre titres de champion consécutifs, une Coupe de France, une Ligue des champions gagnée (1993 ; plus une finale perdue en1991) que l'OM offrit à son peuple entre 1986 et 1993. Et à Tapie, pour qui le club fut un instrument d'ancrage politique. Un fort en gueule dont le populisme épousait parfaitement le comportement politique méridional. C'est pourquoi, sur place, personne n'en voulut à Tapie, ni même aux joueurs, pour l'affaire VA-OM...

Hypertitré

Le premier en 1937, le dernier en 2010 : ce sont neuf titres de champion de France dont peut s'enorgueillir l'OM, ce qui place le club juste derrière les Verts (dix titres) et devant le FC Nantes (huit). Les Marseillais sont, par contre, les recordmen de victoires en Coupe de France, trophée qu'ils ont dix fois soulevé. On y ajoutera cette Coupe qui les place à jamais dans l'éternité, la Champions league 1993, et trois Coupes de la Ligue. Hypersymbolique.

C'est aussi ce populisme qui, toujours, donna un aspect symbolique aux victoires olympiennes : elles confortèrent l'idée d'un destin difficile, dans la seule grande ville de France où les pauvres habitent le centre (dont les trois arrondissements sont les plus pauvres de la ville, dix pour cent des habitants ne vivant que des prestations sociales ; imagine-t-on cela à Lyon, Lille ou Paris ?). Elles donnaient également corps à l'histoire d'une cité qui fonde son identité sur un fantasme de sécessionnisme, sur une image rebelle et mafieuse, et sur un doigt adressé à toute cette partie de la France qui se trouve au-dessus… de Marseille.

Symbolique encore

Pour acheter la paix sociale des groupes de supporters les plus revendicatifs, Tapie eut une idée de génie : à l'ouverture de chaque saison, le club vendait vingt-huit mille abonnements aux quatre grands groupes de supporters (MTP, South Winners, Commando Ultra et Yankee). Ces derniers les revendaient eux-mêmes à leurs membres, et réalisaient ainsi leur propre marge. Le Vélodrome comptant cinquante-six mille places, c'est donc la trésorerie et l'occupation de la moitié de cette capacité totale (les abonnements vendus sont ceux des tribunes situées aux virages) que le club laissa aux groupes de supporters le soin de gérer. Ce qui est énorme. Ce fut surtout un coup gagnant : les supporters furent impliqués dans la vie du club, qui céda la gestion des virages à ses propres supporters. Lesquels sentirent (ou crurent) qu'une partie du club leur appartenait.

Pour bien comprendre pourquoi Marseille devint la capitale du football en France, il suffit de se rendre à l'évidence : les joueurs de l'OM sont, comme le scande le slogan, « à jamais les premiers » – premiers joueurs d'un club français à remporter une Coupe d'Europe, en 1993. En décembre 2013, ils étaient aussi devenus le premier club français éliminé de la Champions League avec un zéro pointé. Tombés dans un « groupe de la mort » en phase de poules (avec Arsenal, Naples et le Borussia Dortmund, trois des plus belles écuries européennes d'alors), ils avaient perdu tous leurs matchs.

Le 29 novembre de la même année, à l'occasion de sa victoire contre Montpellier (2-0), ce fut aussi le premier club français à atteindre la barre des mille victoires en championnat.

Depuis, le club alterne entre le bon et le passable. La saison 2014-2015 fut celle où l'équipe, coachée par l'obsessionnel Marcelo Bielsa, renoua avec un football-champagne, guidée par Dimitri Payet et le buteur André-Pierre Gignac. Leader à mi-championnat, elle finit néanmoins quatrième. Et Bielsa, surnommé « El Loco » (le fou) partit avec fracas dès le soir du premier match de la saison suivante. Avec Rudi Garcia sur le banc, elle parvint en finale de la Ligue Europa en mai 2018. Le 17 octobre 2016, le club phocéen a été racheté par l'homme d'affaires américain Frank McCourt, promoteur immobilier et milliardaire.

En 2013, Marseille fut la Capitale européenne de la culture. Pour qui aime la culture, l'histoire et le football, peu d'émotions valent celle de se trouver dans un stade qui, dans une unité rêvée, entonne : « Aux armes / Aux armes / Nous sommes les Marseillais / Et nous allons gagner ! » Cela aide à comprendre l'âme de cette ville : fière, guerrière, opérette, galéjade, merveilleuse et éternelle.

Lire aussi : Ben Barek, DD, Francescoli, Hidalgo, Jipépé, Magnusson-Skoblar, Pelé, Waddle

ONEGA, Ermindo Angel (1940-1979)

S'il n'y avait pas eu Ermindo Onega, il n'y aurait pas eu Maradona, Saviola, Messi, Riquelme ou Gallardo. Car grâce à lui, et après lui, le meneur de jeu sud-américain fut souvent petit et véloce. Tour à tour milieu offensif et attaquant, Onega joua pour le grand club argentin du River Plate entre 1957 et 1968, pour un bilan de 222 matchs et 98 buts. Il joua ensuite au Peñarol en Uruguay et au club de La Serena au Chili. Il était le frère aîné de Daniel Onega, autre joueur du River Plate. Mais Ermindo Angel Onega fut avant tout le premier numéro 10 moderne de l'histoire du foot. La première pointe d'un milieu en losange, tel qu'inventé par l'équipe d'Argentine quart de finaliste de la Coupe du monde 1966 : un milieu défensif axial (Rattin), deux milieux sur les côtés (Solari-Gonzalez) et un milieu créateur placé juste derrière les attaquants, pour animer le jeu et leur distiller des ballons de buts. En 1966, ce numéro 10 se nomma Onega. Il devint le modèle du meneur de jeu petit, véloce, technique et inventif, sachant conserver le ballon, accélérer le jeu et délivrer le caviar ultime, ou se transformer lui-même en buteur. Un meneur de jeu d'un autre genre que Pelé ou Garrincha, plus monogames. Onega mourut pendant ses vacances, en 1979, dans un accident de la route sur le chemin de la station balnéaire argentine de Mar del Plata. Il n'avait que trente-neuf ans.

Lire aussi : Losange

ORANJE

Pourquoi diable les Oranje jouent-ils en orange alors que les couleurs des Pays-Bas sont les mêmes que celles de la France ? Imaginerait-on les Bleus dans des maillots orange ? Manifestement, cela n'a pas l'air de gêner les équipes nationales bataves, qui, quel que soit le sport, jouent en orange. L'histoire nous apprend que, avant l'occupation française de la Hollande à l'époque de Napoléon, la bande supérieure du drapeau n'était en réalité pas rouge mais orange, de la couleur de la dynastie d'Orange-Nassau, à la tête des Pays-Bas depuis Guillaume Ier en 1559.

Les joueurs de l'équipe nationale se sont ainsi vu surnommer « les Oranje » dans les années 1970, quand la révolution Oranje se déploya sur l'Europe, en même temps que le *glamrock* et les minijupes. Michels, Cruyff et l'Ajax formèrent alors une tornade rouge et blanc qui déferla sur le vieux continent, équivalent du football-samba pratiqué par le Brésil, et qui permit, enfin, de terrasser le catenaccio milanais : le football total. Les années 1970 furent celles du rock dans le foot, incarné par les longues chevelures, les belles gueules et l'esprit contestataire des Johan Cruyff, Johnny Rep, Johan Neeskens, Robert Rensenbrink et Ruud Krol. Ces joueurs furent d'ailleurs parmi les tout premiers footballeurs européens dont l'aura dépassa le simple cadre du foot. Ils pratiquaient le football total, ce système faussement débonnaire où les joueurs semblaient ne pas avoir de poste fixe, attaquant ou défendant selon leur bon plaisir. La rapidité, l'endurance et la créativité de Cruyff y étaient essentielles. Il lui arrivait de se replier jusqu'à sa zone de défense pour reprendre le ballon, relançant le jeu par une course à la trajectoire imprévisible. Le football des Oranje fut comme du free-jazz joué avec des guitares en survoltage. Pas de larsens, si ce n'est au cours du Mondial 1974, où ils réveillèrent le monde en écœurant tous leurs adversaires (Uruguay, Bulgarie, Suède, Argentine, RDA, Brésil), avant l'inexplicable défaite devant la Grosse Bertha ouest-allemande qui évoluait, qui plus est, à domicile. Ce 7 juillet 1974 reste un trou noir dans la vie de Johan Cruyff. Quatre ans plus tard, il participa aux éliminatoires, mais refusa de se rendre en Argentine pour le tournoi final. Les Oranje apportèrent au monde la preuve étincelante que le football total était invincible : même sans leur maître à jouer, l'équipe de 1974, à laquelle étaient venus s'ajouter les frères Van de Kerkhof, parvint jusqu'en finale. Où elle se frotta de nouveau à l'équipe organisatrice du tournoi. Les Hollandais démontrèrent à cette occasion que tout rocker possède sa part maudite : ils subirent une nouvelle défaite, cette fois après prolongations. Comme ils l'avaient annoncé, ils refusèrent d'aller recevoir leur médaille des mains du général Videla, le dictateur argentin, épousant au passage la position diplomatique de leur pays.

Dix ans plus tard, c'est à nouveau en Allemagne, pendant l'Euro 1988, que s'illustra la deuxième génération en or des Oranje. Les Van Basten, Rijkaard, Gullit et autres Koeman vengèrent doublement leurs aînés rockers : ils battirent la RFA 2-1, puis remportèrent le tournoi contre l'URSS grâce à l'inoubliable reprise de volée de Van Basten, qui fit à elle seule trembler le bloc de l'Est, un an avant son effritement. Les joueurs de cette équipe firent des cartons en club (Koeman avec Barcelone en 1990, Van Basten, Rijkaard et Gullit avec le Milan AC), mais ne concrétisèrent pas leurs efforts en Coupe du monde.

Les années 1990 furent celles de la génération Ajax, vainqueur de la Champions League en 1995, avec Davids, Seedorf, Kluivert. Une génération aussi maudite que la précédente, victime de la scoumoune des tirs aux buts. Elle échoua souvent dans cette cruelle épreuve, et fut de cette manière sortie de l'Euro 1996 (par la France, en quart), de la Coupe du monde 1998 (par le Brésil, en demie), et de l'Euro 2000 (par l'Italie, en demie aussi).

La quatrième génération des Oranje parvint quant à elle en finale de la Coupe du monde 2010, avec un modèle de jeu hybride, mélange de football offensif (avec Snejder ou Robben) et de jeu de brutes (avec De Jong ou Van Bommel).

Lire aussi : Ajax, Allemagne, Cruyff, Révolution

ORGASME

Dans *Football, Ombre et Lumière*, Eduardo Galeano écrit : « Le but est l'orgasme du football. Comme l'orgasme, le but est de moins en moins fréquent dans la vie moderne. » Il y a quelques années, le magazine anglais *FourFourTwo* écrivait : « Si le football était du sexe, le Brésil serait un orgasme multiple. » Beaucoup se sont souvent étonnés que l'on saute en l'air après avoir marqué un but – un peu comme on grimperait aux rideaux. Ce sont les mêmes qui s'amusent de la dimension morale de la passe dans les sports collectifs et de la dimension morale et monétaire de la passe pour les professions spécialisées. Il est vrai qu'il y a souvent une période de descente, de post coïtum, après un but. Et qu'à la fin d'un match un homme ressent toujours cette irremplaçable envie de recommencer, à laquelle se mêle une irrémédiable mélancolie du match qui vient de s'achever.

OUVRIER

Le football naquit dans les hautes sphères de la société anglaise, et arriva chez les ouvriers après la victoire du Blackburn Olympic devant les Old Etonians, à Londres en 1863. « Les joueurs de Blackburn comptaient trois tisserands, un fileur, un assistant dentaire, un plombier, un ouvrier du textile, un métallo », écrivit James Walvin dans *People's Game, The Story of Football Revisited*. En France, les cités industrielles s'arrogèrent vite le football, qui devint le sport ouvrier français, très présent au-dessus d'une ligne Nantes-Marseille – le Nord était plus industrialisé que le Sud. Aussi des pages puissantes furent-elles écrites grâce aux clubs montés de toutes pièces par ceux issus des usines, industries et autres groupes de distribution : Sochaux et Peugeot, Saint-

Étienne lié avec Guichard ainsi qu'avec les armuriers Manufrance, Gueugnon, voire l'éphémère Club olympique des usines Renault entre les deux guerres.

En France, « football ouvrier » fait avant tout référence à ce nom : Sedan. Louis Dugauguez, Zacharie Noah, Claude Breny, Max Fulgency, Célestin Oliver, puis Roger Lemerre, Gérard Tonelle et Mustapha Dahleb : entre 1956 et 1974, les joueurs de l'Union athlétique Sedan-Torcy firent revivre la poésie au pays de Rimbaud et souffler un vent frais sur le football professionnel. L'épopée des « footballeurs ouvriers » fut, et reste encore, une des plus grandes fiertés de l'histoire du football français. Ce, alors que le football français de haut niveau se convertissait au professionnalisme depuis 1931.

Le club vit le jour le 7 novembre 1919, directement avec ses fameuses couleurs rouge et vert. Plus tard, c'est l'ancien gardien de but André Trubert qui en devint l'homme à tout faire : comptabilité, organisation, lessives et… traçage des lignes du terrain. C'est ainsi que, pour l'UAST, tout commença en fait après la Seconde Guerre mondiale, lorsqu'en 1947 les frères Lucien et Maurice Laurant, directeurs des Draperies sedanaises, reprirent le club. Chacun se définit une tâche bien précise : Lucien au protocole et aux relations extérieures, Maurice aux finances et au recrutement. Leur usine employait alors une trentaine d'ouvriers. Bientôt, on compta parmi eux des footballeurs : Fulgency, Barre, Lion, Roy, Breny s'entraînaient à 7 heures le matin, allaient travailler à l'usine et revenaient s'entraîner à 17 heures. Parmi eux aussi : Zacharie Noah. Oui, si Yannick Noah naquit à Sedan en 1960, c'est parce que son père était un de ces « footballeurs-ouvriers ».

Issue de la tradition du football d'entreprise, cette formule occupait les joueurs durant la journée, tout en les maintenant sous le regard du « propriétaire ». Dans un football qui se convertissait au professionnalisme depuis 1931, le régime semi-professionnel à la sedanaise détonnait mais tint bon plusieurs années durant.

En 1948, les frères Laurant recrutèrent un certain Louis Dugauguez, un trentenaire qui fut entraîneur-joueur jusqu'en 1953, et entraîneur jusqu'en 1974. « Monsieur Louis » fut même, simultanément, le sélectionneur national entre 1967 et 1969.

En six ans, Dugauguez mena Sedan de la division d'honneur (1950) à la première division (1955) et à deux victoires en Coupe de France (1956 et 1961). Même si l'équipe passa professionnelle en 1953, ces deux victoires forgèrent à jamais l'esprit « football-ouvrier » : les vainqueurs avaient pour beaucoup été de la période semi-pro, faisant de ces victoires une récompense de la persévérance d'alors. Les années passant, des jeunes arrivèrent au club pour épauler les anciens footballeurs-ouvriers. Parmi eux : Roger Lemerre, qui fut recruté alors que, à seize ans, il était encore gardien de but amateur à Bricquebec (Manche) et fut illico transformé en… avant-centre, avant de devenir plus tard défenseur. L'année 1962-1963 fut la meilleure, le club parvenant à la troisième place du championnat, mais le cycle tirait vers sa fin. La parenthèse de Dugauguez à la tête des Bleus démontra elle aussi la lassitude et la fatigue des anciens héros.

N'ayant pas les moyens financiers des grosses entreprises, les frères Laurant avaient un budget limité et ne pouvaient que faire confiance aux jeunes (Marie, Herbet, Di Salvio, Tonnel) pour remplacer les anciens qui partaient. Malgré une finale de Coupe de France en 1965, le club entama une descente qui se transforma en relégation en 1971. S'ouvrit une période de yo-yo qui dura quatre ans, entre l'élite et la D2. Ce fut la période où le club, encore à très forte renommée, attira des joueurs comme René Charrier, Santos Brown, Mustapha Dahleb et Ivica Osim. Lesquels s'illustrèrent sans parvenir à enrayer la spirale qui vit le club descendre et descendre encore, terminant par exemple la saison 1972-1973 dernier du championnat de D1. Une période qui se conclut par le départ de Dugauguez en 1974, et par le retrait définitif des frères Laurant l'année suivante.

Lorsque s'éteignit l'étoile de Sedan, ce fut celle de Saint-Étienne qui s'alluma. Mais jamais il n'y aurait eu les Verts, avec leur maillot Manufrance, s'il n'y avait eu les Rimbaud du ballon rond que demeureront, à jamais, les « footballeurs ouvriers ».

Lire aussi : Dahleb, Dugauguez, Entreprise, Lemerre

P

« Il y a toujours quelque chose à retenir d'un médiocre match de football : une talonnade, un tir... On lit un livre raté avec la conviction que le suivant sera meilleur. »
Bernard Pivot

PALACIOS

Grande première lors de la Coupe du monde 2010 en Afrique du Sud. Pour la première fois dans l'histoire du tournoi, trois frères jouèrent dans une même sélection nationale : Wilson, Jerry et Johnny Palacios, venus défendre les couleurs du Honduras. Jerry fut appelé à rejoindre la liste, à la dernière minute, le titulaire de son poste (milieu) s'étant blessé avant le début de la compétition. L'aîné, Wilson, était un des cadres de l'équipe. Toutefois, le côté le plus bouleversant de cette triplette, c'est qu'elle portait en elle la mémoire du quatrième membre de la fratrie, Edwin, kidnappé en 2007 et retrouvé assassiné en 2009, malgré le versement d'une rançon de 150 000 dollars par la famille.

PALESTINE

Au commencement était la Palestine Football Association, une organisation multiconfessionnelle fondée en 1928 par des colons juifs, et qui « ne comptait que des

Juifs dans son conseil d'administration ». La Palestine, alors sous mandat britannique, joua son premier match officiel en 1934 contre l'Égypte, dans le cadre des qualifications pour la Coupe du monde italienne de 1934. Défaite 7-1. La musique jouée en ouverture du match fut le « Hatikva », l'hymne officiel du mouvement sioniste.

Une Fédération de Palestine de football (arabe) fut créée en 1962, par les Palestiniens en exil. Néanmoins, ce ne fut qu'en octobre 1993, après les accords d'Oslo, que l'équipe palestinienne put envisager son premier match international : un match à Jéricho contre le Variétés Club de France dans lequel évoluaient ce soir-là Platini, Giresse et Tigana. En 1998, la Fédération palestinienne fut affiliée à la Confédération asiatique de football (AFC) puis à la FIFA en 1998.

Un an plus tard, la Palestine remporta la médaille de bronze aux Jeux panarabes de Jordanie. Mais la seconde Intifada, déclenchée en 2000, ralentit la renaissance du football dans ce pays bloqué dans sa croissance et son développement. Le père franciscain Ibrahim Faltas lança néanmoins une Académie de football pour les jeunes Palestiniens, afin de leur permettre de « sortir de la violence, de l'Intifada : à travers le sport, on peut parvenir à la paix ». Faltas, par ailleurs citoyen égyptien, fut le responsable de la Fondation Jean-Paul II pour le Moyen-Orient. Et un expert en matière de paix : au printemps 2002, il négocia la fin de l'occupation de la basilique de la Nativité à Bethléem par des activistes armés palestiniens, encerclés par Tsahal durant trente-huit jours.

Classée aux alentours de la 113e place du classement FIFA en 2010, l'équipe nationale palestinienne ne dispose d'aucune installation sur son propre territoire. Elle joue la plupart du temps à Doha, au Qatar, et s'entraîne dans la ville égyptienne d'Ismaïlia. Pour les matchs de qualification du Mondial de 2006, certains joueurs palestiniens furent même interdits de sortie par les autorités israéliennes et ne purent se rendre à Doha. En mai 2008, Jibril Rajoub, ancien commandant des opérations antiterroristes de l'Autorité palestinienne, prit la direction de la fédération. C'est lui qui, le 27 octobre 2008, inaugura un championnat de football féminin.

Lire aussi : Bethléem, Israël

PANENKA

Comme « madjer », « panenka » désigne un geste et un joueur, entré dans les livres d'histoire grâce à ce geste. À l'origine, il fut un peu l'équivalent du service à la cuiller au tennis, puis le geste devint œuvre d'art et synonyme de liberté.

En 1976, le Tchécoslovaque Antonin Panenka laissa son nom dans l'histoire grâce à une technique toute particulière du tir de penalty. Avant lui, les tireurs frappaient leur coup de pied de réparation en force au milieu de la cage, ou bien en finesse sur un côté, les gardiens plongeant sur le côté de leur choix, en priant pour que ce fût le bon. Puis vint le jour où le Tchèque réinventa la pichenette. En pleine séance de tirs aux buts, à l'issue du temps réglementaire de la finale du Championnat d'Europe contre la RFA, il « piqua » son ballon au moment du tir, passant le pied sous la balle, qui décrivit ainsi une superbe courbe en feuille morte, avant de se loger sous la barre transversale. Cloué au sol, le gardien allemand Sepp Maier fixa, impuissant, ce ballon glissant délicatement dans ses filets. Un tir victorieux, grâce auquel la Tchécoslovaquie fut championne d'Europe.

Évidemment cette innovation avait été répétée à l'entraînement, ainsi qu'en championnat. Mais grâce au rideau de fer, elle n'avait pas eu d'écho à l'Ouest. Mais attention, un tel geste ne se maîtrise pas en un jour. Il nécessite un entraînement de longue haleine et exige un sang-froid que seule permet l'expérience. La panenka, c'est la métaphore de la liberté, de l'improvisation et du défi. C'est le geste de celui qui refuse de se laisser piéger par l'enjeu et par l'environnement. Il montre également un léger snobisme (le gardien est forcément un peu ridicule). Tout ratage en compétition entraîne des railleries. De nos jours, les gardiens de but sont surentraînés et parviennent parfois à anticiper lorsque le tireur tente une panenka.

Lire aussi : Arconada, Blanco, Madjer, Papinade

PANINI

À l'école, on joue aux billes. Sur les terrains de minimes, dans la rue, à l'école et dans le bus, on est plus sérieux : on s'échange des vignettes Panini. Ces albums que l'on garnit avec des centaines de stickers autocollants, représentant les joueurs de chaque équipe du championnat, sont des objets précieux qui trouvèrent leur place dans tous les cartables des passionnés. Plus tard, le garçon devenu grand conserve ses vieux albums comme des trésors vintage. C'est ainsi : chez l'amoureux du foot, l'univers Panini fait partie intégrante de l'inconscient footballistique. Plus qu'une légende, c'est son imaginaire.

Une histoire qui débuta à la fin des années 1950, à Modène, en Italie du Nord. Giuseppe et Benito Panini, frères et marchands de journaux, firent une trouvaille pour gonfler leurs ventes : s'inspirant des vignettes que les enfants trouvaient dans les plaques de chocolat, ils distribuèrent des photos de footballeurs avec les journaux. Des images qui n'étaient pas encore autocollantes, pour lesquelles les frères s'approvisionnaient à Milan. Succès immédiat, qui déboucha en 1961 sur la création d'un album appelé *Calciatori* (« footballeurs » en italien), avec des vignettes vendues dans des pochettes à part contenant deux autocollants, au prix de 10 lires (soit 5 centimes d'euro). Il fallait bien des pochettes pour avoir toutes les vignettes, et pouvoir dire aux copains qu'on avait l'album complet. Bruno Bolchi, alors capitaine de l'Inter Milan, fut le tout premier joueur à apparaître en format 4,9 sur 6,5 cm, donnant ainsi le coup d'envoi d'une nouvelle ère. Et d'une PME familiale : l'Agenzia Distribuzione Giornali Fratelli Panini, rejointe par les deux autres frères Panini, Umberto et Franco. Giuseppe était la tête pensante, Franco l'administrateur, Benito se chargeait de la distribution, et Umberto de la partie industrielle. Car c'est bien d'industrie qu'on parla, quand au cours des années 1970 apparut le « sticker », terme anglais désignant la vignette autocollante. L'album « Mexico 70 World Cup » fut le premier album Panini paru en France, laquelle n'était pas qualifiée pour cette Coupe du monde. À partir de 1976, la firme édita chaque année un album consacré au championnat hexagonal.

Représentée en Europe et en Amérique latine, la firme Panini devint le leader mondial de l'édition d'images et d'autocollants à collectionner, de bandes dessinées, de magazines pour enfants et de mangas. Une diversification qui s'accompagna aussi de bouleversements : l'entreprise familiale fut rachetée par différents groupes, dont l'éditeur de comics américain Marvel, avant de redevenir italienne en 1999. Disposant de chaînes de distribution dans plus de cent pays, à présent diversifié ou dilué dans plusieurs branches d'éditions de magazines spécialisés, Panini emploie plus de sept cents personnes. En 2008, les ventes du groupe atteignirent 1 milliard de dollars. En 2011, le chiffre d'affaires annoncé était de 800 millions d'euros.

Un album vierge de 112 pages coûte 2,50 euros, une pochette de cinq stickers coûtant 50 centimes. Selon les versions (Ligue 1, Calcio, tournoi international), plusieurs centaines de stickers sont nécessaires pour réaliser l'album au complet. En attendant, on échange avec d'autres collectionneurs les vignettes que l'on a en double, voire en triple. Aujourd'hui, un album des années 1960, complet et en très bon état, se vend 1 000 euros sur les sites Internet.

Quand, le 30 novembre 2013, Umberto s'éteignit à l'âge de quatre-vingt-trois ans, l'émotion déclencha une grande vague de nostalgie (réseaux sociaux, émissions télé spécialisées) : il était le dernier des mousquetaires Panini encore en vie.

PAPINADE

On doit la papinade à Jipépé. Au moment où sa marionnette Canal Plus baragouinait : « Alors camembert, les Guignols, hein », Jean-Pierre Papin effectuait plusieurs fois par an ces reprises de volée spectaculaires, frappées en total déséquilibre, dans des angles impossibles et le plus souvent en dépit du bon sens. En fait, Jipépé frappait la balle comme elle venait, tout simplement. Pour ses clubs ou pour les Bleus. C'est un journaliste marseillais qui surnomma les frappes du joueur les « papinades ». Et c'est en voyant Papin en exécuter une contre l'Espagne, lors des éliminatoires de l'Euro 1992, que Silvio Berlusconi aurait décidé de faire venir l'attaquant marseillais au Milan AC.

Lire aussi : Arconada, Blanco, Jipépé, Madjer, Panenka

PARI

Le 6 avril 2010, le Parlement français vota une loi initiant l'ouverture à la concurrence des paris sportifs et des jeux de poker en ligne, prévoyant la création d'une autorité de régulation des jeux en ligne (l'Arjel). Pratiqués depuis quelques années en France (on pariait sur des sites étrangers accessibles en France, le marché des paris en ligne en France ayant alors été estimé à 3,5 milliards d'euros) mais illicites, les paris en ligne devinrent légaux. Betclic, Bwin, Unibet et Mangas Gaming firent leur apparition sur un terrain occupé jusqu'ici par le seul PMU. L'État allait pouvoir ainsi engranger jusqu'à 100 millions d'euros par an d'impôts sur ces transactions, prélevant 7,5 % sur les paris hippiques ou sportifs, et 2 % sur les paris au poker. Au début des années 1980, le scandale du Totonero en Italie avait pourtant pointé le danger de ces activités occultes puisque de grands joueurs (Paolo Rossi, pour ne citer que lui) furent suspendus après avoir été soupçonnés de tricherie organisée dans le but de favoriser un résultat correspondant à un pari. Cette loi, votée en 2010, amena donc le ver dans le fruit du foot français, au sein duquel va forcément naître une nouvelle corruption de matchs truqués. Le plus inique étant de voir des clubs (Lyon, Marseille) évoluer avec des sponsors maillot comme Betclic. C'est-à-dire, portant sur eux le nom de l'entreprise qui, bientôt, pourra décider de leurs victoires, et donc de leurs sorts.

PASUCKUAKOHOWOG

On pense que les aborigènes d'Amérique du Nord avaient leur propre jeu de ballon, appelé *pasuckuakohowog* (traduction : « Ils se ramassent pour jouer au ballon avec le pied »), créé au début du XVIIe siècle. Il y avait des buts d'une moitié de mile, avec une distance d'un mile entre eux. Environ mille personnes jouaient, souvent sous une forme rude et dangereuse. Les joueurs portaient des vêtements et des peintures de guerre. Généralement, le jeu se prolongeait d'un jour sur l'autre et s'achevait par une fête finale.

Lire aussi : Asqaqtuk, Calcio, Cnapan, Cuju, Mob football, Pok-a-tok, Soule

PATADA ATOMICA

« Il était tout ce que je voulais être comme joueur de football : des dribbles parfaits, des passes précises, des tirs imparables… Le tout du pied gauche. On aurait pu lui amputer le droit, il faisait tout du gauche. Je trouvais ça magnifique » : c'est Diego Maradona qui l'affirme, au sujet de celui qui fut une de ses idoles. En 1970, Beckenbauer avoua qu'il était venu pour voir Pelé et qu'il avait vu Roberto Rivelino. Un des cinq mousquetaires qui composaient alors le milieu de terrain de l'équipe du Brésil, avec Pelé, Gerson, Tostao et Jairzinho ; une ligne auriverde cousue d'or. Chacun de ces joueurs était un numéro 10, si bien que, ne voulant pas se priver de telles excellences, le sélectionneur brésilien Mario Zagallo (vainqueur des Coupes du monde 1958 et 1962 comme joueur, et des éditions 1970 et 1994 comme sélectionneur) concocta un système de jeu nouveau afin de les assembler. Rivelino, numéro 11 au Mexique et numéro 10 quatre ans plus tard en Allemagne, était titulaire auriverde depuis deux ans lorsqu'il creva l'écran lors de la Coupe du monde 1970, organisée au Mexique. Son pied gauche anéantit à lui tout seul la Tchécoslovaquie au premier tour, sur un coup franc lointain et une frappe énorme. Doté d'une puissance de tir hors du commun alliée à une technique irréprochable, Rivelino fut surnommé « Patada Atomica ». Lors du tournoi de 1970, il employa également une autre figure : l'*elastico*. Bravo l'artiste.

Lire aussi : Elastico

PELÉ (Abedi, André et Jordan)

Au commencement était « le Pelé africain », ou « l'autre Pelé ». Mais lui, c'est Abedi. En réalité, Abedi Pelé s'appelle Abedi Ayew. Né à Domé (Ghana) en 1962, il a grandi à Accra. Puis il a fait le tour du monde : en vingt ans de carrière, il traversa quatorze clubs et trois continents : l'Afrique, l'Asie et l'Europe. Meneur de jeu dans l'axe ou excentré, voire parfois attaquant, il fut l'un des meilleurs joueurs africains du début des années 1990, remportant notamment trois Ballons d'or africains (1991, 1992 et 1993). « C'est grâce à Madjer, Milla, Weah et moi que le monde s'est intéressé au football africain », reconnaissait-il en 2010.

À peine âgé de vingt ans, il remporta la Coupe d'Afrique des nations 1982 avec le Ghana. Devenu une véritable vedette, il s'en alla piger aux Émirats arabes unis, avant de faire du ping-pong quelques années durant entre Suisse, Ghana et Bénin. Puis ce fut le tour de la France : Niort, Mulhouse. C'est en France que Pelé imposa son prénom. L'OM le recruta en 1987, mais l'alliance ne fonctionna pas. Le club phocéen décida de le prêter au club de Lille, où Pelé passa deux saisons. C'est à cette période, le 17 décembre 1989 exactement, que naquit son deuxième fils, André. À l'été 1990, Abedi retourna à Marseille, où Goethals en fit un meneur indiscutable de l'équipe. Le trio Pelé-Waddle-Papin fit des merveilles en France comme en Europe. Trois ans durant, d'une campagne européenne (1991) à l'autre (en mai 1993, c'est sur un corner de Pelé que Boli marqua le but de la victoire de Munich), il fut le métronome de l'équipe. Lorsque l'affaire VA-OM éclata, il quitta la Canebière pour aller jouer à Lyon. Puis ce fut le Torino en Italie, ensuite l'Allemagne et les Émirats arabes unis.

En sélection ghanéenne, il fit partie de l'équipe finaliste de la CAN 1992. Capitaine de la sélection de 1992 à 1998, il battit les records de sélections et de buts inscrits. Seule ombre pour ce Pelé-là : n'avoir jamais eu l'occasion de disputer une Coupe du monde. Ce serait aussi le cas de son fils aîné, Abdul Rahim, qui néanmoins joua en Coupe d'Afrique des nations 2010.

André est le cadet des frères Pelé. Il disputa la CAN et la Coupe du monde 2010. Et quelle Coupe du monde : on se rappelle ce quart héroïque face à l'Uruguay, et la main de Suarez. Franco-ghanéen, c'est au Ghana qu'il commença à jouer, et plus précisément au FC Nania, une académie créée et dirigée par papa. Ajustant ses pas sur ceux du paternel, André intégra le centre de formation de l'OM en 2005. Deux ans plus tard, il signa son premier contrat professionnel – trois ans. Prêté à Lorient et à Arles-Avignon, il disputa une si belle Coupe du monde 2010 que Didier Deschamps, l'entraîneur phocéen, le réintégra illico dans l'effectif de l'OM. Devenu une pièce maîtresse de l'équipe phocéenne, il est milieu offensif ou bien attaquant, et est depuis quatre ans un des plus beaux atouts du club marseillais. D'Abedi, André a hérité le sens du dribble et la fluidité des mouvements.

Jordan, né un 11 septembre (1991) à Marseille, est lui aussi issu du centre de formation olympien. Selon Abedi, le benjamin est le plus doué de ses trois fils. Il le compare volontiers à Cristiano Ronaldo, « même technique, même puissance ». Il est vrai que Jordan est parfaitement complémentaire de son aîné André, qu'il dépasse par ailleurs de six bons centimètres. Le 16 décembre 2009, il marqua son premier but avec l'OM. Pour son tout premier match avec l'OM. Un match où il n'est entré qu'à la 63e minute. Du flair. Très doué, parfois décisif, il est une pièce importante de l'effectif marseillais, mais demeure bien trop irrégulier et surtout bien trop caractériel. Régulièrement sur la liste des « transférables », il est probable qu'il quittera le Vieux-Port si un jour son frère aîné prend le large.

Anecdote de famille : Jordan Ayew a honoré sa première sélection en équipe nationale le 5 septembre 2010, en entrant à la mi-temps à la place de… André Ayew !

Lire aussi : Black Star, CAN, Gourcuff, Maldini, Mazzola, Sammer, Trezeguet

PELÉ (Edson Arantes do Nascimento)

Soyons honnêtes : selon nous, Garrincha fut un joueur supérieur à Pelé. Néanmoins, convenons qu'il n'y aurait pas eu Garrincha sans Pelé. Et vice-versa. Les gens rationnels préféreront toujours Pelé. Les romantiques préféreront toujours Garrincha, Maradona, Puskas, Best et Cruyff. De tous les footballeurs de l'histoire, Pelé fut celui qui eut le plus d'impact sur son époque. Après tout, peut-être Pelé fut-il le plus grand. Voyons pourquoi.

D'abord parce que ces deux syllabes furent les synonymes universels de buteur : 1342 buts marqués en 1261 matchs officiels. Pelé, descendant d'esclaves noirs, sut puiser dans cet héritage culturel tout ce qui fit sa magie : art de l'esquive, expression de la danse et du combat. Si le jeu brésilien est une capoeira faite football, c'est parce que les plus beaux joueurs brésiliens adaptèrent au football la panoplie technique et gestuelle de cet art martial populaire. Provoquer/esquiver/frapper : de Pelé à Ronaldinho, tout le foot brésilien est là. Et cet héritage, Pelé fut le premier à l'exhiber. Deux syllabes qui ne souffrirent que deux blessures importantes au cours de sa carrière. Manque de chance, elles survinrent durant deux Coupes du monde, le privant chaque fois du tournoi. La première (1962) fut une blessure musculaire, la seconde (1966) fut provoquée par des attentats volontaires, et impunis, du défenseur portugais Morais, qui décida dès le début d'un décisif Portugal-Brésil de broyer la cheville du Brésilien… et y parvint. Pelé finit le match sur une seule jambe, n'empêchant ni la défaite (3-1) ni l'élimination de son équipe.

Il fut le premier à illustrer cette évidence : le football est un jeu. Pelé devint champion du monde à dix-sept ans, en 1958. Durant la Coupe du monde, il riait même quand il ne jouait pas (il a manqué les deux premiers matchs). Il fut considéré comme le Charlie Chaplin du football, esquivant les adversaires sur un terrain comme Charlot esquivait les flics dans la rue. Pelé fut un clown rieur, quand Garrincha, lui, fut un clown tragique ou le Buster Keaton du foot.

Pelé fut le seul joueur au monde à remporter trois Coupes du monde (1958, 1962 et 1970). Pelé, c'est aussi un palmarès intersidéral en club : deux Coupes intercontinentales, deux Copa Libertadores, onze titres de champion de l'État de São Paulo (jusqu'en 1971, au Brésil, il n'y avait pas de championnat national, mais des championnats d'État), cinq Coupes du Brésil.

Retraité international en 1971, il commença dès lors à recevoir des offres en provenance des États-Unis. Quand Steve Ross, le créateur de la Warner, voulut implanter le football aux States, il pensa à Pelé avant tout autre joueur. Mais ce dernier, préalablement décrété « trésor national » par la junte militaire en place, était interdit de tout transfert à l'étranger. Pelé brava toutefois l'interdiction en 1974, prenant la direction du New York Cosmos. Il découvrit l'Amérique, mais aussi le dollar. Lui qui souvent s'était fait escroquer, il était parti pour se renflouer et honorer ses dettes. Il signa un contrat avec Pepsi, suivi plus tard d'accords avec Nokia, Unibanco et MasterCard. Les seules publicités qu'il s'interdit furent celles de l'alcool et du tabac. Après un titre en 1977, il prit définitivement sa retraite. Il organisa un match d'adieu Cosmos-Santos, le 1er octobre 1977 au Giants Stadium de New York, devant 75 000 spectateurs. Il porta les couleurs du Cosmos en première mi-temps, puis celles du Santos FC en deuxième période.

En fait, avec Pelé, c'est politiquement qu'il y a une gêne. S'il n'appuya ni ne cautionna jamais la dictature militaire sévissant au Brésil entre 1964 et 1985, il accepta de servir de « star noire » officielle du régime. Icône planétaire, riche, célèbre, symbole de réussite économique et d'ascension sociale, il fut choyé par les dictateurs.

Les mauvaises langues eurent vite fait de dire qu'en plus il délaissa sa première femme (noire) dès qu'il eut de l'argent pour ne fréquenter désormais que des blondes.

Le reste ne souffre, en revanche, aucune discussion. Le 1er octobre 1977, il fut nommé « Citoyen du monde » par l'ONU. Il décida alors de s'engager dans des actions sportives et humanitaires : commission du fair-play à la FIFA, ambassadeur de bonne volonté pour l'Unicef, collectes de fonds pour les enfants pauvres. Il participa au « parti du cœur » de 2000 à Rome, en faveur du processus de paix israélo-palestinien. En 1994, il devint le premier Noir à accéder à un poste de ministre, celui des Sports, dans le gouvernement du président de centre-gauche Fernando Cardoso. Comme Platini plus tard à la tête de l'UEFA, il œuvra beaucoup pour structurer l'organisation du football, le tenant à l'écart des intérêts financiers. En 1998, il fit voter la « loi Pelé », une adaptation sud-américaine de l'arrêt Bosman. En France, on n'a pas encore de loi Laporte ni de loi Lamour.

PICHICHI

Rafael Moreno Aranzadi, attaquant de l'Atletic Bilbao des années 1920, était surnommé « Pichichi », un sobriquet que l'on attribuait aux personnes chétives. Buteur redoutable, il fut fauché en pleine jeunesse à l'âge de vingt-neuf ans. C'est en son hommage que fut baptisé le trophée remis depuis au meilleur buteur du championnat d'Espagne.

Lire aussi : Arconada, Blanco, Cruyff turn, Madjer, Panenka, Papinade

PICHON, Marinette

Pour passer du Saint-Memmie Olympique (banlieue de Châlons-en-Champagne) aux Philadelphia Chargers (aux États-Unis), Marinette Pichon ne se contenta pas de traverser l'Atlantique, il lui fallut aussi franchir un océan de possibles, et ouvrir une voie nouvelle au football hexagonal. Celle qui fut la première à tenter l'aventure américaine devint ensuite le meilleur buteur de l'équipe de France féminine (81 buts, record à battre), avant de devenir consultante pour France Télévision une fois en retraite, en 2007. Elle finit par incarner la métamorphose toute récente du football féminin français.

Née à Bar-sur-Aube (Aube) en 1975, l'attaquante Pichon jouait depuis dix ans pour le Saint-Memmie Olympique (1992-2002), et n'avait obtenu que deux titres de meilleur buteur de première division, lorsqu'elle signa pour le rêve américain, les États-Unis étant le pays le plus développé du football féminin. C'est à Philadelphie qu'elle partit. Là-bas, l'attaquante des Chargers fit d'emblée l'unanimité, et occupa sans tarder le leadership de la Women's United Soccer Association (WUSA). Cette dernière était une franchise de huit clubs, qui attirait de nombreuses vedettes internationales en leur proposant directement un statut professionnel (quasi inexistant il y a dix ans). Par la suite, lorsqu'elle rentrait en Hexagone disputer des matchs avec les Bleues, le pays tout entier faisait la fête à *la* footeuse française devenue star aux States. Le ministre des Sports de l'époque, Jean-François Lamour, lui écrivit même un petit mot pour la féliciter de tout ce qu'elle avait fait « en traversant l'Atlantique pour porter les couleurs de la France ». Or, faute de recettes suffisantes, la WUSA dut cesser ses activités dès l'automne 2003 (remplacée en 2009 seulement par la Women's Professional Soccer), et Marinette retourna dans ses pénates, à Saint-Memmie pour une saison, puis à Juvisy jusqu'à sa retraite. Dans ce club de la région parisienne, un des meilleurs de l'Hexagone, elle joua avec son aînée Sandrine Soubeyrand, qu'elle côtoyait déjà en Bleu et avec qui elle forma la grande paire de leaders qu'on connaît. Avec Juvisy, elle remporta le championnat (en 2006) et le Challenge de France (en 2005), terminant meilleur buteur de première division en 2005 avec 38 buts.

L'échec des Bleues face aux Anglaises lors des éliminatoires du Mondial 2007 marqua néanmoins la fin de sa carrière tricolore, après 112 sélections, 81 buts, 3 Championnats d'Europe et, surtout, cette première Coupe du monde disputée par une équipe de France féminine, en 2003. La joueuse tirait même un trait sur sa carrière sportive tout court. Pichon reste à ce jour le meilleur buteur des Bleues, dont Soubeyrand fut la capitaine et la recordwoman des sélections. La première prit part à l'essor international d'une équipe de France qui, sous l'égide de la seconde, allait faire une magnifique Coupe du monde en 2011.

En août 2013, elle devint directrice administrative du FC Juvisy, le club de Sandrine Soubeyrand. Auparavant, en octobre 2012, elle était devenue la deuxième femme homosexuelle du pays à obtenir un « congé d'accueil de l'enfant ». Elle, qui s'est depuis mariée avec sa compagne, avec laquelle elle dut aller en Belgique pour avoir un enfant par procréation médicale assistée, est une femme qui s'engage contre l'homophobie et pour le droit des familles. Alors que, de son propre aveu, elle n'a jamais souffert de l'homophobie durant sa carrière sportive. Elle fut aussi employée du Conseil général de l'Essonne, cheffe de secteur à la direction des sports.

En 2019, elle a rejoint le Québec pour devenir entraîneuse au sein de l'Association Régionale de soccer du Lac Saint-Louis à Montréal.

Lire aussi : Diacre, Femmes, Hamm, Henry, Rapinoe, Soubeyrand

PIGEON (aile de)

Terme désignant un type de prise de balle. Le joueur contrôle, dévie ou frappe avec l'extérieur du pied ou le talon un ballon qui lui arrive à mi-hauteur.

PLATINI, Michel

Nous tenons Michel Hidalgo pour le plus grand homme du football français. Et celui-ci perd rarement une occasion de dire tout le bien qu'il pense de Michel Platini, le plus grand joueur que ce plus grand homme eut sous ses ordres. Platini et Hidalgo débutèrent d'ailleurs leur vie en bleu ce même jour de mars 1976. Celui qui fut pendant quatre ans (1982-1986) le meilleur footballeur sur Terre avait tout pour devenir le roi du monde, en cette mi-2015. Mais cette fois, celui qui nous fit planer avec ses coups francs se fracassa lui-même sur le mur. Celui de la realpolitik du foot, des billets, des affaires, avec laquelle il avait pourtant su pactiser, lui qui était devenu un as des réseaux. Il fut le plus grand joueur français avant Z.Z. Il demeure une exception française : un numéro 10 éternel qui devint piètre sélectionneur, un président français de l'UEFA qui voulut réguler le foot-business mais se brûla les ailes dans la globalisation financière, et enfin un type du système qui paya pour, justement, tout le système. Quelque part entre Platoche, André Malraux et Edmond Dantès (le comte de Monte-Cristo d'Alexandre Dumas), il y a donc Michel Platini. Cet homme qui, à l'heure où nous écrivons, veut livrer un nouveau combat : revenir dans le foot. On est jeune, en 2020, quand on a soixante-quatre ans.

« Platoche » est le surnom qui le désignait, lui qui était devenu un leader. Un surnom un peu sympa, un peu familial, un peu cassant. Il était réputé être ainsi : sympa, roublard, naïf, stratège.

Né le 21 juin 1955 à Joeuf (Meurthe-et-Moselle), ce fils d'immigrés italiens témoigne pour l'éternité de ce que la France (comme tous les pays) doit à l'immigration. En effet : Kop, lui et Zidane, les trois plus grands footballeurs français à ce jour, sont des enfants de l'immigration.

Le destin de Michel Platini fut indissociablement lié à celui de Michel Hidalgo : pour son premier match à la tête de l'équipe de France, France-Tchécoslovaquie en mars 1976, Hidalgo offrit sa première sélection au jeune Platini. On se rappelle ce que celui-ci dit à Henri Michel, en charge de tirer les coups francs chez les Bleus, dont il était le capitaine : « Tu me la passes et je la mets au fond. » Aussitôt dit, aussitôt fait. Ce culot, Platini le garda toujours. Ces coups francs, généralement de style « feuille morte », devinrent sa marque de fabrique. C'est ainsi qu'il perça, lui qui durant ses débuts de carrière à Nancy les travaillait en heures d'entraînement supplémentaires. Il plaça la France sur la route de la victoire à l'Euro 1984 (Luis Arconada s'en souvient avec effroi), offrant au pays son premier titre international en football professionnel.

N'oublions pas, cependant, que sa réussite n'était pas une évidence, loin de là : Platini fut d'abord refusé par le FC Metz (« trop frêle ») avant d'entrer chez le concurrent régional, l'AS Nancy-Lorraine, où il fut blessé à plusieurs reprises. Qu'importe, dès 1975 il fit parler de lui, accélérant le rythme l'année suivante, après sa première cape, jusqu'à devenir un joueur indispensable : c'est lui qui marqua le but de la finale de la Coupe de France 1978, offrant au club lorrain son premier titre.

L'année 1978 fut en or pour Platini. Le 8 février, en match de préparation pour la Coupe du monde, la France affronta l'Italie, à Naples. Là, Platini fit valoir son art du coup franc. Le premier qu'il tira trompa le goal italien… mais fut invalidé par l'arbitre, qui n'avait pas sifflé. À la deuxième tentative, Platini trouva le mur. Dino Zoff, le mythique gardien italien, pensa alors avoir évité le pire. Que nenni. Quelques minutes plus tard, un nouveau coup franc, à peu près au même endroit, fut exécuté par Platini. Le portier italien, échaudé par le tir précédent qui était venu du côté droit, plaça son mur sur ce même côté. Las, le ballon surgit par la gauche, pour un but cette fois validé. Zoff, un des meilleurs gardiens de l'histoire, venait d'être leurré deux fois de suite par une graine de star lorraine. Ce match, retransmis en Italie, fit de Platini une vedette dans le pays ; il signa le début d'une histoire entre lui et le pays de ses aïeux. Dès lors, Saint-Étienne, le PSG, mais aussi le Barça, la Juventus ou Arsenal se mirent en tête de l'acquérir. À l'époque, son salaire s'élevait à… 6 400 francs par mois.

Après un passage de trois ans chez les Verts (avec lesquels il fut champion de France 1981), c'est à la Juve qu'il débarqua en 1982, retrouvant Dino Zoff, ainsi que plusieurs des récents champions du monde italiens. Au bout de six mois de souffrance dans un pays où les entraînements étaient plus durs qu'en France, et dans le meilleur championnat d'Europe, Platini offrit la grâce à son club : deux titres de champions d'Italie (1984, 1986), une Coupe des coupes (1984), une Coupe d'Europe des clubs champions (1985), la Supercoupe UEFA (1984) et la Coupe intercontinentale (1985). Agrémentés de trois titres de meilleur buteur en Serie A (1983, 1984, 1985) et de trois Ballons d'or les mêmes années.

Entre 1982 et 1986, Platini fut le meilleur joueur du monde – cédant ensuite la place à Maradona. Un rayonnement dont il fit largement profiter les Bleus, dont il fut le meneur de jeu, le buteur, le symbole et l'image parfaite de 1978 à 1986. Cette équipe de France-là fut la plus belle sélection nationale vue sur terre entre, au bas mot, les années 1982 (drame contre la RFA à Séville) et 1986 (quart de Coupe du monde remporté contre le Brésil, un des plus grands matchs de l'histoire du foot). Sans oublier la victoire européenne de 1984, pour validation – victoire grâce au « carré magique », le fameux milieu de terrain 70 % offensif créé par Hidalgo : Genghini-Tigana-Giresse-Platini (1982), puis Fernandez-Tigana-Giresse-Platini (1984 à 1986). Platini joua soixante-douze fois avec l'équipe de France, dont à cinquante reprises en tant que capitaine, et marqua quarante et un buts avec les Bleus.

Just Fontaine le surnommait « Polaroid », soulignant sa lecture rapide du jeu : avant même de recevoir le ballon, Platini savait ce qu'il allait en faire. Il exécutait des frappes précises… à quarante mètres du filet. « Même ses pieds sont intelligents », affirmait Michel Hidalgo.

Lors de sa retraite internationale en 1987, à seulement trente et un ans, toute une ville pleura : Turin. Personne ne comprit pourquoi « Platoche » en avait déjà marre.

On ne le constaterait qu'après sa retraite, prise en 1987 bien qu'il fût en pleine gloire, mais Platini fut la dernière superstar d'un football encore relativement affecté par les dommages de la financiarisation.

Il fut aussi le premier grand footballeur français à poser dans les magazines tout en entretenant une relation de défiance avec la presse : combien de fois rappela-t-il aux journalistes qu'il était leur meilleure agence de voyages et que, grâce à lui, ils voyageaient en Argentine, en Espagne et au Mexique… Il fut aussi le premier footballeur français à accepter des contrats de publicité : « La Renault 12 et Michel Platini vous souhaitent la bonne année », « Fruité, c'est plus musclé ».

Appelé trop rapidement au poste de sélectionneur des Bleus (1988-1992), il n'y fit rien de très probant. Certes, il sélectionna Didier Deschamps pour la première fois. Mais qui pouvait se douter que, en ce début du XXIe siècle, pris de jalousie envers une génération qui décrocha le titre mondial que lui n'avait pas obtenu, Platini ferait son possible pour que les membres de « France 98 » n'aient aucune responsabilité dans les instances fédérales ? Car, oui, Platini essaya bien de barrer la route à Deschamps, lorsqu'il fallut nommer un sélectionneur en 2004. Et si, quatre années plus tard, Platini insista pour que Domenech reste à la tête de l'équipe de France, c'était bien pour ne pas voir un champion de 1998 prendre le pouvoir.

Une Coupe du monde 1998 dont il fut le coprésident du comité d'organisation, avec Fernand Sastre. Il fut choisi ensuite pour conseiller le président de la FIFA, Sepp Blatter, puis fut élu à la tête de l'UEFA, patron du football européen, en 2007. Il réorganisa un peu le fonctionnement de la Champions League, en favorisant les petits clubs. Il créa surtout un concept qui devrait faire mouche : le fair-play financier. Une idée simple : interdire aux clubs de dépenser plus d'argent qu'ils ne peuvent en générer. Une idée antilibérale, donc, qui énerve les clubs riches qui vivent sur les déficits consentis. Réélu patron du football européen en 2011 et en 2015, il mit en place ce programme, qui aujourd'hui fait loi.

Beaucoup voyaient en lui le futur président du foot mondial. Du coup, il devint le rival, puis l'ennemi juré, de son ex-mentor : Sepp Blatter, qui commençait à être lui-même gangrené par les arrangements et les soupçons de corruption. En juillet 2015, il annonça sa candidature à la prochaine élection de la FIFA, prévue pour le 26 février 2016. Et puis il y eut un « Fifagate ». Blatter tomba, et Platini aussi.

Auparavant, il y avait déjà eu ce déjeuner secret, le 23 novembre 2010. Convié à l'Élysée par Nicolas Sarkozy, alors président de la République, avec le prince du Qatar et quelques autres, Platini fut ensuite soupçonné d'assurer le lobbying pour que l'émirat obtienne l'organisation de la Coupe du monde 2022. Ce repas, Blatter l'utilisa et en fit un conflit d'intérêts qui accusait son ancien allié. Le Suisse, encore président de la FIFA, fut visé par une procédure pénale du procureur général de la Suisse, le 25 septembre 2015, pour soupçon d'un « paiement déloyal » de 1,83 million d'euros en faveur de Michel Platini. Les deux hommes se virent suspendus par la commission d'éthique de la Fédération internationale le 8 octobre.

Le 21 décembre, cette même commission reconnut l'ancien numéro 10 coupable, le condamnant à huit ans de suspension de toute activité liée au football, ainsi qu'à une amende de 80 000 francs suisses – une suspension réduite à quatre ans par le Tribunal arbitral du sport (TAS) le 9 mai 2016. Depuis 2020, il est question de son retour comme futur conseiller du président de la Fédération internationale des associations de footballeurs professionnels (FIFPro).

Lire aussi : Arconada, DD, FIFA, Hidalgo, Juventus, Séville, Verts

POK-A-TOK, ou TLACHTLI

Deux siècles avant notre ère, on trouvait des traces d'un jeu de balle chez les Olmèques et les Mayas. Un jeu à caractère rituel, appelé « pok-a-tok », et pratiqué sur un terrain délimité par des parois inclinées. Il évolua vers le jeu de pelote, également appelé « tlachtli ». Deux équipes de sept joueurs s'affrontaient sur un terrain de 75 mètres de long, le but étant de faire passer une boule de caoutchouc dans un mince anneau, sans utiliser les mains. Le spectacle était conçu pour évoquer les astres et la création du monde. Simple récréation à l'origine, le pok-a-tok devint une compétition… très risquée : elle couronnait de gloire le vainqueur, et s'achevait parfois par le sacrifice du perdant, qui pouvait être décapité. Ce jeu était aussi animé par un rituel religieux : il symbolisait les liens inextricables entre le sport, les dieux et la société. Des vestiges archéologiques comme celui de Chichén-Itza au Yucatán en témoignent encore aujourd'hui. Entre 250 avant J.-C. et 900 après, les Mayas jouaient au pok-a-tok. Les Aztèques développèrent leur propre version du jeu entre 1200 et 1521 après J.-C.

Lire aussi : Asqaqtuk, Calcio, Cnapan, Cuju, Mob football, Pasuckuakohowog, Public schools, Soule

POLICE

« Mais que fait la police ? » Elle détient des clubs. Par exemple, l'Étoile rouge de Belgrade, à l'époque de la Yougoslavie, fut le club de la police après avoir été celui des antifascistes et des classes populaires. Dans la Russie période soviétique, le Dynamo Moscou évoluait sous le parrainage de la fameuse GPU (police politique soviétique).

Lire aussi : Armée, Dynamo

POULPE (PRÉNOM : PAUL)

Au long d'une Coupe du monde 2010 qui ne révéla aucun grand joueur, la curiosité d'un public mondial en mal d'icône fut un temps rassasiée par un poulpe. Un céphalopode devin qui fit un sans-faute dans ses prédictions : huit sur huit. Ce qui fut considéré comme une des grandes curiosités de la planète en juillet 2010. Paul le poulpe prédit donc correctement les victoires de l'Allemagne contre l'Australie, le Ghana, l'Angleterre, l'Argentine et l'Uruguay, ainsi que les défaites contre la Serbie et l'Espagne. Il annonça également la victoire finale des Espagnols contre les Hollandais. Surnommé « l'Oracle d'Oberhausen », Paul était une petite pieuvre maintenue en captivité à l'aquarium Sea Life d'Oberhausen, en Allemagne. C'est pourquoi on ne le fit plancher que sur les matchs de l'Allemagne, pour commencer. Comme un peu plus tôt en 2008, car n'oublions pas que Paul œuvra aussi durant l'Euro 2008, avec seulement 50 % de taux de réussite : deux bons pronostics sur quatre matchs (il n'avait pas prévu les défaites allemandes contre la Croatie, ni contre l'Espagne en finale). Par quel miracle un céphalopode put-il se transformer en Élizabeth Tessier ? Avant les matchs, on introduisait dans son aquarium deux boîtes transparentes, fermées par un couvercle et contenant chacune le plat préféré d'un poulpe : une moule, ici décoquillée. L'un des récipients arborait, en façade, le drapeau de l'Allemagne, l'autre le drapeau de l'équipe adverse. Le poulpe devait ouvrir l'une des deux boîtes en soulevant son couvercle, puis s'emparer de la nourriture. Dans chaque cas, le choix de l'animal pour telle ou telle boîte était interprété comme étant la désignation prémonitoire du vainqueur. Né en 2008, Paul mourut le 26 octobre 2010. On ne put jamais savoir s'il l'avait prévu. Toujours est-il que sa mort n'eut rien de surnaturel : la durée de vie moyenne d'un poulpe est de trois ans. « Il semble qu'il soit mort en douceur pendant la nuit, de causes naturelles », expliqua la direction du centre d'Oberhausen dans un communiqué à la presse, avant de conclure sur une information importante : un nouveau jeune poulpe était déjà en « période d'acclimatation », afin d'assurer la relève. Son nom ? Paul II.

PRÉSIDENT

C'est en 1998 que Laurent Blanc fut appelé « le Président », un surnom qui fit de lui l'équivalent français du Kaiser Beckenbauer. Ces deux hommes jouèrent au milieu du terrain aussi bien qu'en défense, ils furent les fers de lance de leur équipe autant que le point de stabilité ultime. Tous deux devinrent sélectionneurs de leurs équipes nationales respectives.

Avant d'assurer l'arrière, Blanc lança les attaques : c'est au poste de milieu de terrain offensif qu'il débuta avec Montpellier en 1983, à l'âge de dix-neuf ans. C'est à ce poste qu'il remporta le championnat d'Europe Espoirs en 1988, avec Martini, Roche, Sauzée, Cantona et autre Paille. Un an plus tard, l'année du bicentenaire de la Révolution française, il connut sa première sélection en bleu. Mais peu après, à la demande de son entraîneur de club, il descendit à contrecœur en défense centrale, où il se trouva avec la baraque brésilienne Julio Cesar, un ancien déménageur devenu footballeur. Entente parfaite entre les deux. Blanc se fixa définitivement au poste de libero dès la saison suivante. Une fois bien aguerri, il s'en alla voir du pays en Italie : à Naples, une ville alors en deuil de Maradona, qui venait de se faire arrêter pour contrôle positif à la cocaïne. La saison de Blanc fut honorable, mais pas concluante. Retour en France en 1992-1993, à Nîmes, puis chez les Verts jusqu'en 1995. Quand vint le fiasco de la défaite de l'équipe de France (dont Blanc était titulaire indiscutable) contre la Bulgarie en novembre 1993, le joueur annonça qu'il renonçait aux Bleus. Le futur Président connut alors un sacré passage à vide. Guy Roux, relanceur de joueurs déprimés (Scifo, Roche) décida de le faire venir à Auxerre. Résultat 1 : doublé coupe/championnat en 1996. Résultat 2 : Blanc réintégra les Bleus (Aimé Jacquet avait fait de lui une priorité). Il participa à l'Euro 1996, qui vit les Bleus se faire battre en demi-finale, mais néanmoins réapprendre à jouer ensemble. C'est cette équipe qui allait devenir championne du monde deux ans plus tard. Très convoité, Blanc rejoignit le Barça, recruté par Johan Cruyff – lequel fut remercié peu après. L'apothéose annoncée ne fut que douleur et hargne : blessure, expulsions. Blanc n'était plus le titulaire indiscutable qu'il devait être dans un tel club. Or, s'il voulait jouer le Mondial 1998 qui se profilait, Blanc devait obligatoirement le redevenir. Pour cela, il revint en France, à l'OM, où il fut à nouveau ce joueur qui rassurait sa défense et donnait confiance. C'est à Marseille qu'on commença à le surnommer « Président ». Son surnom fut très médiatisé lors de la Coupe du monde, quand il baisait le crâne de Fabien Barthez avant chaque match, se conduisant comme un patron de défense, sauvant même les Bleus en marquant le but en or de la qualification en huitième. Blanc fut également Président chez les Bleus champions d'Europe 2000.

Après une deuxième saison à l'OM, le joueur, piqué par une finale perdue de Coupe UEFA, retourna en Italie, à l'Inter Milan. Il était toujours ce défenseur hyperfiable, le défenseur « défendant debout » (pas de mauvais tacles, donc) et dont l'expérience, faisant autorité, rejaillissait sur toute l'équipe. En 2001, l'éminent Manchester United le recruta. Là, il retrouva Barthez, et connut enfin la Champions League. Il conclut sa carrière en 2003, vingt ans après ses débuts, sur un titre de champion d'Angleterre. Puis il passa ses diplômes d'entraîneur. Il souhaitait entraîner au plus vite un grand club, en évitant l'étape des clubs de plus faible envergure. Encore inexpérimenté, il trouva une place à Bordeaux, en 2007. Et sauta directement dans le grand bain. Pour sa première saison sur un banc de Ligue 1, Laurent Blanc et les Girondins terminèrent le championnat 2007-2008 à la seconde place. Énorme. L'année suivante, le club, qui vit arriver un dénommé Yoann Gourcuff, finit champion de France. Extraordinaire. Assurément Blanc était la star de la Ligue 1 française. La saison suivante fut plus étrange : Bordeaux domina largement toute la première partie du championnat, avant de s'effondrer et de chuter à la sixième place. Pourquoi ? Entre autres parce que, à ce moment-là, la FFF dévoila ses intentions de faire un pont d'or à Laurent Blanc, pour succéder à Raymond Domenech à la tête des Bleus après le Mondial. Une telle communication déstabilisa le club girondin en pleine compétition.

Juste avant la Coupe du monde 2010, Blanc fut donc nommé comme sélectionneur national. Il débuta sa mission en devant gérer le fiasco et les non-dits de Knysna. Ainsi, Laurent Blanc devint-il le Beckenbauer français. Sans pratiquer un jeu digne de ce nom, réalisant des matchs assez barbants, ses Bleus se qualifièrent tout de même pour l'Euro 2012. Un Euro où les objectifs fixés au sélectionneur furent atteints : les quarts de finale. Mais le comportement des Bleus durant la compétition, sans être de même gravité, est à couler dans le même marbre que celui de 2010 : des joueurs qui marchent sur les consignes du sélectionneur (Ménez), un autre qui insulte un journaliste (Nasri), un jeu à des années-lumière du football ; une victoire, un nul et deux défaites. Un Euro qui montra que le « Président » n'avait pas d'autorité sur cette génération pourrie-gâtée. C'est pourquoi, lorsqu'on le vit arriver à la tête du PSG, on aurait pu rire. C'était en juillet 2013. Le club venait d'être sacré. Laurent Blanc avait été choisi par les Qataris parce que ceux-ci n'avaient convaincu aucune grosse pointure de club de venir remplacer un Carlo Ancelotti qui pliait bagage pour Madrid. Comment Blanc, qui s'était fait dépasser par Nasri et Ribéry, allait-il imposer ses idées à Ibra, Thiago Motta, Thiago Silva, Cavani, et la piste aux étoiles parisienne ? On eut vite la réponse : en donnant aux meneurs ce qu'ils voulaient, il sut les motiver pour les faire gagner et jouer comme lui le voulait. Mais après trois saisons de titres nationaux et de plafonds de verre européens, il se vit remercié le 27 juin 2016. Son indemnité de départ fut estimée à 22 millions d'euros.

Enfin, bien qu'il ne soit en rien suspect d'une quelconque phobie humaine, le Président eut des propos limites, en 2009, et un rôle assez passif dans la fameuse affaire des quotas.

Lire aussi : DD, PSG, Quotas.

PRINTEMPS arabe

« La révolution en deuil », titrait *Libération*, ce 3 février 2012. La veille au soir, au nord-est de l'Égypte, un match de football avait fait 74 morts. Convoquant en nos mémoires les fantômes du Heysel, de Hillsborough et de la guerre de 1969. Ce drame, qui eut lieu dans le deuxième pays à connaître son printemps arabe début 2011, quelques semaines à peine après la Tunisie, et quelques mois avant la Libye, bouleversa la ville de Port-Saïd, six cent mille habitants, située au débouché du canal de Suez dans la mer Méditerranée. Son club, Al-Masry, fondé en 1920 par un groupe d'Égyptiens afin d'offrir aux citoyens indigènes une structure face aux équipes étrangères durant l'occupation du pays par la Grande-Bretagne, était l'un des plus populaires du royaume. Malgré cela, il tomba quelque peu en désuétude début XXIe siècle. Le soir du 2 février 2012, il recevait le club cairote d'Al-Ahly, tenant du titre national depuis six ans et équipe la plus titrée du pays. Les visiteurs allaient se voir infliger leur première défaite de la saison : trois buts à un. Pour fêter leur victoire, les supporters d'Al-Masry, tout à leur liesse, descendirent par centaines sur la pelouse, dès le coup de sifflet final. Ils s'en prirent aux joueurs cairotes, qui reçurent bien quelques gnons avant de courir aux vestiaires, escortés par des policiers. Devenus fanatiques, les supporters victorieux attaquèrent ensuite leurs homologues défaits, leur jetant bouteilles, pierres, fusées éclairantes, avant de grimper dans les tribunes, qui se transformèrent en véritable boucherie : coups de couteaux, piétinements, étranglements. Un supporter cairote parla de camarades lancés du haut des tribunes sous ses yeux. Illico, la nouvelle du carnage se propagea dans le pays. Au Caire, un match entre Al-Zamalek (autre club de la capitale) et Ismaily (club d'Ismaïlia, ville un peu au sud de Port-Saïd) fut suspendu, entraînant un début d'incendie dans le stade. Al-Ahly et Al-Zamalek, les deux grandes équipes du pays, annoncèrent qu'elles gelaient toutes leurs activités pour protester contre le manque de sécurité, et un deuil national de trois jours fut décrété. « Manque de sécurité. » Comment en effet une telle violence avait-elle pu advenir ? Que penser de la passivité de la police ? Pourquoi les grilles du stade furent-elles maintenues fermées après le match ? Ne s'agit-il vraiment que d'une coupure de courant ? Très vite, les images d'agents des forces de l'ordre assistant les bras croisés au lynchage choquèrent le monde entier.

C'est que, depuis le début de la révolution, le 25 janvier 2011, le sort des ultras d'Al-Ahly y est étroitement lié. Bien que ces derniers n'aient pris aucune position officielle durant ladite révolution, il est de notoriété publique qu'ils furent le bras armé de la contestation civile place Tahrir. Rodés aux guérillas urbaines et aux affrontements avec la police comme de nombreux ultras de la planète, ils apportèrent un concours très apprécié des révolutionnaires pour protéger la place, notamment lors de « la bataille des chameaux », début février 2011 – les miliciens fidèles à Moubarak, en armes, tentèrent en vain à cette occasion de reprendre le contrôle de l'épicentre du Caire, en chargeant à dos d'ongulés les contestataires. « Nous avons été les premiers en Égypte à répondre à la brutalité policière par la violence, expliqua alors l'un des contestataires ayant participé au mouvement, dans une interview au magazine français *Yards*. Se battre sur la place Tahrir était la conséquence logique du harcèlement dont nous étions victimes dans les stades. » « Nous reprenons évidemment nos slogans pendant les manifestations et c'est à cela qu'on nous reconnaît. Nous remplaçons juste "supporters du Ahly" par "le peuple égyptien" », affirme un autre, interrogé par la chaîne 24. Sous Moubarak, ils inquiétaient. Depuis la chute du régime, ils considèrent que « la révolution n'est pas terminée » et que « le régime est toujours le même ». « Sans eux, la révolution égyptienne n'aurait pas commencé », dirent alors de nombreux manifestants. Aussi, lorsque le mouvement connut un nouveau souffle, début 2012, sur le même épicentre cairote où la population réclamait qu'une vraie démocratie succède au régime militaire, lequel ne devait servir que de transition, la fièvre remonta chez les ultras. Conséquemment, les rixes entre eux et le pouvoir recommencèrent. L'histoire apporte ainsi un éclairage déconcertant sur la passivité dont a fait montre la police sur la pelouse de Port-Saïd : elle se serait tout bonnement vengée des supporters d'Al-Ahly. Le 21 janvier, puis le 9 mars 2013, le verdict rendu lors du procès du drame (21 condamnations à mort, 24 condamnations à des peines de prison dont 5 à perpétuité, et 28 acquittements à l'encontre d'individus impliqués) déclencha lui aussi des émeutes à travers le pays.

Il n'y a pas qu'en Égypte que l'histoire du football et celle de la révolution s'imbriquent si étroitement. En Tunisie aussi, le foot et « la révolution de jasmin » s'appuyèrent l'un sur l'autre. Certains ultras du royaume étaient dans la ligne de mire du régime de Ben Ali. Lors des retransmissions de matchs à la télévision, certains chants étaient coupés, car jugés trop vulgaires, et trop contestataires. Pourtant, la majorité des clubs du territoire bénéficiaient du soutien financier des membres ou des proches de l'ex-famille dirigeante. Pour les pisse-froid de l'avenue Bourguiba à Tunis, « la révolution a aussi délivré les Tunisiens de la dictature du football », tant le pouvoir n'autorisait que de rares sujets de discussions publiques, au nombre desquels le ballon rond. Lequel tournait bien, en Tunisie : les « Aigles de Carthage » (surnom de la sélection tunisienne) avaient gagné la CAN, à domicile, en 2004, et sous la houlette de Roger Lemerre. Cependant, la méfiance des pisse-froid a une justification : les violences qui de tout temps émaillèrent les duels entre l'Espérance sportive de Tunis, le Club africain de Tunis, l'Étoile sportive du Sahel ou le Club sportif Sfaxien, grandes équipes du pays, ne furent en rien combattues par Ben Ali. Si les jeunes se défoulaient entre eux dans les stades, au moins ne se défouleraient-ils pas contre lui… En outre, identifiant le football à la violence, il en coupait une partie de la population qui, apeurée, lui gardait ses faveurs. Utilisation éternelle du sport et des phénomènes de masse par les dictatures… Mais le destin est un animal qui se retourne toujours contre vous : la violence implicitement entretenue par Ben Ali devint un vecteur souterrain de la révolution. Lorsqu'en décembre 2010 la jeunesse et les réseaux sociaux allumèrent la mèche de la révolution, on s'aperçut que les stades avaient été les premiers foyers de la révolution tunisienne : ils avaient appris aux jeunes à s'opposer aux forces de l'ordre, et avaient contribué à faire diminuer la terreur qu'inspirait la simple vue d'un policier…

La révolution de jasmin stoppa le championnat durant deux mois. Privés des mannes benaliennes, les clubs qui vivaient sous perfusion étatique durent développer les produits dérivés, démarcher les sponsors potentiels et recomposer leurs comités directeurs. La plupart des joueurs et encadreurs ne furent pas payés durant deux ou trois mois (à l'Espérance de Tunis, les salaires atteignaient tout de même les 8 000 à 10 000 euros mensuels, dans un pays où le Smic est à 150 euros). C'est pourtant dans ce contexte que l'Espérance de Tunis remporta la Ligue des champions africaine.

En Syrie, Abdel Basset Sarot avait dix-neuf ans lorsque débuta la révolte civile et civique contre le régime du despote Bachar el-Assad. Gardien de but au club d'Al-Karama, un des meilleurs de la ville de Homs et du pays entier, gardien espoir de la sélection syrienne, Sarot incarne aujourd'hui, avec d'autres, la révolte, et utilise pour ce faire les réseaux sociaux, à l'instar de ses confrères tunisiens et égyptiens. Le 10 juillet, il apparaissait sur YouTube : « Au nom d'Allah, le Clément, le Miséricordieux, moi, Abdel Basset Sarot, suis citoyen syrien et gardien de but de l'équipe nationale de foot junior et du club Karama. Le régime syrien m'a accusé d'être salafiste et de chercher à créer un émirat salafiste. Cette accusation a été formulée quand nous sommes descendus dans la rue afin de réclamer la liberté pour le peuple syrien. Je suis maintenant recherché par les agences de sécurité, qui essaient de m'arrêter. Je déclare, avec toute ma présence d'esprit et de mon plein gré, que nous, le peuple syrien libre, ne reculerons pas tant que notre seule et unique exigence n'aura pas été exaucée : que le régime soit renversé. Nous ne sommes pas salafistes, et il n'y a aucune vérité dans les dires du régime relatifs aux [prétendus] groupes armés ou à un émirat salafiste. »

Le jeune homme faisait allusion aux accusations communautaires que le régime porta contre les sunnites du pays, autrement dit 70 % de la population, auxquels il appartient. Mais, en Syrie, ce sont les alaouites (20 % de la population), dont est issue la famille el-Assad, qui détiennent le pouvoir. En football, il arrive régulièrement que des matchs entre des clubs appartenant à chacune de ces communautés se terminent en baston. Basset, au fait de tout cela, avait en outre eu l'occasion, lors de voyages à l'étranger avec la sélection nationale, de se faire une idée très précise de la situation politique propre à son pays. En mars 2011, c'est tout naturellement qu'il entre dans le mouvement de révolte, lorsque la Syrie est gagnée par le vent du printemps arabe. Aujourd'hui activement recherché par le pouvoir, Basset ne joue plus au football (« Je préférerais devenir un martyr plutôt que de rejouer au foot », dit-il au mensuel *So Foot*). Martyr, il l'est déjà un peu, puisque les services secrets kidnappèrent son frère, promettant de le tuer si Abdel continuait à jouer les hérauts de la révolution. Menace qu'ils finirent par mettre à exécution. Basset, qui auparavant était cantonné à une cage censée lui ouvrir les portes de la gloire, doit désormais changer quotidiennement de domicile. Lorsqu'il se baigne dans l'Histoire, le football est aussi un mouvement civique.

Lire aussi : Guerre, Heysel, Kadhafi, Quotas

PSG

Les mauvaises langues diront toujours que PSG signifie « Pas sûr de gagner », tant le club de la capitale nous habitua à des débuts de saison canon avant de sempiternelles « crises de novembre » ou à un véritable plafond de verre européen en mars. Pourtant, le Paris Saint-Germain Football Club était, en 2019, le club qui évoluait en Ligue 1 depuis le plus longtemps : il y disputait sa quarantième-sixième saison consécutive. Il fut pourtant un des derniers-nés des clubs professionnels français.

La première période du club fut courte (1970-1974) et peu engageante : issu de la fusion du jeune Paris FC (fondé en 1969) avec le vieux Stade Saint-Germain (fondé en 1904 et pensionnaire de la D2), le PSG naquit en juin 1970, et monta en première division dès l'année suivante. Cependant, ce club mi-Paris mi-banlieue ne trouvait pas de subventions municipales fixes, et dut être rescindé en 1972 : les professionnels reprirent le maillot Paris FC et restèrent dans l'élite ; les amateurs de Saint-Germain gardèrent le nom de PSG et se retrouvèrent en troisième division. L'invraisemblable se produisit deux années plus tard : le Paris FC fut rétrogradé en deuxième division, et le PSG se hissa en première division. Qu'il ne quitta donc jamais depuis.

La deuxième période du club pouvait commencer. Elle débuta flashy, avec l'arrivée du couturier Daniel Hechter à la tête du club qui, depuis des années, ne ménageait pas ses efforts pour percer dans le foot à Paris. Le couturier arriva avec un « gang des chemises roses » (un de ses associés, un certain Francis Borelli, portait une chemise rose le jour de la première conférence de presse de la nouvelle équipe) et un parterre de personnalités ayant investi quelques milliers de francs : Jean-Paul Belmondo plaça alors 100 000 francs dans le club, avec la ferme intention d'être le premier à offrir à Paris un « club populaire et romantique ». Une version glamrock du Red Star communiste, en somme. Ou une version football de l'actuel Stade français de rugby, les calendriers en moins. Hechter dessina un nouveau maillot, engagea illico Just Fontaine comme entraîneur, puis Mustapha Dahleb en pointe de l'attaque. L'Algérien fut le premier d'une longue série de buteurs à Paris : Bianchi, Rocheteau, Simone, Weah, Pauleta, Cavani, Ibrahimovic.

Emporté en 1977 par le scandale de la double billetterie du Parc des Princes (billets systématiquement vendus au noir, ce qui permettait au boss de récupérer de l'argent liquide et de verser aux joueurs des compléments de salaires), Hechter eut le temps de donner au club l'image qui depuis lui colle aux baskets : un club de riches un peu artificiel, marchant au courant alternatif. Le PSG connut de grandes périodes : les Coupes de France 1982 et 1983, premiers trophées du jeune club, les titres de 1986 et 1994, la Coupe d'Europe des vainqueurs de coupe en 1996, ce quart de finale UEFA mythique contre le Real en 1993. Mais le PSG traversa aussi des trous noirs, flirta régulièrement avec la deuxième division, laissa entrer les fachos dans les rangs de ses supporters sans trop savoir comment s'en défaire, enchaîna les crises internes et les longues périodes sans âme.

Le PSG fut néanmoins une piste aux étoiles : Dahleb, Toko, Susic, Rocheteau, Fernandez, Bats, Lama, Ginola, Djorkaeff, Heinze, Anelka, Okocha, Pauleta, Le Guen, Guérin, Kombouaré. Le PSG eut même son « esprit Canal » quand la chaîne cryptée fut à son tour propriétaire du club (1991-2006) : cette période se distingue par une arrivée massive de Brésiliens (Rai, Valdo, Ricardo, Leonardo), de titres et de lumière sur la capitale. Le PSG eut aussi son côté obscur de la force, période où, malgré la présence d'Okocha, Anelka et surtout Ronaldinho, le club ne gagna rien et ne créa aucun fond de jeu.

De très grands joueurs passèrent par les bords de Seine, mais il n'y eut jamais (ou rarement) à Paris ce que l'on peut appeler un grand club, avec une grande histoire, un style de jeu propre et l'invention d'un rêve. Souvent, les joueurs choisissent de signer au PSG pour pouvoir profiter des joies de la capitale la nuit, cette Ville-lumière qui empêche ses footballeurs de dormir : Ronaldinho finit par connaître aussi bien la direction des clubs privés que celle des buts adverses. En football pur, la Ville-lumière est à ce jour la seule capitale du monde qui n'ait jamais su faire rêver personne.

C'est alors qu'ils arrivèrent. Les nouveaux argentiers du foot. Pas les oligarques russes, non. Les Qatariens. Plus exactement : Qatar Sports Investsments, qui, le 13 juillet 2011, racheta 70 % des parts du club à l'ancien actionnaire majoritaire, l'américain Colony Capital, qui désirait vendre depuis des semaines. Les chiffres qui circulèrent furent un prix de vente compris entre 30 et 40 millions d'euros, sans préciser si cette somme prenait en compte les pertes du club, estimées à 19 millions d'euros pour la saison qui se terminait, et ses dettes accumulées (entre 15 et 20 millions).

Le représentant de QSI, Nasser al-Khelaïfi, devint le P-DG du club. Il ne cacha pas son but : donner à Paris tous, absolument tous les moyens pour avoir un club digne de son rang. Ça ne traîna pas : arrivée du Brésilien Leonardo, ancien joueur du club et ancienne star devenue entraîneur, comme manager général. Avec tout pouvoir sur le recrutement. Traduction : l'entraîneur en place depuis deux ans, Antoine Kombouaré, malgré son bilan honorable et bien qu'il ait débuté son travail pour la saison à venir, était menacé. Six mois plus tard, il sera débarqué sans aucune élégance, et remplacé par Carlo Ancelotti. Ou comment le PSG reproduisait ce que Tapie et l'OM avaient fait, vingt ans avant, avec Franz Beckenbauer.

Durant le seul mois d'août, Leonardo et ses proprios réorganisèrent les deux tiers de l'équipe type, investissant notamment 42 millions d'euros pour un Argentin nommé Javier Pastore (du jamais-vu en France), recrutant également, entre autres, le gardien international italien Salvatore Sirigu, le capitaine de la sélection uruguayenne Diego Lugano, les internationaux français Jérémy Ménez, Kevin Gameiro et Blaise Matuidi. Montant global : 89,3 millions d'euros. Malgré le couac Beckham, qui devait venir dès 2012 et ne vint qu'en janvier 2013, le premier hiver des Qataris à Paris vit arriver deux pointures brésiliennes : Maxwell, en provenance du grand Barça, et Alex (Chelsea).

Malgré tout, le PSG échoua, et contrairement aux attentes dut laisser le titre 2012 à… Montpellier. Le club de Louis Nicollin, lui-même patron d'une entreprise de recyclages de déchets, avait devancé le carrosse qatarien de la Ville-lumière. Montrant au Qatar que le dollar ne pouvait même pas acheter le football. Le très discret et très correct Nasser al-Khelaïfi, qui en mars avait racheté les 30 % des parts du club qui lui manquaient, et qui entre-temps était devenu ministre de son pays, sortit le chéquier double XL : 31 millions d'euros pour l'Argentin Lavezzi (venu de Naples), 11 millions pour le jeune espoir italien Verrati, et deux géants. Deux des meilleurs joueurs du monde. Deux hommes que jamais on ne pensa un jour voir jouer pour un club hexagonal. Deux coups de tonnerre frappèrent la capitale en plein mois de juillet. Le premier fut la mégastar Zlatan Ibrahimovic (20 millions d'euros et un salaire jamais vu ici : 14 millions d'euros par an). Suivi illico par une secousse équivalente : le meilleur défenseur au monde, le Brésilien Thiago Silva (49 millions d'euros). En janvier arriva Beckham. À présent, la France se mettait à l'heure galactique. Et grâce à l'argent qatari, Paris réglait son compte aux provinces du pays : quart de finaliste de la Champions League (éliminé sans avoir perdu par le Barça), le club finit champion de France. Un titre ponctué par une fête qui n'eut pas lieu, gâchée qu'elle fut par des supporters et des ultras refoulés du Parc depuis les plans de sécurité que le club avait pris trois ans plus tôt. Lorsque les joueurs soulevèrent le trophée, ce 13 mai au soir, place du Trocadéro, les refoulés, auxquels s'étaient joints racailles et voyous voulant se payer du flic, envahissent la tribune de presse, lancent des fumigènes et commencent la rixe. Bilan : les joueurs partirent se réfugier dans un hôtel particulier, pendant que dans le quartier continuait la baston. Actes de vandalisme, bastons, vingt et une interpellations, trente personnes blessées dont trois CRS. Une non-fête qui ralluma le débat sur l'hooliganisme en France (qui est un fantasme, mais qui sert les tenants du tout sécuritaire).

L'histoire du PSG est ainsi, qui illustre à quel point Paris n'est pas une ville de football : ce club a très souvent eu un problème avec ses supporters.

L'été suivant, Laurent Blanc vint remplacer Ancelotti. Le très prometteur défenseur brésilien Marquinhos signait pour la somme de 31,4 millions d'euros. Il est encore au club à ce jour. Et surtout : l'Uruguayen Edinson Cavani arriva, pile un an après Zlatan. Ce fut le plus gros transfert de l'été européen : 64 millions d'euros. Grâce à ce chèque, Paris avait sur le papier la plus belle ligne d'attaque du monde. Depuis six ans maintenant, « El Matador » est toujours là. Le 23 février 2020, au cours d'un match de championnat contre Bordeaux, il marquait son 200e but toutes compétitions confondues sous les couleurs parisiennes, en 298 matches : 138 en Ligue 1, 30 en Ligue des Champions, 32 en coupes nationales. L'Uruguayen est alors dans sa dernière année de contrat, et les dirigeants ne semblent pas enclins à le prolonger. Alternant des périodes pleine bourre et d'autres où il vendange sérieusement, il n'a pourtant jamais démérité, lui qui s'est toujours vu voler la vedette par Ibrahimovic, puis Neymar, puis Mbappé, puis Icardi. Depuis 2018, il est le meilleur buteur de l'histoire du PSG.

Si le club fut à nouveau champion de France en fin de saison 2013-2014, il fut encore stoppé en Ligue des champions : éliminé par Chelsea en quarts de finale. Pendant l'intersaison, le PSG fut l'une des neuf formations ciblées par le fair-play financier organisé par l'UEFA (obligeant les clubs à ne pas dépenser plus qu'ils ne gagnent) : budget de transferts réduit à 60 millions d'euros, masse salariale encadrée. On vit quand même un « gros coup » : le défenseur brésilien David Luiz débarqua, pour un montant de 49,5 millions d'euros. À nouveau champion national, vainqueur des Coupes de France et de la Ligue, la fatalité européenne survint encore : cette fois, c'est le Barça qui les élimina en quarts de finale de la grande coupe européenne. Une autre étoile arriva à l'été 2015 : l'Argentin Angel Di Maria (63 millions d'euros), ainsi que le gardien allemand Kevin Trapp. Bilan : nouveau triplé national, mais encore ce plafond de verre continental en quarts, défaits cette fois par Manchester City.

On se dit alors, du côté du président Nasser Al-Khelaïfi, qu'il fallait apporter des changements majeurs, pour entamer un nouveau cycle. Comme toujours en pareil cas, l'entraîneur fit les frais du lavage : on remplaça

Laurent Blanc par l'Espagnol Unai Emery. On fit signer l'éternel espoir français Hatem Ben Arfa et le latéral belge Thomas Meunier à l'été 2016, puis l'Allemand Julian Draxler au mercato de janvier 2017. Cette saison-là fut la pire, et symbolise à elle seule tout ce qui plafonnera toujours dans ce club : malgré un nouveau doublé en coupes nationales, il dut laisser son titre de champion de France à l'AS Monaco (emmené par la révélation de la saison, un certain Kylian Mbappé), et fut (encore) stoppé prématurément sur la scène européenne. Mais ce fut pire qu'une élimination. Ce fut la désormais célébrissime « Remontada ». Le 8 mars 2017, au Camp Nou de Barcelone, le PSG entamait son match retour des huitièmes de finale de Ligue des champions après avoir passé 4-0 au match aller. Au Barça de Messi, Suarez et Neymar. Un match aller magique. Le PSG avait donné une leçon. On avait peur, on osait à peine y croire vraiment, mais on se disait que personne ne pourrait remonter quatre buts face à ces Parisiens-là. Et pourtant. À la 91e minute, les Espagnols menaient 5-1. Le PSG était encore qualifié. Mais le monde s'effondra à la 95e, quand Barcelone marqua encore. Six buts à un. Avec un score cumulé de 6-5, les Catalans venaient d'offrir à leur peuple la remontée la plus importante de l'histoire de la Ligue des champions. Le terme de *remontada* fut tatoué à l'âme parisienne ce soir-là. Depuis, il leur colle toujours à la peau. Depuis, le PSG a toujours peur du printemps. Depuis, on se rappelle que « PSG » signifie aussi « Pas sûr de gagner », et que ce sera valable à jamais.

Puisque, désormais, il était évident que ce club-là devrait toujours jouer contre tout le monde mais aussi contre le destin, on décida qu'il fallait effacer très tôt le souvenir de cette *remontada*. Il fallait commencer par attaquer le fautif dans son cœur. Après des semaines de guerre psychologique, on réussit à faire péter la clause de cession du Brésilien Neymar, étoile mondiale jouant… à

Barcelone. Le « transfert du siècle » coûta 222 millions d'euros, nouveau record mondial. Le Barça était blessé, et le PSG entrait dans une dimension jamais atteinte : le joueur était le troisième ou quatrième meilleur joueur du monde. Tout le monde voudrait jouer avec lui. Comme, par exemple, le prodige français Mbappé, qui fut recruté dans la foulée grâce à un prêt (de l'AS Monaco) avec option d'achat obligatoire de 145 millions d'euros (et 35 millions d'euros de bonus) ce qui constitue le deuxième montant record derrière Neymar. On dut laisser partir Blaise Matuidi, poumon du jeu parisien et de l'équipe de France. Mais voilà : bien qu'à nouveau championne de France, l'équipe fut encore éliminée au stade des huitièmes de finale de la compétition européenne, cette fois-ci face au Real Madrid bien plus carré dans le jeu. En ce mois de mars 2018, on s'aperçut que monsieur Neymar était fragile : blessé au pied avant le match retour, il ne jouerait plus de la saison. Incident qui se répéta la saison suivante, malgré l'arrivée d'un nouvel entraîneur : l'Allemand Thomas Tuchel. En mars 2019, le plafond de verre européen avait un passeport anglais : Manchester United. Battus chez eux en huitièmes de finale aller (0-2), les Red Devils, pourtant décimés, humilièrent un PSG orgueilleux en allant gagner 3-1 à Paris.

Huit fois champion de France, recordman des victoires (douze) en Coupe de France, le Paris-Saint-Germain est ce club qui est loin devant les autres chez lui. Mais pour qui le printemps n'est jamais une saison en fleurs d'Europe.

Côté football féminin, le PSG est un de clubs qui s'y sont mis le plus sérieusement du monde. En 2012-2013, vingt et une joueuses y étaient sous contrat fédéral, la chaîne qatarienne BeIN Sports était devenue le sponsor maillot, et le budget fut porté à 4,5 millions d'euros (il sera de 7 millions en 2016). Grâce à la surpuissance financière de ses nouveaux propriétaires, les joueuses disposent d'un centre d'entraînement autonome, à Bougival (Yvelines), et d'un staff entièrement dédié. Entre 2012 et 2017, grâce à un partenariat avec la Mairie de Paris, elles jouèrent la plupart de leurs matchs à domicile au stade Charléty (XIIIe arrondissement). Aujourd'hui, elles évoluent au Stade Jean-Bouin, situé en face du Parc des Princes. Désormais concurrentes les plus sérieuses de l'intouchable Olympique Lyonnais, contre qui elles jouèrent la finale de la Ligue des championnes européenne en 2015, elles comptèrent dans leurs rangs Marie-Laure Delie, Laura Georges, Camille Abily, Laure Boulleau. Et s'appuient aujourd'hui sur Marie-Antoinette Katoto, sur Eve Périsset, sur la jeune défenseure brésilienne Daiane, sur la star de l'équipe nationale chinoise Wang Shuang.

Lire aussi : Beckham, Buffon, Dahleb, Fernandez, Fontaine, Mbappé, Neymar Jr, Olympique de Paris, Président, Qatar, Susic, Zlatan

PUBLIC SCHOOLS

Le football moderne est né dans ces établissements scolaires de l'Angleterre victorienne, au cours des années 1840-1850. Le recrutement dans ces écoles privées s'effectuait sur des critères qui n'étaient ni géographiques ni religieux, mais exclusivement financiers et très élevés. Les *public schools* accueillaient des élèves entre treize et dix-huit ans, c'est-à-dire des adolescents à qui il fallait inculquer discipline, courage et manières de gentlemen. C'est donc aux fins de canaliser la violence et d'intégrer une discipline quasi militaire que des réformateurs de *public schools* inventèrent le football, dernier descendant d'une longue histoire de sports de ballon rond.

Lire aussi : Asqaqtuk, Calcio, Cnapan, Cuju, Mob football, Pasuckuakohowog, Pok-a-tok, Soule

PUSKAS, Ferenc (1927-2006)

Le Onze d'or de 1954 fut peut-être la première valeur or du football, surclassant les autres nations européennes de 1948 à 1954. L'équipe nationale de Hongrie, composée aux deux tiers de joueurs du Honved Budapest, fut bien plus que la meilleure équipe de son temps. « Les Magic Magyars » (surnom de ce Onze d'or), ce fut une symphonie utopique : un football révolutionnaire, fait de maîtrise technique, de fulgurance offensive et d'esprit collectif, précurseur du « football champagne » de l'Ajax et de Cruyff. Tragique, aussi : cette équipe championne olympique en 1952 alla terrasser les Anglais chez eux en 1953, écrasa tous ses adversaires durant la Coupe du monde 1954, avant de déchoir en finale contre la RFA. Politique, enfin : certains joueurs, pour résister au joug soviétique, allèrent jusqu'à fuir leur pays. Kocsis, Grosics, Czibor, Lorant et leurs coéquipiers furent à eux seuls une leçon de survie dans une Hongrie qui, deux ans après la symphonie inachevée de Berne, où se déroula la finale perdue contre les Allemands, se rendait aux troupes russes. De 1948 à 1956, les destins et les carrières de ces joueurs furent insécables. Quoique Puskas fût, déjà, le joueur le plus célèbre. Le commandant Puskas, gradé dans l'armée hongroise, comme tous les joueurs du Honved, fut surnommé « le Major galopant ». Une technique parfaite, une frappe du gauche d'autant plus impressionnante qu'il chaussait du trente-huit : entre 1945 et 1956, Puskas inscrivit 84 buts en 85 sélections pour la Hongrie.

Il fut aussi le meneur, sur le rectangle vert comme sur le terrain de la politique. La révolte du Honved en 1956 doit beaucoup à celui qui voulut rester en exil. Un exil qui se transforma en une saisissante seconde partie de carrière, puisque Puskas signa au Real Madrid en 1958, y rejoignant Alfredo Di Stefano et Raymond Kopa. Le Hongrois vint parfaire une équipe qui succéda dignement au Honved, et ne laissa rien repousser sur son passage. Emportant notamment les Coupes d'Europe en 1959 (Puskas ne joua néanmoins pas la finale à Stuttgart, le gouvernement allemand lui ayant refusé un visa à cause de ses allusions au dopage pour expliquer la victoire allemande de 1954), en 1960 (où, pour se venger, il planta 4 des 7 buts que le Real mit aux Allemands de Francfort) et 1966.

Entre-temps, le Hongrois ne le fut plus puisqu'il prit la nationalité espagnole en 1961, ce qui lui permit de prendre part à sa deuxième Coupe du monde en 1962, mais sous des couleurs différentes et aux côtés d'un autre naturalisé tout frais, Alfredo Di Stefano. La Roja ne passa pas le premier tour, et Puskas ne rejoua jamais pour elle par la suite, stoppant son compteur à quatre sélections avec l'Espagne.

À l'arrivée, « le Major galopant » se transforma en « El Canoncito Poum », devint le chouchou du public, quatre fois meilleur buteur de la Liga et cinq fois champion d'Espagne. Nommé entraîneur en 1970, il débuta à ce poste en Grèce, au Panathinaïkos, emmenant le club jusqu'à la finale de la Coupe d'Europe l'année suivante. C'est une compétition que Puskás connaissait bien, mais que le club grec perdit cette année-là contre l'équipe qui allait succéder aux « Magic Magyars » : l'Ajax Amsterdam.

Tels sont les faits d'une carrière mythique. Des faits que le Hongrois oublia peut-être, souffrant de la maladie d'Alzheimer dans les dernières années de sa vie. Une vie dont la fin lui fut sifflée le 17 novembre 2006, à Budapest, où il était né soixante-dix-neuf ans plus tôt.

Lire aussi : Di Stefano, Hongrie, Honved

Q

« Grâce au sport, on va mettre ce pays sur la carte du monde. »
Mohamed al-Kuwari

QATAR

Dans les années 1970, les États-Unis furent l'eldorado du footballeur retraité, avide de pom-pom girls, de Coca et de dollars. Dans les années 2010, le Qatar dessina une autre forme de nouveau monde.

Produit émergent

Le Qatar devint alors un lupanar pour sportifs en fin de carrière, quand quelques-uns de ces préretraités allèrent y quêter le pétrodollar et l'hyperluxe : Christophe Dugarry, Marcel Desailly, Frank Lebœuf, Djibril Cissé ou encore Sonny Anderson y ont en effet commis leurs dernières feintes et tenté leurs ultimes courses, en y signant leur dernier contrat en tant que joueurs. Avant eux, on y vit même Romario et Pep Guardiola. Ce nouveau genre de joueurs, bientôt suivis par des entraîneurs eux aussi chevronnés (le Belge Eric Gerets, au Lekhwiya Sports Club de Doha entre 2012 et 2014), illustrent l'arrivée du Qatar dans les sphères économiques et sportives du football. Et comment ces sphères, à lui ouvertes, lui permettraient de se placer comme acteur décisif dans la géopolitique internationale.

Néanmoins, tout est allé trop vite. Tout va trop vite. Ainsi, la nomination du Qatar comme pays organisateur de la Coupe du monde 2022, votée le 2 décembre 2010, laissa-t-elle tout de suite un goût amer, qui persistera assurément jusqu'au début du tournoi. D'ailleurs, il se posa rapidement des questions de calendrier au sujet de ce dernier : il faudrait assurément jouer l'hiver, non en été comme le veut la coutume en Coupe du monde depuis qu'elle existe (hormis la CAN, toutes les compétitions intercontinentales entre sélections ont lieu en juin et juillet – été dans l'hémisphère Nord, hiver au Sud), pour ne pas exposer joueurs, public et supporters à des températures frôlant les cinquante degrés en été, dans cette partie du globe. Sauf que tout décalage modifierait et altérerait tellement de calendriers, et ce pour tant de compétitions, que l'effet de dominos mettrait sens dessus dessous un planning écrit depuis des lustres (des Jeux Olympiques d'hiver doivent se tenir début 2022 ; une CAN début 2023 ; tous les championnats nationaux devraient être interrompus durant quasiment deux mois). Mais, en août 2019, le comité exécutif de la FIFA valida officiellement ces dates pour la compétition : 21 novembre-18 décembre 2022. Ce tournoi bouleversera ce qui est un acquis calendaire, donc un repère. Un repère pour les supporters, pour qui c'est l'été, et peut correspondre à des congés payés. Pour les joueurs, dont les organismes ont été conditionnés pour jouer en club la saison et en sélection aux intersaisons. Mais voilà : l'économie de l'émirat suscite tant d'envies qu'il faut à tout prix apprendre le football à un pays qui n'y connaissait rien, mais qui peut acheter tout le football. Le Qatar sera donc le premier pays arabe à se voir confier l'organisation d'une Coupe du monde. Mais le Qatar n'est pas un pays émergent. C'est un produit émergent. Le football n'y est pas une envie ni une passion : il est un des quelques moyens d'asseoir sur le monde une domination économique, et peut-être plus tard idéologique. Les Droits de l'homme y étant fluctuants, l'attribution du Mondial provoqua des levées de boucliers. Bien qu'étant le premier État arabe du Golfe à avoir attribué le droit de vote aux femmes, le pays applique encore la charia (loi islamique), et l'homosexualité est illégale, passible de la peine capitale.

Pour obtenitr cette attribution, les Qataris ne négligèrent pas le lobbying, établissant un chèque de 11 millions d'euros à Zidane pour que celui-ci assure la promotion de leur candidature. « Grâce au sport, on va mettre ce pays sur la carte du monde », déclarait en décembre 2010 Mohamed al-Kuwari, l'ambassadeur du Qatar en France. Grâce au sport, devenu foot business…

Une démesure à la mesure de la croissance qatarie : Hamad ben Khalifa Al Thani, l'émir au pouvoir de 1995 à 2013, a fait de cette péninsule l'un des États les plus prospères du monde ; son PIB a plus que triplé en cinq ans, atteignant le chiffre de 173 milliards de dollars en 2013. Il abrite la troisième réserve mondiale de gaz et est également producteur de pétrole. Le niveau de vie du million et demi d'habitants y est élevé.

Pourtant, lorsque les inspecteurs de cette dernière effectuèrent une tournée des pays candidats aux mondiaux de 2018 et de 2022, dont ils devaient attribuer l'organisation le même jour (la Russie fut ainsi chargée du tournoi de 2018), ils ne cachèrent pas leur scepticisme vis-à-vis d'une nation qui manquait d'infrastructures. Mais le Qatar transforma sa faiblesse en atout : les infrastructures à construire représentaient autant de marchés à conquérir.

Le pays a dû construire de toutes pièces pas moins de neuf stades, et en faire rénover trois autres. Le tout pour un coût total estimé à 4 milliards de dollars à l'origine. La question écologique devint vite centrale : c'est que le Qatar est la nation qui rejette le plus de CO_2 par habitant dans l'atmosphère – environ 45,4 tonnes par habitant en 2014, alors que la moyenne mondiale s'élève à 5 tonnes par habitant, selon la Banque mondiale. Pour convaincre ses détracteurs l'émirat a décidé de faire de son Mondial un exemple « vert ». Tous les stades seraient conçus selon des normes de construction durables, et tous les systèmes de contrôle (déchets, recyclage des eaux, gestion des installations) seraient « intelligents » afin d'éviter les impacts sur la biodiversité. En plus, bien sûr, d'une climatisation et d'une ventilation au top.

En mai 2017, la rénovation du stade Khalifa International Stadium (Doha) fut la première achevée. En novembre suivant, le comité d'organisation proposa la construction d'un stade démontable, transportable et réutilisable, le Ras Abu Aboud Stadium, près de Doha, à base de conteneurs modifiés et d'autres matériaux réutilisés. Le 15 mai 2019 fut inauguré le premier à être achevé : l'Al-Janoub Stadium à Al-Wakrah, ville côtière au sud de Doha. D'un coût de 575 millions de dollars, il a une capacité de 40 000 personnes.

En 2018, c'est une ville entière de 35 km², Lusail, à 15 km au nord de Doha, qui était en cours de création pour la somme de 45 milliards de dollars.

Une banque à qui parler

Conquérir des marchés, c'est d'ailleurs la spécialité du Qatar. Songez que la Qatar Foundation, fondation privée pour la science et l'éducation, devint, lorsque débuta la saison 2011-2012 en Espagne, le premier sponsor présent sur le maillot du… FC Barcelone. Un réel exploit, quand on sait que le Barça avait toujours refusé que figure la marque d'un sponsor sur son maillot. Les Qataris effectuèrent donc un tour de force en s'attachant le club d'Espagne. Coût de l'exploit : 175 millions d'euros, pour un contrat de cinq ans.

Six mois après les « dossiers » Barça, la France devint la nouvelle tête de pont qatarie en Europe. La première étape date du 13 juillet 2011, jour où le Qatar Sports Investments racheta 70 % du capital du PSG. Peu de temps après, le représentant de QSI dans l'affaire, Nasser al-Khelaïfi, devint le PDG du club de la capitale, qu'il transforma dans les grandes largeurs. Le but était clair : ayant des moyens illimités, les Qatariens étaient prêts à injecter le tombereau de millions d'euros nécessaire à ce que Paris ait une équipe capable d'égaler les clubs de Londres, Milan ou Manchester. D'autant que le président de la République française d'alors, Nicolas Sarkozy, semblait se réjouir de la tournure des événements, et laissa donc les propriétaires faire tout ce que bon leur semblait.

Qatargate ?

Le 29 janvier 2013 éclata une bombe. Titrant « Mondial 2022 – Le Qatargate », l'hebdomadaire *France Football* présentait les zones d'ombre, échanges de bons procédés, soupçons de compromission, faveurs commerciales, liaisons dangereuses et autres éléments stratégiques qui, évitant soigneusement l'achat de voix, pouvaient avoir compromis des membres de la FIFA qui votèrent pour l'attribution du tournoi mondial. Allant même jusqu'à citer un mail du secrétaire général de la FIFA, le Français Jérôme Valcke, envoyé en mai 2011 à son vice-président : « Ils ont acheté le Mondial 2022. » Cette enquête ouvrit clairement un dossier que des épaisseurs d'hypocrisie avaient jusqu'alors tant bien que mal cadenassé. Par la suite, il se passa rarement un mois sans qu'on parle de Qatargate et qu'on en découvre de belles : ici un président de la FIFA avouant qu'il avait des doutes depuis le début, là des pays concurrents pour l'attribution qui envisageaient un recours en compensation si jamais le tournoi changeait de saison ; là encore la parution du nombre d'ouvriers népalais (44) morts sur les chantiers de construction des stades entre le 4 juin et le 8 août 2013 (selon une enquête du *Guardian* le 26 septembre de la même année), chantiers où des centaines de travailleurs migrants sont quasi esclavagisés (salaires impayés, passeports confisqués, taudis en guise de logements). Le Mondial 2022 devint un roman de science-fiction, doublé d'un polar.

En 2015, la justice française s'intéressa au dossier, en se posant la question suivante : le Qatar avait-il remporté ledit dossier grâce, en partie, à ce déjeuner organisé à l'Élysée le 23 novembre 2010 (soit dix jours avant le vote d'attribution) ? Nicolas Sarkozy avait convié Michel Platini, alors président de l'UEFA et vice-président de la FIFA, Tamim Ben Hamad Al-Thani (alors héritier, devenu depuis l'émir du Qatar), et le cheikh Hamad Ben Jassem Al-Thani, ministre des Affaires étrangères de l'émirat, Sophie Dion, conseillère chargée des sports de Sarkozy, et enfin Claude Guéant, secrétaire général de l'Élysée. Le but supposé : s'assurer que Platini voterait pour l'émirat. Un « tissu de mensonges », s'était-il alors indigné.

Le 18 juin 2019, lui et Sophie Dion furent placés en garde à vue à Nanterre, dans les locaux de l'Office central de lutte contre la corruption et les infractions financières et fiscales (OCLCIFF), avant d'en sortir libres. Claude Guéant a, lui, été auditionné sous le statut de « suspect libre ». Au terme de son enquête préliminaire pour « corruption privée », « association de malfaiteurs », « trafic d'influence et recel de trafic d'influence », le Parquet national financier (PNF) a ouvert une information judiciaire, en décembre 2019.

Un nouveau paysage audiovisuel

Au début des années 2010, le Qatar posa sur la France son autre navire amiral : la chaîne de télé tout infos Al-Jazeera. Née en 1996, elle revendique 140 millions de téléspectateurs arabes, compte 300 journalistes basés à Doha, et des versions Al-Jazeera English, Al-Jazeera Balkans, auxquelles il faut rajouter donc Al-Jazeera Sports France, qui prit le nom de BeIN Sports, réseau de chaînes crypté (11 euros par mois). Ce qui est en fait un bouquet s'ouvrit au printemps 2012 : deux chaînes thématiques dédiées au sport, BeIN Sports 1 et BeIN Sports 2, ainsi qu'un multiplex BeIN Sports MAX composé de huit chaînes. Un bouquet qui permet de couvrir plusieurs événements en totalité et en simultané, notamment une soirée de Champions League. Mais avant même le lancement, le nouvel arrivant avait déjà ébranlé le PAF (paysage audiovisuel du foot). Comment ? En achetant une bonne partie des droits de la Ligue 1 française, lors du renouvellement des droits audiovisuels à la fin 2011 : 195 millions d'euros pour retransmettre le championnat de France à l'étranger pendant six ans ; 360 millions pour les droits de deux affiches de Ligue 1 et deux magazines avec images exclusives durant quatre ans ; et surtout 183 millions pour retransmettre 133 matchs de Champions League en France sur la période 2012-2015. Le président du PSG, Nasser al-Khelaïfi, est aussi celui de BeIN.

Il est d'ailleurs prévu que le club parisien déménage son siège dans l'immeuble occupé par la chaîne, à Boulogne-Billancourt (Hauts-de-Seine)..

Lire aussi : Barça, FIFA, Foot business, Platini, PSG

QUOTAS

Ce fut dans la soirée du 28 avril 2011 qu'éclata la bombe, dégoupillée par le site d'information en ligne *Mediapart.* On pensait alors que le pire était derrière nous (2010). C'était oublier que le football français est toujours en recherche d'identité, et ses patrons aux fraises. Laurent Blanc nous apparaissait comme un chevalier providentiel, nous l'avons redécouvert en leader empêtré. Dix mois à peine après Knysna, la Fédération française de football s'enfonça en effet gaiement dans un nouveau désastre, celui des quotas.

Ce soir de fin avril, donc, un premier article de *Médiapart* nous apprit qu'une réunion s'était tenue à la FFF le 8 novembre 2010. Le site affirma détenir la preuve que les participants y avaient évoqué la mise en place de quotas discriminatoires dans le football français. Des consignes auraient même été données par la Direction technique nationale pour que le taux de jeunes footballeurs français d'origine africaine ou maghrébine soit limité à 30 % lors des épreuves de sélection.

Dans un premier temps, tous les responsables cités dans l'article nièrent propos et projets. Et ce, de façon catégorique, à l'instar du président de la FFF Fernand Duchaussoy (« Je n'ai jamais entendu parler de ça et ça m'étonnerait franchement. Ce serait complètement anormal que ça se passe comme ça et je ne l'accepterai pas. Il y a un constat, mais ce n'est pas une réflexion »). D'autres donnèrent l'impression de jongler avec plusieurs patates chaudes, comme l'ancien directeur de l'Institut national de formation André Merelle (« Il n'y avait pas de quotas à proprement parler, mais des réflexions sur le nombre de Blacks et de Beurs »). Laurent Blanc, que *Mediapart* disait présent à cette réunion, démentit : « Qu'on m'associe à une discrimination, ça me dérange, c'est contraire à mes valeurs. [...] Pour moi, il n'y a pas de projet de quotas, c'est faux. Et c'est un mensonge de dire que le sélectionneur y a participé. »

Las, deux jours plus tard, la France eut la preuve que son sélectionneur mentait. Le site d'informations publia en effet le verbatim complet de la réunion. Prouvant d'une part la présence de Blanc, et d'autre part ses propos : « On a l'impression qu'on forme vraiment le même prototype de joueurs : grands, costauds, puissants. [...] Qu'est-ce qu'il y a actuellement comme grands, costauds, puissants ? Les Blacks. Et c'est comme ça. C'est un fait actuel. Les Espagnols, ils m'ont dit : "Nous, on n'a pas de problème. Nous, des Blacks, on n'en a pas." » Sacré pétrin pour Blanc.

Et pour le sport français en général. Véritable déflagration, ignominie à deux lames, cette question de quotas s'inscrivait dans la droite ligne d'une obsession bien franchouillarde de compter les Noirs, les Beurs et les musulmans, en un mot les voleurs de pain blanc. Une obsession que le gouvernement alors en place avait savamment travaillée pendant toute l'année 2010, en lançant son honteux « débat sur l'identité nationale », dont le but était de conforter cette si rance et si tenace tentation française de l'ethnicisme postcolonial. C'était fatalement monté à la tête des dirigeants d'une fédération aux abois depuis Knysna : ce n'est pas un hasard si cette réunion « discrète » eut lieu à la fin de cette année de « débat ». À l'orée de la décennie 2000, certains penseurs (comme Alain Finkielkraut) et politiques (tel le défunt Georges Frêche) s'étonnaient du trop grand nombre de Noirs chez les Bleus. Au début des années 2010, on allait se donner les moyens de le restreindre.

Le supposé problème des « binationaux » tombait à point. En effet, des joueurs possédant une double nationalité et ayant été formés en France avaient légalement le droit, une fois leur apprentissage effectué, de préférer jouer pour l'équipe nationale de leur pays d'origine plutôt que pour la France ; et ce, même s'ils avaient déjà une sélection nationale dans l'équipe « jeunes » (en revanche, un footballeur qui a joué une première fois dans une sélection nationale « adulte » ne peut plus en changer). C'est exactement ce qu'avait fait Trezeguet dans les années 2000, sans que personne y trouve à redire. Mais, dix ans plus tard, Laurent Blanc voyait un problème dans ce système. La FFF en fit une question nationale : « L'idéal, effectivement, c'est de dire, mais pas officiellement : de toute façon on ne prend pas plus de tant de gamins qui sont susceptibles de changer [de nationalité] à terme », selon les mots du directeur technique national François Blaquart lors de la funeste réunion.

Pour apaiser les esprits, on commença par démettre ce dernier de ses fonctions. Mais la honte avait éclaboussé trop loin. D'anciens champions du monde 1998 montèrent au créneau pour défendre l'ami Blanc (Lizarazu, Dugarry) ; certains préférèrent mettre de côté leurs sympathies pour exprimer sans langue de bois leur opinion sur l'affaire (Thuram, Vieira). Blanc, certes, peut difficilement être suspecté de racisme. Pour autant, ses propos et la caution qu'il porta à une réunion aussi infamante auraient dû le pousser à se défendre plus énergiquement qu'il ne l'a fait : tout juste présenta-t-il ses « excuses » pour avoir heurté « certaines sensibilités ». Tel le général de Gaulle en mai 68, le sélectionneur partit quelques jours au secret, laissant planer le spectre de sa possible démission.

Le mardi 10 mai 2011, la ministre des Sports annonçait finalement qu'il n'y aurait pas de suites judiciaires à l'« affaire des quotas », décrétée close.

Elle avait néanmoins montré ce qui se produit dans la tête de certains lorsqu'un gouvernement ouvre la boîte à fantasme de « l'identité nationale ». Elle avait aussi réveillé le fantôme de la « taupe ». À celle de Knysna succéda celle de *Mediapart*. Qui fut vite démasquée : Mohammed Belkacemi, conseiller technique national en charge du football de quartier, avait enregistré la réunion, et transmis les bandes aux journalistes. Pour mettre un terme à cette si sale affaire, la Fédération décida de ne pas prendre de sanction contre le mouchard, « en raison de son statut de cadre d'État ». Il est bien le seul à s'être montré courageux dans cette affaire ignoble, parfaitement symbolique de la France de 2007-2012.

Lire aussi : Extraversion, Knysna, Président, Syndicat, Thuram

R

« Si vous votez pour moi,
vous pouvez être sûrs que je ne serai pas corrompu.
Je n'ai pas besoin d'argent. »
Romario

RAPINOE, Megan

« On a les cheveux roses et violets, on a des tatouages, des dreadlocks. On a des filles blanches, des filles noires et tout ce qu'il y a entre les deux. Des filles hétéros, des filles gay. C'est un honneur absolu d'avoir été co-capitaine de cette équipe sur le terrain » : c'était le 10 juillet 2019, à New York. Des milliers de personnes acclamaient alors l'équipe américaine, qui paradait pour fêter le quatrième titre mondial remporté trois jours plus tôt en France. Avec l'attaquante Alex Morgan, la milieu de terrain offensif Rapinoe était une des deux superstars de cette formation. Elle était la meilleure joueuse, et co-meilleure buteuse de la compétition (six buts). Mais l'aura et l'impact de la femme marquent les esprits bien au-delà du football et des titres : depuis longtemps, elle s'est imposée comme porte-parole des droits des femmes, de la communauté LGBT et des minorités. Avant, pendant et après le Mondial, elle s'était publiquement opposée au président américain Donald Trump, machiste, homophobe et raciste. Refusant, comme elle le fait depuis 2016 (en soutien au mouvement de boycott lancé par Colin Kaepernick, joueur de football américain, pour protester contre les violences policières visant les Noirs), elle refusa de chanter l'hymne américain. Son speech du 10 juillet se poursuivait notamment ainsi : « Il y a eu tellement de controverses au cours des dernières années. J'en ai été la cible, j'en ai été à l'origine. [...] Mais il est temps de se rassembler. [...] Nous devons nous améliorer. Nous devons aimer plus, haïr moins. [...] C'est notre responsabilité de rendre ce monde meilleur. » Cette dernière phrase tirait forcément à vue sur Trump et son slogan électoral victorieux de 2016 : « *Make America great again* ».

Charismatique, ultra lookée, avec ses cheveux blonds, gris ou violets, cette militante de longue date fut, en 2012, une des premières joueuses de renom à faire son coming out. Née le 5 juillet 1985 à Redding (Californie), elle débuta aux Chicago Red Stars (2009-2010), avant d'effectuer de brefs passages à Independence de Philadelphie, aux MagicJack (Floride) et aux Seattle Sounders Women. Elle connut sa première sélection le 23 juillet 2006. Le 2 juillet 2011, dans un match de Coupe du monde contre la Colombie, elle célébra son but en chantonnant *Born in the U.S.A.* de Bruce Springsteen au micro placé au bord du terrain. À ce jour, Megan Rapinoe en équipe nationale, c'est 158 sélections, cinquante buts, deux titres de championne du monde (2015 et 2019 ; finaliste en 2011) et médaille d'or olympique (2012). Droitière d'origine mais à l'aise des deux pieds, rapide, c'est une meneuse clairvoyante.

Début 2013, elle signa pour six mois à l'Olympique Lyonnais. Logique : celui-ci devenait le plus grand club du monde, et la championne était une des plus grandes joueuses du monde, dans la plus grande équipe nationale. Elle effectua en fait deux piges, à cheval sur deux saisons. Elle glana au passage deux titres de championne de France et une Ligue des champions. Depuis, elle évolue au Reign FC, club basé à Tacoma (État de Washington).

Hautes performances individuelles et collectives, grande classe et carrière (encore en cours) de même, militantisme : Megan Rapinoe est sans doute la footballeuse actuelle la plus connue, récompensée par le Ballon d'or 2019. Alex Morgan et Carli Lloyd partagent avec elle le capitanat de l'équipe nationale : ces trois-là sont sans doute les meilleures du monde actuellement.

Lire aussi : Diacre, Femmes, Henry, Pichon, Soubeyrand

RED STAR

« Ici c'est pas Paris, c'est Paname ! » : détournant celui du PSG voisin (« *Ici c'est* Paris ! »), le slogan sent bon les faubourgs, ça évoque les films d'hier et le slam d'aujourd'hui. Prononcé par l'actuel président du club en 2018*, il présente et raconte parfaitement le Red Star Football Club 93.

De bourgeoise, l'équipe du Red Star devint vite populaire, ouvrière et banlieusarde – comme le football lui-même. Le club audonien devint le seul qui, malgré son petit palmarès, resta l'égal de tous les grands clubs du football hexagonal. Le Red Star, c'est « la sociale » du football : l'unique club de l'histoire de France à avoir été ouvertement communiste.

C'est en février 1897 qu'un petit groupe de bourgeois, attablé dans une brasserie du VIIe arrondissement de Paris, écrivit les statuts de la société sportive : le Red Star. Parmi ces bourgeois figuraient Jules Rimet (qui plus tard serait le fondateur d'une autre aventure immortelle, la Coupe du monde) et son frère Modeste Rimet, leur beau-frère, Jean de Piessac, Georges Delavenne, Charles de Saint-Cyr et Ernest Weber. La création de cette société sportive (un club omnisports) répondait à des motivations politiques : il s'agissait pour nos bourgeois éclairés de donner un écho dans les classes populaires à leur propre combat : l'anticléricalisme de gauche. L'appellation Red Star fut trouvée par une Anglaise de leurs amies, en référence à la compagnie transatlantique Red Star Line. Le premier président fut Jean de Piessac, fonctionnaire au ministère de la Guerre. Deux mois plus tard, Jules Rimet lui succéda. En 1898, le club fusionna avec l'Union pédestre de la rive gauche, puis évolua dans le championnat de Paris, organisé par l'Union des sociétés françaises de sports athlétiques (USFSA). Il joua sur un terrain jouxtant le Champ-de-Mars, puis fut prié d'aller jouer au ballon à Meudon. En 1907, pour ses dix ans, le Red Star s'offrit une deuxième fusion, cette fois avec l'Amical Football Club, et fut rebaptisé Red Star Amical Club. Le club déménagea à nouveau dans la capitale intra-muros, pour aller jouer sur un terrain vague à Bir-Hakeim. En 1909, ce vague terrain fut vendu à des promoteurs et deviendrait bientôt le vélodrome d'Hiver – ce qui, pour un club dont un des joueurs fut durant l'occupation nazie un camarade de Manouchian, est un détail frappant. Enfin, en 1909, le club trouva un domicile fixe : le flambant neuf stade de Paris, rue de la Chapelle, derrière le marché aux puces de Saint-Ouen. Depuis lors, le Red Star, c'est le club de Saint-Ouen.

L'histoire fut jalonnée de titres (1911), de Coupes de France (1921, 1922, 1923, 1928, 1942), de maintes fusions (Olympique de Paris en 1926, Stade français en 1948, Toulouse FC en 1967 !) et aussi d'ascenseurs entre première et deuxième division depuis l'après-guerre, de professionnalisme et d'amateurisme – le club fut « pro » de 1932 à 1948, de 1952 à 1960, de 1961 à 1978 et de 1993 à 2001. Dans les années 1930, le maillot vert à manches blanches, celui de l'Olympique de Paris, devint celui du Red Star. Des couleurs depuis conservées, et désormais associées au club. Tout comme lui restèrent associées les images de la « ceinture rouge » et de « communiste du 93 » jusque dans les années 1990. Il évolue aujourd'hui en National, la troisième division. Après deux passages récents en Ligue 2 (2015-2017 et 2018-2019). Le Stade de Paris s'appelle aujourd'hui stade Bauer. Quiconque aime le foot aime Bauer. Un stade à l'anglaise avec un toit en tôle et les tribunes près du terrain, deux cents abonnés, de mille à deux mille spectateurs par match, de toutes les générations. D'où on voit le périph' et le Sacré-Cœur. Ici, on est poussé par une culture, on est marqué par l'antifascisme, la gauche, le rock. Bauer est un des stades où l'on chante le « You'll Never Walk Alone », comme à Liverpool, à Glasgow, à Dortmund et au Sankt Pauli.

Le stade, justement, est au centre d'un débat brûlant depuis 2014. Cette année-là, et pour la première fois, la ville passa à droite (UDI) après les élections municipales. À cette époque, il y avait déjà urgence à doter le Red Star d'un stade moderne. Deux projets et deux camps s'opposaient alors. L'un souhaitait la délocalisation du club vers une nouvelle enceinte. Construite dans un « écoquartier » de cent hectares : les Docks de Saint-Ouen, une ZAC (zone d'aménagement concertée) située en bord de Seine, en cours de réaménagement depuis sept ans. C'était le projet du président du club, Patrice Haddad, P-DG d'une société de films publicitaires. Son dessein : un stade de vingt mille places couplé à une Arena accueillant concerts et spectacles, culture et sport. Le coût (200 millions d'euros) était intégralement couvert par des fonds privés. Mais la livraison de cette nouvelle enceinte n'interviendrait pas avant 2025. Face à ce projet, les défenseurs du stade Bauer, rappelant qu'il fait partie de l'identité même du club (donc de la cité), se sont constitués en Collectif des amis du Red Star. Mais pour la mairie, c'était niet. Haddad fulminait, et les supporters renvoyaient les deux dos à dos. C'est ainsi qu'en 2015, le club effectua sa première saison (depuis un bail) de Ligue 2 à… Beauvais, et la suivante à Paris (le stade Jean-Bouin, qui est celui des rugbymen du Stade Français, et des footballeuses du PSG). En 2018-2019, lors de son nouveau et bref passage en Ligue 2, l'équipe rejoua à Beauvais. Car Bauer n'était toujours pas homologué par la Ligue professionnelle de football (LFP) : pas d'allées de dégagement, pas de vidéosurveillance, tribunes à refaire.

Cependant, avec l'année 2020 arriva une bonne nouvelle : la mairie et le club audonien avaient acté une mise aux normes de l'enceinte, dans l'optique d'une remontée en Ligue 2 au printemps (tout à fait possible, le club effectuant alors une bonne saison en National) : une rénovation a minima, avec le retour à une pelouse naturelle, un éclairage aux normes et l'installation de la vidéosurveillance. Les travaux devaient débuter dès le mois de mai.

Le Red Star fut le club de Rino Della Negra, un des hommes du groupe de résistance mené par Missak Manouchian, au sein de la FTP-MOI. Le Red Star incarna l'utopie d'un autre football à Paris, à l'opposé du Racing, du PSG de Daniel Hechter ou de Canal Plus, et du Matra Racing de Lagardère. Le club vit passer des joueurs et des entraîneurs tels que Chayriguès, Di Nallo, Magnusson, Susic, Lemerre, ou encore Helenio Herrera, futur inventeur du catenaccio. Le Red Star a une étoile rouge en plein cœur. Plus qu'un blason : un symbole. Pour toujours.

* Interviews avec l'auteur, pour les magazines *Marianne* et *L'Officiel*

Lire aussi : Catenaccio, Chayriguès, Della Negra, Lemerre, Magnusson-Skoblar, Olympique de Paris, Susic, You'll Never Walk Alone

RÉVOLUTION

Dans le milieu du football, elle survint à l'orée des années 1970. Jusqu'alors, on distinguait trois philosophies de jeu. Le « football champagne » à la brésilienne (Garrincha, Pelé, Jairzinho), qui entama son déclin pendant l'instauration de la dictature militaire. C'était un football pur, pratiqué par des étoiles, parfois égalé (le Barça 2005-2006 ; la France de 1986), jamais dépassé. En tout cas jamais par le football bétonné, celui que pratiqua la colonne de panzers déguisée en équipe nationale ouest-allemande (Breitner, Müller, Beckenbauer), qui ramena la fatalité dans le ballon rond mondial, et pour qui on inventa la formule toujours en cours : « Le football est un sport qui se joue à onze contre onze, et à la fin c'est toujours l'Allemagne qui gagne. » Et, enfin, le style British Air Force, fait de transversales, de chandelles et de contre-attaques : le fameux *kick and rush* britannique.

Puis soudain elle arriva. Une véritable armada batave, appelée plus tard « les Oranje », représentée par l'Ajax Amsterdam puis par tout un peuple, et guidée par une idée : le football total. Ou la révolution permanente du football. C'est un jeu fondé sur le mouvement incessant, sur une stratégie où les défenseurs montent à l'attaque. Dans ce jeu, chacun tient son rôle (défenseur, récupérateur, buteur) mais tous peuvent être possiblement passeurs, voire buteurs. Un jeu aux idées longues, pratiqué par des têtes à cheveux longs.

Les Oranje furent les premiers footballeurs libertaires de l'histoire. À l'instar de tous les libertaires, ils furent stoppés au seuil de la victoire magistrale : deux fois vaincus en finale de Coupe du monde (1974, 1978), après avoir gagné l'Europe.

S'il fut magistralement exécuté par Rinus Michels, le terme de « football total » est néanmoins une trouvaille de l'hebdomadaire *France Football*, et plus précisément de son directeur de la rédaction de l'époque, Jacques Thibert. Voici comment, trente ans après l'avoir créé, Rinus Michels le définit : « À la base, le football total nécessitait deux choses. D'abord, des qualités individuelles au service de l'efficacité collective. Ensuite, l'utilisation de cet esprit d'équipe pour développer une ligne tactique et une maturité collective. Parce que la tactique établit le mouvement, l'efficacité et la coordination entre les joueurs. Ça paraît évident aujourd'hui, mais, à l'époque, c'était révolutionnaire » (*France Football*, 2000).

Ce fut une révolution, et elle est devenue permanente. Nous l'avons vu, Johan Cruyff fait partie intégrante de cette épopée. Il en est désormais la figure tutélaire. La révolution est une ligne qui va d'Amsterdam à Barcelone : Michels créa le football total dans la capitale hollandaise, avec Cruyff à la baguette. Le premier entraîna ensuite le Barça, où le second le rejoignit. Lequel entraîna plus tard le club catalan dans les années 1990. Dans la *dream team* barcelonaise d'alors, un milieu de terrain du nom de Josep Guardiola. Qui, entre 2008 et 2012, entraîna l'équipe. Avec elle, il a gagné deux Champions League et bien d'autres titres, dont celui de « plus belle équipe de tous les temps ». Guardiola appliqua à son équipe ce que lui-même apprit de son entraîneur. Guardiola est le trait d'union entre Cruyff et Messi. La révolution est donc permanente, et nul besoin d'être trotskiste pour y croire.

Lire aussi : Ajax, Barça, Cruyff, Guardiola, Oranje

ROCHETEAU, Dominique

Ou l'histoire d'un type qui lisait Bakounine dans les années 1970 et qui, en 2010, devint vice-président du conseil de surveillance de l'AS Saint-Étienne. L'histoire d'un joueur qui atteignit le haut de l'affiche sans jamais se mettre en avant. Et surtout sans jamais rien écraser d'autre que des ballons de foot. Avec sa longue chevelure noire, bouclée et virevoltante, Dominique Rocheteau, né le 14 janvier 1955, fut le premier rocker du football français. Admirateur de Best, de Cruyff, et avant tout de Jefferson Airplane, de Patti Smith, de country et de hard rock, l'attaquant devint une star à vingt et un ans, lorsqu'il inscrivit le but de la qualification des Verts contre le Dynamo Kiev, propulsant du même coup Saint-Étienne en demi-finales de la Coupe d'Europe des clubs champions en 1976. Avant la finale que l'on sait.

« J'avais envie de me retrouver seul à écouter de la musique », dit-il plus tard en racontant son après-match contre Kiev. « C'était étrange d'être en pleine campagne après une soirée comme celle-là. Je me demandais même si le match avait eu lieu. Je me suis passé le film dans ma tête, allongé par terre, le casque stéréo sur les oreilles… » Ce détachement un peu pop, cette façon de s'écarter du foot, pour rester en phase avec la société et ses réalités, et sa simplicité trouvèrent refuge dans un corps qui, une fois en action balle au pied, enchaînait dribbles chaloupés, force de percussion et, en général, but. Cette dualité, qui se conjuguait parfaitement avec son look rock, jeune et tellement seventies, déclencha dès 1976 une Rocheteaumania épousant dans un même élan le souffle vert qui ravivait l'Hexagone. Dominique devint « l'Ange vert » (un surnom qu'il n'appréciait pas) et fut dès lors identifié aux romantiques campagnes stéphanoises en Europe jusqu'en 1978.

Parallèlement à l'éclosion stéphanoise, Rocheteau, repéré par Stefan Kovacs, devint rapidement un cadre de l'équipe de France que Michel Hidalgo sut remonter en vue de la Coupe du monde argentine de 1978. Son nouveau poste lui donna l'occasion d'exprimer à maintes reprises ses opinions politiques. L'attaquant fut, par exemple, un des fervents militants pour le boycott d'un tournoi se déroulant en Argentine, pays dirigé par une junte militaire féroce. Il faillit convaincre le staff bleu, mais dut baisser pavillon, obtenant néanmoins des Bleus qu'ils entrent en contact avec des prisonniers français et qu'ils mettent la main à la poche pour assurer leur défense juridique. Jusqu'en 1986 Rocheteau fut de tous les grands moments des Bleus (Séville 1982, Euro 1984, France-Brésil 1986) sans jamais parvenir à y être indiscutablement titulaire.

De 1980 à 1987, il fut un des fers de lance de la première vague de succès du PSG tout neuf de Dahleb, Fernandez, Susic, des Coupes de France 1982 et 1983, et du titre 1986. Une époque où il ne parlait plus dans *Rouge*, le journal de la Ligue communiste révolutionnaire (la LCR d'Alain Krivine), ni dans *Rock & Folk*, mais écrivait dans le mensuel du foot, *Onze*, tout en restant une référence politique.

Après une ultime pige à Toulouse, le rocker s'improvisa agent (de David Ginola, notamment), ce qui ne dura qu'un moment. On le vit ensuite dans *Le Garçu* de Maurice Pialat, puis à la tête du très éphémère et superflu Conseil national de l'éthique de la FFF. Le temps de s'apercevoir qu'en France les clubs avaient tous les pouvoirs, et les joueurs aucun. En 2007, Dominique Rocheteau décida de passer ses diplômes pour devenir dirigeant de club. En juin 2010, il devint vice-président du conseil de surveillance de l'AS Saint-Étienne, puis directeur sportif de juin 2017 à mai 2019. On ne sait s'il lit toujours Bakounine, mais ce qui est certain, c'est qu'il ne l'a jamais renié.

Lire aussi : Hidalgo, Séville, Verts

ROJA

« La Rouge » est le surnom de l'équipe d'Espagne, championne du monde 2010, championne d'Europe 2008 et 2012. Et de son homologue chilienne.

ROMARIO

« Si vous votez pour moi, vous pouvez être sûrs que je ne serai pas corrompu. Je n'ai pas besoin d'argent » : c'est avec ce genre de slogan que le plus notoire des attaquants brésiliens des années 1990 entra en campagne pour les élections législatives de l'automne 2010 – qui eurent lieu en même temps que l'élection présidentielle. Placé sur la liste du parti de Lula et de Dilma Roussef, « O Baixinho » (« le Petit ») fut élu député fédéral de Rio au Parlement national. Après une campagne assidue sur le terrain, il fit du soutien aux enfants handicapés l'axe de son argumentaire (Romario, père d'une petite fille trisomique âgée de six ans, connaissait la question) et se fit assister des « romariettes », bombes brésiliennes distribuant tracts et fanions, vêtues du maillot numéro 11 que le buteur portait en sélection. En mai 2016, il vota la destitution de la présidente Dilma Rousseff. En juin 2017, il rejoignit le parti Podemos (qui, au Brésil, est un parti centriste). Il est aujourd'hui sénateur fédéral de Rio.

Principal artisan de la victoire brésilienne lors de la Coupe du monde 1994 (meilleur buteur avec 5 buts en 7 matchs, meilleur joueur), Romario de Souza Faria devint dès lors un dieu à Rio ; il était de toute façon certain d'être élu : enfant des favelas de Rio qui accéda au statut de vedette grâce au football, son profil correspondait exactement aux canons de la religion football au Brésil.

Romario connut une première partie de carrière en progression constante : Vasco de Gama à Rio jusqu'en 1988, PSV Eindhoven aux Pays-Bas jusqu'en 1993, et surtout deux ans dans la *dream team* du Barça entraîné par Cruyff (1993-1995), avec au milieu une médaille d'argent aux JO de Séoul. Reconnu comme étant un des meilleurs buteurs en activité sur la planète, il s'imposa meilleur attaquant en activité lors de la World Cup américaine de 1994. Romario avait tout, mais s'effondra hélas aussi rapidement qu'il était arrivé. Après un premier retour manqué au Flamengo de Rio en 1995, il donna dans les excès de fêtes et employa la deuxième partie de sa carrière à cachetonner de-ci de-là : Espagne (Valence), Qatar, Brésil (Flamengo, Vasco de Gama et Fluminense, devenant ainsi un des rares joueurs à avoir joué dans les trois grands clubs de l'État), Australie, États-Unis. Bagarreur et polémique, il empila les rixes avec ses propres coéquipiers, notamment avec Bebeto, second attaquant de la Seleção en 1994. Quant à Zico et Mario Zagallo, qui ne le convoquèrent pas pour disputer la Coupe du monde 1998, il s'en vengea en faisant peindre, sur les murs d'une boîte de nuit qu'il possédait à Rio, les caricatures des deux entraîneurs, représentés affalés sur une cuvette de WC.

Marquant toujours beaucoup de buts là où il joua, mais cédant volontiers à ses humeurs, il se décida à prendre sa retraite en 2008… à l'âge de quarante-deux ans. Ainsi assembla-t-il, sans toutefois toujours les concilier, ses principales caractéristiques : présence physique, flair de renard des surfaces et explosivité de sprinter.

Lire aussi : Fla-Flu

RONALDINHO

Heureuse Liga espagnole qui, durant trois années (2003-2006), put proposer tous les dimanches des matchs avec les deux meilleurs joueurs du monde : Zinedine Zidane, dit « Zizou », et Ronaldo de Assis Moreira, dit « Ronaldinho », dit aussi « Ronnie ». Né le 21 mars 1980 à Porto Alegre, il était quatre ans plus jeune que l'attaquant Ronaldo, et pour cette raison vit son pseudonyme allongé du *-inho*, qui désigne le dernier-né d'une famille, ou d'une équipe. Comme régulièrement lorsqu'il s'agit d'un génie brésilien, on découvrit durant quelques mois des images de gestes improbables, coups francs de rêve, jonglages, roulettes, contrôles venus d'on ne sait où. C'était en 2001, et les images nous parvinrent de Porto Alegre. Des images que l'on eut la chance de revoir un peu à Paris mais, hélas, le pauvre Ronnie tomba sur un coach, Luis Fernandez, incapable d'exploiter sa fulgurance et sa vista. En conflit ouvert avec sa vedette, l'entraîneur alla jusqu'à le laisser sur le banc, au profit de joueurs moyens (ah, Francis Llacer...). Ce manque de clairvoyance incita le Brésilien à aller danser la samba dans les boîtes de nuit parisiennes plutôt que sur les pelouses.

Ce fut donc au Barça que, de 2003 à 2008, Ronaldinho rayonna, s'amusa et régala le public, qu'il put faire la démonstration au monde entier de son jeu phénoménal. Au Barça, il inventa des figures, comme l'*espaldinha*, il réitéra l'*elastico* de Rivelino, fit des gris-gris dans tous les sens, des passes aveugles et dans le dos. Ce virtuose-là était capable de composer un nouveau geste à chaque match. Les années 2005 et 2006 représentent ses grands crus : deux Ligas de suite, des matchs inoubliables (contre le Real en 2005, contre Chelsea en 2006), un Ballon d'or en 2005. Chaque fois émerveillé par tout ce que le destin lui apportait, Ronnie joua et offrit son beau sourire d'enfant sur tous les terrains d'Europe. D'autant qu'à cette époque il jouait en duo avec un autre génie maison, un génie qu'il épaula de son aura : Leo Messi, qui deviendrait le Ronaldinho des années 2010.

Puis vint le moment où son jeu se gâta : Coupe du monde 2006 ratée, saison 2006-2007 fantomatique, supposées blessures qui en réalité dissimulaient ses mauvais rapports avec son entraîneur Frank Rijkaard, sorties, ragots et pièges (celui d'Alexandra Paressant en 2006). Le public catalan le prit en grippe, et le club décida de le transférer au Milan AC, où il retrouva ses compatriotes Kaka et Pato. Après une première saison passable, on croisa de nouveau le superbe danseur de samba tous terrains en 2009-2010 : le départ de Kaka au Real Madrid lui donna un plus grand rôle et il trouva, avec le Suédois Ibrahimovic, cette grande gueule provocatrice mais toujours marquante, un attaquant digne de ses passes, redevenues somptueuses.

Le mal du pays l'y fit revenir l'hiver 2011, au Flamengo, après une nouvelle crise de moins bien au Milan. Mais c'est à l'Atlético Mineiro, en 2013, que tel le Phénix renaissant de ses cendres Ronnie remporta à ce jour l'unique Copa Libertadores du club. Trop inconstant, trop flambeur, trop business ? Peut-être, mais si enchanteur, et tellement brésilien… Sans club depuis 2015, il effectua quelques piges pour une équipe de futsal en… Inde, avant d'annoncer sa retraite le 16 janvier 2018. Il nous manque.

Lire aussi : Barça, Elastico, Espaldinha, Ronaldo, Sexe

RONALDO

« Ronaldo est une personne simplette et un athlète sexuel. Sa passion est égale à celle de sept gorilles d'un coup » : c'est l'ancien mannequin Fabiola François qui le dit, exposant dans un livre sa relation longue de… quatre mois avec l'attaquant brésilien. Un attaquant brésilien dont la carrière s'acheva un jour de Saint-Valentin. Ce 14 février 2011, après deux années qui furent une succession de blessures sur un corps usé prématurément, l'attaquant annonça lui-même sa retraite par ces mots : « Je n'en peux plus, je voulais continuer, mais je n'y arrive plus. Je pense à une action, mais je n'arrive pas à l'exécuter comme je le souhaite. Il est temps. » En conférence de presse, Ronaldo pleura. Dans le monde, des dizaines de milliers de fans pleurèrent, et le joueur fut en une de la quasi-totalité des journaux.

Ronaldo symbolisa les trois caractéristiques de la vie d'un superchampion dans les années 1990-2000. Levons en effet tous les doutes possibles : champion du monde à deux reprises, revenu plusieurs fois à la vie footballistique alors qu'on le croyait perdu, meilleur buteur de l'histoire de la Coupe du monde (15 buts en 3 phases finales) et principal artisan de la victoire brésilienne en 2002, Ronaldo fut bien un des meilleurs attaquants du football brésilien.

Il souffrit aussi de l'addiction sexuelle propre aux sportifs dopés et fréquenta ce monde des orgies dorées. À Madrid, à Milan et au Brésil, Ronaldo visitait régulièrement des prostituées et organisait chez lui des fêtes magistrales, bien pourvues en hôtesses et s'achevant à plusieurs. En 2008, époque où il évoluait au Milan AC, il se fit même piéger par l'une d'entre elles lors d'une convalescence au Brésil. Après avoir assisté à la victoire de son club de cœur, Flamengo, en finale du championnat de Rio, Ronaldo déposa sa petite amie chez elle. Puis s'en alla couronner la soirée dans un motel avec des prostituées… lesquelles, en réalité, étaient des travestis.

Mais il réussit malgré tout à produire des statistiques et des records de folie. Comme Romario, avec qui il remporta la Coupe du monde 1994 et à qui il succéda dans le rôle de meilleur buteur du monde, Ronaldo se révéla en Europe au PSV Eindhoven. En 1996, à vingt ans, il fut transféré au Barça pour 18 millions d'euros. Il n'y joua qu'une saison, mais planta 47 buts en 49 matchs, et dévoila à la face du monde sa spécificité : Ronaldo était un sprinteur de folie, tout en étant capable, au beau milieu de sa course, de réaliser des contrôles et des gestes techniques ahurissants à cette vitesse. En 1997, et bien que tout allât bien pour lui à Barcelone, il préféra partir à l'Inter Milan, pour 31 millions d'euros. La scoumoune et les blessures à répétition le frappèrent. Le tendon rotulien du genou gauche (rompu une première fois en 1999) et le genou droit étaient les deux points faibles du footballeur. De juillet 1998 au mois d'avril 2002, il ne disputa qu'une cinquantaine de matchs au total sur les deux cent cinquante qu'il aurait pu jouer. Cependant il montra qui était Ronaldo : rétabli à temps pour jouer la Coupe du monde 2002, il permit au Brésil de remporter le titre quasiment à lui seul. Pourtant, durant cette période, jamais Ronaldo n'avait été aussi bas, ne parvenant jamais à des performances dignes de ce nom. Cependant, jamais il ne fut autant Ronaldo. Dans la foulée de la victoire, il signa aux Galactiques du Real pour 55 millions d'euros. 2002 fut une grande année pour celui qui remporta son deuxième Ballon d'or, après celui de 1997. Ces cinq années madrilènes furent émaillées de deux titres nationaux pour le club, ce qui n'empêcha pas la politique galactique de montrer ses limites. Zidane, Figo, Beckham, Owen, Ronaldo et Robinho, tout grands joueurs qu'ils fussent, parvenaient mal à jouer ensemble. Retour de Ronaldo à Milan, mais au Milan AC, en 2007. Au bout de quelques mois, la scoumoune frappa de plus belle : le tendon rotulien se brisa de nouveau. Ce 3 février 2008, lorsque le tendon céda pour la troisième fois, alors que Ronaldo venait à peine de rentrer en jeu, certains voulurent y voir les conséquences sur son organisme de tous les traitements dopants subis depuis des années. Des traitements qui s'ajoutaient à ses problèmes de surpoids – il fut souvent surnommé « Gronaldo » à cause de son fréquent embonpoint. Ce surpoids paraissait pour le moins étrange chez un joueur très mince au début de sa carrière. À l'époque, on lui administra des compléments nutritifs à haute dose, dont quelques substances anabolisantes. Dans le même temps, il développa fortement sa masse musculaire. Laquelle, s'étant accrue au même moment que sa morphologie, ne laissa pas le temps au reste du corps ni au système cardiaque de s'habituer à ces nouvelles masses. Résultat : lésions structurelles, et un corps qui ne supportait pas le manque. Tout le monde se rappelle Ronaldo transparent, et pris de vomissements, lors de la finale de la Coupe du monde 1998. Il fut par la suite prouvé que tout son corps, tout son organisme était en manque de drogues. Mais, lié par le contrat de l'équipe brésilienne avec la multinationale Nike, on avait exigé qu'il fût présent sur la pelouse. Obligation qui constitua un risque pour la vie du joueur. Scientifiquement, la carrière de Ronaldo fut un défi à sa propre survie : souffrant de tendinites depuis longtemps, Ronaldo se vit, toutes ces années durant, infiltrer des doses massives de cortisone et d'anti-inflammatoires. Des médecins du sport, tel Jean-Pierre de Mondenard, affirment haut et fort que de telles doses constituent un « traitement que l'on ne tolère pas, même envers les animaux de boucherie ». Ces médecins parlent bel et bien de dopage à outrance. Ainsi, Ronaldo fut un des premiers sportifs de haut niveau à incarner un nouveau degré de l'humanité : celui où les sportifs ne seraient plus seulement rabaissés au rang de cobayes dont on veut améliorer toujours plus les performances, mais peut-être à celui de mutants. Un stade qui se situerait entre la pleine humanité et un territoire encore inconnu de la vie (médicalement poussée ?). En quelque sorte, Ronaldo fut le Michael Jackson du football.

Lire aussi : Galactiques, Romario

ROUX, Guy

« Ne regardez pas où vous allez centrer : depuis 1880, la cage est à la même place », disait-il aux joueurs auxerrois qu'il entraînait. Guy Roux lui aussi resta très longtemps à la même place : entraîneur de l'Association pour la jeunesse auxerroise. Une jeunesse qu'il prit en main en 1961 (il avait alors vingt-trois ans, et avait dû faire une croix sur une carrière professionnelle, faute d'avoir le niveau) en division d'honneur, et qu'il mena en première division (1980), au doublé coupe-championnat (1996), et à la Coupe d'Europe. Sans bouger, et bien avant l'invention de Google Map, Guy Roux apprit à des dizaines de millions de gens où situer Auxerre. Ce fut peut-être pour cette raison que Jean-Jacques Annaud tourna son *Coup de tête* (un des rarissimes films sur le foot en France, avec Patrick Dewaere) à Auxerre, en 1978. Les joueurs faisaient office de figurants, Guy Roux de conseiller technique. Le plus remarquable fut que le film, qui relatait (aussi) l'épopée d'un petit club au brillant parcours en Coupe de France, sembla inspirer l'AJ Auxerre : alors pensionnaire de deuxième division, le club fit une copie conforme de ce parcours en 1979 ! Et accéda naturellement à l'élite l'année suivante.

Et si Annaud avait créé, sans le savoir, l'interface Guy Roux ? De fait, l'entraîneur bourguignon devint dès lors un homme à deux faces, l'une singeant toujours l'autre.

D'un côté, il était un entraîneur sempiternellement habillé en supporter d'époque, vieux jogging et bonnet. Personnage rural typique, couche-tôt, fliquant ses joueurs dans le centre de formation qu'il parvint à créer en 1982, séquestrant leurs mobylettes pour qu'ils ne sortent pas le soir (demandez à Boli), il incarna vite le stéréotype de la culture footballistique franchouillarde. « Faut pas gâcher », disait-il avec son accent de terroir… Une maxime devenue dicton populaire, mais aussi revendication symbolique de l'homme : Guy Roux fut celui qui récupéra, et relança, les carrières toutes crevassées d'Enzo Scifo, de Laurent Blanc ou, dans une moindre mesure, de Benoît Pedretti. En sus d'avoir entraîné et élevé, grâce au centre de formation auxerrois, Cantona, Ferreri, Boli, Cocard et autres Diomède ou Vahirua. Lorsque, en 2005, il ferma une ultime fois la porte de son bureau de manager du club, il venait de livrer à Auxerre sa quatrième Coupe de France. De 1977 à 2001, Guy Roux fut aussi le président du syndicat des entraîneurs, l'UNECATEF, ce qui le conduisit parfois à faire pression sur les arbitres en cours de match.

De l'autre côté de ce Guy Roux-là, il y eut son avatar. Celui qui, dès 1970, rédigeait chaque jour un billet dans le quotidien *L'Yonne républicaine*, dans lequel il racontait la journée du club… en parlant de lui à la troisième personne. Plus tard, il joua dans de nombreuses publicités (Hitachi, Bouygues, Saint-Yorre, La Poste, Cristaline, Citroën), n'hésitant pas à tourner en dérision certaines de ses caractéristiques : râleries et radinerie.

Financièrement, s'il débuta avec un revenu mensuel de 600 francs en 1961, son salaire fut estimé à 170 000 francs trente ans plus tard par le journal *L'Équipe*, puis à 200 000 francs en 1996, 400 000 euros (hors primes) en 2001. Lors de son ultime pige de deux mois à Lens, en 2007, il fut l'entraîneur le mieux payé de Ligue 1, émargeant à 100 000 euros hors primes.

Depuis les années 1980, l'entraîneur était également devenu un consultant télé très recherché pour la qualité et la justesse de ses analyses. Les deux faces de Roux s'éloignèrent progressivement l'une de l'autre, mais lui devint un des hommes les plus influents du football français actuel.

Lire aussi : Boli, Cantona, Scifo

RUBIO, Gaspar (1907-1983)

Le 15 mai 1929, au stade Metropolitan de l'Atlético Madrid, la Roja recevait l'Angleterre en match amical. Il se déroula avant la Seconde République espagnole (1931-1939). L'Espagne était encore un royaume. Qui en affrontait un autre, donc. L'équipe anglaise n'avait encore jamais été battue en mode professionnel (la défaite de 1872 contre l'Écosse datant d'un autre temps du football, naissant) et s'en allait défier une sélection espagnole qui restait sur deux victoires probantes contre le Portugal et la France. Ce fut un match fou, chaque équipe marqua tour à tour et, à la fin, l'Espagne l'emporta 4-3.

Un fait majeur se déroula juste après la partie. Un jeune Espagnol de vingt et un ans, qui venait d'être transféré du Levante Valencia au Real Madrid, avait fait tourner les joueurs anglais en bourrique avec force râteaux, contre-pieds, coups du sombrero, etc. Et même deux buts (il en avait passé trois aux Portugais et quatre aux Français), au point que, le lendemain, la presse britannique l'affublerait du surnom *Wizzard Gaspar*. Ce jeune, c'était Gaspar Rubio. Une fois dans les vestiaires, il s'adressa aux dirigeants de la Fédération espagnole, et leur réclama 10 dollars pour chaque but marqué. Interloqués, les responsables cédèrent à la demande. Gaspar Rubio venait d'inventer la prime en sélection.

Né le 14 décembre 1907 près de Valence, il emménagea très tôt à Barcelone avec sa famille. C'est là que, des années plus tard, il se fit remarquer par le grand Zamora, encore à l'Espanyol de Barcelone (l'autre club de la capitale catalane), lors d'un tournoi, lui montrant « ce qu'il savait faire ». Il décida ensuite de passer professionnel en retournant chez lui et signa avec le Levante… Une saison plus tard, il partit au Real. Deux saisons plus tard, il partit… sans laisser d'adresse. Gaspar était un romantique épris de liberté ; il décida d'embarquer pour Cuba, pour suivre une petite amie. Une fois sur l'île, il signa avec la Juventud de La Havane, un club inconnu qui évoluait dans un championnat inconnu. En 1930, il se blessa sérieusement. Il rejoignit ensuite le Mexique, où il joua sous la tunique du Real España de Mexico. Là-bas, il se régénéra, découvrant un pays qui le bouleversa profondément. L'année suivante, il rentra cependant à Madrid, où son cas divisa tout de même les dirigeants. Il échappa toutefois à la suspension, enfilant de nouveau la tunique blanche. Le joueur cassa la baraque. Cet attaquant rapide, jouant parfaitement des deux pieds, réenchanta son monde. Pour autant, la porte de la sélection lui était désormais fermée. Pourquoi ?

Ce 15 mai 1929… Les dirigeants y pensaient encore… Il n'empêche, Rubio refoula la pelouse du Metropolitan, car le Real, las du caractère sauvage et irrégulier du bonhomme, le céda au club rival, l'Atlético, dont le Metropolitan était le stade. Cela dura une saison, après quoi il s'en retourna à Valence. Puis éclata la guerre civile, et mondiale. En cinq années, pas une de plus, Rubio a tout vécu du football : la gloire, les voyages, l'oubli. Étrange et fulgurant parcours, parfait symbole de l'Espagne de la Seconde République… Rubio décéda le 3 janvier 1983 à Mexico.

Lire aussi : Roja

S

« Je n'ai jamais apprécié boire mais c'est devenu une superstition. Surtout qu'au début je prenais un verre avant un match, puis une demi-bouteille, puis une bouteille... et j'ai gagné le titre de joueur de l'année (à Derby County...). »

Robbie Savage

S (règle des trois)

La « règle des trois S », officieuse, est néanmoins le premier article à respecter dans la table des lois du foot business : « Secret, silence, solidarité ». Tous les protagonistes qui opèrent en col blanc (présidents, agents, intermédiaires) se l'appliquent à eux-mêmes, et se protègent ainsi les uns les autres. Grâce à l'entente cordiale entre ces messieurs, la planète du foot business n'a pour le moment aucun souci à se faire. Car pour eux aussi le football représente bien plus qu'une question de vie ou de mort : on parle ici de pertes et de profits.

Lire aussi : Foot business, Shankly

SAHNOUN, Omar (1955-1980)

Le joueur aujourd'hui oublié fut pourtant l'un des membres de la génération Platini. Omar Sahnoun se révéla au FC Nantes, avec lequel il gagna le titre de champion de France en 1973 et 1977 : la polyvalence de l'Algérien en fit vite un élément indispensable (meneur de jeu, milieu offensif, voire défenseur). En 1977, il intégra l'équipe de France menée par Michel Hidalgo, qui progressivement mettait en place le jeu des Bleus pour la Coupe du monde 1978. Aux côtés de Six, Platini, Bossis et Rocheteau, Sahnoun participa à tous les matchs amicaux de 1977 (décidément, une grande année) : la victoire 1-0 contre la RFA, le 0-0 contre l'Argentine à Buenos Aires, et ce joli 2-2 au Maracaña contre le Brésil. Sa présence parmi les Bleus souleva bien quelques problèmes : Sahnoun était fils de harki, et revendiquait fièrement l'engagement de son père, arrivé en France en 1962 (Omar avait alors sept ans). Mais la crise cardiaque dont il fut victime, à la fin de cette rayonnante année 1977, relégua ces considérations politiques au second plan. L'accident l'obligea à mettre sa carrière de côté, le privant de Mondial à quelques mois de l'événement. Un coup du destin, que le joueur subit avec un sentiment d'injustice, de rage et de tristesse, tout comme José Touré neuf ans plus tard. Après une mise à l'écart de deux ans, Sahnoun reprit le football de haut niveau en 1979, transféré aux Girondins de Bordeaux, où un certain Claude Bez venait d'accéder au pouvoir. Toutefois la période girondine ne dura pas longtemps : en 1980, une nouvelle crise cardiaque faucha le joueur en plein entraînement. Cette fois, l'accident lui fut fatal. Une mort subite pour un éternel et mauvais coup du sort.

Lire aussi : Touré

SALARY CAP

Un jour ou l'autre, le football devra accepter l'idée d'un plafonnement des salaires. Depuis l'avènement du foot business, en effet, les clubs européens font face à un surendettement croissant, et ne pourraient suivre les exigences des joueurs et de leurs agents s'ils ne creusaient pas chaque jour davantage leurs déficits. Ainsi, la crise semble bien finir par s'étendre au monde merveilleux du foot business, comme elle s'est étendue partout ailleurs. Début 2010, le rapport de l'UEFA « Paysage du football interclubs européen » chiffrait à 578 millions d'euros les pertes globales des clubs de football européens pour l'année 2008. Le nombre de ceux dont les simples dépenses salariales s'avéraient supérieures aux recettes était en augmentation par rapport aux années précédentes. Aussi ironique que cela puisse paraître, on s'est aperçu dans le même temps en Europe que les États-Unis avaient, quant à eux, réglé depuis longtemps déjà le problème des charges salariales dans le sport, notamment dans le basket, qui demeure le sport le plus lucratif du pays, les salaires y étant extrêmement élevés (en 2006, le salaire annuel moyen d'un basketteur s'élevait à 5 millions de dollars, soit 4 millions d'euros, quatre fois moins qu'un Lionel Messi ou un Cristiano Ronaldo). Mais ces salaires sont encadrés, grâce au *salary cap*. Ce système, dans lequel joueurs et dirigeants trouvent leur compte, consiste en une sorte de régulation du capitalisme : il définit la masse salariale maximale à laquelle tous les clubs sont soumis. Chaque dollar de dépassement peut entraîner jusqu'à un dollar d'amende et des restrictions de recrutement. Mais le détail qui change tout réside dans le fait que les contrats signés ne peuvent être rompus. Même en cas de longue blessure ou de transfert, le joueur ne peut être « mis en vente » au mercato avant la fin de son contrat. C'est ainsi que le basket américain connaît peu de transferts, et aucun mercato. Un accord tripartite (fédération-club-joueur) fait loi. Le « Collective Bargaining Agreement », sorte de convention collective, est renégocié tous les sept ans avec les clubs, et définit le *salary cap*, les conditions de transferts ou encore le salaire minimum des joueurs.

Lequel se chiffre en millions de dollars mais reste plafonné, empêchant les stars de monopoliser la masse salariale, et le club de placer sur une liste de transferts un joueur blessé ou en baisse de régime. Le droit de grève est respecté (en 1999, la saison de la NBA débuta avec deux mois de retard pour cause de grève des joueurs, qui obtinrent gain de cause). Il s'agirait désormais qu'il s'applique également aux footballeurs de l'UEFA, qui jouissent d'une dérégulation sans limites. À la tête de l'UEFA, Michel Platini avait avancé l'idée d'un *salary cap* européen. Ce serait une manière de créer une véritable union économique européenne entre les clubs, dont le pouvoir prendrait le pas sur celui de l'Association européenne des clubs.

Lire aussi : Association européenne des clubs, Foot business

SALENKO, Oleg

Le 28 juin 1994, à Palo Alto (Californie), en phases de poules de la Coupe du monde, Russie-Cameroun était le dernier match du groupe B, et allait devenir le match de tous les records. Le score fut digne d'un match de tennis : 6-1, donnant une victoire express à la Russie. Roger Milla, entré en cours de match, marqua un but pour le Cameroun, et devint ainsi, à quarante-deux ans, le plus vieux joueur et buteur de l'histoire des Coupes du monde. Cinq des six buts russes furent signés Oleg Salenko, vingt-cinq ans, attaquant du modeste club espagnol de Logroñés, qui devint ainsi l'auteur du premier quintuplé en un match de Coupe du monde. Salenko, qui avait marqué un péno contre la Suède au cours du match précédent, termina meilleur buteur de la compétition, à égalité avec le Bulgare Hristo Stoitchkov. Un pur exploit puisque la Russie, éliminée au premier tour, ne disputa que trois matchs, alors que la Bulgarie, demi-finaliste, en joua quatre de plus. En équipe nationale, Salenko n'avait jamais marqué auparavant et ne marquera jamais plus aucun but par la suite. Pour le Russe, l'Amérique restera donc le pays du rêve devenu réalité.

Lire aussi : Milla

SAMMER (père et fils)

La famille Sammer fut à elle seule l'incarnation de l'Allemagne réunifiée.

Un de ses membres, Klaus Sammer, né en 1942, fut dix-sept fois international est-allemand. Mesurant 1,92 mètre, milieu de terrain très physique, typique des footballeurs allemands de l'époque, il joua au Dynamo Dresde de 1965 à 1975, avant d'en devenir l'entraîneur en 1983. Il prit part à la campagne de qualification – victorieuse – pour la Coupe du monde 1974 chez le voisin de l'Ouest, mais fut jugé trop vieux pour participer à la phase finale.

Son fils Matthias naquit à Dresde en 1967, sous la nationalité est-allemande. À dix-huit ans, il jouait au Dynamo, sous les ordres de son père, ce qui lui valut bien des sifflets. Après 23 sélections (la première, le 19 novembre 1986, une victoire contre les Bleus de Platini) et 6 buts en équipe de RDA (dont les deux derniers de la sélection), il est le premier joueur est-allemand à intégrer l'équipe d'Allemagne… un an après la chute du Mur (une victoire 4-0 contre la Suisse, en décembre 1990). Les Allemands avaient bien tenté de l'intégrer à leur équipe pour le Mondial italien de 1990, mais le fait qu'il en ait joué les qualifs pour la RDA avait rendu l'affaire irréalisable.

Après Stuttgart et un bref passage à l'Inter Milan, Sammer signa en 1992 au Borussia Dortmund, qui semait alors la terreur en Europe. La saison suivante, son entraîneur le fit glisser de son poste de milieu de terrain à celui de libero, cher au football allemand. Idée de génie mais qui priva à coup sûr le joueur de Mondial en 1994, puisque Berti Vogts lui préféra Lothar Matthäus… Devenu un véritable électron libre naviguant entre l'attaque et la défense, Sammer explosa et s'imposa, élu à deux reprises « meilleur joueur allemand de l'année » avec deux championnats en 1995 et 1996. Cette année-là, il reçut le Ballon d'or après avoir gagné l'Euro avec l'Allemagne. En 1997, il mena son club du Borussia Dortmund à la victoire en Ligue des champions face à la Juventus. C'est alors qu'une grave blessure au genou l'obligea à mettre fin à sa carrière, à seulement trente ans, juste avant la Coupe du monde 1998. Une fin douloureuse pour celui qui, en référence à sa couleur de cheveux, fut surnommé *der Roter Baron*, « le Baron rouge ».

Lire aussi : Gourcuff, Maldini, Mazzola, Pelé, Trezeguet

SANKT PAULI (Fussball-Club Sankt Pauli)

Situé dans l'arrondissement de Hamburg-Mitte, bordant la rive droite de l'Elbe, le quartier de Sankt Pauli fut longtemps le quartier chaud de Hambourg, deuxième agglomération la plus peuplée d'Allemagne, bénéficiant du statut de ville-État. Sankt Pauli, c'était le quartier de la drogue et des maisons closes. « Le quartier rouge » aussi, des squats d'artistes, des militants libertaires ou d'extrême gauche, et des punks. Les mêmes que l'on retrouve dans les tribunes du stade Millerntor, au milieu de la fumée des joints et des drapeaux à tête de pirate, emblème du club. Jusque dans ses statuts, le FC Sankt Pauli, fondé en 1910, se revendique antiraciste et antifasciste. C'est ce qui en fait un des clubs les plus populaires d'Allemagne, mais aussi d'Europe, bien qu'on ne l'ait jamais vu disputer une seule coupe continentale.

Sportivement, le palmarès national du FC Sankt Pauli est vierge de titres de « vrai » prestige : quatre titres de champion de troisième division (1981, 1983, 1986, 2007), cinq en deuxième division (1964, 1966, 1972, 1973, 1977). En fait, il s'agit d'une équipe de seconde zone, qui effectue quelques incursions sporadiques en première division… comme en troisième. Rien de comparable avec le grand Hamburger Sport-Verein, sept fois champion et double lauréat européen (des Clubs champions en 1983, des vainqueurs de coupe en 1977). Mais c'est une équipe de « coups » capables d'exploits, surtout à domicile, où elle profite du soutien de son public composé de militants en or : en février 2002, poussé par ses vingt mille supporters, et alors qu'elle était bonne dernière des clubs d'élite, l'équipe nordiste battit 2-1 le Bayern, pourtant récent vainqueur de la Coupe intercontinentale.

Pour tous les militants antifascistes d'Allemagne et d'Europe, Sankt Pauli est, à bien des égards, un véritable phare. Très tôt, le club fit modifier ses statuts, ainsi que le règlement de son propre stade, pour bannir les mauvais comportements des supporters et donner l'exemple. En 1963, il devint le premier club allemand à aligner un joueur venant d'Afrique noire, l'attaquant togolais Guy Acolatse. En 2002, la publicité d'un magazine masculin se vit retirer de l'enceinte du Millerntor-Stadion, jugée dégradante vis-à-vis des femmes. Le club dénonça également très tôt l'homophobie, véritable fléau dans le milieu. Cornelius Littmann, président du club de 2003 à 2010, déclara en effet son homosexualité, ce qui partout ailleurs lui aurait valu des ennuis. Mais pas à Sankt Pauli. Littmann, qui, en dehors des heures de foot, se travestit et monte sur scène dans le théâtre-cabaret dont il est propriétaire et où il emmenait parfois ses joueurs. Depuis les débuts, les supporters du club sont connus pour leur antifascisme militant. Les matchs opposant le FC Sankt Pauli aux clubs de l'ex-RDA, dont certains abritent des kops néonazis, sont souvent très tendus, dans le stade comme dans la rue. En novembre 2009, à Rostock, des affrontements firent vingt-huit blessés. En 2008, la police dut intervenir avec gaz lacrymogène et canons à eau, pour un bilan de quinze personnes blessées et cinquante-deux arrêtées. Son combat contre l'extrême droite, le FC Sankt Pauli le mena également au sein du club : en 1998, apprenant que Wilhelm Koch, le président historique qui avait donné son nom au stade de la formation, avait adhéré au NSDAP, le parti nazi de l'époque, le club organisa un scrutin pour changer le nom du stade, qui reprit son appellation d'origine : Millerntor-Stadion.

C'est durant les années 1980 que le Totenkopf, le drapeau à tête de mort, devint l'emblème du club, et du quartier entier de Sankt Pauli : un symbole du petit qui part toujours à l'abordage contre les nantis, tel un Viking. Mais, de par son côté rock, rasta et antinazi, le FC Sankt Pauli est aussi un pays de culture ska. En 2006, il accueillit la FIFI Wild Cup (un nom qui parodiait la FIFA World Cup), un tournoi qui vit la participation de plusieurs équipes nationales non officielles (Gibraltar, le Groenland, la République turque de Chypre du Nord, le Tibet, Zanzibar).

Même si le merchandising dû à sa bonne image lui rapporte des millions, le club se refuse toujours à prendre le chemin du foot business : hors de question de modifier, renommer, vendre ou même déplacer le Millerntor-Stadion, bien que le naming soit banal outre-Rhin. Même pendant les travaux, entamés par le président Littmann, qui devraient durer jusqu'en 2014, il fut décidé que le stade du FC Sankt Pauli demeurerait à sa place actuelle (le centre de Hambourg) et serait rebâti tribune par tribune, et non d'un seul bloc, afin que le club et les supporters puissent s'y rendre le temps des travaux. Mieux, une fois achevée, l'enceinte comptera davantage de places debout. Les doléances des supporters, véritables militants étroitement associés à la vie du club, sont toujours prises en compte. Quand le club est en danger financier, les fans s'activent : dons, ventes de tee-shirts marqués *St Pauli Retter* (« Sauveur de Sankt Pauli »), opérations *Saufen für St Pauli* (« Picoler pour Sankt Pauli ») et *Astra trinken, St Pauli retten* (« Boire Astra, sauver saint Pauli »). Ce n'est pas de sitôt que cesseront de retentir dans le stade, au début des matchs, le « Hell's Bells » d'AC/DC et, à chaque nouveau but des locaux, le « Song 2 » de Blur. La ferveur des supporters fut d'ailleurs récompensée en 2010, année du centenaire du club, qui eut la bonne idée de remonter en première division … pour redescendre aussi sec en 2011. Il y est encore.

Lire aussi : Foot business, Homosexualité, Naming, You'll Never Walk Alone

SANTIAGO DU CHILI

Avant de devenir une dictature, le Chili avait accueilli la Coupe du monde de 1962. D'un style pauvre et d'une violence inouïe, le tournoi entérina le concept de « football physique ». Le Brésil y remporta néanmoins sa deuxième Coupe du monde. La compétition vit également le triomphe de Garrincha : Pelé blessé en début de tournoi, le joueur porta à bout de bras la Seleção. Cela se passait à l'Estadio Nacional de Santiago, un stade achevé en 1938 et baptisé à l'époque le « Coloso de Ñuñoa », du nom du quartier qui l'abrite. Construit selon les plans du stade olympique de Berlin, il fut refait pour accueillir la Coupe du monde de 1962, dans un pays encore marqué par la tragédie qui l'avait agité deux ans plus tôt : un terrible séisme, suivi d'un tsunami, qui avaient fait plusieurs milliers de victimes. Le Coloso devint l'Estadio Nacional de Santiago. Mais, onze ans plus tard, le Chili, à l'instar de bien d'autres pays du continent (Pérou, Argentine, Brésil), fut placé sous dictature militaire. Et l'Estadio Nacional de devenir le symbole des tortures et assassinats d'opposants au régime. Du 11 septembre au 7 novembre 1973, on estime à douze mille le nombre de personnes qui y furent conduites par les soldats d'Augusto Pinochet : prétendus sympathisants de gauche, professeurs, syndiqués, étudiants et leurs familles. Des femmes furent violées sous les yeux de leurs maris, des enfants violentés devant leurs mères, des musiciens se virent couper ou casser les doigts. Il fallut du temps pour que les gouvernants du reste du monde reconnaissent l'horreur des faits.

Les Soviétiques, eux, se montrèrent lucides très tôt : dès 1973, ils préférèrent l'élimination au déshonneur. En effet, pour se qualifier pour la Coupe du monde 1974, l'URSS se vit dans l'obligation de disputer un match de barrage contre le Chili. Le match aller eut lieu à Moscou : 0-0. Le match retour devait se dérouler le 21 novembre à Santiago du Chili. Mais entre-temps, il y avait eu le 11 septembre : aidé par les États-Unis, un général, anticommuniste fanatique, avait pris les rênes du Chili, ce en pleine guerre froide. Et les informations qui parvenaient aux oreilles des officiels soviétiques ne leur plaisaient guère. Aussi, les Russes se désistèrent quatre jours avant le match, arguant que « des sportifs soviétiques ne peuvent pas jouer sur le terrain souillé par le sang des patriotes chiliens ». Leur abandon qualifia d'office le Chili pour la phase finale de la Coupe du monde. Il n'empêche, l'équipe, ajoutant à la mascarade et à son déshonneur, décida de maintenir le match. Les joueurs chiliens, en ce 21 novembre, entrèrent donc sur le terrain pour disputer le match qui les opposait à une équipe fantôme. 40 000 spectateurs assistèrent à l'humiliation. L'équipe se fit la passe à dix, et laissa son capitaine marquer un but dans une cage vide, afin de valider une victoire 1-0. Ce but constitua un déshonneur dont le Chili mit du temps à se laver.

SCHIAFFINO, Juan Alberto (1925-2002)

Il fut de ces footballeurs transnationaux qui évoluèrent pour le compte de plusieurs pays. Uruguayen d'origine italienne, cet attaquant au profil d'allumette était si frêle qu'on le pensait parfois malade, à tout le moins peu en forme. Il pouvait se faire oublier pendant de longs moments, et soudainement placer une accélération foudroyante, clouant les joueurs sur place. Transféré du Peñarol de Montevideo au Milan AC (pour un montant équivalant à 80 000 euros, transfert le plus cher de l'époque), juste après une Coupe du monde 1954 dont il fut une des stars, il fut trois fois champion d'Italie avec le Milan, avant d'aller jouer à Rome en 1960. Champion du monde en 1950, puis demi-finaliste en 1954 avec l'Uruguay après avoir joué pour la Celeste à vingt et une reprises (huit buts), Schiaffino endossa la nationalité italienne à son arrivée à Milan. Sélectionné en équipe nationale, il joua donc à quatre reprises avec, sur les épaules, le maillot bleu foncé de la Squadra Azzurra.

Lire aussi : Beck, Celeste

SCIFO, Vincenzo

Vincenzo Scifo fut un surdoué, un talent hyperprécoce bombardé meneur de jeu d'Anderlecht à l'âge de dix-sept ans. À la charnière des années 1980-1990, le « diable rouge » constitue, avec Waddle, Francescoli, l'OM et Susic, une des seules raisons de s'intéresser à la première division française.

D'origine italienne, Scifo, qui se faisait toujours appeler par son diminutif, Enzo, éclata à la face de l'Europe dès sa première saison à Anderlecht, lorsque le club de la capitale belge se hissa en finale de la Coupe UEFA, perdue aux tirs aux buts, contre Tottenham. Naturalisé belge juste avant l'Euro 1984, il mena son pays en demi-finale de la Coupe du monde 1986, ne s'inclinant qu'en prolongations pour la troisième place devant les Français, démontrant sa bonne vision du jeu et sa virtuosité technique. Après un aparté sur la terre de ses ancêtres (à l'Inter Milan, pour une saison 1987-1988 où il se trouva perdu dans l'armada d'étrangers qui formaient l'équipe – l'Europe ne connaissait alors ni le traité de Maastricht ni l'arrêt Bosman), il retrouva la France en intégrant les Girondins de Bordeaux, alors en plein concours de muscles avec l'OM de Tapie. Mais là non plus, entre blessures et mésententes avec les cadres de l'équipe de Claude Bez, la sauce belge ne prit pas. Pourtant, Guy Roux, toujours aux aguets, flaira la bonne affaire. L'entraîneur de l'AJ Auxerre, à l'époque lieu de béatification nationale pour les joueurs qu'il faisait éclore, bien conscient que le Belge devait à tout prix trouver un club et pratiquer s'il voulait disputer la Coupe du monde 1990, lui confia les clefs du jeu auxerrois. Dans ce « grand club parmi les moyens » (dixit le joueur lui-même), Scifo fut positionné comme meneur de jeu en pointe d'un milieu de terrain à trois joueurs, devant un trio d'attaque alors étincelant en France (Vahirua, Cocard, Kovacs), et devint la pépite du championnat de France deux saisons durant. Il permit à l'AJ Auxerre de briller dans le haut du tableau, infligeant quelques belles trempes aux grands du championnat (on se rappelle le 4-0 contre un OM abasourdi). Lorsque l'AJA signa le doublé coupe-championnat en 1996, Scifo était certes parti depuis belle lurette, mais l'esprit de confiance insufflé par le Belge faisait encore effet. Totalement regonflé par deux saisons avec « le docteur » Guy Roux, Scifo retourna parmi les siens, mais au Torino cette fois, pour deux autres belles saisons. Puis retour en France, à Monaco, pour quatre saisons : il devint champion de France pour la première fois en 1997. Après ce tour de clubs, et quatre Coupes du monde disputées, il connut une fin de carrière difficile en Belgique : luxation de la clavicule, pneumothorax, puis *shock lung*, complication rarissime et souvent mortelle dont il guérit… peu avant de se briser le genou. Usé, il raccrocha les crampons.

Lire aussi : Bez, Roux

SÉGUIN, Philippe (1943-2010)

Au perchoir de l'Assemblée nationale, qu'il présida de la cohabitation de 1993 jusqu'à celle de 1997, Philippe Séguin disposait d'un petit écran lui permettant de voir de plus près l'orateur qui s'exprimait. À l'été 1994, il réussit à bidouiller l'engin afin de visionner les matchs de la World Cup. Ainsi Séguin présidait-il en écoutant les députés et en zieutant régulièrement la mini-télé, dont il avait coupé le son. Il arrivait même que certains députés lui fassent un signe pour se faire communiquer les scores. Gaulliste libéral et social (trois mots qui ne vont guère ensemble, mais que le chiraquisme cimenta dans un équilibre virtuel vingt ans durant), Philippe Séguin fut un passionné de foot, que l'on croisait couramment dans les tribunes. Un assidu des grandes enceintes comme des petits stades anonymes.

On se rappelle moins ce que l'homme politique fit pour le football. On ne sait plus qu'il rédigea un rapport qui plaça le pouvoir entre les mains du joueur ; un rapport dont toutes les propositions débouchèrent sur des mesures concrètes. Ce doit bien être le seul.

En 1972, trois ans à peine après l'instauration du contrat à temps dans le football, le syndicat des footballeurs professionnels déclencha une grève quand il apprit que le « Groupement des clubs autorisés » (ancêtre de la Ligue) recommandait aux clubs de ne signer aucun contrat inférieur à cinq ans. Or, à ce moment-là, la durée minimale d'un contrat professionnel était fixée à trois ans. L'instauration du « contrat à temps » étant encore une idée neuve en France, les clubs cherchaient systématiquement à biaiser, tablant sur la jeunesse de joueurs qui, tout contents d'intégrer un club et pressés de percer, ne se souciaient guère de l'aspect légal et social de leurs relations contractuelles avec les clubs. Dans le foot, la grève reste un fait rare. Aussi celle-ci incita-t-elle le secrétaire d'État à la Jeunesse et aux Sports, Joseph Comiti, à donner de la voix, d'autant que des élections législatives approchaient : pas question de laisser la parole à la chienlit du sport. Comiti eut alors l'idée de solliciter une personnalité extérieure au monde du football pour rédiger un rapport sur le professionnalisme. Un homme se porta candidat, jeune énarque né à Tunis, auditeur de la Cour des comptes, âgé de vingt-neuf ans et passionné de football. Philippe Séguin.

Après avoir rencontré les principaux acteurs du secteur (professionnels et amateurs ; joueurs, dirigeants, entraîneurs, éducateurs), l'auteur du rapport affirma qu'« un football professionnel jouant pleinement son rôle mérite de voir son utilité reconnue et peut prétendre à l'aide des pouvoirs publics » et que, par « sa vocation distractive largement comparable à celle de certaines activités culturelles », il ne devait pas être soumis à la seule logique commerciale. Mais le football devait aussi rationaliser « sa gestion financière » et « trouver un juste milieu quant à la rémunération et au statut des joueurs ». Chaque section du rapport définissait les axes principaux de la modernisation et de la restructuration du premier sport français. Le statut du joueur professionnel fut en grande partie inspiré de ses travaux : la Charte du football de 1973 institua un système de formation, voulu par Georges Boulogne, le sélectionneur de l'équipe de France de 1969 à 1973. Elle inspira surtout la Charte du football professionnel, qui existe depuis, gérée par l'UNFP, véritable commission paritaire qui réunit les salariés et les employeurs, régissant « toutes les obligations sociales incombant aux clubs et aux joueurs en dehors des règlements émanant des différentes institutions sportives ».

« Il l'a peut-être écrit dans son petit bureau de fonctionnaire, son rapport, mais il a pigé et inventé l'organisation du football en France pour le quart de siècle à venir », analysa bientôt Eugène Saccomano, une des voix françaises du foot. Sept ans plus tard, le président de la FFF Fernand Sastre lui proposa de présider une commission tripartite réunissant des représentants de la Fédération, des clubs et des joueurs : cette commission devint bientôt la DNCG (Direction nationale de contrôle de gestion), l'organe qui surveille les comptes des clubs professionnels en France. Plus récemment enfin, il présida la commission Grands Stades, consacrée aux enceintes sportives et destinée à préparer la candidature de la France à l'Euro 2016. Une candidature qui l'emporta quelques mois à peine après la disparition de l'homme politique, le 7 janvier 2010. Sa dernière présidence fut celle de la Fondation du football, dont la mission est de ranimer les valeurs du ballon rond à travers divers spots diffusés avant les matchs et autres actions fédérales.

Lire aussi : Syndicat

SÉVILLE

« Voir Séville et mourir », dit-on souvent du match qui reste l'un des plus grands drames de l'histoire du football. L'attentat de Schumacher contre Battiston, les buts de Marius Trésor et d'Alain Giresse et l'entrée de Rummenigge pendant les prolongations, le retourné de Fischer, les tirs au but manqués de Stielike, puis de Six et, enfin, de Max Bossis. Cela aurait pu être la plus belle page du football tricolore, ce fut un de ses pires cauchemars. Mais, et à l'aune de ce qu'il advint pour les Bleus d'Hidalgo et Platini, « Séville 1982 » devint un mythe. Le 8 juillet 1982, au stade Sánchez Pizjuán de Séville, devant 60 000 spectateurs, l'élimination de la France par la RFA, en demi-finale de la Coupe du monde, acheva de forger l'unité d'une superbe équipe, celle de Platini, Giresse, Tigana, Amoros, Battiston, Bossis, Rocheteau, Lacombe. Elle méritait mille fois de gagner, mais perdit aux tirs aux buts, après un très grand match. Il y a toutes les dimensions de la tragédie dans ce match : Par exemple, la mise à l'écart de Jean-François Larios, un des plus beaux milieux de terrain que connut la France entre 1977 et 1983, et coéquipier de Platini chez les Verts. Pourquoi ? Le capitaine français avait puni son coéquipier car celui-ci faisait tomber les femmes… dont Mme Platini. Puni par Platoche et Hidalgo, Larios regarda le match des tribunes alors qu'avec ses 186 centimètres pour 87 kilos, il était le plus costaud des Bleus et aurait pu répondre à la rudesse physique de la Mannschaft.

Après cette tragédie, l'équipe, comme dépucelée, fut enfin prête pour l'utopie et le spectacle. Si les Bleus de la période 1982-1986 écrivirent l'une des plus belles pages du football d'alors, c'est à cette défaite héroïque qu'ils le doivent.

Lire aussi : Allemagne, Hidalgo, Platini, Trésor

SEXE

Depuis l'avènement des WAGs et des ex-petites amies de footballeurs qui posèrent pour des revues ou des programmes de charme, ce sujet auparavant tabou se fait plus récurrent. Début 2010, la vie sexuelle des stars du football se trouva ainsi sous les feux de l'actualité, grâce à quelques scandales anglais. À commencer par « l'affaire Terry » : le capitaine des Blues de Chelsea et de l'équipe d'Angleterre, un an après avoir été élu « papa de l'année », fut considéré comme le fumier du pays en avouant avoir trompé sa femme avec le top model français Vanessa Perroncel, qui n'était autre que la femme de son « meilleur ami » et coéquipier en sélection, Wayne Bridge. L'affaire fut telle que le sélectionneur anglais déchargea Terry du capitanat national. Ses sponsors le lâchèrent même un temps, redoutant les méfaits économiques de sa mauvaise conduite. Toutefois Terry ne fut pas le seul à se faire prendre la main dans le sac. Son coéquipier Ashley Cole, coureur notoire (et marié), fut lui aussi trahi par des photos prises d'un téléphone mobile. L'Argentin Carlos Tévez, qui joue aussi en Angleterre, fut surpris en 2010 en compagnie de sa maîtresse, le top model Mariana Paesani, peu après avoir déclaré que Terry n'avait « aucun code moral » et qu'avec une histoire pareille, en Argentine, il « serait mort ». Patrice Evra se fit piéger dans un ascenseur d'hôtel. C'est aussi à l'hôtel que Cristiano Ronaldo et Wayne Rooney devinrent des joueurs réputés pour leur fréquentation assidue de prostituées de luxe, d'escort girls. Ronaldinho, Ronaldo et Cristiano Ronaldo (décidément) virent leur goût pour les partouzes dévoilé. L'Anglais Rio Ferdinand se fit même, à son insu, filmer au beau milieu d'une partie à plusieurs.

Partouzes, orgies : des activités qui font partie intégrante de la vie des clubs. Dans son livre *Sexus Footballisticus*, le journaliste Jérôme Jessel décrit l'anniversaire de

Ronaldo en 2003 telle une orgie, avec des filles dénudées qui surgissaient de partout. L'auteur évoque l'obsession sexuelle des footballeurs : « [Ce] sont des gens qui ont beaucoup d'argent et qui sont des consommateurs effrénés avec de nombreux besoins : ils veulent la montre, la voiture, l'appartement et, de la même manière, les filles… Comme ils ont ces besoins, on leur propose ces services : la demande crée l'offre. »

Le fait est que, avec la pipolisation et le foot business, les clubs se mirent à couvrir leurs joueurs obsédés, leur offrant ainsi quelques garanties de protection. « On sait que les footballeurs aiment aller voir les filles, donc on leur permet de le faire. Pour eux, ces amours tarifées permettent une plus grande confidentialité : pas d'enfants dans le dos, pas de chantage. Et puis, pour certains dirigeants, le fait d'avoir affaire à des réseaux bien déterminés, cela permet de contrôler, de savoir où ils sont », explique encore Jessel.

En 2004, Bernard Tapie avoua une des pratiques qui firent sa spécificité et, selon lui, les succès de l'OM des années 1990 : « On sait tous que, quand des équipes viennent la veille d'un match à Paris, tous les joueurs se barrent la nuit pour faire les cons. Moi, la veille d'une finale de Coupe de France contre Monaco [en 1991], j'ai dit aux joueurs : "Vous bougez pas, j'amène le matos à l'hôtel." Je suis allé mettre du Tranxène dans la purée de Raymond Goethals [l'entraîneur marseillais]. À 9 heures, il était couché. J'ai fait monter une gonzesse par chambre, seuls deux ou trois joueurs n'ont pas voulu. Une heure après, je suis monté et ils étaient tous dans la même chambre, ça a fini en partouze géante ! »

Le Brésilien Ronaldo : « Plusieurs fois, j'ai fait l'amour avant une rencontre et à chaque fois que je pratique avant un match, je suis meilleur sur le terrain. » Le foot business fit muter le statut du footballeur, lequel, de paisible garçon marié et père de famille à vingt-cinq ans, resta marié mais devint un homme de pouvoir. À ce titre, et comme toute personne naviguant en zone de pouvoir, il acquit un potentiel érotique. La publicité a exploité à l'envi cette nouvelle conception du corps des joueurs, qui se métamorphosa en objet de désir et repère esthétique (témoin : Cristiano Ronaldo depuis son transfert au Real Madrid en 2009). Ici fut tracé, pour longtemps, le point de mutation du football, au tournant des XXe et XXIe siècles.

Pour sa campagne publicitaire en 2006, Dolce & Gabbana dévoila une équipe de football italienne bien moulée dans ses slips. Quelques mois plus tard, on vit David Beckham, en belle voie de « métrosexualisation », exhiber son torse huilé à Giorgio Armani. Les stars du foot se mirent à flirter avec une image très érotique, voire aguicheuse. Le surnom, devenu fameux, de Thierry Henry ne fut-il pas… Anaconda ?

Bien amorcée en Angleterre, la série 2010 des affaires sexuelles se développa en France avec le scandale Zahia, qui mit en lumière ce que seuls les initiés savaient : le réseau des clubs dans le quartier des Champs-Élysées, où stars du foot et joueurs de Ligue 1 pouvaient croiser à loisir des filles prêtes à tout.

Ces clubs, tel le Club 79, la Française Alexandra Paressant les évoque dans son livre *Sexe, Scandales et Internet*, abrégé de ses histoires vécues avec José Cobos, de ses passes avec Sidney Govou (« dans le milieu du foot, on le surnomme "Whisky" »), de ses fêtes avec lui et son pote Sylvain Wiltord (« "Coca", parce qu'il n'était guère porté sur l'alcool. Mais quand "Whisky" et "Coca" sortaient en boîte ensemble, la fête promettait d'être explosive » ; les deux hommes furent en effet considérés comme de « très bons coups », et de « très chauds lapins » de la Ligue 1), de ses prétendues relations avec Grégory Coupet, Ronaldinho, Tony Parker et Thierry Henry. Elle avoue comment elle a bidonné ces sportifs qu'elle surnomme ses « conquêtes ». Elle confesse aussi comment le magazine *So Foot*, dans une de ses enquêtes, la surprit en flagrant délit de mensonges – ce qui lui valut deux semaines de détention. En 2006, elle avait fait la couverture du *Sun* anglais et du *Bild* allemand, témoignant de ses nuits torrides avec Ronaldinho (« Lors de la dernière Coupe du monde, l'entraîneur ne voulait pas que les femmes dorment avec les joueurs, mais Ronnie ne supportait pas cette idée-là. Je le rejoignais la nuit, c'était très excitant, il me faisait crier de plaisir »). Le Brésilien nia tout en bloc, y compris l'avoir seulement connue. De fait, aucun joueur ne la connut. On s'aperçut vite que la bimbo n'était qu'une manipulatrice en manque d'adrénaline. Elle s'amusait à piéger des joueurs (le fait de prononcer son nom suffisait à effrayer la moitié de la Ligue 1), mais par téléphone. L'enquête de *So Foot* montra qu'elle était entourée de complices (un pseudo-directeur de sociétés d'événementiel, l'agent Olivia Ducreu, passée maîtresse dans l'art de fournir de faux scoops aux tabloïds, ou encore l'ex-lofteur Fabrice), et que la jeune femme, originaire du Creusot, s'était inventé une vie dans son profil MySpace, truffé de fausses photographies et de témoignages bidon de joueurs professionnels.

Désormais, il arrive que des joueurs, ou anciens joueurs, soient cités à comparaître pour mauvaise approche du sexe.

Ce fut le cas d'Alim Ben Mabrouk, ancien joueur de l'Olympique lyonnais et du Matra Racing, ancien international algérien, mis en examen pour proxénétisme aggravé en décembre 2011. Il est soupçonné d'avoir fait travailler des prostituées aux Chandelles, le plus célèbre club échangiste de Paris, où se retrouvent entre autres des personnes issues du monde du show business, et de la politique. Dans le cadre de cette affaire, le club fut fermé pour un mois, ainsi que son site internet. Suspectés de figurer parmi les clients du lieu, Jérémy Ménez

(PSG) et Ludovic Giuly (AS Monaco) furent entendus comme simple témoins par la police.

Quelques mois avant, le 8 mars 2011, un attaquant brésilien de l'OM, Brandao, fut interpellé chez lui et placé en garde à vue pour une affaire de viol présumé. Une jeune femme de vingt-trois ans venait de déposer plainte, accusant le footballeur de l'avoir violée dans sa voiture, un 4x4 de luxe, alors qu'il la ramenait chez elle au sortir d'une boîte de nuit d'Aix-en-Provence. Le club décida opportunément de s'éloigner d'un joueur qui n'avait par ailleurs plus un rendement satisfaisant. Il le prêta au Gremio Porto Alegre. Éloignement. En janvier suivant, en mal de finances et d'attaquants, et le club brésilien ne voulant pas prolonger le prêt, le club phocéen dut se résoudre à faire revenir Brandao. Ce qui ne fut pas du goût de tout le monde.

Le sociologue Patrick Vassort explique, dans son livre *Football et Politique, sociologie historique d'une domination* : « Les besoins sexuels des footballeurs sont d'autant plus importants qu'ils sont souvent dopés et subissent les effets secondaires de la prise d'anabolisants et d'EPO. Ces produits créent des besoins, modifient de façon substantielle leurs besoins libidinaux. […] Et puis, il y a chez les footballeurs des relations au corps qui ne sont pas celles de Monsieur Tout-le-monde. » Le sexe contribua lui aussi à changer notre regard sur l'univers du football. Nous avons connu le temps où le foot n'était pas une affaire de sexe, mais d'érotisation. Ce temps où George Best, qui pratiquait sexe et foot, déclarait : « Si j'avais eu le choix entre mettre dans le vent toute la défense de Liverpool, puis lui claquer un but des vingt-cinq mètres dans la lucarne, ou en caser un dans les cages de Miss Monde, j'aurais eu du mal à choisir. Heureusement, j'ai pu faire les deux. »

Lire aussi : WAGs, Zahia

SHANKLY, Bill (1913-1981)

Shankly ne joua pas au foot ni ne l'incarna ; Shankly *fut* le foot : culturellement, socialement et séculairement. Célèbre pour son palmarès comme pour ses maximes, l'Écossais, devenu icône, se retrouve tout entier dans une de ses fameuses phrases : « Certaines personnes pensent que le football est une question de vie ou de mort. Je trouve ça choquant. Je peux vous assurer que c'est bien plus important que ça. »

Joueur professionnel de 1932 à 1949, il remporta une FA Cup en 1938 avec le club anglais du Preston North End FC. Il fut sélectionné cinq fois en équipe nationale écossaise, en 1938 et 1939, avant de mettre un terme à sa carrière en 1949.

Après un premier entretien raté avec le Liverpool FC, Shankly entraîna successivement les petits clubs anglais de Grimsby Town FC, Workington AFC, et Huddersfield Town FC (où il vit éclore un certain Denis Law), entre 1956 et 1959. Shankly s'entendait mal avec ses dirigeants. Aussi la proposition de Liverpool de l'engager, en 1959, fut-elle une véritable aubaine.

À son arrivée, le club était en deuxième division, son stade obsolète et son staff technique peu performant. Mais, ayant acquis une forte autorité, Shankly recruta des joueurs importants, notamment Ron « The Colossus » Yeats, premier grand capitaine de l'immense Liverpool des sixties. En 1962, le club monta en première division. Et dès 1964, il remporta le Championnat. L'année suivante, à l'occasion de la finale de la Cup que son équipe s'apprêtait à disputer contre Leeds, Shankly énonça une des maximes orgueilleuses qui feraient sa gloire : « Vous êtes les meilleurs. Les joueurs de Leeds sont honorés d'être sur le même terrain que vous. » Il exigeait que ses joueurs se fassent respecter sur leur terrain, à Anfield Road. Shankly posait ainsi les bases des futurs succès des Reds. C'est d'ailleurs lui qui ferait jouer les Liverpuldiens tout en rouge (avant 1964, ils jouaient en rouge et blanc), « pour faire peur aux autres ».

Le premier objectif de Shankly était de mettre fin à la suprématie locale du grand concurrent : Everton FC. Le club restait dans le top 5 anglais, mais il fallait renouveler les cadres. C'est alors que Shankly recruta, entre autres joueurs et pour la somme dérisoire de 33 000 livres sterling, un joueur qu'il allait révéler : Kevin Keegan. Dès 1973, les Reds gagnèrent la Coupe de l'UEFA puis, à nouveau, le titre de champion national. L'année suivante, ils remportèrent une nouvelle Cup. C'est alors que, âgé de soixante ans, il décida de prendre sa retraite, laissant la place à son adjoint Bob Paisley, qui offrirait au club ses premières Coupes des clubs champions, gagnerait encore l'UEFA et plusieurs titres nationaux. Sans Shankly, les Reds n'auraient jamais eu cette culture de la gagne.

Sans lui, les Reds n'auraient jamais été les Reds. « Liverpool était fait pour moi et j'étais fait pour Liverpool », dira l'Écossais.

Il disparut le 29 septembre 1981, des suites d'une crise cardiaque qui l'avait frappé trois jours plus tôt. Sa vie durant, l'entraîneur avait été un homme du peuple, dans tous les sens du terme. Chaque jour, il prenait le temps de répondre personnellement aux lettres que lui adressaient les fans du pays tout entier, allant parfois jusqu'à les appeler chez eux. Jusqu'à sa mort en 1981, il ne fréquenta que les hôpitaux publics, refusant catégoriquement d'être soigné en clinique privée. « La pression, c'est travailler à la mine. La pression, c'est être au chômage. La pression, c'est essayer d'éviter la relégation pour 50 shillings par semaine. Cela n'a rien à voir avec la Coupe d'Europe ou la finale de la Cup. Ça, c'est la récompense », disait-il. Ou encore : « Ma vision du communisme n'a pas grand-chose à voir avec la politique. C'est un art de vivre. C'est de l'humanisme. Je crois que le seul moyen d'y arriver dans la vie, c'est l'effort collectif. Il faut que chacun soit prêt à travailler pour l'autre, il faut s'entraider pour que chacun retire les bénéfices de l'action commune au bout du compte. J'en demande peut-être beaucoup, mais c'est la façon dont je vois le football et dont je vois la vie. »

Parmi les autres « shankliades », citons :

« J'étais le meilleur à mon époque et j'aurais dû gagner plus de titres. Mais je n'ai jamais eu recours à la fourberie. Je donnais toujours le maximum. Si j'avais joué contre ma femme, je lui aurais cassé la jambe pour gagner mais je ne l'aurais jamais prise en traître. »

« Avec trois Écossais dans son équipe, on peut espérer gagner quelque chose. Au-delà, on ne récolte que des ennuis. »

« On me disait que nous étions prévisibles. À quoi bon être imprévisible ? Joe Louis était prévisible. Vous saviez qu'il allait mettre son adversaire au tapis. Ce n'est pas plus compliqué que ça ! Nous étions peut-être prévisibles, mais personne n'a trouvé la solution pour nous battre. »

« Si Everton jouait dans mon jardin, je tirerais les rideaux. »

« Dans un club de football, il y a une sainte trinité : les joueurs, le manager et les supporters. Les présidents n'ont rien à voir là-dedans. Ils sont juste là pour signer les chèques. »

« Quand vous êtes premier, vous êtes premier. Quand vous êtes deuxième, vous n'êtes rien. »

Lire aussi : Law, Liverpool FC

SHEFFIELD

Cette ville industrielle du Yorkshire vit naître le Monthy Python Michael Palin, les groupes rock Pulp, Cabaret Voltaire ou Arctic Monkeys, Joe Cocker ou encore Dominic West (le Jimmy McNulty de la série *The Wire*). Mais tout cela se passait au XXe siècle. Au XIXe, la ville assistait à la création du tout premier club de football au monde : le Sheffield Football Club, en 1857. À cette époque, les questions d'argent étaient moins importantes que le jeu lui-même. Le club devint un lieu de pratique autant que d'élaboration de ses règles. La professionnalisation du football porta néanmoins un sévère coup à Sheffield, qui déclina rapidement après 1885. Le club milita alors pour la mise en place d'une coupe nationale réservée aux clubs amateurs : ce fut la FA Amateur Cup, qui permit au club de remporter son premier trophée en 1904. Évoluant désormais aux alentours de la huitième division anglaise, le club n'a d'autre titre que celui de FIFA Order of Merit depuis 2004, un titre que possède aussi le Real Madrid. Mais Sheffield reste bel et bien le doyen du football.

SINDELAR, Matthias (1903-1939)

Premier Mozart du football, Sindelar incarna aussi à lui tout seul la tragédie de l'Europe des années 1930. Membre de la Wunderteam autrichienne, né en Autriche-Hongrie en 1903 et devenu Autrichien d'origine tchèque en 1918, il se suicida en 1939, ne supportant plus, dans une Autriche devenue dépendance du Reich, de ne pouvoir pratiquer son métier, le football, parce qu'il était juif.

Avant d'être surnommé « le Mozart du football », Sindelar fut « l'homme de papier », en hommage à son physique bambin, à sa propension à se glisser dans les surfaces adverses et à sa faculté de dessiner à lui tout seul le cours d'un match. Ses notes blanches, c'était son élégance. Ses croches à lui, c'étaient ses buts. Avec son club de l'Austria Vienne, il marqua 600 buts en seulement 700 matchs ! La performance est d'autant plus belle qu'à cette époque les compétitions supranationales pour les clubs n'existaient pas. Très doué techniquement, fin dribbleur, arrivant toujours à effacer son adversaire en un contre un, Sindelar fut le meilleur attaquant européen des années 1930. Malgré un physique chétif, il était le leader de la Wunderteam (« équipe merveilleuse »), l'équipe nationale autrichienne, la plus belle symphonie du foot au tournant des années 1920-1930. Une équipe dirigée d'une baguette magistrale par le sélectionneur Hugo Meisl, adepte du WM de Chapman et Hogan. Celle qui battit la Suisse 7-1, la Hongrie 8-2 et surtout l'Allemagne 6-0. Celle qui ne connut qu'une seule défaite (3-4 contre l'Angleterre en décembre 1931) avant de disputer sa première Coupe du monde. Une équipe de légende, mais sans palmarès, restée légendaire parce qu'éphémère : l'Anschluss de 1938 la raya de la carte. Une équipe maudite, aussi : lors de la Coupe du monde 1934, l'orchestre autrichien fut défait 1-0 en demi-finale par l'équipe de l'Italie fasciste (pays hôte d'une compétition propagande), après avoir battu, non sans peine en prolongations, des Français alors très quelconques. Quatre ans plus tard, le nazisme réduisait la formation à néant. Le 11 mars 1938, en effet, l'Autriche fut envahie par l'armée du Reich et annexée à l'Allemagne. Son pays n'existant plus, la Wunderteam fut privée de la Coupe du monde en France, à seulement trois mois du tournoi. Afin de bien clarifier la situation, les nazis exigèrent que les Autrichiens jouent désormais pour l'Allemagne. Ils organisèrent également un match amical entre les deux équipes nationales, symbolisant la fin de la sélection autrichienne. Sindelar se balada tout le match, inscrivant l'un des deux buts d'une victoire qui hérissa tout le haut commandement allemand. Il signa même son but d'une petite danse. Le joueur refusa ensuite de jouer sous la tunique austro-allemande, contrairement à certains de ses anciens coéquipiers, comme l'attaquant Wilhelm Hahnemann, qui acceptèrent l'uniforme. Sindelar bidonna, prétextant son âge ou de fausses blessures, mais dut se résoudre à vivre caché pour éviter une arrestation et la déportation. Le 29 janvier 1939, on retrouva son corps inanimé, au côté de celui de son amie Camilla Castagnola. Plusieurs thèses circulent depuis au sujet des raisons de sa mort : suicide (thèse qui fait autorité), intoxication au monoxyde de carbone due à une cheminée défectueuse (thèse officielle), ou encore double assassinat mené par la Gestapo, du fait de l'engagement antinazi du joueur et de ses origines juives. Une enquête policière fut menée, mais bien sûr le rapport disparut après la guerre. Plus de quarante mille personnes accompagnèrent la dépouille du Mozart du football dans les rues de Vienne le jour de ses funérailles.

SOCIOS

Le terme ne s'emploie qu'au pluriel, car il désigne un ensemble de supporters. Des milliers, pour être précis, et toujours espagnols. Pour une raison simple : l'Espagne est le seul pays où les plus grands clubs appartiennent non pas à des dirigeants, des actionnaires ou des puissances politiques, mais aux supporters. Le Real Madrid ou le FC Barcelone respectent donc encore leur statut : celui d'une association, dont les membres, qui sont les supporters du club, font et défont les présidents. Revers de la médaille : les prétendants se lancent dans une sorte de campagne électorale, dont sort vainqueur celui qui promet le plus (de stars, de spectacles, de maillots floqués et de produits dérivés). Lorsqu'il tient ses promesses, c'est-à-dire lorsqu'il réalise les transferts du siècle avec des joueurs comme Zidane, Beckham, Figo, Kaka, Anelka, Ronaldo ou Cristiano Ronaldo, le président ruine son club en bâtissant un rêve personnel. Ce fut le cas au Real de Florentino Pérez et de ses deux utopies, les Galactiques en 1999-2002 (Anelka, Figo, Zidane, Beckham, Ronaldo) et les Galactiques 2 en 2009 (Kaka, Higuain, Cristiano Ronaldo, Mourinho). Mais les socios ont la mémoire longue, car ce statut se transmet de père en fils. C'est ainsi que Juan Laporta, président du Barça en 2003 et 2010, fut poursuivi en 2011 devant les tribunaux par les socios délégués du club, curieux de le voir s'exprimer sur la perte de 8 millions d'euros la saison précédente. Le football, pour le meilleur et pour le pire, devient un exemple de démocratie.

Lire aussi : Barça, Galactiques, Maison blanche

SOCRATES (Sócrates Brasileiro Sampaio de Souza Vieira de Oliveira, dit Sócrates ; 1954-2011)

Sócrates Brasileiro Sampaio de Souza Vieira de Oliveira, dit « Socrates ». Un nom prédestiné. Élégant meneur de jeu longiligne, barbu, il appartint (comme Zico) à la génération magique et maudite du Brésil (1970-1994), celle qui ravit la terre entière sans remporter la Coupe du monde. Socrates, c'est tout de même 60 sélections et 22 buts.

De Socrates, outre son nom, sa barbe et son football, on retiendra l'engagement politique. Dans un pays en pleine dictature militaire (1964-1984), celui qui passa la quasi-totalité de sa carrière au SC Corinthians de São Paulo créa la Démocratie corinthiane, avec quelques coéquipiers. Leur but : changer le traitement des sportifs, dans un régime où ces derniers vivaient comme des militaires. Loin d'une secte footballistique, la Démocratie corinthiane, simple organisation implicite et interne au club, inventa un système d'autogestion où chaque décision liée à la vie du club était soumise au vote des joueurs. Ces derniers nommaient eux-mêmes leur entraîneur, décidaient de se mettre ou non au vert, choisissaient eux-mêmes quand il était temps de se muscler, et quand, au contraire, ils pouvaient aller écluser des bières à des barbecues… En pleine dictature, ces hommes-là inscrivaient ostensiblement le mot « démocratie » sur leurs maillots. Malgré ce contexte particulier, ils continuèrent à dominer leur championnat. Peut-être parce qu'ils étaient libres…

Au même moment, un syndicaliste nommé Lula da Silva fondait le Parti des travailleurs, auquel adhérèrent alors Socrates et les membres de la Démocratie corinthiane. Leur engagement fit réfléchir tous les autres footballeurs, puis, grâce à l'immense aura du foot au Brésil… tous les travailleurs – le pays était toujours gouverné par la dictature. « Au départ, nous voulions changer nos conditions de travail ; puis la politique sportive du pays ; et enfin la politique tout court », dit Socrates. En 1983, en entrant sur le terrain pour la finale du championnat, match retransmis à la télévision, l'équipe déroula une banderole : « Gagner ou perdre, mais toujours en démocratie ». Socrates fut alors considéré comme un dieu, un sauveur, par ses compatriotes. En 1984, il défia le gouvernement en déclarant qu'il resterait jouer au Brésil si le Congrès rétablissait l'élection présidentielle. Sa revendication ne fut pas entendue. Il dut donc partir et prit la direction de la Fiorentina, en Italie. Il signait là l'arrêt de mort du mouvement de la Démocratie corinthiane, dissoute peu de temps après, non sans avoir cependant ouvert une immense brèche dans la toute-puissance du pouvoir en place. Tancredo

Neves, dirigeant de l'opposition, s'y engouffra d'ailleurs et parvint au pouvoir en 1985.

Néanmoins, Socrates n'était pas le genre d'homme à s'arrêter de vivre pour le football. Il buvait régulièrement de l'alcool, y compris pendant les compétitions officielles, et fumait un paquet de cigarettes par jour. On vit dans son hygiène de vie une des raisons de la lenteur de ses déplacements sur le terrain, où il montrait un jeu souple, calmant et orientant ses partenaires. C'est aussi pour cela qu'on lui garda le surnom de « Docteur ».

Cela dit, Socrates était réellement docteur. Il commença à exercer après sa fin de carrière sportive, mais il était bel et bien diplômé en médecine de l'université de São Paulo. Socrates et son petit frère Rai qui fit les beaux jours du PSG et de la Seleção dix ans plus tard, étaient issus d'une famille aisée de la ville de Ribeirão Preto. Ils purent avoir accès à une éducation de haut niveau, chose rarissime dans le foot sud-américain. Voilà qui explique la capacité de leadership du « Docteur ».

Ce 4 décembre 2011, pour beaucoup, la terre s'arrêta quelques instants de tourner. Socrates venait de mourir. Occlusion intestinale, et un cœur fatigué par l'alcool, les cigarettes, et des activités incessantes : chroniqueur, consultant, éditorialiste… et comédien. Dans le film *Boleiros 2*, réalisé par le Brésilien Ugo Giorgetti en 2006, l'ancien joueur faisait une apparition dans un rôle taillé sur mesure : dans un bar, clope au bec, il racontait des histoires de football, réelles ou inventées.

Peu avant une série d'alertes en 2011, Socrates dit dans une interview à *Globo* : « Je buvais régulièrement un peu le matin, puis un peu à midi, puis un peu jusqu'au soir. En travaillant, je prenais souvent une bouteille de vin entière par jour. L'alcool était en compagnon, comme la cigarette. » Socrates avait déjà été hospitalisé à deux reprises depuis août. Le 1er décembre, il le fut à nouveau. Définitivement.

Comme son grand frère, Rai est lui aussi armé d'un solide engagement pédagogique et citoyen : il œuvre régulièrement pour les enfants pauvres des favelas.

SOUBEYRAND, Sandrine

Au soir du 28 octobre 2009, « Soub » devint le navire amiral du football français tous genres confondus. Jusqu'alors, Lilian Thuram était le joueur le plus capé de l'histoire. Mais, après la victoire française 2-0 contre l'Estonie, le record changea de sexe : la capitaine de l'équipe de France féminine fêtait sa 143e sélection, et doublait l'ancien recordman en la matière. Parvenue en équipe de France à l'âge de vingt-quatre ans, en avril 1997, Sandrine Soubeyrand n'a plus quitté le groupe depuis. Milieu de terrain récupérateur, elle en est la tour de contrôle. Dotée d'un pied gauche qui peut frapper comme la foudre ou délivrer des passes transversales scotchantes, elle sait également être décisive.

Battante et discrète, elle s'exprime de façon plus claire, mature et pertinente que la plupart de ses collègues en activité. Il faut dire que la pédagogie est son métier.

Joueuse amatrice, comme la quasi-totalité des footeuses en France, Sandrine Soubeyrand est éducatrice sportive de profession, ainsi que directrice du périscolaire dans une école de Juvisy (Essonne). Un accord entre son employeur, la Fédération et le ministère de la Jeunesse et des Sports lui permet cependant de bénéficier d'un emploi du temps aménagé, lui offrant jusqu'à dix heures de récupération supplémentaires par semaine, qu'elle consacre bien sûr au football. C'est pourquoi elle avoue clairement avoir privilégié sa carrière sportive au détriment de sa vie personnelle et amoureuse.

Capitaine des Bleues et du Football Club féminin Juvisy Essonne, alors un des meilleurs clubs français (elle y signa en 2000), « Soub » fut de toutes les étapes qui virent le football féminin tricolore regagner une vraie place sur la scène internationale. Elle participa aux Championnats d'Europe de 1997, 2001, 2005, et 2009, ainsi qu'aux Coupes du monde 2003 et 2011. Sa parole, sa longévité, son écoute, sa position sur le terrain, sa vision du jeu – et de la vie – firent d'elle la meneuse qui succéda à Marinette Pichon dans le leadership de l'équipe de France.

Si les nouvelles pépites bleues (Louisa Necib, Élodie Thomis et Gaëtane Thiney en tête) brillent, percent et marquent comme elles le font, c'est que, à un moment ou à un autre, elles bénéficièrent d'une capitaine de la trempe de Sandrine Soubeyrand.

Le 1er mars 2012, une deuxième footballeuse battait le record de capes de Lilian Thuram : la défenseuse lyonnaise Sonia Bompastor honorait ce soir-là sa 143e sélection. « Soub », elle, en était à sa 174e. Son compteur bleu s'arrêta au soir de la 198e. C'était le 22 juillet 2013, et les Françaises venaient de se faire éliminer d'un Euro dont elles étaient pourtant favorites. En fin de saison suivante, elle mit un terme à sa carrière de joueuse.

En 2014, elle fut nommée sélectionneuse de l'équipe de France féminine des moins de dix-sept ans. Depuis le 4 octobre 2018, elle est également entraîneuse du Paris FC Féminines. Élégante, animée par le respect, l'humilité et la pédagogie, « Soub » est exactement le genre de femmes dont a besoin le foot français.

Lire aussi : Diacre, Femmes, Henry, Pichon, Rapinoe

SOULE

Si football et rugby ont tant en commun, c'est qu'ils ont la même mère : la soule. C'est en 1147 qu'on trouva la première mention écrite de la soule (ou « choule »), jeu de balle d'origine gauloise, déjà très populaire en

Europe. Le jeu opposait deux équipes, qui se disputaient un ballon qu'il fallait déposer dans un but. Les règles variaient alors selon les régions, toutes marquées par une même brutalité. À l'origine, le sport se jouait en foule, sans règle limitant le nombre de participants ou la durée ; tous les coups étaient permis. Les mêlées villageoises pouvaient durer plusieurs jours, et se terminaient généralement dans le sang. Quand le ballon venait à manquer, il se dit que les joueurs n'hésitaient pas à se servir de la tête d'un des leurs… Les violences donnaient parfois lieu à des procès entre villages, mais, comme le signalèrent nombre de plaignants, « ce n'est que comme cela qu'on pratique la soule » (entendez « avec violence »). S'il passe aujourd'hui pour brouillon et violent, il convient de signaler que ce combat sportif se dota rapidement de codes, précisément pour en finir avec la violence originelle. La soule devint très populaire à la Renaissance : on y jouait lors de fêtes patronales, de mariages, du départ de la dernière mariée de l'année, du carnaval. Les autorités répliquèrent alors à coups d'édits et d'ordonnances pour tenter d'interdire ces réunions populaires. En vain. Néanmoins, après cinq cents ans d'existence, les traces de la soule se raréfièrent. On continuait d'y jouer, mais en cachette, essentiellement en Picardie, en Normandie et en Bretagne, ce jusqu'en 1913 puis, dans une moindre mesure, jusque dans le courant de la Seconde Guerre mondiale.

Lire aussi : Asqaqtuk, Calcio, Cnapan, Cuju, Mob football, Pasuckuakohowog, Pok-a-tok, Public schools

SPARWASSER, Jürgen

De la République démocratique allemande (1949-1990), on retient surtout un mur, des miradors, un dirigeant de fer qui s'en alla mourir au Chili (Honecker) et une police politique dont l'efficacité n'eut d'égale que celle des services secrets. Ajoutons à la liste ses athlètes moustachues, son art du dopage et toutes ses victoires olympiques, aussi irrationnelles que le D de RDA. Le pays écrasait tous ses concurrents. Dans ce trou noir, il y a un football. D'abord, l'équipe nationale fut championne olympique en 1976, médaille d'argent en 1980 et de bronze en 1972 (une médaille partagée avec l'équipe… d'URSS). Une équipe qui deviendrait plus tard capable de battre les Bleus de Platini. Ensuite, il y eut des clubs qui se firent un nom : le Lokomotiv Leipzig, le Dynamo Berlin, le FC Carl Zeiss Iena et enfin le FC Magdebourg, ce dernier trustant les coupes et les championnats nationaux durant les années 1970, et remportant la C2 en 1974. Né en 1948, Jürgen Sparwasser jouait d'ailleurs au FC Magdebourg. Il fut le seul buteur de l'unique rencontre entre RDA et RFA, le 22 juin 1974, dans les phases de poules d'une Coupe du monde qui avait lieu… en Allemagne de l'Ouest. Le match opposait deux équipes d'ores et déjà qualifiées pour le tour suivant. Mais il vit surtout s'affronter deux bombardiers : Sparwasser pour l'Est, Gerd Müller pour l'Ouest. Ce fut la RDA qui finit en tête de son groupe, devant le frère de l'Ouest, et c'était bien la seule chose qui comptait. Peu importe si, par la suite, la RDA tomba dans un groupe qui lui fut fatal (Hollande, Brésil, Argentine) et fut éliminée. À la fin de sa carrière, Sparwasser s'en alla en RFA pour participer à un tournoi d'anciens joueurs : il n'en repartit jamais, ayant choisi de rester chez ceux qu'en somme il avait aidés quinze ans plus tôt, et qui lui devaient bien cela.

Lire aussi : Allemagne, Dynamo

STRELTSOV, Eduard Anatolievitch (1937-1990)

« Mon plus grand rival ? Eduard Streltsov. Et encore, je pense qu'il était meilleur que moi. » Pelé adressait là, certes après coup, un véritable hommage à son concurrent. De la même manière que Zico fut surnommé « le Pelé blanc », le Russe Eduard Anatolievitch Streltsov, qui ne porta qu'une seule tunique dans sa vie, celle du Torpedo Moscou, arborant un T cousu à l'endroit du cœur, fut assimilé à un « Best soviétique ». Étonnamment, alors que tout le monde se rappelle « l'araignée Yachine », Dassaev, ou les dynamiens de Kiev, personne ne se souvient de ce fleuron de la grande époque russe, où les lettres CCCP se floquaient sur les maillots soviétiques aussi fièrement que se chantaient les mélodies des Chœurs de l'Armée rouge, comme des provocations lancées à la face du monde.

L'histoire de Streltsov rejoint celle d'un pays qui mélangeait allégrement talonnades, vodka, réceptions au Kremlin et goulag… Abandonné par son père, il fut élevé par sa mère, ouvrière à l'usine Fraser. C'est dans le club de l'entreprise qu'il fit ses débuts, avant de rejoindre à seize ans l'équipe junior du Torpedo, le club de l'empire automobile russe Zil. En 1954, il débuta avec l'équipe première, devenant le plus jeune meilleur buteur du Championnat russe dès la saison suivante. Sa carrière, déjà bien lancée, fit un rapide bond en avant lorsqu'il disputa son premier match en équipe nationale. Cela se passait en Suède, et Streltsov vécut ce premier match (6-0 pour les Soviétiques) comme une sonate : il marqua trois buts et fut à l'origine des trois autres. En 1956, il fit partie de l'équipe soviétique vainqueur des JO de Melbourne, mais il ne reçut pas la médaille, réservée à cette époque aux joueurs ayant participé à la finale. Le système de jeu des Russes était avant tout fondé sur des duos de choc. Ainsi, quand le coéquipier de Streltsov, avec lequel il s'était préparé, se blessa, l'entraîneur russe privilégia une autre doublette d'attaquants, écartant notre joueur dépité. Ce titre, sans médaille, fut le seul sur le CV du Soviétique. L'année suivante, il finit en septième position dans la course au Ballon d'or, remporté par Di Stefano. Pas mal pour un joueur si lointain.

Beau mec de 1,82 mètre pour 85 kg, gueule d'ange, souvent présenté comme rebelle, Streltsov fut un peu le Jean Gabin du football soviétique. Ses cuites à la vodka, ses embrouilles avec ses entraîneurs, ses bastons répétées, avec des adversaires ou des inconnus en ville, commencèrent à rendre son entourage fumasse, notamment le très flegmatique gardien Yachine. Mais nul ne pouvait nier son talent : capable d'une détente exceptionnelle, très rapide et adroit des deux pieds, Streltsov fut un attaquant des plus complets, d'autant qu'il se fit une spécialité que nul autre n'avait : la talonnade.

C'est avec 18 buts pour 21 matchs internationaux qu'il revint sur la terre de ses premiers exploits, à l'occasion de la Coupe du monde 1958, en Suède. Il devait s'y présenter en idole. C'était sans compter sur l'intervention du pouvoir soviétique, qui préféra lui offrir un séjour dans les goulags de Sibérie.

Le 25 mai, invité dans une soirée mondaine au Kremlin alors qu'il était en pleine préparation du Mondial, il se vit approché par la ministre de la Culture soviétique, Yekaterina Furtseva, par ailleurs seule femme du Politburo. La ministre lui proposa la main de sa propre fille, que le joueur déclina. On ne sut jamais ce qui se dit alors entre les deux protagonistes, toujours est-il que la version de la ministre suffit pour confondre Eduard : selon elle, il avait vulgairement rejeté son offre et aurait même traité sa fille de guenon, en présence d'amis proches. Le lendemain, il fut accusé d'avoir violé une jeune fille invitée à la soirée. La suite : KGB, prison de Butirka, aveux forcés en échange de sa liberté et, en guise de liberté, le goulag sibérien. Ironie de l'histoire : l'URSS de Yachine fut éliminée en quart de finale de la Coupe du monde par la même équipe que, quatre ans plus tôt, Streltsov avait battue presque à lui tout seul.

Condamné à douze années de camp disciplinaire, alors que l'URSS était en pleine « déstalinisation », il fut libéré en février 1963, et retrouva l'équipe première du Torpedo en 1965. Interdit de sortie du territoire, il fut donc privé de Coupe du monde 1966. Le goulag lui fit aussi perdre de sa puissance et de sa rapidité, mais pas de sa prestance ni de son aisance technique. Il conduisit le Torpedo au titre national dès son retour en 1965, claquant 12 buts, fut le meilleur buteur du championnat en 1968 et le meilleur joueur en 1967 et 1968. Il revint en équipe nationale en octobre 1966, pour deux ans, avant de mettre un terme à sa carrière en 1970, à la suite d'une rupture du tendon d'Achille. Vingt années plus tard, le 20 juillet 1990, il mourut d'une tumeur à la gorge, certainement contractée au goulag. La légende dit que Marina Lebedeva, la fille qu'il aurait violée en 1958, vint déposer des fleurs sur sa tombe le 20 juillet 1997. La même année, le Torpedo donna à son stade le nom de Streltsov. Un comité de réhabilitation fut créé pour demander la réouverture des pièces de son procès, initiative menée entre autres par le maire de Moscou, Yuri Luzhkov, et par l'ancien champion d'échecs Anatoli Karpov. En 1998, une sculpture du joueur fut réalisée aux abords du stade Loujniki de Moscou, autre enceinte majeure de la ville. À l'occasion de la Coupe du monde 2018, organisée en Russie, parions que cette statue permettra à ce joueur de rayonner hors de Russie, où une talonnade s'appelle toujours une « passe à la Streltsov », et ainsi, de manière certes posthume, de rattraper quelque peu le gâchis que l'URSS engendra dans le football des années 1960.

Lire aussi : Dassaev, Dynamo, Pelé, Yachine

SUAUDEAU, Jean-Claude

Ancien milieu défensif, deux fois champion de France (1965 et 1966), quatre fois sélectionné en équipe de France, Jean-Claude Suaudeau, dit « Coco » Suaudeau – certains lui trouvèrent une tête de piaf –, fut l'homme d'un seul club : le FC Nantes. Si l'on parle de « jeu à la nantaise » avec la même admiration que lorsqu'on évoque le football total oranje ou le système du Barça d'aujourd'hui, c'est au style de jeu à une touche de balle, créé par Suaudeau, qu'on le doit.

Dans un premier temps, il dirigea le centre de formation nantais de 1973 à 1982, ayant déjà sous sa coupe ceux qui devinrent champions de France en 1977, brisant l'hégémonie verte : Henri Michel, Max Bossis, Raynald Denoueix, Thierry Tusseau, Michel Rio, Jean-Paul Bertrand-Demanes. Il connaissait parfaitement la maison lorsqu'il prit enfin les rênes de l'équipe en 1982.

C'est en voyant le Brésil de Zico et Socrates la même année, collectif capable de remonter rapidement le ballon sans faire d'actions de jeu mais en multipliant les passes et où les joueurs se rendaient disponibles l'un pour l'autre, que Suaudeau dit à ses joueurs : « On va joueur comme le Brésil. » Le « jeu à la nantaise » est donc bien d'inspiration brésilienne. Un style de jeu collectif fondé sur la vitesse, l'intelligence et la technique, et où le jeu sans ballon compte plus que le jeu avec. Dans le schéma Suaudeau, les joueurs n'avaient pas besoin d'opérer des contrôles, ils devaient savoir à qui passer le ballon avant même de le recevoir. Un jeu vif et précis où les joueurs jouaient du plat du pied, sans chercher à donner le moindre effet à la balle. Un style à plat, donc, pour un football des plus léchés.

Le jeu à la nantaise mêlait esprit de corps, art, pragmatisme et efficacité. La composition de l'équipe 1982-1983, championne de France et finaliste de la Coupe, illustre en elle-même ces trois dimensions : Bertrand-Demanes, Ayache, Rio, Bossis, Bibard, Adonkor, Amisse, Tusseau, Baronchelli, Halilhodzic, Touré. À la pointe, ces deux derniers étaient aux antipodes l'un de l'autre, et incarnèrent la touche brésilienne (Touré) et le réalisme pur (Halilhodzic) qui firent de Nantes une équipe spectaculaire et victorieuse, et par là adulée. Pendant la période 1982-1988, disposant à plein de ses joueurs, Suaudeau incarna le plus beau football français. José Touré n'aurait pas été ce grand footballeur des années 1980 sans Coco Suaudeau au nord du terrain.

Lorsqu'il revint pour un second « sexennat », de 1991 à 1997, il remporta un nouveau titre (1995) et s'attacha une nouvelle génération dorée : Kombouaré, Desailly, Deschamps, puis Makelele, Pedros, Loko, N'Doram, Ouédec, Karembeu… En 1995, le club battit des records d'invincibilité (30 matchs sans défaite). Suaudeau quitta ensuite le club pour laisser la place à un ancien joueur de 1977, Raynald Denoueix, qui s'inspira directement de son mentor.

Lire aussi : Hétéronymes, Karembeu, Touré

SUPERSTITIONS

Rassemblées dans une vidéo, l'effet serait d'un grand comique. Pourtant, nous avons tous des superstitions, et les footballeurs n'échappent pas à la règle. La publicité l'a bien compris. Rappelez-vous Zizou vantant les mérites d'une eau minérale : « C'est toujours les mêmes gestes, d'abord la jambe gauche, toujours, chaussette-chaussure, puis la jambe droite et puis une gorgée de Volvic. »

Les Bleus auraient-ils gagné la Coupe du monde en 1998 et l'Euro 2000 sans la bise du Président Laurent Blanc sur le crâne de Barthez ? À Marseille, Souleymane Diawara joue hiver comme été avec des gants, car lors de ses premiers matchs hivernaux, à Sochaux, il remarqua qu'il les portait à chacune de ses victoires… Il se dit alors : « Pourquoi pas en été ? »

Il existe un nombre incalculable de manies censées conjurer le mauvais sort. Les joueurs cathos se signent en entrant sur le terrain, tout comme les musulmans. Carlos Bilardo, entraîneur champion du monde avec l'Argentine, portait invariablement la même cravate, censée lui porter chance, y compris sous une chaleur étouffante. En 1958, les Brésiliens furent obligés de porter un maillot bleu, car ils rencontraient la Suède qui jouait déjà en jaune. Cela n'empêcha pas les Auriverdes de remporter leur première victoire en Coupe du monde. Le maillot bleu, considéré comme un porte-bonheur, est alors devenu officiellement leur second maillot, peu importe que la couleur n'apparaisse pas sur le drapeau national.

Autre pays, autres marottes. Les équipes britanniques, par exemple, évitent le numéro 13. Le défenseur anglais Gary Neville ne chante quant à lui jamais l'hymne national. Et l'ancien capitaine anglais n'enfilait son maillot qu'après avoir quitté les vestiaires. De son côté, Steve McManaman garda longtemps une fausse moustache dans sa voiture comme porte-bonheur. Plus récemment encore, dans son autobiographie parue outre-Manche, le milieu de terrain Robbie Savage écrivait : « Je n'ai jamais aimé l'alcool, peut-être parce que mon père me faisait boire un verre de Guinness tous les soirs quand j'étais petit pour m'endurcir. Je n'ai jamais apprécié boire, mais c'est devenu une superstition. Surtout qu'au début je prenais un verre avant un match, puis une demi-bouteille, puis une bouteille… et j'ai gagné le titre de joueur de l'année (à Derby County…) », puis : « Avec des amis, nous buvions entre huit et douze bouteilles de vin tous les jeudis soir. Le vendredi, je buvais plusieurs verres chez moi ou j'emmenais une bouteille dans mon sac quand nous étions en déplacement. »

Si l'on parle football et superstitions, on pense forcément à Domenech, qui avoua son goût pour la consultation des astres. Selon le sélectionneur français, il avait été dit que la France gagnait toujours avec William Gallas. Est-ce la raison pour laquelle il emmena ce joueur, pourtant lent et blessé, à la Coupe du monde 2010 ?

SURFACE

D'abord mesurées en pieds et en yards, puisque le sport naquit en Angleterre, les dimensions réglementaires d'un terrain de football sont les mêmes depuis les débuts : la longueur du terrain doit être comprise entre 90 et 120 mètres et la largeur entre 45 et 90 mètres. Cette variabilité n'existe pas pour les finales de la Coupe du monde, où les valeurs retenues sont les moyennes arithmétiques des deux fourchettes : 105 mètres sur 68. Soit une surface de 7 140 mètres carrés.

SUSIC, Safet

Dans les années 1980, le championnat de France fut porté par trois magiciens : « le Papet » (Susic), *El Príncipe* (Francescoli) et « le Brésilien » (Touré). À cette époque, Susic animait les folles soirées parisiennes. C'était le temps du Paris Saint-Germain dirigé par le président Borelli, de Fernandez, Bats, Rocheteau et Poullain. Malgré ses jambes de jeune homme, Safet Susic fut rapidement surnommé « Papet ». Lui, le maître incontesté des petits ponts à Paris et dans toute la France ; lui, le meilleur livreur de caviars de son époque ; lui, le bimoteur yougoslave, qui alternait jeu balle au pied pour conserver le ballon et jeu de redistribution pour accélérer. Après avoir débuté au club de Sarajevo, il intégra la sélection nationale en 1977 ; il avait alors vingt-deux ans. En 1982, il se fit remarquer par des clubs étrangers, mais la loi yougoslave de l'époque n'autorisait les joueurs à quitter le pays qu'à l'âge de vingt-huit ans. Et Susic n'en avait que vingt-sept… Cela ne l'empêcha pas de se rendre à Paris, où il passa une année sans jouer. Mais, dès ses débuts, on assista à un festival. À lui tout seul, il gagna la Coupe de France 1983 contre Nantes (un but et deux passes décisives). Il devint le distributeur de caviars du championnat de France de cette époque. Dribbleur imparable, il reste l'un des meilleurs conducteurs de balle ayant foulé les pelouses françaises. Certes, Susic « choisissait » parfois ses matchs, se permettant à l'occasion de lever le pied. Néanmoins, il fut un peu le Maradona européen. C'est sous sa houlette que le PSG remporta le premier titre de champion de son histoire (1986). C'est aussi sous son ère que, dès 1987, le club parisien commença à pratiquer ce qui serait sa marque déposée : le yo-yo. À une très bonne saison succédait ainsi une année d'échecs. Parfois même, après six mois au top, le club entrait en crise pour les six mois suivants. La saison 1987-1988, par exemple, fut catastrophique pour le PSG, qui luttait contre la relégation. Gérard Houllier, alors entraîneur, rejeta la faute sur le Yougoslave, qui fut évincé de l'équipe type. Il fallut attendre l'arrivée d'Ivic en 1988 pour le voir réintégré et retrouver son influence passée. Dès 1989, les Parisiens ne perdirent le titre face à l'OM qu'à de rares occasions. Cette seconde jeunesse au PSG lui permit également de retrouver la sélection yougoslave, et de participer au Mondial italien en 1990, un tournoi où Susic joua aux côtés de son frère spirituel, Dragan « Pixie » Stojkovic. À l'issue du mondial, Safet tira sa révérence à la sélection, mais continua au PSG. Mais les jambes du joueur, âgé de trente-six ans, se faisaient de plus en plus lourdes. Un an plus tard, après vingt ans de professionnalisme et une ultime pige au Red Star, il raccrocha. En huit ans au PSG, il disputa 343 matchs et scora à 85 reprises, offrant 61 passes décisives. Durant toutes ces années parisiennes, pas une seule fois il ne fut suspendu.

En décembre 2009, Susic a été engagé comme sélectionneur de la sélection nationale bosniaque. En 2014, sous sa houlette, elle disputera la toute première Coupe du monde de son histoire.

Lire aussi : Caviar, Red Star, Touré

SYNDICAT

Plusieurs associations ou regroupements de joueurs ont un rôle qui s'apparente à celui d'un syndicat.

Le premier syndicat est évidemment anglais (puisque le football, tel que nous le connaissons, est apparu outre-Manche). Le 2 décembre 1907, à l'Imperial Hotel de Manchester, l'Association Football Players Union prit forme, aboutissement d'un projet tenté en vain en 1893 et en 1898. Les dirigeants, qui s'inquiétaient de sa proximité avec le puissant syndicat central, la General Federation of Trade Unions, le soutinrent timidement. Le football était alors le fer de lance de l'éthique de la passion, et il n'était alors question que d'amateurisme. Les patrons exerçaient un chantage sur les joueurs syndiqués, notamment en les menaçant de ne pas signer avec eux s'ils persévéraient. Mais c'était méconnaître le degré d'activisme des footballeurs. Billy Meredith (1874-1958), le plus populaire des joueurs de l'époque, et Charlie Roberts (1883-1939) incarnaient les deux figures emblématiques du mouvement. Tous deux à Manchester United, la meilleure équipe, ils médiatisaient les revendications et pointaient l'attitude autoritaire de leurs patrons. Roberts fut le premier à sensibiliser la presse, demandant par exemple à un photographe de prendre les joueurs protestataires, ou posant avec un écriteau sur lequel figuraient les termes *The Outcast FC*, autrement dit « les rebelles ». Il fallut attendre les années 1960 pour que soit véritablement reconnu le métier de footballeur, un siècle après la création de la Football Association, en 1863.

En France, la première association apparentée à un syndicat fut l'Union nationale des footballeurs professionnels (UNFP), créée le 16 novembre 1961. On la doit à deux footballeurs, Eugène N'Jo Léa, jeune diplômé en droit et attaquant du Racing Club de Paris, et Just Fontaine, tous deux épaulés par un juriste, maître Jacques Bertrand. C'est N'Jo Léa qui ouvrit les hostilités : « Même les patrons sont organisés ! Oui, tout le monde est organisé, sauf le footballeur professionnel, qui en est malade. » Au début, l'attaquant envisageait une loi type 1901, mais il opta finalement pour un syndicat pur. La première revendication porta sur la retraite des joueurs. En 1963, Raymond Kopa, excédé par l'immobilisme des dirigeants, fit mouche avec une déclaration choc : « Les footballeurs sont des esclaves. » Il en récolta une suspension de six mois et le mépris de la presse, tout comme les présidents Just Fontaine (1961-1964) et Michel Hidalgo (1964-1969), qui eux aussi furent méprisés. Kopa devint alors vice-président de l'UNFP, et usa de toute l'influence dont il disposait pour obtenir des réformes. C'est le 27 novembre 1964 que l'UNFP fut enfin reconnue comme un syndicat légitime, par le Groupement des présidents comme par la Fédération. La première convention collective, paraphée par le Groupement et l'UNFP, améliorait notamment le régime des retraites. L'ère des réformes pouvait s'ouvrir avec, comme prochaine étape, le contrat à temps. À cette époque, les joueurs se liaient à vie avec leur club, et avec leur président, en signant leur contrat. La marge de négociation (salaires, transferts) était inexistante. En

1969 entra en application le contrat à temps (CDD de l'époque). Cependant, mai 1968 et l'apparition de la publicité sur les maillots des joueurs firent évoluer les revendications. Durant les journées de Mai, le siège de la FFF fut occupé par des joueurs armés d'une banderole exigeant « le football aux footballeurs ». Aujourd'hui, de nombreux syndicats nationaux de footballeurs existent, les avant-gardistes en la matière étant les Italiens et les Espagnols, et ont déjà été à l'origine de plusieurs grèves de matchs.

Peu de temps après, le 15 décembre 1965, des représentants des associations de joueurs français, écossais, anglais, italiens et néerlandais se réunissaient à Paris pour créer une association internationale des footballeurs : la Fédération internationale des footballeurs professionnels (la FIFPro). Si l'UNFP avait vu le jour dans le but de contrecarrer le pouvoir de la Fédération française de football, ce syndicat international voulait, quant à lui, faire barrage à la mainmise de la Fédération internationale (la toute-puissante FIFA). Le grand baptême devait être la Coupe du monde anglaise de 1966, mais ce n'est qu'en 2001 que la FIFA décida de reconnaître les représentants des joueurs, à la suite d'accords passés avec la Commission européenne sur le règlement FIFA du statut et du transfert des joueurs, et après sa participation au Congrès de la FIFPro à Paris, au mois de novembre. Depuis, les relations entre la FIFA et l'UEFA d'un côté et la FIFPro de l'autre s'améliorent. La FIFPro, dont Philippe Piat fut le président de 2005 à 2007, compte aujourd'hui quarante membres officiels, trois candidats membres et treize observateurs, et des syndicats sont en passe de se créer dans onze autres pays. Elle représente 48 500 joueurs, adhérents du monde entier. La FIFPro milite pour la mise en place d'un contrat type de joueur international et souhaite que les joueurs soient partie prenante dans l'élaboration du calendrier international des matchs.

Par ailleurs, si les joueurs ont l'UNFP, les patrons ne sont pas en reste : l'Union des clubs professionnels de football est en effet là pour défendre leurs droits. Créée le 28 février 1990, l'UCPF est le Medef du football. Un syndicat qui compte quarante-cinq membres : les vingt clubs de Ligue 1, les vingt clubs de Ligue 2, et cinq équipes de niveau national. Son président en 2014 est Jean-Claude Louvel, dirigeant du Havre.

L'Association internationale des footballeurs professionnels (AIFP) était un projet syndical. Il s'agissait de créer le premier syndicat mondial des clubs, au début des années 1990. Un projet jamais complètement réalisé, piloté par deux fortes têtes qui, à l'époque, l'ouvraient tout de même un peu trop : Maradona en fut le président, et Cantona un membre éminent. Ce projet de syndicat se cantonna à une déclaration d'intention médiatique.

Lire aussi : FIFA, Fontaine, Hidalgo, Kopaszewski

T

« Y a pas de gonzesse hooligan,
imbécile et meurtrière /
Y en a pas même en Grande-Bretagne,
à part bien sûr Mme Thatcher. »
Renaud

THATCHER, Margaret (1925-2013)

Eh oui : l'importatrice de la révolution conservatrice en Europe figure dans un dictionnaire moderne du foot ! Car quelques années après avoir guerroyé aux Malouines et contre les mineurs en grève, mais longtemps avant que Sarkozy et Hortefeux ne s'attaquent au problème en France, Miss Maggie déclara la guerre au hooliganisme, alors encore une spécificité anglaise.

En 1985, le Sporting Events permit d'incriminer l'ivresse, la consommation d'alcool, l'introduction d'objets dangereux (pétards ou fumigènes) dans les stades, et élargit le droit de fouille de la police. Le drame du Heysel sonna ensuite l'heure de la prise de conscience. Le Premier ministre britannique prit le problème avec autant d'ardeur qu'elle prenait tous les autres, et cela déboucha sur le *Public Order Act* (1986) relatif aux désordres et violences. Tout ce nouvel arsenal juridique rafraîchit celui de 1936, avant d'être à son tour amendé en 1994 : renforcement des dispositifs policiers dans et hors des stades, utilisation de la police montée et des chiens policiers, généralisation de la vidéosurveillance, grillages dans les tribunes, stratégie d'infiltration des groupes hooligans semblable à celle utilisée en Ulster contre l'IRA. Le hooliganisme se vit clairement criminalisé.

Le *Football Spectator Bill* de 1989 prévit même de n'autoriser l'accès au stade qu'aux spectateurs munis d'une carte d'identité informatisée, laquelle pouvait leur être retirée en cas de délit.

Cette activité judiciaire et policière se traduisit par des séries d'arrestations et procès spectaculaires, ainsi que de très lourdes peines (comme les dix ans de prison pour le leader présumé des Head Hunters de Chelsea en 1985), ou des peines alternatives à la prison pour les mineurs. Mais, comme à chaque fois que la carotte sécuritaire est brandie, la lourdeur des peines ne changea rien à la cause. C'est ce que vint brutalement rappeler le terrible drame de Hillsborough, le 15 avril 1989, où quatre-vingt-quinze supporters de Liverpool trouvèrent la mort, écrasés par la foule. D'autant que la commission d'enquête, confiée au lord of Justice Peter Taylor, conclut dans son rapport (1990) que les supporters n'étaient pas les seuls coupables : la vétusté et l'insécurité des stades anglais étaient aussi en cause.

Ce rapport Taylor, conjugué à la lutte contre le hooliganisme, ouvrit la voie à un autre stade du football : le foot business. Puisqu'il allait falloir rafraîchir les stades, les prix des places seraient désormais plus chers, et tant pis pour le public populaire. Les incitations thatchériennes à transformer le football en industrie de loisir, couplées à cette mutation des enceintes, furent très chaudement accueillies par une nouvelle génération de partenaires et de patrons de clubs : industriels, mercenaires, oligarques, magnats de la presse. Ceux qui bientôt transformèrent les clubs en « Public limited companies » cotées en Bourse, avant de métamorphoser les stades en salons à champagne et à hôtesses, puis de changer le football tout court.

La lutte contre le hooliganisme fut globalement une victoire, en Angleterre, et il faut la saluer. Mais, comme toutes les guerres modernes, elle donna *in fine* le pouvoir à la finance et aux mercenaires privés. Si l'Angleterre devint le navire amiral du foot business, c'est aussi à Miss Maggie qu'elle le doit. C'est ce qui vaut à l'importatrice de la révolution conservatrice en Europe sa place dans notre dictionnaire. En 1986, le chanteur Renaud flaira assez bien l'affaire. Sa chanson « Miss Maggie » mit dos à dos barbarie libérale et barbarie hooligan.

Lire aussi : Heysel, Hooligan, Murdoch, Thugs

THUGS

Dans la période pré-Heysel, la violence des supporters en Angleterre atteignit son apogée, notamment avec les thugs et les hooligans. On le sait, ces derniers prônent la violence organisée, dont le but n'est pas la fête mais bien la destruction. La Grande-Bretagne des années 1960 vit, en outre, l'émergence de cultures ou de sous-cultures liées à des habitudes et à des consommations d'ordre musical : rough, teddy boys, skinheads, punks. Pour eux comme pour tous les supporters, le foot était une consommation culturelle et familiale comme une autre. Mais en ces temps où s'amorçait la fin des idéologies, le désenchantement s'installa là où régnait auparavant le lien social et générationnel. Il frappa toute une génération qui associa alors la violence à l'hédonisme – y compris sexuel – à l'aide de drogues et d'alcool. À leurs yeux, la violence devint l'expression même de cet hédonisme. Une évolution parfaitement démontrée dans un livre qui n'a rien à voir avec le football, mais tout à voir avec l'époque : L'*Orange mécanique* de Burgess. Dans le domaine du football, des jeunes se regroupèrent selon le club qu'ils soutenaient, leur quartier d'origine mais aussi leur sous-culture d'appartenance. Les affrontements entre mods et rockers ou teddy boys furent presque rituels par leur régularité, leur préméditation et leur violence. Leur succédèrent, au cours de la décennie suivante, les bastons entre punks et skinheads. Au milieu des années 1970, n'en pouvant plus de cette brutalité, la presse britannique baptisa ces bastons du nom de « Thugs League » (« championnat des truands »), faisant comme s'il s'agissait d'une compétition opposant des bandes de haineux. Une des pires bandes de thugs fut la Red Army de Manchester, dont le slogan était *We hate humans*. Pour eux, les supporters adverses n'étaient rien d'autre que des envahisseurs, qu'il convenait de repousser comme tels. Parfois, les bandes allaient même jusqu'à entrer dans les tribunes réservées à l'adversaire : le fait d'armes de la Red Army fut d'avoir plusieurs fois « pris » Highbury, le stade du club londonien d'Arsenal. Les thugs de Chelsea, de Liverpool ou de Leeds s'organisèrent même militairement, en vue de véritables guérillas urbaines.

Lire aussi : Heysel, Hooligan, Thatcher

THURAM, Lilian

Là où Basile Boli mit deux coups de boule qui firent buts (en 1993), Lilian Thuram mit deux coups de foudre avec les pieds (8 juillet 1998, Stade de France). Là où Boli fit campagne en faveur du candidat Sarkozy, Thuram se prononça contre toutes les stigmatisations sécuritaires et communautaires. Point commun entre les deux : la Légion d'honneur.

Né le 1er janvier 1972 à Pointe-à-Pitre (Guadeloupe), Thuram connut sa première cape bleue dans sa vingt-deuxième année, le 17 août 1994, le même jour qu'un autre futur grand, avec qui il allait partager le destin du foot français jusqu'en 2006 : Zinedine Zidane. Tel Laurent Blanc, il fit ses débuts comme milieu offensif. Thuram, qui voulait être prêtre, accepta de partir en mission en défense : défenseur droit chez les Bleus, défenseur central en club, selon les besoins. Et comme le Président, il devint l'un des orfèvres de la période en or du foot français (1998-2000). Après avoir croisé Makelele en amateur à Melun, il débuta en professionnel avec le club de Monaco, en 1991, atteignant une excellence qu'il ne quitta plus : dès l'Euro 1996 d'ailleurs, Thuram, Blanc, Desailly et Lizarazu formèrent la meilleure défense du monde.

Thuram signa ensuite à Parme, puis à la Juventus de Turin en 2001 pour 36,6 millions d'euros (un transfert alors énorme). Après les victoires de 1998 et 2000, s'enchaînèrent les échecs de 2002 et 2004. Thuram prit alors sa retraite internationale, mais en sortit en 2005, de même que Zidane et Makelele. Durant la Coupe du monde 2006, Thuram remporta 95 % de ses duels en défense. La mécanique fonctionnait encore.

Du coup, Thuram, bien qu'un peu vieillissant, signa au Barça, mais fut vite barré par Carles Puyol et Rafaël Marquez. Il participa sur une jambe à l'Euro 2008, où il joua les derniers de ses 142 matchs en bleu (il est le joueur le plus capé de l'histoire de l'équipe de France). Comme chacun sait, Thuram décida d'aller faire une dernière pige au… PSG. Mais des examens réalisés lors de la visite médicale révélèrent chez lui une hypertrophie cardiaque héréditaire. La même maladie qui avait coûté, des années plus tôt, la vie à son frère sur un terrain de basket-ball.

Le bateleur citoyen reprit alors le flambeau. Celui que l'on avait entendu en 2005, s'opposant à Sarkozy, alors ministre de l'Intérieur, qui venait parler de kärcher aux racailles. Celui qui, en 2006, parla de « sarkoïsation des esprits » et créa la polémique en invitant des familles du gymnase de Cachan au Stade de France pour le match France-Italie. Celui qui, aux élections municipales de 2008, apporta son soutien à la candidate… de l'UMP, Jeannette Bougrab, candidate dans le XVIIIe arrondissement de Paris, pour la simple raison qu'elle était issue de la diversité (un peu limite, là, Lilian). Celui qui devint membre du Haut Conseil à l'intégration, membre et parrain du collectif Devoirs de mémoires. Qui participe aux activités de l'Institut de relations internationales et stratégiques (IRIS) en tant que membre du conseil d'administration. Régulièrement taxé d'intellectualisme primaire par des joueurs qui devaient avoir piscine le jour de la distribution des consciences (dernier exemple en date : Patrice Evra, en août 2010, quand Thuram estima qu'on devait interdire à vie l'équipe de France aux grévistes de Knysna), Thuram a toujours agi contre le racisme, et pour le devoir de mémoire.

À l'automne 2013, il se trouva au centre d'une affaire inattendue : en couple depuis sept années avec la présentatrice télé Karine Le Marchand, on apprenait le 4 septembre que celle-ci avait porté plainte contre lui pour violences conjugales, plainte retirée dix jours plus tard. L'homme écopa néanmoins d'un rappel à la loi.

Les deux fils de Lilian Thuram sont désormais footballeurs professionnels. Marcus, né le 6 août 1997 à Parme, est un attaquant prometteur, qui après les clubs de Sochaux et de Guingamp, évolue au Borussia Mönchengladbach en Allemagne. Son prénom est un hommage au Jamaïcain Marcus Garvey (1887-1940), chantre « rastafari » de la réconciliation et de l'unité entre Noirs et Blancs. Khéphren, né le 26 mars 2001 à Reggio d'Émilie (Italie), est milieu défensif à l'OGC Nice.

Lire aussi : DD, Président, Zidane

TIFO/TIFOSI

Une activité typique des stades qui, par métonymie, devint le mot désignant les supporters de football. Un *tifo* est une animation visuelle que forment les supporters logés dans une tribune. Le but : que cette animation soit vue par la tribune opposée, par les joueurs sur le terrain et par les téléspectateurs. Confectionné avec des feuilles de papier coloré, des voiles, des banderoles, des drapeaux que porte chacun des supporters, l'objet forme au final ce qui, de loin, dessinera un motif (en général, les couleurs et le blason du club), un slogan, un nom, ou même un visage (lorsqu'il s'agit de remercier un entraîneur ou un joueur sur le départ, c'est une façon de lui rendre hommage). Le *tifo* est la signature d'un groupe de supporters, dont l'activité et le motif représenté signent aussi l'identité. Mais il est également la marque unitaire d'un club, lorsque se joue un derby ou un classico.

La culture tifosi émergea en Italie, puis dans l'Europe méditerranéenne, dans les années 1960. Par extension, ce terme d'origine italienne désigne non seulement l'activité mais aussi ceux qui la pratiquent : les supporters les plus investis pour un club, les ultras. Aussi « tifosi » désigne-t-il un supporter non violent, quand « hooligan » indique un casseur.

Lire aussi : Hooligan

TORINO FC

Surnommé le « Toro » en Italie. Fondé en 1906, le club vécut ses premières heures de gloire avec les deux titres de champion d'Italie en 1927 (titre retiré ensuite pour corruption) et 1928. Ce fut le petit industriel piémontais Ferruccio Novo qui, devenu président en novembre

1939, bâtit ce qui serait le « grand Torino », grâce aux recrutements de l'avant-centre de la Juventus, Gabetto, et des deux milieux de Venise, Mazzola et Loik. Adoptant le WM, et poursuivant une politique de recrutement avisée et dispendieuse, le Torino remporta le titre en 1943, puis quatre Scudetti consécutifs de 1946 à 1949, le dernier lui étant conféré à titre « posthume » à cause du drame du 4 mai.

Pendant ces années le Torino domina outrageusement la Serie A, et ses principaux rivaux (Juventus et Inter) : il termina la saison 1946-1947 avec une avance de dix points sur son dauphin et la suivante avec seize. Son jeu offensif tranchait avec la tradition (déjà défensive) du football italien initiée par la Juventus au début des années 1930.

Cette excellence sportive s'inscrivit dans un contexte historique difficile, celui de la reconstruction d'une Italie vaincue et partiellement sous tutelle. Dans une ville qui subit les bombardements alliés et connut les affres de l'occupation nazie et les combats de la résistance. Les succès du club renforcèrent encore auprès des ouvriers de Turin l'aura *granata* (grenat, la couleur du maillot) d'une équipe qui leur permettait de prendre deux fois par an une revanche sur l'équipe du patron, la Juventus. L'édition turinoise de *L'Unità*, l'organe du Parti communiste italien, décrivit les vedettes du Torino comme d'« authentiques représentants du prolétariat et du progressisme ».

Vénérés dans un culte doloriste et un peu masochiste, les martyrs de Superga devinrent un mythe, faisant oublier les faiblesses structurelles d'un club ne bénéficiant pas d'un public aussi nourri que ses rivaux milanais et romains, et dont les comptes s'avéraient constamment déficitaires. Le club connut un éphémère retour au sommet dans les années 1970, avec un titre de champion en 1976 et plusieurs participations européennes (dont un célèbre troisième tour de Coupe de l'UEFA face au SC Bastia en 1977-1978). Malgré l'écrasante supériorité sportive de la Juve, le Toro compta longtemps plus de supporters que son rival, aussi bien en ville que dans le reste de la province de Turin !

Lire aussi : Avion, Corse, Juventus

TOURÉ, José

Avant Zinedine Zidane, il y eut José Touré. À la différence près que le premier fut un meneur de jeu et un distributeur de caviars, quand le second fut un rythmeur de parties, un ambianceur de vestiaires, et surtout un finisseur. Passé de l'ombre à la lumière en très peu de temps (1980-1983), Touré fut le premier footballeur français à être comparé à un Brésilien et parvint, en une année, au même niveau que Michel Platini dans le star-system. Il devint d'emblée le plus grand maudit du foot tricolore, avant d'être le plus célèbre des footballeurs roulés par « la famille ». C'était pourtant avant l'arrivée du foot business. La vie footballistique de Touré ne dura que dix ans. Une décennie, celle des années 1980, qui vit le football tricolore changer de statut. Touré en fut un des acteurs. Et n'en vit jamais la monnaie.

Le 11 juin 1983, José Touré entra dans l'inconscient collectif des amoureux du beau jeu en France. Le FC Nantes, où il jouait numéro 10, venait d'être sacré champion de France, et disputait la finale de la Coupe contre le PSG de Susic, Fernandez et Rocheteau. À 1 partout, Seth Adonkor adressa un centre en apparence anodin à son numéro 10. Avec qui rien n'était jamais anodin : Touré contrôla de la poitrine, dos au but, enchaîna deux jongles du pied droit pour effacer deux adversaires et marquer du gauche un but tout brésilien. À compter de ce jour, le joueur fantasque devint « le Brésilien ».

Touré disait lui-même être « un cocktail de rêve, un quart Black Star, un quart Squadra Azzurra, un quart Olympique de Marseille. [...] Moitié africain par mon père et moitié napolitain, moitié marseillais par ma mère » : « Métis du sud », comme il l'écrivit dans son autobiographie parue en 1994.

Né à Nancy en 1961 d'un père footballeur et ancien international malien, José Touré fut formé à Sochaux et arriva sur les bords de l'Erdre en 1979. Vite intégré dans le collectif nantais très huilé, ce numéro 9 impressionna rapidement par sa maîtrise technique, son art du dribble cosy, ses jongles fantasques, et fut sacré champion de France en 1980. Puis il y eut le 11 juin, et ce but qui mit Hidalgo au parfum. Touré fut sélectionné en bleu ; tout semblait indiquer qu'il serait la star de l'Euro 1984, qui allait se disputer en France. C'était oublier que le jeune Touré était fragile : une première (légère) blessure le priva du tournoi, et de cette gloire. Rebelote en 1986, alors qu'il était redevenu l'attaquant spectaculaire des Bleus, ayant activement participé à la qualification pour le Mundial mexicain. Lors d'un match de Coupe d'Europe contre l'Inter Milan, il se blessa grièvement au genou. Éloigné des terrains pour six mois, il se consacra à sa rééducation et à sa passion pour les fringues, pour l'art et pour les livres d'art déco.

Revenu sur les terrains en février 1987, le prodige fut transféré à Bordeaux. S'il participa un peu au doublé coupe-championnat du club, il avait perdu de son art en devenant dur au mal. Plus rugueux, Touré perdit aussi de sa souplesse et ne fut plus lui-même que par intermittence. Deux ans à Monaco eurent raison de sa passion. Émargeant à 800 000 francs par mois, inaccoutumé au monde du show-biz qu'il voulut fréquenter, il se mit à la coke et à l'alcool. Victime d'un gros *down* après avoir été le joueur le plus en vue, il stoppa sa carrière professionnelle en 1990, pas même âgé de trente ans.

« Une seule valeur sûre régnait sur mes nuits et celles de mes complices de dérive, la coke, cette pute, si chère et si froide... » écrivit-il dans son livre.

N'ayant jamais géré rationnellement ses comptes, Touré s'était déjà fait flouer par des conseillers et des banquiers, du temps de Nantes. Ce fut la même chose à Monaco, mais à plus grande échelle. Touré prêta de l'argent dont il ne revit jamais la couleur. Ainsi le meilleur joueur français de son temps, après Michel Platini, loupa-t-il les deux grandes compétitions des Bleus dans les années 1980, et devint-il le pionnier en France de ces joueurs qui se firent escroquer par ce qui n'était que les prémices du foot business.

Après des années d'errance et de piges dans certains clubs de seconde zone, Touré donna des nouvelles en novembre 2005 : condamné à 800 euros d'amende pour coups et blessures volontaires portés à son ancienne compagne. Il put ensuite aller faire quelques piges de consultant sur Canal Plus.

Symbole vivant du « jeu à la nantaise », deux fois champion de France en trois ans, mais auteur d'une carrière très brève, José Touré fut le plus beau joueur qu'on vît sur le sol français entre 1983 et 1986. Dans la France d'alors, il fut au football ce que Yannick Noah fut au tennis : un Noir en dehors des clous, capable de loger une balle là où personne n'aurait songé qu'elle pût même aller.

Lire aussi : Suaudeau

TRÉSOR, Marius

Le 30 juin 1977, au stade Maracaña de Rio : d'un coup de tête claquant de Trésor, les Bleus égalisèrent contre le Brésil, dans la cathédrale du foot mondial. Le 8 juillet 1982, à Séville, troisième minute de la prolongation contre la RFA : sur un coup franc de Giresse, Trésor, tel un attaquant exécutant une reprise de volée en s'allongeant presque, logea la balle sous la transversale allemande. Ce fut son plus beau but, et son plus symbolique. Lui qui fut le premier capitaine noir de l'équipe de France, avec laquelle il cumula 65 sélections (1971-1983), devint l'un des meilleurs liberos de son temps. Et dire qu'au début, à la Juventus de Sainte-Anne, en Guadeloupe, il joua défenseur ou attaquant selon les besoins de l'entraîneur. Et qu'à Ajaccio, son premier club métropolitain, il joua un mois en demi-attaquant, en 1969, avant de devenir défenseur central. À lui seul, Trésor était la clef d'une défense. Un poste dont il fit le tour, puisqu'il joua arrière gauche, puis arrière droit, puis défenseur central.

Trésor fut sélectionné en 1971 chez des Bleus à l'époque très pâles, où il s'imposa vite. Si bien que l'OM le recruta dès 1972. Ce fut d'ailleurs contre Ajaccio, et avec une défaite 1-0, qu'il effectua son premier match avec les Olympiens… l'OM de Jairzinho, Paulo César Lima, Zvunka, Charrier. Un OM de feu, double champion de France 1971 et 1972, mais qui gagna peu de titres : une Coupe de France en 1976, accompagnant des places d'honneur en championnat, à un moment où le rêve vert commençait à émerger en France. Classe et autorité naturelle, habileté technique, puissance physique (1,82 mètre) : libero et capitaine exemplaire, Trésor prit part au renouveau de l'équipe de France de Michel Hidalgo. Après avoir connu les années noires de 1971 à 1976, Trésor vit arriver Platini, Six, Bossis, Rocheteau, Soler, Janvion, Giresse, Genghini, Tigana, et sut unir cette nouvelle génération à celle des joueurs cadres (Santini, Michel, lui-même). Dans le rêve du Mundial 1982, Trésor tint une grande place.

En 1980, un an après que l'OM eut fait capoter son transfert vers le Bayern Munich, Trésor rejoignit les

Girondins de Bordeaux, nouvellement entraînés par Aimé Jacquet, et où brillaient d'autres internationaux : Giresse, Lacombe, Soler. Le club enchaîna les bonnes places, Trésor les douleurs au dos et deux opérations. Il joua alors de moins en moins, et participa de loin au titre girondin de 1984. On ne le vit pas à l'Euro, remplacé en club aussi bien qu'en bleu par Patrick Battiston.

Après avoir mis un terme à sa carrière, le Bordelais redevint méridional quelques mois durant : il fut représentant pour Pernod Ricard ! Il revint cependant très vite au ballon. Aujourd'hui, il est entraîneur de la réserve des Girondins. Avec Battiston.

Lire aussi : Coma, Hidalgo, Platini, Rocheteau, Séville

TREZEGUET, David

C'est à lui, et à son but en or en finale, que la France doit son titre de championne d'Europe en 2000. Franco-Argentin, David Trezeguet est un enfant de la balle : son père, l'Argentin Jorge Trezeguet, était joueur professionnel. Les ancêtres, originaires du Lot-et-Garonne, avaient migré en Argentine à la fin du XIXe siècle.

Jorge est né en 1951. Il fut défenseur central au Club Atlético Estudiantes, un des clubs de Buenos Aires. Mesurant 1,85 mètre pour 80 kg, l'homme était solide. Solide aussi lorsqu'il s'agit de fuir la dictature militaire en 1976. Et de revenir aux origines de la famille : en France. Jorge atterrit au FC Rouen, avec lequel il joua en première division, au cours d'une saison 1977-1978 qui est aussi celle de la naissance de David. La famille retourna en Argentine en 1979, Jorge terminant sa carrière dans un autre club de la capitale, Chacarita Juniors. Lorsque son fils David se lancerait à son tour dans une carrière de footballeur, il deviendrait son agent.

David Sergio Trezeguet est né à Rouen le 15 octobre 1977, mais repartit en Argentine à l'âge de deux ans. Enfance à Buenos Aires, et première licence au Club Atlético de Platense. Premier match avec l'équipe première à dix-sept ans. Son poste : attaquant. Son père lui conseilla de faire ce que lui-même n'avait pu faire : tenter sa chance en France. En 1995, David s'envola donc pour Paris, où il fut hébergé par un ami de la famille : l'ancienne gloire (argentine) de Tours, du PSG et de Monaco, Omar da Fonseca – aujourd'hui consultant vedette sur la chaîne BeIN Sports. Le jeune homme fit un essai au PSG, mais ne fut pas retenu. Nouvel essai à Monaco, devant l'entraîneur Jean Tigana. Et devant un attaquant monégasque tout jeunot : le jeune Thierry Henry, qui était impressionné, rapporta-t-il plus tard, par ce « grand joueur tout sec qui ne parlait pas français » et qui, sur un premier exercice de centre, prit le ballon et, de volée, le colla dans la lucarne. Une fois. Deux fois. Trezeguet claqua les buts, conclut l'essai et signa un contrat de stagiaire. En janvier 1996, il disputa ses premiers matchs officiels. Après des débuts timides, David se mit à planter but sur but, pour un total de dix-huit en fin de saison. Il fut logiquement sélectionné en bleu. Convoqué pour la Coupe du monde 1998 en France, tout comme son camarade Thierry Henry, David n'avait alors que dix-neuf ans.

Un titre de champion de France, un titre de champion d'Europe avec la France (grâce à une nouvelle volée de Trezeguet, devenu « Trezegol ») plus tard, David s'en alla à la Juventus pour 150 millions de francs (soit près de 23 millions d'euros). Ce fut l'amour. Il parvint à remplacer Michel Platini dans le cœur des tifosi de la Juve. Dix ans passés au club, dont il devint le meilleur buteur étranger (171 buts en 320 matchs, élu meilleur joueur du Calcio en 2002). Dix années jalonnées de gloire : entre autres quatre titres (dont deux annulés en

2005 et 2006 dans le scandale des paris truqués, que la Juve a payé cher) et une finale de Ligue des champions. Trezeguet renforça ses liens avec le club lorsqu'il choisit d'y rester malgré la relégation en 2006. Seuls les joueurs Buffon et Del Piero firent de même.

En bleu, il fut à la fois le sauveur (éliminatoire Euro 2000, finale Euro 2000), le témoin (débâcles 2002 et 2004) et le maudit (il manqua son tir au but en finale de la Coupe du monde 2006). Des blessures à répétition à partir de l'année 2006, et surtout des relations plus que tendues avec Raymond Domenech, qui s'obstinait à ne pas le sélectionner – les Italiens en rient encore, tellement Trezeguet était une star chez eux – lui firent prendre congé des Bleus.

En août 2010, il prit la direction de l'Espagne (pays de son épouse, qui souhaitait y retourner) et signa à Alicante. La saison suivante, il céda aux sirènes du foot business en signant aux Émirats arabes unis, pour le Bani Yas SC et 1,7 million d'euros par an. Mais il n'y resta que six mois. Pour boucler la boucle, il décida de retourner sur les terres d'origine. Pour aider le grand club argentin de River Plate, à Buenos Aires, tombé en deuxième division, à remonter dans l'élite. Malgré les services rendus et une bonne quinzaine de buts lors de matchs importants, il fut déclaré indésirable par l'entraîneur en vue de la saison suivante. Trezeguet mit donc le cap au nord, à 285 kilomètres de la capitale : Rosario, et les Newell's Old Boys, en prêt (un club qui vit passer Maradona et Messi). C'est là que « Trezegol » marqua son 300e but professionnel, en pleine Toussaint 2013. Le dernier chapitre de sa carrière mena notre joueur en Inde, au FC Pune City entre juillet 2014 et janvier 2015. Une franchise venait de créer l'Indian Super League, et le buteur rejoignait quelques anciens joueurs qui, comme leurs aînés l'avaient fait pour la North American Soccer League puis la Major Soccer aux États-Unis, étaient venus faire une ultime pige au pays de Gandhi : Robert Pires, Nicolas Anelka, Alessandro Del Piero et autres Fredrik Ljungberg.

Aujourd'hui, Trezeguet vit en Italie, et est ambassadeur de son ancien club, la Juventus de Turin. Trezeguet, un des derniers buteurs-nés du football français.

Lire aussi : Gourcuff, Juventus, Maldini, Mazzola, Pelé, Sammer

TUBES

Systématiquement repris les soirs de victoire, « We Are The Champions » de Queen est le tube du football. Freddie Mercury, chanteur et auteur du groupe anglais, expliqua qu'il avait spécifiquement écrit ce morceau afin qu'il soit scandé dans les tribunes. Apparu le 7 octobre 1977, sur la face B du single « We Will Rock You », il dut néanmoins attendre le début des années 1990 pour être repris par des supporters, notamment du côté d'Amsterdam, autant pour rendre hommage à son auteur, mort du sida en 1991, que pour célébrer une nouvelle victoire. « We Are The Champions » est le tube ultime, à égalité avec le chant de supporter des Reds « You'll Never Walk Alone ».

« Autumn Almanac » des Kinks, où Ray Davies clama dès 1967 « *I like my football on the saturdays* », demeure à jamais la première liaison connue entre rock et football.

Aux antipodes du goût, des origines et de l'éternité, il y eut « Je te survivrai » de Jean-Pierre François, numéro deux du top 50 en 1989. Un homme qui cartonna dans la variété après avoir échoué dans le football : François fut le modeste attaquant du Club Sportif de Blénod-lès-Pont-à-Moussons, dans sa Meurthe-et-Moselle natale, un tout petit club qui atteignit la deuxième division en 1982-1983. François redevint amateur et alla jouer à

Dijon, puis dans l'équipe réserve de Saint-Étienne, et au FC Bâle, sans doute pour repérer les salles de concert.

Au rayon musique, on se rappelle bien entendu le « Johnny Rep » revisité par Mickey 3D en 2004. De l'autre côté de la France, le Brestois Miossec n'oublia jamais de soutenir son club. À sa manière : tacles, mauvaise foi, amour et bière. Et à travers deux morceaux : « Évoluer en troisième division » et « Stade Brestoa ».

Joe Strummer, dans sa carrière solo, composa lui aussi deux morceaux footballistiques en 2000 et 2001 : « Tony Adams », en hommage à l'ancien défenseur d'Arsenal, alcoolique repenti, et « Shaktar Donetsk », où il utilisa le nom du club ukrainien bien avant qu'il ne devienne le vainqueur de la dernière Coupe UEFA en 2009, pour raconter l'histoire d'un émigré clandestin qui rêve de voir Wembley.

Au rayon revival, l'histoire de « I Will Survive » est tout bonnement scotchante. Remixé dix-huit ans après sa sortie par un combo néerlandais, Hermes House Band, le morceau disco fut adopté par les rugbymen du Stade français, qui décidèrent d'en faire la « chanson officielle du Stade français ». Puis, le 12 juin 1998, après la victoire française contre l'Afrique du Sud, au soir du premier match des Bleus dans leur Coupe du monde, le remplaçant Vincent Candela entonna le gimmick « la, la, la, la, la… », repris à l'unisson par les autres joueurs. De victoire en victoire, ce gimmick devint l'hymne et le gris-gris de l'équipe de France, puis du pays tout entier un mois plus tard. Lors de la garden-party élyséenne où Jacques Chirac convia les joueurs à fouler la pelouse, la garde républicaine interpréta « I Will Survive », qui, en quelques semaines, passa donc de la case revival au rayon mythes.

Au rayon mythes justement, Diego Maradona fut pour la Mano Negra le personnage tutélaire du football qui tape dans un ballon plutôt que sur l'adversaire, dans

« Santa Maradona », single issu de l'album *Casa Babylon* (1994). Une autre figure du rock alternatif français d'alors, Elmer Food Beat, chanta en 1991 un « Rififi dans la surface » à la gloire du FC Nantes, lequel se trouvait entre deux périodes Suaudeau.

En France, le plus grand hit du football fut créé en 1976, lors de la campagne européenne des Verts de la grande époque : « Allez les Verts » devint l'hymne officiel de l'AS Saint-Étienne. Monty, alias Jacques Bulostin, profita du premier véritable engouement populaire que le foot donna à la France. « Allez / Qui c'est les plus forts évidemment c'est les Verts / On a un bon public et les meilleurs supporters / On va gagner / Ça, c'est juré / Allez » : des paroles vides, une musique nulle, mais un tube.

Qui dit tops dit aussi flops. Certains joueurs se mirent en tête de devenir des chanteurs populaires, pour des suites tout à fait catastrophiques. Parmi eux : Just Fontaine (« Moi, j'ai une gosse », 1960), Franz Beckenbauer (« Gute Freunde kann niemand trennen », 1966), Johan Cruyff (« Oei Oei Oei », 1969), Marius Trésor (« Sacré Marius », 1980), Johnny Rep (« Singing in the Morning », 1981), Joël Bats, alors gardien de but du PSG et des Bleus (« Soli-solitude », 1985), Roger Milla (« Sandy », 1990), le duo Boli-Waddle (« You Got the Feeling », 1992), Pascal Olmeta, gardien de but qui fut de la première « Ferme des Célébrités » (« Tape dans le ballon », 1994), Paul Gascoigne (« Fog on the Tyne », 1997), Youri Djorkaeff (« Vivre dans la lumière », 2000). Arrêtons-nous là ; continuer une liste qui n'est qu'un « pire du pire » serait inaudible, même à l'écrit.

Lire aussi : Verts, You'll Never Walk Alone

U

« Notre club, nos règles ! »
Slogan des supporters du FC United of Manchester

UNITED

Manchester est la ville qui, à elle seule, symbolise les deux pôles à l'œuvre dans le milieu anglais : libéralisme à tous crins et résistance active. En 1998 déjà, les bénévoles de l'Independant Manchester United Supporters Association, à coups de lobbying intense, firent capoter le projet de rachat du club par Rupert Murdoch. En 2005, quand le milliardaire Glazer racheta les Red Devils, trois mille supporters entrèrent en rébellion, et décidèrent de fonder leur propre club : le FC United of Manchester. Après avoir testé neuf cents joueurs, les supporters sélectionnèrent eux-mêmes ceux qui allaient participer à la première saison. Cinq ans après, le club évoluait en septième division.

Chez United, les dirigeants ne versent pas dans la commercialisation à outrance, ils sont élus démocratiquement par les supporters. Le club veille à pratiquer des prix d'entrée au stade accessibles et refuse d'apposer le logo d'une quelconque marque sur son maillot. Des gestes qui en disent long sur l'esprit du projet.

Ainsi, donc, à Manchester, certains n'ont pas oublié que, en football, *united* est synonyme de « résistance ».

Lire aussi : Foot business, Manchester

UNOFFICIAL FOOTBALL WORLD CHAMPIONSHIPS

Dans le football non aligné, l'Unofficial Football World Championships est moins connu encore que le bâton de Nasazzi. Le principe est exactement le même, seul le début de l'histoire diffère. L'UFWC est né en 1872, et marque le point de départ du titre officieux. Il témoigne surtout de la volonté éternelle de l'Angleterre, pays inventeur du football, de s'approprier tout ce qui, de près ou de loin, touche à ce sport. À la fin du XIXe siècle, les Anglais étaient, avec les autres nations de l'Union Jack, les seuls à réellement avoir une sélection nationale. En 1872, bien que considérés comme la meilleure nation du football – qui ne se jouait alors qu'au sein de l'empire britannique… –, ils furent pourtant battus par les Écossais. C'est ainsi que serait née, dans les pubs écossais, l'idée de se revendiquer champions du monde honorifiques. L'UFWC, trophée virtuel plus encore qu'officieux, naquit de cet orgueil tout britannique. En 1882, l'Irlande surprit le monde en récupérant le trophée à l'Écosse. Après avoir visité tous les pays du Royaume-Uni, le titre traversa la Manche grâce à l'Autriche, vainqueur d'un match contre l'Écosse en 1931, avant de revenir en Angleterre quelques mois plus tard. Absente des Coupes du monde 1930 et 1934, l'Angleterre resta donc malgré tout championne du monde UFWC… Ironiquement, c'est lorsqu'elle daigna enfin participer au tournoi mondial, en 1950, que l'Angleterre perdit son titre UFWC, le cédant aux États-Unis. Les nations les plus titrées à ce jour sont l'Écosse et l'Angleterre. Lorsqu'ils pénétrèrent sur la pelouse pour disputer la finale de la Coupe du monde contre l'Espagne, ce 11 juillet 2010, les Hollandais étaient les tenants du titre UFWC depuis novembre 2008. Mais une finale et une prolongation plus tard, ce n'est pas seulement le titre de champion du monde que les Hollandais virent leur échapper, mais aussi le trophée UFWC et le bâton de Nasazzi, trois titres raflés cette année-là par l'Espagne.

Lire aussi : Angleterre, Nasazzi

V

« Le football créatif est de gauche tandis que le football de force pure, tricheur et brutal, est de droite. »
Jorge Valdano

VAN BASTEN, Marco

Le premier homme qui fit tomber le bloc de l'Est, c'est lui. En finale de l'Euro 1988, la Hollande, entraînée par le maître Rinus Michels, celui-là même qui créa le football total, affrontait l'URSS de Valeri Lobanovski, le stratège du Dynamo Kiev. Comme à chaque match historique, deux conceptions du football s'affrontèrent ce jour-là. Les Oranje menaient 1 à 0 quand soudain, à la 54e minute, Van Tiggelen adressa une passe en l'air au pauvre Marco Van Basten, excentré sur l'aile droite. Une passe en forme de patate chaude, dont personne n'aurait su que faire. L'attaquant, lui, coordonna parfaitement le placement de son corps, le calcul de la trajectoire du ballon et la puissance d'une frappe tendue, venue d'ailleurs. Puis il expédia la balle juste en dessous de la transversale de Dassaev, qui en avait pourtant vu d'autres. Ce but d'extraterrestre, qui offrait royalement à la Hollande le titre de championne d'Europe, éberlua tout le monde. Né le 31 octobre 1964 à Utrecht, devenu professionnel à l'Ajax Amsterdam dès 1981, Van Basten avait déjà ébloui l'Europe l'année précédente, lorsque son club revint sur le toit de l'Europe, vainqueur de la

Coupe des coupes. L'Ajax était alors entraîné par Johan Cruyff (ceci expliquant cela). Le défenseur Frank Rijkaard, le milieu Ruud Gullit et l'attaquant Van Basten furent les trois pépites hollandaises de la fin des années 1980. Ils furent tous trois recrutés par le Milan AC de Berlusconi qui, avec eux, domina l'Europe au tournant des deux décennies – seul l'OM parvint à vaincre ce Milan-là, en 1991 puis 1993. Deux fois meilleur buteur de la Serie A, Van Basten gagna avec le Milan deux Ligues des champions, deux Supercoupes d'Europe et deux Coupes intercontinentales. Au début des années 1990, le Hollandais était considéré comme le meilleur attaquant du monde. Seules des blessures récurrentes à la cheville droite l'empêchèrent de marquer davantage, et de se montrer plus décisif avec une équipe des Pays-Bas qui gâcha beaucoup son talent durant la Coupe du monde 1990. La dernière apparition de Van Basten dans un match de Coupe d'Europe eut lieu sur la pelouse du stade olympique de Munich, là où il avait fissuré Dassaev cinq ans auparavant. Mais ce 26 mai 1993, Marco Van Basten ne marqua pas. Ce fut Basile Boli qui planta un but, celui de la victoire de l'OM en finale de la Ligue des champions. S'en suivirent deux années de douleurs pour le Hollandais, dont la cheville n'avait même plus de cartilage après moult opérations. À seulement trente et un ans, il dut mettre un terme à sa carrière de buteur. Il fut par la suite sélectionneur des Oranje, de 2004 à 2008, puis entraîneur de l'Ajax quelques mois. À l'instar de Johan Cruyff, Van Basten remporta trois Ballons d'or, en 1988, 1989 et 1992.

Mais voilà. Celui qui avait commencé à effriter le bloc de l'Est s'est rendu coupable de l'impardonnable, le 26 novembre 2019. Devenu consultant sur Fox Sports Pays-Bas, il était en plateau lorsqu'il lança un « Sieg Heil » pour (dit-il ensuite, pour s'excuser) moquer l'allemand pratiqué par un de ses collègues. Malgré toutes ses excuses, il déclencha la colère sur le moment. Mais ce fut malheureusement vite oublié. Son employeur le mit à pied… une petite semaine seulement. Seule la firme Electronics Arts, éditeur du jeu *FIFA 2020*, décida de retirer « jusqu'à nouvel ordre » les éléments de l'« icône » de Marco Van Basten de son jeu. Dans le jeu vidéo, les « icônes » sont des cartes spéciales réservées aux stars retraitées. Intolérable, de la part de celui qui fut un pratiquant de cette révolution nommée « football total ».

Lire aussi : Ajax, Dassaev, Oranje, Révolution

VERTS

Un mois après mai 1968, le vent de liberté qui souffla sur la France eut une conséquence inattendue : Saint-Étienne remporta son premier doublé coupe-championnat. Personne ne le savait, mais cette aventure, qui avait commencé par le titre de champion de France en 1967, allait se poursuivre jusqu'au départ de Michel Platini, en 1982. S'il y eut un renouveau des Bleus (l'équipe de Michel Hidalgo), c'est parce qu'il y eut une légende verte. Une épopée qui dura quinze années. Un rêve qui cristallisa les aspirations d'une société nouvelle aussi bien que les peurs issues de la crise pétrolière. L'Association sportive de Saint-Étienne, club du département de la Loire qui jouait en vert, vit le jour en 1919. Mais quand on parle des Verts, on veut parler de l'épopée européenne de 1969-1976, du club qui domina outrageusement la France dans les seventies. On veut parler de ces Verts qui donnèrent leur ossature aux nouveaux Bleus de Michel Hidalgo. On veut parler de cette bande de rockers qui furent les pionniers de la culture foot en France, mariant travail, humilité, variété, goût de la tragédie et pop stars.

Cette « fièvre verte », comme on la nomma, s'apparentait à une Beatlesmania version Hexagone : une fratrie de types à cheveux hirsutes et rouflaquettes, qui mouillaient le maillot comme des rockers. Comme des ouvriers, aussi : l'épopée sedanaise n'était pas très éloignée, et la région du Forez était celle des mineurs et du charbon. Un charbon qui, devenu minerai ardent par la grâce des footballeurs de l'Association sportive de Saint-Étienne, donna son surnom au stade de l'équipe : « le Chaudron vert », qui désigna dès lors le stade Geoffroy-Guichard.

« Sainté » fut donc, et avant tout, une synthèse : une certaine tradition ouvrière, une façon de mouiller le maillot pour défendre ses couleurs et sa classe sociale, un patronat sévère et à l'ancienne (Roger Rocher, qui devint président du club en 1961, était un entrepreneur de travaux publics classé très à droite), et une solidarité d'inspiration ouvrière et catholique. Une synthèse qui fit de l'ASSE un club démocrate-chrétien.

Entre 1967 et 1972, l'équipe fut d'abord menée par Albert Batteux, l'homme qui avait fait de Reims le premier grand club de France, et de Raymond Kopa le premier grand joueur tricolore. Arrivé dans le Forez, il livra au club quatre titres de champion de France consécutifs (1967 à 1970) et deux Coupes de France. Avec lui, « Sainté » terrassa le Bayern de Beckenbauer en 1969 (vaincus 2-0 à l'aller, ils gagnèrent 3-0 au retour) et écrivit le préambule de sa légende européenne. Les joueurs se nommaient alors Bernard Bosquier, Robert Herbin, Aimé Jacquet, Jacques Santini, les frères Patrick et Hervé Revelli, Pierre Repellini, Christian Sarramagna, Salif Keita ou Rachid Mekhloufi.

Après une pause de trois saisons sans titre, où le club continuait à bâtir, recruter et former, Robert Herbin évolua de joueur à entraîneur. Sa tignasse de Jackson Five roux fut la coiffe la plus admirée de France (en même temps, personne ne l'aurait voulue pour soi). Herbin avait l'âme verte, et c'est avec lui que, de champion national qu'il fut de nouveau en 1974, 1975 et 1976, le club se forgea une légende d'Europe. C'était le 6 novembre 1974, en huitième de finale retour de la Coupe d'Europe des clubs champions contre l'Hajduk Split : après avoir perdu 4-1 à l'aller, les Verts l'emportèrent 5-1 après prolongations. Coup de tonnerre sur l'Europe. On s'apercevrait plus tard que cette date signa la légende d'un club, et le début du renouveau du football français. Cette saison-là, le club se hissa en demi-finale de la Coupe d'Europe. Suite à cette campagne, « Sainté » fut baptisé « les Verts », signe d'une appropriation collective et affective du pays tout entier. Cette équipe mythique des Verts 1974-1977, où Santini et les frères Revelli jouaient toujours, était également composée de Gérard Janvion, Dominique Rocheteau, Jean-Michel Larqué, Dominique Bathenay, Ivan Curkovic, Christian Lopez, Oswaldo Piazza. Tous les Français de cette liste devinrent des titulaires de l'équipe de France – certains le seraient jusqu'au drame de Séville –, qui retrouvait comme par enchantement quelques couleurs.

La saison 1975-1976 fit du club non plus un rêve mais une légende. Un parcours européen où, selon la jurisprudence 1969-1974, le club perdit à l'aller et se qualifia au retour après un match rythmé par des courses, du sang, des crampes et de la boue – comme ce quart de finale retour, gagné 3-0 contre le puissant Dynamo Kiev, le genre de matchs qui fondèrent la gloire des Attila verts. C'est aussi la saison où Rocheteau devint l'ange vert, avec ses débordements. Où le catalogue Manufrance (fabrique d'armes de chasse locale et sponsor du club) fut connu de l'Europe entière grâce aux chevauchées de l'Argentin Piazza, aux débordements de Patrick Revelli, aux coups francs de Larqué, aux frappes de Bathenay et aux sprints de Janvion. Un catalogue où chaque joueur était reconnaissable, en sus, à sa coupe de cheveux !

Car oui : l'identification à la légende verte fut aussi une histoire rock grâce aux crinières « Led Zep » de Piazza et Rocheteau, à la longue frange pop de Bathenay, aux crinières afro-beat d'Herbin et Janvion, à la raie austère de Curkovic, au brushing impecc' de Larqué, à la raie gominée de Santini, et aux rouflaquettes rock-garage de Revelli. La légende était telle que la défaite en finale de la Coupe d'Europe, cette année-là, donna aux Verts une dimension irrationnelle qu'ils n'auraient jamais connue vainqueurs. La finale de Glasgow, où les offensives vertes se fracassèrent contre des poteaux non pas ronds comme tous les poteaux mais ovoïdes, demeure le plus beau moment du football de club en France. Plus beau que la finale rémoise de 1956. Aussi chargé en émotion que les futurs France-Brésil de 1986 et OM-Milan de 1993. Cette finale perdue contre le Bayern de Munich fut le dépucelage du foot français à l'international. Une répétition de Séville 1982 (Lopez, Rocheteau et Janvion disputèrent d'ailleurs ces deux dramatiques). À leur retour en France, les vaincus eurent droit à une réception élyséenne ; ils descendirent les Champs-Élysées en vainqueurs… C'est là qu'apparut le tube « Allez les Verts ».

L'année suivante, le club fut largué par le FC Nantes en championnat, et éliminé en quart de Coupe d'Europe par les Reds de Liverpool. Cette fois, le schéma avait été inverse à la jurisprudence : victoire 1-0 des Verts à l'aller, défaite 3-1 au retour. L'équipe resta quand même la taulière dans son pays, remportant la Coupe de France après avoir battu Nantes en demi-finale.

La fin de la décennie vit l'arrivée de Johnny Rep, qui venait de batifoler avec Bastia en Coupe UEFA, mais aussi de Patrick Battiston, Jean-François Larios, Laurent Paganelli (le nouveau et bref prodige) et, surtout, de Michel Platini. Les années 1979-1982 marquèrent la fin du rêve vert, englouti par la beauté du « jeu à la nantaise », par l'efficacité quasi teutonne de la nouvelle équipe bordelaise, et par le succès des paillettes parisiennes. Ce fut néanmoins une fin digne d'un seigneur : deux exploits européens (Eindhoven 1979, Hambourg 1980) et un titre de champion en 1981. Autre année révolutionnaire.

De la même façon qu'il y eut un prologue (1969), il y eut un épilogue au rêve stéphanois. L'affaire de la « caisse noire » du club empoisonna l'année 1981. Le système organisé par le président Rocher, qui y laissa sa place, fut similaire au système de double billetterie utilisé par le PSG de Daniel Hechter peu avant : il s'agissait de récupérer un pourcentage des recettes versées en liquide et de le placer bien au chaud, en bons anonymes, afin de constituer une réserve pour des joueurs plus gourmands. La billetterie, la boutique des Verts et le bistrot des Verts approvisionnaient régulièrement la caisse. Le 1er avril 1982, la presse annonça des frictions au sein du club, et mit la puce à l'oreille du milieu. Rocher démissionna de ses fonctions le 17 mai. Dès le mois de juillet, la nouvelle direction alerta la justice sur les comptes dissimulés du club. Neuf ans plus tard, après l'instruction de son procès, de celui de dix joueurs et de l'entraîneur Robert Herbin, Rocher fut condamné le 15 mai 1991 à trente-six mois de prison, dont trente-deux avec sursis, et à 800 000 francs d'amende. Il bénéficia d'une grâce présidentielle en octobre 1991, et ne resta que quatre mois en détention préventive.

Une affaire qui se conclut durant le règne, en France, du club qui avait précédé les Verts au firmament du foot national : l'OM. Lequel connut bientôt les affres d'une autre affaire de corruption…

Même si le dernier titre remonte à 1981, « Sainté » reste le club le plus titré du championnat de France avec dix couronnes (l'OM en a neuf). En 2013, les Verts retrouvèrent les étoiles : la Coupe de la Ligue remportée le 20 avril était le premier titre depuis la belle époque, et reléguait loin dans les souvenirs une période où le club fit l'ascenseur entre les première et deuxième divisions (1984-1998). Du coup, c'est la mémoire qu'on honorait de plus belle. Le 21 décembre de cette même année s'ouvrit, dans une aile du stade Geoffroy-Guichard, le Musée des Verts. Comme une logique, comme un symbole poétique, c'est le club qui apprit à la France toute l'émotion et tout le rock du football qui ouvrit le premier musée consacré à un club de football. 800 m², mille objets, cent cinquante maillots historiques, des tas de ballons, une pipe ayant appartenu à Rocher, des photos et des unes de journaux, et… une Merco. La Mercedes 300D vert pomme que s'acheta Curkovic après la finale de Glasgow, et qu'il offrit au club en 2000. Pour ce musée, l'AS Saint-Étienne mit, aussi, 20 000 euros sur la table afin de se réapproprier l'objet du chagrin, et une part de son destin : six morceaux de bois carrés, venus d'Écosse. Oui, les six éléments des deux cages de Glasgow.

Oui, si les Bleus de Platini furent une telle équipe, c'est parce qu'ils furent formés chez les Verts. Et s'il y a une petite culture foot en France, c'est aux Verts que nous le devons tous.

Lire aussi : Jacquet, Keita, Platini, Rocheteau, Séville, Tubes

VIERI

Les premiers frères de l'histoire à avoir joué pour deux pays différents.

Christian Vieri, attaquant superstar des années 1990, vit le jour à Sydney en 1973, de mère française et de père italien. Il pratiqua le cricket à un haut niveau mais, ayant suivi sa famille rapidement de retour en Italie, il se mit au football. À raison, car il embrassa une grande carrière : Juventus (il joua avec Zidane),

Inter Milan, Lazio de Rome, Monaco et Milan AC notamment. Deux Coupes du monde disputées (1998 et 2002), 49 sélections et 23 buts avec la Squadra Azzurra. Vieri marqua le 1000e but de l'histoire de l'Italie, et le 1 900e but de l'histoire de la Coupe du monde. Il eut néanmoins un point faible : la fragilité de ses muscles, des « muscles de soie », comme les définit un jour son médecin de l'Inter. C'est ainsi que Christian Vieri ne parvint jamais à disputer une saison entière, toujours freiné par des déchirures et claquages en série, voire par des problèmes dentaires. Après sa retraite, prise en 2009, il se mit à jouer au poker.

Massimiliano Vieri, dit « Max » Vieri, naquit lui aussi à Sydney, mais en 1978. Bien qu'ayant les mêmes parents que Christian, et ayant également suivi la famille en Italie, il joua plus tard pour la sélection australienne, à six reprises : il avait gardé la double nationalité italo-australienne. Il n'évolua cependant que dans des clubs italiens (Juve, Naples, Vérone, entre autres), et fut même le coéquipier de Christian en 1996-1997.

VILLAPLANE, Alexandre (1905-1944)

Le cas le plus connu de footballeur collabo, car il fut le capitaine de l'équipe de France durant la Coupe du monde 1930, avant d'œuvrer plus tard pour la Gestapo française et de prendre la nationalité allemande.

Français né à Alger en 1905, il traversa la Méditerranée en 1921, et s'installa dans la ville où débarquaient alors ceux qui avaient suivi le même trajet : Sète. C'est avec le club de Georges Bayrou qu'il gravit les échelons, devenant titulaire en 1924, au poste de demi-centre (appellation d'époque, équivalente au milieu offensif d'aujourd'hui). Dans un football français qui était organisé en championnats régionaux, Villaplane perça rapidement dans la Ligue du Sud-Est. Le 11 avril 1926, il connut sa première sélection en bleu, puis joua des matchs importants contre la Belgique, l'Autriche et la Yougoslavie. Après une saison gâchée par maintes blessures, il passa à l'ennemi local, le Sporting Club nîmois. Une trahison qui n'était que la première d'une longue série.

Footballeur de plus en plus marquant, il fut engagé comme cadre de l'équipe de France dès 1928, année où il participa aux Jeux olympiques avec les Bleus. Considéré par les historiens du football français comme le Platini de l'époque pour son toucher de balle, il s'entendait bien avec ses attaquants. Au top de sa forme et de sa carrière, Villaplane fut le capitaine des Bleus qui disputèrent la Coupe du monde 1930 en Uruguay. Il l'ignorait encore, mais les trois matchs qu'il disputa alors seraient les derniers de ses vingt-cinq en sélection.

Recruté en 1929 par le Racing Club de France à Paris, Villaplane, qui aimait l'oseille, commença à rencontrer des gens du Milieu, et se découvrit une passion pour les courses hippiques ainsi que pour l'univers du jeu et des paris. Sa nouvelle passion l'emporta bientôt sur le reste.

Dans un contexte où le football français balançait entre professionnalisme et « football marron », Villaplane joua tour à tour pro et semi-pro. Après une année à Paris, il redescendit dans le Sud, à Antibes, Nice puis Bordeaux. Il y fut un élément cadre, et souvent même capitaine. Mais à l'époque du football marron, la corruption était une pratique punie mais avérée. Ainsi l'OGC Nice fut-il condamné, et rétrogradé en deuxième division pour avoir tenté d'acheter un match contre Lille.

Une rétrogradation dont Villaplane se fichait éperdument : plusieurs fois sanctionné d'amendes pour avoir manqué des entraînements, sévèrement critiqué par la presse locale pour son oisiveté sur le terrain et sa vie facile en dehors, sa réputation devint exécrable. Il lâcha le football en 1935.

Condamné, en 1934, à six mois de prison pour tentative d'escroquerie dans une affaire de paris hippiques truqués, et ayant franchement plongé dans le banditisme, il vit arriver la Collaboration avec excitation. Dès le début de la guerre, vivant à Paris, il se rangea du côté collabo du Milieu français, et participa activement au marché noir et au racket systématique des Juifs. Condamné à deux mois de prison pour recel en 1940, il rejoignit le petit groupe formé par Henri Chamberlin, dit « Laffont », et Pierre Bonny. Un groupuscule qui, bientôt, deviendrait la Carlingue, ce ramassis de truands, de notables déchus, de fachos et de tueurs à gages au service total de la Gestapo française.

Arrêté en 1943 par les SS pour un vol de pierres précieuses, alors qu'il avait déjà tenté de « doubler » ses alliés l'année précédente, il fut emprisonné au camp de Compiègne. Cependant Laffont, le chef de la Carlingue, parvint à le faire libérer. Villaplane devint alors le chauffeur de Bonny, le numéro deux de la sombre officine, avant d'être nommé SS-Untersturmführer et naturalisé allemand. Sa section était chargée de traquer les résistants et leurs soutiens dans le Périgord. Parfois, le nouveau SS-Untersturmführer négociait la vie de ses prisonniers contre de l'argent ; parfois, il torturait et massacrait, comme ce 11 juin 1944 à Mussidan, en Dordogne, où il fit exécuter cinquante-deux personnes, dont une dizaine de ses propres mains. Histoire de prouver à la division Das Reich, qui, la veille, avait massacré toute la population d'Oradour-sur-Glane, que lui aussi s'y connaissait en massacre.

Arrêté à Paris le 24 août 1944 avec une bonne partie de la Carlingue, il fut jugé le 1er décembre par la Cour de justice de la Seine, et fut comme les autres condamné à mort pour haute trahison, intelligence avec l'ennemi, meurtres, actes de barbarie. L'homme fut fusillé au fort de Montrouge le 26 décembre.

VILLAPLANE, ALEXANDRE (1905-1944)

Longtemps, la FFF voulut occulter le comportement de celui qui fut le premier capitaine de l'équipe de France en Coupe du monde.

Lire aussi : Benouna, Laurent, Marron

W

« En France, les joueurs fument.
En Angleterre, ils boivent. »
Arsène Wenger

WADDLE, Chris

Christopher Ronald Waddle, ou quand la tête contredit les pieds. Il fut un des meilleurs joueurs vus à Marseille, pourtant vieille de deux mille six cents ans d'histoire, mais c'est avant tout pour ses brushings de beauf que la mémoire collective se rappelle l'Anglais : Waddle fut une encyclopédie de l'étrangeté capillaire à lui tout seul. Une raie à la con durant sa jeunesse. Puis les cheveux poussèrent derrière la tête, et le dessus du crâne se transforma en une brosse très en vogue dans les années 1980. En 1989, lorsqu'il débarqua à Marseille, ce fut avec une coupe « mulet » : court devant, brosse bordélique dessus, long derrière la nuque. Même un Est-Allemand se coiffait mieux à l'époque. Bref : « Lorsque Bernard Tapie a mis sur la table 4,5 millions de livres [45 millions de francs] pour s'attacher les services de Chris, tout le monde a cru à un gag. » La phrase fut écrite par un journaliste du *Guardian*, mais tout le monde le pensait. Car, en 1989, lorsque Michel Hidalgo et Bernard Tapie dénichèrent l'Anglais pour cette somme folle (troisième plus gros transfert à l'époque, après Maradona à Naples et Gullit au Milan), personne ne connaissait celui qui, trois années plus tard, serait en voie de béatification sur le Vieux-Port.

C'était pourtant mal parti. Grandi dans les quartiers populaires de Newcastle, le jeune Waddle quitta l'école à seize ans, sans aucune formation particulière, et dégota un boulot dans une usine à saucisses. Ce, la semaine, car le dimanche le jeune Chris jouait dans des clubs semi-professionnels, payé des clopinettes. À ses nombreuses heures perdues, il se lia aussi dans les pubs avec la frange dure des supporters de Sunderland, celle qui se fritait régulièrement avec d'autres hools du coin. Si Waddle zonait un peu, sa présence dans de tels groupes fut néanmoins de courte durée, car dissonante pour ce jeune homme dont la première caractéristique était la timidité. Conséquence logique : il fut vite exclu du groupe, pour manque d'implication ! Il décida alors de tout donner au foot, se mit à s'entraîner comme un forçat dans le but de taper dans l'œil des recruteurs. Engagé par Newcastle en 1980, il perça en 1984-1985, sa science du dribble commençant alors à faire parler d'elle dans un championnat anglais encore *kick and rush.* Transféré à Tottenham en 1985, où il côtoya Hoddle, Ardiles, les frères Allen ou encore l'idole Paul Gascoigne, il connut cette saison-là sa première sélection, et eut droit à participer à la Coupe du monde 1986 (celle que les Anglais perdirent contre Maradona et sa main divine).

Cent trente-huit matchs, 33 buts et 45 millions de francs plus tard, Chris Waddle, populaire outre-Manche, débarqua sur le Vieux-Port où il était un inconnu. Après trois mois ardus où il ne s'habitua ni au climat ni à la langue, l'Anglais éclata : blagues, pitreries, gris-gris, passement de jambes, jeu virevoltant et, last but not least, buts. Il devint l'idole du Vélodrome, et une des étoiles d'un effectif en or, qui allait tout rafler trois saisons durant. En mars 1991, c'est lui qui fut à l'origine du but d'Abedi Pelé contre le Milan AC à San

Siro. Au match retour, c'est lui qui marqua le but de la qualification, d'une reprise de volée à plat, imparable, avant de tomber groggy suite à un choc avec un Italien. C'est grâce à Waddle que, deux ans avant la finale de Munich, l'OM de Goethals battit une première fois le grand Milan. En quart de finale de ce qui était encore la Coupe d'Europe des clubs champions. Un supporter de l'OM dit alors ceci : « Si Waddle se présentait à la mairie de Marseille, il ferait l'unanimité moins une voix. La sienne. Parce qu'il est encore trop modeste pour voter pour lui ! » C'est pourtant Bernard Tapie qui choisit, en 1992, de se séparer de Waddle (et de Mozer), pour engager Boksic et Völler. Mais lorsqu'il repartit de Marseille vers l'Angleterre (à Sheffield), le joueur était bien plus populaire en France que dans son pays. Il se fit justice en étant élu meilleur joueur de la Premier League par ses pairs dès la saison de son retour. Il quitta Sheffield en 1996 pour des piges dans plusieurs petits clubs, avant d'accepter le poste d'entraîneur de Sheffield Wednesday, tout en se faisant plaisir sous le maillot de plusieurs clubs amateurs. Comme un retour aux sources. Dorénavant, il travaille en tant que consultant à la radio et à la télévision.

Lire aussi : Gascoigne, Goethals, Malouines, OM

WAGS

De nos jours, tout footballeur qui veut réussir sa carrière et sa vie doit verser dans la culture WAGs. Ce terme né en Angleterre ne peut, par définition, s'utiliser qu'au pluriel : WAGs pour « Wifes And Girlfriends ». Une appellation d'origine contrôlée anglaise, en hommage aux épouses des joueurs de l'équipe d'Angleterre qui, durant la Coupe du monde allemande 2006, débarquèrent à Baden-Baden pour dévaliser les boutiques de luxe.

Depuis le XXIe siècle en effet, tout sportif bankable, à moins de vouloir paraître puceau, doit avoir dans sa vie une « femme trophée », en général issue du mannequinat ou de la téléréalité, qu'il peut brandir plus souvent qu'une médaille. Car depuis la pipolisation du sport, le footballeur est passé du statut de beauf au statut de « beau gosse ». Y compris ceux qui, dans le civil, n'auraient aucune chance avec des bombes blondes. Oui, même ceux-là n'eurent plus qu'à ramasser la mise.

Le XXIe siècle et l'avènement du foot business transformèrent rapidement les joueurs en Ken, et leur inventèrent des Barbie. De sorte que rapidement, en France par exemple, ce ne fut plus dans *France Football* qu'on eut des nouvelles des stars du foot, mais dans *Voici*. Ainsi être WAGs devint-il un métier à part entière pour quelques beautés qui, voulant percer dans le show-business, cherchèrent le footballeur qui le leur permettrait : défiler dans les tribunes des stades européens, être toujours à la pointe de la mode, poser quasi nue, participer à des émissions télé avec son footballeur de mari, passer des bras d'un footballeur à un autre. Deux canons s'offrirent aux WAGs comme modèles : Adriana Karembeu et Victoria Beckham. La première, citoyenne et fine d'esprit, sut rester un peu en retrait. La seconde devint celle qui ouvrit la voie, d'autant que la Spice Girl était déjà une star avant de devenir la compagne de David Beckham. Laquelle Spice Girl refaçonna totalement l'adolescent aux allures de Kurt Cobain, puis s'occupa à plein temps de tout le business de la famille Beckham. Elles furent ensuite fort nombreuses à tenter de l'égaler, sans jamais arriver à la cheville (même avec talons aiguilles) de cette femme de pouvoir.

Le terme étant anglais, les WAGs qui suivirent furent britanniques. Et surtout, elles s'aventurèrent sur un terrain que Victoria Beckham n'avait fait qu'effleurer : celui de la provocation. Elles se montrèrent plus sexy, plus torrides les unes que les autres, passant de la WAGs à la figure de call-girl au moment du divorce ou de la séparation. La WAGs est en somme le symbole de tout le toc du foot business. Prenons par exemple Mme Ashley Cole, Cheryl Tweedy, membre elle aussi d'un girl's band, les Girls Aloud. Son look et sa notoriété lui valurent d'être l'image de Coca-Cola en Angleterre et l'héroïne d'une chanson de Lily Allen. Devenue Mme Cole en juillet 2006 (le mariage a été payé par *OK ! Magazine*, qui offrit 1 million de livres au couple pour l'exclusivité), elle remporta le titre de « Femme de Footballeur le plus Sexy » du magazine *FHM* la même année. Le 23 février 2010, le couple se sépara, le divorce fut prononcé le 3 septembre. La fortune du couple était alors estimée à 22 millions de livres. *Playboy* tenta tout l'été de faire poser Cheryl nue, allant jusqu'à allonger 1 million de dollars. Après avoir laissé espérer, la WAGs a décliné.

Si elle fut moins forte dans l'Hexagone, la vague WAGs déferla dès le 14 juillet 1998, lors d'une garden-party à l'Élysée qui faisait suite à la victoire des Bleus en Coupe du monde. Ce jour-là, la France découvrit Sophie Djorkaeff, Véronique Zidane, Nathalie Pires, et les autres, non plus en maillot bleu comme durant la compétition, mais en tenue de ville. Ce jour-là, l'une d'elles détonna, portée par 1,26 mètre de jambes et arborant un sourire ultra bright : Adriana Karembeu. Qui devint illico la plus connue des WAGs françaises. Depuis, toutes les compagnes de footeux français désirant s'afficher le firent en minijupe, en jean slim taille basse ou en bustier sexy.

À l'été 1998 débuta également une romance de quelques mois entre le modèle Linda Evangelista et Fabien Barthez.

Depuis, plusieurs Miss Météo, bimbos cathodiques, comédiennes de séries télé ou encore candidates de téléréalité se firent une spécialité de s'aventurer avec des footballeurs : avoir eu une histoire d'amour ou une aventure avec un footballeur fit office de CV, et fait encore autorité. Le cas le plus connu fut Francesca Antoniotti, participante à la Star Academy. Elle était la compagne d'un joueur de Ligue 2, et devint dès lors chroniqueuse dans « On refait le match », l'émission d'Eugène Saccomano sur I Télé, puis reporter foot sur la même chaîne. Or, ses propos montrèrent rapidement qu'elle connaissait l'actu du football, mais point son histoire.

En Angleterre, en Italie, au Brésil, les WAGs font désormais partie intégrante de l'univers du football, et sont des people à part entière. Pour le plaisir des yeux, peut-être – certaines exhibant régulièrement leurs seins nus dans les revues people. Mais pour la pire facette du foot contemporain : l'union entre foot business et uniformisation bling-bling.

Lire aussi : Beckham, Foot business, Sexe

WARD, Tony

Il joua le Tournoi des cinq nations et la Coupe de l'UEFA. Il fut le demi d'ouverture du XV d'Irlande en même temps que le milieu offensif du Limerick FC. Oui, vous avez bien lu : Anthony Joseph Patrick Ward, dit « Tony », ci-devant Irlandais né en 1954 à Dublin, fut une double prise. C'est-à-dire qu'il fut simultanément footballeur et rugbyman, caractéristique qu'il partage avec un autre Irlandais : Kevin O'Flanagan (1919-2006), international irlandais évoluant à Arsenal, sélectionné à deux reprises en équipe nationale de rugby irlandaise. Avec le ballon rond, Ward remporta la Coupe d'Irlande 1982. Avec l'ovale, il fut sélectionné dix-neuf fois en équipe d'Irlande, de 1978 à 1987, disputant sept Tournois des cinq nations. Au rugby, il porta dans son dos un vrai numéro de foot : le numéro 10. « Le rugby était un passage obligé, le football une passion », déclara-t-il en 2010 à *L'Équipe Magazine*. Dès l'adolescence, il vibra pour Leeds United, et fut appelé pour des essais par Arsenal et Manchester United. Cependant, sa mère refusa de le laisser partir, tenant à laisser la priorité aux études. C'est ainsi que, demeuré en Irlande, il se tourna vers le rugby, sport national à l'époque. Sans se résoudre à abandonner le ballon rond.

WEMBLEY (Old)

Le football a deux cathédrales : le Maracaña à Rio et Wembley à Londres. Ce dernier, œuvre gigantesque, sortit de terre en seulement trois cents jours de travail (janvier 1922-avril 1923). Conçu par les architectes John Simpson et Maxwell Ayrton, construit sur le site de l'Exposition de l'Empire britannique prévue en 1924, son nom d'origine fut d'ailleurs celui de British Empire Exhibition Stadium. Un coût de 750 000 livres, une capacité officielle de 126 500 places, dont mille debout, et surtout deux tours jumelles à l'entrée, véritables Twin Towers avant l'heure : l'édifice fut bâti pour célébrer le rayonnement de la Couronne, et fêter l'équipe nationale du pays qui inventa le football. Il fut inauguré le 28 avril 1923, pour la finale de la Cup entre les Bolton Wanderers et West Ham. La légende veut que, dès ce premier match, près de 200 000 fans réussirent à pénétrer dans cette enceinte prévue pour en accueillir 50 000 de moins. Une partie du public trouva refuge à même la pelouse, et la police dut intervenir pour la faire reculer en dehors des limites du terrain. L'agent de police George Scorey, monté sur un cheval blanc répondant au nom de Billie, s'illustra ce jour-là, donnant à jamais le nom de « White Horse Final » au stade.

Le match débuta donc avec quarante-cinq minutes de retard. Plus tard, la capacité du stade fut ramenée à 82 000 places. Le Wembley Stadium fut donc la première grande cathédrale du foot européen. Il accueillit toutes les finales de la Cup, les matchs de l'équipe d'Angleterre, une partie de la Coupe du monde 1966. Un temple du ballon rond qui devint aussi celui du rugby à XIII, avant d'accueillir des courses de lévriers, des courses de speedway, des matchs de hurling et de football gaélique, et des épreuves d'athlétisme. Comme toutes les cathédrales du sport, Wembley fut aussi le lieu de concerts géants organisés en plein air : concert du Live Aid en juillet 1985, concert hommage à Nelson Mandela en juin 1988. On vit aussi les Rolling Stones, Queen, Pink Floyd, AC/DC, Tina Turner, Céline Dion ou encore Michael Jackson, qui y donna sept concerts d'affilée en 1988. Bon Jovi fut le dernier à se produire à Wembley. Vestige des débuts du football triomphant, en ce temps où le foot allait en ville, ne connaissait pas encore les hooligans ni l'écœurement financier, l'Old Wembley fut un stade au confort médiocre, entre autres parce qu'il ne fut pas construit pour le football mais pour une Exposition britannique. C'est pourquoi certaines de ses caractéristiques ne cadraient plus : notamment ces tribunes arrondies, derrière les buts, fort éloignées de la pelouse. L'enceinte fut fermée en 2000, et rasée en 2003.

Lire aussi : Maracaña, Wembley (New)

WEMBLEY (New)

Lorsqu'il fut inauguré, le 19 mai 2007, on le baptisa « New Wembley Stadium » pour le distinguer du précédent, qui du coup se vit appelé « Old Wembley ». Érigé dans le district de Brent, au nord-ouest de la capitale, le chantier débuta en juin 2004 et fut achevé avec une année de retard sur le calendrier prévu, pour un coût de 1,5 milliard d'euros. Ses 90 000 sièges (tous couverts) l'installèrent d'emblée comme la deuxième plus grande capacité en Europe, après le Nou Camp du Barça. Le New Wembley fut conçu comme un antre ultramoderne (une arche de 133 mètres surplombe le stade), des plus sécurisés, offrant un confort optimal, recevant les mêmes matchs de football et de rugby à XIII que son ancêtre, ainsi que des concerts. Autre clin d'œil à l'ancêtre : le pont qui mène les usagers du métro au stade porte le nom de White Horse Bridge. Le New Wembley accueillit la finale de la Champions League en mai 2011, et fut bien sûr un des centres névralgiques des JO 2012.

Lire aussi : Wembley (Old)

WHARTON, Arthur (1865-1930)

Il fallut deux livres pour que soit révélé le destin du premier recordman du monde du cent yards, avant de devenir le premier joueur venu d'Afrique à signer un contrat professionnel : *The First Black Footballer* (1997) et *Colouring over the White Line, The History of Black Footballers in Britain* (2000), tous deux signés Phil Vassili. Dans le premier, on lit ceci : « Les plaquages sur les gardiens étaient autorisés à tout moment, qu'ils aient le ballon ou non. Arthur adorait ce défi physique. Il avait inventé un double "punch", pour dégager à la fois le ballon et l'adversaire ! »

Né en 1865 en Côte-de-l'Or dans une famille très bourgeoise, Arthur Wharton fut envoyé en Angleterre à l'âge de dix-sept ans. Il joua durant quelques saisons au cricket, il joua au rugby, et fut donc, deux années durant (1886-1887), le recordman du monde du cent yards (en dix secondes environ), après avoir remporté la seule compétition internationale de sprint de l'époque (l'Amateur Athletic Association Championship). Mais il découvrit vite la nouvelle passion de l'Empire : le football, qui du stade de passe-temps bourgeois se transformait en sport populaire adoré par les ouvriers. Peu avant, le Blackburn Olympic avait fait des siennes. Quand, en 1885, la Fédération anglaise autorisa le professionnalisme, Wharton signa illico au Preston North End Football Club, dans le nord-est de l'Angleterre, devenant ainsi le premier joueur noir évoluant dans le football professionnel. Gardien de but, il alla ensuite tenter sa chance au Sheffield United FC (à ne pas confondre, malgré les noms quasi identiques, avec le Sheffield FC), mais ne parvint jamais à s'imposer. Partout où il passa, Wharton avait la réputation d'être un dingo, vannant les supporters, se suspendant régulièrement à la barre transversale par les pieds en plein match. Tellement original que, à son corps défendant, il correspondait parfaitement à l'image du Noir des colonies, nécessairement primaire, pour les gens de la vieille Europe. Il fut surnommé « nigger » ou « darkie », et de son nom on ne trouve aucune trace dans les archives et les articles du foot anglais. La suite de sa carrière fut une série de cachetons : Rotherham, Stockport, Middlesbrough. Sans jamais oublier la bouteille : Wharton noyait depuis longtemps dans l'alcool le racisme ambiant qu'il subissait. Ce qui ne l'empêcha pas de profiter de son physique de bel homme pour séduire les femmes. Mais le goujat, après s'être marié en septembre 1893, fit deux enfants… à sa belle-sœur, et refusa de les reconnaître. Un comportement qu'il paya d'une solitude alcoolisée jusqu'à la fin de sa vie.

Il prit sa retraite à trente-six ans, devenant mineur dans le Yorkshire après que sa candidature pour travailler dans l'administration coloniale eut été rejetée. Décédé le 13 décembre 1930, il fut enterré dans un complet anonymat au cimetière des mineurs d'Edlington (Yorkshire du Sud). Il ne revit donc jamais son pays natal, devenu Ghana en 1957. Sur son certificat de décès, on trouve deux causes : cancer et syphilis. C'est sa petite-fille, après des mois de recherches, qui le sortit du néant, et donna l'occasion au journaliste et historien Vassili de retracer son histoire. Une histoire qui fait de lui l'ancêtre de Gascoigne et de Grobbelaar.

Lire aussi : Blackburn, Boxing Day

WM

À la fin du XIXe siècle, les Anglais inventèrent et codifièrent le football moderne. Soixante ans plus tard, ce sont de nouveau des Anglais, au nombre de deux cette fois, qui créèrent et codifièrent le premier grand système offensif. En deux lettres (« WM ») qui ne désignèrent ni une voiture ni une PSP, mais bel et bien un football qui allait vite. En gros, un 3-2-2-3 : trois défenseurs qui défendent, deux milieux en pistons, deux « inters » (un mot depuis disparu), et trois attaquants. Au final : sept joueurs pouvant attaquer, selon les besoins de l'équipe. Quand la situation s'avérait critique, les pistons défendaient avec les défenseurs, et les cinq autres contre-attaquaient.

Le WM fut fondé sur un système bien huilé, dont on vit rapidement la redoutable efficacité offensive. Jimmy Hogan et Herbert Chapman sont les deux hommes qui mirent en marche cette révolution, qui serait le modèle de jeu jusque dans les années 1950. Un système qui ferait gagner Portsmouth et surtout Arsenal (les deux clubs de Chapman), et que Jimmy Hogan allait transmettre au coach de la Wunderteam autrichienne, Hugo Meisl, avec le succès que l'on connaît. Le système peut devenir un 4-2-4, plus clairement offensif. En France, l'AS Cannes fut le premier club à adopter le WM, en 1931.

Le système régna en maître tactique absolu jusqu'en 1953, et le mémorable 6-3 que prirent les Anglais, chez eux à Wembley, devant les fabuleux Hongrois, période Onze d'or (qui, lui, était un autre genre de révolution).

Lire aussi : Ajax, Gunners, Hongrie, Oranje, Sindelar

Y

« Marche, marche avec l'espoir dans ton cœur /
Et tu ne marcheras jamais seul /
Tu ne marcheras plus jamais seul... »
« You'll Never Walk Alone » (chant de supporters)

YACHINE, Lev (1929-1990)

Né à Moscou, mort à Moscou. Un bourreau de travail qui consacra toute sa carrière au Dynamo (1950-1970) : Lev Yachine fut un vrai Russe du XXe siècle. Souvent considéré comme le meilleur gardien de l'histoire, il légua son nom à un trophée, créé en 1994, qui récompense le meilleur gardien de la Coupe du monde. Avant Lev Yachine et Gyula Grosics, le gardien était un mauvais joueur de champ isolé dans une cage. Après eux, le gardien s'apparenta à un héros, voire à un gladiateur. Yachine reconnut toujours sa dette envers le grand Hongrois.

Le Russe s'entraînait face à un mur, à trois mètres. Dans son dos, un joueur tirait. Yachine ne voyait pas arriver le ballon, mais il essayait de le capter, quels que soient la force du tir, l'angle, le rebond. Un acharnement étudié pour tirer des avantages inattendus de sa grande taille (1,89 m), et acquérir souplesse, réactivité, vivacité. Des qualités qui furent les siennes : Yachine semblait aussi à l'aise à terre que dans les airs. On eût dit qu'il était infranchissable.

À treize ans, Lev Yachine entra comme apprenti dans l'usine de ses parents à Touchino, dans la banlieue de

Moscou. Il pratiqua le football à partir de 1945 dans l'équipe de l'usine. D'abord joueur de champ, il finit par adopter le poste de gardien de but et fut remarqué par… l'entraîneur de l'équipe de hockey sur glace du Dynamo Moscou. C'est ainsi qu'en même temps que les buts de l'équipe de foot réserve, il garda aussi ceux de la section hockey. Jusqu'à ce qu'il s'impose en équipe première du Dynamo, en 1953.

Mais ce fut sous le maillot rouge « CCCP » que la gloire mondiale vint à Yachine. Il effectua ses débuts internationaux en 1954, remportant avec l'équipe soviétique la médaille d'or aux Jeux olympiques de Melbourne en 1956, n'encaissant que deux buts en quatre matchs lors du tournoi. En 1960, l'URSS gagna le premier Championnat d'Europe des nations (alors Coupe d'Europe des nations), et Yachine joua un rôle décisif en finale contre la Yougoslavie. En 1962 au Chili, pour sa deuxième Coupe du monde après celle de 1958, le joueur souffrait d'un traumatisme crânien. Il tint sa place mais commit des bourdes contre la Colombie et le Chili. Beaucoup virent alors la fin se profiler. Erreur. À trente-six ans, Yachine mena l'équipe soviétique en demi-finale de l'édition anglaise de 1966, et fut élu meilleur gardien du tournoi. Il fut du voyage pour la Coupe du monde 1970, mais seulement en tant que remplaçant.

Surnommé « l'Araignée noire », parce qu'il était toujours de noir vêtu, Yachine suivait les entraînements des joueurs de champ, en plus des siens, pour parfaire son jeu au pied. S'inspirant de Grosics, il relançait à la main, pour déclencher rapidement une contre-attaque. Il fut aussi le premier à boxer les ballons difficiles à maîtriser plutôt que d'essayer de les stopper. Son jeu à la fois terrestre et aérien, ainsi que son placement très en avant dans la surface de réparation donnèrent une nouvelle perspective à son poste. Une nouvelle manière de voir l'espace, et de le couvrir. Et donc de jouer. Yachine apporta la profondeur au poste de gardien. Seul gardien à avoir obtenu le Ballon d'or (1963), il fut l'homme qui transforma le *goalkeeper*, jusque-là gardien de but, en défenseur supplémentaire. Amputé d'une jambe en 1986, il mourut en 1990 des suites de l'opération.

Lire aussi : Grosics

YAÑEZ, Patricio

Au Chili, l'international Patricio Yañez laissa son nom à une façon toute particulière de saluer le public. Lors d'une rencontre au Maracaña face au Brésil, le 3 septembre 1989, l'attaquant de la Roja manifesta son agacement vis-à-vis du public en… secouant ses parties génitales. Il prit aussitôt un carton jaune, mais passa à la postérité. En France, on connut plus tard un geste similaire : la « Pascal Nouma », du nom du joueur du PSG qui s'y essaya.

YOUGOSLAVIE

Elle est, avec l'URSS, une des deux belles disparues de l'histoire du football. Une synthèse du XXe siècle à elle toute seule : née en décembre 1919, après un premier conflit mondial qui débuta à Sarajevo, avec l'assassinat de l'archiduc François-Ferdinand d'Autriche, la Yougoslavie (Fédération des Slaves du Sud) splita après une guerre civile dont Sarajevo fut une des villes martyres. Si l'équipe fut demi-finaliste de la toute première Coupe du monde, en 1930, c'est surtout après la Seconde Guerre mondiale que la Yougoslavie acquit son surnom de « Brésil européen » : Yougoslavie et Brésil furent d'ailleurs les deux équipes qui battirent la France de Kopa, Fontaine et Jonquet lors de la Coupe du monde suédoise de 1958. Deux ans plus tard, les Yougoslaves battirent à nouveau les Bleus, cette fois en demi-finale du Championnat d'Europe. En 1962, l'équipe finit quatrième du Mondial chilien, ce qui reste à ce jour son plus beau parcours en Coupe du monde. Un tournoi durant lequel Dragan Dzajic, considéré comme le meilleur joueur yougoslave de tous les temps, n'avait que seize ans. Ce joueur, qui fut longtemps recordman des sélections en équipe nationale (85), laissa un souvenir impérissable dans son club de cœur, l'Étoile Rouge de Belgrade, ainsi qu'à Bastia, où il évolua deux saisons. Ailier-passeur-buteur, artiste du coup franc et du centre brossé au cordeau, il termina meilleur buteur d'un Championnat d'Europe des nations où les artistes yougoslaves furent finalistes. C'était en cette année de révolte 1968, année où il inscrivit un lob astucieux contre les Anglais, éliminant *de facto* de l'Euro les champions du monde en titre, avant de contraindre les Italiens à jouer deux finales (1-1, puis 2-0) pour les battre. Plus tard, en hommage, Pelé le surnomma « le miracle des Balkans ». Chacune des générations yougoslaves fut du reste une royale addition de talents : Pantelic, Musemic, Dzajic dans les années 1960, le même Dzajic avec Petrović, Katalinski ou Surjak la décennie suivante, et la plus brillante, celle des années 1985-1992. L'équipe type de la Coupe du monde 1990, quart de finaliste, était composée de quatre Bosniaques (Jozic, Hadzibegic, Susic et Baljic), deux Serbes (Spasic, Stojkovic), un Slovène (Katanec), un Monténégrin (Savicevic) et trois Croates (Vulic, Vujovic, Ivkovic).

En dépit de ces effectifs de folie tout au long de son histoire, la Yougoslavie brilla souvent en éliminatoires sans trop briller en tournoi final, à l'exception des années 1962, 1968 et 1990. Pour suivre l'embargo total décrété par l'ONU contre la Yougoslavie, alors en pleins « nettoyages ethniques » et guerre civile, l'UEFA priva l'équipe d'un Euro 1992… sur le point de débuter. Les joueurs étaient en stage de préparation. L'ironie de l'histoire voulut que ce soit le Danemark, repêché pour remplacer la Yougoslavie, qui remporte l'épreuve. Le pays finit par voler en éclats, sa sélection aussi. Après les sécessions croate, slovène, macédonienne et bosniaque, on eut jusqu'en 2003 une équipe de la « République fédérale de la Yougoslavie » qui, privée de Coupe du monde 1994 et d'Euro 1996 pour raisons de guerre civile, disputa le Mondial 1998. Cette équipe devint ensuite celle de la Serbie-et-Monténégro, puis Serbie depuis 2006 et la sécession monténégrine. À l'ONU comme à la FIFA, la Serbie est considérée comme l'unique héritière politique et juridique de l'ex-Yougoslavie. C'est elle qui devança la France dans son groupe éliminatoire de la Coupe du monde 2010, obligeant les Bleus à jouer les barrages contre l'Irlande, et Thierry Henry à faire une pichenette de la main. En 2014, avec Safet Susic comme sélectionneur, elle disputa au Brésil sa toute première Coupe du monde.

Lire aussi : Susic

YOU'LL NEVER WALK ALONE

C'est la plus belle chanson du football. C'est d'ailleurs l'air le plus connu du football. Il dépasse le cadre du ballon rond. Il a épousé l'histoire des émancipations. « You'll Never Walk Alone » fut chanté par Renée Fleming, le 20 janvier 2009, lors de la cérémonie d'investiture de Barack Obama comme président.

C'était une chanson. Elle devint un standard. Elle est un hymne. Drôle de destin que cette chanson américaine devenue mythique grâce au football… européen ! Une chanson qui vient de Broadway, et qui au départ n'a donc rien à voir ni avec la bière ni le foot. Elle fut écrite en 1945 par les Américains Rodgers et Hammerstein II pour la comédie musicale *Carousel*, elle-même adaptation américanisée de *Liliom*, une pièce du Hongrois Ferenc Molnar. « You'll Never Walk Alone », dernier chant du livret, est chanté pour une femme, enceinte, dans un moment où elle vient de perdre son amour. Devenu un standard du patrimoine musical américain, repris par Elvis Presley, Frank Sinatra, Barbra Streisand, Nina Simone, Shirley Bassey (et par Dick Rivers en France), il fut longuement chanté pendant les marches pour les droits civiques. En 1965, le morceau fut repris par un groupe pop de Liverpool, Gerry and the Pacemakers (auteur d'un autre classique du coin, « Ferry Across The Mersey »). C'est grâce à cette reprise qu'il parvint à Anfield Road, puis devint un hymne au nord de l'Angleterre. C'est donc dans les sixties que le kop de Liverpool se mit à entonner « You'll Never Walk Alone ». Par la suite, plusieurs clubs européens le reprirent à leur compte. Outre Anflield et les Reds, il est aujourd'hui devenu l'hymne des clubs suivants : Celtic Glasgow, Borussia Dortmund, FC Sankt Pauli. À Saint-Ouen, il est utilisé lorsque les joueurs du Red Star entrent sur la pelouse pour les matchs à domicile. Depuis le phénomène hooligan qui a frappé les Reds, depuis le Heysel, tout le monde pense que ce chant est anglais, et liverpuldien. Non, il est américain, et tout le monde se trompe. Quand on sait que « You'll Never Walk Alone » est désormais inscrit sur l'écusson du club, à l'entrée du stade d'Anfield Road, et qu'il est devenu la devise même du club, on sent comme un lien en soi. Celui qui fait du foot un langage de l'histoire.

Le morceau sert aussi d'ambiance de fond à « Fearless », un morceau culte de Pink Floyd, extrait de l'album *Meddle* (1971). Anecdote : le groupe allemand Die Toten Hosen a repris l'hymne, en face B d'un single à la gloire… du Bayern Munich (2000) !

Lire aussi : Kop, Liverpool FC, Red Star, Sankt Pauli

Z

« Je vois Zidane à côté de moi dans une scène avec deux nanas. »
Rocco Siffredi

ZAHIA

En 2010, elle n'était qu'un prénom : Zahia. Une escort-girl d'à peine vingt ans soudain mêlée à un scandale impliquant des footballeurs. Dix ans plus tard, elle est ce prénom, mais aussi une marque, une actrice de cinéma, une égérie de la mode, une instagrameuse, et plus personne n'oublie son nom : Dehar. Il y a dix ans, on lui prêtait un QI de poupée gonflable. Désormais, elle incarne un certain genre de transfuge social (de la prostitution au vedettariat de la mode et des arts). Zahia Dehar est une bombe, elle le sait et en joue, comme elle joue (ou peut-être pas) un personnage de « femme libérée ». Depuis son premier grand rôle au cinéma (*Une fille facile,* de Rebecca Zlotowski, 2019, projeté au Festival de Cannes), où sa performance est aussi transgressive que très maîtrisée, et pour lequel elle n'a pas eu à beaucoup forcer son timbre naturel pour que sa voix rappelle celle de Brigitte Bardot, beaucoup la considèrent comme une nouvelle « BB ».

Zahia Dehar se fit connaître en avril 2010, quand la Brigade de répression du proxénétisme enquêta sur le Zaman Café, un lieu très jet-set situé près des Champs-

Élysées, dont une partie du chiffre d'affaires était soupçonné de découler de la prostitution. Après fermeture administrative du lieu, les enquêteurs interrogèrent les prostituées qui y officiaient. L'une d'elles, Zahia Dehar, majeure depuis peu, y travaillait depuis bien avant cette date. La jeune fille leur déclara alors avoir eu des relations tarifées avec deux joueurs lyonnais, Karim Benzema, en 2008, et Sidney Govou, en 2010, ainsi qu'avec Franck Ribéry, en 2009. Quand elle était mineure. L'info fut publiée illico dans la presse. Zahia y soulignait qu'ils n'en étaient, eux, pas au courant, avant d'ajouter : « Ribéry, Benzema, je les aime tous ! » Les joueurs furent auditionnés. Benzema se dit « non concerné » par cette affaire, et Ribéry avoua qu'il avait emmené la jeune fille en voyage à Munich, pour passer du bon temps avec elle, à l'occasion de son anniversaire.

Dans les milieux sportifs, et spécialement celui du foot, la fréquentation de prostituées est une chose assez courante, mais elle reste néanmoins taboue. En 2010, Instagram n'existait pas encore, mais les grandes stars du ballon rond étaient des méga stars comme les autres, et vivaient des vies de nabab parfois relayées par la presse people. En outre, les deux joueurs cartonnaient avec leur club (Ribéry au Bayern Munich, Benzema au Real Madrid), mais pas quand ils jouaient avec les Bleus (lesquels étaient au creux de la vague depuis trois ans, et allaient boire le calice lors du Mondial). L'affaire éclata quelques mois avant la Coupe du monde. Le pire moment possible, pour le foot français, dont l'équipe nationale n'était pas reluisante.

Le 20 juillet 2010, ils furent à nouveau convoqués par la brigade de répression du proxénétisme. Le procès-verbal de Ribéry montra qu'il n'avait pas sollicité une, mais deux prostituées : « J'étais avec Kamel, un ami, Zahia et une copine à elle. Nous avons eu des relations sexuelles avec les deux filles car on changeait de partenaires [...] Non, il ne s'agissait pas de relation tarifée. Je leur ai simplement laissé 100 euros pour qu'elles puissent rejoindre l'aéroport et se payer à manger. J'ai aussi payé les billets d'avion. En tout, ça m'a coûté environ 2 000 euros. »

Les deux joueurs et le beau-frère de Ribéry furent poursuivis pour sollicitation de prostituée mineure. Cinq autres personnes citées dans le dossier furent mises en examen pour proxénétisme aggravé. Le procès se tint du 20 au 23 janvier 2014. Le tribunal correctionnel de Paris prononça la relaxe des deux footballeurs, ainsi que du beau-frère, la cour estimant totalement véridique que les vedettes ne savaient pas la prostituée mineure (Benzema avait, lui, toujours nié toute rencontre avec elle). Les cinq autres écopèrent de peines allant de trois mois avec sursis à deux ans dont un avec sursis à l'encontre de cinq prévenus poursuivis pour proxénétisme.

Née en 1992 à Ghriss (Algérie), arrivée en région parisienne à dix ans avec ses parents, Zahia obtint un passeport français à la faveur du deuxième mariage de sa mère. On apprendrait plus tard qu'elle commença à se prostituer à seize ans. Se faisant ouvrir les portes des nuits parisiennes par un ami introduit dans le milieu du showbiz, Abousofiane Moustaid, ancien candidat de l'émission de télé-réalité *La Nouvelle Star*. Cité dans « l'affaire », accusé d'avoir été le proxénète de son amie, il fut condamné à trois ans de prison dont deux ferme et 20 000 euros d'amende.

La jeune femme mit à profit cette célébrité (dont la dimension victimaire arrondissait bigrement bien la dimension sulfureuse) pour opérer une reconversion. Dès 2010, elle déposa le nom de plusieurs marques : *Zahia, Zahia Dehar, Pretty Zahia, Zahiadora, Zahiadise, A dream by Zahia*, faisant dans le même temps protéger son prénom dans plusieurs secteurs (huiles de massage, cosmétiques, sacs de voyages, bijoux, préservatifs, production télé). Reconvertie dans le mannequinat, elle défila dans le cadre de la Fashion Week à Paris, le 25 janvier 2012. Présentant sa collection de « tenues d'intérieur légères, raffinées », elle clôtura en effet son propre défilé mi-nue dans la robe de mariée en tulle et pétales de cerisier, brodée de strass.

À partir de 2012, plusieurs grands photographes et créateurs de mode la firent poser devant leur objectif pour des séries, expositions, ou illustrations pour magazines de luxe : Karl Lagerfeld, Pierre et Gilles, Ali Mahdavi (directeur artistique du Crazy Horse). Dans une interview alors publiée par le magazine *Next*, elle déclara avoir « pratiqué certaines activités pendant deux ans. Au moment du scandale, j'avais déjà arrêté ». Elle précisait qu'elle avait alors gagné jusqu'à 20 000 euros par mois. Et en 2019, elle fut Sofia, cette femme si proche de Zahia, dans le film *Une fille facile*.

Aujourd'hui, Zahia Dehar est cette femme dont personne ne sait qui elle est réellement. Il se pourrait qu'elle ne soit juste qu'une image des années 2010 : où les jeunes ne vivent que pour raconter leur vie sur Instagram, et ne rêvent que de téléréalité ou de people. Il se pourrait aussi qu'elle en soit une image juste. De celles qui durent toujours.

Lire aussi : Benzema, Sexe

ZAMORA, Ricardo (1901-1979)

En 1931, lorsqu'il apprit que le nouveau président de la République espagnole était le libéral catholique Niceto Alcala Zamora (il le resta jusqu'en 1936), Staline s'exclama : « Ah ! Le gardien de football ! » Car Staline connaissait les exploits sportifs de… Ricardo Zamora, gardien de la première équipe nationale d'Espagne, médaille d'argent aux JO d'Anvers en 1920, enfant de Barcelone qui joua pour les deux clubs de la ville (l'Espanyol et le Barça) et qui occupa pendant seize ans le poste de gardien de la Roja (1920-1936). Il participa ainsi au fameux Espagne-Angleterre du 16 mai 1929.

Zamora, surnommé « le Divin », fut le premier gardien au look étudié : gants noirs, épais pull-overs bleu nuit à lisérés, casquettes aux motifs tartan… En 1930, son passage de l'Espanyol au Real Madrid pour la somme de 150 000 pesetas déclencha un scandale. Et encore, cela se passait avant le début de la guerre civile, qui fit naître une haine indéfectible entre les deux grandes villes, et entre les régions castillane et catalane.

Staline se trompait : le gardien de but élégant et spectaculaire se prénommait Ricardo, et n'avait rien à voir avec le Zamora qui quitta le pouvoir quelques mois avant la guerre civile. Ricardo, considéré comme la première vedette médiatique du football (il affichait son look très étudié dans des publicités), fut aussi soupçonné par les républicains d'être un sympathisant franquiste. Zamora fut arrêté, mais réussit à s'évader, pour rejoindre la ville et le club de Nice. Il y joua deux ans, avant de revenir en Espagne, pour entraîner l'Atlético Madrid… mais fut de nouveau arrêté, cette fois par les franquistes, qui lui reprochaient d'avoir fui en France au lieu de combattre à leurs côtés. Néanmoins, il ne fut pas embêté, et put continuer à jouer. Il devint ensuite entraîneur, jusqu'en 1961.

Lire aussi : Barça, Roja, Rubio

ZICO

Au début, on le surnommait carrément « le roi Arthur », avant qu'il devienne « le Pelé blanc ». Zico, de son vrai nom Arthur Antunes Coimbra, naquit à Rio en 1953, d'un émigré portugais, dans une fratrie comptant déjà cinq enfants. Son père, boulanger, jouait comme gardien de but amateur. Et son frère Edu fut un grand footballeur, avec pas moins de 54 sélections.

Zico fut un homme 100 % Fla. Il débuta sa carrière à Flamengo et disputa en 1969 son premier championnat au sein de l'équipe de jeunes, à l'âge de seize ans. En 1971, après deux ans de renforcement musculaire imposé par les dirigeants, il intégra l'équipe première où, dès son premier match, il offrit une passe décisive à un de ses coéquipiers. Dès lors, Zico devint un pur numéro 10 : vision du jeu, technique, vitesse d'exécution, coups francs d'école. Entre 1973 et 1983, Flamengo conquit sous sa férule six championnats de l'État de Rio et trois championnats nationaux. L'apothéose fut atteinte en 1981, quand « Fla » devint le meilleur club d'Amérique latine (vainqueur de la Copa Libertadores, dont Zico finit meilleur buteur) avant de remporter la Coupe intercontinentale contre les Reds. Après dix ans de carrière, l'attaquant était acclamé au Brésil comme un roi, où on le surnomma « le roi Arthur ». Un roi qui se démena au club d'Udinese, où il finit sa première saison (1983-1984) deuxième meilleur buteur de la Serie A, juste derrière Michel Platini. Il quitta le club, et l'Italie, au cours de la deuxième saison : le joueur vivait de moins en moins bien le manque de titres et souffrait de plus en plus du mal du pays et, surtout, de la nostalgie de son « Fla », où il s'en retourna pour quatre nouvelles années.

Entre-temps, il y avait eu le Mundial 1982 en Espagne. Zico, titulaire en Seleção depuis 1976, y jouait sa deuxième Coupe du monde, mais arrivait sur la terre espagnole sanctifié par ses exploits de numéro 10 – il marquait bien plus souvent qu'un joueur classique au même poste. Cette année-là, les Auriverdes de Socrates, Zico, Falcao et Junior furent une des plus belles équipes brésiliennes de l'histoire, et la plus grande somme de talents sur la pelouse. Seuls les Bleus de Platini pouvaient, peut-être, soutenir la comparaison. Après avoir éliminé l'Argentine de Maradona, le Brésil fut stoppé au deuxième tour, battu 3-1, subissant le réveil de l'Italien Paolo Rossi. Chef d'orchestre d'une précision absolue, faisant à lui seul mieux que tous les autres joueurs, Zico fut une des plus belles étoiles de la compétition. De laquelle il repartit avec le surnom de « Pelé blanc » : comme son prédécesseur, il était meneur et buteur. Lors de l'édition 1986, France et Brésil étaient également les deux plus belles équipes sur le papier. Elles se rencontrèrent en quart de finale, le 21 juin 1986. Cette date restera à jamais une date d'anthologie. Non à cause de l'organisation ce jour-là de la cinquième édition de la Fête de la Musique en France, mais parce que la France y remporta une de ses plus grandes victoires, après un des plus beaux matchs de l'histoire de la Coupe du monde. Ce soir-là, sous un soleil de plomb, le Brésil ouvrit la marque, Platini égalisa, des actions et des occasions en or de chaque côté, un ballon qui ne quitta jamais l'aire de jeu. Puis Zico manqua un penalty à quelques minutes de la fin du match, avant des prolongations qui, comme pour tous les matchs d'anthologie, furent interminables. Socrates et Platini qui ratent leur tir au but, Luis Fernandez qui marque le sien. Mais ce match sonna par ailleurs la fin de la carrière internationale de Zico, à jamais vierge de la consécration qui eût convenu à son rang, et à ses 52 buts en 72 sélections.

Retraité en 1990, Zico devint le premier directeur général au Secrétariat national du sport brésilien, œuvrant alors beaucoup pour un encadrement législatif de l'activité des clubs.

Il rechaussa les crampons pour une dernière pige au Japon, entre 1991 et 1994, participant activement à la professionnalisation du championnat avec les Kashima Antlers, et devenant au passage un exemple pour les Nippons fanas de foot. C'est d'ailleurs la première équipe nationale qu'il entraîna, de 2002 à 2006. Après quelques brefs passages en Turquie, en Ouzbékistan et en Grèce, il retourna à Flamengo en 2010, pour devenir directeur sportif du club – alors à la dérive. Il en fut écarté au bout de quelques mois, accusé de transactions financières douteuses par son président.

Le destin du football engendra bien des injustices : que Zico ne devînt jamais champion du monde en est une.

Lire aussi : Fla-Flu, Socrates

ZIDANE, Djamel

Il fut de la génération dorée des Madjer, Assad et Belloumi, à laquelle il participa. Kabyle d'origine, né à Alger en 1955, Djamel Zidane fit ses débuts professionnels en 1972, et fut sacré meilleur footballeur algérien en 1976, un an après avoir connu ses premières sélections en sélection nationale. Il traversa alors la Méditerranée (et les deux tiers de l'Hexagone) pour jouer à l'AS Corbeil-Essonnes, en région parisienne. Tu parles d'une promotion. Ce fut finalement en Belgique que le joueur s'affirma, notamment au KV Courtrai (1980-1984) puis au KSV Waterschei (1984-1987). Une petite carrière de club donc, pour un Zidane qui méritait mieux. Aussi bon en meneur de jeu qu'en attaquant, doué des deux pieds et doté d'une lourde frappe du gauche, il développa un jeu physique, technique et rapide. Mahieddine Khalef, le sélectionneur algérien, eut la bonne idée de se souvenir de lui, et de le convoquer pour les éliminatoires du Mundial espagnol de 1982. Sélectionné pour la première fois le 1er mai 1981 face au Niger, il marqua son premier but en sélection, le 10 octobre 1981 à Lagos, contre le Nigeria, match à l'issue duquel la très belle équipe surnommée « les Fennecs » se qualifia pour la Coupe du monde qui arrivait. Le joueur fut un des acteurs de ce coup de tonnerre contre l'Allemagne : à la 54e minute, sur une contre attaque de Merzekane, Dahleb, Zidane, Madjer, puis de nouveau Zidane, le tir de Belloumi fut dévié par le portier allemand… avant que Rabah Madjer ne pousse le ballon dans les cages allemandes, marquant l'un des deux buts de la victoire algérienne. Quatre ans plus tard, Zidane fit le voyage, comme la majorité des héroïques de 1982, au Mexique. Il y marqua son unique but en Coupe du monde contre l'Irlande du Nord. En 2006, une école de football à son nom vit le jour à El-Hachour, en Algérie.

Lire aussi : Assad, Algérie, Madjer, Mekhloufi, Zidane (Yazid Zinedine)

ZIDANE, Yazid Zinedine

ZZ : partout dans le monde, ces initiales sont aujourd'hui un sigle, une marque, un symbole. Zinedine Zidane déchaîne les passions, la moindre phrase de lui (ou sur lui) est décortiquée, ses fils (également footballeurs) sont scrutés, bref : c'est une méga star. Jusqu'en 2006, il fut un dieu du stade, reconnu comme un des deux ou trois meilleurs joueurs de l'Histoire (on a le droit de penser qu'il fut, réellement, le meilleur). Il a ensuite passé quelques années entre les domaines du caritatif, du business, et du foot. Puis il est revenu autrement au ballon : entraîneur de la Maison blanche, et premier homme au monde à remporter trois fois de suite la grande Coupe d'Europe. Cet homme est un univers à lui tout seul. Il n'est plus besoin aujourd'hui de longs discours au sujet de Zidane. D'ailleurs, lui-même ne s'est jamais trop étendu sur sa vie. Sa discrétion et son humilité naturelles, longtemps considérées comme un barrage (d'autant que son clan familial a toujours contrôlé son image de joueur), ont fini par forcer le respect dix ans plus tard. Zidane est comme une fiction : on ne connaît jamais vraiment la fin, car il est de ces hommes qui choisissent eux-mêmes leur sortie. Et soignent leur retour. On ne va pas raconter Zidane. Mais on peut le retracer.

Joueur et roi

Il perça la génération dorée des Deschamps, Djorkaeff, Thuram, Henry, Desailly, Lizarazu, et le groupe « France 98 ». Né le 23 juin 1972 à Marseille de deux parents algériens, il passa sa jeunesse dans le 16e arrondissement de la cité phocéenne, le quartier de La Castellane, les « quartiers nord » si décriés et défavorisés. Après des années dans les différentes sections de plusieurs clubs locaux, il rejoignit le centre de formation de l'AS Cannes à quinze ans. La suite allait être un conte de fées. Il joua son premier match en première division le 20 mai 1989, contre le FC Nantes de Deschamps et Desailly, ses futurs coéquipiers en bleu. Durant quatre ans sur la Croisette, il fit étalage de ses roulettes, de ses gestes acrobatiques et d'une technique d'exception. En 1991, il marqua son premier but en pro, toujours contre Nantes. Avec lui, Cannes connut la Coupe d'Europe. Transféré aux Girondins de Bordeaux en 1992, il y passa quatre ans, et s'y lia d'une amitié indéfectible avec Bixente Lizarazu et Christophe Dugarry. Ils y furent surnommés le « triangle bordelais ». Sur un terrain, chacun savait où trouver les deux autres les yeux fermés, à Bordeaux mais aussi en équipe de France.

« Zizou » y fut d'ailleurs sélectionné pour la première fois en août 1994, marquant alors deux buts aux Tchèques. On se prit à le comparer à Platini : meneur de jeu à la vision exceptionnelle, il cultiva la ressemblance jusqu'à marquer en bleu lors de sa première sélection, comme Platoche. En 1995-1996, le « triangle bordelais » mena le club à la finale de la Coupe UEFA. Ce furent ensuite cinq ans à la Juventus de Turin où, pour 35 millions de francs, Zidane rejoignait Didier Deschamps, son capitaine en sélection. Après en avoir bavé à l'entraînement (comme Platini avant lui, au même endroit), Zidane prit de l'épaisseur et devint un des meilleurs joueurs du monde. Gagnant, au passage, ses premiers titres. La magie avait commencé d'opérer, et ne prendrait fin qu'en 2006, sur le coup de boule contre l'Italien Materazzi, en finale de Coupe du monde. Tournoi que par ailleurs Zidane éclaboussa de son talent, épatant tout le monde par des roulettes, des tours de passe-passe, et quelques buts. Il était devenu un dieu en 1998, grâce à deux buts de la tête en finale, dans un tournoi où il fut pourtant assez moyen (exclu pendant le match France-Arabie Saoudite). Le bel Euro 2000 qu'il réalisa confirma sa réputation de dieu vivant : il était alors, comme les Bleus, au sommet de sa carrière.

Transféré chez les Galactiques en 2001 pour 75 millions d'euros, il gagna enfin la Ligue des champions. De 2000 à 2006, Zidane fut bel et bien le plus beau joueur du monde. Son talent et son humilité parvinrent même à occulter ses nombreux cartons rouges, ses blessures et ses contre-performances : Zidane était *the best*, et on lui pardonnait ses absences, ses silences (sur la pratique du dopage à la Juventus) et ses dérapages. Ce fut le cas quand il mit un terme (annoncé) à sa carrière de joueur, après la Coupe du monde 2006. Un but, un beau match, un coup de boule, une exclusion. Il n'avait ni raison ni tort, il était par-delà tout ça. De tels adieux à la scène marquaient fatalement la grande histoire.

Flou Zizou (et sous)

Car ses fautes ont aussi forgé son image. Très tôt, Zidane fut considéré comme un génie, doublé d'un type foncièrement gentil. Un tel chef d'orchestre que le seul fait de lui faire de l'ombre passerait pour une faute. D'ailleurs Zidane n'a jamais toléré qu'on lui fasse de l'ombre : la façon dont son clan et ses sponsors surent contrôler le célébrissime coup de boule de 2006 en fut une démonstration. Il était hors de question que le joueur s'excuse : un Méditerranéen ne s'excuse pas devant un autre Méditerranéen, surtout lorsque l'honneur de sa mère est en jeu. Cependant les sponsors avaient besoin que le joueur fasse un geste : Zidane s'exprima donc à la télévision. Loin de présenter ses excuses, c'est tout juste s'il fit passer le message qu'il n'était pas un exemple à suivre. À cette époque, cette star-là parlait peu, et quand il parlait c'était souvent pour ne rien dire, ou pour faire des publicités. Quand tant de jeunes, surtout en banlieue, attendaient de leur dieu qu'il s'exprime socialement, jamais Zidane ne prit la moindre position. Au contraire des autres « personnalités préférées des Français » (l'abbé Pierre, sœur Emmanuelle, Yannick Noah), celui que la *vox populi* avait érigé en modèle d'intégration ne s'engagea jamais. Zidane finit par s'empêtrer dans la multitude de ses contrats, avec des sponsors qui, chacun de leur côté, refusaient à leur client la moindre vague. Mauvais pour l'image. Alors, dans sa vie, Zidane resta tranquille : parfait anti-Beckham. Comme tous les taiseux, Zidane, plus proche de Buster Keaton que de George Clooney, séduit davantage en restant muet qu'en l'ouvrant : il laisse son clan agir pour lui. Ainsi, au cours de ses recherches pour son livre-enquête consacré au joueur et paru en 2008 (*Zidane, une vie secrète*), la journaliste Besma Lahouri se heurta aux frères, qui ne lui permirent aucun contact avec le champion et ne laissèrent filtrer aucune information. Ils imposèrent une véritable omerta sur le sujet « ZZ ». L'omerta était la même lorsqu'il s'agit des chiffres de ses multiples contrats publicitaires… ou contacts. En 2010, il s'engagea activement en faveur de la candidature qatarie pour l'organisation de la Coupe du monde 2022, engagement pour lequel il aurait touché entre 10 et 15 millions d'euros selon les sources. Fidèle à sa stratégie, il a toujours nié la somme (qui est de 3 millions, nous apprit plus tard *Zidane,* l'ouvrage fort utile, bien qu'« autorisé », du journaliste Frédéric Hermel). Comme son ex-coéquipier Beckham, le simple impact du nom de Zidane fit de ce dernier un homme-sandwich. Dans les années 2000 puis 2010, il fut ou est encore sous contrat avec Adidas, Danone, Orange, Canalsat, Ford, Leader Price, Dior, Audi, Volvic, Generali. En plus des multiples œuvres caritatives auxquelles il a associé son nom, il a aussi créé sa propre fondation en 2010 : la Fondation Zinedine Zidane a pour vocation de venir en aide aux populations pauvres d'Algérie.

Coach et majesté

Le 7 juillet 2011, il devint directeur sportif du Real Madrid, à la faveur du retour du second projet *Galactiques* du président Pérez. Parallèlement, l'ancien joueur passa et obtint ses diplômes d'entraîneur, en France. En janvier 2014, après deux ans de cours au Centre de droit et d'économie sportive de Limoges, il obtint son diplôme de manager général de club sportif. On se mit à rêver d'un retour. Lui. Un banc. Un grand club français. Ne serait-ce que pour se faire la main. Un temps. Mais pour nous, un temps avec Zizou équivaut à une éternité. Mais il préféra faire rêver les Madrilènes et son Real. En devenant l'entraîneur adjoint, assistant de Carlo Ancelotti, en 2013-2014. La saison suivante, il prit en charge l'équipe réserve, appelée la Castilla, qui évolue en troisième division. Il eut son propre fils aîné, Enzo Alan Zidane Fernandez, sous ses ordres. En janvier 2016 arriva ce qui était, de toute évidence, écrit : le Real limogeait son coach Rafael Benitez, et un seul nom faisait l'unanimité. Un seul homme avait un passé qui impressionnerait des Bale, Cristiano Ronaldo, Benzema. C'est ainsi qu' « Il » arriva. Zidane se montra tout de suite travailleur, pédagogue, et il impressionna par sa capacité à écouter autant qu'à faire bosser ses stars. On loua son système de jeu, on railla les lacunes défensives, mais on se félicita de la victoire à Barcelone, le 2 avril, pour le clasico. On l'encensa, ce 29 mai 2016, quand son Real remporta la Ligue des champions contre l'Atlético Madrid. Il n'était là que depuis six mois. Joueur, il avait remporté la grande coupe en 2002 avec le club, et il la regagnait en tant qu'entraîneur. Son aura avait remobilisé tout le monde. On ne savait pas que deux ans plus tard, la magie opérerait encore. En 2016-2017, le Real remporta sa Liga, la première du club depuis cinq ans, et une nouvelle Ligue des champions (contre la Juventus). Une troisième serait ramenée le 26 mai 2018, après une victoire contre Liverpool. Zidane devenait le premier homme au monde à la remporter trois fois d'affilée. Il était une majesté. Et, fidèle à lui-même, choisit de quitter la scène quand tous les autres seraient restés. Ainsi ZZ tient-il les rênes de son propre destin. Le 31 mai 2018, il convoqua une conférence de presse surprise, et annonça son départ. Usé, il avait besoin de se mettre en retrait. Il avait, également, senti que son équipe était au bout d'un cycle. Ce qui s'avéra juste, puisque, CR7 et Zidane partis, elle patina par la suite. Alors, en mars 2019, le président Pérez l'appela. Et Zidane reprit son poste. Et négocia un salaire de 12 millions d'euros nets par an. Un salaire qu'il a multiplié par cinq depuis 2016. Zidane aime que des voix l'appellent.

Le rêve de beaucoup, en France, serait de le voir sélectionneur de l'équipe nationale. Il est permis de douter que ce rôle soit pour lui. Zinedine Zidane fut sans doute le meilleur joueur de France, et sûrement du monde entier, avec Cruyff et Maradona.

Lire aussi : DD, Galactiques, Henry, Jacquet, Juventus, Maison blanche, Thuram

ZLATAN

2012 fut une année capitale pour un homme qui, jusqu'alors, n'était somme toute qu'une des cinq-six superstars du football planétaire. Il entra au pays des lettres. Zlatan était un nom, il devint un mot. À trente et un ans, Ibra avait de belles lignes au palmarès, et devint finaliste… d'un prix littéraire. Et pas n'importe lequel : le prix August, le plus prestigieux des prix littéraires suédois, le Goncourt du pays d'Ibra. Dont l'autobiographie fut nominée dans la catégorie « essais et documents ». Si elle n'obtint pas le prix, c'est sa présence en finale qui fit grand bruit. Largement coécrit par le journaliste suédois David Lagercrantz, paru en novembre 2011, *Jag är Zlatan Ibrahimovic* (*Moi Zlatan Ibrahimovic*) avait auparavant fait un carton durant douze mois : environ un demi-million d'exemplaires vendus en Suède. Il parut fin janvier 2013 en France, aux éditions Lattès. À la suite, pas moins de six ouvrages parurent sur lui en France. Tous sont parfaitement inutiles. Mais, outre le fait qu'il s'agissait d'une première pour un sportif étranger, le phénomène révélait ce qu'était devenu celui qui, jusqu'à son arrivée au PSG, n'était – excusez du peu – que le troisième meilleur attaquant du monde (derrière Messi et CR7) et un géant suédois (1,95 m) : une mégastar omniprésente. Omniprésent, Ibrahimovic l'a toujours été : sur le terrain, en dehors, dans ses clubs et dans la tête de ses adversaires.

Le 18 juillet 2012, ce fut un choc que l'on pensait réservé aux grands championnats étrangers : Zlatan Ibrahimovic, une des plus grandes stars du sport mondial, était à Paris. Il venait de signer au PSG qatari. Montant : 20 millions d'euros. Salaire annuel : 9 millions. En peu de temps, on vit en temps réel qu'on avait affaire à un homme en béton, un buteur et un passeur décisifs, un type qui est là, partout, tout le temps. Un type qui tient tête, qui a les yeux revolver, qui effraie adversaires, arbitres, journalistes et… coéquipiers. Une méga personnalité. Arrivé à Paris en juillet, Zlatan Ibrahimovic eut droit à sa marionnette aux Guignols de Canal dès septembre. Oui, bien que n'étant ni aussi people que Beckham, ni une « marque » comme ce dernier ou comme Cristiano Ronaldo, Zlatan était bien ce personnage qui déborde largement du cadre du simple football. Les Guignols déclinèrent illico sa personnalité, lui créant un vocable basé sur un seul mot, nom, adjectif, verbe : son prénom. Il marque des « zlatan », « zlatane » ses adversaires à lui tout seul, voyage sur « Air Zlatan », avant de rentrer « zlataner » sa femme. Il « suicide » lui-même un chômeur en fin de droits, il supplée le père Noël, il porte son propre parfum (« Eau de Zlatan »), il se crée son rôle dans *Le Hobbit*. Comme ils l'avaient fait il y a plus de vingt ans avec la World Company, comme ils l'avaient fait avec l'omni-Sarkozy ministre puis président, les auteurs de la séquence latex quotidienne ont su trouver une déclinaison à la mesure de ce que représente l'attaquant suédois, de son ego stratosphérique, de son pouvoir marketing, de sa taille.

« Trop grand pour la Ligue 1 », selon les Guignols, le Suédois Ibrahimovic était devenu une star à l'étranger. En 2012, en même temps que sur une liste littéraire, il entra… au dictionnaire. Suédois. Oui, « zlataner » y devint un verbe, dont la définition est : agir en situation de suprématie physique, technique ou tactique, dominer un adversaire de manière outrageante ou humiliante. Après tout, il s'agit d'un type qui avoua un jour sans fard : « J'aime humilier mon adversaire, ça fait partie de ma conception du jeu. »

D'ailleurs, dès le début de son livre, il écrivait : « Je dois vous dire que depuis mes débuts au Malmö FF je n'ai toujours eu qu'une seule et même philosophie : n'en faire qu'à ma tête. » Né le 3 octobre 1981, Ibrahimovic est un Suédois de mère croate catholique et de père bosniaque et musulman. Ayant vu ses parents séparés rapidement et sa demi-sœur junkie se piquer fréquemment, il grandit à Rosengard, banlieue de Malmö. Une enfance chiche : quand le père achetait un lit chez Ikea, il n'avait pas assez d'argent pour le faire livrer, et le portait avec son fils. Bientôt, Zlatan porta des frigos, puis se mit à voler des vélos – ce qui l'occupa une bonne partie de son adolescence. Mais il avait aussi une adoration : le Brésilien Ronaldo. Dès l'âge de six ans, le petit Zlatan se mit au foot, dans des équipes de jeunes à Malmö. Très vite, il joua avec des coéquipiers de deux ans ses aînés. Alors qu'il envisageait de travailler sur les docks de la ville, un entraîneur du club de la ville le persuada de continuer à jouer au football. Bien qu'admis au lycée, le jeune homme décida de vivre pour le football et abandonna ses études. Un premier contrat pro signé en 1996 au Malmö FF, un premier match en 1999, et dès 2001 le début de son tour d'Europe par les TTGC (Très Très Grands Clubs) : Ajax (2001-2004), Juventus (jusqu'en 2006), Inter Milan (de 2006 à 2009), le Barça (une saison), le Milan AC (2010-2012) puis le PSG. Tous ces clubs, sans exception, ont vu un joueur sûr de sa force, imposant son ego, mais féru de travail. De flambe, aussi. Un type qui marque énormément, dans toutes les positions. Mais qui en vient vite au conflit avec ses coéquipiers et ses entraîneurs. Il fit partie des joueurs qui lâchèrent la Juve durant le Calciopoli de 2006 (quand Buffon, Del Piero et Trezeguet restèrent). D'un ego aussi hors normes que son talent, Ibra se lasse quand son club ne va pas assez loin en Ligue des champions. Cette dernière, c'est son drame : lui qui fut champion national dans tous les clubs où il a joué n'a jamais soulevé ce trophée maître. Pire : en 2010, il avait à peine quitté l'Inter pour rejoindre le Barça que son ancien club éliminait son nouveau en demi-finales de la compétition. À peine avait-il quitté le Barça, accusant Messi d'avoir les chevilles gonflées et l'entraîneur de trop protéger son génie et de ne pas reconnaître le sien, que le club catalan gagnait la grande Coupe d'Europe en 2011. Quelle guigne !

Certes, il n'a ni la vitesse de CR7 ni le génie technique de Messi. Mais il vient d'ailleurs, comme en témoignent de nombreux buts inoubliables, marqués dans des positions que lui seul peut inventer. Il est, selon nous, le meilleur attaquant du monde : renard de surfaces, gestes inattendus, bad boy effrayant assez régulièrement expulsé, il possède une souplesse étonnante pour une telle taille (grâce à une passion et une pratique des arts martiaux), il est aussi un excellent tireur de coups francs. Chaque saison, Ibra fut dans le top des buteurs européens.

De 2016 à 2018, il joua deux saisons à Manchester United. Bien que victime d'une rupture des ligaments croisés en avril 2017, il conclut la première avec vingt-huit buts au compteur, et une victoire en Europa League. Il traversa l'Atlantique, pour une saison au Galaxy de Los Angeles. Fin décembre 2019, il s'en revint offrir ses services et son aura au Milan AC.

Certains (Panenka) donnèrent leur nom à un geste. Zlatan donna son prénom au dictionnaire.

Lire aussi : Ajax, Barça, CR7, Juventus, Messi, PSG, Qatar

ZOFF, Dino

Un type qui remporte une Coupe du monde à quarante ans se respecte. D'autant que la carrière de Dino Zoff faillit n'être qu'un songe. À quatorze ans, en effet, il échoua aux tests d'entrée à l'Inter Milan et à la Juventus à cause de sa petite taille. Cinq ans plus tard (et trente-trois centimètres de plus), l'Italien débuta à Udinese, en Serie A. Il jouait déjà au poste où il allait devenir l'un des meilleurs footballeurs de l'histoire : dans les cages. Il évoluait à Naples lorsqu'il fut convoqué une première fois avec la Squadra Azzurra. Après quatre sélections seulement, il devint le gardien titulaire lors de l'Euro 1968, que la « Nazionale » remporta. Il ne fut que remplaçant lors du Mundial 1970, mais prit sa revanche en club : signant à la Juventus en 1972, il trusta alors les Scudetti (quatre) durant toute la décennie, avec une petite rallonge dans les années 1980 (deux titres en 1981 et 1982). Zoff retrouva sa place de titulaire en équipe nationale en 1974, puis en fut le capitaine de 1978 à 1983. Le quadra montra qu'il était encore en pleine possession de ses moyens lorsqu'il gagna, avec la Squadra Azzurra, la Coupe du monde 1982, devenant le vainqueur le plus âgé de l'épreuve (record non battu à ce jour). Il fut également le sélectionneur de cette même équipe lors de l'Euro 2000, que l'Italie perdit dans les arrêts de jeu contre les Bleus de Zidane.

TEMPS ADDITIONNEL

BAD BOYS : LES VRAIS ET LES ORDURES

VOYOUS ET POSEURS

Une âme de héros, des nerfs de catcheurs, sans oublier une certaine classe.

BALOTELLI, Mario

« Quand je marque un but, je ne fais pas la fête, car c'est mon métier. T'as déjà vu un facteur sauter de joie quand il a livré le courrier ? » : quand il dit ça, Mario est de bonne humeur. Car plus encore qu'un bad boy, Balotelli est un flambeur, un poseur. Un type qui veut tout : les titres, le fric, les fringues, les frasques, la gloire et les voitures (il possède une Range Rover, une Ferrari, une Bentley, une Maserati et une Audi). Car il n'avait rien, lui l'enfant de parents ghanéens adopté à deux ans (c'était en 1992) par une famille italienne de la banlieue de Brescia. Surdoué et surpuissant dès le jeune âge, il obtint les titres assez tôt : trois Scudetti et une Champions League avec l'Inter Milan, une Coupe et un titre en Angleterre (avec Manchester City). Il est revenu à Milan, mais au Milan AC, en 2013. Mais partout où il passe, l'Italien (29 sélections et 12 buts en équipe nationale) est à la fois victime – du racisme, les cris insultants pour les Noirs étant piteusement courants dans la Botte italienne – et provocateur, le genre de type qui insulte l'arbitre, se brouille avec un entraîneur qui l'a couvert ou couvé, met le feu à sa chambre en jouant avec des feux d'artifice, collectionne les sorties médiatiques. Le 23 octobre 2011, après le premier de ses deux buts dans le derby historique contre Manchester United gagné 6-1, il se planta au milieu du terrain et, mimant Éric Cantona, dévoila un T-shirt sur lequel était inscrit « *Why always me ?* » (« Pourquoi toujours moi ? »). La punch-line devint culte.

En Angleterre toujours, alors qu'il était impliqué dans un accident de voiture, le policier lui demanda pourquoi il portait sur lui la somme de… 5 000 livres. « Parce que je suis riche », répondit le jeune surdoué. Qui serait peut-être le plus fort à son poste s'il n'était pas aussi timbré. « Je fais parfois d'étranges choses », dit-il, un jour de lucidité. Ou de bonne humeur.

BARSON, Franck

C'est à vous décourager d'être démesuré : oublié des historiens et des instances du football britannique, alors qu'il mesurait 2,08 mètres, Barson fut un des meilleurs joueurs du pays durant les années folles, doublé d'une pure brutasse. Né en 1891 dans la banlieue de Sheffield en pleine époque victorienne, ce fils d'ouvrier devint très tôt forgeron, mais maniait le cuir mieux encore que le métal. À l'école, puis en club, il se fit remarquer par son imposant physique et sa détermination ; le club de Barnsley l'engagea en 1911, au poste de demi. Ainsi débuta l'épopée d'un joueur qui se fit rapidement connaître pour sa science du jeu autant que pour sa brutalité. Aux yeux de ses adversaires, c'était un sale type cherchant constamment les embrouilles. Des supporters adverses l'attendaient parfois à la sortie des vestiaires pour lui régler son compte. À tel point qu'il fallut parfois l'intervention des policiers pour l'escorter.

Transféré à Aston Villa pour 2 850 livres sterling (une folie, à l'époque), il remporta la Coupe d'Angleterre 1920, connaissant à ce moment sa seule et unique sélection en équipe nationale. Véritable tour de contrôle grâce à sa taille, un physique et une technique à toute épreuve, Barson fut un des premiers défenseurs à oser attaquer, s'affranchissant de ses tâches défensives de base, avec l'aval de son coach. C'est précisément à cause de ce régime de faveur que ses coéquipiers se mirent à le détester. Barson partit alors à Manchester en 1922, pour la somme de 5 000 livres. Plus tard, ce serait Watford (où il fit limoger deux coéquipiers) et Hartlepool. Il mourut en 1968. Et si, en fait, Barson était le père spirituel de Gascoigne ?

BREITNER, Paul

Pilier de la colonne de panzers allemande des années 1970, celle de Sepp Maier, du Kaiser Beckenbauer et du Bomber Gerd Müller, il fut aussi un sympathisant maoïste avoué dans l'Allemagne de la bande à Baader. Son look hirsute, ses airs barbares, mais surtout ses coupes de cheveux, lui valurent le surnom « der Afro ». Breitner arbora tour à tour la coiffure Jackson Five, une longue chevelure avec grosses rouflaquettes, les cheveux courts frisés avec bouc en trident, et une constante : une moustache, parfois accompagnée d'une barbe. Au terme de sa première période bavaroise, Breitner eut même des faux airs du célèbre Dirty Harry.

Cependant l'homme, défenseur central de son métier, n'écoutait pas de reggae, avait un jeu armé et une gueule qui en imposaient. À son arrivée au Bayern Munich en 1970, il réclama une place de titulaire, et l'obtint. Sa rapidité et la puissance de sa frappe allaient rapidement faire de lui un « défenseur-buteur » : il finit avec un butin de 93 buts en 285 matchs de Bundesliga. En finale de la Coupe du monde 1974, il remit à lui seul la RFA sur les rails en égalisant. Mais au Bayern sa grande gueule et son comportement freestyle heurtèrent le patron des lieux, le rigoureux Beckenbauer. Le joueur rejoignit alors le Real Madrid. Oui, le maoïste accepta de jouer dans le club étendard de l'Espagne franquiste. Aujourd'hui, beaucoup jugent que la posture mao de Breitner était une pose et qu'en réalité jamais il ne remit en cause la structure capitaliste du football.

En conflit avec Kaiser Franz, il finit cependant par quitter l'équipe nationale. Reconverti milieu de terrain, il échoua en demi-finale de la Coupe des champions face… au Bayern, en 1976. En 1978, après quelques titres en Espagne et un intermède d'une année à Brunswick, il profita de la semi-retraite de Beckenbauer aux États-Unis pour regagner le Bayern. Devenu le véritable patron de l'équipe, Breitner fut à nouveau champion d'Allemagne en 1980 et 1981 (il fut aussi élu footballeur allemand de l'année), et les portes de la Mannschaft s'ouvrirent de nouveau à lui. Au retour du Mundial 82, il se mit à écumer les boîtes de nuit, en ressortait généralement ivre, mais ne ratait jamais une passe à l'entraînement le lendemain. Un exploit digne de George Best. Breitner marqua dans deux finales de Coupe du monde (1974, 1982), record partagé avec les Brésiliens Vava et Pelé, et avec Zidane. Au début des années 1980, Breitner publia son autobiographie, *Je ne veux pas être un exemple.* À la parution de l'ouvrage, il se fit des amis, cette fois dans les instances, écrivant par exemple : « Nous sommes sous-payés car nous sommes à ranger dans la catégorie des artistes. Breitner, Rolling Stones, Sophia Loren, même combat » ou encore : « Les patrons de l'industrie allemande touchent beaucoup plus que nous. Mais nous, nous sommes obligés de nous faire insulter chaque samedi, de risquer la blessure », « Il faut apprendre à faire des fautes. Le football est un sport de combat, bien moins inoffensif que le judo ou le karaté. Le football, c'est comme la boxe ».

En 1998, il fut à son tour en charge de la Mannschaft. Breitner sélectionneur, cela dura douze heures !

BUTCHER, Terry

Un patronyme prédestiné : « Butcher » signifie « boucher » en anglais. Au football, on ne jette pas l'éponge même quand on est sonné, et Butcher en est une preuve vivante. Butcher ne lâchait rien, restait debout jusqu'au K-O, jusqu'à la chute de son équipe. Le 6 septembre 1989 contre la Suède, l'Anglais se fracassa le crâne. Pourtant, même le visage ruisselant de sang, il poursuivit le match, tête fendue. Son obstination fut récompensée : Butcher disputa trois Coupes du monde (1982, 1986, 1990).

DI MECO, Éric

Porte-voix du vrai foot à RMC et dans l'émission « 100 % Foot » sur M6, Di Meco fut adjoint aux sports à la mairie de Marseille entre 2001 et 2007. Pur minot marseillais et gaucher, Di Meco se reconvertit arrière gauche après avoir été ailier ; il avait le tacle assassin. D'où son surnom de « faucheuse ». Ses tacles étaient spectaculaires, mais ne blessaient (presque) jamais personne. Di Meco défendait avant tout debout.

Membre à part entière des *dream teams* marseillaises de la période faste (1988-1993), il totalise 23 sélections en équipe de France, portant le brassard de capitaine à deux reprises. Et dire que son style bien rugueux longtemps l'empêcha de s'imposer chez les Bleus, lui faisant manquer l'Euro 1992. Il fallut en effet attendre l'arrivée d'Aimé Jacquet, en 1994, pour le voir revêtir à nouveau le bleu, à la surprise générale. Plus surprenant, le nouveau sélectionneur en fit un de ses hommes clefs, alors que le défenseur avait déjà trente et un ans. Il aborda l'Euro 1996 en position de titulaire… et le quitta remplaçant. Dès le premier tour de la compétition, le Marseillais fut détrôné par sa jeune doublure : Bixente Lizarazu. Le joueur annonça sa retraite internationale dès la fin du tournoi.

Pour le minot, les classicos OM-PSG auraient toujours une saveur bien particulière. Aujourd'hui encore, il les évoque comme une guerre. En 1993, trois jours après avoir remporté la Champions League, il mit un magistral coup de boule au Parisien Jean-Luc Sassus, qui venait de lui concocter une… spécialité de Di Meco : le tacle par-derrière.

GASCOIGNE, Paul, dit « Gazza »

À l'époque où les dirigeants du monde se réunissaient au sein du G7, on le surnommait « G8 » : G pour la première lettre de son nom, 8 pour son numéro fétiche. Véritable Wayne Rooney avant l'heure, l'Anglais occupait une place de choix dans la voyoucratie alcoolisée du foot. Un must. Tout était excessif chez Gazza : le talent, la colère, la triche, le taux d'alcoolémie, l'appétit, le poids et le tour de taille. Lorsqu'il le vit courir pour la première fois, Chris Waddle dit : « J'ai cru à une blague. Il était lourd, emprunté. Mais, dès qu'il a eu le ballon dans les pieds, j'ai compris pourquoi on l'avait fait signer. » Effectivement, Gazza est un peu une blague sur deux jambes (Keegan le surnommait « Red Legs »). Une farce capable d'être un meneur de jeu et un meneur d'hommes (Newcastle) ; d'être le plus gros transfert de jeune en 1988 (de Newcastle à Tottenham pour 2 millions de livres, à vingt et un ans) ; de câliner Margaret Thatcher après avoir pleuré en Coupe du monde 90, lors de son second carton jaune suspensif en demi-finale ; d'enregistrer un tube à la con : « Fog on the Tyne » (la Tyne est la rivière qui traverse Newcastle) ; de se faire payer l'équivalent de 15 000 euros pour un entretien. Puis de devenir un roi de la baston en club en 1991, année noire où sa rotule craqua à deux reprises. Fantasque dans sa brutalité, considéré comme une buse par de nombreux coéquipiers, exaspérant dans son obsession d'être à lui seul un sommaire de tabloïd, Gazza était le genre de type qui joue pour expier et qui travaille pour payer les bières. Au cours de ses trois années à la Lazio de Rome, son sport favori était de roter bruyamment devant les caméras. Enfin, comme si ses coupes ridicules n'étaient pas suffisantes, il adorait aussi baisser son froc et exhiber ses fesses aux photographes. En 2010, il se fit arrêter pour conduite sous l'emprise de… quatre fois le taux d'alcoolémie toléré par la loi anglaise (0,5 g). Le 28 octobre de la même année, il se fit piéger en train d'acheter quelques grammes de coke à un dealer de Newcastle.

On se rappellera un homme qui réussit à faire croire jusqu'en 2005 qu'il était footballeur, alors qu'il ne joua véritablement au football que jusqu'en 1990, lui qui était considéré comme « le plus grand talent naturel du football anglais depuis Bobby Charlton ». Néanmoins, on doit à la vérité de dire qu'il n'y aurait pas eu Gazza sans l'explosion de la presse-poubelle à sensation dans les années 1990. Il y aurait eu le footballeur Paul Gascoigne, ou rien.

GATTUSO, Gennaro

Surnommé « le Rhinocéros », puis « le Taureau de San Siro » pour ses charges. Mais de quelle couleur peut être l'âme d'un type pour qui « un match de foot, ça se joue un soir d'hiver, sous la pluie, dans le froid » ? Grise ? Noire, comme ses intentions ? L'Italien, qui évolua aux Glasgow Rangers avant d'être un pilier du Milan AC et de la Squadra Azzurra des années 2000, n'était pas un tueur. Milieu défensif, il donnait plutôt dans le harcèlement, dans le blocage du jeu adverse, dans la distribution de semelles, dans la grande gueule et dans la contestation systématique. Pourtant, « il a une âme pure », dit de lui son entraîneur Carlo Ancelotti. Car Gattuso, c'est ce genre de gars à l'ancienne, dur au combat, prêt à tout pour un maillot. Et qui, de plus, eut la chance de tomber sur la génération italienne dorée des années 2000.

GENTILE, Claudio

Un numéro 6, une moustache, et une philosophie toute particulière de son métier de défenseur italien : « Mon rôle, c'est de neutraliser la star d'en face. C'est vrai que je suis dur sur l'homme, mais pour moi, le principal, c'est de ne pas faire de grosses fautes. » « On n'est pas dans une école de danse. On joue au foot », déclara également l'Italien après avoir harcelé le – déjà – génial Maradona lors d'Italie-Espagne, au second tour de la Coupe du monde espagnole de 1982. Un match durant lequel l'Italie commit vingt-deux fautes, dont dix de Gentile, toutes sur Diego Maradona. Durant le match, l'Italien tapa dans le dos de l'arbitre, mais ne reçut pour ce geste qu'un avertissement alors qu'il aurait dû être expulsé. Gentile signifie « gentil » en italien, et malgré cela, Claudio, né à Tripoli en 1953, fut surnommé… « Kadhafi ». Il avait passé son enfance avec les émigrés italiens en Libye, avant de devenir un pilier de la Juventus. Après avoir mis un terme à sa carrière, Gentile travailla quatre ans dans une usine de textile, voulant clairement « se désintoxiquer » du foot. Il y revint néanmoins plus tard, comme entraîneur, et ne recroisa jamais Maradona.

HUNTER, Norman

Membre éminent du Leeds maudit de Brian Clough, Hunter devait être électricien. Mais avec un nom pareil, il ne pouvait que courir, et devint donc footballeur. Défenseur dès l'âge de quinze ans, il forma avec Jack Charlton une défense centrale qui dura toute une décennie dans le club du Yorkshire. Hunter fut cependant, et avant tout, un des plus beaux *losers* de l'Angleterre des sixties. L'axe Charlton-Moore lui barra souvent la possibilité de triompher en sélection. Membre de la délégation victorieuse de 1966, il ne reçut toutefois pas de médaille : seuls les vainqueurs eurent droit à cet honneur ; Hunter rentra donc au pays les mains vides. C'est Gordon Brown qui, en 2009, après une intense campagne de la Football Association anglaise pour que les remplaçants de 1966 soient récompensés, remit finalement l'or à Hunter. Hunter fut remplaçant à l'édition 1970. *Lose* encore. Et à nouveau ce 17 octobre 1973, en éliminatoires de la Coupe du monde 1974. L'Angleterre devait alors battre la Pologne, pour se qualifier. A priori, gagner n'était qu'une formalité. Seulement voilà : à 0-0, Hunter courut le long de la ligne de touche pour tacler. Il marcha sur la balle, la perdit, provoquant un but polonais… Au final, il fut quand même sélectionné à vingt-huit reprises. Mais au fait, que fait Hunter chez nos bad boys ? À son nom prédestiné, il choisit d'ajouter un surnom : « Croche-Guibolles », en hommage à ses tacles hyperpuissants – excepté contre la Pologne, donc. Un jour, Hunter se cassa même la jambe. Apprenant la nouvelle, son manager d'alors, Les Cocker, persuadé d'avoir mal compris, et pensant que Hunter avait fait une nouvelle victime, demanda : « À qui ? »

STOREY, Peter

Fidèle défenseur, puis milieu défensif d'Arsenal (1965-1977), le joueur était craint pour ses tacles durs et agressifs. Une banalité, dans un championnat où l'engagement physique est une valeur sûre. Storey se classe en vingt-sixième position dans la liste des « 50 Greatest Hardplayers » du magazine *Times*. Un palmarès honnête (un doublé coupe-championnat, une Coupe d'Europe des villes de foires), mais une brute (« *One Storey that belonged in the horror section* », diraient les fans et les médias lors de son départ des Gunners). Étrangement, c'est au moment de sa retraite qu'il devint vraiment un bad boy : patron d'un pub appelé The Nag's Head (« la tête de la ménagère »), il dirigea ensuite une maison de passe. Avant de connaître la prison pour des contrefaçons, trafics de vidéos porno, ou encore vols de voitures. Il vit aujourd'hui en France avec sa troisième femme. En 2010, il a publié son autobiographie, intitulée *True Storey : My Life and Crimes as a Football Hatchet Man.*

THATCHER, Ben

« Le fils de Margaret Thatcher et de Ben Laden » : c'est ainsi qu'est présenté, encore aujourd'hui, ce Gallois né en 1975. Jeune homme, il foira ses études à la

Canterbury Christchurch University, et décida de jouer des coudes pour se faire une place dans l'élite du football anglais. Partout où ce joueur passa, il laissa des traces de polonium derrière lui. En 2006, lors d'un match entre Manchester City – son club d'alors – et Portsmouth, il « encouda » si fort son adversaire Pedro Mendes qu'il fallut apporter une aide respiratoire à l'international portugais avant de l'hospitaliser d'urgence. Trois semaines avant ledit match, Thatcher avait déjà envoyé un joueur du club de Shangai Shenhua dans pareils enfers, lors d'une tournée de gala en Chine. Comique de répétition anglais ? Prédestination ? Allez savoir.

TOFTING, Stig

Surnommé « la Tondeuse » au Danemark, Stig Tofting aimait cogner sur tout ce qui bouge, et ce jusqu'à une date récente. Il a une circonstance atténuante : un jour, à l'âge de treize ans, Tofting découvrit en rentrant chez lui les cadavres de ses parents. Le père avait tué la mère avant de se suicider. Bien des années plus tard, Tofting fut de nouveau frappé indirectement par la mort puisqu'il perdit son quatrième enfant. Entre-temps, il écopa de quatre mois de taule pour agression sanglante, compta trois inculpations à son casier judiciaire, rédigea son autobiographie, fit une carrière entre l'Angleterre, l'Allemagne et le Danemark, son pays. L'homme avait un physique commun (1,75 mètre, 89 kg), mais était capable de faire des tacles assassins. C'était aussi un type qui se battait avec ses propres coéquipiers lorsqu'il faisait la fête. Un type bien, mais une terreur pour tous.

INTERNATIONAL ROULURES OF FOOTBALL

Il y a le foot des roulettes et des passements de jambes, mais il y a aussi celui des roulures et des saluts nazis.

BOWYER, Lee

À lui seul, il pourrait illustrer en partie le rapport entre l'Empire et ses anciennes colonies. Chef de file de l'insolente réussite des gamins de Leeds United vers la fin des années 1990, où passa Éric Cantona tel l'éclair, Bowyer devint un spécialiste du bourre-pif irrationnel : en 2005, lors de la défaite des Magpies contre Aston Villa, il balança le premier coup de poing à… son coéquipier Kieron Dyer, pour une autobagarre générale, obligeant les joueurs adverses à les séparer ! Bowyer écopa de quelques matchs de suspension, et d'une amende record de 200 000 livres (cher, le pain dans la tronche). Avec un tel palmarès, il ne serait cependant qu'un bad boy. Mais voilà, Bowyer fit ensuite une fixette sur les Asiatiques : passage à tabac en bonne et due forme d'un jeune Indien dans une boîte de nuit, violences à l'encontre d'un serveur pakistanais dans un fast food. Et le clou : rupture immédiate avec sa fiancée, le jour où il apprit qu'elle était… métisse. On a beau dire, l'humour anglais est impénétrable.

DE JONG, Nigel

En juillet 2010, le site web du quotidien *Le Monde* demanda à un professeur d'analyser un geste du Hollandais, lors de la finale du Mondial contre l'Espagne. Le professeur en question enseignait le… karaté. À la demi-heure de jeu, De Jong surgit à toute vitesse sur l'Espagnol Xabi Alonso, et lui assena un superbe coup de pied directement dans la poitrine. L'Espagnol s'écroula. Un attentat, devant les caméras du monde entier. L'arbitre ne donna qu'un carton jaune au milieu défensif des Oranje. « Je n'ai aucun regret. Je n'ai jamais eu l'intention de lui faire mal », se défendrait celui-ci. De

Jong, c'est l'Oranje sanguin. Milieu défensif de l'Ajax Amsterdam, de Hambourg, puis de Manchester City, il est le fils de Jerry De Jong, ancien grand tacleur du PSV Eindhoven à la fin des années 1980, sélectionné à trois reprises chez les Oranje. Un Jerry qui deviendrait toxicomane – chacun sa croix –, mais qui, surtout, en fin de carrière, se mettrait à voler les cartes de crédit de ses coéquipiers pour rembourser ses dettes de jeu. C'est dire si Nigel, né en 1984, a de qui tenir. Pourtant, il avait bien commencé : élevé à l'école du football léché de l'Ajax, le jeune Nigel apprit la construction du jeu, la fluidité et les extérieurs du pied. Il était alors milieu offensif. C'est son passage dans la Bundesliga allemande qui allait tout changer : dans un championnat rude, il s'exprimait peu, et marquait encore moins. Son entraîneur eut l'idée d'en faire un milieu défensif. Ajoutez « défense » et « Allemagne », cela donne obligatoirement « rigueur ». Voire « douleur ». Nigel devint une faucheuse mortelle, qui jouait mieux les deux pieds en l'air que sur terre. Il signa à Manchester City en 2009, pour 20 millions d'euros. Il dit alors : « J'aime le tacle, c'est vrai. » Pour De Jong, 2010 fut une année de spectacles. Au mois d'avril, durant un match amical, il brisa la guibolle de l'Américain Stuart Holden : « De telles attaques font partie du football. Je voulais le ballon et j'ai eu l'adversaire au final », conclut-il. En juin, il laissa des traces d'aluminium sur la poitrine d'Alonso. Le 3 octobre, à la troisième minute d'un match contre Newcastle, il tacla Hatem Ben Arfa, comme même un boucher ne saurait le faire. Résultat : double fracture du tibia et du péroné pour le Français de Newcastle, aucune sanction contre De Jong. Qui, là non plus, comme à son habitude, ne s'est jamais excusé auprès de son adversaire. Dans le football comme dans les affaires (pour ne pas reproduire les erreurs du père, le Hollandais a fait des études d'économie, avant de placer ses deniers dans une compagnie allemande vendant des voitures de collection à des cheikhs), il faut tuer pour ne pas être tué : « Au milieu de terrain, vous êtes souvent dans des situations à 50-50, aime-t-il expliquer. Si tu retires ta jambe, tu finis par te blesser, donc je ne retire pas ma jambe. » Du coup, chez De Jong, c'est toujours la saison du massacre.

DI CANIO, Paolo

Le genre de mec qui n'aime ni le noir ni les Noirs. Le genre de joueur qui pousse les arbitres à bout (onze matchs de suspension en 1998 à Sheffield). Le genre, aussi, qui sait très bien faire le salut romain. Comme de nombreux Italiens nés au début des années de plomb (1968), Di Canio est fasciste. Il possède douze biographies de Benito Mussolini, et s'est fait tatouer un gros « DVX » (Duce, en latin) sur l'avant-bras. « Je suis fasciste, mais pas raciste, disait-il. Je fais le salut romain pour saluer mes camarades et ceux qui partagent mes idées. » Bref, la Duce vita.

Il joua en Angleterre, en Italie, en Écosse, mais le seul moment où ce défenseur par ailleurs fort bon fut en adéquation avec ses idées, c'est au cours de ses deux saisons passées au club de Berlusconi (Milan AC, 1994-1996). Di Canio jouait comme il parlait : en buvant de la bière et en montrant ses couilles. Di Canio, cela aurait pu être le pote de bar idéal, avec qui on se bat quand on est excité, avec qui on boit quand on est soulagé. Mais Di Canio est également une raclure. Paradoxe sciant : quelques mois avant de se mettre au salut romain, il reçut le prix du fair-play de la FIFA en 2000, pour avoir arrêté le ballon, alors qu'il avait la possibilité de transformer une occasion de but, en raison de la blessure du gardien adverse.

GOIKOETXEA, Andoni, alias « le Boucher de Bilbao »

Le 24 septembre 1983, ce milieu de terrain de l'Atlético (champion d'Espagne en 1982-1983) fut l'auteur d'un vrai attentat lors du match contre le FC Barcelone, sur la personne de Diego Maradona, qui effectuait sa deuxième saison au Barça. Alors que le club catalan menait 3-0, le Boucher surgit comme une fusée pour tacler le Pibe de Oro, les deux pieds en avant. L'objectif : la cheville gauche de Maradona. Résultat de l'opération : malléole cassée, ligaments arrachés. Le joueur basque ne reçut qu'un avertissement, et fut suspendu pour dix matchs. Diego, quant à lui, fut absent trois mois et demi. Quelque temps auparavant, le Boucher, coutumier de ces envolées, avait fait souffrir l'autre star du Barça : Bernd Schuster.

Ne surtout pas le confondre avec Jon Andoni Goikoetxea Lasa, né à Pampelune, et élément de la *dream team* de Cruyff dans le Barça du début des années 1990.

JONES, Vinnie

Milieu défensif reconverti acteur, le Gallois était surnommé « The Axe ». Jones a quitté un domicile familial brisé à l'âge de seize ans. Il joua à Wimbledon, à Chelsea, à Sheffield United, aux Queens Park Rangers et à Leeds United. Dans son premier club, il collait au mur ceux de ses coéquipiers qu'il estimait peu investis dans la défense du maillot. Quatre cent quatre-vingt-six matchs professionnels, un trophée (la FA Cup 1988 avec Wimbledon contre Liverpool), aucune distinction personnelle. Petit tableau de chasse, mais un casier de folie. Violences, claques par-derrière, tacles en tous genres, insultes : même Gascoigne se méfiait de Jones.

D'ailleurs, le premier fait d'armes du Gallois, en 1987, est d'avoir fait un « chat-bite » à « Gazza », qu'il devait marquer à la culotte. Le trituré dira plus tard : « Il s'est approché de moi pour me dire : "Je m'appelle Vinnie Jones, je suis un gitan, je gagne beaucoup de fric et je vais t'arracher l'oreille avec les dents puis tout recracher dans l'herbe. Tu es seul, mon gros, tout seul avec moi !" » En 1992, il se fit même expulser d'un match après… seulement trois secondes de jeu. Un record à battre. La même année, la Fédération anglaise le sanctionna de 20 000 livres d'amende pour avoir commenté un film documentaire prônant l'apologie du jeu dur : *Soccer's Hardmen*. Une mauvaise réputation créée sur le gazon qui lui allait comme un short pour incarner un gros bras à l'écran : Jones faisait désormais l'acteur.

Il fut expulsé à douze reprises dans sa carrière (en deuxième position derrière Roy Keane), et s'imposa comme un des trois poètes du Wimbledon FC de l'époque, avec les joueurs Dennis Wise et John Fashanu. Le cercle des poètes disparus portait un nom : The Crazy Gang.

En 1998, il mit un terme à sa carrière et fit paraître son autobiographie, *Confessions d'un Bad Boy*. Puis il campa le personnage de Big Chris dans *Arnaques, Crimes et Botanique*, grand succès du cinéma anglais qui fit connaître le jeune et talentueux réalisateur Guy Ritchie (célèbre pour être aussi l'ex-mari de Madonna). Ce dernier dit de Vinnie : « Ce qui se passerait, s'il y avait l'apocalypse, c'est qu'un certain nombre de choses survivraient… dont Vinnie Jones ! »

KEANE, Roy

Avant de casser une jambe adverse, Keane, *so british*, avait l'élégance de prévenir sa victime. Surnommé « le Saigneur », il pratiqua la boxe jusqu'à douze ans, avant d'opter pour le football avec le même esprit : « Je me suis tout de suite senti à l'aise. La boxe m'avait apporté un surcroît de confiance face à l'agression physique. » C'est Brian Clough, un gars qui en connaît un rayon en roulures et en bad boys, qui le lança en 1990 à l'occasion d'un match de Nottingham Forest contre Liverpool. Avant les matchs, le même Clough lui demandait de cirer ses pompes… En 1993, Kean arriva à Manchester United, où venait également d'arriver Cantona. Keane serait le patron d'une équipe dont Canto, puis Beckham seraient les dieux. C'est lui qui donnait le *la* du match : « Balancer le premier tacle est le meilleur moyen de délivrer un message. » 80 % des footballeurs s'expriment comme des pieds ; Keane, lui, parlait avec ses pieds. Il reçut son premier carton rouge en 1995, qu'il s'appliqua alors à faire fructifier en le doublant d'une réputation de tricheur. En 1997, à deux jours d'un match à Leeds, totalement ivre, il déclencha une baston dans l'hôtel à quatre heures du matin. Il joua le match, le joua mal et, à cinq minutes de la fin, il se rompit les ligaments croisés du genou en foirant un tacle. Son adversaire, le Norvégien Haaland, le chambra aussitôt : « Lève-toi, tricheur, arrête ta comédie ! » C'est à ce moment que Keane tomba dans la Guinness, et qu'il se mit à casser des bars. Mais à Manchester United il fut systématiquement couvert par Alex Ferguson qui, de toute façon, préférait les bad boys aux scouts. C'est ainsi que Keane se montra prépondérant dans la fabuleuse année 1999 des Red Devils (coupe-championnat-Champions League). Puis l'Irlandais se bastonna à nouveau dans un bar, récoltant un morceau de verre dans l'œil durant la bagarre. Dégrisement, soins, et cet aveu : « Je suis un enculé d'idiot. » Il se tint à carreau pendant une année. Avant de retrouver le Norvégien Haaland, passé à Manchester City, pour le derby 2001. Quatre ans après. C'est ce qu'on appelle la fatalité. De fait, à la première occasion, Keane se jeta sur son adversaire, et pas pour lui rouler une pelle. Non, pour lui briser la jambe. Il n'attendit même pas que l'arbitre brandisse le rouge. Il cracha au visage de Haaland, dont la carrière prit fin ce jour-là, et quitta le terrain. Il écopa de cinq matchs de suspension et fut condamné à verser 245 000 euros d'amende. Il avoua la préméditation de son acte dans son autobiographie, tout bonnement intitulée *The Autobiography*, parue en 2002 et écoulée à quatre cent mille exemplaires. Monsieur ignore les esthètes (« Beckham ? Un collègue de travail »), et dit en riant : « Je me suis embrouillé avec tellement de monde qu'avant un match je ne sais plus trop à quels joueurs serrer la main. » L'homme fut une idole pour l'ancien chanteur des Smiths devenu chanteur solo, Morrissey, alors sur le déclin, qui lui dédia un titre en 1997 (« Roy's Keen »). Une pièce de théâtre, *I, Keano*, fut également montée à Dublin. Ayant insulté copieusement le sélectionneur irlandais, Mick McCarthy, il quitta ses coéquipiers de l'équipe d'Irlande juste avant le début de la Coupe du monde 2002, puis arrêta sa carrière en 2006.

MATERAZZI, Marco

Rien de moins que 1,93 mètre d'agressivité gratuite, au sommet duquel apparaît une tête qui est un alliage de crapulerie et d'élégance, et où est logé le cœur fissuré d'un garçon qui perdit sa mère à l'âge de quatorze ans. Marco ne fut jamais aussi efficace que lorsqu'il se trouvait à 2 mètres du ballon, se montrant alors imprenable au jeu de tête et de tatanes. L'Italien restera célèbre pour avoir, un soir d'été 2006 à Munich, parlé à Zidane de sa sœur. Ou de sa mère. Ou de personne. En tout cas, c'est lui qui prit le saint front dans le torse. Avec le recul, on peut dire que c'est Materazzi qui a fait toute la finale de la Coupe du monde en 2006. C'est lui qui commit une faute sur Malouda, provoquant un penalty transformé par Zidane. C'est lui qui égalisa, en faisant au passage une faute sur le joueur Vieira déjà vieillissant. Et c'est lui qui traumatisa les Bleus en faisant expulser leur dieu. Mais Materazzi avait lui-même pris un rouge… trois matchs plus tôt, en huitième, face à l'Australie ! Lors de ses débuts en Serie A, il jouait avec Gattuso (autre bad boy), avec qui il partagea même un appartement. À l'apéro, ça devait parler technique : charges, tacles par-derrière et béquilles. Arrivé à l'Inter Milan en 2001, il y donna sa pleine mesure. Défenseur infatigable, guerrier inusable. Son palmarès (non exhaustif) : la cheville d'Ibrahimovic (2005), l'arcade de Sorin (2006), le ménisque de Chevtchenko, la cheville d'Inzaghi, la lèvre de Cirillo. Et même : la tête de son coéquipier Cannavaro pendant un entraînement de la Squadra Azzurra, et la cuisse de son autre coéquipier en Squadra, Vieri, dans les mêmes circonstances.

MIHAJLOVIC, Sinisa

Un soir de 1991, à Bari, lui et son club de l'Étoile Rouge de Belgrade privèrent l'OM de la Champions League, lors d'une finale conclue aux penalties. Cela méritait le bagne, mais on se montra disposé à rester courtois, et à le maintenir parmi les humains. Seulement voilà : ce canonnier, pur produit du plus beau football yougoslave des années 1980, confessa un jour une admiration sans borne pour Slobodan Milosevic, ainsi que pour Zeljko Raznatovic, alias Arkan, criminel de guerre et chef de milice paramilitaire pour la Serbie dans les années 1990. En 2000, c'est lui qui insulta Patrick Vieira en le traitant de « merde noire ». *Raus*, Sinisa !

ROBINSON, Paul

C'est un des bouchers anglais les moins connus et pourtant il représente un abattoir à lui tout seul. À ne surtout pas confondre avec Paul William Robinson, un Anglais né lui aussi en 1979 : l'ancien gardien de Bolton jouait au football. Celui dont nous parlons est un défenseur qui joue de la machette, et ce depuis sa prime jeunesse. À peine âgé de vingt-cinq ans, dans son club formateur de Watford, il affichait déjà 3 rouges et 63 jaunes, en 252 matchs ! Depuis, le tableau de chasse du boucher impressionne : la jambe de Stewart Talbot (ce qui coûta dix mois d'absence à la victime), la mâchoire du capitaine de Birmingham City, Damien Johnson, les chevilles de Park Ji-Sung, une tentative d'assassinat sur Abou Diaby, qui venait d'entrer sur le terrain et qui en est aussitôt ressorti (septembre 2010). Le problème, c'est que Robinson n'a que trente et un ans. Qu'aucun boucher ne l'a encore découpé, et qu'il court encore.

ROOL, Cyril

Tacles hauts, prises de col par-derrière, insultes, pressions, contestations incessantes, menace permanente : l'homme est une véritable stratégie de la tension. Dans la Ligue 1 des années 1990-2000, Cyril Rool fut considéré comme un des éléments les plus violents. Son parcours qui débuta en 1993 à Bastia, poursuivi à Lens, à l'OM, à Monaco, puis de nouveau à Lens, Bordeaux, Nice, s'acheva sur une petite pige à l'OM au début de l'année 2010. Rool épuisa ses entraîneurs tout autant que ses adversaires. Il traînait une réputation telle qu'il se fit parfois punir pour des gestes qu'il n'avait pas commis. Exemple : Lyon-Bordeaux en mai 2005. Le joueur insulta l'arbitre, et fut expulsé. Mais s'il a insulté M. Garibian, c'est parce que Malouda venait de lui fracturer le nez, sans provoquer de réaction arbitrale… Le destin des bad boys.

RUDDOCK, Neil

C'était « le Rasoir ». Un surnom emprunté au boxeur Donovan Ruddock, lui aussi surnommé « Rasoir », et dont la carrière culmina en même temps que celle de Neil, sans qu'ils aient familialement rien à voir. Neil, c'était un défenseur central qui fit le tour du pays : Milwall, Tottenham, Southampton, Liverpool, West Ham, Crystal Palace, Queens Park Rangers, Liverpool. Un joueur qui crachait plus vite que son ombre. En France, le public connut Ruddock dans sa période Liverpool (1993-1998), quand il se battit avec Cantona, alors dieu vivant à Manchester. Cantona s'était moqué… de l'embonpoint de son adversaire. Ruddock affichait, en effet, un bon tour de taille : un jour, alors qu'il enfilait un short flanqué de son numéro, il ne parvint pas à rentrer dedans ; il s'écria : « Celui qui portait ce short devait être aussi fin que Kylie Minogue ! » À la fin février 2009, Ruddock avouait manger deux cent douze steaks et tourtes aux rognons par an. À Liverpool, Ruddock sortait beaucoup, avec plein de blondes si possible (dont une playmate de *Playboy*, Leah Newman, avec qui il a eu une petite fille), picolait, conduisait ivre mort. En 1995, il fracassa délibérément la mâchoire de Peter Beardsley. En 1996, il cassa… les deux jambes d'Andrew Cole. Passant aux aveux, il dit : « Je n'avais pas l'intention de lui casser les deux jambes, j'avais seulement l'intention de lui en casser une. » Comme Barson, Ruddock ne fut sélectionné qu'une seule fois en équipe d'Angleterre.

SCHUMACHER, Harald

Une tête d'ange dur, et une dégaine de camionneur. Un Allemand né en 1954 à Düren, mais qui tout de même joua à Cologne. Appartenant à la génération post-Beckenbauer du football allemand, celle de style « colonne de panzers » qui vainc toujours à la fin, il en a gardé l'esprit commando. Lors du mythique France-RFA du Mundial 82, il tenta de tuer Battiston pour tuer le suspense : alors que le Français se présentait seul face à lui, le gardien allemand, se désintéressant totalement du ballon, s'en alla percuter Battiston avec une rare violence, les quatre fers en l'air et le coude en direction de la mâchoire du joueur français. On se souvient de la suite : Battiston perdit conscience, devenu un corps désarticulé que tout le monde croyait privé de vie. Platini lui tint la main sur la civière qui l'emportait à l'hôpital de Séville, les dents en miettes et la deuxième vertèbre cervicale cassée. Pendant ce temps, Schumacher mâchait tranquillement son chewing-gum, ne s'attendant aucunement à recevoir un carton. Il avait raison : il n'eut pas de sanction, d'ailleurs l'arbitre ne siffla même pas de coup franc. Ce fut l'acte le plus grave dans les relations franco-allemandes depuis la Seconde Guerre mondiale. Une semaine après, Schumacher s'en alla voir Battiston, qui se reposait dans sa famille à Metz. Avait-il l'intention de faire acte de contrition ? Que nenni. Il justifia son acte au contraire : « C'est la part de risque à laquelle on est confronté et qui peut toucher n'importe qui. Entre professionnels, il n'y a pas de place pour la compassion. » Aujourd'hui, les arbitres ont de telles consignes pour endiguer la violence qu'il eût été exclu du terrain illico. Son geste montre aussi à quel point le foot évoluait encore dans une forme de préhistoire jusque dans les années 1980, et pourquoi les années 1970-1980 furent la période bénie des tueurs.

Schumacher fut un des meilleurs gardiens de but de son temps, certes, mais une roulure de haut niveau. À lui seul, il symbolise le pire du look foot des années 1980 (c'est dire le niveau) : moustache blonde velue, cheveux longs bouclés. Joueur, il pensait qu'il y avait « trop de drogue et pas assez de femmes dans le foot », et que « certains joueurs sont tellement bêtes qu'il faudrait les poursuivre en justice ». À peine retraité en 1987, il entreprit de tout balancer dans un livre qui dénonçait magouilles et dopage dans le football teuton.

PERLES, PÉPITES ET PETITES PHRASES À LA CON – LES NOBEL DU FOOTBALL

En politique, il y a les petites phrases du dimanche. Au football, il y a les pépites d'avant-match ou d'après-match. La petite phrase du footballeur est aujourd'hui autant scrutée que sa coiffure ou sa voiture. Florilège de ce que l'on a pu entendre ces trente dernières années.

EFFET, GAG, RIRE

« J'adore les avant-matchs… Je sens toujours la naphtaline monter en moi. »
Mario Jardel, défenseur brésilien, à l'époque où il jouait au FC Porto (1996-2000)

« J'en ai gros à la patate ! »
Fabrice Fiorese à propos des sifflets contre son coéquipier du PSG Frédéric Déhu, qui venait de signer à l'OM, en finale de la Coupe de France 2004

« Il faut qu'on y va ! »
William Gallas, défenseur des Bleus, durant l'Euro 2008

« Pour gagner, il faut accepter de perdre. »
Luis Fernandez

« C'est beau ce stade Vélodrome qui est toujours plein, à domicile comme à l'extérieur. »
Franck Ribéry, lorsqu'il jouait encore à l'OM, à domicile comme à l'extérieur

« C'est le gâteau sur la cerise. »
Le passage de Jean Fernandez comme entraîneur de l'OM (2005-2006) n'est pas la meilleure période du club. On comprend pourquoi

« J'ai eu beaucoup de mal à m'adapter à l'Italie, c'était comme vivre à l'étranger. »
Après une saison à Turin, le Gallois Ian Rush retourna en 1988 d'où il venait : Liverpool

« Au niveau de la sensation, je n'ai rien ressenti. »
Franck Ribéry, lorsqu'il jouait encore à l'OM

« J'espère que la routourne va vite tourner, pour lui et surtout pour nous. »
Franck Ribéry toujours, mais des années après, en 2013. Il évoquait son co-équipier en bleu Benzema, qui n'arrivait plus à marquer. Ribéry, lui, marquait, mais considérait toujours la langue française comme une option

« Scolari est un grand joueur qui joue dans une grande équipe. »
Ribéry toujours lui, avant le match France-Portugal en Coupe du monde 2006. Sauf que Luiz Felipe Scolari était… le sélectionneur de l'équipe portugaise !

« Il ne faut pas brûler la peau de l'ours avant de l'avoir vendue. »
Abdeslam Ouaddou, chasseur de buts marocain du Stade rennais dans les années 2000

« Promis, je ne tire plus de coup franc au troisième poteau ! »
Bernard Mendy, un temps stratège du PSG

« Ça m'est égal de perdre tous les matchs, si à la fin de la saison on est champions. »
Mark Viduka, joueur australien, figure de la Premier League

« Wayne Rooney peut atteindre le sommet, s'il garde la tête sur Terre. »
David Unsworth

LAO-TSEU A DIT

« Je crois qu'à partir de là il faut prendre les matchs les uns après les autres et pas s'enflammer en essayant de bien jouer au ballon avec notre collectif intéressant. »
« Ce qui compte c'est les trois points de la victoire. »
Tous les joueurs, tous les entraîneurs, tout le temps

« Un homme sans caractère, c'est une maison sans fenêtre. »
Coach Vahid (Halilhodzic)

« Les Anglais ont inventé le foot, les Français l'ont organisé, les Italiens le mettent en scène. »
Éric Cantona

« Arriver dans la surface et ne pas pouvoir tirer au but, c'est comme danser avec sa sœur. »
Diego Maradona

« En compétition, il y a toujours un premier et un dernier, mais l'important est de ne pas être le second de soi-même. »
Luis Fernandez

« Un léopard ne se déplace jamais sans ses taches. »
Pape Diouf

« La situation est sans espoir, mais pas critique. »
L'international allemand Stefan Effenberg

« Je voudrais bien avoir Socrate à mes côtés et connaître la maïeutique pour pouvoir accoucher de quelque chose de très bon. J'ai été suffisamment souvent le dernier à l'école pour ne plus vouloir l'être aujourd'hui. »
Roger Lemerre, durant la Coupe d'Afrique des nations 2006

« Un joueur de football, c'est comme une femme, il ne faut pas le contraindre à évoluer dans certaines positions s'il ne veut pas. »
Carlos Bilardo

SECTION SPORTS ÉTUDES

Sciences naturelles avec Vincent Guérin, footballeur français des années 1990, découvrant son corps d'homme en cours de carrière :
« Je crois que j'ai deux pieds. J'ai cette faculté depuis tout petit. »

Histoire et géographie avec Mark Draper, joueur british des années 1990-2000 :
« J'aimerais bien jouer dans un club italien. Comme le FC Barcelone, par exemple. »
Du coup, sa seule expérience hors frontières se résuma à trois saisons au Rayo Vallecano. En Iran ?

Le mot du coach, l'éternel Guy Roux :
« Un grand qui saute arrive toujours plus haut qu'un petit qui saute. »

Interview de l'Italien Francesco Totti :
Le journaliste :
« Carpe Diem… »
Le joueur : « Euh, pardon, j'apprends l'anglais mais je n'en suis pas encore à ce niveau. »

Nouvelle intervention du coach Guy Roux :
« Un match de foot se joue avec trois arbitres, il y a donc trois fois plus de chances qu'il y ait des erreurs d'arbitrage. »

Géographie, avec Éric Cantona :
« Au Brésil il n'y a que des prostituées, des travestis et des footballeurs. »

Grammaire, syntaxe et notion du temps avec Franck Ribéry au micro de Canal Plus, après être sorti à quinze minutes de la fin d'un match avec l'OM :
« J'ai couru jusqu'à quand ce que je pouvais. »

Sciences naturelles avec Patrick Vieira, alors à l'Inter Milan :
« Il ne faut pas penser qu'on va se friser les moustaches, sinon, on l'aura dans l'œil. »

Sport et histoire avec Alain Casanova, entraîneur de Toulouse qui, en décembre 2011, répondait, concernant l'absence de beau jeu de son équipe :
« Nous, on garde cette étiquette-là comme, à une époque, malheureusement, les juifs avaient leur croix [en réalité une étoile, (*N.d.A.*)] sur le manteau aussi. »

GRANDS HOMMES

« La beauté de la Cup, c'est que Jack a toujours une chance de battre Goliath. »
Terry Butcher, défenseur anglais dans les années 1980

« Ronaldinho est un plus grand joueur que moi… de trois centimètres. »
Pelé

« À l'intérieur du règlement, j'accepte tout ; à l'extérieur, rien. »
Luis Fernandez

« Même ses pieds sont intelligents. »
Michel Hidalgo, à propos de Michel Platini

« Ne m'appelez pas arrogant, mais je suis champion d'Europe et je pense que je suis quelqu'un de spécial. »
José Mourinho, « The Special One »

« Ce que fait Zidane avec un ballon, Maradona le faisait avec une orange... »
Michel Platini, toujours un peu jaloux de France 98

« Zidane et Figo, c'est beau de les voir jouer. Le ballon ne pleure pas quand il atterrit dans leurs pieds, moi je faisais pleurer le ballon. »
Luiz Felipe Scolari

« Le football n'a aucun secret, il faut juste savoir réfléchir. »
Valeri Lobanovski, coach russe à l'époque de la guerre froide

TOUTE UNE ÉPOQUE DANS UNE PHRASE

« Footballeur professionnel, c'est ce que je fais. Pas ce que je suis. »
Pat Nevin, un homme qui faisait joueur de foot écossais entre 1981 et 2000

« Si j'ai la possibilité de faire d'autres publicités, je le ferai car c'est mon métier. »
Nicolas Anelka, objet de luxe qui faisait alors footballeur à Bolton

« C'est un stade cabriolet. »
Roland Courbis, à propos du stade de Gelsenkirchen en Allemagne, dont le toit est ouvrant

« Si on perd, on va pas non plus se mettre une saucisse de Strasbourg dans le cul. »
Louis Nicollin, le président du club de Montpellier, n'aime pas les tapettes et « pisse à la raie » de ceux qui se moquent

« S'ils veulent aller en Angleterre, et ils y iront certainement, ils doivent comprendre ceci : les Anglais vivent mal, ils mangent mal, et leurs femmes ne se lavent pas les organes génitaux. Pour elles, le lavabo est un mystère. »
Aurelio de Laurentiis, président du club de Naples, en 2009, à propos de certains de ses joueurs convoités à l'étranger

« On ne stoppe pas Zidane ! Il faudra que j'aie un peu de chance car le problème, c'est que jouer contre Zidane, c'est un peu comme jouer au Bunto : tu vois la balle, tu ne la vois plus, tu vois la balle, tu ne la vois plus ! »
L'Italien Gennaro Gattuso avant la finale de la Coupe du monde 2006

« J'adore l'Angleterre. Entre autres parce que les Anglaises ont des gros seins. »
Emmanuel Petit, passé de Monaco à Arsenal

« Hasselbaink, c'est un gros Noir qui marque des buts. »
Jesus Gil y Gil, ancien président de l'Atlético de Madrid, *forever* la classe, le jour de la présentation de l'attaquant néerlandais Jimmy Floyd Hasselbaink – pas n'importe quel joueur – qu'il venait de recruter, en 1999

« J'ai une conscience sociale, mais je m'en méfie. D'ailleurs, j'ai une Coccinelle et... une Porsche 911. »
Jürgen Klinsmann

FATALITAS

« Nous les avons dominés 99 % du temps. Ce sont les 3 % restants qui nous ont coûté la victoire. »
Ruud Gullit, footballeur rasta hollandais des années 1990

« Je ne fais jamais de tête, on m'a toujours dit que c'était fait pour réfléchir, pas pour taper dans un ballon. »
Vikash Dhorasoo

« Un adversaire défensif ? C'est comme faire l'amour à un arbre… »
Jorge Valdano

« Quand je vois ce qu'Andrea [Pirlo] arrive à faire avec un ballon, il m'arrive de me demander si je suis vraiment footballeur. »
Gennaro Gattuso

« Le football argentin est aussi difficile à définir que le péronisme… »
Jorge Valdano

TRIBUTE TO GEORGE BEST

« J'ai claqué beaucoup d'argent dans l'alcool, les filles et les voitures de sport – le reste, je l'ai gaspillé. »

« À l'époque, si j'avais eu le choix entre enfoncer quatre défenseurs de Liverpool puis planter un but dans la lucarne ou en caser un dans les cages de Miss Monde, j'aurais eu du mal à me décider. Par chance, les deux me sont arrivés. »

« Un jour je suis allé à la mer, sur le chemin il y avait un bar, j'ai jamais vu la mer. »

« En 1969, j'ai arrêté les femmes et l'alcool, ça a été les vingt minutes les plus dures de ma vie. »

« J'ai dit un jour que le QI de Gazza [alias Paul Gascoigne] était plus petit que le numéro de son maillot, et il m'a demandé : "Qu'est-ce qu'un QI ?" »

SPÉCIALE THIERRY ROLAND (1937-2012)

« Qu'est-ce qui ressemble plus à un Coréen qu'un autre Coréen ? »

« Les joueurs de la Serbie-Monténégro, dans le jeu aérien, ils sont pas manchots. »

« Il était fauché comme un lapin en plein vol. »

« Pour les Marocains, le couscous est cuit. »

« Le Mexique, c'est la meilleure équipe des Caraïbes. »

« Puisqu'il y a deux Lee sur le terrain, on peut faire une chambre. »
Durant la Coupe du monde 2002 en Corée

« Alors là, Monsieur Foote [l'arbitre du match], je n'ai pas peur de le dire, vous êtes un salaud ! »
Pendant le match Bulgarie-France, en 1976

« Il faudrait qu'il remette le métier sur l'ouvrage. »

« C'est David contre Goliath, c'est Fluctuat contre Nec Mergitur. »

« Les gens ont le droit de penser ce qu'ils veulent. S'ils courent aussi vite que je les emmerde, c'n'est pas grave, hein… »

TÉLÉRÉALITÉ

« C'est dur pour les Mancuniens qui vont chercher à enlever l'épine du pied qu'ils ont sur la tête ! »
Xavier Gravelaine, ancien joueur devenu consultant télé, commentant la finale de la FA Cup 2009, après le but d'Everton contre Manchester United

« Il y a toujours un pied ghanéen qui empêche les Allemands de trouver la solution finale. »
Le même, le 23 juin 2010, commentant Allemagne-Ghana

« Et sur ces images quasiment inaudibles… »
Hervé Mathoux, sur Canal Plus

« La question SMS : quel est le grand attaquant espagnol qui évolue au Real Madrid ? Raul ou Ronaldo ? (Silence, on sent une réflexion intense.)
Courbis : Ah, mais moi, je veux bien, mon petit Joël, mais ils jouent tous les deux au Real Madrid.
Lebœuf : Oui, mais il y a espagnol dans la question.
Courbis : Ah oui, c'est vrai. »
Pendant la Coupe du monde 2006

« Avant de faire une passe aveugle, il faudrait déjà qu'il fasse une passe voyante. »
Roland Courbis, à propos de Cristiano Ronaldo

« Maniche, c'est ce milieu de terrain qui vient de l'arrière quand l'équipe est devant ? »
Luis Fernandez

« Ça peut sembler une question stupide, mais vous serez heureux une fois cette première victoire dans votre escarcelle, non ?
Oui… C'est une question stupide, d'ailleurs je n'y répondrai pas. »
L'Écossais Gordon Strachan lors d'une interview

Quelques autres, du même Strachan :
« Gordon, un mot rapide ?
Vélocité » (et il s'en va).

« Votre série d'invincibilité continue. Allez-vous tenir ?
– Non, je pense que je vais sombrer, devenir alcoolique et sans doute me jeter d'un pont. Non, tout réfléchi, je crois que je peux tenir. »

« Gordon, dans quel domaine Middlesbrough était meilleur que vous aujourd'hui ?
– Quel domaine ? Principalement le grand domaine vert là-bas. »

BIBLIOGRAPHIE

LIVRES

Xavier Barret et David Lortholary, *Les 50 meilleurs gardiens*, *Les 50 meilleurs défenseurs*, *Les 50 meilleurs milieux et Les 50 meilleurs attaquants*, Panini Books, 2008.

Dominique Bodin, *Sports et violences*, Chiron, 2001.

Pascal Boniface et Hervé Mathoux, *La Coupe du monde dans tous ses états*, Larousse, 2010.

Jean-Philippe Bouchard et Alain Constant, *Un siècle de football*, Calmann-Lévy, 1996 (rééd. 2009).

Christian Bromberger, *Football, la bagatelle la plus sérieuse du monde*, Bayard, 1998.

Damien Degorre et Jérôme Touboul, *La Folle Histoire du PSG*, Prolongations, 2009.

Paul Dietschy, *Histoire du football*, Perrin, 2010.

Paul Dietschy et David-Claude Kemo-Keimbou, *Le Football et l'Afrique*, EPA/Hachette, 2008.

Joël Dominighetti, *Domenech*, éditions du Moment, 2008.

Vincent Duluc, *Le Livre noir des Bleus*, Robert Laffont, 2010.

Peter Esterhazy, *Voyage au bout des seize mètres*, Christian Bourgois, 2008 (trad. A. Jarfas).

Franck Évrard, *Dictionnaire passionné du football*, Presses universitaires de France, 2006.

Bruno Godard, *Domenech, histoires secrètes d'une imposture*, Jean-Claude Gawsewitch, 2010.

Pascal Grégoire-Boutreau, *Au bonheur des filles*, éditions des Cahiers intempestifs, 2003.

Jérôme Jessel et Patrick Mendelewitsch, *La Face cachée du foot business*, Flammarion, 2007.

Alexandre Juillard, *Maradona, Hugo & Cie*, ADN, 2010.

Jean-Damien Lesay, *Football, théâtre de vies*, Calmann-Lévy, 2008.

Jean-Pierre de Mondenard, *Dopage dans le football*, Jean-Claude Gawsewitch, 2010.

Bernard Morlino, *Brèves de foot*, Le Seuil, 2006.

Fabien Ollier et Henri Vaugrand, *L'Intégrisme du football*, L'Harmattan, 2002.

David Peace, *44 Jours, The Damned United*, Rivages, 2008 (trad. D. Lemoine).

Peter Seddon, *L'Étonnante Saga du Mondial*, Alphée/Jean-Paul Bertrand, 2010.

François-René Simon, Alain Leiblang et Faouzi Mahjoub, *Les Enragés du football. L'autre Mai 68*, Calmann-Lévy, 2008.

José Touré, avec Patrick Amory, *Prolongations d'enfer*, JC Lattès, 1994.

Certaines citations en ouverture de chapitres sont extraites du *Petit Livre Vert. Anthologie de la parole footballistique, So Foot*/éditions du Panama, 2006.

ARTICLES, ARCHIVES ET RAPPORTS

Tony Mason, « Stanley Matthews, la genèse d'un symbole », Actes de la recherche en sciences sociales, n° 103, juin 1994.

Patrick Mignon, « La lutte contre le hooliganisme : comparaisons européennes », *Les Cahiers de la sécurité intérieure* (« Football, ombres au spectacle »), 1996 ; « Footballisation de la politique ? Culture du consensus et football en Grande-Bretagne », *Politix*, n° 13, 2000.

Raffaëlle Poli et Paul Dietschy, « Le football africain entre immobilisme et extraversion », *Politique Africaine*, n° 102, 2006.

« Sedan. 90 ans de passion », hors-série du quotidien *L'Union/L'Ardennais*, novembre 2009.

FILMS

Pelé, Garrincha. Dieux du Brésil de Jean-Christophe Rosé (Arte/Audiovisuel Multimedia International Prod), 2002.

Des Noirs en couleur de Morad Aït Habbouche et Pascal Blanchard (Elle est pas belle la vie !/Les bâtisseurs d'images, RFO/France Ô), 2009.

À jamais les premiers de Gilles Perez et Gilles Rof (Treize au Sud/France Télévisions), 2008.

REVUES

Des décennies de *L'Équipe* et de *France Football*, entre les numéros parus durant mes quarante-six années de présence sur terre et les archives dûment consultées et compilées au long des mêmes années.

Vingt années de *So Foot* (France), où j'ai publié quelques articles par le passé.

SITES INTERNET CONSULTÉS

After Foot, The Vintage Football Club, Old School Panini, Fifa. com, Histoire(s) de foot, We Are Football, Storyfoot, Europlayers, Le Footichiste.

OUVRAGES CITÉS

Franck Annese et Jean Damien Lesay, *À mort l'arbitre ?*, Calmann-Lévy, 2007.

Anthony Burgess, *L'Orange mécanique*, 1962, Pocket, 1994 (trad. H. Chabrier, G. Belmont).
Eduardo Galeano, *Football, ombre et lumière*, Climats, 1998.
Arnaud Hermant, *Mbappé, le phénomène,* L'Archipel, 2019.
Frédéric Hermel, *Zidane,* Flammarion, 2019.
Graham Hurley, *La Nuit du naufrage*, Lattès/Le Masque, 2006 (trad. Philippe Rouart).
Andrew Jennings, *Carton rouge !*, Presses de la Cité, 2006.
Jérôme Jessel, *Sexus Footballisticus*, Hugo & Cie, 2008.
Ryszard Kapuscinski, *Il n'y aura pas de paradis. La guerre du foot et autres guerres et aventures*, Pocket, 1978.
John King, *Football Factory*, Alpha Bleue, 1998 (trad. Alain Defossé ; rééd. L'Olivier, 2004).
John King, *La Meute*, L'Olivier, 2000 (trad. Alain Defossé).
John King, *Aux couleurs de l'Angleterre*, L'Olivier, 2005 (trad. Alain Defossé).
Besma Lahouri, *Zidane, une vie secrète*, Flammarion, 2008.
Dominique Manotti, *Kop*, Rivages, 1998.
Alexandra Paressant, avec Jérôme Jessel, *Sexe, Scandales et Internet*, Le Rocher, 2009.
José Touré, *Prolongations d'enfer*, JC Lattès, 1994.
Bernard Pascuito, *La Face cachée de Didier Deschamps*, First, 2013.
David Trueba, *Savoir perdre*, Flammarion, 2010 (trad. Anne Plantagenet).
Phil Vassili, préface d'Irvine Welsh, *The First Black Footballer*, Routledge (Grande-Bretagne), 1998.
Phil Vassili, *Colouring over the White Line, the History of Black Footballers in Britain*, Mainstream Publishing (Grande-Bretagne), 2000.
Patrick Vassort, *Football et politique, sociologie historique d'une domination*, L'Harmattan, 2005.
James Walvin, *People's Game, The Story of Football Revisited*, Mainstream Publishing (Grande-Bretagne), 2000.

REMERCIEMENTS

Mes premiers remerciements vont au 51, rue de Turenne, à Troyes. Merci aussi au 1, rue de Tilsit, à Marseille. Au 13, rue du Vieux-Coq, à Reims, lieu où s'est ouvert un des axes de l'ouvrage. Merci aussi au 98, rue d'Albanie, à Bruxelles. Ces lieux habités par des amis qui m'ont accueilli pour la rédaction de la première version de ce livre, en 2010 et 2011.

Pour remercier mon ami Cédric, comme il convient, de ses lectures si nombreuses et si attentives, et, surtout, d'être mon ami, je n'évoquerai pas ici son unique défaut, qu'il porte aux pieds.

Un grand merci également aux personnes rencontrées, et qui m'ont consacré du temps : Patrick Charlot, René Charrier, Léon Foenkinos (et toute la famille Foenkinos), Emmanuelle Gaye-Poudreas et Benjamin Devillard (Adidas France), Michel Hidalgo, Roger Lemerre, Alain Michel, Mathias Monge (Nike France), Gérard Tonnel.

Merci infiniment à Stéphanie Chevrier, Camille von Rosenschild et Aurélie Michel d'avoir si bien accueilli, guidé, conseillé, redressé, édité et poussé la première édition de cet ouvrage. Merci aux équipes de Points d'avoir pris le relai pour les deux éditions revues et augmentées, en 2014 et en 2020.

Merci aux lecteurs attentifs de la première version de ce livre, parue en mai 2011. Merci à tous ceux qui l'ont lue et en parlèrent.

Merci à Élisabeth Samama, Delphine Mozin et Véronique Ovaldé, les premières à avoir lu et amendé ce projet.

Je ne serais pas le journaliste que je suis s'il n'y avait eu Maurice Beerblock (paix à son âme), Catherine Bézard, Sébastien Fontenelle, et Emmanuel Rubin. Je n'aurais donc jamais écrit ce livre s'ils n'avaient été là.

Je n'aurais pas aimé autant le football si, depuis mon enfance, il n'y avait eu des voix et des plumes telles celles de Pierre-Louis Basse, Eugène Saccomano, Didier Roustan, Vincent Duluc et les auteurs de *So Foot*.

À l'occasion de la rédaction de ce livre, et après dix ans sans signes de vie, j'ai retrouvé la personne qui, à la fin de mon adolescence, m'apprit à lire, et pour une bonne part à vivre. Une personne qui, de façon tout à fait inattendue, entretenait un rapport avec le football. Merci, Sophie, d'être la personne dont la vie et la voix ont si essentiellement contribué à la construction des miennes. À jamais.

À mes proches, que j'ai si peu vus pendant l'écriture et qui savent bien qui ils sont, je dis : merci d'être mes amis.

LISTES DES ENTRÉES

A
AJAX
ALGÉRIE
ALLEMAGNE
ANDERSON, Viv
ANELKA, Nicolas
ANGLETERRE
ANZIANI, Philippe
APARTHEID
ARBITRE
ARCONADA
ARMÉE
ASSAD, Salah
ASSOCIATION EUROPÉENNE DES CLUBS
ASQAQTUK
AVION
AZNAR, Emmanuel

B
BAGGIO, Roberto
BALE, Gareth
BALLON
BANC
BANKS, Gordon
BARBOSA NASCIMENTO, Moacir
BARÇA
BATISTA
BAYROU, Georges
BECK, Yvan
BECKENBAUER, Franz
BECKHAM, David
BEN BAREK, Larbi
BENOUNA, Ali
BENZEMA, Karim
BEST, George
BETHLÉEM
BEZ, Claude
BLACKBURN
BLACK STAR
BLANCO
BOATENG
BOLI, Basile
BOSMAN, Jean-Marc
BOXING DAY
BUFFON GIANLUIGI
BUSBY BABES

C
CAFÉ
CALCIO (1)
CALCIO (2)
CAMBRIDGE
CAMUS, Albert
CAN
CANTONA, Eric
CARTON
CASTRO, Hector
CASUAL
CASZELY, Carlos
CATENACCIO
CAVIAR
CELESTE
CHARLTON (FRÈRES)
CHAUSSURE
CHAYRIGUES, Pierre

CISEAU
CLASSICO
CLOUGH, Brian
CNAPAN
COCAÏNE
COLOMBIE
COMA
CORSE
COSSOU, Lucien
CR7
CRAMPONS
CRÉATINE
CRUYFF, Johan
CUJU

D
DAHLEB, Mustapha
DASAEV, Rinat
DD
DELLA NEGRA, Rino
DERBY
DIACRE, Corinne
DIAGNE, Raoul
DI STEFANO, Alfredo
DOMENECH, Raymon
DUGAUGUEZ, Louis
DYNAMO
DYNAMO KIEV

E
EGLISE
ELASTICO
ENTREPRISE,
EQUIPEMENT
ESCOBAR, Andres
ESPALDINHA
EUSEBIO
EXTRAVERSION

F
FÉMINA SPORTS
FEMMES (DANS LE FOOTBALL FRANÇAIS, LYONNAIS, MONDIAL)
FERGUSON, Alex
FERNANDEZ, Luis
FIFA,
FLA-FLU
FLN,
FONTAINE, Just
FOOTBALL ASSOCIATION
FOOT BUSINESS
FRANCE
FRANCE FOOTBALL
FRANCESCOLI, Enzo
FRENCHIES

G
GAETJENS, Joe
GALACTIQUES,
GALEANO, Eduardo
GARDIEN DE BUT
GARRINCHA
GAZZANIGA, Silvio
GOETHALS, Raymond
GOURCUFF,
GRAMSCI, Antonio
GRIEZMANN, Antoine
GROBBELAAR, Bruce
GROSICS, Gyula
GUARDIOLA, Pep
GUERRE
GUILLOU, Jean-Marc
GUNNERS

H
HAC
HAÏTI
HAMM, Mariel
HANOT, Gabriel
HENRY, Amandine
HENRY, Thierry
HÉTÉRONYMES
HEYSEL
HIDALGO, Michel
HIGUITA, Michel
HOMOSEXUAITÉ
HONGRIE,
HONVED
HOOLIGAN
HORS-JEU
HURST, Geoffrey

I
INTELLIGENCE
INTERNATIONAL BOARD
ISRAEL
ITALIE

J
JACQUET, Aimé
JIPÉPÉ
JOHAN II
JORDAN, Auguste
JUVENTUS

K
KADHAFI,
KAISER (ARGENTIN)
KAIZER CHIEFS-ORLANDO PIRATES
KAREMBEU, Christian
KEITA, Salif
KELLY, Grace
KENNEDY, Raymond
KING, John
KNYSNA
KOCSIS, Sandor
KOP
KOPA, Raymond
KOVACS, Stefan
KURBOS, Tony

L
LAGARDÈRE, Jean-Luc
LAMA, Bernard
LAURENT, Lucien
LAW, Denis
LEMERRE, Roger
LEONIDAS
LIVERPOOL FC
LOSANGE
LOVCHEV, Evgeni
LUNETTES

M
MADJER, Rabah
MAGNUSSON-SKOBLAR
MAILLOT
MAISON BLANCHE
MALDINI
MALOUINES
MANCHESTER
MARACANA
MARADONA, Diego
MARAKANA
MARLEY, Bob
MAROC
MARRON
MATTHEWS, Stanley
MAZZOLA
MBAPPÉ, Kylian
MEKHLOUFI, Rachid
MENOTTI, Luis Cesar
MERONI, Gigi
MESSI, Lionel
MILLA, Roger
MINEURS CHILIENS
MIROIR
MOB FOOTBALL
MÖNCHENGLADBACH
MONZON, Pedro
MOORE, Bobby
MOURINHO, José
MOZER, José Carlos
MURDOCH, Rupert

N
NAMING
NASAZZI
NAZI
NETZER, Günter
NEYMAR JR
NEW YORK
NUREMBERG

O
OKOCHA, Augustine
OLIGARQUE
OLYMPIQUE DE PARIS
OM
ONEGA, Ermindo
ORANJE
ORGASME
OUVRIER

P
PALACIOS
PALESTINE
PANENKA
PANINI
PAPINADE
PARI
PASUCKUAKOHOWOG
PATADA ATOMIC
PELÉ (ABEDI, André et Jordan)
PELÉ (DIT)
PICHICHI
PICHON, Marinette
PIGEON (AILE DE)
PLATINI, Michel
POK-A-TOK
POLICE
PAUL LE POULPE
PRÉSIDENT
PRINTEMPS ARABE
PSG
PUBLIC SCHOOLS
PUSKAS, Ferenc

Q
QATAR
QUOTAS

R
RAPINOE, Megan
RED STAR
RÉVOLUTION
ROCHETEAU, Dominique
ROJA
ROMARIO
RONALDINHO
RONALDO
ROUX, Guy
RUBIO, Gaspar

S
S (RÈGLE DES TROIS)
SAHNOUN, Omar
SALARY CAP
SALENKO, Oleg
SAMMER (PÈRE ET FILS)
SANKT PAULI
SANTIAGO DU CHILI
SCHIAFFINO, Juan Alberto
SCIFO, Vicenzo
SÉGUIN, Philippe
SÉVILLE
SEXE
SHANKLY, Bill
SHEFFIELD
SINDELAR, Mathias
SOCIOS
SOCRATES
SOUBEYRAND, Sandrine
SOULE
SPARWASSER, Jürgen
STRELTSOV, Eduard Anatolievitch
SUAUDEAU, Jean-Claude
SUPERSTITIONS
SURFACE
SUSIC, Safet
SYNDICAT

T
THATCHER, Ben
THATCHER, Margaret
THUGS
THURAM, Lilian
TIFO/TIFOSI
TORINO FC
TOURÉ, José
TRÉSOR, Marius
TRÉZÉGUET, David
TUBES

U
UNITED
UFWCP

V
VAN BASTEN, Marco
VERTS
VIERI
VILLAPLANE, Alexandre

W
WADDLE, Chris
WAGS
WARD, Tony
WEMBLEY (OLD)
WEMBLEY (NEW)
WHARTON, Arthur
WM

Y
YACHINE, Lev
YANEZ, Patricio
YOUGOSLAVIE
YOU'LL NEVER WALK ALONE

Z
ZAHIA
ZAMORA, Ricardo
ZICO
ZIDANE, Djamel
ZIDANE, Yazid Zinedine
ZLATAN
ZOFF, Dino

Ils n'ont pas d'« entrée » à leur nom, mais nous n'avons bien entendu pas oublié ces figures, qui sont citées dans cet ouvrage : Joël Bats, Marcelo Bielsa, Laure Boulleau, Edinson Cavani, Marcel Desailly, Vikash Dhorasoo, Samuel Eto'o, Bernard Genghini, Steven Gerrard, Alain Giresse, Ruud Gullit, Eden Hazard, Gérard Houllier, Jürgen Klopp, Bixente Lizarazu, Hugo Lloris, Claude Makelele, Steve Mandanda, Lothar Matthaus, Henri Michel, Alex Morgan, Samir Nasri, Louisa Necib, Dimitri Payet, Emmanuel Petit, Paul Pobga, Wendie Renard, Franck Ribéry, Ian Rush, Mathieu Valbuena, Arsène Wenger.

TABLE

Avant-propos 9

Dictionnaire 13

Temps additionnel 645

Bibliographie 681

Listes des entrées 687

RÉALISATION : NORD COMPO À VILLENEUVE-D'ASCQ
IMPRESSION : CPI FRANCE
DÉPÔT LÉGAL : JUIN 2020. N° 145707 (2050364)
IMPRIMÉ EN FRANCE